Parallele Anwendung von Wettbewerbs- und Regulierungsrecht auf Infrastrukturmonopole?

Europäische Hochschulschriften Recht

European University Studies in Law

Publications Universitaires Européennes de Droit

Band/Volume 6229

Yvonne Beyer

Parallele Anwendung von Wettbewerbs- und Regulierungsrecht auf Infrastrukturmonopole?

PETER LANG

Bibliografische Information der Deutschen Nationalbibliothek
Die Deutsche Nationalbibliothek verzeichnet diese Publikation in der Deutschen Nationalbibliografie; detaillierte bibliografische Daten sind im Internet über http://dnb.d-nb.de abrufbar.

Zugl.: Berlin, Freie Univ., Diss., 2020.

D 188
ISSN 0531-7312
ISBN 978-3-631-84398-7 (Print)
E-ISBN 978-3-631-84556-1 (E-PDF)
E-ISBN 978-3-631-84557-8 (EPUB)
E-ISBN 978-3-631-84558-5 (MOBI)
DOI 10.3726/ b17966

Peter Lang – Berlin · Bern · Bruxelles · New York · Oxford · Warszawa · Wien

Diese Publikation wurde begutachtet.

www.peterlang.com

Vorwort

Die vorliegende Arbeit wurde im Wintersemester 2018/2019 als Dissertation eingereicht und im Sommersemester 2020 vom Fachbereich Rechtswissenschaft der Freien Universität Berlin als Dissertation angenommen. Es sei darauf hingewiesen, dass die Arbeit den Gesetzesstand zum 17. Dezember 2018 wiedergibt. Rechtsprechung und Literatur wurden ebenfalls bis Dezember 2018 berücksichtigt.

Ich danke meinem Doktorvater, Herrn em. Univ.-Prof. Dr. Dr. Dres. h.c. Franz Jürgen Säcker, für die Betreuung meiner Dissertation. Frau Prof. Dr. Johanna Wolff danke ich für die Anfertigung des Zweitgutachtens.

Besonderer Dank gilt meinen Eltern, die mich während des Studiums und der Promotion stets unterstützt und motiviert haben. Auch meinem Bruder danke ich für seinen Zuspruch und seine Unterstützung.

Ebenso bedanke ich mich bei meinen Freunden, die mich bei meiner Promotion durch alle Höhen und Tiefen begleitet und meine Arbeit durch konstruktive Gespräche und Diskussionen bereichert haben.

Berlin, im Oktober 2020
Yvonne Beyer

Inhaltsverzeichnis

Abkürzungsverzeichnis

a. A.	andere Ansicht
a. E.	am Ende
a. F.	alte Fassung
AG	Aktiengesellschaft
a.M.	(Frankfurt) am Main
ABl.	Amtsblatt
Abs.	Absatz
AEG	Allgemeines Eisenbahngesetz vom 27.12.1993, BGBl- I S. 2378, 2396; 1994 I S. 2439, zuletzt geändert durch Gesetz vom 20.07.2017, BGBl. I S. 2808
AEUV	Vertrag über die Arbeitsweise der Europäischen Union
Alt.	Alternative
Anm.	Anmerkung
AöR	Archiv des öffentlichen Rechts (Zeitschrift)
Art.	Artikel
Aufl.	Auflage
BAG	Bundesarbeitsgericht
BEGTPG	Gesetz über die Bundesnetzagentur für Elektrizität, Gas, Telekommunikation, Post und Eisenbahn vom 07.07.2005, BGBl. I S. 1970, 2009, zuletzt geändert durch Gesetz vom 17.07.2017, BGBl. I S. 2503
Beschl.	Beschluss
BEVVG	Bundeseisenbahnverkehrsverwaltungsgesetz vom 27.12.1993, BGBl. I S. 2378, 2394, zuletzt geändert durch Gesetz vom 27.06.2017, BGBl. I S. 2085
BFH	Bundesfinanzhof
BGB	Bürgerliches Gesetzbuch in der Fassung der Bekanntmachung vom 02.01.2002, BGBl. I S. 42, 2909, 2003 I S. 738, zuletzt geändert durch Gesetz vom 12.07.2018, BGBl. I S. 1151
BGBl.	Bundesgesetzblatt
BGH	Bundesgerichtshof
BGHZ	Entscheidungssammlung des Bundesgerichtshofs in Zivilsachen
BKartA	Bundeskartellamt
BNetzA	Bundesnetzagentur
BR	Bundesrat

BR-Drucks	Bundesrat-Drucksache
bspw	beispielsweise
BT	Bundestag
BT-Drucks	Bundestag-Drucksache
BVerfG	Bundesverfassungsgericht
BVerwG	Bundesverwaltungsgericht
bzw.	beziehungsweise
CR	Computer und Recht (Zeitschrift)
d. h.	das heißt
DB	Der Betrieb (Zeitschrift)
ders.	derselbe
dies.	dieselbe(n)
Diss.	Dissertation
DVBl.	Deutsches Verwaltungsblatt (Zeitschrift)
EBA	Eisenbahnbundesamt
ebd.	ebenda
EG	Europäische Gemeinschaft
EIBV	Verordnung über den diskriminierungsfreien Zugang zur Eisenbahninfrastruktur und über die Grundsätze zur Erhebung von Entgelt für die Benutzung der Eisenbahninfrastruktur (Eisenbahninfrastruktur-Benutzungsverordnung) vom 17.12.1997, BGBl. I S. 3153; letzte Neufassung vom 3.6.2005, BGBl. I S. 1566; außer Kraft seit 2.9.2016 durch Gesetz vom 29.08.2016, BGBl. I S. 2082, 2129
EL	Ergänzungslieferung
ENRRB	European Network of Rail Regulatory Bodies
EnWG	Energiewirtschaftsgesetz vom 07.07.2005, BGBl. I S. 1970, 3621, zuletzt geändert durch Gesetz vom 20.07.2017, BGBl. I S. 2808
EnWZ	Zeitschrift für das gesamte Recht der Energiewirtschaft (Zeitschrift)
ERegG	Eisenbahnregulierungsgesetz vom 29.08.2016, BGBl. I S. 2082
ET	Energiewirtschaftliche Tagesfragen (Zeitschrift)
EU	Europäische Union
EuG	Gericht der Europäischen Union Erster Instanz
EuGH	Gerichtshof der Europäischen Union
EuR	Europarecht (Zeitschrift)
EUV	Vertrag über die Europäische Union
EuZW	Europäische Zeitschrift für Wirtschaftsrecht (Zeitschrift)

EWG	Europäische Wirtschaftsgemeinschaft
f., ff.	folgende
Fn.	Fußnote
FS	Festschrift
gem.	gemäß
GG	Grundgesetz für die Bundesrepublik Deutschland, BGBl. III, 100-1, zuletzt geändert durch Gesetz vom 13.07.2017, BGBl. I S. 2347
ggf.	gegebenenfalls
grds.	grundsätzlich
GRUR	Gewerblicher Rechtsschutz und Urheberrecht (Zeitschrift)
GWB	Gesetz gegen Wettbewerbsbeschränkungen i. d. F. vom 26.06.2013, BGBl. I S. 1750, 3245, zuletzt geändert durch Gesetz vom 12.07.2018, BGBl. I S. 1151
Habil.	Habilitationsschrift
Hrsg.	Herausgeber
HS.	Halbsatz
i. d. F.	in der Fassung
i. E.	im Ergebnis
i. e. S.	im engeren Sinne
IR	InfrastrukturRecht (Zeitschrift)
i. S. d.	im Sinne des
i. S. v.	im Sinne von
i. V. m.	in Verbindung mit
IWRZ	Zeitschrift für Internationales Wirtschaftsrecht (Zeitschrift)
K&R	Kommunikation und Recht (Zeitschrift)
Kap.	Kapitel
KeL	Kosten der effizienten Leistungsbereitstellung
LG	Landgericht
lit.	littera, Buchstabe
LNG-Anlage	Liquified Natural Gas-Anlagen
m. Anm.	mit Anmerkung
m. w. N.	mit weiteren Nachweisen
MMR	MultiMedia und Recht (Zeitschrift)
MüKO	Münchener Kommentar
N&R	Netzwirtschaften und Recht (Zeitschrift)
NJW	Neue Juristische Wochenschrift (Zeitschrift)
Nr.	Nummer
NVwZ	Neue Zeitschrift für Verwaltungsrecht (Zeitschrift)

NZKart	Neue Zeitschrift für Kartellrecht (Zeitschrift)
OLG	Oberlandesgericht
OVG	Oberverwaltungsgericht
RdE	Recht der Energiewirtschaft (Zeitschrift)
RegE	Regierungsentwurf
RL	Richtlinie
Rn.	Randnummer
Rs.	Rechtssache
S.	Seite
SchiedsVZ	Zeitschrift für Schiedsverfahren (Zeitschrift)
Slg.	(amtliche) Sammlung
s. o.	siehe oben
sog.	sogenannte/r/s
StGB	Strafgesetzbuch i. d. F. der Bekanntmachung vom 13.11.1998, BGBl. I S. 3322, zuletzt geändert durch Gesetz vom 30.10.2017, BGBl. I S. 3618
TKG	Telekommunikationsgesetz vom 22.06.2004, BGBl. I S. 1190, zuletzt geändert durch Gesetz vom 30.10.2017, BGBl. I S. 3618
TK-Markt	Telekommunikationsmarkt
TK-Sektor	Telekommunikationssektor
Tz.	Textziffer
u.	und
u. a.	unter anderem/ und andere
Urt.	Urteil
usw.	und so weiter
v.	vom
VerwArch	Verwaltungsarchiv (Zeitschrift)
VG	Verwaltungsgericht
vgl.	vergleiche
VO	Verordnung
VwGO	Verwaltungsgerichtsordnung i. d. F. der Bekanntmachung vom 19.03.1991, BGBl. I S. 686, zuletzt geändert durch Gesetz vom 12.07.2018, BGBl. I S. 1151
VwVfG	Verwaltungsverfahrensgesetz i. d. F. der Bekanntmachung vom 23.01.2003, BGBl. I S. 102, zuletzt geändert durch Gesetz vom 18.07.2017, BGBl. I S. 2745
WuW	Wirtschaft und Wettbewerb (Zeitschrift)
WuW/E	Wirtschaft und Wettbewerb (Entscheidungssammlung)

z. B.	zum Beispiel
ZD-Aktuell	Zeitschrift für Datenschutz (Zeitschrift)
ZHR	Zeitschrift für das gesamte Handels- und Wirtschaftsrecht (Zeitschrift)
Ziff.	Ziffer
ZNER	Zeitschrift für Neues Energierecht (Zeitschrift)
zugl.	zugleich
ZWeR	Zeitschrift für Wettbewerbsrecht (Zeitschrift)

Einleitung

A. Problemstellung und Untersuchungsfrage

Infrastruktureinrichtungen sind essenziell für alle Marktbeteiligten und meist durch monopolistische Strukturen geprägt. Einer Verweigerung oder Beeinträchtigung des Zugangs zu solchen Infrastruktureinrichtungen kann sowohl nach dem allgemeinen Wettbewerbsrecht als auch nach dem jeweiligen sektorspezifischen Regulierungsrecht begegnet werden. Die parallele Anwendung und die daraus resultierende Möglichkeit paralleler Verfahren bedeuten jedoch nicht automatisch, dass sich auch am Ende der parallelen Verfahren die behördlichen oder gerichtlichen Entscheidungen decken werden. Denn bei der parallelen Anwendung von Wettbewerbs- und Regulierungsrecht erfolgt die Entscheidung nicht auf derselben Grundlage. Das allgemeine Wettbewerbsrecht ist allgemein auf wettbewerbswidriges Verhalten ausgerichtet. Für das Regulierungsrecht ist demgegenüber die Regulierung des Netzzugangs, d. h. die Eröffnung des Marktes für den Wettbewerb, maßgeblich. Die Regulierung des Netzzugangs bildet den Kernbereich des Regulierungsrechts und ist für diesen Bereich besonders ausgestaltet.

Bei einer parallelen Anwendung dieser beiden Rechtsregime werden Kartell- und Regulierungsbehörden auf der Grundlage unterschiedlicher Gesetze, die zudem unterschiedliche Maßstäbe vorschreiben, tätig. Dies kann zu erheblichen Rechtsunstimmigkeiten führen, was insbesondere dann zum Ausdruck kommt, wenn der parallelen Anwendung von Wettbewerbs- und Regulierungsrecht ein Sachverhalt zugrunde liegt, indem sich ein Infrastrukturnetzbetreiber entsprechend der Regulierungsanordnung verhält und trotzdem – oder gerade deswegen – auch nach dem allgemeinen Wettbewerbsrecht sanktioniert wird. Mit der parallelen Anwendung geht somit auch immer das Risiko divergierender Entscheidungen einher. Für die betroffenen Unternehmen führt dies nicht selten auch zu einer erheblichen Rechtsunsicherheit. Daneben nimmt auch die Effizienz der Verwaltungstätigkeit ab. Die „parallele Anwendung" eröffnet auch die Möglichkeit paralleler Behördentätigkeit. Doppelter Verwaltungsaufwand ist die Folge.

Aus dem zuvor Genannten geht hervor, dass „parallele Anwendung" hier weit verstanden wird. Von einer solchen wird nicht nur dann ausgegangen, wenn sie zeitlich betrachtet auf derselben Ebene erfolgt, so wie im Falle der Anwendung zweier Ex-post-Kontrollmechanismen. Die hier behandelte parallele Anwendung betrifft das generelle Nebeneinander von Wettbewerbs- und

Regulierungsrecht. Es geht somit auch um die überschneidende Anwendung von Ex-ante- und Ex-post-Instrumenten. In diesem Fall ist besonders fraglich, ob die Ex-post-Anwendung des Wettbewerbsrechts korrigierend gegenüber der Ex-ante-Maßnahme des Regulierungsrechts auftreten kann. Es stellt sich die Frage, ob das Wettbewerbs- und das Regulierungsrecht tatsächlich parallel zur Anwendung kommen.

Obgleich schon vielfach diskutiert, ist die Frage nach der parallelen Anwendung von Wettbewerbs- und Regulierungsrecht auf Infrastrukturmonopole noch nicht abschließend geklärt. Dies mag an den unterschiedlichen Regulierungsgesetzen sowie deren ständigen Veränderungen liegen. Zudem hat sich die Diskussion um die parallele Anwendung bislang nur vereinzelt auch in die Praxis verirrt. Entsprechend fehlen Leitentscheidungen, die die Beantwortung der Frage erleichtern würden. Dies gilt insbesondere für die nationale Ebene. Dort haben sich die Gerichte in letzter Zeit allein im Bereich des Eisenbahnrechts zu dem Verhältnis von Wettbewerbs- und Regulierungsrecht geäußert, wenn auch nicht einheitlich.[1] Hervorzuheben ist auch die sog. Telekom-Entscheidung[2] auf unionsrechtlicher Ebene. Im Rahmen dieser Arbeit wird sie für die Beantwortung der Frage nach der parallelen Anwendung von Wettbewerbs- und Regulierungsrecht auf europäischer Ebene entscheidend sein.

Bis die Frage der parallelen Anwendbarkeit geklärt ist, besteht auch auf der behördlichen Ebene eine Verunsicherung, die sich negativ auf die Tätigkeiten innerhalb der Behörde und letztendlich auf die Kontrolle des Marktes auswirken kann. Die vorliegende Arbeit beschäftigt sich daher, wie auch schon einige Arbeiten zuvor,[3] mit der parallelen Anwendung von Wettbewerbs- und Regulierungsrecht auf Infrastrukturmonopole. Dabei werden folgende Fragen behandelt: Ist das Wettbewerbsrecht tatsächlich vollumfänglich im Anwendungsbereich der Regulierungsgesetze neben diesen anwendbar oder wird es

1 LG Berlin, Urt. v. 17.03.2009 – 98 O 25/08 = WuW 2009, 531; OLG Frankfurt a.M., Urt. v. 10.10.2006 – 11 U 46/05 (Kart) = NJOZ 2007, 3816; OLG Düsseldorf, Urt. v. 07.02.2007 – VI-U Kart 3/06 = BeckRS 2007, 05448.

2 Europäische Kommission, Entscheidung v. 21.05.2003 – Rs. COMP/C-1/37.451, 37.578, 37/579, ABl. EU Nr. L 263, S. 9 – „Deutsche Telekom AG"; EuG, Urt. v. 10.04.2008 – Rs. T-271/03, Slg. 2008, II-477 – „Deutsche Telekom/Kommission" = MMR 2008, 385; EuGH, Urt. v. 14.10.2010 – Rs. C-280/08 P, Slg. 2010, I-9555 – „Deutsche Telekom/Kommission" = GRUR Int. 2011, 405.

3 So schon *Paulweber*, Regulierungszuständigkeiten, S. 49 ff.; *Eisenblätter*, Regulierung in der Telekommunikation, S. 135 ff.; Heise, Verhältnis, S. 28 ff.; *Schreiber*, Zusammenspiel, S. 95 ff. u. a.

durch die sektorspezifischen Gesetze verdrängt? Wie gestaltet sich ggf. eine solche Verdrängung? Kommt ein gänzlicher Ausschluss oder nur eine subsidiäre Anwendung des Wettbewerbsrechts in Betracht?

Um diese Fragen beantworten zu können, muss auch geklärt werden, wo sich die Anwendungsbereiche der beiden Regelungsbereiche überschneiden. Denn nur dort stellt sich die Frage einer parallelen Anwendung und nur dann kann eine verdrängende Wirkung in Betracht gezogen werden. Daher ist auch danach zu fragen, inwieweit die allgemeinen Wettbewerbsregeln auf Bereiche, die zugleich auch einer sektorspezifischen Regulierung unterliegen, angewendet werden können und sollen. Mit diesem Fragenkomplex geht auch die Frage nach der Zuständigkeit der Kartell- und Regulierungsbehörden einher.

B. Gang der Untersuchung

Die Untersuchung wird im Rahmen dieser Arbeit anhand der Sektoren Energie, Telekommunikation und Eisenbahnen vorgenommen. Der Frage nach der parallelen Anwendung wird meist innerhalb der einzelnen Sektoren nachgegangen.[4] Sektorübergreifende Befunde gibt es dagegen nur selten.[5] Neben der Darstellung der Anwendbarkeit des allgemeinen Wettbewerbsrechts innerhalb des Anwendungsbereiches der einzelnen Sektoren sollen auch die sektorübergreifenden Gemeinsamkeiten sowie die Unterschiede des sektorspezifischen Regulierungsrechts im Verhältnis zur Anwendung des Wettbewerbsrechts dargestellt werden. Durch die Erarbeitung gemeinsamer Grundsätze sollen grundlegende Aussagen zum Verhältnis von Wettbewerbs- und Regulierungsrecht getroffen werden können. Diese Grundsätze können als „Spielregeln" gesehen werden. Sie sollen die Beantwortung der Untersuchungsfrage vereinfachen und auch sektorübergreifend – also auch in den hier nicht behandelten Sektoren – Verwendung finden. Ziel ist es, einheitliche Maßstäbe zur Bestimmung des Verhältnisses von Regulierungs- und Wettbewerbsrecht zu schaffen.

Um eine Untersuchungsbasis zu schaffen, wird in der vorliegenden Arbeit zunächst allgemein auf die hier behandelten Infrastrukturnetze und die sie

4 Vgl. *Paulweber*, Regulierungszuständigkeiten, S. 49 ff.; *Schreiber*, Zusammenspiel, S. 121 ff.; *Bartosch/Jaros*, WuW 2005, S. 15 ff.; *Baur*, RdE 2004, S. 277 ff.; *Bremer/Höppner*, WuW 2009, S. 1271 ff.; *Büdenbender*, in:, FS Sellner, S. 439 ff.; *Möschel*, K&R 2001, S. 619 ff.; *Piepenbrock/ Schuster*, CR 2002, S. 98 ff.; *C. Säcker*, Der Einfluss; *Säcker*, EnWZ 2015, S. 531 ff.; *Schröder*, IR 2009, S. 93 f.; *Topel*, ZWeR 2006, S. 27 ff.

5 Vgl. *Schreiber*, Zusammenspiel, S. 174 ff.; *Sennekamp*, Der Diskurs; *Ludwigs*, WuW 2008, 534; *Kühne*, FS Immenga, 243 ff.

kennzeichnende Monopolstruktur eingegangen. Danach werden in einem Überblick das hier zu untersuchende Wettbewerbs- und Regulierungsrecht sowie die hier zu untersuchenden sektorspezifischen Regulierungsgesetze dargestellt. Dabei wird auf die Begrifflichkeiten, den rechtlichen Rahmen sowie die Instrumente der beiden Regelungsbereiche eingegangen. Dies vorangestellt erfolgt die Beantwortung der aufgeworfenen Hauptfrage sowie deren Konkretisierungen. Sie teilt sich in die Untersuchung auf nationaler und europäischer Ebene auf. Denn beide Regelungsbereiche (Wettbewerbs- und Regulierungsrecht) sind durch das Unionsrecht geprägt. Der starke Einfluss des EU-Rechts sowie der Rechtsprechung auf europäischer Ebene geben der Diskussion eine zusätzliche Dimension, die auch in dieser Arbeit Beachtung findet. Daher ist neben dem nationalen Verhältnis auch auf das Verhältnis auf europäischer Ebene einzugehen.

Im Rahmen der Untersuchung des nationalen Rechts wird zunächst jeder der hier zu untersuchenden Sektoren einzeln behandelt. Dabei wird es, um auf einen sektorspezifischen Gesamtzusammenhang im Verhältnis zum allgemeinen Wettbewerbsrecht schließen zu können, auch immer wieder zu sektorübergreifenden Darstellungen kommen. Dies kann zum einen schon als erster Ansatzpunkt für die Bildung eines einheitlichen Maßstabs genutzt werden. Zum anderen wird versucht, die Beantwortung der Frage nach der parallelen Anwendung von Wettbewerbs- und Regulierungsrecht an einer gleichen Argumentationsstruktur zu orientieren, die auch sektorübergreifend aufrechterhalten wird. Dies bedeutet jedoch nicht, dass der Aufbau innerhalb der untersuchten Sektoren identisch ist. Er ist vielmehr zugeschnitten auf die jeweiligen Eigenarten des betreffenden Sektors; sei es in historischer oder systematischer Hinsicht. Dennoch wird sich die Untersuchung des Verhältnisses auf der nationalen Ebene in erster Linie an den gesetzlich fixierten Kollisionsvorschriften oder solchen Vorschriften, die sich auf Vorschriften des GWB beziehen oder an solche angelehnt sind, orientieren. Dabei steht die Untersuchung des Wortlauts und der sich daraus ergebende Sinn und Zweck der jeweiligen Kollisionsvorschrift im Vordergrund. Ferner werden die Gesetzesmaterialien sowie der systematische (auch gesetzesübergreifende) Vergleich mit entsprechenden Kollisionsvorschriften und solchen, die für die Bestimmung des Verhältnisses von Wettbewerbs- und Regulierungsrecht von Relevanz sein können, analysiert. Innerhalb der Untersuchung der einzelnen Sektoren wird sodann das Verhältnis der einzelnen Vorschriften des Wettbewerbsrechts zum jeweiligen Regulierungsrecht dargestellt. Dies erfolgt zumeist in Anlehnung an die §§ 1, 35 ff. und 19 ff. GWB in drei Komplexen, wobei insbesondere auf das strittige Verhältnis zu den §§ 19 ff. GWB eingegangen wird. Die Frage nach der parallelen Anwendung von Wettbewerbs- und Regulierungsrecht wird sich dabei besonders auf die Bereiche des Netzzugangs sowie der Kontrolle und Regulierung der Entgelte beziehen. Auf die entsprechenden sektorspezifischen Vorschriften wird umfassend eingegangen. Auch die Zuständigkeiten des Bundeskartellamtes (BKartA) im Anwendungsbereich der sektorspezifischen Regulierungsgesetze wird dargestellt. Aufgrund des engen Zusammenhangs des materiellen und formellen Verhältnisses wird eine getrennte Darstellung dieser Verhältnisse nicht immer gelingen.

Nachdem die parallele Anwendung von Wettbewerbs- und Regulierungsrecht auf nationaler Ebene untersucht und die Forschungsfrage diesbezüglich für die einzelnen Sektoren beantwortet wurde, folgt die Prüfung der parallelen Anwendung von Wettbewerbs- und Regulierungsrecht auf europäischer Ebene. Dabei bezieht sich die vorliegende Arbeit ausschließlich auf die Anwendung des Art. 102 AEUV im Verhältnis zu den nationalen Regulierungsgesetzen. Im dortigen Untersuchungsabschnitt wird zunächst auf die grundsätzliche Anwendbarkeit des Art. 102 AEUV eingegangen und sodann das Verhältnis zu den hier behandelten Sektoren dargestellt. Schnell wird deutlich, dass sich das Verhältnis von Wettbewerbs- und Regulierungsrecht auf europäischer Ebene von demjenigen auf nationaler Ebene unterscheidet. Eine Heranziehung gesetzlich fixierter Kollisionsvorschriften[6] vermag dort nicht weiterzuhelfen. Daher gestaltet sich auch der Aufbau im 3. Kapitel anders als im 2. Kapitel. Im Anschluss wird auf die behördliche Anwendung von Art. 102 AEUV im Allgemeinen sowie im Verhältnis zu sektorspezifisch regulierten Sachverhalten eingegangen.

Nach der Darstellung des Verhältnisses von Wettbewerbs- und Regulierungsrecht auf nationaler und europäischer Ebene werden die gemeinsamen Grundsätze, die sich aus den sektorübergreifenden gleichartigen Befunden ergeben, herausgearbeitet und dargestellt. Ein Fazit mit Ausblick rundet die Arbeit ab.

6 Gemeint sind hier § 111 EnWG und § 2 Abs. 4 TKG.

1. Kapitel: Infrastrukturmonopole, Wettbewerbs- und Regulierungsrecht

A. Infrastrukturmonopole

Vorab wird auf die hier zu untersuchenden Infrastrukturbereiche eingegangen (dazu unter I.). Im Rahmen dessen wird ersichtlich werden, dass diese eine Gemeinsamkeit aufweisen: Sie sind alle durch monopolistische Netzstrukturen geprägt. Auf die besondere Monopolstellung der hier behandelten Infrastrukturbetreiber wird unter II. näher eingegangen. Sie bildet den gemeinsamen Ausgangs- und Anknüpfungspunkt der hier untersuchten parallelen Anwendung von Wettbewerbs- und Regulierungsrecht.

I. Die zu untersuchenden Infrastrukturbereiche

Zunächst ist kurz auf die jeweiligen Regelungsgegenstände der hier behandelten Sektoren Energie, Telekommunikation und Eisenbahnen einzugehen.

Der Energiesektor betrifft die Energiewirtschaft im Sinne des Energiewirtschaftsgesetzes (EnWG). Er bezieht sich auf den Energiewirtschaftsbegriff „im engeren Sinne“[7]. Darunter fällt nur die leitungsgebundene Versorgung mit Elektrizität und Gas.[8] Die Energieversorgung im Sinne des EnWG ist an besondere, dafür errichtete Netze gebunden.[9] Die Energieversorgung mit Kohle und Erdöl erfolgt dagegen grundsätzlich nicht leitungsgebunden.[10] Diese Bereiche werden vom EnWG nicht erfasst. Weiter bestehen im Energiesektor unterschiedliche Marktbranchen, die stufenartig aneinander anknüpfen. An erster Stelle steht der Energieerzeugermarkt, der die Förderung von Erdgas und die Herstellung von Strom umfasst. Auf einer zweiten Stufe befinden sich die Energiehändler, die die erzeugte Energie weiterverkaufen. Um diesen Verkauf zu realisieren, erfasst die dritte Stufe den Transportmarkt, der den Energietransport über Gas- und

---

7 *Klees*, Energiewirtschaftsrecht, Kap. 1, A., Rn. 12 ff.; *Ziekow*, Öffentliches Wirtschaftsrecht, § 15 Rn. 3.

8 Vgl. § 3 Nr. 14 und § 1 Abs. 1 EnWG; *Britz*, in: Fehling/Ruffert, Regulierungsrecht, § 9 Rn. 1.

9 Vgl. *Ziekow*, Öffentliches Wirtschaftsrecht, § 15 Rn. 3.

10 Vgl. dazu auch *Kühling*, Sektorspezifische Regulierung, S. 134; wobei Erdöl auch durch Pipelines transportiert werden kann, dieses aber im Rahmen des hier zu untersuchenden EnWG keine Rolle spielt und daher ausgeklammert wird.

Stromleitungen umfasst. Ergänzend kommt auf einer vierten und damit letzten Stufe der Vertriebsmarkt hinzu.[11] Der Energiesektor, wie er hier verstanden wird, kann somit grob in Erzeugung, Netzbetrieb und Vertrieb unterteilt werden.[12] Schwerpunkt des Energieregulierungsrechts bilden die Vorschriften über den Netzbetrieb. Die dem Netzbetrieb vor- und nachgelagerten Stufen der Erzeugung und des Vertriebs sind markttechnisch grundsätzlich voll funktionsfähig, hängen jedoch stark vom Netzbetrieb ab. Sie werden größtenteils vom EnWG ausgeklammert.

Der Telekommunikationssektor (TK-Sektor) soll hier die Telekommunikation im Sinne des Telekommunikationsgesetzes (TKG) umfassen. Nach der Legaldefinition des § 3 Nr. 22 TKG wird darunter „der technische Vorgang des Aussendens, Übermittelns und Empfangens von Signalen mittels Telekommunikationsanlagen" verstanden. Der Begriff Telekommunikationsanlagen wird in § 3 Nr. 23 TKG definiert als „technische Einrichtungen oder Systeme, die als Nachrichten identifizierbare elektromagnetische oder optische Signale senden, übertragen, vermitteln, empfangen, steuern oder kontrollieren können". Es erfolgt somit eine Beschränkung auf die technische, „körperlose"[13] Seite der Signalübertragung.[14] Auch diese erfolgt über Netze. Telekommunikationsnetze sind sehr komplexe Gebilde. Der Begriff des Telekommunikationsnetzes wird in § 3 Nr. 27 TKG legaldefiniert. Danach versteht man unter Telekommunikationsnetz „die Gesamtheit von Übertragungssystemen und gegebenenfalls Vermittlungs- und Leitwegeinrichtungen sowie anderweitigen Ressourcen, einschließlich der nicht aktiven Netzbestandteile, die die Übertragung von Signalen über Kabel, Funk, optische und andere elektromagnetische Einrichtungen ermöglichen, einschließlich Satellitennetzen, festen, leitungs- und paketvermittelten Netzen, einschließlich des Internets, und mobilen terrestrischen Netzen, Stromleitungssystemen, soweit sie zur Signalübertragung genutzt werden, Netzen für Hör- und Fernsehfunk sowie Kabelfernsehnetzen, unabhängig von der Art der übertragenen Information".

---

11 Vgl. zum Ganzen *Britz*, in: Fehling/Ruffert, Regulierungsrecht, § 9 Rn. 2; *Kühling*, Sektorspezifische Regulierung, S. 135.

12 Vgl. auch § 3 Nr. 36 EnWG.

13 Mit „körperlos" wird der Übermittlungsvorgang durch elektronmagnetische oder optische Signale, der in drahtloser oder drahtgebundener Form möglich ist, bezeichnet; vgl. *Kühling*, Sektorspezifische Regulierung, S. 67 f.

14 *Schneider*, in: Fehling/Ruffert, Regulierungsrecht, § 8 Rn. 2; *Kühling*, Sektorspezifische Regulierung, S. 68; *Fetzer*, in: Schulte/Kloos, Hdb. öffentliches Wirtschaftsrecht, § 8 Rn. 1; *Ziekow*, Öffentliches Wirtschaftsrecht, § 14 Rn. 3.

Der Eisenbahnsektor stellt einen Teil des Verkehrssektors dar. Nach dem hier zu untersuchenden Eisenbahnregulierungsrecht im Sinne des Eisenbahnregulierungsgesetzes (ERegG) werden von diesem Eisenbahnen, d. h. öffentliche Einrichtungen oder privatrechtlich organisierte Unternehmen, die Eisenbahnverkehrsdienste erbringen (Eisenbahnverkehrsunternehmen) oder Eisenbahninfrastrukturen betreiben (Eisenbahninfrastrukturunternehmen), erfasst (vgl. § 1 Abs. 1 Satz 1 ERegG i. V. m. § 2 Abs. 1 Allgemeines Eisenbahngesetz (AEG)). Erfasst werden nur die klassischen schienengebundenen Eisenbahnen. „Andere Schienenbahnen wie Magnetschwebebahnen, Straßenbahnen und die nach ihrer Bau- oder Betriebsweise ähnlichen Bahnen, Bergbahnen und sonstige Bahnen besonderer Bauart" sind nach § 1 Abs. 1 Satz 1 ERegG i. V. m. § 1 Abs. 2 Satz 2 AEG ausgeschlossen.[15] Eisenbahnverkehrsunternehmen sind nach § 2 Abs. 3 AEG „alle Eisenbahnen, deren Tätigkeit im Erbringen von Eisenbahnverkehrsdiensten zur Beförderung von Gütern oder Personen besteht". Eisenbahninfrastrukturunternehmen sind zum einen die Betreiber der Schienenwege und zum anderen die Betreiber der Serviceeinrichtungen. Nach § 2 Abs. 6 AEG umfasst der Begriff der Eisenbahninfrastruktur „die Betriebsanlagen der Eisenbahnen einschließlich der Bahnstromfernleitungen".

Allen zu untersuchenden Sektoren ist gemeinsam, dass sie Infrastrukturbereiche abdecken. Sie sind essenziell für die Versorgung von Verbrauchern und Unternehmen und bilden ein Schlüsselelement für den weltweiten Wettbewerb. Nach dem allgemeinen Sprachgebrauch werden Infrastrukturen als notwendiger wirtschaftlicher sowie organisatorischer Unterbau und als Voraussetzung für die Versorgung und Nutzung eines bestimmten Gebietes bzw. für die gesamte Wirtschaft eines Landes angesehen.[16] Um flächendeckend eine Versorgung der Allgemeinheit durch technische Grunddienste sowie den eigenen wirtschaftlichen Standpunkt aufrechtzuerhalten und zu gewährleisten, zeichnen sich die Infrastrukturen durch eine verzweigte netzartige Ausrichtung ihrer Infrastruktureinrichtungen[17] aus, aufgrund derer sie auch als Netzwirtschaften bezeichnet werden. Eine Definition des Begriffs „Netze" liefert *von Weizsäcker*. Er bezeichnet

---

15 Vgl. auch BR-Drucks. 22/16 vom 15.01.2016, S. 244 zu Artikel 1 (Eisenbahnregulierungsgesetz) zu § 1; BT-Drucks. 18/8334 vom 04.05.2016, S. 168 zu Artikel 1 (Eisenbahnregulierungsgesetz) zu § 1.

16 https://www.duden.de/rechtschreibung/Infrastruktur, (zuletzt abgerufen am 16.12.2018).

17 Für den Begriff Infrastruktureinrichtungen besteht keine einheitlich anerkannte Definition, vgl. für die schon 1995 bestehenden verschiedenen Definitionsansätze *Hünnekens*, Rechtsfragen der wirtschaftlichen Infrastruktur, 1995, S. 8 ff.

Netze als „raumübergreifende, komplex verzweigte Transport- und Logistiksysteme für Güter, Personen oder Informationen“[18]. Zur Veranschaulichung kann hier auf das Bild der Gaspipelines; Stromtrassen oder Stromleitungen, die die Bevölkerung mit Gas und Strom versorgen; Telekommunikationsnetze, die die Nachrichten durch die Telefonnetze und ISDN- oder DSL-Netze transportieren bzw. übermitteln; und Eisenbahntrassen bzw. Schienenwege, die den Transport von Waren und Personen ermöglichen, verwiesen werden.

Typischerweise sind diese Infrastruktureinrichtungen durch eine lange Nutzungsdauer und gleichzeitig hohem Kapitalbedarf zum Auf- und Ausbau der Netze bzw. Aufrechterhaltung dieser Infrastrukturen geprägt. Daneben sind häufig auch externe Effekte mit dem Vorliegen einer Infrastruktur verbunden. Diese kann sich (wirtschaftlich) positiv wie auch negativ auf ihr Umfeld auswirken.

II. Die „natürliche“ Monopolstellung von Infrastruktureinrichtungen

Die zuvor genannten Sektoren zeichnen sich neben der Infrastruktureigenschaft sowie der Netzgebundenheit durch eine weitere besondere Eigenschaft aus: Sie stellen Wirtschaftsbereiche dar, in denen grundsätzlich ein einzelner Anbieter die Nachfrage am betreffenden Markt für das bestimmte Gut (Produkt oder Leistung) kostengünstiger, d. h. zu geringeren Durchschnittskosten[19], anbieten kann als mehrere Anbieter gemeinsam.[20] Daher wird den Infrastruktureinrichtungen in den Sektoren Energie, Telekommunikation und Eisenbahnen auch eine natürliche Monopolstellung nachgesagt.[21] Natürliche Monopole sind den Monopolen im wirtschaftlichen Sinne zuzuordnen.[22] Sie kommen in den Märkten vor, die von sich aus, d. h. aufgrund räumlicher, technischer, rechtlicher

---

18 *V. Weizsäcker*, WuW 1997, 572.

19 Vgl. dazu *Lismann*, NVwZ 2014, 691 (692).

20 So *Thomas*, in: Immenger/Mestmäcker, Wettbewerbsrecht, Band 2, § 36 Rn. 144; *Knieps*, Wettbewerbsökonomie, S. 21 ff.; *Ewald*, in: Wiedemann, Hdb. des Kartellrechts, § 7 Rn. 67 f.; *Theobald/Theobald*, Grundzüge des Energiewirtschaftsrechts, S. 27; *Leschke*, in: Fehling/Ruffert, Regulierungsrecht, § 6 Rn. 54; *Säcker*, EnWZ 2015, 531 (531) m.w.N.; *Heise*, Verhältnis, S. 51.

21 Vgl. *Berg*, in: von der Groeben/Schwarze/Hatje, Europäisches Unionsrecht, Band 1, Art. 37 AEUV, Rn. 12; *Gersdorf*, in: Spindler/Schuster, Recht der elektronischen Medien, TKG § 9 Rn. 27; vgl. auch *Thomas*, in: Immenger/Mestmäcker, Wettbewerbsrecht, Band 2, § 36 Rn. 144; *Knieps*, Wettbewerbsökonomie, S. 21 f.

22 *Berg*, in: von der Groeben/Schwarze/Hatje, Europäisches Unionsrecht, Band 1, Art. 37 AEUV, Rn. 10.

oder wirtschaftlicher Gründe[23], zu einem Monopol neigen.[24] Diese natürlichen Gegebenheiten machen es anderen potenziellen Wettbewerbern unmöglich, am Markt (dauerhaft) zu partizipieren.

Kennzeichnend für ein natürliches Monopol ist zunächst die Subadditivität der Kosten.[25] Die Gesamtkosten zur Bereitstellung eines Gutes durch ein einzelnes Unternehmen sind in diesen Fällen niedriger als die Summe der Kosten mehrerer Anbieter.[26] Ursächlich für die Subadditivität sind insbesondere die sinkenden Durchschnittskosten aufgrund steigender Skaleneffekte (Größenvorteile oder Skalenvorteile), sog. economies of scale.[27] Von Skaleneffekten wird gesprochen, wenn z. B. die Produktionskosten pro produziertes Stück mit steigender Produktionsmenge sinken.[28] Die Subadditivität der Kosten kann zudem auf bestimmte Verbundeffekte, den sog. economies of scope[29] oder Dichtevorteilen (economies of density)[30], zurückzuführen sein. Verbundeffekte liegen vor, wenn mehrere Produkte innerhalb eines Unternehmens kostengünstiger hergestellt werden können, als dies bei der Produktion der einzelnen Güter durch unterschiedliche Unternehmen der Fall wäre, und dadurch die Durchschnittskosten sinken; so z. B. beim Verbund von Energieerzeugung und Betrieb eines Infrastrukturnetzes.[31] Bei Dichtevorteilen resultieren die fallenden Durchschnittskosten dagegen aus einer Ballung von Nachfragern in einer Region. So ist etwa entscheidend, ob das angebotene Produkt über einen Versorgungsweg gleich

---

23 Vgl. auch *Dohms*, in: Wiedemann, Hdb. des Kartellrechts, § 35 Rn. 54.

24 *Ewald*, in: Wiedemann, Hdb. des Kartellrechts, § 7 Rn. 67; *Heise*, Verhältnis, S. 51 m.w.N.

25 Vgl. *Leschke*, in: Fehling/Ruffert, Regulierungsrecht, § 6 Rn. 54 f.; *Ewald*, in: Wiedemann, Hdb. des Kartellrechts, § 7 Rn. 68; *Dohms*, in: Wiedemann, Hdb. des Kartellrechts, § 35 Rn. 54; *Kühling*, Sektorspezifische Regulierung, S. 37; *Knieps*, Wettbewerbsökonomie, S. 23.

26 *Ewald*, in: Wiedemann, Hdb. des Kartellrechts, § 7 Rn. 68.

27 Vgl. *Ludwigs*, in: Schmidt/Wollenschläger, Kompendium Öffentliches Wirtschaftsrecht, § 12 Rn. 4 m.w.N.; *Ewald*, in: Wiedemann, Hdb. des Kartellrechts, § 7 Rn. 68 m.w.N.; *Kühling*, Sektorspezifische Regulierung, S. 37; *Knieps*, Wettbewerbsökonomie, S. 24 f.

28 *Kühling/Schall/Biendl*, Telekommunikationsrecht, Rn. 85 m.w.N.

29 Vgl. dazu *Knieps*, Wettbewerbsökonomie, S. 25; *Kühling*, Sektorspezifische Regulierung, S. 37; *Theobald/Theobald*, Grundzüge des Energiewirtschaftsrecht, S. 27 m.w.N.

30 Vgl. dazu *Kühling*, Sektorspezifische Regulierung, S. 37.

31 *Knieps*, Wettbewerbsökonomie, S. 25; vgl. dazu auch *Kühling/Schall/Biendl*, Telekommunikationsrecht, Rn. 86 mit einem Beispiel zum TK-Sektor

mehreren Nachfragern angeboten werden kann.[32] Economies of scales, economies of scope und economies of density lassen jedoch nicht per se auf ein natürliches Monopol schließen.[33] Sie müssen vielmehr sehr ausgeprägt sein, so dass es wirtschaftlich betrachtet und insbesondere aus Effizienzgesichtspunkten sinnvoller ist, wenn tatsächlich nur ein Unternehmen den gesamten Markt bedient.[34]

Daneben zeichnen sich natürliche Monopole in der Regel auch durch die Irreversibilität der Kosten aus.[35] Von dieser wird gesprochen, wenn der Wert der anfänglichen Aufwendungen bei Marktaustritt nicht wiedererwirtschaftet werden kann.[36] Das ist insbesondere bei hohen Investitionskosten der Fall, die so speziell sind, dass die damit geschaffene Investition nicht anderweitig verwendet werden kann[37] und sich daher diese Aufwendungen nicht selbst amortisieren. In diesem Zusammenhang wird auch von sunk costs (versunkenen Kosten) gesprochen.[38] Der Aufbau von Parallelnetzen ist mit hohen Investitionskosten verbunden, die sich bis zum Marktaustritt in der Regel nicht amortisieren. Würde ein neuer Wettbewerber die hohen Anfangsinvestitionen auf die Endkundenpreise abwälzen, würden seine Preise nicht konkurrenzfähig sein. Der etablierte Netzbetreiber könnte vergleichbare Güter zeitgleich zu günstigeren Konditionen anbieten. Er hat sein bestehendes Netz schon derart ausgebaut, dass ihn die sunk costs nicht mehr tangieren. Die Kosten für die Errichtung eines Parallelnetzes würden folglich nicht von einer Gewinnerzielung der neuen Netzbetreiber gedeckt werden können. Das neue Netz wird sich auf Dauer am Markt nicht durchsetzen oder halten können. Die vorhandenen Netze sind in tatsächlicher[39]

---

32 Vgl. *Kühling/Schall/Biendl*, Telekommunikationsrecht, Rn. 87.

33 Vgl. auch *Ewald*, in: Wiedemann, Hdb. des Kartellrechts, § 7 Rn. 68; i. E. auch *Kühling*, Sektorspezifische Regulierung, S. 37.

34 *Knieps*, Wettbewerbsökonomie, S. 26; *Ewald*, in: Wiedemann, Hdb. des Kartellrechts, § 7 Rn. 67 f.; *Lismann*, NVwZ 2014, 691 (692).

35 Vgl. dazu auch *Kühling*, Sektorspezifische Regulierung, S. 38.

36 *Cremer*, in: Fehling/Ruffert, Regulierungsrecht, § 5 Rn. 106; *Ludwigs*, in: Schmidt/Wollenschläger, Kompendium Öffentliches Wirtschaftsrecht, § 12 Rn. 5 m.w.N.

37 *Kühling*, Sektorspezifische Regulierung, S. 38; *Ewald*, in: Wiedemann, Hdb. des Kartellrechts, § 7 Rn. 68.

38 Vgl. *Cremer*, in: Fehling/Ruffert, Regulierungsrecht, § 5 Rn. 106; *Ewald*, in: Wiedemann, Hdb. des Kartellrechts, § 7 Rn. 68; *Ludwigs*, in: Schmidt/Wollenschläger, Kompendium Öffentliches Wirtschaftsrecht, § 12 Rn. 5.

39 Aufgrund tatsächlicher Gegebenheiten können beispielsweise nicht so viele Schienenwege parallel gebaut werden, wie es Anbieter auf dem Markt gibt.

und wirtschaftlicher[40] Hinsicht meist nicht duplizierbar.[41] Daher sind die potenziellen Marktteilnehmer auf die Partizipation an den vorhandenen Netzen angewiesen. Auch können die vorhandenen Netze meist kostengünstiger aufgerüstet werden, um auch doppelt so viele Güter anzubieten, als dies der Fall durch den Aufbau kostenintensiver neuer Leitungen bzw. Netze wäre.

Aus der Subadditivität und Irreversibilität der Kosten sowie der daraus folgenden Angewiesenheit der potenziellen Marktteilnehmer auf die Nutzung des vorhandenen Infrastrukturnetzes können Engpässe bei der Netznutzung entstehen. Bildlich gesprochen kommt es durch die natürlichen Monopolstrukturen zu sog. monopolistischen Bottlenecks.[42] Die für die Funktionsfähigkeit des Netzes wesentlichen Einrichtungen werden auch als sog. essential facilities[43] bezeichnet. Daraus folgt auch, dass sich das natürliche Monopol in einem Sektor nicht auf den gesamten Markt eines Wirtschaftsbereiches auswirkt.[44] Vielmehr knüpft die natürliche Monopolstellung nur an das jeweilige leitungsgebundene Versorgungsnetz an. Auf die dem Netzbetrieb vor- und nachgelagerten Märkte kommt es dagegen weniger an.[45] In diesen besteht meist ein eigener wettbewerbsfähiger Markt.

Die natürliche Monopolstellung führt, wie ausgeführt, dazu, dass sich im Ergebnis nur ein Unternehmen am Markt halten kann. Dies wiederum führt zum Marktversagen.[46] Ein Wettbewerb wird auf Dauer ausbleiben, wenn die Netzbetreiber ihre wesentlichen Einrichtungen nicht auch anderen Marktteilnehmern zur Nutzung zur Verfügung stellen. Natürliche Monopole können als Gegenteil des „perfekten Wettbewerbs“, bei dem eine Vielzahl von Anbietern und

---

40 Aus Kostengründen würde es sich eher rentieren mehrere Eisenbahnen über ein Gleisnetz fahren zu lassen, anstatt mehrere Gleisnetze parallel zu erbauen. Auch wäre es unwirtschaftlich Strom und Gas von verschiedenen Produzenten in ebenso vielen parallelen Strom- und Gasleitungen zu den Abnehmern zu transportieren.

41 Vgl. *Schreiber*, Zusammenspiel, S. 1.

42 Vgl. *Gersdorf*, in: Spindler/Schuster, Recht der elektronischen Medien, TKG, § 9 Rn. 28; *Ewald*, in: Wiedemann, Hdb. des Kartellrechts, § 7 Rn. 69; vgl. auch *Leschke*, in: Fehling/Ruffert, Regulierungsrecht, § 6 Rn. 99.

43 *Leschke*, in: Fehling/Ruffert, Regulierungsrecht, § 6 Rn. 99; *Ewald*, in: Wiedemann, Hdb. des Kartellrechts, § 7 Rn. 69 m.w.N.

44 Vgl. zur Eingrenzung des Monopolbereichs *Heise*, Verhältnis, S. 54.

45 So auch *Kühling*, Sektorspezifische Regulierung, S. 37.

46 Siehe hierzu *Braun*, Zugang zur Netzinfrastruktur, S. 75 ff.; vgl. auch *Kühling*, Sektorspezifische Regulierung, S. 35 ff.

Abnehmern auf dem Markt agieren, angesehen werden.[47] Unerwünschte Marktergebnisse sind die Folge[48]: Der infrastrukturelle Engpass, der aus der Angewiesenheit auf das bestehende Netz folgt, gibt dem Inhaber des betreffenden Netzes eine hohe spezifische Marktmacht.[49] Die natürliche Kontrolle unternehmerischen Handelns durch Wettbewerb kann dann schon gar nicht stattfinden. Aus dem natürlichen Monopol folgt schließlich, dass der Netzbetreiber eine überaus starke Marktmacht besitzt, die es ihm ermöglicht, andere Wettbewerber aus dem Markt fernzuhalten, Preise für seine Güter und Dienstleistungen willkürlich und ohne Rücksicht auf Angebot und Nachfrage zu fordern und somit einen Wettbewerb erst gar nicht entstehen zu lassen.

B. Wettbewerbs- und Regulierungsrecht im Infrastrukturbereich – ein kurzer Abriss

Um der natürlichen Monopolstellung von Infrastrukturnetzen und deren Ausnutzung durch die Netzinhaber und der damit verbundenen Marktmacht entgegenzuwirken, wurden bestimmte Regelungen statuiert, die zum einen freien Wettbewerb herstellen, fördern und sicherstellen sollen und zum anderen der Erfüllung der Gewährleistungsverantwortung des Staates gerecht werden. Diese Regelungen finden sich im Regulierungsrecht und im Wettbewerbsrecht. Im Folgenden wird begrifflich auf das Wettbewerbs- und Regulierungsrecht (dazu unter I.), den gesetzlichen Rahmen (dazu unter II.) sowie auf die spezifischen Instrumente dieser Bereiche (dazu unter III.) eingegangen.

I. Begriff des Wettbewerbs- und Regulierungsrechts

Um das Wettbewerbsrecht vom Regulierungsrecht abgrenzen sowie Überschneidungen feststellen zu können, ist als erstes auf die Begriffe Wettbewerb und Regulierung einzugehen. Es mag den Anschein haben, als müssten diese Begriffe nicht dargestellt werden, sind sie doch allgemein bekannt. Die Darstellung wird jedoch zeigen, dass jeweils konkrete Begriffsbestimmungen fehlen. Für die vorliegende Arbeit ist daher auf die Begriffe Wettbewerb und Wettbewerbsrecht (dazu unter 1.) sowie auf den Regulierungsbegriff und den des

---

47 *Ludwigs*, in: Schmidt/Wollenschläger, Kompendium Öffentliches Wirtschaftsrecht, § 12 Rn. 4.

48 Vgl. auch *Heise*, Verhältnis, S. 52 m.w.N.

49 Vgl. *Gersdorf*, in: Spindler/Schuster, Recht der elektronischen Medien, TKG § 9 Rn. 28.

Regulierungsrechts (dazu unter 2.) kurz einzugehen, um so den Untersuchungsgegenstand der Arbeit näher zu konkretisieren.

1. Wettbewerb und Wettbewerbsrecht

a. Wettbewerbsbegriff und Funktionen des Wettbewerbs

Nach dem allgemeinen Sprachgebrauch versteht man unter Wettbewerb das Streben mindestens zweier Personen durch den Einsatz von bestimmten Mitteln[50], ein bestimmtes Ziel zu erreichen und Sieger zu werden. Der Begriff des Wettbewerbs ist für den Sport prägend und wird dort im Sinne eines Wettkampfes verstanden. Hier geht es jedoch nicht um den sportlichen Wettbewerb. Vielmehr soll dieser hier im juristisch-wirtschaftlichen Sinne verstanden werde. Betrachtet man den Begriff Wettbewerb aus wirtschaftlicher Sicht, geht es meist um den Kampf nach möglichst guten und vielen Marktanteilen, die sich als Folge in hohen Profiten und wenig Konkurrenz widerspiegeln. Wettbewerb ist aber noch mehr! Eine einheitliche Begriffsdefinition besteht bislang auf gesetzlicher sowie allgemeingültiger Ebene nicht.[51] Ausgehend vom Gesetz – jedenfalls im Sinne des GWB – wird unter Wettbewerb ein Umstand verstanden, in dem danach gestrebt wird, „durch eigene Leistung, die nach Qualität oder Preis besser ist als die Leistung anderer Unternehmen, den Verbraucher zum Abschluss eines Vertrages zu veranlassen“[52] oder anders ausgedrückt „jede Art wirtschaftlicher Handlung […], die darauf gerichtet ist, sich im Wirtschaftskampf auf Kosten eines Mitbewerbers einen Vorteil zu verschaffen“[53]. Daher stößt man auch häufig auf Begriffsbestimmungen wie das selbständige, d. h. aus eigener Leistung resultierende, Streben mindestens zwei sich antagonistisch verhaltender Wirtschaftssubjekte (Anbieter oder Nachfrager) nach Erfolg durch Geschäftsverbindungen zu Dritten (Kunden oder Lieferanten), durch den Einsatz bestimmter Aktionsparameter[54], die das Risiko und die Chance, von dem jeweils anderen gewählt

---

50 Sei es durch Leistung, Kraft, Wissen, Qualität usw.

51 Vgl. *Leistner*, in: Gloy/Loschelder/Erdmann, Hdb. des Wettbewerbsrechts, § 4 Rn. 2 ff.; *Bunte/Stancke*, Kartellrecht, § 1, S. 1, 5; *Everling*, WuW 1990, 995 (996); *Emmerich*, Kartellrecht, § 1 Rn. 1 m.w.N.; vgl. zum ökonomischen Wettbewerbsbegriff *Ekey*, Grundrisse des Wettbewerbs- und Kartellrechts, Rn. 4.

52 BT-Drucks. 1158 vom 22.01.1955, S. 31.

53 Schriftlicher Bericht des Ausschusses für Wirtschaftspolitik (21. Ausschuss) über den Entwurf eines Gesetzes gegen Wettbewerbsbeschränkungen, BT-Drucks. II/3644 zu Drucks. 3644, 1158, Juni 1957, S. 15 zu § 1.

54 Vgl. dazu *Bunte/Stancke*, Kartellrecht, § 1, S. 10 ff.; *Kühling*, Sektorspezifische Regulierung, S. 16 f. m.w.N.

zu werden, beeinflussen und somit die Wahl zwischen verschiedenen Anbietern bzw. Nachfragern bestehen lässt. [55]

Mit Wettbewerb werden verschiedene ökonomische und gesellschaftspolitische Funktionen verknüpft.[56] Zu den ökonomischen Funktionen zählt die Steuerungs-, Ordnungs-, Antriebs- und Leistungs-, Schutz-, Belohnungs- und Auslesefunktion.[57] Zu den gesellschaftspolitischen Funktionen gehört die entmachtende Funktion sowie die Freiheitssicherungsfunktion.[58] Dementsprechend hat auch die Bundesregierung ordnungspolitische Ziele für einen funktionierenden Wettbewerb aufgestellt.[59] Wettbewerb steht in erster Linie für Steuerung und Orientierung der Wirtschaftsprozesse durch Angebot und Nachfrage. Eine Steuerung der Wirtschaft soll sowohl in quantitativer als auch in qualitativer Hinsicht erfolgen. In quantitativer Hinsicht steht ein optimaler Einsatz von Ressourcen im Vordergrund. Es soll weder ein Mangel an Gütern noch eine Verschwendung knapper Ressourcen eintreten. Der Markt soll sich effizient verhalten und auch so gestaltet werden. Wettbewerb fördert daher auch die Nachhaltigkeit.[60] In qualitativer Hinsicht sollen kostengünstige, aber dennoch qualitativ hochwertige Güter produziert und angeboten werden. Die Marktteilnehmer haben sich am technischen Fortschritt zu orientieren und sollten möglichst Innovationen hervorrufen, um den technischen Fortschritt weiterzuentwickeln. Dabei soll neben der ständigen Verbesserung der Leistung auch das Preis-Leistungs-Verhältnis optimiert werden. Dadurch wird die Konkurrenzfähigkeit nicht nur auf dem lokalen oder nationalen Markt, sondern auch auf dem internationalen Markt gestärkt. Laut Bundesregierung führt Wettbewerb zu Leistungsanreize, die wiederum Wohlstand, Arbeitsplätze und zusätzliche Wertschöpfung schaffen.[61]

---

55 Vgl. *Knöpfle*, DB 1991, 1433 ff.; *Wiedemann*, in: Wiedemann, Hdb. des Kartellrechts, § 1 Rn. 3; vgl. auch *Bunte/Stancke*, Kartellrecht, § 1, S. 5; *Kühling*, Sektorspezifische Regulierung, S. 16 f. m.w.N

56 *Wiedemann*, in: Wiedemann, Hdb. des Kartellrechts, § 1 Rn. 2; *Emmerich*, Kartellrecht, § 1 Rn. 5 ff.; *Bunte/Stancke*, Kartellrecht, § 1, S. 8 ff.

57 Vgl. zu den Funktionen *Bunte/Stancke*, Kartellrecht, § 1, S. 8 f.; *Knieps*, Wettbewerbsökonomie, S. 4 ff.; *Ekey*, Grundrisse des Wettbewerbs- und Kartellrechts, Rn. 5.

58 Vgl. *Bunte/Stancke*, Kartellrecht, § 1, S. 9; *Emmerich*, Kartellrecht, § 1 Rn. 7 ff.

59 Vgl. Stellungnahme der BReg zum Tätigkeitsbericht des BKartA 2011/2012, BT-Drucks. 17/13675 vom 29.05.2013, S. II.

60 So auch Stellungnahme der BReg zum Tätigkeitsbericht des BKartA 2011/2012, BT-Drucks. 17/13675 vom 29.05.2013, S. II.

61 Vgl. Stellungnahme der BReg zum Tätigkeitsbericht des BKartA 2011/2012, BT-Drucks. 17/13675 vom 29.05.2013, S. II.

Wettbewerb ist auch ein Zeichen für den Schutz vor einseitigen Maßnahmen. Wettbewerb bedeutet zwar ein Gewinnstreben zulasten anderer Marktteilnehmer. Dennoch kann ein solches Gewinnstreben und die Sicherstellung und Verfolgung der zuvor genannten qualitativen sowie quantitativen Aspekte nur dann erfolgen, wenn die Marktteilnehmer *miteinander konkurrieren*, es also noch andere Marktteilnehmer gibt. Wettbewerb bedeutet daher auch ein Miteinander und Gegeneinander zur gleichen Zeit. Anbieter und Nachfrager sollen durch den Wettbewerb die Möglichkeit erhalten, zwischen verschiedenen Angeboten und Nachfragen wählen zu können. Dies sichert nicht nur eine Waren- und Dienstleistungsvielfalt[62], sondern auch die Freiheit des Einzelnen bei der Wahl zwischen den Gütern von verschiedenen Anbietern selbst.

Damit die Marktteilnehmer motiviert bleiben diese „Ziele" zu erreichen, sollen sie sich auch – auf wettbewerbskonforme Weise – gegenüber schwächeren Marktteilnehmern durchsetzen können. Letztere sollen bei Wettbewerbsineffizienz aus dem Markt ausgeschlossen werden können. Denn sie zeigen, dass sie sich nicht entsprechend der oben genannten Zwecke verhalten.

Ein funktionsfähiger[63] Wettbewerb soll zugleich auch zu einer gleichmäßigen Machtverteilung[64] führen. Würde es nur ein Unternehmen am Markt geben, würde es gänzlich an einem Wettbewerb und den damit in Verbindung stehenden Funktionen und ordnungspolitischen Zielen für Wirtschaft und Gesellschaft fehlen. Dazu kann es kommen, wenn ein marktmächtiges Unternehmen seine Marktmacht immer mehr ausbaut und diese in wettbewerbsgefährdender Weise einsetzt. Daher setzt Wettbewerb u. a. auch die Relativierung der Marktmacht einzelner Unternehmen durch behördliche Kontrolle und gesetzliche Vorgaben voraus, z. B. durch die Vorschriften über die kartellrechtliche Missbrauchsaufsicht nach den §§ 19 f. GWB oder den sektorspezifischen Regulierungsvorschriften über den Netzzugang. Daneben zeichnet sich Wettbewerb auch durch Freiheit und Gleichheit von Marktteilnehmern sowie angemessenen Marktbedingungen aus, durch die jeder Marktteilnehmer im Grunde die

---

62 Vgl. Stellungnahme der BReg zum Tätigkeitsbericht des BKartA 2011/2012, BT-Drucks. 17/13675 vom 29.05.2013, S. II.

63 Zum Begriff des funktionsfähigen Wettbewerbs: auch *Kühling*, Sektorspezifische Regulierung, S. 18 m.w.N.

64 Siehe zur Machtverteilung auch Stellungnahme der BReg zum Tätigkeitsbericht des BKartA 2011/2012, BT-Drucks. 17/13675 vom 29.05.2013, S. II.

gleichen Chancen hat, sich am Markt zu behaupten. Auch ein freier Wechsel zwischen Anbieter und Nachfrager wird dadurch wieder ermöglicht. [65]

Daher kann von einem wirksamen Wettbewerb dann gesprochen werden, wenn er die oben genannten Funktionen und Ziele möglichst optimal erfüllt. Die Darstellung zeigt, dass Wettbewerb kein starrer Begriff ist, der durch eine Definition fixiert werden kann. Wettbewerb ist mehr als ein Prozess[66] zu sehen, der sich immer weiterentwickelt und vom Marktverhalten abhängt. Funktionen und Ziele führen zu einer näheren Beschreibung des Wettbewerbsbegriffs und können das dahinterstehende komplexe Gebilde[67] „Wettbewerb" einrahmen.

b. Wettbewerbsrecht

aa. Wettbewerbsrecht – ein Oberbegriff

Das Wettbewerbsrecht stellt den rechtlichen Rahmen für alle wettbewerbsrelevanten Verhaltensweisen auf. Die Summe der Vorschriften des Gesetzes gegen unlauteren Wettbewerb (UWG) sowie der Vorschriften des Gesetzes gegen Wettbewerbsbeschränkungen (GWB) und der des europäischen Wettbewerbsrecht werden gemeinsam dem Oberbegriff Wettbewerbsrecht zugeordnet. Zusammen stellen diese Regelungen das Wettbewerbsrecht im weiteren Sinne dar.[68]

Das Unlauterkeitsrecht im Sinne des UWG gilt als Wettbewerbsrecht im engeren Sinne und das Recht nach dem GWB als Kartellrecht.[69] Das klassische Kartellrecht, im Sinne des Verbotes wettbewerbswidriger Absprachen zwischen Unternehmen, macht jedoch nur einen Teil des Wettbewerbsrechts aus. Neben wettbewerbswidrigen Absprachen zwischen Unternehmen und der Zusammenschaltung von Unternehmen kontrolliert das allgemeine Wettbewerbsrecht auch Missbräuche einer marktbeherrschenden Stellung. Die §§ 19 ff. GWB auf nationaler Ebene und Art. 102 AEUV auf europäischer Ebene verbieten jeweils einseitige wettbewerbswidrige Verhaltensweisen, die eine Einschränkung der

---

65 Dazu Stellungnahme der BReg zum Tätigkeitsbericht des BKartA 2011/2012, BT-Drucks. 17/13675 vom 29.05.2013, S. II.

66 So auch *Meessen/Kersting*, in: Loewenheim/Meessen/Riesenkampff/Kersting/Meyer-Lindemann, Kartellrecht, Einf., Rn, 7.

67 Vgl. *Wiedemann*, in: Wiedemann, Hdb. des Kartellrechts, § 1 Rn. 3; *Bunte/Stancke*, Kartellrecht, § 1, S. 1.

68 So auch *Bunte/Stancke*, Kartellrecht, § 1, S. 16; *Dreher/Kulka*, Wettbewerbs- und Kartellrecht, Einl., Rn. 1.

69 Vgl. *Dreher/Kulka*, Wettbewerbs- und Kartellrecht, Einl., Rn. 21; kritisch *Bunte/Stancke*, Kartellrecht, § 1, S. 16 f.; *Meessen/Kersting*, in: Loewenheim/Meessen/Riesenkampff/Kersting/Meyer-Lindemann, Kartellrecht, Einf., Rn. 3 ff.

(bestehenden) Wettbewerbsfreiheit[70] zur Folge haben können. Das GWB mit dem Kartellrecht (ausnahmslos) gleichzusetzen, ist inhaltlich betrachtet nicht korrekt.[71] Für gewöhnlich werden jedoch diese Aspekte unter dem (gemeinsamen) Begriff Kartellrecht zusammengefasst.[72] Bei der Verwendung dieses Begriffs ist daher nicht von einem Kartellrecht im engeren Sinne, das nur das klassische Kartellrecht hinsichtlich horizontaler Zusammenschlüsse von Unternehmen umfasst, auszugehen. Kartellrecht in diesem Sinne ist weitreichender und enthält daher auch die Regelungen zur Fusionskontrolle und zur Missbrauchskontrolle. Auch das europäische Wettbewerbsrecht im AEUV (Art. 101 bis 109 AEUV) erstreckt sich neben dem Kartellrecht, welches sich auf das Kartellverbot nach Art. 101 AEUV und das Missbrauchsverbot nach Art. 102 AEUV bezieht, auch auf das Recht öffentlicher Unternehmen sowie das Beihilferecht.

Geht es um monopolistische Strukturen, spielt die marktbeherrschende Stellung der Unternehmen eine besondere Rolle. Wie bereits eingangs angesprochen, ist es den Infrastrukturmonopolisten aufgrund ihrer Stellung möglich, andere Marktteilnehmer aus dem jeweiligen Markt rund um den Netzbetrieb fernzuhalten. Dies kann unter wettbewerbswidriger Ausnutzung der Markstellung des Monopolisten zu einem Marktversagen führen. Willkürliche Preisgestaltung und Einschränkung der Wettbewerbsfreiheit wären die Folge. Genau diese wettbewerbswidrige Ausnutzung der Marktstellung ist jedoch nach den §§ 19 f. GWB und Art. 102 AEUV verboten. Das Unlauterkeitsrecht spielt dagegen bei dem Netzzugang als solchen nur eine geringe bis keine Rolle. Im Rahmen dieser Arbeit wird daher nur auf das Wettbewerbsrecht im Sinne des europäischen Wettbewerbsrechts nach Art. 102 AEUV und des GWB eingegangen. Das europäische Kartellverbot nach Art. 101 AEUV[73] sowie das Unlauterkeitsrecht werden bei der Bearbeitung der Fragestellung nach der parallelen Anwendung von Wettbewerbs- und Regulierungsrecht ausgeklammert.

Kartellrecht, Wettbewerbsrecht und allgemeines Wettbewerbsrecht werden, obgleich differenziert betrachtet mit diesen Begriffen unterschiedliche gesetzliche Reichweiten beschrieben werden, häufig unterschiedslos bzw. allumfassend verwendet. Da nicht Gegenstand dieser Arbeit die Begriffsdefinition von

70 *Dreher/Kulka*, Wettbewerbs- und Kartellrecht, Einl. Rn. 21.

71 Kritisch auch *Bunte/Stancke*, Kartellrecht, § 1, S. 16 f.

72 So auch *Meessen/Kersting*, in: Loewenheim/Meessen/Riesenkampff/Kerstung/Meyer-Lindemann, Kartellrecht, Einf., Rn. 4.

73 Auch sonstige Bestimmung des 3. Teil, Titel VII, Kapitel 1, Abschnitt 1 werden außer Acht gelassen.

Wettbewerbsrecht ist, werden diese Begriffe zur Vereinfachung auch innerhalb dieser Arbeit gleichbedeutend verwendet. Bei der Verwendung der vorgenannten Begriffe im Rahmen dieser Arbeit sind allerdings nur das GWB sowie die Wettbewerbsvorschriften nach dem AEUV gemeint.

bb. Ziel und Zweck des Wettbewerbsrechts

Wie schon bei der Begriffsbestimmung aufgeführt, soll Wettbewerb u. a. für eine freie Entfaltung der Marktteilnehmer stehen. Das Wettbewerbsrecht steht daher auch für die Förderung des freien Wettbewerbs durch staatliche Maßnahmen. Zweck des Wettbewerbsrechts ist es in erster Linie, die Freiheit des Wettbewerbs zu schützen.[74] Kontrolliert werden die Unternehmensstrukturen und Verhaltensweisen marktbeherrschender Unternehmen. Die Ausnutzung der marktbeherrschenden Stellung soll durch Verbotstatbestände und den Kontrollrechten der Wettbewerbsbehörden verhindert, beendet und sanktioniert werden.[75] Im Fokus liegen somit wettbewerbsbeschränkende Verhaltensweisen. Wettbewerbsbeschränkend können Verhaltensweisen jedoch begriffsnotwendig erst dann sein, wenn sie auf den Wettbewerb einwirken. Dies setzt einen bestehenden Wettbewerb voraus. Wettbewerbsrecht geht somit vom Vorliegen eines Wettbewerbs aus. Die Schaffung von Wettbewerb stellt daher kein Ziel des Wettbewerbsrechts dar. Vielmehr kommt es dem Wettbewerbsrecht auf den Schutz des Wettbewerbs an.[76]

Zwar knüpfen die Missbrauchstatbestände der §§ 19 f. GWB und des Art. 102 AEUV an das Vorliegen einer beherrschenden Stellung an. Aus ihnen geht allerdings auch hervor, dass eine solche Stellung nicht per se verboten wird. Marktbeherrschung kann aufgrund externer Faktoren Folge des Wettbewerbs am Markt sein. Dasjenige Unternehmen, das die oben genannten Funktionen und Ziele des Wettbewerbs am besten umsetzt, wird sich auch gegenüber den Marktteilnehmern durchsetzen und somit an Marktmacht gewinnen. Dies ist eine natürliche Folge eines funktionierenden Wettbewerbs und ist nach der oben angesprochenen Auslesefunktion des Wettbewerbs zudem erwünscht. Erst die

74 BGH, Urt. v. 06.11.2013 – KZR 58/11 Rn. 43 = BGHZ 199, 1 (6) = NZKart 2014, 31 (32); *Wiedemann*, in: Wiedemann, Hdb. des Kartellrechts, § 1 Rn. 1; *Dreher/Kulka*, Wettbewerbs- und Kartellrecht, § 5 Rn. 575; *Knieps*, Wettbewerbsökonomie, S. 4.

75 Weiteres dazu unter den Instrumenten des Wettbewerbsrechts Kapitel 1/B./III./1.

76 *Bunte/Stancke*, Kartellrecht, § 1, S. 5, 8; *Meessen/Kersting*, in: Loewenheim/Meessen/Riesenkampff/Kersting/Meyer-Lindemann, Kartellrecht, Einf., Rn. 5; *Wiedemann*, in: Wiedemann, Hdb. des Kartellrechts, § 1 Rn. 1.

missbräuchliche Ausnutzung einer beherrschenden Stellung widerspricht dem Wettbewerb und wird daher durch die gesetzlichen Regelungen verboten.

Dies vorangestellt, können auch die weiteren Zwecke und Ziele des Wettbewerbsrechts aus den Funktionen und Zielen des Wettbewerbs abgeleitet werden. Auf die zuvor gemachten Aussagen ist daher an dieser Stelle zu verweisen.

2. *Regulierung und Regulierungsrecht*

Um zu verstehen, was mit Regulierungsrecht gemeint ist, ist vorab zu klären, wofür der Begriff „Regulierung" steht. Für den Begriff "Regulierung" existiert – ähnlich wie für den Begriff Wettbewerb – keine einheitliche Definition.[77]

a. *Allgemeine Begriffsbestimmung*

Als erster Anhaltspunkt für die Definition des Begriffs Regulierung dient der lateinische Begriff *regula*[78], was übersetzt mit Richtschnur, Maßstab, Norm oder Ordnungsregel gleichzusetzen ist. Darunter fällt sämtliches normierendes und normgesteuertes Handeln[79], was jedoch zu allgemein und wenig aussagekräftigt ist.[80]

Auch der allgemeine Sprachgebrauch kann bei der Bestimmung einer Definition nicht herangezogen werden. Er ist seiner Natur entsprechend zu allgemein gehalten und kann nicht für einen konkreten, abgrenzbaren und juristischen Gebrauch übernommen werden. Nach dem allgemeinen Sprachgebrauch wird unter „Regulierung" Ordnung und Steuerung verstanden.[81] Ferner kann nach ihm „regulieren" auch als die Gestaltung nach bestimmten Gesichtspunkten oder auch die Schaffung eines festen, geordneten Ablaufs verstanden werden, so dass etwas in ordnungsgemäßen Bahnen verläuft.[82] Der allgemeine Sprachgebrauch

77 Vgl. schon *Ruffert*, AöR 124 (1999), 237 (241); *Kühling*, Sektorspezifische Regulierung, S. 11 ff; *Kämmerer*, Privatisierung, S. 479 ff.; *Ruffert*, in: Fehling/Ruffert, Regulierungsrecht, § 7 Rn. 1; *Schulte/Kloos/Apel*, in: Schulte/Kloos, Hdb. Öffentliches Wirtschaftsrecht, § 1 Rn. 111; *Ludwigs*, in: Schmidt/Wollenschläger, Kompendium Öffentliches Wirtschaftsrecht, § 12 Rn. 1 jeweils m.w.N.

78 Vgl. dazu auch *Ruffert*, in: Fehling/Ruffert, Regulierungsrecht, § 7 Rn. 4.

79 Vgl. *Ruffert*, in: Fehling/Ruffert, Regulierungsrecht, § 7 Rn, 4; vgl. auch die Ansätze von *Kühling*, Sektorspezifische Regulierung, S. 12 f.

80 So auch *Ruffert*, in: Fehling/Ruffert, Regulierungsrecht, § 7 Rn. 4.

81 Abgeleitet aus der synonymen Verwendung siehe https://www.duden.de/rechtschreibung/Regulierung, (zuletzt abgerufen am 16.12.2018).

82 Vgl. https://www.duden.de/rechtschreibung/regulieren, (zuletzt abgerufen am 16.12.2018).

kann somit nicht weiterhelfen; ein anderer Ansatz ist für die Begriffsklärung zu wählen.

b. Anknüpfung an Ziel und Zweck der Regulierung

Jedoch kann der Inhalt der Regulierungsgesetze zu einer genaueren Begriffsbestimmung führen. Eine Legaldefinition des Begriffs Regulierung enthält keines der Regulierungsgesetze. Auffällig ist die Verwendung des Begriffs Regulierung im Zusammenhang mit der Erreichung des jeweiligen Gesetzeszwecks und der Ziele der Regulierungsgesetze (vgl. § 1 Abs. 2 EnWG, §§ 1, 2 Abs. 2 TKG, § 3 ERegG).[83] Der Regulierungsbegriff als solcher wird – ähnlich wie der Wettbewerbsbegriff im Wettbewerbsrecht – vorausgesetzt,[84] wohingegen Ziele, Zwecke und die durch die Regulierung anzuwendenden Regulierungsmaßnahmen benannt und konkretisiert werden. Ziel dieser Arbeit ist es jedoch nicht, den Begriff Regulierung abschließend und vollumfänglich zu definieren. Dies ist in Anbetracht der bestehenden Ansätze und unter Beachtung des eigentlichen Themas in der Kürze auch nicht möglich. Daher soll dieser Arbeit ein Regulierungsbegriff zugrunde gelegt werden, der sich im Wesentlichen gesetzesübergreifend an der Ziel- und Zwecksetzung der Regulierungsgesetze insgesamt orientiert, um auch im Rahmen des Regulierungsrechts den Untersuchungsgegenstand näher eingrenzen zu können. Ziele und Zwecke des Regulierungsrechts sind jedoch in den einzelnen Regulierungsgesetzen nicht einheitlich formuliert. Sie stehen im engen Zusammenhang mit den jeweils sektorspezifischen Besonderheiten.[85] Aus den einzelnen Gesetzen lässt sich dennoch abstrakt und überblicksartig der Schwerpunkt der Regulierung als solcher ableiten. Er liegt in der Schaffung und Förderung von Wettbewerb, der Sicherheit, dem Natur- und Umweltschutz, der Daseinsvorsorge und der Gewährleistung der Erfüllung von Gemeinwohlbelangen. Grob lassen sich diesen Aspekten zwei Gruppen zuordnen: Zum einen die Schaffung und Förderung eines unverfälschten Wettbewerbs und zum anderen die Gewährleistung des Gemeinwohls.

83 Zum instrumentalisierten Regulierungsbegriff *Ziekow*, Öffentliches Wirtschaftsrecht, § 13 Rn. 3.

84 *Ziekow*, Öffentliches Wirtschaftsrecht, § 13 Rn. 5.

85 Vgl. eine Aufzählung der Regulierungsziele in *Lepsius*, in: Fehling/Ruffert, Regulierungsrecht, § 19 Rn 11 ff.

aa. Schaffung von Wettbewerb

Wie zuvor dargestellt, ist durch die natürliche Monopolstellung von bestimmten Infrastruktureinrichtungen nicht sichergestellt, dass ein funktionsfähiger Wettbewerb betrieben wird oder werden kann. Der Netzinhaber hat eine außerordentliche Stellung, die es ihm ermöglicht, andere potenzielle Wettbewerber von vornherein aus einem möglichen Wettbewerbsverhältnis auszuschließen. Auch durch die Privatisierung und Liberalisierung einst staatlicher Monopole innerhalb verschiedener Infrastrukturbereiche wurde noch nicht vollständig ein wirksamer eigenständiger Wettbewerb geschaffen.

Unter Bezugnahme dieses Problems und der Regelungszwecke der einzelnen, hier zu untersuchenden, Regulierungsgesetze wird deutlich, dass Regulierung u. a. dazu dient, dort einen nachhaltigen Wettbewerb her- bzw. sicherzustellen, wo dies aufgrund Marktversagens unterbleibt.[86] So dient nach § 1 Abs. 2 EnWG die Regulierung der Energiewirtschaft u. a. auch „der Sicherstellung eines wirksamen und unverfälschten Wettbewerbs bei der Versorgung mit Elektrizität und Gas". Auch § 1 des TKG benennt als einen Zweck des Gesetzes, den Wettbewerb im Bereich der Telekommunikation zu fördern. Daneben bestimmt auch § 2 Abs. 2 Nr. 2 TKG ausdrücklich „die Sicherstellung eines chancengleichen Wettbewerbs und die Förderung nachhaltig wettbewerbsorientierter Märkte" im Telekommunikationsbereich als Ziel der Regulierung. Auch aus § 3 Nr. 2 ERegG wird eine gleiche Zielrichtung ersichtlich. Danach ist Ziel der Regulierung des Eisenbahnsektors u. a. die „Förderung und Sicherstellung eines wirksamen Wettbewerbs in den Eisenbahnmärkten". Zudem ist nach dem materiellen Inhalt der Regulierungsgesetze die Regulierung im Zentrum auf den Zugang zu Netzen und Infrastruktureinrichtungen gerichtet. Im Mittelpunkt des Regulierungsrechts stehen Ansprüche auf Netzanschluss und -zugang sowie die Regelung der entsprechenden Gegenleistung, den Entgelten. Regulierung bedeutet demnach Öffnung der Netze für andere Marktteilnehmer. Regulierung kann zusammengefasst als Maßnahme zur Behebung des Marktversagens verstanden werden.[87]

86 *Ruffert*, in: Fehling/Ruffert, Regulierungsrecht, § 7 Rn. 19; *Lismann*, NVwZ 2014, 691 (692); *Staebe/Schmitt*, in: Schmitt/Staebe, Eisenbahn-Regulierungsrecht, Rn. 2; vgl. auch *Schulte/Kloos/Apel*, in: Schulte/Kloos, Hdb. öffentliches Wirtschaftsrecht, § 1 Rn. 112.

87 *Ruffert*, in: Fehling/Ruffert, Regulierungsrecht, § 7 Rn. 19 m.w.N.

Ferner wird das Regulierungsrecht aufgrund der Ziel- und Zweckrichtung auch als Privatisierungsfolgenrecht angesehen.[88] Dies gilt insbesondere hinsichtlich der Bereiche des Telekommunikations- und Eisenbahnsektors, in denen die vormals staatlichen Monopole aufgebrochen wurden.[89]

bb. Erfüllung des Gewährleistungsauftrages

Durch die Aufbrechung der einst rein staatlichen Monopolstrukturen und die Öffnung des Marktes für private Unternehmen und die damit einhergehende Übertragung von Netzen, Einrichtungen und Anlagen auf Privatrechtssubjekte kann der Staat die Erfüllung der Gemeinwohlinteressen nicht mehr unmittelbar selbst ausführen. Die Erfüllung der Gemeinwohlbelange der Bürger liegt nun in den Händen privater Unternehmen. Durch diesen Paradigmenwechsel[90] wurde der Staat allerdings nicht von seiner Verantwortung, die Gemeinwohlinteressen sicherzustellen, befreit. Er hat sich durch die Privatisierung und Liberalisierung der Netze zwar aus der Erfüllungs-[91], nicht aber aus der Gewährleistungsverantwortung[92] zurückgezogen.[93] Er hat dafür einzustehen und sicherzustellen, dass die öffentlichen Aufgaben, die auf private Unternehmen übertragen wurden, hier insbesondere die Bereitstellung von Gütern und Dienstleistung über Infrastrukturnetzen, durch diese auch tatsächlich erfüllt werden.[94] Dies wird auch aus den Art. 87e Abs. 4 und 87f Abs. 1 GG ersichtlich, die den Gewährleistungsauftrag gesetzlich fixieren. Demnach besteht eine Gewährleistungsverantwortung

---

88 *Ruffert*, AöR 124 (1999), 237 (246 ff.); *Säcker*, AöR 130 (2005), 180 (186); *Kämmerer*, Privatisierung, S. 489 ff.; *Ludwigs*, in: Schmidt/Wollenschläger, Kompendium Öffentliches Wirtschaftsrecht, § 12 Rn. 2 m.w.N.

89 Kritisch *Ludwigs*, in: Schmidt/Wollenschläger, Kompendium Öffentliches Wirtschaftsrecht, § 12 Rn. 2.

90 Hier ist die Liberalisierung und Privatisierung der einst staatlichen Infrastrukturmonopole gemeint, vgl. zum TK-Sektor *Eifert*, Gewährleistungsstaat, S. 22.

91 Vgl. zur Abgrenzung von Erfüllungs- und Gewährleistungsverantwortung Ziekow, Öffentliches Wirtschaftsrecht, § 13 Rn. 9.

92 Vgl. *Oster*, in: Hoeren/Sieber/Holznagel, Multimedia-Recht, Teil 4 Telekommunikationsrechtliche Vorfragen, Rn. 10; *Ziekow*, Öffentliches Wirtschaftsrecht, § 13 Rn. 8 ff.; *Ludwigs*, in: Schmidt/Wollenschläger, Kompendium Öffentliches Wirtschaftsrecht, § 12 Rn. 3; *Schmidt-Aßmann*, Ordnungsidee, Kap. 3, S. 172 Rn. 114 ff.

93 Vgl. auch *Lepsius*, in: Fehling/Ruffert, Regulierungsrecht, § 4 Rn. 4; vgl. auch *Eifert*, Gewährleistungsstaat, S. 22.

94 *Oster*, in: Hoeren/Sieber/Holznagel, Multimedia-Recht, Teil 4 Telekommunikationsrechtliche Vorfragen, Rn. 10; *Ludwigs*, in: Schmidt/Wollenschläger, Kompendium Öffentliches Wirtschaftsrecht, § 12 Rn. 3.

für den Eisenbahn-, Telekommunikations- und Postsektor.[95] Gleiches gilt auch für den Energiesektor.[96] Für diesen ergibt sich der staatliche Gewährleistungsauftrag aus einer Kombination von Grundrechten, Sozialstaatsprinzip und der Pflicht zur Herstellung gleichwertiger Lebensverhältnisse nach Art. 72 Abs. 2 GG sowie dem Ausgleich unterschiedlicher Wirtschaftskraft nach Art. 104b Abs. 1 Nr. 2 GG.[97]

Um dem staatlichen Gewährleistungsauftrag gerecht zu werden, tritt der Staat durch die Auferlegung von Regulierungsvorgaben lenkend auf.[98] Aus den jeweiligen Regulierungsgesetzzwecken geht hervor, dass im Rahmen der Regulierung auch die Befriedigung der Gemeinwohlbelange Beachtung finden soll. So besteht der Zweck der Regulierung des Energiesektors nach § 1 Abs. 1 EnWG auch in einer „möglichst sichere[n], preisgünstige[n], verbraucherfreundliche[n], effiziente[n] und umweltverträgliche[n] leitungsgebundene[n] Versorgung der Allgemeinheit mit Elektrizität und Gas, die zunehmend auf erneuerbaren Energien beruht". Im Vordergrund steht somit auch die Sicherstellung der Erfüllung des Gemeinwohlinteresses, im Sinne einer Versorgungssicherheit und der Sicherheit im technischen Sinne[99], wie dies auch in § 49 Abs. 1 EnWG näher konkretisiert wird. Auch § 1 TKG nennt neben der Wettbewerbsförderung noch die Universaldienstgewährung sowie die Infrastrukturförderung als grundlegende Regulierungszwecke. Das Gemeinwohlinteresse soll gefördert sowie für den Gewährleistungsauftrag erfüllt werden. Aus § 3 Nr. 5 ERegG ergibt sich ebenfalls die Erfüllung des Gewährleistungsauftrags. Danach ist das Ziel der Regulierung des Eisenbahnsektors „die Gewährleistung eines sicheren, leistungsfähigen und zuverlässigen Betriebs der Eisenbahninfrastruktur".

Daneben sprechen auch die sektorspezifischen Regelungen, die eine Mindestversorgung durch die branchenspezifische Leistung vorsehen, sog.

95 Vgl. *Möstl*, in: Maunz/Dürig, Grundgesetz, Band 5, Art. 87f Rn. 73; *Remmert*, in: Epping/Hillgruber, BeckOK GG, Art. 87f Rn. 8 ff.; *Eifert*, Gewährleistungsstaat, S. 22 ff.; *Cornils*, AöR 131 (2006), 378 ff.; *Groebel*, in: Schulte/Kloos, Handbuch Öffentliches Wirtschaftsrecht, § 9 Rn. 8.

96 *Ludwigs*, in: Schmidt/Wollenschläger, Kompendium Öffentliches Wirtschaftsrecht, § 12 Rn. 3.

97 *Ludwigs*, in: Schmidt/Wollenschläger, Kompendium Öffentliches Wirtschaftsrecht, § 12 Rn. 3 m.w.N.

98 Vgl. auch *Ziekow*, Öffentliches Wirtschaftsrecht, § 13 Rn. 10.

99 *Klees*, Energiewirtschaftsrecht, Kap. 1, A., Rn. 16.

Universaldienst[100], für die Verfolgung des Gewährleistungsauftrages.[101] Regulierung steht folglich auch für die Sicherstellung der Erfüllung öffentlicher Aufgaben im Gewährleistungsstaat[102].[103]

c. *Abschließende Bewertung des Begriffs der Regulierung und des Regulierungsrechts*

Auf den ersten Blick ist Regulierung ein klarer und geläufiger Begriff. Bei genauerer Betrachtung und dem Versuch, eine abschließende Definition zu entwickeln, zeigt sich jedoch ein anderes Bild. Der Regulierungsbegriff wird in vielfacher Hinsicht lediglich vorausgesetzt, ohne jedoch selbst definiert zu werden. Eine eigenständige und einheitliche Definition besteht nicht.

Hier wird zur Darstellung des Regulierungsbegriffs von den Zielen und Zwecken der Regulierungsgesetze ausgegangen. Anders als das allgemeine Wettbewerbsrecht erstreckt sich das Regulierungsrecht konkret auf bestimmte Sektoren, die durch unterschiedliche Besonderheiten geprägt sind. Die Folge ist, dass kein allgemeines einheitliches Regulierungsrecht besteht. Es bestehen vielmehr sektorspezifische Regulierungsgesetze, die an die Eigenart des jeweiligen Sektors angepasst sind. Die kurze Darstellung der Ziele und Zwecke lässt erkennen, dass diese Regulierungsgesetze in Ziel- und Zweckrichtung Überschneidungen und auch gemeinsame, für das Regulierungsrecht prägende, Merkmale aufweisen. Aus diesen geht eine zweifache Lenkungswirkung hervor: Zum einen die Schaffung eines chancengleichen, diskriminierungsfreien und angemessenen Wettbewerbs und zum anderen die Erfüllung des staatlichen Gewährleistungsauftrages.

---

100 Vgl. §§ 78 ff. TKG, § 36 EnWG ergänzt durch die Stromgrundversorgungsverordnung (StromGVV) vom 26. Oktober 2006, zuletzt geändert durch Art. 9 des Gesetzes vom 29. August 2016, BGBl. I S. 2034; Gasgrundversorgungsverordnung (GasGVV) vom 26. Oktober 2006, zuletzt geändert durch Art. 10 des Gesetzes vom 29. August 2016, BGBl. I S. 2034.

101 So auch *Fetzer*, in: Schulte/Kloos, Hdb. öffentliches Wirtschaftsrecht, § 8 Rn. 9; *Ludwigs*, in: Schmidt/Wollenschläger, Kompendium öffentliches Wirtschaftsrecht, § 12 Rn. 33.

102 Zum Begriff des Gewährleistungsstaates *Eifert*, Gewährleistungsstaat, S. 18 ff. m.w.N.; *Ziekow*, Öffentliches Wirtschaftsrecht, § 13 Rn. 8; *Ruffert*, in: Fehling/Ruffert, Regulierungsrecht, § 7 Rn. 31 ff.; *Ludwigs*, in: Schmidt/Wollenschläger, Kompendium Öffentliches Wirtschaftsrecht, § 12 Rn. 3 m.w.N.

103 *Lismann*, NVwZ 2014, 691 (692); *Ruffert*, in: Fehling/Ruffert, Regulierungsrecht, § 7 Rn. 59; *Schulte/Kloos/Apel*, in: Schulte/Kloos, Hdb. öffentliches Wirtschaftsrecht, § 1 Rn. 113.

Regulierung wird daher hier im Sinne von staatlichen Maßnahmen zur Schaffung und Aufrechterhaltung einer Wettbewerbsgrundlage, im Sinne eines wettbewerbsfähigen Marktes mit chancengleichen, diskriminierungsfreien und angemessenen Marktbedingungen, die aufgrund der natürlichen Infrastrukturmonopole und des folgenden Marktversagens ausgeblieben sind, und zur Sicherstellung der Erfüllung des staatlichen Gewährleistungsauftrages, verstanden. Regulierung ist folglich eine Kombination von Wettbewerbsschaffung und der Verfolgung sozialer Ziele. Aufgrund des Wettbewerbsbezuges ist Regulierung eng mit dem allgemeinen Wettbewerbsrecht verbunden.[104]

Abschließend bleibt festzuhalten, dass Regulierungsrecht die Summe der Regulierungsnormen umfasst, durch die der Staat lenkend und gestaltend auf bestimmte Sektoren der Netzwirtschaft einwirkt, um einen nachhaltigen dauerhaften Wettbewerb zu schaffen und sicherzustellen sowie dem eigenen Gewährleistungsauftrag gerecht zu werden.[105]

II. Rechtlicher Rahmen

Um den – die Basis für die hier gestellte Untersuchungsfrage der parallelen Anwendung von Wettbewerbs- und Regulierungsrecht auf Infrastrukturmonopole bildenden – Hintergrund weiter darzulegen und rechtlich einzugrenzen, ist auch auf den rechtlichen Rahmen des Wettbewerbs- und des Regulierungsrechts näher, aber dennoch in gebotener Kürze, einzugehen.

1. Wettbewerbsrecht

a. Auf europäischer Ebene

Grundlage des europäischen Wettbewerbsrechts bildet die europäische Wirtschaftsverfassung. Innerhalb dieser ist das europäische Wettbewerbsrecht in den Art. 101 bis 103 AEUV geregelt. Art. 101 und 102 AEUV bilden dabei die Eckpfeiler der europäischen Wettbewerbsregeln.[106] Auf Art. 101 AEUV soll es, wie zuvor dargestellt, jedoch nicht ankommen. Der Fokus liegt vielmehr auf Art. 102 AEUV, der missbräuchliche Verhaltensweisen beherrschender Unternehmen

104 Dies wird auch an späterer Stelle daraus ersichtlich, dass grundsätzlich eine parallele Anwendung von Regulierungs- und Wettbewerbsrecht aufgrund Überschneidungen von Anwendungsbereichen besteht.

105 Vgl. *Lismann*, NVwZ 2014, 691 (692); *Kühling*, Sektorspezifische Regulierung, S. 13; *Ruffert*, in: Fehling/Ruffert, Regulierungsrecht, § 7 Rn. 58 f.

106 Vgl. *Wolf*, in: Berliner Kommentar zum Energierecht, Band 2, Art. 102 AEUV, Rn. 1.

unter Verbot stellt. Eine missbräuchliche Ausnutzung der beherrschenden Stellung kommt insbesondere im Zusammenhang mit der Marktzutrittsverweigerung in Betracht. Unter dem Grundsatz der „Essential-Facilities-Doktrin" wird ein besonderer Fall[107] des Verstoßes gegen Art. 102 AEUV aufgrund einer Marktzutrittsbehinderung angenommen und gleichzeitig eine solche Situation umschrieben, in der der Zugang zu der notwendigen Einrichtung – der „essential facilitie" – gewährt werden muss, um den Wettbewerb nicht missbräuchlich zu beeinträchtigen. Die ursprünglich aus dem amerikanischen Antitrust Law[108] stammende „Essential-Facilities-Doktrin" wurde von der Europäischen Kommission[109] und ihr folgend auch durch den EuGH[110] übernommen. Bedeutung erlangte sie insbesondere im Rahmen von natürlichen Monopolen.[111] Nach der Doktrin wird ein missbräuchliches Verhalten im Sinne des Art. 102 Satz 1 AEUV dann angenommen, wenn ein marktbeherrschendes Unternehmen anderen Unternehmen den Zugang zu selbstgenutzten wesentlichen Einrichtungen ohne sachlichen Grund verwehrt.[112] Unter wesentlichen Einrichtungen sind solche Einrichtungen zu verstehen, ohne deren Nutzung allen potenziellen Wettbewerbern die Teilnahme an den der Einrichtung vor- und nachgelagerten anknüpfenden Märkten aus tatsächlichen oder wirtschaftlichen Gründen unmöglich bzw.

---

107 Siehe auch *Bunte/Stancke*, Kartellrecht, § 5, S. 190.

108 Der Ursprung der essential-facilities-Doktrin im amerikanischen Recht geht auf die „Terminal-Railroad"- Entscheidung von 1912 zurück, United States v. Terminal Railroad Association, 224 U.S. 383 (1912).

109 Vgl. die drei Hafen-Entscheidungen: Europäischen Kommission, v. 11.6.1992 – Rs. IV/34.174 - „Sealink I" (im ABl. nicht veröffentlicht); 94/19/EG, Europäische Kommission, Entscheidung v. 21.12.1993, ABl. 1994 Nr. L 15, S. 8 ff., Rn. 66 - „Sealink II"; 94/119/EG, Europäische Kommission, Entscheidung v. 21.12.1993, ABl. 1994, L 55, S. 52 ff., Rn. 12 - „Hafen von Rodby".

110 Vgl. EuGH, Urt. v. 06.04.1995 – Rs. C-241/91 P und C-242/91 P, Slg. 1995, I-743 ff. – „Magill" = GRUR Int. 1995, 490 = ZUM 1996, 78; EuGH, Urt. v. 26.11.1998 – Rs. C-7/97, Sgl. 1998, I-7791 – „Oscar Bronner" = NJW 1999, 262; EuGH, Urt. v. 29.04.2004 – Rs. C-418/01, Sgl. 2004, I-5039 – „IMS Health" = NJW 2004, 2725 = GRUR 2004, 524.

111 Vgl. *Deselaers*, in: Grabitz/Hilf/Nettesheim, Recht der Europäischen Union, Art. 102 AEUV, Rn. 465 f. mit einer Aufzählung der verschiedenen in Betracht kommenden Einrichtungen.

112 94/19/EG, Europäische Kommission, Entscheidung v. 21.12.1993, ABl. 1994 Nr. L 15, S. 8 ff., Rn. 66 - „Sealink II"; 94/119/EG, Europäische Kommission, Entscheidung v. 21.12.1993, ABl. 1994, L 55, S. 52 ff., Rn. 12 - „Hafen von Rodby"; *Fuchs/Möschel*, in: Immenga/Mestmäcker, Band 1, Art. 102 AEUV, Rn. 338; *Bunte/Stancke*, Kartellrecht, § 5, S. 190.

unzumutbar ist, da sie vergleichbare Einrichtungen selbst nicht schaffen können oder ihnen keine andere Alternative verbleibt, an dem betreffenden Markt teilzunehmen.[113] Dies ist insbesondere bei den hier behandelten monopolistischen Netzinfrastrukturen denkbar. Die „Essential-Facilities-Doktrin" wird daher auch als besonderes kartellrechtliches Institut für die Bekämpfung monopolistisch geprägter Netzwirtschaften angesehen.[114]

Neben dem primärrechtlichen Wettbewerbsrecht des AEUV bestehen auch eine Vielzahl von sekundärrechtlichen Wettbewerbsregelungen, die auf der Grundlage des Art. 103 AEUV erlassen wurden. An dieser Stelle ist insbesondere die Durchführungs-Verordnung Nr. 1/2003 (VO Nr. 1/2003)[115] zu nennen, die das Kartellverfahrensrecht regelt.[116]

Das europäische Wettbewerbsrecht wird zuvorderst durch die Kommission, daneben, wie bereits angesprochen, auch durch das BKartA durchgesetzt.[117]

b. Auf nationaler Ebene

Den rechtlichen Rahmen auf nationaler Ebene bildet das allgemeine Wettbewerbsrecht im Sinne des vielfach novellierten GWB. Es soll, wie zuvor dargestellt, den nationalen Wettbewerb und zusätzlich auch den Wettbewerb in Europa vor wettbewerbswidrigen Verhaltensweisen der am Markt teilnehmenden Unternehmen schützen.[118]

Diesbezüglich ist insbesondere auf die §§ 19, 20 GWB einzugehen. § 19 GWB enthält das Verbot des Missbrauchs marktbeherrschender Stellungen und ist somit eine dem Art. 102 AEUV gleichlautende Regelung. Wann ein Unternehmen Marktmacht besitzt, richtet sich nach den Voraussetzungen des § 18 GWB. Auf diesen ist im Rahmen dieser Arbeit nicht näher einzugehen. Sachverhalte mit monopolistisch strukturierten Unternehmen – so wie sie im Rahmen der Infrastrukturmonopole auftreten – werden immer eine entsprechende Marktbeherrschung im Sinne des § 18 GWB aufweisen. Denn ein Monopol zeichnet sich dadurch aus, dass es auf dem sachlich und räumlich relevanten Markt ohne

---

113 *Bunte/Stancke*, Kartellrecht, § 5, S. 190; *Fuchs/Möschel*, in: Immenga/Mestmäcker, Band 1, Art. 102 AEUV, Rn. 334.

114 *Ruffert*, in: Fehling/Ruffert, Regulierungsrecht, § 3 Rn. 61 f. m.w.N.

115 VO (EG) Nr. 1/2003 des Rates vom 16. Dezember 2002, ABl. 2003 Nr. L 1, S. 1, ersetzt die bis dahin geltende VO Nr. 17/62, ABl. 1962 Nr. L 13, S. 204.

116 Dazu später mehr unter Kapitel 1/B./II./1./a. und III./1.; ferner auch Kapitel 3/C.

117 Zu der Behördenzuständigkeit auf europäischer Ebene später unter Kapitel 3/C. mehr.

118 Vgl. *Ekey*, Grundrisse des Wettbewerbs- und Kartellrechts, Rn. 556.

Wettbewerber ist (§ 18 Abs. 1 Nr. 1 GWB). Es mangelt an parallelen Netzen in ein und demselben räumlich relevanten Gebiet. Die dem Netzbetrieb nachgelagerten Versorgungsunternehmen sind an die Zusammenarbeit mit den Netzbetreibern gebunden, um die Endkunden beliefern zu können.

Im Rahmen des § 19 Abs. 2 GWB ist besonders auf die durch die 6. GWB-Novelle 1998[119] eingefügte Nr. 4 (damals noch § 19 Abs. 4 Nr. 4 GWB a. F.) hinzuweisen. Sie verkörpert die „Essential-Facilities-Doktrin" auf nationaler Ebene. Immer wieder wird darauf hingewiesen, dass von § 19 Abs. 2 Nr. 4 GWB insbesondere der Energie-, Telekommunikations- und Schienensektor erfasst werden soll.[120] Das Problem der parallelen Anwendung wird gerade hieran deutlich.[121] Jedoch wird genauso häufig darauf aufmerksam gemacht, dass ein eigenständiger Anwendungsbereich des § 19 Abs. 2 Nr. 4 GWB kaum besteht.[122] Denn letztendlich haben auch die sektorspezifischen Regulierungsgesetze in ihren Netzzugangsregelungen die Kerninhalte der „Essential-Facilities-Doktrin" übernommen.[123]

Neben § 19 GWB untersagt auch § 20 GWB missbräuchliches Verhalten von Unternehmen mit relativer oder überlegender Marktmacht. Hervorzuheben ist noch § 29 GWB. Dieser sieht eine spezielle Regelung hinsichtlich eines Ausbeutungsmissbrauchs durch Energiewirtschaftsunternehmen vor.[124] Nach § 29 Satz 1 Nr. 1 GWB sind abweichende Geschäftsbedingungen (insbesondere Entgelte) von denen vergleichbarer Anbieter nur zulässig, sofern hierfür ein sachlicher Grund besteht. Nach § 29 Satz 1 Nr. 2 GWB sind dagegen absolut unangemessene Entgelte verboten.

Durchgesetzt werden diese Bestimmungen durch die Kartellbehörden[125], insbesondere durch das BKartA[126]. Das BKartA ist nach § 51 Abs. 1 GWB eine selbständige Bundesoberbehörde mit Sitz in Bonn, die sich im Geschäftsbereich

---

119 BT-Drucks. 13/9720 vom 29.01.1998.

120 Vgl. *Deister*, in: Schulte/Just, Kartellrecht, § 19 GWB, Rn. 160; *Bechtold/Bosch*, GWB, § 19 Rn. 67; *Emmerich*, Kartellrecht, § 26 Rn. 82, 83.

121 So auch *Ruffert*, in: Fehling/Ruffert, Regulierungsrecht, § 3 Rn. 62.

122 Statt vieler *Wiedemann*, in: Wiedemann, Hdb. des Kartellrechts, § 23 Rn. 231.

123 So *Ruffert*, in: Fehling/Ruffert, Regulierungsrecht, § 3 Rn. 62 m.w.N.

124 Vgl. *Ekey*, Grundrisse des Wettbewerbs- und Kartellrechts, Rn. 645; *Dreher/Kulka*, Wettbewerbs- und Kartellrecht, § 6 Rn. 792.

125 Vgl. § 48 GWB.

126 Vgl. § 48 Abs. 2 Satz 1 GWB.

des Bundesministeriums für Wirtschaft und Energie befindet. Für Beschwerden gegen Verfügungen der Kartellbehörde ist der Zivilrechtsweg eröffnet.[127]

2. Regulierungsrecht

a. Auf europäischer Ebene

Grundlage des europäischen Regulierungsrechts bildet die europäische Wirtschaftsverfassung.[128] Folglich besteht für das Regulierungsrecht das gleiche Fundament wie für das Wettbewerbsrecht. Das europäische Regulierungsrecht tritt weitestgehend in Form von umsetzungsbedürftigem europäischem Sekundärrecht auf. Im Folgenden sollen daher die wichtigsten Sekundärrechtsakte kurz aufgezeigt werden.

Der Energiesektor wurde durch mehrere Binnenmarktpakete geprägt. Das erste Binnenmarktpaket enthielt die Richtlinie 96/92/EG[129] (Strom) und die Richtlinie 98/30/EG[130] (Gas). Es hatte u. a. Regelungen bezüglich der Wegerechte und der getrennten Rechnungslegung zum Inhalt. Das zweite Binnenmarktpaket enthielt die Richtlinie 2003/54/EG[131] (Strom) und die Richtlinie 2003/55/EG[132] (Gas) sowie die Verordnung (EG) Nr. 1228/2003[133] über die Netzzugangsbedingungen für den grenzüberschreitenden Stromhandel. Es war auf die wettbewerbliche Öffnung des europäischen Energiemarktes und die Einführung eines regulierten Netzzugangs

---

127 Vgl. § 63 Abs. 4 GWB, der die Zuständigkeit für Entscheidungen über Beschwerden das zuständige Oberlandesgericht anordnet.

128 Vgl. *Ruffert*, in: Fehling/Ruffert, Regulierungsrecht, § 3 Rn. 1, 23; für das Eisenbahnrecht: *Staebe/Ernert*, in: Schulte/Kloos, Hdb. öffentliches Wirtschaftsrecht, § 12 Rn. 2.

129 Richtlinie 96/92/EG des Europäischen Parlaments und des Rates vom 19. Dezember 1996 betreffend gemeinsame Vorschriften für den Elektrizitätsbinnenmarkt, ABl. EG 1996 Nr. L 27, S. 20.

130 Richtlinie 98/30/EG des Europäischen Parlament und des Rates vom 22. Juni 1998 betreffend gemeinsamen Vorschriften für den Erdgasbinnenmarkt, ABl. EG 1998 Nr. L 204, S. 1.

131 Richtlinie 2003/54/EG des Europäischen Parlaments und des Rates vom 26. Juni 2003 über gemeinsame Vorschriften für den Elektrizitätsbinnenmarkt und zur Aufhebung der Richtlinie 96/92/EG – Erklärungen zu Stilllegungen und Abfallbewirtschaftungsmaßnahmen, ABl. EU 2003 Nr. L 176, S. 37.

132 Richtlinie 2003/55/EG des Europäischen Parlaments und des Rates vom 26. Juni 2003 über gemeinsame Vorschriften für den Erdgasbinnenmarkt und zur Aufhebung der Richtlinie 98/30/EG, ABl. EU 2003 Nr. L 176, S. 57.

133 Verordnung (EG) Nr. 1228/2003 des Europäischen Parlaments und des Rates vom 26. Juni 2003 über die Netzzugangsbedingungen für den grenzüberschreitenden Stromhandel, ABl. EU 2003 Nr. L 176, S. 1.

gerichtet. 2004 folgte die Richtlinie über Maßnahmen zur Gewährleistung der sicheren Erdgasversorgung[134] und 2006 die Energieeffizienzrichtlinie[135]. Im Jahr 2009 folgte das dritte Binnenmarktpaket mit der Elektrizitätsrichtlinie[136], der Erdgasrichtlinie[137], der Agentur-Verordnung[138], Stromnetzzugangsverordnung[139] und der Erdgaszugangsverordnung[140], die die Entflechtung der Unternehmen zum Gegenstand hatten. In Art. 194 AEUV enthält das europäische Primärrecht sogar einen eigenen Energiekompetenztitel.[141]

Zuletzt wurde mit dem am 30. November 2016 vorgestellten EU-Winterpaket bzw. dem „Clean-Energy-for-all-Europeans"-Paket eine Energieunion angestrebt.[142] Durch dieses Winterpaket soll die Energie- und Klimapolitik in der EU bis 2030 gestaltet werden. Das Winterpaket beinhaltet die Novellierung der Energieeffizienzrichtlinie[143] und der

---

134 Richtlinie 2004/67/EG des Rates vom 26. April 2004 über Maßnahmen zur Gewährleistung der sichern Erdgasversorgung, ABl. EU 2004 Nr. L 127, S. 92.

135 Richtlinie 2006/32/EG des Europäischen Parlaments und des Rates vom 5. April 2006 über Endenergieeffizienz und Energiedienstleistungen und zur Aufhebung der Richtlinie 93/76/EWG des Rates, ABl. EU 2006, Nr. L 114, S. 64.

136 Richtlinie 2009/72/EG des Europäischen Parlaments und des Rates vom 13. Juli 2009 über gemeinsame Vorschriften für den Elektrizitätsbinnenmarkt und zur Aufhebung der Richtlinie 2003/54/EG, ABl. EU 2009 Nr. L 211, S. 55.

137 Richtlinie 2009/73/EG des Europäischen Parlamentes und des Rates vom 13. Juli 2009 über gemeinsame Vorschriften für den Erdgasbinnenmarkt und zur Aufhebung der RL 2003/55/EG, ABl. EU 2009 Nr. L 211, S. 94.

138 Verordnung (EG) Nr. 713/2009 des Europäischen Parlaments und des Rates vom 13. Juli 2009 zur Gründung einer Agentur für die Zusammenarbeit der Energieregulierungsbehörden, ABl. EU 2009 Nr. L 211, S. 1.

139 Verordnung (EG) Nr. 714/2009 des Europäischen Parlaments und des Rates vom 13. Juli 2009 über die Netzzugangsbedingungen für den grenzüberschreitenden Stromhandel und zur Aufhebung der VO (EG) Nr. 1228/2003, ABl. EU 2009 Nr. L 211, S. 15.

140 Verordnung (EG) Nr. 715/2009 des Europäischen Parlaments und des Rates vom 13. Juli 2009 über die Bedingungen für den Zugang zu den Erdgasfernleitungsnetzen und zur Aufhebung der VO (EG) Nr. 1775/2005, ABl. EU 2009 Nr. L 211, S. 36.

141 Vgl. dazu *Franke*, in: Schulte/Kloos, Hdb. öffentliches Wirtschaftsrecht, § 10 Rn. 2; *Kment*, in: Schmidt/Wollenschläger, Kompendium öffentliches Wirtschaftsrecht, § 13 Rn. 6 ff.

142 Vgl. dazu Mitteilung der Kommission vom 30.11.2016, „Saubere Energie für alle Europäer", COM(2016) 860 final; oder unter https://ec.europa.eu/energy/en/news/commission-proposes-new-rules-consumer-centred-clean-energy-transition (zuletzt abgerufen am 16.12.2018).

143 Richtlinie 2012/27/EU des Europäischen Parlaments und des Rates vom 25. Oktober 2012 zur Energieeffizienz, zur Änderung der Richtlinie 2009/125/EG und 2010/30/

Gebäudeeffizienzrichtlinie[144], die Neufassung der Erneuerbare-Energien-Richtlinie[145] zur Förderung der erneuerbaren Energie, der Elektrizitätsrichtlinie[146], der Stromnetzzugangsverordnung durch eine Elektrizitätsbinnenmarktverordnung[147] für eine erweiterte Netzeröffnung auch im Bereich der erneuerbaren Energien, der Agentur-Verordnung[148] und der Verordnung zu Risikoversorgungsmaßnahmen[149], durch die die Elektrizitätsversorgungssicherheitsrichtlinie[150] ersetzt werden soll, sowie eine neue Verordnung über das Governance-System der Energieunion

---

EU und zur Aufhebung der Richtlinie 2004/8/EG und 2006/32/EG, ABl. EU 2012 Nr. L 315, S. 1; vgl. dazu den Vorschlag der Kommission für eine Richtlinie des Europäischen Parlaments und des Rates zur Änderung der Richtlinie 2012/27/EU zur Energieeffizienz, vom 30.11.2016, COM(2016) 761 final - 2016/0376 (COD).

144 Richtlinie 2010/31/EU des Europäischen Parlaments und des Rates vom 19. Mai 2010 über die Gesamtenergieeffizienz von Gebäuden, ABl. EU 2010 Nr. L 153, S. 13; vgl. dazu den Vorschlag der Kommission für eine Richtlinie des Europäischen Parlaments und des Rates zur Änderung der Richtlinie 2010/31/EU über die Gesamtenergieeffizienz von Gebäuden vom 30.11.2016, COM(2016) 765 final - 2016/0381 (COD).

145 Richtlinie 2009/28/EG des Europäischen Parlaments und des Rates vom 23. April 2009 zur Förderung der Nutzung von Energie aus erneuerbaren Quellen und zur Änderung und anschließenden Aufhebung der Richtlinie 2001/77/EG und 2003/30/EG, ABl. EU 2009 Nr. L 140, S. 16; vgl. dazu den Vorschlag der Kommission für eine Richtlinie des Europäischen Parlaments und des Rates zur Förderung der Nutzung von Energie aus erneuerbaren Quellen (Neufassung), vom 23.02.2017, COM(2016) 767 final/2 - 2016/0382 (COD).

146 Vgl. dazu den Vorschlag der Kommission für eine Richtlinie des Europäischen Parlaments und des Rates mit gemeinsamen Vorschriften für den Elektrizitätsbinnenmarkt (Neufassung), vom 23.02.2017, COM(2016) 864 final/2 – 2016/0380 (COD); *Schreiber*, N&R 2017, 66 (67).

147 Vgl. dazu den Vorschlag der Kommission für eine Verordnung des Europäischen Parlaments und des Rates über den Elektrizitätsbinnenmarkt (Neufassung), vom 23.02.2017, COM(2016) 861 final/2 - 2016/0379 (COD).

148 Vgl. dazu den Vorschlag der Kommission für eine Verordnung des Europäischen Parlaments und des Rates zur Gründung einer Agentur der Europäischen Union für die Zusammenarbeit der Energieregulierungsbehörden (Neufassung), vom 23.02.2017, COM(2016) 863 final/2 - 2016/0378 (COD).

149 Vgl. dazu den Vorschlag der Kommission für eine Verordnung des Europäischen Parlaments und des Rates über die Risikoversorgung im Elektrizitätssektor und zur Aufhebung der Richtlinie 2005/89/EG, vom 30.11.2016, COM(2016) 862 final – 2016/0377 (COD).

150 Richtlinie 2005/89/EG des Europäischen Parlaments und des Rates vom 18. Januar 2006 über Maßnahmen zur Gewährleistung der Sicherheit der Elektrizitätsversorgung und von Infrastrukturinvestitionen, ABl. EU 2006 Nr. L 33, S. 22.

(Governance-VO)[151], die für eine bessere Koordinierung der nationalen Energiepolitiken durch die Angleichung nationaler Klima- und Energiepläne in der Energieunion sorgen soll. Die Gebäudeeffizienzrichtlinie hat als erste Richtlinie das sog. Trilogverfahren erfolgreich durchlaufen. Sie ist am 09. Juli 2018 in Kraft getreten.[152] Die anderen von der Kommission im Rahmen des Winterpakets gemachten sieben Vorschläge befinden sich derzeit noch im europäischen Gesetzgebungsverfahren.

Auch im Bereich der Telekommunikation sollten vorhandene nationale Monopole liberalisiert und deren Regulierung auf europäischer Ebene harmonisiert werden.[153] Als sog. Liberalisierungsrichtlinien werden die Endgeräterichtlinie[154], die Diensterichtlinie[155] und ihre Ergänzungen[156]

---

151 Vgl. dazu den Vorschlag der Kommission für eine Verordnung des Europäischen Parlaments und des Rates über das Governance-System der Energieunion zur Änderung der Richtlinie 94/22/EG, der Richtlinie 98/70/EG, der Richtlinie 2009/31/EG, der Verordnung (EG) Nr. 663/2009, der Verordnung (EG) Nr. 715/2009, der Richtlinie 2009/73/EG, der Richtlinie 2009/119/EG des Rates, der Richtlinie 2010/31/EU, der Richtlinie 2012/27/EU, der Richtlinie 2013/30/EU und der Richtlinie (EU) 2015/652 des Rates und zur Aufhebung der Verordnung (EU) Nr. 525/2013, vom 23.02.2017, COM(2016) 759 final/2 - 2016/0375 (COD).

152 Richtlinie 2018/844/EU des Europäischen Parlaments und des Rates vom 30.05.2018 zur Änderung der Richtlinie 2010/31/EU über die Gesamtenergieeffizienz von Gebäuden und der Richtlinie 2012/27/EU über Energieeffizienz, ABL EU Nr. L 156/75 v. 19.06.2018.

153 *Klotz*, in: Säcker TKG, Einl. II, Rn. 6; *Fetzer*, in: Schulte/Kloos, Hdb. öffentliches Wirtschaftsrecht, § 8 Rn. 3.

154 Richtlinie 88/301/EWG der Kommission vom 16. Mai 1988 über den Wettbewerb auf dem Markt für Telekommunikations-Endgeräte, ABl. EG 1988 Nr. L 131, S. 73.

155 Richtlinie 90/388/EWG der Kommission vom 28.Juni 1990 über den Wettbewerb auf dem Markt für Telekommunikationsdienste, ABl. EG 1990 Nr. L 192, S. 10.

156 Richtlinie 94/46/EG der Kommission vom 13. Oktober 1994 zur Änderung der Richtlinie 88/303/EWG und 90/338/EWG, insbesondere betreffend die Satelliten-Kommunikation ABl. EG 1994 Nr. L 268, S. 15; Richtlinie 95/51/EG der Kommission vom 18. Oktober 1995 zur Änderung der Richtlinie 90/388/EWG hinsichtlich der Aufhebung der Einschränkungen bei der Nutzung von Kabelfernsehnetzen für die Erbringung bereits liberalisierter Telekommunikationsdienste, ABl. EG 1995 Nr. L 256, S. 49; Richtlinie 1999/64/EG der Kommission vom 23. Juni 1999 zur Änderung der Richtlinie 90/388/EWG im Hinblick auf die Organisation ein- und demselben Betreiber gehörender Telekommunikations- und Kabelfernsehnetze in rechtlich getrennten Einheiten, ABl. EG 1999 Nr. L 175, S. 39; Richtlinie 96/2/EG der Kommission vom 16. Januar 1996 zur Änderung der Richtlinie 90/388/EWG betreffend die mobile Kommunikation und Personal Communications, Abl. EG 1996 Nr. L 50, S. 59; Richtlinie 96/19/EG der Kommission vom 13. März 1996 zur Änderung der

angesehen.[157] Zudem wurden sog. Harmonisierungsrichtlinien erlassen.[158] Die 1990 erlassene Richtlinie zur Einführung des offenen Netzzuganges (Open Network Provision, ONP)[159] sah einen Zugang zu objektiver, diskriminierungsfreier und transparenter Netzzugangsbedingung vor. Ergänzt wurde die ONP durch die Mietleitungsrichtlinie[160] und 1997 durch die Richtlinie für allgemeine Genehmigungen (Lizenzen) und Entgeltgenehmigungen im Telekommunikationssektor[161]. Parallel wurden die Zusammenschaltungs-[162] und Datenschutzrichtlinien[163] erlassen. 1998 folgte die Ergänzung der ONP durch die Sprachtelefonrichtlinie[164]. 2000 erging die Verordnung zur Entbündelung der Ortsnetze[165].

2002 wurde das bestehende europäische Sekundärrecht im Bereich der Telekommunikation reformiert und durch sechs prägende Richtlinien ergänzt. Die Rahmenrichtlinie[166] fasste die Regulierungsziele und -grundsätze zusammen

---

Richtlinie 90/388/EWG hinsichtlich der Einführung des vollständigen Wettbewerbs auf den Telekommunikationsmärkten, ABl. EG 1996 Nr. L 74, S. 13.

157 Näheres bei *Klotz,* in: Säcker, TKG, Einl. II, Rn. 9 ff.

158 Vgl. hierzu näher mit einer Auflistung *Klotz*, in: Säcker, TKG, Einl. II, Rn. 27 ff.

159 Richtlinie 90/387/EWG des Rates vom 28. Juni 1990 zur Verwirklichung des Binnenmarktes für Telekommunikationsdienste durch Einführung eines offenen Netzzugangs (Open Network Provision - ONP), ABl. EG 1990 Nr. L 192, S. 1.

160 Richtlinie 92/44/EWG des Rates vom 5. Juni 1992 zur Einführung des offenen Netzzugangs bei Mietleitungen, ABl. EG 1992 Nr. L 165, S. 27.

161 Richtlinie 97/13/EG des Europäischen Parlaments und des Rates vom 10. April 1997 über einen gemeinsamen Rechtsrahmen für Allgemein- und Einzelgenehmigungen für Telekommunikationsdienste, ABl. EG 1997 Nr. L 117, S. 15.

162 Richtlinie 97/33/EG des Europäischen Parlaments und des Rates vom 30. Juni 1997 über die Zusammenschaltung in der Telekommunikation im Hinblick auf die Sicherstellung eines Universaldienstes und der Interoperabilität durch Anwendung der Grundsätze für einen offenen Netzzugang (ONP), ABl. EG 1997 Nr. L 199, S. 32.

163 Richtlinie 97/66/EG des Europäischen Parlaments und des Rates vom 15. Dezember 1997 über die Verarbeitung personenbezogener Daten und den Schutz der Privatsphäre im Bereich der Telekommunikation, ABl. EG 1998 Nr. L 24, S. 1.

164 Richtlinie 98/10/EG des Europäischen Parlaments und des Rates vom 26. Februar 1998 über die Anwendung des offenen Netzzugangs (ONP) beim Sprachtelefondienst und den Universaldienst im Telekommunikationsbereich in einem wettbewerbsorientierten Umfeld, ABl. EG 1998 Nr. L 101, S. 24.

165 Verordnung (EG) Nr. 2887/2000 des Europäischen Parlaments und des Rates vom 18. Dezember 2000 über den entbündelten Zugang zum Teilnehmeranschluss, ABl. EG 2000 Nr. L 336, S. 4.

166 Richtlinie 2002/21/EG des Europäischen Parlaments und des Rates vom 7. März 2002 über einen gemeinsamen Rechtsrahmen für elektronische Kommunikationsnetze und -dienste (Rahmenrichtlinie), ABl. EG 2002 Nr. L 108, S. 3.

und enthielt Regelungen zu Einrichtungen und Aufgabenzuweisung der nationalen Regulierungsbehörden. Die Genehmigungsrichtlinie[167] regelte, dass die Bereitstellung von Telekommunikationsnetzen und -diensten nicht mehr an eine Vorabgenehmigung gebunden ist, sondern lediglich an eine Meldepflicht. Regelungen über die Regulierung des Netzzugangs und der Zusammenschaltung enthielt die Zugangsrichtlinie[168]. Die Universaldienstrichtlinie[169] enthielt Regelungen zur Bereitstellung elektronischer Kommunikationsnetze sowie qualitativ hochwertiger und erschwinglicher Telekommunikationsdienste für Endkunden. Daneben wurde auch die ergänzende Datenschutzrichtlinie[170] und die Wettbewerbsrichtlinie bzw. Liberalisierungsrichtlinie[171] erlassen. Weitere wichtige Rechtsakte stellten die Empfehlung über die relevanten Märkte[172], die Leitlinien zur Marktdefinition und Marktanalyse[173] sowie die Verfahrensleitlinien[174] dar.

---

167 Richtlinie 2002/20/EG des Europäischen Parlaments und des Rates vom 7. März 2002 über die Genehmigung elektronischer Kommunikationsnetze und -dienste (Genehmigungsrichtlinie), ABl. EG 2002 Nr. L 108, S. 21.

168 Richtlinie 2002/19/EG des Europäischen Parlaments und des Rates vom 7. März 2002 über den Zugang zu elektronischen Kommunikationsnetzen und zugehörigen Einrichtungen sowie deren Zusammenschaltung (Zugangsrichtlinie), ABl. EG 2002 Nr. L 108, S. 7.

169 Richtlinie 2002/22/EG des Europäischen Parlaments und des Rates vom 7. März 2002 über den Universaldienst und Nutzungsrechte bei elektronischen Kommunikationsnetzen und -diensten (Universaldienstrichtlinie), ABl. EG 2002 Nr. L 102, S. 51.

170 Richtlinie 2002/58/EG des Europäischen Parlaments und des Rates vom 12. Juli 2002 über die Verarbeitung personenbezogener Daten und den Schutz der Privatsphäre in der elektronischen Kommunikation (Datenschutzrichtlinie für elektronische Kommunikation), ABl. EG 2002 Nr. L 201, S. 37.

171 Richtlinie 2002/77/EG der Kommission vom 16. September 2002 über den Wettbewerb auf den Märkten für elektronische Kommunikationsnetze und -dienste, ABl. EG 2002 Nr. L 249/21.

172 Empfehlung der Kommission vom 11. Februar 2003 über relevante Produkt- und Dienstmärkte des elektronischen Kommunikationssektors, die aufgrund der Richtlinie 2002/21/EG des Europäischen Parlaments und des Rates über einen gemeinsamen Rechtsrahmen für Kommunikationsnetze und -dienste für eine Vorabregulierung in Betracht kommen, ABl. EU 2003 Nr. L 114, S. 45.

173 Leitlinien der Kommission zur Marktanalyse und Ermittlung beträchtlicher Marktmacht unter dem EU-Regulierungsrahmen für elektronische Kommunikationsnetze und -dienste, ABL. EG 2002, Nr. C 165, S. 6.

174 Empfehlung der Kommission vom 23. Juli 2003 zu den Notifizierungen, Fristen und Anhörungen gem. Artikel 7 der Richtlinie 2002/21/EG des Europäischen Parlaments und des Rates über einen gemeinsamen Rechtsrahmen für elektronische Kommunikationsnetze und -dienste, ABl. EU 2003 Nr. L 190, S. 13.

2009 kam es mit dem Erlass der Richtlinie 2009/136/EG[175] und Richtlinie 2009/140/EG[176] nochmals zu einer Reform im Telekommunikationssektor. Diese Richtlinien waren von den Mitgliedstaaten ins nationale Recht umzusetzen. Unmittelbare Wirkung entfalten dagegen im Telekommunikationssektor die Roaming-Verordnungen[177] und die Frequenzentscheidung[178] von 2002.[179] 2009 wurden mit der Verordnung zur Errichtung des Gremiums Europäischer Regulierungsstellen für elektronische Kommunikation (GEREK)[180] institutionelle Maßgaben vorgegeben.[181]

---

175 Richtlinie 2009/136/EG des Europäischen Parlaments und des Rates vom 25. November 2009 zur Änderung der Richtlinie 2002/22/EG über den Universaldienst und Nutzungsrechte bei elektronischen Kommunikationsnetzen und -diensten, der Richtlinie 2002/58/EG über die Verarbeitung von personenbezogener Daten und den Schutz der Privatsphäre in der elektronischen Kommunikation und der Verordnung (EG) Nr. 2006/2004 über die Zusammenarbeit im Verbraucherschutz, ABl. EU 2009 Nr. L 337, S. 11.

176 Richtlinie 2009/140/EG des Europäischen Parlaments und des Rates vom 25. November 2009 zur Änderung der Richtlinie 2002/21/EG über einen gemeinsamen Rechtsrahmen für elektronische Kommunikationsnetze und -dienste, der Richtlinie 2002/19/EG über den Zugang zu elektronischen Kommunikationsnetzen und zugehörigen Einrichtungen sowie deren Zusammenschaltung und der Richtlinie 2002/20/EG über die Genehmigung elektronischer Kommunikationsnetze und -dienste, ABl. EU 2009 Nr. L 337, S. 37 (Richtlinie 2009/21/EG).

177 Verordnung (EG) 717/2007 des Europäischen Parlaments und des Rates vom 27. Juni 2007 über das Roaming in öffentlichen Mobilfunknetzen in der Gemeinschaft und zur Änderung der Richtlinie 2002/21/EG, ABl. EU 2007 Nr. L 171, S. 32; Verordnung (EG) 544/2009 des Europäischen Parlaments und Rates vom 18. Juni 2009 zur Änderung der Verordnung (EG) Nr. 717/2007, ABl. EU 2009 Nr. L 167, S. 12; Verordnung (EU) Nr. 531/2012 des Europäischen Parlaments und des Rates vom 13. Juni 2012 über das Roaming in öffentlichen Mobilfunknetzen in der Union (Neufassung), ABl. EU Nr. L 712, S. 10.

178 Entscheidung Nr. 676/2002/EG des Europäischen Parlaments und Rates vom 7. März 2002 über einen Rechtsrahmen für Funkfrequenzpolitik in der Europäischen Gemeinschaft (Frequenzentscheidung), ABl. EG 2002 Nr. L 108, S. 1.

179 Vgl. dazu *Fetzer*, in: Schulte/Kloos, Hdb. Öffentliches Wirtschaftsrecht, § 8 Rn. 4.

180 Verordnung (EG) 1211/2009 des Europäischen Parlaments und des Rates vom 25. November 2009 zur Einrichtung des Gremiums Europäischer Regulierungsstellen für elektronische Kommunikation (GEREK) und des Büros, ABl. EU Nr. L 337, S. 1.

181 *Fetzer*, in: Schulte/Kloos, Hdb. Öffentliches Wirtschaftsrecht, § 8 Rn. 5; *Klotz*, in: Säcker, TKG, Einl. II, Rn. 120; siehe unter Kapitel 3/C./V./1. mehr.

Zurzeit wird der europäische Rechtsrahmen im TK-Sektor durch den europäischen Kodex für die elektronische Kommunikation (im Folgenden kurz „Kodex“ oder „Kodex für die elektronische Kommunikation“ genannt)[182] reformiert. Die Reform dient der Schaffung eines digitalen Binnenmarkts, im Rahmen dessen bis 2025 sog. Konnektivitätsziele[183] erreicht werden sollen. Der Kodex fasst die bisherigen vier Richtlinien im Bereich der Telekommunikation (Rahmen-, Genehmigungs-, Zugangs- und Universaldienstrichtlinie) zusammen. Von diesem Recast ist insbesondere die Marktregulierung und der Netzzugang erfasst.[184] Dabei werden die bisherigen Regelungen aufgegriffen und fortgeschrieben, nicht aber grundlegend neu gestaltet.[185] Im Vordergrund steht die Anpassung der Regulierung an die technische Entwicklung des Telekommunikationssektors hin zu einer digitalen Marktwirtschaft sowie die Realisierung der Konnektivitätsziele durch das Setzen von Investitionsanreizen.[186] Schwerpunkte des neuen Kodex bilden neben einer besseren Nutzung von Funkfrequenzen, einer Stärkung des Verbraucherschutzes sowie gerechter Regeln für alle Marktteilnehmer, insbesondere durch die Einbeziehung von Over-the-Top-Diensten (OTT- Dienste)[187], daher auch ein verstärkter Wettbewerb und bessere Planbarkeit für Investitionen.[188] Daneben wird die Verordnung zur Einrichtung

---

182 Vgl. Vorschlag der Kommission für eine Richtlinie des Europäischen Parlaments und des Rates über den europäischen Kodex für die elektronische Kommunikation (Neufassung), vom 12.10.2016, COM(2016) 590 final/2 – 2016/0288 (COD); vgl. dazu auch *Neumann*, N&R 2016, 262.

183 Gigabit-Netzanbindung für Schulen, mittlere und große Unternehmen sowie die großen Erbringer öffentlicher Dienstleistungen, Netzanbindung mit mindestens 100 Mb pro Sekunde für alle europäischen Haushalte und 5G-Abdeckung für alle städtischen Gebiete und alle wichtigen Landverkehrswege; vgl. https://www.consilium.europa.eu/de/policies/electronic-communications-code/ (zuletzt abgerufen am 16.12.2018) und Pressemitteilung der Europäischen Kommission vom 14.09.2016, http://europa.eu/rapid/press-release_IP-16-3008_de.htm (zuletzt abgerufen am 16.12.2018).

184 Siehe dazu *Scherer/Heinickel*, MMR 2017, 71 (74 f.).

185 *Scherer/Heinickel*, MMR 2017, 71 (74 f.); *Scherer*, MMR 2016, 713 (714).

186 Vgl. http://europa.eu/rapid/press-release_MEMO-16-3009_de.htm (zuletzt abgerufen am 16.12.2018).

187 Bei OTT-Diensten werden Kommunikationsdienste über das Internet bereitstellen. Das Internet ist Kommunikationsnetz. OTT-Dienste galten bisher nicht als elektronische Kommunikationsdienste, so dass sie regelmäßig nicht unter die TK-Regulierung fielen; kritisch *Schaller*, ZD-Aktuell 2017, 05622; *Scherer/Heinickel*, MMR 2017, 71.

188 Vgl. hierzu die Pressemitteilung der Europäischen Kommission vom 14.09.2016, http://europa.eu/rapid/press-release_IP-16-3008_de.htm (zuletzt abgerufen am 16.12.2018)

des Gremiums Europäischer Regulierungsstellen für elektronische Kommunikation (GEREK) überarbeitet.[189] Durch den Kodex für die elektronische Kommunikation sowie die neue GEREK-Verordnung soll die Rolle des GEREK sowie der nationalen Regulierungsbehörden gestärkt und eine einheitliche Anwendung der Vorschriften des digitalen Binnenmarkts erreicht werden.[190]

Im Eisenbahnsektor gab die Richtlinie zur Entwicklung der Eisenbahnunternehmen in der Gemeinschaft[191] den ersten Anstoß zur Regulierung des Eisenbahnsektors. Ihr Ziel war es u. a., die unternehmerische Führung der Eisenbahnen unabhängig von staatlichen Einflüssen zu machen. In Ergänzung dazu wurde 1995 die Genehmigungsrichtlinie[192] und die Zuweisungsrichtlinie[193] erlassen. Diese Richtlinien wurden durch die Richtlinie 2001/12/EG[194], Richtlinie 2001/13/EG[195] und Richtlinie 2001/14/EG[196], das sog. erste

189 Vgl. die legislative Entschließung des Europäischen Parlaments vom 14. November 2018 zu dem Vorschlag für eine Verordnung des Europäischen Parlaments und des Rates zur Einrichtung des Gremiums europäischer Regulierungsstellen für elektronische Kommunikation (GEREK) (COM(2016)0591 – C8-0382/2016 – 2016/0286(COD)), abrufbar unter: http://www.europarl.europa.eu/sides/getDoc.do?pubRef=-//EP//TEXT+TA+P8-TA-2018-0454+0+DOC+XML+V0//DE (zuletzt abgerufen am 16.12.2018) und Vorschlag der Kommission für eine Verordnung des Europäischen Parlaments und des Rates zur Einrichtung des Gremiums europäischer Regulierungsstellen für elektronische Kommunikation (GEREK), vom 14.09.2016, COM(2016) 591 final – 2016/0286 (COD).

190 Vgl. http://europa.eu/rapid/press-release_MEMO-16-3009_de.htm (zuletzt abgerufen am 16.12.2018).

191 Richtlinie 91/440/EWG des Rates vom 29. Juli 1991 zur Entwicklung der Eisenbahnunternehmen der Gemeinschaft, ABl. EG 1991 Nr. L 237, S. 25.

192 Richtlinie 95/18/EG des Rates vom 19. Juni 1995 über die Erteilung von Genehmigungen an Eisenbahnunternehmen, ABl. EG 2001 Nr. L 143, S. 70.

193 Richtlinie 95/19/EG des Rates vom 19. Juni 1995 über die Zuweisung von Fahrwegkapazität der Eisenbahn und die Berechnung von Wegeentgelten, ABl. EG 1995 Nr. L 143, S. 75.

194 Richtlinie 2001/12/EG des Europäischen Parlaments und des Rates vom 26. Februar 2001 zur Änderung der Richtlinie 91/440/EWG des Rates zur Entwicklung der Eisenbahnunternehmen der Gemeinschaft, ABl. EG 2001 Nr. L 75, 1.

195 Richtlinie 2001/13/EG des Europäischen Parlaments und des Rates vom 26. Februar 2001 zur Änderung der Richtlinie 95/18/EG des Rates über die Erteilung von Genehmigungen an Eisenbahnunternehmen, ABl. EG 2001 Nr. L, 75, S. 26.

196 Richtlinie 2001/14/EG des Europäischen Parlaments und des Rates vom 26. Februar 2001 über die Zuweisung von Fahrerwegkapazität der Eisenbahn, die Erhebung von Entgelten für die Nutzung von Eisenbahninfrastruktur und die Sicherheitsbescheinigung, ABl. EG 2001, Nr. L 75, S. 29.

Eisenbahnpaket[197], überarbeitet, welche in erster Linie einen diskriminierungsfreien Zugang zur Eisenbahninfrastruktur zum Ziel hatten. 2004 folgte das zweite Eisenbahnpaket[198] mit der Richtlinie 2004/49/EG[199], der Richtlinie 2004/50/EG[200], der Richtlinie 2004/51/EG[201] und der Agentur-Verordnung[202], dessen Ziel die Öffnung des nationalen und grenzüberschreitenden Eisenbahngüterverkehrs war. Das dritte Eisenbahnpaket[203] 2007 sah mit der Richtlinie 2007/58/EG[204], der Zertifizierungsrichtlinie[205], der VO (EG) Nr. 1370/

197 Siehe hierzu ausführlich *Staebe/Schmitt*, in: Schmitt/Staebe, Eisenbahn-Regulierungsrecht, Rn. 32 ff.

198 Siehe hierzu *Staebe/Ernert*, in: Schulte/Kloos, Hdb. Öffentliches Wirtschaftsrecht, § 12 Rn. 6 ff.

199 Richtlinie 2004/49/EG des Europäischen Parlaments und des Rates vom 29. April 2004 über die Eisenbahnsicherheit in der Gemeinschaft und zur Änderung der Richtlinie 95/18/EG des Rates über die die Erteilung von Genehmigungen an Eisenbahnunternehmen und der Richtlinie 2001/14/EG über die Zuweisung von Fahrwegkapazität der Eisenbahn, die Erhebung von Entgelten für die Nutzung von Eisenbahninfrastruktur und die Sicherheitsbescheinigung (Richtlinie über die Eisenbahnsicherheit), ABl. EU 2004 Nr. L 220, S. 16.

200 Richtlinie 2004/50/EG des Europäischen Parlaments und des Rates vom 29. April 2004 zur Änderung der Richtlinie 96/48/EG des Rates über die Interoperabilität des transeuropäischen Hochgeschwindigkeitsbahnsystems und der Richtlinie 2001/16/EG des Europäischen Parlaments und des Rates über die Interoperabilität des konventionellen transeuropäischen Eisenbahnsystems, ABl. EU 2004 Nr. L 220, S. 40.

201 Richtlinie 2004/51/EG des Europäischen Parlaments und des Rates vom 29. April 2004 zur Änderung der Richtlinie 91/440/EWG des Rates zur Entwicklung der Eisenbahnunternehmen der Gemeinschaft, ABl. EU 2004 Nr. L 220, S. 58.

202 Verordnung (EG) Nr. 881/2004 des Europäischen Parlaments und des Rates vom 29. April 2004 zur Errichtung einer Europäischen Eisenbahnagentur (Agenturverordnung), ABl. EU 2004 Nr. L 220, S. 3.

203 Siehe hierzu Schulte/Kloos/- *Staebe/Ernert*, Hdb. Öffentliches Wirtschaftsrecht, 2016, § 12 Rn. 8 ff.

204 Richtlinie 2007/58/EG des Europäischen Parlaments und des Rates vom 23. Oktober 2007 zur Änderung der Richtlinie 91/440/EWG des Rates zur Entwicklung der Eisenbahnunternehmen der Gemeinschaft sowie der Richtlinie 2001/14/EG über die Zuweisung von Fahrwegkapazität der Eisenbahn und die Erhebung von Entgelten für die Nutzung der Eisenbahninfrastruktur, ABl. EU 2007 Nr. L 315, S. 44.

205 Richtlinie 2007/59/EG des Europäischen Parlaments und des Rates vom 23. Oktober 2007 über die Zertifizierung von Triebfahrzeugführern, die Lokomotiven und Züge im Eisenbahnsystem in der Gemeinschaft führen, ABl. EU 2007 Nr. L 315, S. 51.

2007[206] und der Fahrgastrechte-Verordnung[207] die Öffnung des grenzüberschreitenden Schienenpersonenverkehrs vor.

Im Rahmen des europäischen Eisenbahnsekundärrechts ist insbesondere die (Recast-)Richtlinie 2012/34/EU zur Schaffung eines einheitlichen europäischen Eisenbahnraums[208] hervorzuheben. Sie hat die Richtlinien des ersten Eisenbahnpakets von 2001 modifiziert und miteinander verbunden. Sie wurde 2016 durch das ERegG umgesetzt.

Zuletzt wurde das vierte Eisenbahnpaket[209] verabschiedet. Es umfasst u. a. die neue Eisenbahnagentur-Verordnung[210], die Interoperabilitäts-Richtlinie[211] sowie die Eisenbahnsicherheits-Richtlinie[212]. Durch die neue Eisenbahnagentur-Verordnung soll die Europäische Eisenbahnagentur (European Railway Agency (ERA)) [213] durch Einräumung einer alleinigen Zuständigkeit zur zentralen Anlaufstelle für das Fahrzeuggenehmigungsverfahren sowie der Erteilung der Sicherheitsbescheinigungen werden. Durch die Interoperabilitäts-Richtlinie wurde die Richtlinie 2008/37/EG[214]

206 Verordnung (EG) Nr. 1370/2007 des Europäischen Parlaments und des Rates vom 23. Oktober 2007 über öffentliche Personenverkehrsdienste auf Schienen und Straße und zur Aufhebung der Verordnung (EWG) Nr. 1191/69 und (EWG) Nr. 1170/70 des Rates, ABl. EU Nr. L 315, S. 1.

207 Verordnung (EG) Nr. 1371/2007 des Europäischen Parlaments und des Rates vom 23. Oktober 2007 über die Rechte und Pflichten der Fahrgäste im Eisenbahnverkehr, ABl. EU 2007 Nr. L 315, S. 14.

208 Richtlinie 2012/34/EG des Europäischen Parlaments und des Rates vom 21. November 2012 zur Schaffung eines einheitlichen europäischen Eisenbahnraums, ABl. EU 2012 Nr. L 343, S. 32.

209 Vgl. dazu *Kramer*, N&R 2016, 220; *Staebe*, EuZW 2018, 146; *Staebe*, in: Staebe, ERegG, Einf. Rn. 32 ff.; *Staebe/Ernert*, in: Schulte/Kloos, Hdb. Öffentliches Wirtschaftsrecht, § 12 Rn. 15; *Knauff*, in: Immenga/Mestmäcker, Band 3, 2. Teil, IX. Abschnitt. Verkehr, Rn. 11.

210 Verordnung (EU) 2016/796 des Europäischen Parlaments und des Rates vom 11. Mai 2016 über die Eisenbahnagentur der Europäischen Union und zur Aufhebung der Verordnung (EG) Nr. 881/2004, Abl. EU 2016 Nr. L 138, S. 1.

211 Richtlinie (EU) 2016/797 des Europäischen Parlaments und des Rates vom 11. Mai 2016 über die Interoperabilität des Eisenbahnsystems in der Europäischen Union, ABl. EU 2016 Nr. L 1138, S. 44

212 Richtlinie (EU) 2016/798 des Europäischen Parlaments und des Rates vom 11. Mai 2016 über Eisenbahnsicherheit, ABl. EU 2016 Nr. L 138, S. 102.

213 Dazu später unter Kapitel 3/C./V./3. Mehr.

214 Richtlinie 2008/37/EG des Europäischen Parlaments und des Rates vom 11. März 2008 zur Änderung der Richtlinie 2005/68/EG über die Rückversicherung im Hinblick auf

und durch die Eisenbahnsicherheits-Richtlinie die Richtlinie 2004/49/EG neugefasst. Dadurch sollen administrative und technische Hindernisse für die Schaffung eines einheitlichen Eisenbahnraums beseitigt werden.[215] Da sich die Änderungen und Neuerungen nur auf die technische Seite des Eisenbahnmarktes beziehen, werden diese Richtlinien und Verordnungen auch als „technische Säule“ des Eisenbahnpakets bezeichnet. Zur „politischen Säule“[216] des Eisenbahnpakets zählt dagegen die Änderungs-Richtlinie (EU) 2016/2370[217], die Verordnung (EU) 2016/2337[218] und die Verordnung (EU) 2016/2338[219]. Die Kommission strebt mit dem vierten Eisenbahnpaket eine Überwindung der verbleibenden Hindernisse für die Schaffung eines einheitlichen europäischen Eisenbahnraums und somit eine weitgehende Liberalisierung des gesamten Schienenpersonenverkehrs in den Mitgliedstaaten ab Ende 2019 an.[220] Insbesondere geht es dabei um die Schaffung von einheitlichen Sicherheitsstandards und technischen Systemen im europäischen Eisenbahnraum, um den grenzüberschreitenden Eisenbahnverkehr zu erleichtern und den Wettbewerb auf dem Eisenbahnmarkt anzukurbeln. Inwieweit es zu einer Umsetzung des vierten Eisenpakets in das nationale Recht kommt, bleibt aufgrund der Verabschiedung des Eisenbahnregulierungsgesetzes (ERegG) Mitte 2016 abzuwarten.[221]

---

die der Kommission übertragenen Durchführungsbefugnisse, ABl. EU 2008 Nr. L 81, S. 71.

215 Vgl. dazu auch *Staebe*, in: Staebe, ERegG, Einf. Rn. 33.

216 *Staebe* bezeichnet diese als „Markt Säule“, in: Staebe, ERegG, Einf. Rn. 32.

217 Richtlinie (EU) 2016/2370 des Europäischen Parlaments und des Rates vom 14. Dezember 2016 zur Änderung der Richtlinie 2012/34/EU bezüglich der Öffnung des Marktes für inländische Schienenpersonenverkehrsdienste und der Verwaltung der Eisenbahninfrastruktur, ABl. EU 2016 Nr. L 362, S. 1.

218 Verordnung (EU) 2016/2337 des Europäischen Parlaments und des Rates vom 14. Dezember 2016 zur Aufhebung der Verordnung (EWG) Nr. 1192/69 des Rates über gemeinsame Regeln für die Normalisierung der Konten der Eisenbahnunternehmen, ABl. EU 2016 Nr. L 354, S. 20.

219 Verordnung (EU) 2016/2338 des Europäischen Parlaments und des Rates vom 14. Dezember 2016 zur Änderung der Verordnung (EG) Nr. 1370/2007 hinsichtlich der Öffnung des Marktes für inländische Schienenpersonenverkehrsdienste, ABl. EU 2016 Nr. L 354, S. 22.

220 Dazu auch *Knauff*, in: Immenga/Mestmäcker, Band 3, 2. Teil, IX. Abschnitt. Verkehr, Rn. 11; *Staebe*, in: Staebe, ERegG, Einf. Rn. 32, 34.

221 Kritisch hierzu auch *Staebe*, EuZW 2018, 146 (150 ff.); vgl. auch *Säcker*, IR 2018, 198.

b. Auf nationaler Ebene

Auf nationaler Ebene bestehen sektorspezifische Regulierungsgesetze, die auf die Besonderheiten des jeweiligen Sektors zugeschnitten sind. Daneben beinhalten jedoch die hier untersuchten Regulierungsgesetze auch Tatbestände und prägende Merkmale, die in allen Regulierungsgesetzen gleichermaßen wiederzufinden sind. So bestehen beispielsweise in allen Regulierungsgesetzen Genehmigungstatbestände für Entgelte, Ex-ante-Kontrollen, Zugangs- und Entgeltregulierungsvorschriften.[222]

Aus § 54 Abs. 1 EnWG, § 116 TKG und § 4 BEVVG geht hervor, dass die Einhaltung der Regulierungsvorschriften grundsätzlich von der Bundesnetzagentur (BNetzA) kontrolliert und durchgesetzt wird. Neben besonderen sektorspezifischen Befugnissen der BNetzA in den einzelnen Regulierungsgesetzen wird das formelle Recht der BNetzA im Gesetz über die Bundesnetzagentur für Elektrizität, Gas, Telekommunikation, Post und Eisenbahnen (BEGTPG) geregelt. Nach § 1 Satz 2 BEGTPG ist die BNetzA – wie das BKartA – eine selbständige Bundesoberbehörde im Geschäftsbereich des Bundesministeriums für Wirtschaft und Energie mit Sitz in Bonn. Daneben sehen die einzelnen Regulierungsgesetze jeweils Bestimmungen bezüglich der Zusammenarbeit mit anderen Behörden vor.[223]

Anders als im Wettbewerbsrecht ist gegen Entscheidungen der BNetzA grundsätzlich[224] der Rechtsweg zu den Verwaltungsgerichten nach § 40 Abs. 1 VwGO eröffnet.[225]

III. Instrumente des Wettbewerbs- und Regulierungsrechts

Nach der Darstellung der Begrifflichkeiten und des rechtlichen Rahmens von Wettbewerbs- und Regulierungsrecht ist noch auf die den jeweiligen Rechtsrahmen prägenden Instrumente einzugehen. Dadurch wird später eine einfachere Darstellung der Gemeinsamkeiten sowie eine Abgrenzung dieser beiden Regelungsbereiche ermöglicht.

---

222 Zu den Instrumenten des Regulierungsrecht sogleich unter Kapitel 1/B./III./2.

223 Diese sind beispielsweise § 57, 58 EnWG, §§ 123, 123a TKG, § 9 BEVVG, § 75 ERegG; näheres dazu in den Abschnitten zu den einzelnen Sektoren.

224 Abgesehen von §§ 75 ff. EnWG, wonach gegen Entscheidungen der Regulierungsbehörden den Beteiligten die Beschwerde zum OLG bzw. BGH offensteht (abdrängende Sonderzuweisung an die Kartellsenate).

225 Vgl. dazu § 137 TKG und §§ 68, 77 ERegG; *Ludwigs*, in: Schmidt/Wollenschläger, Kompendium Öffentliches Wirtschaftsrecht, § 12 Rn. 34 f.

1. *Instrumente des allgemeinen Wettbewerbsrechts*

Die Instrumente des Wettbewerbsrechts lassen sich in solche der Verhaltenskontrolle und solche der Strukturkontrolle unterteilen.[226]

Gegenstand der Verhaltenskontrolle sollen wettbewerbsbeschränkende vertragliche und außervertragliche Verhaltensweisen marktbeherrschender Unternehmen sein.[227] Darunter fällt das Kartellverbot nach § 1 GWB bzw. Art. 101 AEUV und die Missbrauchskontrolle nach den §§ 19 ff. GWB bzw. Art. 102 AEUV. Bei Verstößen gegen das Kartellverbot im Sinne des § 1 GWB und gegen die Missbrauchstatbestände des § 19 GWB bzw. Art. 102 AEUV sind die vertraglichen Absprachen zwischen den beteiligten Unternehmen gem. § 134 BGB nichtig.[228] Bei einem Verstoß gegen Art. 101 AEUV folgt die Nichtigkeit unmittelbar aus Art. 101 Abs. 2 AEUV. Neben der Nichtigkeit von Vereinbarungen zwischen Unternehmen, die gegen § 1 GWB bzw. Art. 101 AEUV oder die §§ 19 ff. GWB bzw. Art. 102 AEUV verstoßen, halten das GWB sowie das europäische Kartellrecht, hier insbesondere die VO Nr. 1 /2003, weitere Mittel bereit, um kartellrechtswidrigem Verhalten entgegenzuwirken. Die EU-Kommission kann bei Zuwiderhandlungen gegen Art 101 und 102 AEUV gem. Art. 7 Abs. 1 VO Nr. 1/2003 eine Abstellungsverfügung gegen die beteiligten Unternehmen erlassen und gem. Art. 7 Abs. 1 Satz 2 VO Nr. 1/2003 verhaltensorientierte oder strukturelle Maßnahmen anordnen. Liegt der Verstoß dagegen in einem Unterlassen, kann die Abstellungsverfügung entsprechend auch in der Anordnung eines positiven Tuns liegen.[229] Dies wäre der Fall, wenn der Zugang zu wesentlichen Einrichtungen verwehrt wird. Vorläufige Maßnahmen kann die Kommission nach Art. 8 VO Nr. 1/2003 treffen. Häufig fällt die Wahl des Mittels auf die Verpflichtungszusage.[230] So besteht nach Art. 9 VO Nr. 1/2003 die Möglichkeit, dass die Kommission anstatt einer Entscheidung zur Abstellung einer Zuwiderhandlung den Beteiligten anbietet, eine Verpflichtungszusage abzugeben. Durch

---

226 *Wiedemann*, in: Wiedemann, Hdb. des Kartellrechts, § 1 Rn. 1.

227 *Wiedemann*, in: Wiedemann, Hdb. des Kartellrechts, § 1 Rn. 1.

228 Statt vieler für § 1 GWB: *Bunte/Stancke*, Kartellrecht, § 8, S. 283; für § 19 GWB: *Bunte/Stancke*, Kartellrecht, § 9, S. 327; für Art. 102 AEUV: *Bunte/Stancke*, Kartellrecht, § 5, S. 195.

229 *Meessen/Kersting*, in: Loewenheim/Meesse/Riesenkampfff/Kersting/Meyer-Lindemann, Kartellrecht, Einf., Rn. 37.

230 So beispielsweise im Energiesektor: Europäische Kommission, IP/08/1511 - Distrigas; Europäische Kommission, MEMO/08/355 - RWE; Europäische Kommission, IP/08/1774 - E.ON.

Eingehung und Einhaltung dieser Verpflichtungszusage können die beteiligten Unternehmen die Bedenken der Kommission bezüglich der kartellrechtlichen Zuwiderhandlung ausräumen. Wird eine Verpflichtungszusage eingegangen, entfällt damit gem. Art. 9 Abs. 1 Satz 2 2. HS. VO Nr. 1/2003 automatisch der Anlass für ein Tätigwerden der Kommission. Art. 17 VO Nr. 1/2003 ermöglicht es der Kommission, Untersuchungen eines bestimmten Wirtschaftszweigs oder (sektorübergreifend) bestimmter Arten von Vereinbarungen durchzuführen, wenn die Entwicklung des Handels zwischen Mitgliedstaaten Preisstarrheiten oder andere Umstände vermuten lassen. Um eine effektive Aufsicht und Kontrolle über den Markt zu gewährleisten, wird der Kommission nach den Art. 18, 19, 20 und 21 VO Nr. 1/2003 die Befugnis, Auskunft zu verlangen sowie Befragungen und Nachprüfungen durchzuführen, eingeräumt. Daneben besteht für die EU-Kommission noch die Möglichkeit, Geldbußen gem. Art. 23 VO Nr. 1/2003 zu erlassen und nach Art. 24 VO Nr. 1/2003 Zwangsgelder anzudrohen und zu vollstrecken.

Gleiche Befugnisse gelten auch für den deutschen Rechtsrahmen nach den §§ 32 ff. GWB. So bestimmt § 32 GWB die Befugnis zum Erlass von Verbots- und Abstellungsverfügungen und § 32 Abs. 2 GWB die nach Art. 7 Abs. 1 Satz 2 VO Nr. 1/2003 gleichlautende Befugnis für verhaltensorientierte und strukturelle Maßnahmen. Auch die §§ 32a bis 32e GWB decken sich weitestgehend mit den Befugnissen der EU-Kommission nach Art. 8 bis 10 VO Nr. 1/2003. So können insbesondere nach § 32a GWB einstweilige Maßnahmen durch die Kartellbehörde ergehen, gem. § 32b GWB Verpflichtungszusagen abgegeben und für bindend erklärt werden und nach § 32e GWB bestimmte Wirtschaftszweige oder (sektorübergreifend) bestimmte Arten von Vereinbarungen untersucht werden. Ferner ermöglicht der § 34 GWB die Vorteilsabschöpfung, wenn es zu Verstößen gegen das deutsche oder europäische Kartellrecht kam. Gem. § 59 GWB besteht für die Kartellbehörden ein Auskunfts- und Untersuchungsrecht. Geldbußen können entsprechend Art. 23 VO Nr. 1/2003 nach § 81 Abs. 4 GWB verhängt werden. Hierbei ist insbesondere darauf hinzuweisen, dass die Geldbußen nicht nur, wie im europäischen Recht, gegen das Unternehmen als solches gerichtet werden können, sondern gem. § 9 bzw. § 14 OWiG auch gegen die einzelnen Organmitglieder. Neben diesen verwaltungsrechtlichen Maßnahmen folgen noch zivilrechtliche und strafrechtliche Sanktionen, um die Effektivität des GWB zu unterstützen. So statuiert beispielsweise § 33 GWB Schadensersatz- und Unterlassungspflichten. Nach den §§ 263, 298 StGB kann es zudem zu strafrechtlichen Sanktionen kommen.

Aus dem Vorgenannten folgt, dass grundsätzlich kein Verhalten positiv vorgeschrieben wird oder Verhaltenspflichten auferlegt werden. Es werden vielmehr nur bestimmte Verhaltensweisen verboten. Insbesondere aus den §§ 19, 20 GWB und Art. 102 AEUV wird deutlich, dass das Kartellrecht den Wettbewerbern ihre Grenzen bezüglich ihrer privatrechtlichen Vereinbarungen aufzeigen soll, und wenn diese Grenzen nicht eingehalten werden, kartellrechtliche Sanktionen drohen. Im Schwerpunkt handelt es sich um Ex-post-Maßnahmen. Ausnahmsweise können sich aus dem Wettbewerbsrecht auch Verhaltensgebote ergeben. Dies ist immer dann der Fall, wenn dem Verbot nur mit einem positiven gebotenen Verhalten entsprochen werden kann.[231] So, wenn beispielsweise dem § 19 Abs. 2 Nr. 4 GWB nur durch die Gewährung des Netzzugangs zu einem bestimmten Entgelt entsprochen werden kann.

Im Rahmen der Strukturkontrolle geht es dagegen um den Schutz von Marktstrukturen als solche, durch die auch die Erfüllung der wirtschafts- und gesellschaftspolitischen Funktionen des Wettbewerbs sichergestellt wird.[232] Hierzu zählt insbesondere die Fusionskontrolle. Diesbezügliche Instrumente der Kommission sind in der Fusionskontrollverordnung (FKVO)[233] geregelt. Entsprechende Regelungen auf nationaler Ebene enthalten die §§ 35 ff. GWB. Auffällig ist, dass mit der Fusionskontrolle im Gegensatz zur Verhaltenskontrolle ein präventiver Ansatz verfolgt wird, denn es wird für die geplante Fusion eine vorherige Anmeldung nach Art. 4 FKVO bzw. § 39 GWB vorgeschrieben. Es kann somit ex ante in das Marktgeschehen eingegriffen werden, um die geplante Zusammenschließung zu untersagen (vgl. Art. 8 Abs. 3 FKOV bzw. § 36 Abs. 1 Satz 1 GWB) oder von bestimmten Auflagen und Bedingungen abhängig zu machen (vgl. Art. 8 Abs. 2 Satz 2 FKOV bzw. § 40 Abs. 3 Satz 1 GWB). Daneben besteht auch nach dem Art. 8 Abs. 4 FKOV bzw. § 36 Abs. 1 Satz 1 GWB die Möglichkeit, bereits vollzogene Zusammenschlüsse wieder aufzuheben.

Auch im Rahmen der Darstellung der Instrumente des allgemeinen Wettbewerbsrechts wird deutlich, dass der Wettbewerb grundsätzlich vorausgesetzt wird. Das Wettbewerbsrecht knüpft an einen bestehenden Wettbewerb an, den es durch die dargestellten Instrumente zu schützen gilt. Die Instrumente greifen, abgesehen von dem Fusionskontrollverfahren, ex post ein, wenn es zu einem Wettbewerbsverstoß im Sinne des GWB bzw. des AEUV kam. Die Verbote sind

---

231 Vgl. *Meessen/Kersting*, in: Loewenheim/Meesse/Riesenkampfff/Kersting/Meyer-Lindemann, Kartellrecht, Einf., Rn. 33.

232 Vgl. *Wiedemann*, in: Wiedemann, Hdb. des Kartellrechts, § 1 Rn. 1.

233 Verordnung (EG) Nr. 139/2004 des Rates vom 20. Januar 2004 über die Kontrolle von Unternehmenszusammenschlüssen (EG-Fusionskontrollverordnung), ABl. EU 2004 Nr. L 24, S. 1.

zwar allgemein gehalten, denn sie beziehen sich nicht auf bestimmte Marktbranchen oder Sektoren, dennoch wirken sie nur im Einzelfall, also dann, wenn es zu einem Verstoß gekommen ist. Liegt ein Verstoß vor, wird dieser sanktioniert. Durch die Instrumente des Wettbewerbsrecht soll in erster Linie nicht gestaltend eingegriffen werden. Dies wird insbesondere aus der Formulierung der Wettbewerbsregelungen als Verbotsnormen und der daraus folgenden Nichtigkeit vertraglicher Vereinbarungen bei Verstößen gegen diese Regelungen ersichtlich. Fehlverhalten soll nicht aufrechterhalten werden. Daneben wird grundsätzlich auch kein Verhalten positiv vorgegeben. Dies ist nach dem Grundgedanken des Wettbewerbsrechts auch nicht nötig, da ein funktionierender Wettbewerb besteht. Erst wettbewerbsvereitelnde Verhaltensweisen müssen kontrolliert und gegebenenfalls untersagt und sanktioniert werden. Das Wettbewerbsrecht ist ein Schutzrecht. Einen gestaltenden bzw. lenkenden Charakter kommt dem Wettbewerbsrecht nur mittelbar durch den aus den Sanktionen folgenden präventiven Folgen zu.

2. *Instrumente des Regulierungsrechts*

Neben den klassischen Instrumenten der Wirtschaftsaufsicht[234] wird das Regulierungsrecht insbesondere durch seine regulierungsspezifischen Instrumente geprägt. Bei den sektorspezifischen Regulierungsinstrumenten handelt es sich um solche, die die jeweiligen sektorspezifischen Besonderheiten aufgreifen und regulieren. An erster Stelle sind hier die Vorschriften über die Eröffnung des Netzzugangs zu nennen. Durch die Netzzugangsregulierung soll der Wettbewerb auf den das Netz vor- und nachgelagerten Märkten ermöglicht werden, indem Unternehmen, die nicht selbst Betreiber des einschlägigen Netzes sind bzw. aufgrund fehlender Duplizierbarkeit des Netzes, der Zugang zu diesen Netzen gewährt wird. Dem, durch das natürliche Monopol bedingte, Marktversagen soll somit entgegengewirkt werden. Einschlägige Regelungen sind die §§ 20 ff. EnWG, §§ 16 ff. TKG und §§ 10 f. ERegG. Konkretisiert werden diese Regelungen im Energiesektor zum Beispiel durch die StromNZV und die GasNZV.[235]

Die Netzbetreiber müssen den Zugang zu ihren Netzen für andere Marktteilnehmer jedoch nicht bedingungslos gestatten. Sie können im Gegenzug Entgelte

---

234 Vgl. dazu *Ludwigs*, in: Schmidt/Wollenschläger, Kompendium Öffentliches Wirtschaftsrecht, § 12 Rn. 28.

235 Früher auch konkretisierende Regelungen im Eisenbahnsektor in der EIBV, wurde jedoch aufgegeben mit der Schaffung des ERegG, in dem die Regelungen der EIBV dort zusammengetragen wurden.

dafür verlangen. Die Gewährung des Netzzugangs unterliegt dabei primär einem privatautonomen Ansatz, d. h. die Beteiligten können die Bedingungen für den Zugang zum Netz zunächst privatautonom vertraglich festlegen. Erst wenn die privatautonom geführten Verhandlungen zu keinem Ergebnis führen, kann die Regulierungsbehörde eingreifen und den Netzzugang selbst anordnen.

Die privatautonome Zugangsgewährung wird insbesondere im Eisenbahnsektor im Rahmen des § 14 Abs. 6 AEG a. F., jetzt § 20 Abs. 1 ERegG, ersichtlich. Dort wird explizit bestimmt, dass der Betreiber der Schienenwege mit jedem Zugangsberechtigten die erforderlichen Vereinbarungen über die Einzelheiten des Zugangs, das zu entrichtende Entgelt und die sonstigen Nutzungsbedingungen schließt. Aus der privatautonomen Ausgestaltung des Netzzugangs folgt jedoch nicht, dass die Zugangsverpflichteten frei über die Bedingungen des Zugangs entscheiden können. Sie haben sich an bestimmte Vorgaben und Richtlinien zu halten, die aus den jeweiligen Regulierungsgesetzen abzuleiten sind. So dürfen beispielsweise die Entgelte für die Gewährung des Netzzugangs nicht in beliebiger Höhe gefordert werden. Gäbe es diese Vorgaben und Richtlinien nicht, könnte der Netzbetreiber seine Marktstellung auf diese Art und Weise wettbewerbsbehindernd ausnutzen. Auf einer zweiten das Regulierungsrecht prägenden Stufe sind daher die Vorschriften über die Entgeltregulierung zu nennen. Sie stellen Instrumente dar, um überhöhte, unangemessene und diskriminierende Entgelte zu verhindern. Die Entgeltregulierungsvorschriften finden sich in den §§ 21 ff. EnWG, §§ 30 ff., 28 Abs. 2, 29 i. V. m. den §§ 19, 20 TKG und §§ 23 ff. ERegG. Auch hier bestehen für den Energiesektor wieder Konkretisierungen in der ARegV, StromNZV und GasNZV.[236]

Ob den regulierungsrechtlichen Vorgaben entsprochen wird, wird zunächst im Rahmen einer Ex-ante-Kontrolle überprüft. So unterliegen Entgelte (teilweise) einer Ex-ante-Genehmigungspflicht. Einschlägige Vorschriften sind: § 23a EnWG, §§ 31 ff. TKG und §§ 33, 45 f. ERegG. Erst wenn die Entgelte genehmigt wurden, können sie auch vom Netzbetreiber entsprechend verlangt werden.

Endkundenentgelte werden dagegen entsprechend den Vorschriften § 39 TKG, § 39 EnWG nur ganz vereinzelt reguliert. Regelungen über Beförderungsentgelte im Eisenbahnsektor befinden sich sogar außerhalb des Regulierungsgesetzes in § 12 AEG. Der Grund hierfür ist, dass die Netzregulierung eher zurückhaltend angewendet wird. So ist sie beispielsweise im Telekommunikationssektor

236 Früher bestanden auch Konkretisierungen im Eisenbahnregulierungsrecht in der EIBV. Nun sind diese Vorschriften im einheitlichen ERegG geregelt.

nach den §§ 9 ff. TKG grundsätzlich nur dann anzuwenden, wenn ein regulierungsbedürftiger Markt vorliegt. Daneben wird innerhalb der Regulierung ein disaggregierter Ansatz verfolgt.[237] Reguliert werden danach nur die monopolistischen Bottlenecks. Die von dem Endnutzer zu zahlenden Entgelte befinden sich meist auf einer anderen Wertschöpfungsstufe. Sie sind zwar von dem monopolistischen Bottleneck abhängig, aber nicht unmittelbar an diesen angeknüpft. Die Endkundenentgelte werden daher grundsätzlich nicht in demselben Umfang wie die Netzzugangsentgelte von den sektorspezifischen Regulierungsgesetzen erfasst und unterliegen daher prinzipiell allein der kartellrechtlichen Missbrauchsaufsicht. [238]

Zugangs- und Entgeltregulierung bilden für alle Regulierungsgesetze gleichermaßen den Schwerpunkt der sektorspezifischen Regulierung. Die in diesem Zusammenhang verwendeten Instrumente dienen der Schaffung eines effizienten und wirksamen Wettbewerbs. Auch Transparenz und Objektivität sowie die Diskriminierungsfreiheit werden durch diese Instrumente angestrebt.

Ein weiteres für das Regulierungsrecht bedeutsames Instrument ist die Entflechtung bzw. das sog. Unbundling. Ziel der Entflechtung ist die Trennung von Netz- und Dienstleistungsebene. Die Sicherstellung der Erfüllung des Gewährleistungsauftrages erfolgt durch die Regelungen über Universaldienste bzw. Grundversorgung (§§ 36 ff. EnWG, §§ 78 ff. TKG). Diese Regelungen beinhalten meist Vorgaben zur Gewährleistung eines Mindestniveaus an Versorgung durch die jeweils sektorspezifischen Leistungen. Weitere Regulierungsinstrumente sind die Verfahren zur Markterweiterung und -gestaltung mit Ausschreibungen nach § 53 EnWG und §§ 61, 81 Abs. 3 Satz 1 TKG sowie der Versteigerung nach § 61 TKG.

Neben der bereits angesprochenen Ex-ante-Kontrolle besteht in den Regulierungsgesetzen auch eine Ex-post-Kontrolle. Die Ex-post-Kontrolle ist insbesondere in der sektorspezifischen Missbrauchsaufsicht des EnWG und des TKG vertreten. Sie ist aufgrund ihrer Ähnlichkeit zu der des allgemeinen Wettbewerbsrechts häufig Diskussionsgegenstand.[239] Durch die sektorspezifische Missbrauchsaufsicht kann gegenüber den Netzbetreibern wegen missbräuchlicher Ausnutzung ihrer Marktstellung durch unmittelbares Einschreiten nach § 30

237 Vgl. dazu *Knieps*, Wettbewerbsökonomie, S. 95 ff.

238 *Ludwigs*, in: Schmidt/Wollenschläger, Kompendium Öffentliches Wirtschaftsrecht, § 12 Rn. 6 m.w.N.

239 Insbesondere, wenn es um das Verhältnis von Regulierungs- und Wettbewerbsrecht geht. Weiteres dazu an späterer Stelle.

Abs. 2 EnWG bzw. § 42 Abs. 4 TKG und durch die Androhung einer Gewinnabschöpfung nach § 33 EnWG bzw. § 43 TKG vorgegangen werden.

Die Darstellung zeigt, dass sektorübergreifend einheitliche Regulierungsinstrumente aus den einzelnen Regulierungsgesetzen abgeleitet werden können. Dennoch sei darauf hingewiesen, dass diese besonderen Regulierungsinstrumente auch an ihren jeweils zu regulierenden Sektor angepasst, somit auf die jeweiligen Eigenarten der hier zu untersuchenden Sektoren eingestellt sind. Daher ist nur die Basis der Regulierungsinstrumente sektorübergreifend gleich bzw. ähnlich geregelt. Die konkrete inhaltliche Ausgestaltung der Instrumente kann jedoch von Regulierungsgesetz zu Regulierungsgesetz divergieren.

Abschließend ist zu den Instrumenten des Regulierungsrechts Folgendes festzuhalten: Die klassischen sowie die aufgezeigten sektorspezifischen Regulierungsinstrumente dienen der Gewährleistung einer sicheren und zuverlässigen Versorgung sowie der effektiven Aufsicht und Kontrolle des zu regulierenden Marktes, um im Ergebnis einen funktionsfähigen Markt zu schaffen. Daneben ist das Regulierungsrecht sektorübergreifend von einer Ex-ante- sowie einer Ex-post-Regulierung geprägt. Daraus folgt auch, dass es nicht an den bestehenden Wettbewerb anknüpft, sondern diesen durch die Verwendung der Instrumente erreichen und sicherstellen will. Die Netzzugangs- und Entgeltvorschriften geben dabei der privatautonomen Ausgestaltung Leitlinien vor, die durch die Regulierungsinstrumente, ex ante und ex post, durchgesetzt werden können. Auch aus den Instrumenten des Regulierungsrechts wird deutlich, dass es sich bei der Regulierung vor allem um eine Verhaltenskontrolle – ähnlich wie im Wettbewerbsrecht – handelt. Allerdings gebietet das Regulierungsrecht nicht nur einen „passiven Schutz" des Wettbewerbs, sondern greift gestaltend[240] in das Marktverhalten der Unternehmer ein. Es ist daher sehr eingriffsintensiv. Regulierungsrecht reagiert nicht nur auf bestimmte Verhalten, sondern beeinflusst proaktiv durch Setzung von Regulierungsmaßstäben das wirtschaftliche Geschehen.

IV. Kritische Würdigung

Aus dem Vorgenannten folgt, dass Wettbewerbs- und Regulierungsrecht in bestimmten Punkten Überschneidungen aufweisen. Zentraler Begriff beider Rechtsbereiche ist der Begriff Wettbewerb. Im Wettbewerbsrecht geht es jedoch darum, die Freiheit des Wettbewerbs sicherzustellen. Der Wettbewerb

240 So auch *Topel*, ZWeR 2006, 27 (33).

wird daher notwendigerweise[241] vorausgesetzt. Das Regulierungsrecht hingegen setzt dort an, wo der Wettbewerb aufgrund von Infrastrukturmonopolen nicht besteht oder unzureichend ist. Es will durch seine Maßgaben einen (funktionsfähigen) Wettbewerb möglich machen. Der Ausgangspunkt beider Rechtsgebiete ist daher verschieden.

Gleiches wird auch auf der Untersuchungsebene von Zielen und Zwecken der beiden Regelungsbereiche deutlich. Zwar könnte auch auf der Ebene der Ziele und Zwecke von Regulierungs- und Wettbewerbsrecht zunächst davon ausgegangen werden, dass diese weitestgehend gleich sind. Beide Bereiche haben ihren Schwerpunkt im funktionsfähigen Wettbewerb. Ihre Regelungen dienen einer funktionierenden Marktwirtschaft. Fernziel ist somit bei beiden Rechtsbereichen das Bestehen eines funktionsfähigen Wettbewerbs.[242] Auch haben Regulierungs- und Wettbewerbsrecht gemeinsam, dass sie auf die Chancengleichheit und Diskriminierungsfreiheit und somit auf eine Relativierung der Marktmacht im Wettbewerb abzielen.

Das Fernziel – der funktionsfähige Wettbewerb – soll jedoch durch unterschiedliche Instrumente erreicht werden. Die Instrumente des Wettbewerbsrechts wollen wettbewerbsvereitelnde Einschränkungen verhindern. So wird im Wettbewerbsrecht auf Verbotstatbestände und Sanktionen gesetzt. Dabei wird schwerpunktmäßig anhand einer Ex-post-Kontrolle von wettbewerbswidrigem Verhalten der Marktteilnehmer vorgegangen. Das Regulierungsrecht zielt dagegen darauf ab, möglichst viele Marktteilnehmer zunächst in den Wettbewerb einzubinden. Dies geschieht durch die Öffnung der Netze für andere Marktteilnehmer durch Auferlegung positiver Verpflichtungen für die Netzbetreiber. Es kann daher schon früher als das allgemeine Wettbewerbsrecht die Marktsituation beeinflussen. Durch die Regulierungsinstrumente soll der Markt wettbewerbsfähig werden. Es werden Maßstäbe aufgestellt, die der Erreichung dieses Ziels dienlich sind. Die Instrumente greifen daher gestaltend in das Geschehen ein. Dies geschieht in erster Linie durch die Ex ante-Maßnahmen, die dem Wettbewerbsrecht grundsätzlich[243] fremd sind. Instrumentell ist das Regulierungsrecht dem Wettbewerbsrecht daher vorgelagert. Dies gilt so jedenfalls für den

241 Was es nicht gibt, kann auch nicht beschützt werden.

242 *Schebstadt*, in: KK zum Kartellrecht, Band 2, § 130 GWB, Rn. 319 m.w.N.; kritisch zum scheinbar deckungsgleichen Ziel: *Säcker*, EnWZ 2015, 531 (534) und *Topel*, ZWeR 2006, 27 (33).

243 Ausgenommen davon ist eine Ex-ante-Kontrolle im Rahmen der Fusionskontrolle nach den §§ 35 ff. GWB.

Bereich der Markteröffnung hinsichtlich der Nutzung von Infrastruktureinrichtungen. Es ist auch zu beachten, dass das Regulierungsrecht nicht nur dem Netzzugang dient. Daneben werden auch andere Ziele, wie die Sicherstellung der Erfüllung der Gemeinwohlinteressen, Sicherheit, Natur- und Umweltschutz und Förderung des technischen Fortschritts, angestrebt. Die Erreichung dieser Ziele ist im Kartellrecht nicht vorgesehen. Das Regulierungsrecht verfolgt somit weitergehende Ziele als das Wettbewerbsrecht.[244]

Aus einer kurzen Analyse des Anwendungsbereichs und der Struktur der Gesetze ergibt sich, dass das Wettbewerbsrecht allgemein gehalten und daher sektorübergreifend anwendbar ist. Das Regulierungsrecht ist nur im Rahmen des jeweiligen Regulierungsgesetzes auf bestimmte Sektoren anwendbar. Das Regulierungsrecht ist somit spezifiziert. Ist das Regulierungsrecht jedoch speziell auf einen Sektor zugeschnitten und weist es dazu noch Schnittstellen sowie Gegensätze zum Wettbewerbsrecht auf, ist fraglich, inwieweit das Wettbewerbsrecht daneben noch zur Anwendung kommen sollte. Wie aufgezeigt, wird das Wettbewerbsrecht durch die Kartellbehörden und das Regulierungsrecht durch die Regulierungsbehörden durchgesetzt. Dies sind zwei voneinander unabhängige Behördenzweige, die jeweils auf der Grundlage ihres durchzusetzenden Gesetzes, d. h. entweder nach dem Kartellrecht oder nach dem Regulierungsrecht, Entscheidungen treffen. Dies kann aufgrund der Überschneidungen und der gleichzeitig vorliegenden Unterschiede zwischen diesen beiden Regelungsbereichen zu divergierenden Entscheidungen führen, gegen die, wie aufgezeigt, ein Rechtsmittel bei unterschiedlichen Gerichten eingelegt werden müsste. Das Fernziel, der funktionsfähige Wettbewerb, mag bei beiden Regelungsbereichen gleich sein. Der Weg dorthin kann – bei parallel tätigen Behörden – trotz einiger Überschneidungen der gesetzlichen Regelungen allerdings unterschiedlich verlaufen.

Letztendlich ist festzuhalten, dass sowohl Überschneidungen als auch eindeutige Unterschiede zwischen Wettbewerbs- und Regulierungsrecht bestehen. Eine eindeutige Abgrenzung dieser beiden Regelungsbereiche ist abstrakt betrachtet daher nicht möglich. Gerade dies führt zu Problemen in der Anwendungspraxis.

---

244 So auch *Lepsius*, in: Fehling/Ruffert, Regulierungsrecht, § 19 Rn. 58.

2. Kapitel: Parallele Anwendung von Wettbewerbs- und Regulierungsrecht auf nationaler Ebene?

A. Das Verhältnis des EnWG zum allgemeinen Wettbewerbsrecht

Zu der Frage nach der parallelen Anwendung von Wettbewerbs- und Regulierungsrecht äußert sich § 185 Abs. 3 GWB sowie im Energieregulierungsrecht § 111 EnWG. Nach § 185 Abs. 3 GWB stehen die Vorschriften des EnWG „der Anwendung der §§ 19, 20 und 29 [GWB] nicht entgegen, soweit in § 111 EnWG keine andere Regelung getroffen ist". Ergänzend dazu sind nach § 111 Abs. 1 Satz 1 EnWG die §§ 19, 20 und 29 GWB nicht anzuwenden, „soweit durch [das EnWG] oder aufgrund [des EnWG] erlassener Rechtsverordnungen ausdrücklich abschließende Regelungen getroffen werden". Nach Satz 2 bleiben die Aufgaben und Zuständigkeiten der Kartellbehörden unberührt. Den Mittelpunkt der Untersuchung der parallelen Anwendung von Wettbewerbs- und Regulierungsrecht bildet im Energiesektor somit § 111 EnWG.

Um das heutige Verhältnis der Vorschriften des GWB zu denen des EnWG nachvollziehen und dieses später mit den anderen Regulierungsgesetzen vergleichen zu können, ist die Entwicklung bezüglich der das Verhältnis von Wettbewerbs- und Regulierungsrecht regelnden Vorschriften zu betrachten (unter I.). Danach sollen der § 111 EnWG (unter II.) sowie der die Frage nach der parallelen Anwendung im Wettbewerbsrecht einleitende § 185 Abs. 3 GWB (unter III.) näher betrachtet werden. Auch auf die Vorschriften über die Zusammenarbeit der Behörden (unter IV.), die Gesetzesmaterialien (unter V.) und die Einordnung des EnWG als Sonderkartellrecht (unter VI.) wird eingegangen. Zum Schluss ist auf den für die Praxis wohl relevantesten Aspekt einzugehen: Die verbleibende Zuständigkeit der Kartellbehörden nach den Vorschriften des GWB (unter VII.).

I. Historische Betrachtung des Verhältnisses von GWB zum EnWG

Im Wege der Liberalisierung kam es 1998 zu wesentlichen Veränderungen im Energiesektor.[245] Durch die „erste Elektrizitätsbinnen-

245 Vgl. zur Entwicklung des Energiemarktes: *Höppner*, Regulierung, S. 133; *Klees*,

marktrichtlinie“[246] und die „erste Gasbinnenmarktrichtlinie“[247] waren die Mitgliedstaaten verpflichtet, für eine weitgehende Markteröffnung im Energiesektor zu sorgen. Unter anderem sahen die Art. 16 ff. der Elektrizitätsbinnenmarktrichtlinie und die Art. 14 ff. der Gasbinnenmarktrichtlinie eine Einräumung eines Netzzugangsanspruchs vor. Das EnWG von 1935 wurde 1998[248] diesbezüglich durch die Einführung des verhandelten Netzzugangs in § 6 EnWG 1998 novelliert. Die Gewährung des Netzzugangs nach § 6 EnWG 1998 wurde gemäß § 18 EnWG 1998 kontrolliert. Zuvor richtete sich die (Missbrauchs-)Aufsicht über die monopolistisch geprägten Energienetzbetreiber allein nach den kartellrechtlichen Vorschriften. Im Kartellrecht wurde der Netzzugang durch § 22 GWB a. F.[249] gewährt und kontrolliert. Für den Energiesektor bestand jedoch bis 1998 gem. § 103 GWB a. F. eine Besonderheit: Er wurde von Verstößen gegen die §§ 1, 15 und 18 GWB a. F. und somit von der Anwendung des Kartell- und Preisbindungsverbots freigestellt. Allein nach § 103 Abs. 5 GWB a. F.[250] bestand die Möglichkeit, missbräuchliches Verhalten im Energiesektor zu kontrollieren. Durch das EnWG 1998 wurde die Anwendung des § 103 GWB a. F. auf die Versorgung mit Elektrizität und Gas aufgehoben.[251] Die kartellrechtliche Missbrauchsaufsicht richtete sich fortan uneingeschränkt nach den §§ 22, 26 GWB a. F. Daneben stellte schon § 104a GWB a. F. klar, dass die Vorschriften des EnWG der Anwendung der §§ 22 und 26 Abs. 2 GWB a. F., die der heutigen kartellrechtlichen Missbrauchsaufsicht entsprechen, nicht entgegenstehen. EnWG und GWB waren folglich parallel anwendbar.

Trotz der Entwicklung des Energiewirtschaftsrecht und des GWB stand die regulierungsrechtliche Aufsicht nach § 18 i. V. m. § 6 EnWG 1998 und die kartellrechtliche Aufsicht nach den §§ 19 ff. GWB a. F. „unverbunden nebeneinander“.[252] Dies ergab sich zum einen aus § 130 Abs. 3 GWB a. F.[253] und aus den §§ 6

Energiewirtschaftsrecht, Kapitel 1, Rn. 131.

246 Richtlinie 96/92/EG des Europäischen Parlaments und des Rates vom 19. Dezember 1996 betreffend gemeinsame Vorschriften für den Elektrizitätsbinnenmarkt, ABl. EG 1997 Nr. L 27, S. 20.

247 Richtlinie 98/30/EG des Europäischen Parlaments und des Rates vom 22. Juni 1998 betreffend gemeinsame Vorschriften für den Erdgasbinnenmarkt, ABl. EG 1998 Nr. L 204, S. 1.

248 EnWG 1998 vom 24.4.1998, BGBl. I 1998, S. 730.

249 I. d. F. vom 27.07.1957, BGBl. I, 1957, S. 1081.

250 I. d. F. der 4. GWB-Novelle vom 24.09.1980, BGBl. I 1980, S. 1761.

251 Durch Art. 2 des EnWG 1998 (BGBl. I, Nr. 23, S. 730).

252 Vgl. *Salje*, Energiewirtschaftsgesetz, § 111 Rn.1.

253 § 130 Abs. 3 GWB i. d. F. der 6. GWB-Novelle vom 26.06.1998, BGBl. I S. 2521.

Abs. 1 Satz 3, 7 Abs. 2 Satz 2 und 13 Abs. 5 EnWG 1998. Denn nach § 130 Abs. 3 GWB a. F. standen die Vorschriften des EnWG der Anwendung der §§ 19 und 20 GWB nicht entgegen. Auch § 6 Abs. 1 Satz 3 EnWG 1998 stellte klar, dass die § 22 Abs. 4 und § 26 Abs. 2 GWB a. F.[254] unberührt bleiben. Korrespondierend regelte auch § 7 Abs. 2 Satz 2 EnWG 1998 die Unberührtheit der Anwendung der kartellrechtlichen Missbrauchsaufsicht durch Verweis auf § 6 Abs. 1 Satz 4 EnWG 1998. Nach § 13 Abs. 5 EnWG 1998 blieben zudem auf formeller Ebene die Aufgaben und Zuständigkeiten der Kartellbehörden nach dem GWB trotz Anwendung des EnWG unberührt. Aus diesen Vorschriften wurde deutlich, dass ungeachtet ähnlicher Zugangsansprüche das allgemeine Wettbewerbsrecht nicht durch das energiewirtschaftliche Regulierungsrecht ausgeschlossen wird.

Daran änderte auch die 6. GWB-Novelle (1998) nichts. Durch die 6. GWB-Novelle wurde mit § 19 GWB 1998 ein eigener in sich geschlossener Missbrauchstatbestand eingeführt, der an § 22 GWB a. F. angelehnt war. Neu hinzu kam der Tatbestand der Nr. 4 in § 19 Abs. 4 GWB a. F., welcher dem jetzigen § 19 Abs. 2 GWB entspricht und sich konkret auf den verweigerten Netzzugang bezieht. § 104a GWB a. F. fand sich seitdem in § 130 GWB 1998 wieder. Mit den Regelungen des § 6 EnWG 1998 und des § 19 Abs. 4 Nr. 4 GWB 1998 war klar, dass sowohl das EnWG als auch das GWB den Netzzugang konkret erfassen. Eine parallele Anwendung auf denselben Sachverhalt war daher möglich. Eine Sondervorschrift, die das GWB im Anwendungsbereich des sektorspezifischen EnWG ausschließt, gab es (noch) nicht. Vielmehr wurde der umgekehrte Fall einer parallelen Anwendung geregelt.

Die kartellrechtliche Netzzugangsregelung des § 19 Abs. 4 Nr. 4 GWB a. F. sowie § 6 EnWG a. F. standen nebeneinander. Es hieß, dass die kartellrechtliche Missbrauchsaufsicht nach § 19 GWB 1998 durch das EnWG lediglich ergänzt wurde.[255] Es bestand eine uneingeschränkte parallele Anwendung dieser beiden Regelungswerke.[256] Eine Verdrängung der GWB-Vorschriften aufgrund des EnWG kam nicht in Betracht.

2003 wurde § 6 Abs. 1 Satz 1 EnWG 1998 um den Zusatz „guter fachlicher Praxis entsprechen" ergänzt.[257] Danach waren die Betreiber von Elektrizitätsver-

---

254 I. d. F. vom 20.02.1990, BGBl. I 1990, S. 235; die §§ 22 und 26 GWB 1990 entsprechen den § 19 ff. GWB.

255 *Kühne*, RdE 2000, 1 (4 ff.); *Massumi*, Energieversorgungsunternehmen, S. 133 m.w.N.

256 *Tittel*, in: Hempel/Franke, Recht der Energie- und Wasserversorgung, § 111 EnWG, Rn. 2; *Ludwigs*, in: Baur/Salje/Schmidt-Preuß, Regulierung, Kap. 42 Rn. 15.

257 Durch das Erste Gesetz zur Änderung des Gesetzes zur Neuregelung des Energiewirtschaftsrechts vom 20.5.2003 (BGBl. I 2003, S. 686).

sorgungsnetzen verpflichtet, „anderen Unternehmen das Versorgungsnetz für Durchleitungen zu Bedingungen zur Verfügung zu stellen, die guter fachlicher Praxis entsprechen und die nicht ungünstiger sind, als sie von ihnen in vergleichbaren Fällen für Leistungen innerhalb ihres Unternehmens oder gegenüber verbundenen oder assoziierten Unternehmen tatsächlich oder kalkulatorisch in Rechnung gestellt werden". Die Gesetzesänderung 2003 sah zudem vor, dass nach § 6 Abs. 1 Satz 5 EnWG 2003 die Erfüllung der Bedingungen „guter fachlicher Praxis" bei Einhaltung der Verbändevereinbarung[258] grundsätzlich vermutet wurde. Dies galt nach § 6 Abs. 1 Satz 5 EnWG 2003 nur bis zum 31. Dezember 2003. Die Gerichte stellten jedoch klar, dass die Einhaltung der Verbändevereinbarung auch nach dem 31.12.2003 noch ihre Wirkung im Sinne des § 6 Abs. 1 Satz 5 EnWG 2003 entfaltet.[259]

Daneben wurde 2003 auch § 6a EnWG eingeführt, der den Zugang zu den Gasversorgungsnetzen entsprechend § 6 EnWG 2003 regelte. Trotz der Änderungen im Jahre 2003 änderte sich an dem Verhältnis der Vorschriften des EnWG und des GWB nichts. Denn die §§ 6 Abs. 1 Satz 6, 7 Abs. 2, 13 Abs. 4 EnWG 2003 sowie § 130 Abs. 3 GWB 1998 blieben gleich. Es bestand weiterhin Idealkonkurrenz zwischen GWB und EnWG, was die parallele Anwendung von GWB und EnWG weiter aufrechterhielt. Dennoch führten die Einführung des Vermutungstatbestandes und das Merkmal der „guten fachlichen Praxis" in § 6 Abs. 1 EnWG 2003 zu Unstimmigkeiten in der Rechtsanwendung.

So verhielt sich die OLG-Rechtsprechung[260] teilweise konträr zur Aussage des Gesetzestextes. Aus den Urteilen und Beschlüssen der Oberlandesgerichte geht zunächst hervor, dass das BKartA trotz der Vermutungsregelung „guter fachlicher Praxis" im Sinne des § 6 EnWG 2003 von einem missbräuchlichen Verhalten nach den §§ 19 ff. GWB ausgegangen ist.[261] Denn obwohl die Netznutzungsentgelte nach den Preisfindungsprinzipien der Anlage 3 der Verbändevereinbarung

---

258 Verbändevereinbarung über Kriterien zur Bestimmung von natürlichen Netzzugangsentgelten für elektrische Energie und über Prinzipien der Netznutzung vom 13. Dezember 2001; Bundesanzeiger Nr. 85 b vom 8.5.2002.

259 OLG Stuttgart, Urt. v. 17.02.2005 – 2 U 83/04, 2 U 84/04 = RdE 2005, 237 (239) mit Bezug auf OLG Karlsruhe, Urt. v. 27.10.2004 – 6 U 22/04 = RdE 2005, 51 (52).

260 Vgl. OLG Karlsruhe, Urt. v. 27.10.2004 – 6 U 22/04 = RdE 2005, 51 (53); OLG Düsseldorf, Beschl. v. 30.07.2003 – Kart 22/02 (V) = RdE 2003, 311 = ZNER 2003, 254 (255); OLG Düsseldorf Beschl. v. 17.03.2004 – Kart 18/03 (V) = RdE 2004, 141; OLG Düsseldorf, Beschl. v. 17.07.2003 – Kart 18/03 (V) = RdE 2003, 247 (253); OLG Stuttgart, Urt. v. 17.02.2005 – 2 U 84/04 = RdE 2005, 237.

261 OLG Düsseldorf, Beschl. v. 30.07.2003 – Kart 22/02 (V) = RdE 2003, 311 (311); OLG Düsseldorf, Beschl. v. 17.03.2004 – Kart 18/03 (V) = RdE 2004, 141 (141).

Strom II plus ermittelt wurden, beanstandete das BKartA die erhobenen Entgelte unter dem Gesichtspunkt des Missbrauchs nach dem GWB.[262] Das BKartA hat zum damaligen Zeitpunkt die Vorschrift des § 6 EnWG 2003 sowie die dazugehörige Systematik des EnWG und die Aussage des § 130 Abs. 3 GWB 1998 richtig gedeutet und angewendet. Es ging von einer parallelen und unabhängigen Anwendung aus. Die Gerichte gingen jedoch von einer anderen Interpretation aus. Zunächst gingen die Oberlandesgerichte noch auf die Gesetzesänderung 2003 ein, wobei auf den § 6 Abs. 1 Satz 5 und 6 EnWG 2003 hingewiesen und klargestellt wurde, dass diese Änderung bei der vorzunehmenden Rechtmäßigkeitskontrolle eines Entgeltes zu berücksichtigen sei.[263] Auch das OLG Stuttgart wies zunächst darauf hin, dass für die parallele Anwendung der § 6 Abs. 1 Satz 6 EnWG 2003 spricht, wonach die kartellrechtlichen Normen eigenständig auch neben der „Spezialnorm" des § 6 EnWG 2003 stehen und damit geprüft werden können.[264] Sodann lenkten aber die Oberlandesgerichte ein, ein der „guten fachlichen Praxis" entsprechendes Entgelt könne nicht zugleich auch eine missbräuchliche Preisüberhöhung nach dem GWB darstellen.[265] Nach Ansicht der Oberlandesgerichte schloss somit die Einhaltung der Verbändevereinbarung und somit die Vermutung „guter fachlicher Praxis" nach § 6 Abs. 1 Satz 1 EnWG 2003 die Anwendung der kartellrechtlichen Missbrauchsvorschriften aus. Erst wenn der Vermutungstatbestand des § 6 Abs. 1 Satz 1 EnWG 2003 widerlegt wurde, sei der Anwendungsbereich für die §§ 19 ff. GWB eröffnet.[266] Wie die Widerlegung des Vermutungstatbestandes zu erfolgen hat, wurde gerichtlich nicht dargestellt. Zumindest folgt aus der Rechtsprechungspraxis der Oberlandesgerichte, dass an die Widerlegung hohe Anforderungen gestellt wurden, so dass eine Anwendung der §§ 19, 20 GWB faktisch ausgeschlossen wurde.[267] Die kartellrechtliche Missbrauchsaufsicht galt für die Oberlandesgerichte demnach neben dem sektorspezifischen Netzzugang nur als Auffangkontrolle. Damit widersprach die OLG-Rechtsprechung dem Wortlaut des § 6 Abs. 1 Satz 6

262 OLG Düsseldorf, Beschl. v. 17.03.2004 – Kart 18/03 (V) = RdE 2004, 141 (141).

263 Vgl. dazu allein OLG Düsseldorf, Beschl. v. 30.07.2003 – Kart 22/02 (V) = RdE 2003, 311 (312).

264 OLG Stuttgart, Urt. v. 17.02.2005 – 2 U 84/04 = RdE 2005, 237 (239).

265 OLG Stuttgart, Urt. v. 17.02.2005 – 2 U 84/04 = RdE 2005, 237 (239); OLG Karlsruhe, Urt. v. 27.10.2004 – 6 U 22/04 = RdE 2005, 51 (53); OLG Düsseldorf, Beschl. v. 17.03.2004 – Kart 18/03 (V) = RdE 2004, 141 (147); OLG Düsseldorf, Beschl. v. 30.07.2003 - Kart 22/02 (V) = RdE 2003, 311 (312).

266 OLG Düsseldorf, Beschl. v. 30.07.2003 - Kart 22/02 (V) = RdE 2003, 311 (312).

267 Kritisch auch *Engelsing*, in: Baur, Die Energiewirtschaft in der Regulierung, S. 85 (88).

EnWG 2003, der durch die Unberührtheitsklausel eine parallele Anwendbarkeit des EnWG zu den Vorschriften der §§ 19, 20 GWB vorschrieb.[268] Dies stellte auch der BGH klar.[269]

Neben der dem Wortlaut der Gesetze widersprechenden Herangehensweise der Oberlandesgerichte wird aus der gerichtlichen Praxis auch das mit der parallelen Anwendung zusammenhängende Problem divergierender Entscheidungen aufgrund von EnWG auf der einen und GWB auf der anderen Seite deutlich. Die Oberlandesgerichte wollten diese widersprüchlichen Entscheidungen auf behördlicher Ebene durch das BKartA verhindern, indem sie die Vermutungswirkung des § 6 Abs. 1 EnWG 2003 auch auf die Anwendung des allgemeinen Wettbewerbsrechts ausweiteten. In der Rechtsprechung wurde somit schon damals, entgegen dem Wortlaut der Vorschriften des EnWG und der Gesetzessystematik von EnWG und GWB, von einem Vorrangverhältnis zugunsten des EnWG ausgegangen. Der Gesetzgeber orientierte sich an dieser Rechtsprechung, als er § 111 EnWG einführte.[270] Auffällig ist, dass trotz der Unberührtheitsklausel in den §§ 6 Abs.1 Satz 6, 6a Abs. 2 Satz 6, 7 Abs. 2 Satz 2, 13 Abs. 5 EnWG 2003 und § 130 Abs. 3 GWB a. F. ein Ausschluss der Anwendung des GWB angenommen wurde. Die Gesetzestexte gingen doch eindeutig von einer parallelen und unberührten Anwendung beider Regelungsbereiche aus. Es bestanden keine Anhaltspunkte für eine abweichende Auslegung. Anscheinend reichte lediglich das Risiko widersprüchlicher Entscheidungen aus, um dem EnWG in der Rechtsprechung einen Vorrang einzuräumen.

Durch die Novellierung des EnWG 2005[271] wurden die Vorgaben der Beschleunigungsrichtlinien („zweite Elektrizitätsbinnenmarktrichtlinie“[272] und „zweite Erdgasbinnenmarktrichtlinie“[273]) umgesetzt. Ihr Schwerpunkt lag

---

268 Vgl. dazu auch *Säcker*, in: Berliner Kommentar zum Energierecht, Band 1, Teil 2, § 111 EnWG, Rn. 4.

269 BGH, Beschl. v. 28.06.2005 – KVR 17/04 = BGHZ 163, 282 (285 f.) = RdE 2005, 228 (229) m. Anm. *Markert*; zu beachten ist jedoch, dass die Entscheidung kurz vor dem EnWG 2005 erging.

270 Siehe dazu sogleich.

271 BGBl. I 2005, Teil I Nr. 42 Seite 1970 vom 12. Juli 2005.

272 Richtlinie 2003/54/EG des Europäischen Parlament und des Rates vom 26. Juni 2003 über gemeinsame Vorschriften für den Elektrizitätsbinnenmarkt und zur Aufhebung der Richtlinie 96/92/EG, ABL. EG 2003 Nr. L 176, S. 37.

273 Richtlinie 2003/55/EG des Europäischen Parlaments und des Rates vom 26. Juni 2003 über gemeinsame Vorschriften für den Erdgasbinnenmarkt und zur Aufhebung der Richtlinie 98/30/EG, ABl. EG 2003 Nr. L 176, S. 57.

auf den Regelungen zur Entflechtung[274], dem regulierten Netzzugang[275] sowie der institutionellen Zuständigkeit für die Regulierung[276]. Zeitgleich erhielt die Regulierungsbehörde für Telekommunikation und Post (RegTP)[277] die Zuständigkeit für die Regulierung der Energienetze und wurde in Bundesnetzagentur (BNetzA) umbenannt. Aufgrund der drohenden Doppelzuständigkeit von BKartA und Regulierungsbehörde, die durch die parallele Anwendbarkeit der Vorschriften des EnWG und deren des GWB bestand, kam es mit Einführung des § 111 EnWG zu einem Paradigmenwechsel. Die Einführung des § 111 EnWG hatte erhebliche Auswirkung auf die Wettbewerbsaufsicht der Kartellbehörden im Bereich der Energiewirtschaft. Mit der Einführung sollte das Verhältnis zwischen Wettbewerbsrecht und EnWG neu geregelt und zugleich klargestellt werden. Die bisherige zwischen EnWG und GWB bestehende Idealkonkurrenz wurde durch eine Vorrangwirkung zugunsten der netzbezogenen Energieregulierung abgelöst.[278] Entsprechend wurde § 130 Abs. 3 GWB a. F. angepasst.[279] Nach § 130 Abs. 3 GWB a. F. wurde die Anwendung der §§ 19, 20 GWB a. F. unter dem Vorbehalt der vorrangigen Regelungen des § 111 EnWG gestellt. Nach Einführung des § 29 GWB[280] 2007 kam es zu entsprechenden Ergänzungen in § 111 Abs. 1 Satz 1 EnWG und § 130 Abs. 3 GWB a. F. Seit 2005 sieht § 111 EnWG folglich die Möglichkeit eines Ausschlusses der Anwendung der kartellrechtlichen Missbrauchsaufsicht vor. Diese Abgrenzung hinsichtlich des Anwendungsbereichs des GWB im Rahmen des EnWG hat auch bisher keine Änderung erfahren.

Die historische Betrachtung zeigt den Gang von einem parallel zum sektorspezifischen Regulierungsrecht anwendbaren Wettbewerbsrecht hin zu einem

---

274 Art. 10, 15 ff. der zweiten Elektrizitätsbinnenmarktrichtlinie bzw. Art. 9 f., 13 ff. der zweiten Erdgasbinnenmarktrichtlinie.

275 Art. 23 Abs. 2 der zweiten Elektrizitätsbinnenmarktrichtlinie bzw. Art.25 Abs. 2 der zweiten Erdgasbinnenmarktrichtlinie, System des regulierten Netzzugangs.

276 Art. 23 Abs. 1 der zweiten Elektrizitätsbinnenmarktrichtlinie und Art. 25 Abs. 1 der zweiten Erdgasbinnenmarktrichtlinie, Verpflichtung zur Einrichtung einer Regulierungsbehörde.

277 Die Regulierungsbehörde für Telekommunikation und Post (RegTP) bestand ab dem 1.1.1998.

278 Vgl. *Säcker*, in: Berliner Kommentar zum Energierecht, Band 1, Teil 2, § 111 EnWG, Rn. 5; *Salje*, Energiewirtschaftsgesetz, § 111 Rn. 2; gleich unter II. ff. näher erörtert.

279 Vgl. Art. 3 Abs. 31 des Zweiten Gesetzes zur Neuregelung des Energiewirtschaftsrecht, BGBl. I 2005, S. 1970.

280 GWB vom 18.12.2007, BGBl. I 2007, S. 2966.

Ausschluss dessen aufgrund partieller Vorrangeinräumung. Die Gesetzesentwicklung zeigt daneben auch, dass die Frage um die parallele Anwendung von Wettbewerbs- und Regulierungsrecht auf Infrastrukturmonopole einer konkreten gesetzgeberischen Klarstellung ohne viele Auslegungsmöglichkeiten bedarf, um zweifelsfrei eine parallele Anwendung dieser beiden Regelungsbereiche annehmen oder ablehnen zu können.

II. § 111 EnWG und das Verhältnis von EnWG und GWB

Die §§ 19, 20 und 29 GWB kommen im Falle von ausdrücklich abschließenden Regelungen im EnWG oder in den nach dem EnWG erlassenen Rechtsverordnungen nach § 111 Abs. 1 Satz 1 EnWG nicht zur Anwendung.

1. Durchbrechung der grundsätzlich parallelen Anwendung

Das GWB ist grundsätzlich in allen Wirtschaftsbereichen anwendbar und dies grundsätzlich unabhängig von anderen Gesetzen.[281] Auch im Energiesektor kann von einer grundsätzlich bestehenden parallelen Anwendung von EnWG und GWB ausgegangen werden. Erst dann, wenn abschließende und somit speziellere Regelungen getroffen werden, ist von dem Grundsatz der parallelen Anwendung abzuweichen. § 111 Abs. 1 Satz 1 EnWG stellt dies klar.

§ 111 Abs. 1 Satz 1 EnWG regelt ausdrücklich die Nichtanwendbarkeit der §§ 19, 20 und 29 GWB, soweit ausdrücklich abschließende Regelungen bestehen. Die Regelung bezieht sich explizit nur auf die §§ 19, 20 und 29 GWB. Alle anderen Vorschriften des GWB werden von § 111 EnWG nicht erfasst. § 111 Abs. 2 EnWG qualifiziert ausdrücklich den 3. Teil des EnWG als abschließend im Sinne des § 111 Abs. 1 Satz 1 EnWG.

Die aus § 111 Abs. 1 Satz 1 EnWG hervorgehende bedingte Nichtanwendbarkeit der GWB-Vorschriften bestätigt die grundsätzlich parallele Anwendung von den §§ 19, 20 und 29 GWB und den EnWG-Vorschriften. Zugleich wird mit § 111 Abs. 1 Satz 1 EnWG auf die Möglichkeit der Durchbrechung des Grundsatzes paralleler Anwendung aufmerksam gemacht. § 111 Abs. 1 Satz 1 EnWG ist folglich eine Ausnahmeregelung vom Grundsatz der parallelen Anwendung.

Die Durchbrechung hat zur Folge, dass dem 3. Teil des EnWG ein Vorrang gegenüber den §§ 19, 20 und 29 GWB gewährt wird.

---

281 So auch *Hellermann/Hermes*, in: Britz/Hellermann/Hermes, EnWG, § 1 Rn. 8, 12.

2. *Wirkung des § 111 Abs. 1 Satz 1 EnWG – Art und Weise des Vorrangs*

Wie in anderen sektorspezifischen Regulierungsgesetzen[282] kamen die Fragen auf, wie § 111 EnWG zu verstehen ist, auf welche Art und Weise sich die Vorrangwirkung des 3. Teils vollzieht und wie weit diese Vorrangregelung wirkt. Über die Art und Weise der Vorrangwirkung trifft § 111 EnWG keine eindeutige[283] Aussage. Neben einem Vorrang aufgrund einer Spezialität kommt ein solcher auch auf der Grundlage einer subsidiären Anwendung der allgemeinen Missbrauchsaufsicht des GWB im Anwendungsbereich des EnWG in Betracht.[284] Die hier dargestellte Interpretation des § 111 EnWG folgt der herrschenden Annahme, dass § 111 EnWG den Lex-specialis-Grundsatz normiert und somit die §§ 19 ff. GWB abschließend verdrängt.[285]

Dies kann schon aus dem Wortlaut des § 111 Abs. 1 Satz 1 EnWG abgeleitet werden. Dieser ist auffällig negativ formuliert. Er geht explizit auf die Nichtanwendbarkeit der GWB-Vorschriften ein. Im Gegensatz dazu wird in anderen Regulierungsgesetzen[286] eine Formulierung gewählt, wonach die Vorschriften des GWB anwendbar bleiben, soweit nicht ausdrücklich abschließende Regelungen getroffen wurden. Die Formulierung des § 111 Abs. 1 Satz 1 EnWG lässt auf eine bewusste, gesetzgeberisch getroffene Klarstellung zu dem Verhältnis von EnWG und GWB schließen. Aus der Formulierung „sind nicht anzuwenden" geht eindeutig hervor, dass die §§ 19, 20 und 29 GWB vollständig aus dem Anwendungsbereich des EnWG verdrängt werden, soweit ausdrücklich abschließende Regelungen getroffen werden. In diesem Fall wird eine parallele Anwendung von Wettbewerbs- und Regulierungsrecht ausgeschlossen. Daher kommt nicht einmal eine subsidiäre und somit nachrangige Anwendung dieser

282 Vgl. zu selben Problematik im TKG unter Kapitel2/B./I. und zum AEG bzw. ERegG unter Kapitel 2/C./I. und II.

283 So jedenfalls *Schmidt-Volkmar*, Das Verhältnis, S. 111.

284 Vgl. zur Art und Weise der Vorrangwirkung: *Schmidt-Volkmar*, Das Verhältnis, S. 111 ff.

285 OLG Düsseldorf, 19.10.2011, VI-3 Kart 1/11 Rn. 56 = RdE 2012, 65 (67); BGH, Beschl. v. 6.11.2012 – KVR 54/11 Rn. 14 = NVwZ-RR 2013, 604 (605); *Salje*, Energiewirtschaftsgesetz, § 111 Rn. 2, 6, 10; *Säcker*, in: Berliner Kommentar zum Energierecht, Band 1, Teil 2, § 111 EnWG, Rn. 2, 6 f.; *Antweiler/Nieberding*, NJW 2005, 3673 (3675); *Hölscher*, in: Britz/Hellermann/Hermes, EnWG, § 111 Rn. 5.; *Bechtold/Bosch*, GWB, § 185 Rn. 28.

286 Vgl. § 2 Abs. 4 TKG.

Vorschriften in Betracht.[287] Somit wäre auch die Frage nach der Wirkung des § 111 EnWG entschieden: Bestehen ausdrücklich abschließende Regelungen, wird durch den § 111 Abs. 1 Satz 1 EnWG der spezialgesetzliche Charakter des EnWG und seiner Rechtsvorschriften bestätigt und diese als lex specialis gegenüber den §§ 19, 20 und 29 GWB behandelt.[288]

Daneben stellt sich die Frage, ob neben der Kollisionsnorm des § 111 EnWG auch der Lex- specialis-Grundsatz ergänzend angewendet werden kann, so dass auch über den 3. Teil hinausgehende Kollisionsfälle aufgrund der Anwendung des Lex-specialis-Grundsatzes vorrangig zugunsten des EnWG zu entscheiden sind.[289] Dabei wird zum einen verlangt, dass auch die energieregulierungsrechtlichen Vorschriften außerhalb des 3. Teils „ausdrücklich" abschließend sein müssen, d. h. die abschließende Wirkung tatsächlich aus dem Wortlaut hervorgehen muss.[290] Diese Herangehensweise spiegelt sich auch im Bereich des TKG wider.[291] Danach würde es aber neben § 111 Abs. 2 EnWG keine „ausdrückliche" Regelung geben, die im Gesetzestext ihre Abgeschlossenheit gegenüber den §§ 19 ff. GWB nennt oder zumindest andeutet. Bei einer solchen Herangehensweise liefe die zusätzliche Anwendung des allgemeinen Lex-specialis-Grundsatzes aufgrund Fehlens „ausdrücklich abschließender Regelungen" im Gesetzestext des EnWG fehl. Zum anderen wird vorgeschlagen, die ausdrücklich abschließende Wirkung einer EnWG-Vorschrift gegenüber den §§ 19 ff. GWB

---

287 Ergibt sich doch schon aus der Systematik und der Gesetzgeberwillen, dass die Vorschriften des 3. Teils des EnWG spezieller sind und somit ausschließlich Anwendung finden; so auch *Säcker*, in: Berliner Kommentar zum Energierecht, Band 1, Teil 2, § 111 EnWG, Rn. 8; a. A. *Schmidt-Volkmar*, Das Verhältnis, S. 116.

288 Vgl. *Säcker*, in: Berliner Kommentar zum Energierecht, Band 1, Teil 2, § 111 EnWG, Rn. 2; *Salje*, Energiewirtschaftsgesetz, § 111 Rn. 10; *Hölscher*, in: Britz/Hellermann/Hermes, EnWG, § 111 Rn. 3 ff.; *Schex*, in: Kment, Energiewirtschaftsgesetz, § 111 Rn. 2.

289 Dabei wird sich widersprüchlich verhalten, wenn zum einen die Anwendung der Lex-specialis-Regelung verneint und zum anderen das Bestehen einer „ausdrücklich abschließenden Regelung" im Sinne des § 111 Abs. 1 Satz 1 EnWG von diesem abhängig gemacht wird, vgl. *Salje*, Energiewirtschaftsgesetz, § 111 Rn. 7, dem es insbesondere auf das Merkmal „ausdrücklich" ankommt und *Hölscher*, in: Britz/Hellermann/Hermes, EnWG, § 111 Rn. 4.

290 *Salje*, Energiewirtschaftsgesetz, § 111 Rn. 7.

291 Siehe zur Auslegung des Merkmals „ausdrücklich" im Sinne des § 2 Abs. 4 Satz 1 TKG unter Kapitel 2/B./I./1./b.

auch durch Auslegung zu ermitteln.[292] Dies hätte eine Erweiterung der Vorrangwirkung des § 111 Abs. 1 Satz 1 EnWG auch über den 3. Teil des EnWG hinaus zur Folge. Bei dieser Herangehensweise spielt das Merkmal „ausdrücklich" demnach keine Rolle. Neben § 30 EnWG[293], der sich jedoch im 3. Teil des EnWG befindet und somit über § 111 Abs. 2 EnWG als ausdrücklich abschließend qualifiziert wird, ist schon fraglich, ob das EnWG über weitere abschließende Vorschriften gegenüber dem GWB verfügt. Dafür müsste es zu Überschneidungen im Anwendungsbereich kommen. Diese sind jedoch insbesondere im Bereich der Netzzugangs- und Entgeltregulierung vorzufinden. Die entsprechenden Vorschriften befinden sich jedoch allesamt im 3. Teil des EnWG. Folglich können andere als der 3. Teil des EnWG nicht abschließend sein. Daneben bezieht sich § 30 EnWG auch nur auf den 3. Teil des EnWG, so dass seine abschließende Wirkung sich nicht auch auf andere Regelungsbereiche des EnWG erstrecken kann. Ob daher neben § 111 EnWG grundsätzlich auch die allgemeinen Kollisionsregelungen angewendet werden können, kann somit außer Betracht gelassen werden. Außerhalb des 3. Teils oder aufgrund dessen erlassener Rechtsvorschriften greifen die allgemeinen Kollisionsvorschriften mangels Anwendungsüberschneidung mit dem GWB nicht. Daher kann § 111 Abs. 1 und 2 EnWG selbst als abschließende Kollisionsregelung angesehen werden, so dass außerhalb der Netzregulierung eine Anwendung der §§ 19 ff. GWB möglich ist und ein Rückgriff auf die Lex-specialis-Regelung ausgeschlossen wird.[294] Weiter wäre bei Annahme eines der zuvor dargestellten Ansätze fraglich, ob es dann der Regelung des § 111 EnWG überhaupt noch bedarf. Würde das Verhältnis von GWB und EnWG über den allgemeinen Lex-specialis-Grundsatz gelöst werden, würde § 111 Abs. 1 Satz 1 EnWG lediglich eine klarstellende, an den allgemeinen Spezialitätsgedanken angelehnte Formulierung enthalten. Denn wie hier angenommen, gibt es außerhalb des 3. Teils des EnWG keine weiteren

---

292 *Hölscher*, in: Britz/Hellermann/Hermes, EnWG, § 111 Rn. 4; vgl. weitere Ausführungen zur Auslegung des Merkmals „ausdrücklich" im TK-Sektor unter Kapitel 2/B/I./1./b.

293 Zur Untersuchung des § 30 EnWG sogleich unter Kapitel 2/A./II./3./a/cc.

294 Vgl. zur Geltung des GWB außerhalb des 3. Teils des EnWG: *Säcker*, in: Berliner Kommentar zum Energierecht, Band 1, Teil 2, § 111 EnWG, Rn. 18; *Säcker*, in: MüKo GWB, § 130 Rn. 9 ff.; *Baur*, RdE 2004, 277 (281 ff.); *Büdenbender*, FS Sellner, S. 439 (442); *Markert*, in: Immenga/Mestmäcker, Band 2, § 130 Rn. 399; *Stadler*, in: Langen/Bunte, Band 1, § 185 Rn. 268 ff.; *Höch/Kalwa, ZNER 2009, 361 (365 ff.); Ludwigs*, in: Baur/Salje/Schmidt-Preuß, Regulierung, Kap. 42 Rn. 16 ff.; *Körber*, FS Möschel, S. 1043 (1047 f.).

abschließenden Regelungen gegenüber den §§ 19 ff. GWB. Gerade durch die ausdrückliche Benennung des 3. Teils als abschließend gegenüber den §§ 19 ff. GWB kann § 111 EnWG nur als eine den Spezialitätsgrundsatz abschließende Klarstellung gesehen werden.

3. *Ausdrücklich abschließende Regelungen – § 111 Abs. 2 EnWG*

Die §§ 19, 20 und 29 GWB werden nicht ohne Weiteres vom EnWG ausgeschlossen. Eine Nichtanwendbarkeit dieser Regelungen kommt nach dem eindeutigen Wortlaut des § 111 Abs. 1 Satz 1 EnWG nur dann in Betracht, wenn ausdrücklich abschließende Regelungen dies bestimmen. Abschließend ist eine Norm dann, wenn sie für einen bestimmten Sachverhalt explizite Regelungen aufstellt und sie daher die Anwendbarkeit einer anderen Norm in ihrem Anwendungsbereich ausschließt.[295]

Die Frage nach dem „Ob" und „Wie" ausdrücklich abschließender Regelungen stellt sich im EnWG – anders als im TKG – nicht. Sie wird durch einen Blick auf § 111 Abs. 2 EnWG beantwortet. Dieser bestimmt ausdrücklich durch Benennung, welche Vorschriften als abschließend im Sinne des § 111 Abs. 1 Satz 1 EnWG gelten. Daneben findet sich außerhalb des § 111 EnWG keine weitere Norm im EnWG, die ausdrücklich im Sinne einer im Wortlaut Anklang findenden Formulierung den abschließenden Charakter bestimmt.

Wie schon mehrfach genannt, werden nach § 111 Abs. 2 EnWG die Vorschriften des 3. Teils des EnWG und die auf Grundlage dieser Bestimmungen erlassenen Rechtsverordnungen als abschließende Vorschriften im Sinne des § 111 Abs. 1 Satz 1 EnWG qualifiziert. Durch die Regelung des § 111 Abs. 2 EnWG wird es dem Rechtsanwender erheblich erleichtert, das Verhältnis von EnWG und GWB zu bestimmen.[296] Durch die eindeutige Regelung des § 111 Abs. 2 EnWG muss er nicht selbstständig jede einzelne Norm des EnWG auf ihre Abgeschlossenheit gegenüber den Vorschriften des GWB prüfen.[297] Weiter stellt sich im Energiesektor auch nicht die Frage, wie eine „ausdrücklich" abschließende Regelung konzipiert sein muss. Die Nichtanwendbarkeit der §§ 19, 20 und 29 GWB wird unmissverständlich für den 3. Teil des EnWG und aufgrund diesen erlassene Rechtsverordnungen bejaht. Dies wird wörtlich in § 111 Abs. 2 EnWG zum Ausdruck gebracht. Eine parallele Anwendung kommt somit im Rahmen der Anwendung des 3. Teils und dessen Rechtsverordnungen nicht

---

295 Vgl. *Wank*, Auslegung von Gesetzen, S. 101 ff.
296 Ebenso *Kühling/Rasbach/Busch*, Energierecht, Kap. 10 Rn. 35.
297 *Säcker*, in: Berliner Kommentar zum Energierecht, Band 1, Teil 2, § 111 EnWG, Rn. 11.

mehr in Betracht, so dass die dem § 111 Abs. 1 Satz 1 EnWG zu entnehmende Lex-specialis-Anordnung zugunsten des EnWG greift. Dies ist unumstritten.[298]

a. 3. Teil des EnWG als abschließende Regelungen

Durch § 111 Abs. 2 EnWG wird zunächst insgesamt auf den 3. Teil des EnWG verwiesen und somit der gesamte 3. Teil ausnahmslos als abschließend im Sinne des § 111 Abs. 1 Satz 1 EnWG qualifiziert. Der 3. Teil des EnWG betrifft die Regelungen zur Regulierung des Netzbetriebs. Darunter fallen die Aufgaben des Netzbetreibers (1. Abschnitt), die Regelungen zum Netzanschluss (2. Abschnitt) und Netzzugang (3. Abschnitt) und die Befugnisse der Regulierungsbehörden und Sanktionen (4. Abschnitt).

aa. Anwendungsbereich der Netzregulierungsvorschriften des EnWG

Damit der 3. Teil des EnWG überhaupt einschlägig sein kann, muss auch sein Anwendungsbereich eröffnet sein. Die Anwendung des energierechtlichen Regulierungsrechts ist nicht von der Regulierungsbedürftigkeit eines Marktes abhängig. Die Eröffnung des Anwendungsbereichs der Marktregulierung nach dem EnWG und somit insbesondere der Anwendungsbereich der Vorschriften betreffend die Regulierung des Netzbetriebs im 3. Teil des EnWG wird von bestimmten Adressaten abhängig gemacht.[299] Reguliert wird nach dem EnWG nur das Verhalten, der unter die Regulierungsvorschriften fallenden Adressaten. Nicht jedes Energieversorgungsunternehmen wird erfasst und kann den Anwendungsbereich des EnWG durch sein Verhalten eröffnen. Insbesondere im Rahmen des § 30 EnWG wird deutlich, dass für die Anwendung des EnWG entscheidend die Betreiber von Energieversorgungsnetzen im Fokus stehen. Betreiber von Energieversorgungsnetzen sind gem. § 3 Nr. 4 EnWG Betreiber von Elektrizitätsversorgungsnetzen oder Gasversorgungsnetzen. Betreiber

---

298 BGH, Beschl. v. 6.11.2012 – KVR 54/11 Rn. 14 = NVwZ-RR 2013, 604 (605); vorgehend OLG Düsseldorf, Beschl. v. 19.10.2011 - VI-3 Kart 1/11 (V); Bundeskartellamt, Tätigkeitsbericht 2005/2006, BT-Drucks. 16/5710 vom 15.06.2007, S. 121; *Neveling*, ZNER 2005, 263 (268); *Büdenbender*, DVBl. 2006, 197 (200); *Säcker*, in: Berliner Kommentar zum Energierecht, Band 1, Teil 2, § 111 EnWG, Rn. 2; *Salje*, Energiewirtschaftsgesetz, § 111 Rn. 10; *Hölscher*, in: Britz/Hellermann/Hermes, EnWG, § 111 Rn. 3 ff.; *Schex*, in: Kment, Energiewirtschaftsgesetz, § 111 Rn. 2; *Theobald*, in: Schneider/Theobald, Recht der Energiewirtschaft, § 1 Rn. 88; *de Wyl/Thole/Bartsch*, in: Schneider/Theobald, Recht der Energiewirtschaft, § 16 Rn. 217; *Lepsius*, in: Fehling/Ruffert, Regulierungsrecht, § 19 Fn. 70 zu Rn. 59; *Lotze/Thomale*, WuW 2008, 257.

299 Entsprechendes gilt auch für den Eisenbahnsektor.

von Elektrizitätsversorgungsnetzen sind gem. § 3 Nr. 2 EnWG Betreiber von Übertragungs- oder Elektrizitätsverteilernetzen.

Betreiber von Übertragungsnetzen kümmern sich um die Übertragung von Elektrizität und sind "für den Betrieb, die Wartung und [falls erforderlich] den Ausbau des Übertragungsnetzes in einem bestimmten Gebiet sowie gegebenenfalls der Verbindungsleitungen zu anderen Netzen" verantwortlich (vgl. § 3 Nr. 10 EnWG). Übertragung meint in diesem Sinne den „Transport von Elektrizität über ein Hochspannungs- und Hochspannungsverbundnetz einschließlich grenzüberschreitender Verbindungsleitungen zum Zwecke der Belieferung von Letztverbrauchern oder Verteilern, nicht aber der Kunden selbst" (vgl. § 3 Nr. 32 EnWG).

Aufgabe der Betreiber von Elektrizitätsverteilernetzen ist dagegen die Verteilung von Elektrizität. Sie sind korrespondierend dazu „verantwortlich für den Betrieb, die Wartung [und falls nötig für] den Ausbau des Verteilernetzes in einem bestimmten Gebiet und gegebenenfalls der Verbindungsleitungen zu anderen Netzen" (vgl. § 3 Nr. 3 EnWG). Verteilung meint nach § 3 Nr. 37 EnWG den „Transport von Elektrizität mit hoher, mittlerer oder niedriger Spannung über Elektrizitätsverteilernetze [...], um die Versorgung von Kunden zu ermöglichen", jedoch auch hier nicht die Belieferung der Kunden selbst.

Neben den Betreibern von Elektrizitätsversorgungsnetzen stehen gem. § 3 Nr. 4 EnWG die Betreiber von Gasversorgungsnetzen. Diese sind gem. § 3 Nr. 6 EnWG solche, die Gasversorgungsnetze betreiben. Gasversorgungsnetze sind nach § 3 Nr. 20 EnWG „alle Fernleitungsnetze, Gasverteilungsnetze, LNG-Anlagen oder Speicheranlagen, die für den Zugang zur Fernleitung, zur Verteilung und zu LNG-Anlagen erforderlich sind". Betreiber von Fernleitungsnetzen werden in § 3 Nr. 5 EnWG und Betreiber von Gasverteilernetzen in § 3 Nr. 7 EnWG definiert. Sie sind – anders als die Betreiber von LNG-Anlagen[300] und Speicheranlagen[301] – nach § 3 Nr. 27 EnWG automatisch Netzbetreiber.

Betreiber von LNG-Anlagen und Speicheranlagen sind grundsätzlich keine Netzbetreiber; sie sind vom § 3 Nr. 27 EnWG ausgenommen. Daher kann der § 3 Nr. 20 EnWG nur so verstanden werden, dass vorgenannten Betreibern die Netzbetreibereigenschaft nur dann zukommt, wenn die entsprechende Anlage

300 Zum Begriff der LNG-Anlagen: § 3 Nr. 26 EnWG, und des Betreiberbegriffs § 3 Nr. 8 EnWG.

301 Zum Begriff der Speicheranlagen: § 3 Nr. 31 EnWG, und des Betreiberbegriffs § 3 Nr. 9 EnWG.

für den Zugang zum übrigen Gasversorgungsnetz erforderlich ist.[302] Daraus folgt zugleich, dass Betreiber von Anlagen, die nicht für den Netzzugang benötigt werden, dem Anwendungsbereich des EnWG grundsätzlich nicht unterliegen.[303] Auf diese findet somit das GWB uneingeschränkt Anwendung. Ausdrücklich ausgenommen von den Gasversorgungsnetzen sind gem. § 3 Nr. 20 letzter HS. EnWG „solche Netzteile oder Teile von Einrichtungen, die für örtliche Produktionstätigkeiten verwendet werden".

Der Anwendungsbereich der Netzregulierung nach dem EnWG ist somit für alle Gasnetz- und für alle Elektrizitätsversorgungsnetzbetreiber sowie Betreiber von LNG-Anlagen und Speicheranlagen, soweit diese Anlagen für den Zugang zu diesen Netzen erforderlich sind, eröffnet. Außerhalb des netzbezogenen Bereichs findet das EnWG mit seinen Netzregulierungsvorschriften jedoch keine Anwendung. In diesen Bereichen, die sich insbesondere auf den dem Netzzugang vor- und nachgelagerten Märkten der Energieerzeugung und des Energiehandels erstrecken, ist allein das BKartA für die Kontrolle missbräuchlicher Verhaltensweisen nach dem GWB zuständig.[304]

bb. Fraglicher Lex-specialis-Charakter der gesamten Vorschriften des 3. Teils

Merkwürdig erscheint, dass zwar allen Regelungen des 3. Teils durch § 111 EnWG ein Vorrang im Sinne des Lex-specialis-Grundsatzes eingeräumt wird, nicht alle Bestimmungen des 3. Teils aber auch tatsächlich spezieller – im Sinne des Lex-specialis-Grundsatzes – gegenüber den §§ 19, 20 und 29 GWB sind. So sind zum Beispiel die Regelungen außerhalb der sektorspezifischen Missbrauchsaufsicht nach den §§ 30 ff. EnWG nicht mit denen der allgemeinen Missbrauchsaufsicht nach den §§ 19, 20 und 29 GWB vergleichbar. Sie betreffen nicht den gleichen Sachverhalt, so dass schon aus diesem Grund keine Normenkonkurrenz besteht und daher das Verhältnis von GWB zu EnWG nicht geregelt werden müsste. Dies wird teilweise als Nachteil des pauschalen Verweises in § 111 Abs. 2 EnWG auf

302 Vgl. dazu und zur Problematik des Anwendungsbereichs bei LNG-Anlagen und Speicheranlagen: *Schmidt-Volkmar*, Das Verhältnis, S. 67 f. m.w.N.

303 *Schmidt-Volkmar*, Das Verhältnis, S. 68, der in Fn. 283 darauf aufmerksam macht, dass eine Ausnahme für den Zugang zu Speicheranlagen besteht, da dieser gem. § 28 EnWG verhandelbar ist und insoweit dem EnWG unterliegt.

304 Vgl. *Stadler*, in: Langen/Bunte, Band 1, § 185 Rn. 273; *Antweiler/Nieberding*, NJW 2005, 3673 (3675), *Säcker*, in: Berliner Kommentar zum Energierecht, Band 1, Teil 2, § 111 EnWG, Rn. 18; *Schreiber*, Zusammenspiel, S. 167; *Schmidt-Volkmar*, Das Verhältnis, S. 70; *Neveling*, ZNER 2005, 263 (265 ff.).

den gesamten 3. Teil des EnWG gesehen.[305] Worin dabei allerdings ein Nachteil bestehen soll, ist nicht nachvollziehbar. Bei den Normen des 3. Teils des EnWG, die kein Anwendungspendant im GWB besitzen, so dass schon kein tatbestandlich gleicher Anwendungsbereich von den Vorschriften des GWB und denen des EnWG gegeben ist, besteht demzufolge auch nicht das Problem der Anwendung gleichartiger Normen. Der Verweis in § 111 Abs. 2 EnWG auf den 3. Teil des EnWG kann diesbezüglich schon keine weitergehenden Auswirkungen auf das Verhältnis des GWB zum EnWG entfalten. Die §§ 19, 20 und 29 GWB betreffen schon aus sich heraus nicht die gleichen Regelungsbereiche – bspw. bezogen auf das Monitoring nach § 35 EnWG –, so dass ihre Anwendung verständlicherweise unterbleibt. Negativ wirkt sich dieser Verweis daher nicht auf die Anwendung des GWB aus. Aber auch dann, wenn durch den Verweis des § 111 Abs. 2 EnWG auf den 3. Teil des EnWG oder aufgrund dessen erlassene Rechtsvorschriften auch solche Vorschriften erfasst werden, die nicht lex specialis sind, kann die Regelung des § 111 Abs. 2 EnWG nicht als zu weitreichend angesehen werden. Eingangs wurde dargestellt[306], dass von einer parallelen Anwendung in der hier untersuchten Form auch dann auszugehen ist, wenn eine gleichzeitige Anwendung von regulierungs- und wettbewerbsrechtlichen Instrumenten, insbesondere bei Überschneidung von Ex-ante- und Ex-post-Kontrolle, in Betracht kommt. Der 3. Teil des EnWG umfasst sektorspezifische Netzzugangsregelungen, die so im GWB nicht existieren. Dies gilt insbesondere für die Ex-ante-Entgeltgenehmigung im Fall des § 23a EnWG. Die Genehmigung wird nach Abs. 2 Satz 1 vorgenannter Norm erteilt, soweit die Entgelte den Anforderungen des EnWG und den aufgrund des § 24 EnWG erlassenen Rechtsverordnungen entsprechen. § 21 Abs. 1 EnWG gibt in diesem Zusammenhang vor, dass die Entgelte unter anderem „angemessen, diskriminierungsfrei, transparent und [...] nicht ungünstiger sein [dürfen], als sie von den Betreibern der Energieversorgungsnetze in vergleichbaren Fällen für Leistungen innerhalb ihres Unternehmens oder gegenüber verbundenen oder assoziierten Unternehmen angewendet und tatsächlich oder kalkulatorisch in Rechnung gestellt werden“. Abgesehen von der Übernahme einiger weniger kartellrechtlicher Begrifflichkeiten, hat die Ex-ante-Genehmigung nichts mit der Ex-post-Kontrolle nach dem GWB zu tun. Sie ist speziell auf den Energiesektor zugeschnitten und greift von vornherein als Kontrollmechanismus ein. Insbesondere das nach § 21a EnWG zu beachtende

---

305 *Salje*, Energiewirtschaftsgesetz, § 111 Rn. 14; *Säcker*, in: Berliner Kommentar zum Energierecht, Band 1, Teil 2, § 111 EnWG, Rn. 11.

306 Vgl. Einleitung.

Anreizregulierungssystem sowie das Genehmigungsverfahren als solches stellen sektorspezifische Besonderheiten dar.[307] Eine Umgehung dieser Regelung durch die Anwendung der §§ 19 ff. GWB ist aufgrund ihrer Sektorspezifität nicht angebracht. Dass auch solche sektorspezifischen Vorschriften, trotz fehlendem Lex-specialis-Charakter (i. S. d. allgemeinen Kollisionsregelungen) abschließend gegenüber den §§ 19 ff. GWB sein sollen, wird durch den weitgefassten Verweis des § 111 Abs. 2 EnWG bestätigt.[308] Probleme könnten sich nur dann ergeben, wenn ein Missbrauch nach den §§ 19, 20 und 29 GWB nicht abschließend vom 3. Teil des EnWG erfasst werden würde. Dann würde es zu einer Regelungslücke aufgrund des Ausschlusses der §§ 19 ff. GWB gem. § 111 Abs. 1 Satz 1 EnWG kommen. Da jedoch durch den § 30 EnWG eine sektorspezifische Missbrauchskontrolle, die eine spezialgesetzliche Ausprägung der allgemeinen kartellrechtlichen Missbrauchskontrolle nach den §§ 19, 20 GWB darstellt[309], gegeben ist, ist ein solcher Fall sehr unwahrscheinlich.

cc. Insbesondere: § 30 EnWG als Spezialvorschrift

§ 30 EnWG richtet sich an Betreiber von Energieversorgungsnetzen. Diese dürfen ihre Marktstellung nicht missbräuchlich ausnutzen. Mit dem § 30 EnWG wurde für das grundsätzlich ex ante ausgerichtete Regulierungsrecht im Bereich der Energiewirtschaft eine nachträgliche Missbrauchsaufsicht eingeführt.[310]

(1) Adressaten und -qualität des § 30 EnWG

§ 30 EnWG ist nur an Betreiber von Energieversorgungsnetzen adressiert. Die §§ 19 ff. GWB hingegen beziehen sich auf jedes marktbeherrschende Unternehmen und sind in ihrem Adressatenkreis nicht beschränkt. Ein spezialgesetzlicher Charakter des § 30 EnWG wird durch die Bezugnahme auf besondere Adressaten unterstützt. Zudem fällt auf, dass unter § 30 EnWG sämtliche Betreiber von

---

307 Auf eine weitergehende Ausführung wird an dieser Stelle verzichtet, da der abschließende Charakter dieser Vorschriften aufgrund des § 111 Abs. 2 EnWG im Grunde außer Frage steht. Vgl. aber die entsprechende Diskussion im Eisenbahnsektor unter Kapitel 2/C./II./2./b./bb.

308 Vgl. zur ähnlichen Diskussion um die Frage nach der Abgeschlossenheit sektorspezifischer Regelungen für das TKG in Kapitel 2/B./III./2. und für das Eisenbahnregulierungsrecht in Kapitel 2/C./I./2./b.

309 Vgl. allein dazu schon *Salje*, Energiewirtschaftsgesetz, § 30 Rn. 1, 4; dazu unter Kapitel 2/A./II./3./a./cc. mehr.

310 *Wahlhäuser*, in: Kment, Energiewirtschaftsgesetz, § 30 Rn. 1.

Energieversorgungsnetzen fallen. Auf ihre marktbeherrschende Stellung, die § 19 Abs. 1 GWB voraussetzt, kommt es nicht an. Dieser Unterschied in der Adressatenqualität könnte gegen einen spezialgesetzlichen Charakter des § 30 EnWG gegenüber dem GWB sprechen. Die §§ 19 ff. GWB und § 30 EnWG könnten aufgrund der in § 30 EnWG nicht angesprochenen Adressatenqualität nicht denselben Sachverhalt betreffen. Dies würde eine Spezialität, bei der die allgemeinere Norm denselben Sachverhalt erfassen muss wie die speziellere, ausschließen. Zu beachten ist jedoch, dass bei den Energieversorgungsunternehmen im Sinne des § 30 EnWG von einer solchen beherrschenden Stellung ausgegangen wird. Dies sei dem Umstand geschuldet, dass Betreiber von Energieversorgungsnetzen in der Regel eine marktbeherrschende Stellung innehaben.[311] § 30 EnWG ist somit im Hinblick auf seinen Adressaten enger ausgestaltet als die Normen bezüglich der kartellrechtlichen Missbrauchsaufsicht.

(2) Missbrauchstatbestände im Vergleich zur allgemeinen Missbrauchsaufsicht des GWB

§ 30 Abs. 1 Satz 1 EnWG umfasst einen allgemeinen Verbotstatbestand[312], wonach Betreibern von Energieversorgungsnetzen der Missbrauch ihrer Marktstellung verboten wird. Er beinhaltet eine dem § 19 Abs. 1 GWB nachgebildete Generalklausel[313], die immer dann zur Anwendung kommt, wenn kein speziellerer Verbotstatbestand des Abs. 1 Satz 2 einschlägig ist. In § 30 Abs. 1 Satz 2 EnWG werden verschiedene Missbrauchstatbestände konkret ausgestaltet. Die Regelbeispiele des § 30 Abs. 1 Satz 2 EnWG sind größtenteils den kartellrechtlichen Diskriminierungs-[314], Ausbeutungs-[315] und Behinderungstatbeständen[316] nachgebildet.[317] Daneben wird auch die Nichteinhaltung der Bestimmungen

---

311 So auch Regierungsbegründung, BT-Drucks. 15/3917 vom 14.10.2004, S. 63 zu § 30; *Weyer*, in: Berliner Kommentar zum Energierecht, Band 1, Teil 1, § 30 Rn. 25; *Markert*, ZNER 2004, 113 (114).

312 *Weyer*, in: Berliner Kommentar zum Energierecht, Band 1, Teil 1, § 30 Rn. 15.

313 Ebenso *Wahlhäuser*, in: Kment, Energiewirtschaftsgesetz, § 30 Rn. 14.

314 BT-Drucks. 15/3917 vom 14.10.2004, S. 63 zu § 30; § 30 Abs. 1 Satz 2 Nr. 3 EnWG entspricht dem § 20 Abs. 1 2. Alt. GWB.

315 BT-Drucks. 15/3917 vom 14.10.2004, S. 63 zu § 30; § 30 Abs. 1 Satz 2 Nr. 5 EnWG entspricht dem § 19 Abs. 2 Nr. 2 GWB, § 30 Abs. 1 Satz 2 EnWG entspricht dem § 19 Abs. 2 Nr. 3 GWB.

316 BT-Drucks. 15/3917 vom 14.10.2004, S. 63 zu § 30; § 30 Abs. 1 Satz 2 Nr. 2 EnWG entspricht den §§ 20 Abs. 1 1. Alt. und § 19 Abs. 2 Nr. 1 GWB.

317 Vgl. auch *Weyer*, N&R 2007, 14 (15 ff.).

der Abschnitte 2 (Netzanschluss) und 3 (Netzzugang) oder der aufgrund dieser Bestimmungen erlassenen Rechtsverordnungen als missbräuchlich erachtet (vgl. § 30 Abs. 1 Satz 2 Nr. 1 EnWG). Auch in den Nr. 5 und 6 des § 30 Abs. 1 Satz 2 EnWG wird Bezug auf die sektorspezifische Entgeltregulierung genommen. Aus diesen Regelungen geht hervor, dass hier insbesondere auch die sektorspezifischen Eigenarten, die durch das EnWG vorgeschrieben werden, kontrolliert werden. Es soll gewährleistet werden, dass die Vorschriften zur Regelung der Regulierung des Netzbetriebs[318] eingehalten und somit die Zielsetzung des EnWG, einen den Zielen des § 1 EnWG entsprechenden Markt zu schaffen, gefördert wird. Aufgrund der besonderen Ausgestaltung wird der sektorspezifischen Missbrauchsaufsicht auch von manchen ein gegenüber den §§ 19 ff. GWB weitergehender Eingriffsumfang nachgesagt[319], weshalb ein Anwendungsvorrang des EnWG in diesem Bereich geboten sei.[320]

Auch aus der Gesetzesbegründung zu § 30 EnWG[321] wird deutlich, dass die kartellrechtliche Missbrauchsaufsicht in das EnWG aufgenommen und sektorspezifisch modifiziert wurde. § 30 EnWG ist folglich ähnlich wie die §§ 19 GWB ausgestaltet, was – ohne den Ausschluss nach § 111 Abs. 1 Satz 1 i. V. m. Abs. 2 EnWG – grundsätzlich für eine parallele Anwendung dieser Vorschriften auf ein und denselben Fall sprechen könnte. Bei der Ausgestaltung des § 30 EnWG wurden jedoch die Besonderheiten der Netzregulierung im Bereich der Energieversorgungsnetze beachtet und so die kartellrechtlichen Grundsätze durch zusätzliche Eingriffsrechte ergänzt. § 30 EnWG ist daher gegenüber der allgemeinen kartellrechtlichen Missbrauchsaufsicht nach dem GWB abschließend.

(3) Eingriffsbefugnisse nach § 30 Abs. 2 EnWG

Neben dem Missbrauchsverbot nach Abs. 1 enthält Abs. 2 eine dem § 32 GWB nachgebildete Eingriffsermächtigung.[322] Die Regulierungsbehörden können demnach eine Abstellungsverfügung gegenüber dem sich missbräuchlich nach Abs. 1 verhaltenden Netzbetreiber erlassen. Daneben können die Regulierungsbehörden gem. § 30 Abs. 2 Satz 2 EnWG dem betreffenden Unternehmen „alle

318 Hier insbesondere die Vorschriften des 2. und 3. Abschnitts des 3. Teils des EnWG.
319 Vgl. *Säcker*, in: Berliner Kommentar zum Energierecht, Band 1, Teil 2, § 111 EnWG, Rn. 9 ff.; *Weyer*, N&R 2007, 14 ff.
320 *Bauer*, RdE 2004, 277 (279); *Säcker*, in: Berliner Kommentar zum Energierecht, Band 1, Teil 2, § 111 EnWG, Rn. 8.
321 BT-Drucks. 15/3917 vom 14.10.2004, S. 63 zu § 30.
322 Vgl. auch *Weyer*, N&R 2007, 14 (20 f.).

Maßnahmen aufgeben, die erforderlich sind, um die Zuwiderhandlung wirksam abzustellen". Sie können positive oder negative Verhaltensanordnungen festlegen. Die möglichen Maßnahmen werden in § 30 Abs. 2 Satz 3 EnWG näher, aber nicht abschließend[323] konkretisiert. Neben der besonderen Eingriffsermächtigung aus § 30 Abs. 2 EnWG bleibt die allgemeine Eingriffsermächtigung nach § 65 EnWG bestehen. Dies ergibt sich aus § 65 Abs. 4 EnWG, wonach § 30 Abs. 2 EnWG unberührt bleibt.[324] In diesem Zusammenhang ist auf § 31 EnWG hinzuweisen. § 31 EnWG sieht die Möglichkeit eines besonderen Missbrauchsverfahrens vor, welches von Personen und Personenvereinigungen eingeleitet werden kann. Auch unter diesem Aspekt ist die regulatorische Missbrauchsaufsicht weitgehender. So kann die Regulierungsbehörde nach § 31 Abs. 1 Satz 3 EnWG überprüfen, ob die Voraussetzungen einer Aufhebung von Entgeltgenehmigungen vorliegen.

(4) Systematische Stellung des § 30 EnWG

Zu beachten ist darüber hinaus auch die systematische Stellung des § 30 EnWG. Er bezieht sich aufgrund seiner Stellung nur auf den 3. Teil des EnWG.[325] Eine darüber hinausgehende Ausschlusswirkung auf andere Regelungsbereiche außerhalb der Netzregulierung entfaltet § 30 EnWG nicht. Die §§ 19 ff. GWB werden durch den § 30 EnWG somit nur aus dem 3. Teil des EnWG in ihrer Anwendung ausgeschlossen. Dies wird auch aus dem systematischen Zusammenhang mit § 111 EnWG deutlich, welcher eindeutig nur die Vorschriften des 3. Teils als abschließend erklärt und somit die Anwendung der §§ 19, 20 und 29 GWB in diesem Bereich negiert.

(5) § 30 EnWG ist lex specialis zu der allgemeinen Missbrauchsaufsicht nach dem GWB – Schlussfolgerung zu § 111 EnWG

Es besteht die Möglichkeit von Fallkonstellationen, in denen § 30 EnWG und die §§ 19 ff. GWB einschlägig sind, nicht jedoch solche, die nur von § 30 EnWG, nicht aber auch von dem allgemeiner gefassten § 19 GWB erfasst werden. § 30

---

323 Da hier, vgl. § 30 Abs. 2 Satz 3 EnWG, die Verwendung des Wortes „insbesondere" vorliegt, ist nicht von einer abschließenden Auflistung aller möglichen Maßnahmen auszugehen.

324 Kritisch zum Verhältnis des § 30 Abs. 2 EnWG zu § 65 EnWG *Loible/Becker*, ET 2006/8, 54 (56).

325 Vgl. dazu *C. Säcker*, Der Einfluss der sektorspezifischen Regulierung, S. 256 f.; *Massumi*, Energieversorgungsunternehmen, S. 135 f.

EnWG bezieht sich aufgrund seiner sektorspezifischen Ausrichtung auf einen enger gefassten Anwendungsbereich als die GWB-Vorschriften. Die Missbrauchskontrolle nach dem EnWG ist gegenüber der allgemeinen Missbrauchsaufsicht des GWB spezieller und daher auch abschließend gefasst. Ein Fall der Spezialität ist somit gegeben. Dies bestätigt auch die Aussage des § 111 Abs. 1 Satz 1 und Abs. 2 EnWG. Durch § 111 Abs. 1 i. V. m. Abs. 2 EnWG kommt der Ausschluss der §§ 19 ff. GWB im Anwendungsbereich des § 30 EnWG zum Ausdruck. Dem § 111 Abs. 1 Satz 1 i. V. m. Abs. 2 EnWG kommt daher innerhalb des grundsätzlichen Gleichlaufs der §§ 19, 20 GWB und § 30 EnWG die Aufgabe zu, diese beiden sehr ähnlich ausgestalteten Regelungsbereiche voneinander zu trennen und eine parallele Anwendung zu vermeiden.

dd. Verhältnis zu § 29 GWB

Wie zuvor dargestellt, ist § 30 GWB an die allgemeine Missbrauchsaufsicht nach § 19 GWB angelehnt. Es erscheint daher gerechtfertigt, die Anwendung des § 19 GWB im Rahmen des 3. Teils des EnWG nach § 111 Abs. 1 Satz 1, Abs. 2 EnWG auszuschließen, um eine Kollision mit bspw. der sektorspezifischen Missbrauchsaufsicht nach § 30 EnWG zu vermeiden. Neben der allgemeinen Missbrauchsaufsicht nach den §§ 19 und 20 GWB wird von § 111 EnWG auch § 29 GWB im Anwendungsbereich des 3. Teils des EnWG ausgeschlossen. Fraglich ist, ob dieser Ausschluss des § 29 GWB gerechtfertigt ist und ob sich die zu § 19 GWB im Verhältnis zu § 30 EnWG gemachten Aussagen auf § 29 GWB übertragen lassen.

Der § 29 GWB wurde 2007 in das GWB eingeführt.[326] Die Anwendung der Vorschrift ist bis zum 31. Dezember 2022 befristet.[327] Sie stellt nur eine Übergangslösung dar, um dem vorübergehenden Marktversagen entgegenzuwirken.[328] Der Gesetzgeber bemängelte Defizite, die insbesondere im Erzeugungsbereich von Elektrizität und im Haushaltskundengeschäft mit Gas lagen, und wollte diesen mit der Schaffung des § 29 GWB entgegenwirken und die Eingriffsmöglichkeiten der Kartellbehörden nach dem GWB gegenüber marktbeherrschenden Energieversorgungsunternehmen verbessern. § 29 GWB sollte

326 Nähere Ausführungen zu § 29 GWB liefern *Kühling/Rasbach/Busch*, Energierecht, Kap. 9 Rn. 60 ff.

327 Vgl. § 186 Abs. 1 GWB. Seit Inkrafttreten des §29 GWB im Jahre 2007 wurde ihre Anwendbarkeit befristet, zunächst auf den 31. Dezember 2012 und dann auf den 31. Dezember 2017.

328 Vgl. BT-Drucks. 16/5847 vom 27.06.2007, S. 9.

daher die allgemeine Missbrauchsaufsicht im Energiesektor aus kartellrechtlicher Sicht – gegenüber § 103 GWB a. F. – verschärfen.[329]

Nach § 29 Satz 1 GWB ist es marktbeherrschenden Energieversorgungsunternehmen, also solchen Unternehmen, die als Anbieter von Elektrizität oder leitungsgebundenem Gas auf dem Markt auftreten, verboten, ihre marktbeherrschende Stellung entgeltbezogen in missbräuchlicher Weise auszunutzen. Satz 1 regelt diesbezüglich einen im Vergleich zu § 19 Abs. 2 Nr. 2 GWB besonderen Fall des Ausbeutungsmissbrauchs, angepasst auf den Energiesektor.[330] Dies geht schon aus dem gegenüber § 19 GWB enger gefassten Adressatenkreis – Anbieter von Elektrizität oder leitungsgebundenem Gas – hervor. Laut Gesetzesbegründung ist § 29 GWB eine „auf den Energiesektor zugeschnittene Ausprägung der Generalklausel des § 19 Abs. 1 GWB“[331]. Mit § 29 GWB wurde somit ein besonderer kartellrechtlicher Missbrauchstatbestand für (Energie-)Versorgungsunternehmen geschaffen.[332] Nach § 29 Satz 3 bleiben die §§ 19 und 20 GWB jedoch unberührt. Einen Lex-specialis-Charakter entfaltet § 29 GWB daher nicht.[333] § 29 GWB gilt neben der allgemeinen Missbrauchsaufsicht nach § 19 GWB.

Anders als beispielsweise § 30 EnWG wirkt § 29 GWB grundsätzlich nur auf den vor- und nachgelagerten Märkten, d. h. auf dem Markt der Energieerzeugung und dem des Energievertriebs.[334] § 29 GWB bezieht sich somit nicht auf den Netzzugang. Ein Anwendungskonflikt mit der energieregulierungsrechtlichen Missbrauchsaufsicht nach dem EnWG besteht somit nicht. Dies wird auch nochmals durch § 111 Abs. 1 Satz 1 EnWG klargestellt, der in Verbindung mit § 111 Abs. 2 EnWG eine Anwendung des § 29 GWB im Bereich der Netzregulierung ausschließt. Daraus folgt, dass auch § 29 GWB auf den vor- und nachgelagerten Energiemärkten anwendbar bleibt. Nichts anderes ergibt sich auch aus der Gesetzesbegründung zu § 29 GWB, die dem § 29 GWB angesichts der Regelung des § 111 EnWG nur auf den vor- und nachgelagerten Energiemärkten eine Wirkung zubilligt.[335]

---

329 BT-Drucks. 16/5847 vom 27.06.2007, S. 9.

330 *Körber*, in: Immenga/Mestmäcker, Band 2, § 29 Rn. 68.

331 BT-Drucks. 16/5847 vom 27.06.2007, S. 9.

332 Vgl. *Mohr*, in: Berliner Kommentar zum Energierecht, Band 2, § 29 GWB, Rn. 1.

333 *Schwensfeier*, in: Loewenheim/Meessen/Riesenkampff/Kersting/Meyer-Lindemann, Kartellrecht, 10. Teil, § 29 GWB, Rn. 3; *Markert*, in: MüKo GWB, § 29 Rn. 71, *Säcker*, ZNER 2007, 114 (116); a. A. *Baron*, in: FK Kartellrecht, Band V, § 29 Rn. 43, sieht § 29 GWB als lex specialis zu § 19 Abs. 2 Nr. 2 GWB an.

334 BT-Drucks. 16/5847 vom 27.06.2007, S. 9.

335 Vgl. BT-Drucks. 16/5847 vom 27.06.2007, S. 9.

Da die Kontrolle der den Netzzugang vor- und nachgelagerten Energiemärkten nicht bzw. nicht abschließend im EnWG geregelt ist und sich § 29 GWB nach dem Gesetzgeberwillen nur auf diese Märkte bezieht, wäre auch eine Kollision von EnWG und GWB in diesem Bereich nicht zu befürchten, so dass es keines Ausschlusses nach § 111 EnWG bedürft hätte, wenngleich sich der Ausschluss in § 111 Abs. 1 Satz 1 EnWG nur auf den Bereich des Netzzugangs – auf den § 29 GWB sowieso keine Anwendung findet – bezieht. Die Einbeziehung des § 29 GWB in § 111 EnWG ist somit nur eine überflüssige Klarstellung.

ee. *Zwischenfazit: Weitreichender Verweis des § 111 Abs. 2 EnWG ist nachvollziehbar*

Der Verweis des § 111 Abs. 2 EnWG stellt eine vollumfängliche und unzweifelhaft klarstellende Vorschrift dar, die das Verhältnis der §§ 19, 20 und 29 GWB zum EnWG regeln soll. Dies zeigt insbesondere der Wortlaut des § 111 Abs. 2 EnWG und auch der Einschluss des § 30 EnWG, der – wie gezeigt – von sich aus schon lex specialis zu den §§ 19 ff. GWB ist.

Der weitgefasste, auf den gesamten 3. Teil des EnWG bezogene Anwendungsvorrang des EnWG kann auch außerhalb des § 30 EnWG befürwortet werden. Denn der im 3. Teil des EnWG geregelte Netzzugang mit all seinen Besonderheiten im Energiesektor, insbesondere der für das Regulierungsrecht immanenten Entgeltregulierung, wird in seiner Gesamtheit von dem Vorrangverhältnis erfasst. Die sektorspezifischen Regelungen können zwar nicht nach der Anwendung des allgemeinen Lex-specialis-Grundsatzes als spezieller gegenüber den §§ 19 ff. GWB qualifiziert werden. Dennoch soll ihre Sektorspezifität nicht durch allgemeine Wettbewerbsregeln umgangen werden. Dies stellt § 111 Abs. 2 EnWG durch deren Einbeziehung in das Vorrangverhältnis von § 111 Abs. 1 Satz 1 EnWG eindeutig klar. Daneben sind die sektorspezifischen Regelungen, die kein Pendant im GWB haben – wie dies bei der Ex-ante-Entgeltregulierung der Fall ist – und daher besonders vor einer Verwässerung durch die Anwendung der §§ 19 ff. GWB zu schützen sind, zu beachten. § 30 EnWG ermöglicht aufgrund seiner konkretisierenden Tatbestände eine Kontrolle über die Einhaltung nahezu aller Vorschriften des 3. Teils des EnWG. Eine allgemeine Aufsicht für den Bereich des Netzzugangs nach den §§ 19 ff. GWB ist daher nicht nötig. Eine Ex-post-Kontrolle allein nach § 30 EnWG ist ausreichend.

Indessen stellt es kein Problem dar, dass auch Vorschriften von § 111 EnWG erfasst werden, die ohnehin nicht in einem Anwendungskonflikt stehen. Aus der weitgefassten Ausschlusswirkung des § 111 EnWG ergeben sich keine Nachteile.

b. *Einschränkung der Anwendbarkeit der Netzregulierungsvorschriften durch die §§ 110 und 28a EnWG und die Relevanz für das Verhältnis zur Anwendung der allgemeinen kartellrechtlichen Missbrauchsaufsicht*

Im EnWG finden sich jedoch auch Vorschriften, die die Anwendung der Vorschriften des 3. Teils und somit die abschließenden Vorschriften im Sinne des § 111 Abs. 1 Satz 1 EnWG teilweise ausschließen. Dies ist zum einen § 110 Abs. 1 EnWG, der auf geschlossene Verteilernetze Anwendung findet, und § 28a EnWG, der eine Privilegierung für neue Infrastrukturen vorsieht. Kommen jedoch die abschließenden Regelungen des EnWG selbst nicht zur Anwendung, ist fraglich, ob in diesen Fällen die Anwendung der grundsätzlich durch § 111 Abs. 1 Satz 1 i. V. m. Abs. 2 EnWG ausgeschlossenen §§ 19, 20 und 29 GWB in Betracht kommt.

aa. *Geschlossene Verteilernetze gem. § 110 Abs. 1 EnWG*

Eine Ausnahmeregelung stellt § 110 Abs. 1 EnWG für geschlossene Verteilernetze auf. Dieser legt fest, dass auf den Betrieb von Verteilernetzen die §§ 14 Abs. 1b, 14a, 18, 19, 21a, 22 Abs. 1, 23a, 32 Abs. 2, 33, 35 und 52 EnWG keine Anwendung finden. § 110 EnWG bezieht sich ausschließlich auf Energieversorgungsnetze im Sinne des § 3 Nr. 16 EnWG. Als Adressaten kommen nur Betreiber geschlossener Verteilernetze in Betracht. Wann ein geschlossenes Verteilernetz vorliegt, bestimmt sich nach § 110 Abs. 2 EnWG. Wird ein Energieversorgungsnetz nach § 110 Abs. 2 EnWG als geschlossenes Verteilernetz eingestuft, wird dessen Betreiber gesetzlich mit der Nichtanwendung der in § 110 Abs. 1 EnWG genannten Vorschriften privilegiert.

Abgesehen von § 52 EnWG sind die in § 110 Abs. 1 EnWG aufgezählten Vorschriften solche des 3. Teils. Diese sind gem. § 111 Abs. 2 EnWG grundsätzlich abschließend gegenüber den §§ 19, 20 und 29 GWB, so dass letztere in ihrer Anwendung ausgeschlossen sind. Diese Ausschlusswirkung könnte jedoch im Fall des § 110 Abs. 1 EnWG nicht zum Tragen kommen.[336] Eine Anwendung der §§ 19 ff. GWB erscheint in diesem Fall jedenfalls nicht von vornherein ausgeschlossen. Das GWB kann schließlich nicht durch unanwendbare Vorschriften ausgeschlossen werden. So kommt auch eine kartellrechtliche Missbrauchskontrolle im Energiesektor in Betracht, wenn der 3. Teil des EnWG mangels Adressatenstellung des betreffenden Unternehmens nicht anwendbar

336 So zu § 110 EnWG a. F. *Boesche/Wolf*, ZNER 2005, 285 (290).

ist. Entsprechendes muss auch im Fall des § 110 EnWG gelten. § 110 EnWG stellt somit eine teilweise[337] Rückausnahme von der Durchbrechung des Grundsatzes paralleler Anwendung nach § 111 Abs. 1 und 2 EnWG dar. Die §§ 19, 20 und 29 GWB finden bei dem Betrieb eines geschlossenen Verteilernetzes somit auch auf den Regelungsbereich der in § 110 Abs. 1 EnWG genannten Vorschriften Anwendung. Zu beachten ist jedoch, dass Netzentgelte allein der regulierungsbehördlichen Kontrolle unterworfen werden und die §§ 19, 20 und 29 GWB insoweit nicht zur Anwendung kommen.[338] Die §§ 17, 20 und 21 EnWG sind explizit nicht von § 110 Abs. 1 EnWG erfasst. Hinsichtlich des Netzanschlusses und Netzzugangs bleiben daher abschließende Regelungen im Sinne des § 111 Abs. 1 Satz 1 EnWG bestehen.[339] Folglich eröffnet § 110 EnWG dem BKartA auf Grundlage der allgemeinen kartellrechtlichen Missbrauchsaufsicht kein Einfallstor, um den Netzanschluss und -zugang zu kontrollieren.

bb. Neue Infrastrukturen nach § 28a EnWG

Verbindungsleitungen zwischen Deutschland und anderen Staaten oder LNG- und Speicheranlagen können von der Anwendung der §§ 8 bis 10e sowie §§ 20 bis 28 EnWG befristet ausgenommen werden, soweit die Nr. 1 bis 5 des § 28a Abs. 1 EnWG erfüllt sind. Die Ausnahme vom Anwendungsbereich der Unbundlings- und Netzzugangsvorschriften betrifft nur neue Infrastruktureinrichtungen[340], die durch eine Investition gefördert werden. Durch § 28a EnWG soll der besonderen Situation bei der Investition in neue Infrastrukturen Rechnung getragen werden[341] und ein positives Investitionsklima gefördert werden.[342] § 28a Abs. 1 EnWG stellt somit einen Ausnahmetatbestand zur Anwendung der Regelungen

337 Teilweise, weil nur auf die §§ 14 Abs. 1b, 14a, 18, 19, 21 a, 22 Abs. 1, 23a, 32 Abs. 2, 33, 35 und 52 EnWG beschränkt.

338 Vgl. *Säcker*, in: Berliner Kommentar zum Energierecht, Band 1, Teil 2, § 111 EnWG, Rn. 19; *Wolf*, in: Berliner Kommentar zum Energierecht, Band 1, Teil 2, § 110 EnWG, Rn. 225.

339 Ebenso *Wolf*, in: Berliner Kommentar zum Energierecht, Band 1, Teil 2, § 110 Rn. 225.

340 Der Begriff der Infrastrukturen wird zwar nicht in § 3 EnWG definiert, er wurde aber in Art. 22 Abs. 1 der Richtlinie 2003/55/EG des Europäischen Parlaments und des Rates vom 26. Juni 2003 über gemeinsame Vorschriften für den Erdgasbinnenmarkt und zur Aufhebung der Richtlinie 98/30/EG, ABl. EG 2003 Nr. L 176, S. 57, als Verbindungsleitungen (§ 3 Nr. 34 EnWG) zwischen den Mitgliedstaaten, LNG- und Speicheranlagen definiert.

341 *Thole*, in: Berliner Kommentar zum Energierecht, Band 1, Teil 1, § 28a Rn. 1.

342 Vgl. BT-Drucks. 15/3917 vom 14.10.2004, Anlage 2, S. 78, 87 (Ziff. 35).

über das Unbundling und zu den Vorschriften des Netzzugangs nach den §§ 20 ff. EnWG dar.[343] Die Betreiber neuer Infrastruktureinrichtungen können folglich ohne Einschränkung andere Marktteilnehmer vom Netzzugang ausschließen.[344] Sind jedoch u. a. die Vorschriften über den Netzzugang für neue Infrastrukturen ausgeschlossen, könnte dies im Umkehrschluss zur Anwendung der §§ 19, 20 und 29 GWB führen.[345] Trotz einer Entscheidung nach § 28a EnWG bleibt § 30 EnWG anwendbar.[346] Zudem befindet sich § 28a TKG im 3. Teil des EnWG und ist daher selbst abschließend im Sinne des § 111 Abs. 1 Satz 1 und Abs. 2 EnWG, so dass der Ausschluss von § 28a Abs. 1 EnWG auch für die Anwendung der §§ 19 ff. GWB gilt.[347] Den §§ 19 ff. GWB wird somit auch durch § 28a EnWG kein Anwendungsbereich eingeräumt.

c. *Aufgrund des 3. Teils erlassene Rechtsverordnungen*

§ 111 Abs. 2 EnWG bestimmt nicht nur ausdrücklich die Vorschriften des 3. Teils für abschließend im Sinne des § 111 Abs. 1 Satz 1 EnWG. Daneben sind auch die aufgrund des 3. Teils erlassenen Rechtsverordnungen abschließend. Maßgebliche Rechtsverordnungen im Sinne des § 111 Abs. 2 EnWG sind insbesondere die StromNEV[348], StromNZV[349], GasNZV[350], GasNEV[351], NDAV[352],

343 *Thole*, in: Berliner Kommentar zum Energierecht, Band 1, Teil 1, § 28a Rn. 1.

344 So auch *Salje*, Energiewirtschaftsgesetz, § 28a Rn. 7.

345 Diesen Gedanken hatte auch *Säcker*, in: Berliner Kommentar zum Energierecht, Band 1, Teil 2, § 111 EnWG, Rn. 20.

346 Der Anwendungsbereich ist jedoch, soweit es um die §§ 8 ff. und §§ 20 ff. EnWG geht, beschränkt. Vgl. dazu *Arndt*, in: Britz/Hellermann/Hermes, EnWG, § 28a Rn. 26.

347 *Thole*, in: Berliner Kommentar zum Energierecht, Band 1, Teil 1, § 28a Rn. 2; *Salje*, Energiewirtschaftsgesetz, § 28a Rn. 7; *Säcker*, in: Berliner Kommentar zum Energierecht, Band 1, Teil 2, § 111 EnWG, Rn. 20.

348 Stromnetzentgeltverordnung vom 25. Juli 2005, BGBl. I S. 2225, zuletzt geändert durch Art. 1 der Verordnung vom 20. Juni 2018, BGBl. I S. 865. .

349 Stromnetzzugangsverordnung vom 25. Juli 2005, BGBl. I S. 2243, zuletzt geändert durch Art. 1 der Verordnung vom 19. Dezember 2017, BGBl. I S. 3988.

350 Gasnetzzugangsverordnung vom 3. September 2010, BGBl. I S. 1261, zuletzt geändert durch Art. 1 der Verordnung vom 11. August 2017, BGBl. I S. 3194.

351 Gasnetzentgeltverordnung vom 25. Juli 2005, BGBl. I S. 2197, zuletzt geändert durch Art. 118 des Gesetzes vom 29. März 2017, BGBl. I S. 626.

352 Niederdruckanschlussverordnung vom 1. November 2006, BGBl. I S. 2477, 2485, zuletzt geändert durch Art. 8 des Gesetzes vom 29. August 2016, BGBl. I S. 2034.

NAV[353], ARegV[354] und KraftNAV[355]. Vor der Aufnahme der klarstellenden Regelung „und die auf Grundlage dieser Bestimmungen erlassenen Rechtsverordnungen" in § 111 Abs. 2 EnWG war umstritten[356], ob die zuvor genannten Rechtsverordnungen abschließend i. S. d. § 111 EnWG gegenüber der allgemeinen Missbrauchsaufsicht nach dem GWB sind. Denn vor der Gesetzesänderung im Jahre 2008[357] sollten sich nach § 111 Abs. 2 Nr. 2 EnWG a. F. die Rechtsverordnungen selbst für abschließend gegenüber den Bestimmungen des GWB erklären, um nach § 111 Abs. 1 Satz 1 EnWG die Anwendung der allgemeinen Missbrauchsaufsicht auszuschließen. Ob dies für alle zuvor genannten Rechtsverordnungen zu bejahen war, war insbesondere unter dem Aspekt, dass lediglich § 1 Satz 2 StromNZV ausdrücklich den abschließenden Charakter dieser Verordnung bestimmt und in den anderen Verordnungen eine solche Bestimmung fehlt, umstritten.[358] Teilweise wurde daher durch Auslegung der Verordnungen versucht, für diese einen abschließenden Charakter herzuleiten.[359] Die Verordnungen stellen Konkretisierungen des 3. Teils des EnWG dar.[360] Fällt ein Adressat unter eine solche speziellere Verordnung, so wird er auch durch die – in diesem Verhältnis allgemeineren – Regelungen des 3. Teils des EnWG erfasst. Dass die Vorschriften des 3. Teils jedoch gegenüber den §§ 19 ff. GWB abschließend sind, ergibt sich unmittelbar aus § 111 Abs. 2 EnWG. Daraus folgt zugleich, dass auch die Verordnungen gegenüber den §§ 19 ff. GWB abschließend sein müssen. Dieser Streit wurde mit der Gesetzesänderung 2008 beendet. Seither ist klar, dass die Verordnungen, die aufgrund des 3. Teils des EnWG erlassen wurden, abschließend gegenüber den §§ 19, 20 und 29 GWB sind.

---

353 Niederspannungsanschlussverordnung vom 1. November 2006, BGBl. I S. 2477, zuletzt geändert durch Art. 7 des Gesetzes vom 29. August 2016, BGBl. I S. 2034.

354 Anreizregulierungsverordnung vom 29. Oktober 2007, BGBl. I S. 2529, zuletzt geändert durch Art. 2 der Verordnung vom 20. Juni 2018, BGBl. I S. 865.

355 Kraftwerks-Netzanschlussverordnung vom 26. Juni 2007, BGBl. I S. 1187.

356 Vgl. zum EnWG 2005 *Salje*, Energiewirtschaftsgesetz, § 111 Rn. 15 f.; *Stumpf/Gabler*, NJW 2005, 3174 (3179).

357 Das EnWG wurde 2008 durch Art. 2 Nr. 18 des Gesetzes zur Förderung der Kraft-Wärme-Koppelung vom 25.10.2008, BGBl. I 2008, S. 2101 geändert.

358 Zum EnWG 2005 *Salje*, Energiewirtschaftsgesetz, § 111 Rn. 15 f.; *Stumpf/Gabler*, NJW 2005, 3174 (3179); vgl. auch *Säcker*, in: Berliner Kommentar zum Energierecht, Band 1, Teil 2, § 111 EnWG, Rn. 12.

359 Vgl. *Schreiber*, Zusammenspiel, S. 160 ff.

360 *Schreiber*, Zusammenspiel, S. 161 ff.; *Säcker*, in: Berliner Kommentar zum Energierecht, Band 1, Teil 2, § 111 EnWG, Rn. 12 m.w.N.

Somit bleibt festzuhalten, dass auch in Bezug auf die aufgrund des 3. Teils des EnWG erlassenen Rechtsverordnungen eine parallele Anwendung der §§ 19 ff. GWB nicht in Betracht kommt. Auch in dieser Hinsicht besteht eine partielle Spezialität zugunsten des sektorspezifischen Regulierungsrechts.

d. Folge: EnWG und Rechtsverordnung als lex specialis

Zwischen den Netzzugangsregelungen des EnWG und denen des GWB besteht ein Konkurrenzverhältnis. Dieses wird durch § 111 EnWG eindeutig zugunsten des EnWG entschieden. Der 3. Teil des EnWG sowie die aufgrund des 3. Teils erlassenen Rechtsverordnungen sind gegenüber den §§ 19 ff. GWB abschließend und verdrängen diese aus ihrem Anwendungsbereich. Eine parallele Anwendung von Wettbewerbs- und Regulierungsrecht besteht somit im Energiesektor nur teilweise. Der Energiesektor zeichnet sich im Bereich der Netzregulierung vielmehr durch eine Spezialität gegenüber dem GWB aus.

III. Bestätigende Vorschrift – § 185 Abs. 3 GWB

Diese Vorrangwirkung des EnWG wird auch durch § 185 Abs. 3 GWB, der dem § 130 Abs. 3 GWB a. F.[361] entspricht, bestätigt. Nach § 185 Abs. 3 GWB stehen die Vorschriften des EnWG „der Anwendung der §§ 19, 20 und 29 [GWB] nicht entgegen, soweit in § 111 des EnWG keine andere Regelung getroffen ist". Dass mit § 111 Abs. 2 EnWG das Verhältnis der §§ 19 ff. GWB zum 3. Teil des EnWG abschließend geregelt wird, wurde soeben erläutert.

Wie bereits oben dargestellt[362], standen nach § 130 Abs. 3 GWB[363] in der Fassung der 6. GWB-Novelle 1998 die Vorschriften des EnWG der Anwendung

---

361 Vgl. zur Vorgängerregelung § 104a GWB oben unter Kapitel 2/A./I.

362 Oben unter Kapitel 2/A./I.

363 § 130 Abs. 3 GWB a. F. wurde als Nachfolger des § 104a GWB 1973 erlassen. Schon § 104a GWB 1973 erklärte, dass die Vorschriften des EnWG 1935 der Anwendung der §§ 22 und 26 Abs. 2 GWB a. F. nicht entgegenstehen. Aus der Begründung zum Gesetzesentwurf des § 104a GWB 1973 lässt sich entnehmen, dass die Vorschriften des EnWG und ihre Durchführungsverordnungen im Verhältnis zu den §§ 22, 26 Abs. 2 GWB a. F. keine Lex-specialis-Wirkung entfalten; vgl. dazu *Markert*, in: Immenga/Mestmäcker, Band 2, §130 Rn. 397. „Der neue § 104a [GWB] stellt klar, dass die §§ 22 und 26 Abs. 2 [GWB] den Vorschriften des Energiewirtschaftsgesetzes und der dazu erlassenen Fünften Durchführungsverordnung vorgehen. Diese Klarstellung ist erforderlich, weil sich bei der Anwendung der beiden Gesetze und der Fünften Durchführungsverordnung Überschneidungen ergeben können, z. B. hinsichtlich der

der §§ 19 und 20 GWB nicht ausdrücklich entgegen. Dies sprach zunächst dafür, dass die Vorschriften des EnWG und die des GWB nebeneinander zur Anwendung kamen. Nachdem es 2005 zur Neuregelung des Verhältnisses der §§ 19, 20 und 29 GWB zum EnWG kam, wurde auch § 130 Abs. 3 GWB a. F., der sich nun in § 185 Abs. 3 GWB wiederfindet, an den neuen § 111 EnWG angepasst. § 130 Abs. 3 GWB 2005 sollte die durch § 54 EnWG im Jahre 2005 eingeführte regulierungsbehördliche Zuständigkeit von der daneben bestehenden kartellbehördlichen Zuständigkeit abgrenzen und das Verhältnis der sektorspezifischen Missbrauchsaufsicht und kartellrechtlichen Missbrauchsaufsicht, wie in § 111 EnWG, klarstellen.[364]

Durch § 185 Abs. 3 GWB wird zum einen bestätigt, dass die kartellrechtliche Missbrauchsaufsicht grundsätzlich parallel zum EnWG Anwendung findet.[365] Zum anderen verdeutlicht § 185 Abs. 3 GWB das Bestehen einer nicht grenzenlosen parallelen Anwendung von GWB und EnWG. § 185 Abs. 3 GWB bezieht sich – entsprechend § 111 Abs. 1 Satz 1 EnWG – nur auf die §§ 19, 20 und 29 GWB. Er macht deren Anwendung vom Inhalt des § 111 EnWG abhängig. Eine Anwendung der §§ 19, 20 und 29 GWB kommt im Energiewirtschaftsbereich demnach nur dann in Betracht, wenn das EnWG dem nicht entgegensteht. Aus § 111 Abs. 2 ergibt sich jedoch wie festgestellt, dass der 3. Teil des EnWG und die aufgrund dessen erlassenen Rechtsverordnungen für den Energiesektor abschließende Vorschriften sind. Das GWB verweist konkret auf das sektorspezifische Regulierungsrecht und räumt diesem ausdrücklich einen, wenn auch unter dem Vorbehalt ausdrücklich abschließender Regelungen, Vorrang gegenüber dem GWB ein. Diese Aussage dient eindeutig der Klarstellung.[366] Die in der Vergangenheit aufgekommene Streitfrage der parallelen Anwendbarkeit der §§ 19, 20 GWB neben dem EnWG a. F. wird auf diese Weise auch innerhalb des GWB selbst beantwortet. Gesetzesübergreifend besteht nun ein eindeutiges Verhältnis. Widersprüchliche Gesetzestexte wurden somit vermieden. Das energierechtliche Regulierungsrecht ist auch aus kartellrechtlicher Sicht – zumindest teilweise – spezieller gegenüber dem GWB. Das Verhältnis von GWB und

---

Verpflichtung zur Belieferung von Abnehmern, die über eigene Energieerzeugungsanlagen verfügen.", BT-Drucks. VI/2520, S. 38.

364 *Schebstadt*, in: KK zum Kartellrecht, Band 2, § 130 Rn. 308 m.w.N.

365 *Markert*, in: Immenga/Mestmäcker, Band 2, § 130 Rn. 402.

366 War doch vor Einführung des § 111 EnWG umstritten, ob die Normen des EnWG und die des GWB parallel anzuwenden waren, vgl. dazu den historischen Teil unter Kapitel 2/A./I.

EnWG wurde somit durch die §§ 185 Abs. 3 GWB und § 111 EnWG abschließend und gesetzesübergreifend geklärt.

IV. Vorschriften über die Zusammenarbeit der Behörden

§ 58 Abs. 1 Satz 1 EnWG sieht vor, dass die BNetzA in den dort genannten regulierungsrechtlichen Verfahren im Einvernehmen mit dem BKartA entscheidet. Dem BKartA wird somit ein Vetorecht eingeräumt.[367] Nach § 58 Abs. 1 Satz 2 EnWG hat die BNetzA bei Entscheidungen nach dem 3. Teil des EnWG dem BKartA rechtzeitig vor Abschluss des Verfahrens Gelegenheit zur Stellungnahme zu geben. Im Gleichlaut dazu hat das BKartA nach § 58 Abs. 2 EnWG bei Verfahren nach den §§ 19, 20 und 29 GWB, dem Art. 102 AEUV oder dem § 40 Abs. 2 GWB im Bereich der leitungsgebundenen Versorgung mit Elektrizität und Gas der BNetzA rechtzeitig vor Abschluss des Verfahrens Gelegenheit zur Stellungnahme zu geben. Daneben stellt § 58 Abs. 3 EnWG klar, dass die BNetzA und das BKartA „auf eine einheitliche und den Zusammenhang mit dem GWB wahrende Auslegung [des EnWG hinwirken]". Zudem können die Behörden nach § 58 Abs. 4 Satz 1 EnWG untereinander Informationen für die Erfüllung ihrer jeweiligen Aufgaben austauschen. Eine entsprechende wettbewerbsrechtliche Regelung findet sich in § 50c Abs. 1 GWB.

§ 58 EnWG regelt die jeweiligen Beteiligungsrechte bzw. -verhältnisse.[368] Dadurch wird – ergänzend zu § 111 Abs. 1 Satz 2 EnWG – das Verhältnis zwischen Regulierungs- und Wettbewerbsbehörde geregelt. Der Spezialitätsgedanke des § 111 Abs. 1 Satz 1 EnWG beschränkt nicht nur die Anwendung des GWB im materiellen Sinne. Er tangiert auch die Zuständigkeit des BKartA. § 111 Abs. 1 Satz 2 EnWG regelt zwar die Unberührtheit der Aufgaben und Zuständigkeiten der Kartellbehörden. Dies kann jedoch nur in Verbindung mit der Anwendbarkeit der materiellen Vorschriften des GWB gesehen werden.[369] Die Zuständigkeit der Kartellbehörden für die Missbrauchsaufsicht nach den §§ 19 ff. GWB wird im Bereich der Netzregulierung beschränkt. Diese Zuständigkeitsbeschränkung soll durch § 58 EnWG kompensiert werden.[370] Daneben soll die

367 *Hermes*, in: Britz/Hellermann/Hermes, EnWG, § 58 Rn. 3; *Groebel*, in: Berliner Kommentar zum Energierecht, Band 1, Teil 2, § 58 EnWG, Rn. 16.

368 Vgl. dazu *Groebel*, in: Berliner Kommentar zum Energierecht, Band 1, Teil 2, § 58 EnWG, Rn. 1.

369 Vgl. dazu auch *Loibl/Becker*, ET 2006/8, 54 (55), vgl. dazu auch Ausführungen zu § 14b Abs. 2 AEG a. F. unter Kapitel 2/C./I./1./a.

370 *Franke*, in: Schneider/Theobald, Recht der Energiewirtschaft, § 19 Rn. 14.

Zusammenarbeit und gleichmäßige Auslegung der Gesetze die Kohärenz sowie die Einheit der Rechtsordnung bei Entscheidungen, die durch die BNetzA auf der einen und durch das BKartA auf der anderen Seite getroffen werden, gestärkt werden.[371]

Insbesondere § 58 Abs. 1 Satz 2 EnWG ist Ausdruck der beschränkten Zuständigkeit des BKartA. § 58 Abs. 1 Satz 2 EnWG bezieht sich auf Entscheidungen der BNetzA nach dem 3. Teil des EnWG. Dieser ist nach § 111 Abs. 2 EnWG ausdrücklich abschließend gegenüber der allgemeinen kartellrechtlichen Missbrauchsaufsicht und somit gem. § 111 Abs. 1 EnWG dem Einschreiten des BKartA entzogen. Diese Beschränkung soll durch § 58 Abs. 1 Satz 2 EnWG ausgeglichen werden.

Die Formulierung des § 58 Abs. 2 EnWG, wonach Verfahren des BKartA nach den §§ 19 ff. GWB im Bereich der leitungsgebundenen Versorgung mit Elektrizität und Gas genannt werden, kann in Anbetracht des § 111 EnWG nur dahingehend verstanden werden, dass die dortigen Verfahren sich nur auf solche beziehen, die außerhalb des 3. Teils des EnWG ergehen.[372] Dies ergibt sich auch aus der entsprechenden Gesetzesbegründung[373]. Der Regulierungsbehörde obliegt die abschließende Aufsicht über den Netzbereich. Das BKartA ist dagegen für die Aufsicht im nicht regulierten Wettbewerbsrecht zuständig. Trotz der Zusammenarbeitsvorschriften besteht daher kein Grund zur Annahme einer vollumfänglichen parallelen Anwendung von Regulierungs- und Wettbewerbsrecht. Durch die Zusammenarbeitsregelungen sollen vielmehr divergierende Entscheidungen im Rahmen der neben der partiellen Spezialität bestehenden parallelen Anwendung von GWB und EnWG vermieden werden. Auch unter dem Aspekt des effizienten Verwaltungshandelns, ist die Zusammenarbeit der Behörden zu befürworten. Wie darzustellen ist[374], ist das energierechtliche Regulierungsrecht als Sonderkartellrecht ausgestaltet, so dass es kartellrechtliche Merkmale übernimmt. Dieser Besonderheit muss auch bei der Anwendung der jeweiligen Regelungsbereiche Beachtung zukommen. Die jeweils zuständige Behörde kann durch die Zusammenarbeit mit der unzuständigen Behörde auf deren Sachkompetenz zurückgreifen und muss sich eine solche nicht selbst

371 BT-Drucks. 15/3917 vom 14.10.2004, S. 69 zu § 58; *Groebel*, in: Berliner Kommentar zum Energierecht, Band 1, Teil 2, § 58 EnWG, Rn. 3 f.

372 Vgl. dazu unten unter Kapitel 2/A./VII./3.

373 BT-Drucks. 15/3917 vom 14.10.2004, S. 69 zu § 58.

374 Unter Kapitel 2/A./VI.

erarbeiten.[375] Dies gilt insbesondere für den Aspekt der wettbewerbsrechtlichen Ausgestaltung des gegenüber den §§ 19 ff. GWB spezielleren § 30 EnWG.[376]

Die Vorschriften über die Zusammenarbeit bilden ein wichtiges Bindeglied zwischen Wettbewerbs- und Regulierungsrecht. Gerade im Hinblick auf § 111 EnWG, der das Verhältnis zwischen den beiden Regelungsbereichen in materieller Hinsicht regelt, bedarf es auch Regelungen, die sich mit dem formellen Verhältnis und der Zuständigkeiten der Behörden, befassen. Aufgrund der engen Verzahnung kann das materielle Verhältnis nie getrennt vom formellen Verhältnis betrachtet werden. Scheint das materielle Verhältnis zweier Regelungsbereiche – wie durch § 111 EnWG – geklärt, muss sich diese Eindeutigkeit auch auf das formelle Verhältnis der entsprechend handelnden Behörden ausweiten. Dies erfolgt im Energiesektor durch § 58 EnWG. Die Zusammenarbeitsvorschrift kompensiert beschränkte Zuständigkeiten und wirkt auf eine einheitliche Anwendung und Auslegung der Regelungsbereiche hin.

V. Gesetzesmaterialien

2005 kam es, wie oben dargestellt[377], mit Einführung des § 111 EnWG zum Erlass einer Vorschrift, die das Verhältnis zwischen EnWG und Wettbewerbsrecht klarstellen sollte. Aus der Gesetzesbegründung wird deutlich, dass sich der Gesetzgeber mit der Neufassung des § 111 EnWG eindeutig für den Vorrang des EnWG entschieden hat.[378] Denn laut Gesetzesbegründung regelt § 111 EnWG, „inwieweit die Anwendung der Bestimmungen [des EnWG] der Anwendung der Bestimmungen des GWB vorgeht“[379]. Von der Gesetzesbegründung ausgehend soll augenscheinlich nur ein *Vorrang*verhältnis zwischen EnWG und den GWB-Vorschriften geregelt werden. Spricht dies also gegen die hier angenommene Lex-specialis-Wirkung des § 111 EnWG? Einerseits könnte davon ausgegangen werden, dass nur ein *Vorrang* im Sinne einer daneben bestehenbleibenden subsidiären Anwendung des GWB gemeint ist. Die Gesetzbegründung spricht nicht eindeutig von einem Ausschlussverhältnis zwischen EnWG und GWB und somit nicht von einer Lex-specialis-Regelung. Andererseits kann aber auch

375 Vgl. BT-Drucks. 15/3917 vom 14.10.2004, S. 69 zu § 58.

376 *Groebel*, in: Berliner Kommentar zum Energierecht, Band 1, Teil 2, § 58 EnWG, Rn. 4, 37.

377 Oben unter Kapitel 2/A./I.

378 BT-Drucks. 15/3917 vom 14.10.2004, S. 75 zu § 111.

379 BR-Drucks. 613/04 vom 13.08.2004, S. 149 zu § 111; BT-Drucks. 15/3917 vom 14.10.2004, S, 75 zu § 111.

mit einer Lex-specialis-Wirkung eine vorrangige Anwendung eines Regelungsbereiches gegenüber einem anderen geregelt werden. Die Gesetzesbegründung spricht daher nicht gegen ein solches Lex-specialis-Verhältnis. Vielmehr wird aus ihr der gesetzgeberische Wille, mit § 111 EnWG eine Vorschrift zu schaffen, die das Anwendungsverhältnis von GWB und EnWG eindeutig regeln soll, ersichtlich. Daneben geht der Gesetzgeber ausdrücklich von einer vorrangigen Anwendung der Vorschriften des EnWG gegenüber dem GWB aus. Er stellt das EnWG folglich im Rang über das GWB. Die Gesetzesbegründung spricht sich nicht eindeutig gegen einen Vorrang im Sinne einer Lex-specialis-Wirkung aus, so dass der hier verfolgte Ansatz eines partiellen Vorrangs zugunsten des EnWG weiter aufrechterhalten bleibt.

Weitere gesetzgeberische Stellungnahmen in den Gesetzesmaterialien zu § 111 EnWG bestehen nicht. Lediglich bei der Änderung des § 111 Abs. 2 EnWG 2008 hat sich der Gesetzgeber diesbezüglich geäußert. Durch Art. 2 des Gesetzes vom 25.10.2008 wurde der Wortlaut durch eine Klarstellung des Gewollten[380] modifiziert. Nach § 111 Abs. 2 EnWG sind „die Bestimmungen des Teil 3 und die auf Grundlage dieser Bestimmungen erlassenen Rechtsverordnungen [...] abschließende Regelungen im Sinne des Absatzes 1 Satz 1“. Die diesbezügliche Gesetzesbegründung bezieht sich jedoch nur auf den abgeänderten Teil des § 111 Abs. 2 EnWG und nicht insgesamt auf die Regelung des § 111 EnWG. Es kann daher davon ausgegangen werden, dass sich der gesetzgeberische Wille zwischenzeitlich nicht geändert hat.

Festzuhalten bleibt, dass der Gesetzgeber mit § 111 EnWG das Verhältnis von EnWG und GWB endgültig zugunsten des EnWG regeln wollte. Die legislative Vorrangentscheidung kommt in § 111 EnWG eindeutig zum Ausdruck.

VI. EnWG als Sonderkartellrecht

Nach § 1 Abs. 2 EnWG dient die Regulierung nach dem EnWG u. a. „der Sicherstellung eines wirksamen und unverfälschten Wettbewerbs bei der Versorgung mit Elektrizität und Gas“. Durch die Regulierung im Sinne des EnWG sollen Wettbewerbsbedingungen für einen funktionierenden Wettbewerb hergestellt werden. Das EnWG und das allgemeine Wettbewerbsrecht sind folglich, wie bereits oben einleitend festgestellt wurde, auf das gleiche Endziel – Wettbewerb – gerichtet. Weiter ist das EnWG, wie zuvor dargestellt, teilweise an das

380 BR-Drucks. 12/08 vom 04.01.2008, S. 42 zu Nummer 18 (§ 111 Abs. 2 EnWG); BT-Drucks. 16/8305 vom 28.02.2008, S. 22 zu Nummer 18 (§ 111 Abs. 2).

Kartellrecht durch Begrifflichkeiten und Übernahme von ähnlichen Tatbeständen angelehnt. Auch die Instrumentarien in der Ex-post-Kontrolle wurden denen des Wettbewerbsrecht nachgebildet. Die Gesamtausrichtung des EnWG ist in Zielsetzung, Begrifflichkeiten und Kontrollmechanismen folglich mit der des allgemeinen Wettbewerbsrechts vergleichbar. Die Besonderheit im energierechtlichen Regulierungsrecht besteht – neben einer dem allgemeinen Wettbewerbsrecht fremden Ex-ante-Kontrolle – jedoch darin, dass die allgemeinen Grundsätze und Ansatzpunkte des Wettbewerbsrechts im EnWG sektorspezifisch mit Besonderheiten des Energiesektors ergänzt und ausgestaltet wurden. Das EnWG ist folglich eine spezialgesetzliche Ausgestaltung des Wettbewerbsrechts.[381] Das EnWG beinhaltet sektorspezifisches Wettbewerbsrecht und kann daher als Sonderkartellrecht verstanden werden.[382] Auch dies zeigt, dass die Einordnung als – zumindest teilweises – Lex-specialis-Gesetz nach § 111 EnWG zu befürworten ist.

VII. Verbleibende Zuständigkeit der Kartellbehörden nach den Vorschriften des GWB

Das GWB wird jedoch nicht vollumfänglich durch das EnWG verdrängt. Wie bereits eingangs dargelegt, ist das sich aus § 111 EnWG gegenüber dem GWB ergebende Lex-specialis-Verhältnis lediglich eine Ausnahme vom Grundsatz der parallelen Anwendung von Wettbewerbs- und Regulierungsrecht im Energiesektor. Dieser Ausnahmecharakter wird auch dadurch bestätigt, dass der Vorrang des EnWG in mehrfacher Hinsicht beschränkt wird. Zudem hängt die Beschränkung der Vorrangwirkung eng mit der verbleibenden Zuständigkeit der Kartellbehörden zusammen. Denn neben den Regelungen in § 111 Abs. 1 Satz 1 und Abs. 2 EnWG, die das materielle Verhältnis von EnWG zum GWB betreffen, werden durch § 111 Abs. 1 Satz 2 EnWG auch die Zuständigkeiten der Kartellbehörden geregelt. So wird durch § 111 EnWG nicht nur die Überschneidung von Vorschriften im materiellen Sinne vermieden, sondern zugleich

---

381 *Kment*, in: Kment, Energiewirtschaftsgesetz, Einleitung, Rn. 6; vgl. auch *Hellermann/Hermes*, in: Britz/Hellermann/Hermes, EnWG, § 1 Rn. 8.

382 Ähnlich *Koenig/Kühling*, WuW 2001, 810 (812), die das sektorspezifische Regulierungsrecht als sektorspezifisches Wettbewerbsrecht einordnet; auch *C. Säcker*, Der Einfluss der sektorspezifischen Regulierung, S. 1 ff.

auch die damit im Zusammenhang stehenden Befugnisse der Kartellbehörden eingeschränkt bzw. festgelegt, um Doppelzuständigkeiten zu vermeiden.[383]

Nach § 111 Abs. 1 Satz 2 EnWG bleiben die Aufgaben und Zuständigkeiten der Kartellbehörden unberührt. Die Formulierung des § 111 Abs. 1 Satz 2 EnWG geht grundsätzlich von einer Gleichwertigkeit von Regulierungs- und Kartellbehörde aus.[384] Die Kartellbehörden sollen ihre Zuständigkeit außerhalb des Spezialitätsgrundsatzes des § 111 Abs. 1 Satz 1 i. V. m. Abs. 2 EnWG im Energiesektor beibehalten.[385] Überall dort, wo keine Spezialität des EnWG gegenüber dem GWB gegeben ist, sind auch die Kartellbehörden für die Durchsetzung des (parallel) anwendbaren GWB zuständig. Die Zuständigkeit der Kartellbehörden folgt somit dem materiellen Verhältnis der Vorschriften.

Daneben wird der Vorrang des EnWG, wie angedeutet, in zweifacher Hinsicht beschränkt: Erstens ergibt sich eine Beschränkung des Vorrangs des EnWG – und somit auch eine Beschränkung der Zuständigkeit der Kartellbehörde – aus § 111 Abs. 1 Satz 1 EnWG. Danach wird nur die kartellrechtliche Missbrauchsaufsicht nach den §§ 19, 20 und 29 GWB ausgeschlossen. Andere Vorschriften des GWB werden nicht von dem Ausschluss nach § 111 Abs. 1 Satz 1 EnWG erfasst, so dass nur gegenüber der kartellrechtlichen Missbrauchsaufsicht eine Vorrangwirkung des EnWG besteht. So sind insbesondere die §§ 1 und 35 ff. GWB uneingeschränkt im Anwendungsbereich des EnWG anwendbar. Dies wird nachfolgend unter 1. und 2. dargestellt.

Zweitens bestimmt § 111 Abs. 2 EnWG ausdrücklich, dass nur die Vorschriften des 3. Teils sowie aufgrund dessen Vorschriften erlassenen Rechtsverordnungen als abschließende Regelungen gegenüber den §§ 19, 20 und 29 GWB gelten.

---

383 *Baur*, RdE 2004, 277 (279); *Säcker*, in: Berliner Kommentar zum Energierecht, Band 1, Teil 2, § 111 EnWG, Rn.2; *Hölscher*, in: Britz/Hellermann/Hermes, EnWG, § 111 Rn. 1.

384 *Salje*, Energiewirtschaftsgesetz, § 111 Rn. 11; *Säcker*, in: Berliner Kommentar zum Energierecht, Band 1, Teil 2, § 111 EnWG, Rn. 17; die darauf hinweisen, dass im Gegensatz dazu die Formulierung: „im Übrigen bleiben die Aufgaben und Zuständigkeiten unberührt“ für eine subsidiäre und somit nachrangige Zuständigkeit sprechen würde.

385 Kritisch *Hölscher*, in: Britz/Hellermann/Hermes, EnWG, § 111 Rn. 10, der die Regelung des § 111 Abs. 1 Satz 2 EnWG als unklar tituliert; dagegen statt vieler *Loibl/Becker*, ET 2006/8, 54 (55), die die Kartellbehörden „im Übrigen“ und somit außerhalb des 3. Teils des EnWG für zuständig sehen.

Daher ist fraglich, wo noch ein Anwendungsbereich der §§ 19 ff. GWB im Energiesektor neben den Vorschriften des EnWG verbleibt. Dies gilt es unter 3. zu untersuchen.

1. § 1 GWB im Verhältnis zum EnWG

Nach § 1 GWB sind „Vereinbarungen zwischen Unternehmen, Beschlüsse von Unternehmensvereinigungen und aufeinander abgestimmte Verhaltensweisen, die eine Verhinderung, Einschränkung oder Verfälschung des Wettbewerbs bezwecken oder bewirken," verboten. § 1 GWB bezieht sich auf Vereinbarungen zwischen zwei Marktteilnehmern, die Dritten schaden können. Einvernehmliche wettbewerbsverhindernde oder -beeinträchtigende Vereinbarungen sollen verhindert werden. § 1 GWB ist auch im Anwendungsbereich des EnWG uneingeschränkt anwendbar. Dies galt wegen der §§ 103, 103a GWB a. F. jedoch nicht immer. Das Kartellverbot nach § 1 GWB war für den Bereich der leitungsgebundenen Energieversorgung ausgeschlossen. Auf die obigen Ausführungen kann an dieser Stelle verwiesen werden.[386]

Demgegenüber enthält das EnWG ein solches Kartellverbot nicht. Es ist nicht darauf ausgerichtet, Unternehmensvereinbarungen zu verhindern. Durch das energierechtliche Regulierungsrecht soll zunächst ein wettbewerbsfähiger Markt, auf dem die potenziellen Wettbewerber in Kontakt treten sollen, ermöglicht werden. Das EnWG setzt mit seinen Regulierungsinstrumenten an einem anderen Anknüpfungspunkt an. Ob sich Vereinbarungen zwischen den Energieunternehmen negativ auf den Wettbewerb anderer Marktteilnehmer auswirken, wird vom EnWG nicht erfasst und somit auch von der BNetzA nicht kontrolliert. Wegen fehlender Kontrollmechanismen und unterschiedlicher Schutzrichtungen bestehen keine Überschneidungen zwischen § 1 GWB und den EnWG-Vorschriften.

Es besteht keine Vorschrift des EnWG, die spezieller bzw. abschließend gegenüber § 1 GWB ist. Eine parallele Anwendung von § 1 GWB und den EnWG-Vorschriften ist somit möglich. Nichts anderes ergibt sich auch aus § 111 EnWG, in dem das Kartellverbot nach § 1 GWB nicht auftaucht. So verbleibt den Kartellbehörden die Verfolgung von durch Netzbetreibern gebildeten Kartellen und somit die Durchsetzung des § 1 GWB bei Horizontal- und Vertikalvereinbarungen unter Beteiligung von Netzbetreibern.[387]

---

386 Vgl. die historische Entwicklung oben unter Kapitel 2/A./I.

387 Vgl. *Büdenbender*, ZWeR 2006, 233 (238); *Säcker*, in: Berliner Kommentar zum Energierecht, Band 1, Teil 2, § 111 EnWG, Rn. 18; *Salje*, Energiewirtschaftsgesetz, § 111 Rn. 3.

2. §§ 35 *ff.* GWB im Verhältnis zum EnWG

Die §§ 35 ff. GWB regeln die Fusionskontrolle. So sieht beispielsweise § 36 Abs. 1 Satz 1 GWB vor, dass „ein Zusammenschluss, durch den [ein] wirksamer Wettbewerb erheblich behindert [werden] würde, insbesondere wenn von dem zu erwarten ist, dass er eine marktbeherrschende Stellung begründet oder verstärkt", vom BKartA zu untersagen ist, sofern kein Ausschlussgrund nach Satz 2 vorliegt. Aus dem Wortlaut lässt sich – wie aus der eingangs aufgezeigten Ausrichtung des GWB – entnehmen, dass nicht die Fälle der Behinderung der Entstehung wirksamen Wettbewerbs, sondern insbesondere die der Behinderung eines schon bestehenden Wettbewerbs erfasst werden sollen. Auch hier wird, im Gegensatz zum EnWG, an einem anderen Ansatz für den Wettbewerbsschutz angesetzt. Das EnWG verbietet keine Zusammenschaltung von Betreibern von Energienetzen. Dies mag daran liegen, dass es aufgrund der natürlichen Monopolstrukturen im Energiesektor keine oder kaum konkurrierende Netzbetreiber auf horizontaler Ebene gibt.[388] Jedoch ist dem EnWG auch nicht zu entnehmen, dass solche an den §§ 35 ff. GWB angelehnten Kooperationen gebilligt werden. Das EnWG regelt keine sektorspezifische Fusionskontrolle. Um die Zusammenschaltungen von Unternehmen kontrollieren zu können, ist auf die allgemeinen wettbewerbsrechtlichen Regelungen der §§ 35 ff. GWB zurückzugreifen. In diesem Bereich besteht keine Spezialität zugunsten des EnWG, was auch durch § 111 EnWG bestätigt wird. Den Kartellbehörden verbleibt somit auch die Zuständigkeit für die Durchführung der Fusionskontrolle nach den §§ 35 ff. GWB.[389]

3. Anwendung der allgemeinen Missbrauchsaufsicht nach den §§ 19 *ff.* GWB im Energiesektor

Nachdem der Anwendungsbereich der Netzregulierungsvorschriften und der damit im Zusammenhang stehende Ausschluss der §§ 19 ff. GWB dargestellt wurde,[390] ist nun auf die verbleibende Anwendbarkeit der §§ 19 ff. GWB und die

388 Vgl. zu der Zusammenschlusskontrolle von Unternehmen und entsprechenden Verfahren des BKartA: *Klees*, Energiewirtschaftsrecht, Kapitel 3, Rn. 45 ff.

389 So auch *Baur*, RdE 2004, 277 (284); *Neveling*, ZNER 2005, 263 (268 f.); *Antweiler/Nieberding*, NJW 2005, 3673 (3675 f.); *Büdenbender*, ZWeR 2006, 233 (238); *Säcker*, in: Berliner Kommentar zum Energierecht, Band 1, Teil 2, § 111 EnWG, Rn. 18; *Tittel*, in: Hempel/Franke, Recht der Energie- und Wasserversorgung, § 111 EnWG, Rn. 21; dazu etwa auch BGH, Beschl. v. 11.11.2008 – KVR 60/07 = BGHZ 178, 285 = ZNER 2008, 357.

390 Oben unter Kapitel 2/A./II./3./a./aa. ff.

damit in Verbindung stehende Zuständigkeit der Kartellbehörden im Energiesektor einzugehen. Nach der eindeutigen Bestimmung des § 111 Abs. 1 Satz 1 und Abs. 2 EnWG folgt eine uneingeschränkte Anwendbarkeit der §§ 19, 20 und 29 GWB in allen Bereichen außerhalb der Netzregulierung im Sinne des 3. Teils des EnWG. So ist beispielsweise eine Anwendung der §§ 19 ff. GWB auf missbräuchliches Verhalten auf den dem Netzzugang vor- und nachgelagerten Märkten der Energieerzeugung, des -bezugs, -vertriebs und -handels möglich.[391] Die Zuständigkeit der Kartellbehörden für die Durchsetzung der kartellrechtlichen Missbrauchsaufsicht bleibt somit, neben der Zuständigkeit nach § 50 GWB für die Durchsetzung des Art. 102 AEUV[392], in diesen Bereichen möglich.[393] Die konkrete Anwendung der kartellrechtlichen Missbrauchsaufsicht im Energiesektor gilt es im Folgenden näher darzustellen.

a. *Kartellrechtliche Missbrauchsaufsicht im Rahmen der Universaldienstleitungen nach § 36 EnWG*

Nach § 36 Abs. 1 Satz 1 EnWG haben die Grundversorger „Allgemeine Bedingungen" und „Allgemeine Preise" öffentlich bekannt zu geben und die Haushaltskunden zu diesen Bedingungen und Preisen zu versorgen. Diese Pflicht trifft die Grundversorger nach § 36 Abs. 1 Satz 2 EnWG nicht, wenn ihnen die Versorgung aus wirtschaftlichen Gründen unzumutbar ist. Abs. 2 bestimmt, wann ein Energieversorgungsunternehmen als Grundversorger nach Abs. 1 zu qualifizieren ist. Haushaltskunden sind nach § 3 Nr. 22 EnWG „Letztverbraucher, die Energie überwiegend für den Eigenverbrauch im Haushalt oder für den ein Jahresverbrauch von 10.000 Kilowattstunden nicht übersteigenden Eigenverbrauch für berufliche, landwirtschaftliche oder gewerbliche Zwecke kaufen".

Den Kartellbehörden obliegt die Kontrolle über die Erhebung der Strom- und Gaspreise im Endnutzerbereich.[394] Werden bspw. Preise nach § 36 Abs. 1 Satz 1

391 *Stadler*, in: Langen/Bunte, Band 1, § 185 Rn. 273; *Kühling/Rasbach/Busch*, Energierecht, Kap. 10 Rn. 37; *Antweiler/Nieberding*, NJW 2005, 3673 (3675), *Schreiber*, Zusammenspiel, S. 167.

392 Dazu später unter Kapitel 3/C./II. mehr.

393 *Säcker*, in: MüKo GWB, § 130 Rn. 9 ff.; *Säcker*, in: Berliner Kommentar zum Energierecht, Band 1, Teil 2, § 111 EnWG, Rn. 18; *Ackermann/Petzold*, in: Baur/Salje/Schmidt-Preuß, Regulierung, Kap. 8 Rn. 17; *Baur*, RdE 2004, 277 (283).

394 BGH Beschl. v. 6.11.2012 – KVR 54/11 Rn. 14 = NVwZ-RR 2013, 604 (605); *Tittel*, in: Hempel/Franke, Recht der Energie- und Wasserversorgung, § 111 EnWG, Rn. 21; *Hölscher*, in: Britz/Hellermann/Hermes, EnWG, § 111 Rn. 13 f.; *Säcker*, in: Säcker, Berlin Kommentar zum Energierecht, § 111 EnWG, Rn. 18; *Massumi*,

EnWG bekanntgegeben, können die Kartellbehörden diese nach den §§ 19, 20 und 29 GWB überprüfen. § 36 EnWG entfaltet keine Sperrwirkung gegenüber den §§ 19 ff. GWB.[395] § 111 Abs. 2 EnWG bezieht sich ausdrücklich nur auf den 3. Teil des EnWG. Die Regelungen über die Grundversorgungspflichten nach den §§ 36 ff. EnWG befinden sich außerhalb des 3. Teils des EnWG, so dass schon aufgrund systematischer Stellung der §§ 36 ff. EnWG die Anwendung der §§ 19 ff. GWB nicht ausgeschlossen sein kann. Auch § 111 Abs. 3 EnWG spricht für die Anwendung der allgemeinen Missbrauchsaufsicht nach dem GWB im Rahmen der Grundversorgungspflicht. Dieser bezieht sich auf Verfahren der Kartellbehörden nach den §§ 19, 20 und 29 GWB, die Preise von Energieversorgungsunternehmen für die Belieferung von Letztverbrauchern betreffen. Die Kollisionsnorm § 111 EnWG geht somit selbst von der Anwendbarkeit der allgemeinen Missbrauchsaufsicht nach dem GWB im Bereich der Energielieferung an Letztverbraucher aus. Auch § 58 Abs. 2 EnWG spricht für eine Anwendung der §§ 19 ff. GWB im Bereich der Letztverbraucher.[396]

Zu beachten ist jedoch, dass sich die kartellrechtliche Preisaufsicht grundsätzlich auf den Endpreis (im Sinne eines sog. All-inclusive-Preises) sowie auf dessen Preisbestanteile erstreckt.[397] § 111 Abs. 3 EnWG schränkt jedoch eine vollumfängliche Überprüfung nach dem GWB ein. Die Kartellbehörden haben danach bei der Durchführung ihrer Kontrollverfahren nach den §§ 19 ff. GWB im Bereich der Endkundenpreise im Sinne der §§ 36 ff. EnWG die in diesen tatsächlich oder kalkulatorisch enthaltenen und von den Energieversorgungsunternehmen veröffentlichten Netzzugangsentgelte i. S. d. § 20 Abs. 1 EnWG als rechtmäßig zugrunde zu legen. Die Kartellbehörden sind an das veröffentlichte Netzzugangsentgelt gebunden[398] und können seine „Bestandskraft“[399]

Energieversorgungsunternehmen, S. 137; *Stadler*, in: Langen/Bunte, Band 1, § 185 Rn. 273.

395 *Busche*, in: Berliner Kommentar zum Energierecht, Band 1, Teil 2, § 36 EnWG, Rn. 49; *Markert*, in: Immenga/Mestmäcker, Band 2, § 130 Rn. 405.

396 Vgl. dazu oben unter Kapitel 2/A./IV.

397 *Baur*, RdE 2004, 277 (282); *Stumpf/Gabler*, NJW 2005, 3174 (3179).

398 *Salje*, Energiewirtschaftsgesetz, § 111 Rn. 29; *Säcker*, in: Berliner Kommentar zum Energierecht, Band 1, Teil 2, § 111 EnWG, Rn. 29; *Hölscher*, in: Britz/Hellermann/Hermes, EnWG, § 111 Rn. 17, 19.

399 Hier ist nicht die Bestandskraft im verwaltungsrechtlichen Sinne gemeint, denn ausreichend ist, dass eine sofort vollziehbare Entscheidung der Regulierungsbehörde vorliegt. Die Bindungswirkung des § 111 Abs. 3 EnWG tritt somit bereits mit Zustellung der Genehmigungsentscheidung nach § 23a EnWG ein, vgl. *Salje*, Energiewirtschaftsgesetz, § 111 Rn. 27.

grundsätzlich nicht angreifen. Eine inzidente Kontrolle der Netzzugangsentgelte durch die Kartellbehörden wird somit untersagt.[400] Regelungen über Netzzugangsentgelte finden sich in den §§ 21 ff. EnWG und somit im 3. Teil des EnWG. Diese sind gegenüber den §§ 19, 20 und 29 GWB abschließend, so dass die Überprüfung der Netzzugangsentgelte nicht dem Zuständigkeitsbereich der Kartellbehörden unterliegt. § 111 Abs. 3 EnWG bestätigt dies. Durch die Beschränkung der kartellbehördlichen Zuständigkeit bei der Überprüfung der Netzzugangsentgelte soll die alleinige Zuständigkeit der Regulierungsbehörden für diesen Bereich abgesichert werden.[401] Die Regulierung der Netzzugangsentgelte gehört – genau wie der Netzzugang als solcher – zum „Kernbereich" der Regulierung des Energiesektors.[402] Aufgrund der Detailliertheit und speziellen Ausrichtung auf den Energiesektor ist es nicht angemessen, die Entgeltregelungen nach den §§ 20 ff., 23a ff. EnWG durch die allgemeiner gehaltenen GWB-Vorschriften parallel zur Anwendung kommen zu lassen und somit wohlmöglich abweichende Entgelthöhen durch die Kartellbehörden herbeizuführen.[403] Die Preiskontrolle nach den §§ 19 ff. GWB erfolgt somit uneingeschränkt nur in Bezug auf die Erzeugungs- und Handelspreiskomponenten der Preise.[404] Der Nutzungsentgeltbestandteil ist von der kartellbehördlichen Kontrolle ausgeschlossen.

Eine Ausnahme der Bindungswirkung an die Rechtmäßigkeit der Entgelte besteht nach § 111 Abs. 3 2. HS. EnWG dann, wenn „durch eine sofort vollziehbare oder bestandskräftige Entscheidung der Regulierungsbehörde oder ein rechtskräftiges Urteil" etwas anderes festgestellt wurde. Dies soll dann der Fall sein, wenn die Rechtswidrigkeit der veröffentlichten Netzzugangsentgelte festgestellt wurde.[405]

Folglich besteht eine, wenn auch aufgrund des § 111 Abs. 3 EnWG nur eingeschränkte, Anwendbarkeit der §§ 19 ff. GWB im Bereich der

400 *Baur*, RdE 2004, 277 (282 f.); *Stumpf/Gabler*, NJW 2005, 3174 (3179); *Tittel*, in: Hempel/Franke, Recht der Energie- und Wasserversorgung, § 111 EnWG, Rn. 24; *Schex*, in: Kment, Energiewirtschaftsgesetz, § 111 Rn. 7.

401 *Salje*, Energiewirtschaftsgesetz, § 111 Rn. 5, 17.

402 *Säcker*, in: Berliner Kommentar zum Energierecht, Band 1, Teil 2, § 111 EnWG, Rn. 22; *Salje*, Energiewirtschaftsgesetz, § 111 Rn. 17.

403 *Säcker*, in: Berliner Kommentar zum Energierecht, Band 1, Teil 2, § 111 EnWG, Rn. 22; *Salje*, Energiewirtschaftsgesetz, § 111 Rn. 17.

404 So auch *Massumi*, Energieversorgungsunternehmen, S. 138.

405 Vgl. dazu *Hölscher*, in: Britz/Hellermann/Hermes, EnWG, §111 Rn. 22; *Franke*, in: Schneider/Theobald, Recht der Energiewirtschaft, § 19 Rn. 13.

Endverbraucherpreise. Sie wird nicht durch die Anwendung des EnWG ausgeschlossen. Den Kartellbehörden verbleibt somit im Rahmen von Endverbraucherpreisen i. S. d. § 36 EnWG eine Zuständigkeit nach den §§ 19 ff. GWB .

b. Kartellrechtliche Missbrauchsaufsicht im Rahmen der Wegenutzungsverträge nach § 46 EnWG

Gemeinden sind nach § 46 Abs. 1 Satz 1 EnWG dazu verpflichtet, „ihre öffentlichen Verkehrswege für die Verlegung und den Betrieb von Leitungen, einschließlich Fernwirkleitungen zur Netzsteuerung und Zubehör, zur unmittelbaren Versorgung von Letztverbrauchern im Gemeindegebiet diskriminierungsfrei durch Vertrag zur Verfügung zu stellen". Den Abschluss eines Konzessionsvertrages kann die Gemeinde unter den Voraussetzungen des § 46 Abs. 1 Satz 2 EnWG ablehnen. Nach § 46 Abs. 7 EnWG bleiben die Aufgaben und Zuständigkeiten der Kartellbehörde nach dem GWB unberührt.

Die grundsätzliche Anwendbarkeit der §§ 19 ff. GWB sowie die sich daraus ergebende Zuständigkeit der Kartellbehörden gilt auch für den Bereich der Konzessionsverträge.[406] Nach dem Gesetzgeberwillen können die Kartellbehörden selbst darüber entscheiden, ob im Einzelfall eine Diskriminierung nach den GWB-Grundsätzen vorliegt.[407] Das EnWG entfaltet somit auch im Bereich der Wegenutzungsverträge keine Sperrwirkung gegenüber der allgemeinen kartellrechtlichen Missbrauchskontrolle. Systematisch ergibt sich dies aus der Stellung des § 46 EnWG. Dieser befindet sich außerhalb des 3. Teils des EnWG und kann schon aufgrund des Fehlens eines ausdrücklich abschließenden Regelungsgehalts gegenüber den §§ 19 ff. GWB nicht zu einem Ausschluss dieser Regelungen führen. Zuletzt wird die Anwendbarkeit der §§ 19 ff. auch durch § 46 Abs. 7 EnWG bestätigt.[408] Eine alleinige Aufsicht der Regulierungsbehörden nach den §§ 54, 65 EnWG besteht somit im Bereich der Wegenutzungsverträge nicht.

---

406 Vgl. *Markert*, in: Immenga/Mestmäcker, Band 2, § 130 Rn. 402, 406; *Säcker*, in: Berliner Kommentar zum Energierecht, Band 1, Teil 2, § 111 EnWG, Rn. 18; *Wegener*, in: Berliner Kommentar zum Energierecht, Band 1, Teil 2, § 46 EnWG Rn. 147; *Massumi*, Energieversorgungsunternehmen, S. 138; schon *Büdenbender*, EnWG, § 13 Rn. 90.

407 BT-Drucks. 13/7274 vom 23.03.2007, S. 21 zu § 8.

408 Deutung als eigene Abgrenzungsklausel: *Sennekamp*, Der Diskurs um die Abgrenzung von Kartell- und Regulierungsrecht, 2016, S. 49. Oder lediglich als Bestätigung des § 185 Abs. 3 GWB i. V. m. § 111 EnWG, so zum EnWG a. F.: *Massumi*, Energieversorgungsunternehmen, S. 138 f.

Auch hier wird die Anwendbarkeit der kartellrechtlichen Missbrauchsaufsicht durch die Zusammenarbeitsvorschrift des § 58 Abs. 2 EnWG bestätigt.

Verweigert die Gemeinde die Nutzung der Verkehrswege, kann dies einen Missbrauch im Sinne des § 19 Abs. 2 Nr. 4 GWB darstellen.[409] Die §§ 19 ff. GWB richten sich in diesem Fall nicht gegen ein Energieversorgungsnetzbetreiber, sondern gegen die Gemeinde, die aufgrund des öffentlichen Wegeeigentums Quasi-Monopolist ist.[410] Nutzt sie ihre marktbeherrschende Stellung bei der Vergabe von Wegerechten missbräuchlich aus, steht das EnWG einer Anwendung der §§ 19 ff. GWB nicht entgegen.[411] Daneben kommt ein Einschreiten der Kartellbehörden aufgrund der §§ 19 ff. GWB in Betracht, wenn der bisherige Netzbetreiber seinen Verpflichtungen aus § 46 Abs. 2 Satz 2 EnWG nicht nachkommt.[412] Denn nach § 46 Abs. 2 Satz 2 EnWG ist „der bisherige Nutzungsberechtigte verpflichtet, seine für den Betrieb der Netze der allgemeinen Versorgung im Gemeindegebiet notwendigen Verteilungsanlagen dem neuen Energieversorgungsunternehmen gegen Zahlung einer wirtschaftlich angemessenen Vergütung zu übereignen", wenn der Konzessionsvertrag nach der Höchstlaufzeit von 20 Jahren nicht verlängert wird.

Folglich verbleibt den Kartellbehörden auch eine Zuständigkeit nach den §§ 19 ff. GWB im Rahmen der Konzessionsverträge im Sinne des § 46 EnWG.

c. Rolle des § 19 Abs. 2 Nr. 4 GWB im Bereich des EnWG

Aufgrund der § 111 Abs. 1 und 2 EnWG wäre auch das Verhältnis des speziell auf den Netzzugang ausgerichteten § 19 Abs. 2 Nr. 4 GWB geklärt. Im Rahmen der spezialgesetzlichen Regelungen über die Regulierung des Netzzugangs nach

---

409 *Wegener*, in: Berliner Kommentar zum Energierecht, Band 1, Teil 2, § 46 EnWG, Rn. 147; vgl. auch *Albrecht*, in: Schneider/Theobald, Recht der Energiewirtschaft, § 9 Rn. 27; *Massumi*, Energieversorgungsunternehmen, S. 138.

410 *Salje*, Energiewirtschaftsgesetz, § 46 Rn. 184; *Massumi*, Energieversorgungsunternehmen, S. 138; zur Einordnung als unternehmerische Tätigkeit der Gemeinde vgl. *Albrecht*, in: Schneider/Theobald, Recht der Energiewirtschaft, § 9 Rn. 24; kritisch: *Hellermann*, in: Britz/Hellermann/Hermes, EnWG, § 46 Rn. 89.

411 BGH, Beschl. v. 6.11.2012 – KVK 54/11 Rn. 14 = NVwZ-RR 2013, 604 (605); *Wegener*, in: Berliner Kommentar zum Energierecht, Band 1, Teil 2, § 46 EnWG, Rn. 147; schon *Büdenbender*, EnWG, § 13 Rn. 90; zur Adressatenstellung des Netzbetreibers in diesem Fall *Säcker*, in: Berliner Kommentar zum Energierecht, Band 1, Teil 2, § 111 EnWG, Rn. 18.

412 *Wegener*, in: Berliner Kommentar zum Energierecht, Band 1, Teil 2, § 46 EnWG, Rn. 147; *Hellermann*, in: Britz/Hellermann/Hermes, EnWG, § 46 Rn. 89 m.w.N.

dem 3. Teil des EnWG und den aufgrund dessen erlassenen Rechtsverordnungen scheidet eine Anwendung des § 19 Abs. 2 Nr. 4 GWB aus. Dies ergibt sich schon aus der Gesetzesbegründung zu § 19 Abs. 4 Nr. 4 GWB a. F.[413] (jetzt § 19 Abs. 2 Nr. 4 GWB), aus der abgeleitet werden kann, dass § 19 Abs. 2 Nr. 4 GWB nur eine Auffangfunktion hat. Lediglich außerhalb des 3. Teils des EnWG findet auch § 19 Abs. 2 Nr. 4 GWB Anwendung. Dieser bezieht sich wiederum auf den Bereich der Konzessionsverträge und eingeschränkt durch § 111 Abs. 3 EnWG auch auf den Bereich der Entgeltkontrolle im Letztverbraucherbereich.

VIII. Fazit zum Verhältnis des EnWG zum allgemeinen Wettbewerbsrecht

Aus der vorherigen Untersuchung ergeben sich abschließend folgende Punkte, die das Verhältnis von Wettbewerbs- und Regulierungsrecht im Energiesektor beschreiben: Ist der Anwendungsbereich des EnWG eröffnet, wird das Verhältnis von GWB und EnWG durch die Kollisionsregelungen § 185 Abs. 3 GWB und § 111 EnWG bestimmt. Aus ihnen ergibt sich zunächst, dass das GWB auch im Energiesektor anwendbar ist und somit grundsätzlich von einer parallelen Anwendung ausgegangen werden kann. Daneben wird durch § 185 Abs. 3 GWB in Verbindung mit § 111 EnWG auch ein Vorrangverhältnis im Sinne einer Spezialität des EnWG gegenüber dem GWB statuiert. Dies ergibt sich aus der Negativformulierung des § 111 Abs. 1 Satz 1 EnWG, nach der die Anwendbarkeit der §§ 19 ff. GWB vollkommen ausgeschlossen werden soll. Eine subsidiäre Anwendung der kartellrechtlichen Missbrauchsaufsicht kommt nicht in Betracht.

Die Spezialität des EnWG erstreckt sich nach dem eindeutigen Wortlaut des § 111 Abs. 1 und 2 EnWG nur auf den 3. Teil des EnWG und aufgrund dessen erlassene Rechtsverordnungen sowie auf die kartellrechtliche Missbrauchsaufsicht nach den §§ 19, 20 und 29 GWB. Daraus folgt, dass die restlichen GWB-Vorschriften in ihrer Anwendung nicht eingeschränkt werden. Dies gilt auch, wenn sie im Bereich der Regulierung des Netzbetriebs und somit im 3. Teil des EnWG zur Anwendung gelangen sollen. Es besteht somit nur im Bereich der §§ 19, 20 und 29 GWB eine Durchbrechung des Grundsatzes der parallelen Anwendung. Alle anderen GWB-Vorschriften sind parallel zu denen des EnWG anwendbar. Gegenteiliges lässt sich weder aus § 111 EnWG noch aus anderen Vorschriften des EnWG ableiten. Dies gilt insbesondere für den § 1 GWB und die Fusionskontrolle nach den §§ 35 ff. GWB. Das EnWG enthält weder ein

413 BT-Drucks. 13/9720 vom 29.01.1998, S. 37.

Kartellverbot wie § 1 GWB noch eine Zusammenschaltungskontrolle in Anlehnung an die §§ 35 ff. GWB.

Durch die umfassend ausgestaltete Kollisionsnorm des § 111 EnWG wird im Bereich der Netzregulierung im Energiesektor eine Doppelkontrolle des Marktes durch Behörden, das daraus resultierende Risiko divergierender Entscheidungen und die verbleibende Rechtsunsicherheit der Marktteilnehmer vermieden. § 111 EnWG und § 185 Abs. 3 GWB beschränken die Anwendung der §§ 19, 20 und 29 GWB im Anwendungsbereich des EnWG auf ein Minimum.

Die kartellrechtliche Missbrauchsaufsicht kommt nur noch im Rahmen der Wegenutzungsverträge und der Entgeltkontrolle von Letztverbraucherpreisen in Betracht. Bei der Kontrolle von Letztverbraucherpreisen ist jedoch § 111 Abs. 3 EnWG nicht außer Acht zu lassen. Dieser sieht eine kartellrechtliche Bindungswirkung an die veröffentlichten Netzzugangsentgelte im Sinne des § 20 Abs. 1 EnWG vor, so dass in dieser Hinsicht eine kartellrechtliche Kontrolle zu unterlassen ist. Dieser Bestandteil ist von den Kartellbehörden als rechtmäßig zugrunde zu legen, soweit nichts anderes durch eine sofort vollziehbare oder bestandskräftige Entscheidung der Regulierungsbehörde oder ein rechtskräftiges Urteil festgestellt wurde.

Außerhalb des Netzregulierungsbereichs des EnWG sind die §§ 19, 20 und 29 GWB auch auf den dem Netzzugang vor- und nachgelagerten Märkten anwendbar.

Auffällig ist, dass weitestgehend Einigkeit über das Verhältnis von Wettbewerbs- und Regulierungsrecht im Energiesektor herrscht.[414] Dem Gesetzgeber ist es mit § 185 Abs. 3 GWB und § 111 EnWG gelungen, das Verhältnis der beiden Regelungsbereiche eindeutig zu bestimmen. Dies scheint jedoch im Energiesektor keine Besonderheit darzustellen. Der Gesetzgeber hatte schon vor der Einführung des § 111 EnWG das Verhältnis von Wettbewerbs- und Regulierungsrecht eindeutig geregelt, wenn auch in die Richtung einer parallelen Anwendung. Die Regelung des § 111 EnWG sollte befürwortet werden,

---

414 Vgl. zur anerkannten Verdrängung der §§ 19 f. GWB aus dem Anwendungsbereich des 3. Teils des EnWG und aufgrund dessen erlassener Rechtsvorschriften: OLG Düsseldorf, 19.10.2011, VI-3 Kart 1/11 Rn. 56 = RdE 2012, 65 (67); BGH, Beschl. v. 6.11.2012 – KVR 54/11 Rn. 14 = NVwZ-RR 2013, 604 (605); *Salje*, Energiewirtschaftsgesetz, § 111 Rn. 2, 6, 10; *Säcker*, in: Berliner Kommentar zum Energierecht, Band 1, Teil 2, § 111 EnWG, Rn. 2, 6 f.; *Antweiler/Nieberding*, NJW 2005, 3673 (3675); *Hölscher*, in: Britz/Hellermann/Hermes, EnWG, § 111 Rn. 1; *Bechtold/Bosch*, GWB, § 185 Rn. 28; *Schex*, in: Kment, Energiewirtschaftsgesetz, § 111 Rn. 1; *Höppner*, Netzveränderungen, S. 207 f.; *Schreiber*, Zusammenspiel, S. 160 ff.

weil nun zumindest eine partielle Spezialität im Energiesektor Eingang gefunden hat, durch die das Risiko divergierender Entscheidungen ausgeräumt wird.

B. Das Verhältnis des TKG zum allgemeinen Wettbewerbsrecht

Im Telekommunikationssektor regelt insbesondere § 2 Abs. 4 TKG das Verhältnis zwischen GWB und TKG. Nach § 2 Abs. 4 Satz 1 TKG bleiben die Vorschriften des GWB anwendbar, „soweit nicht durch [das TKG] ausdrücklich abschließende Regelungen getroffen werden". Nach dessen Satz 2 bleiben die Aufgaben und Zuständigkeiten der Kartellbehörden unberührt. § 2 Abs. 4 TKG stellt eine gesetzlich fixierte Kollisionsvorschrift dar. Fraglich ist jedoch, wie diese Vorschrift zu verstehen ist. Wie das GWB in seinem Anwendungsbereich von dem des TKG abzugrenzen ist oder ob bezüglich dieser Regelungsregimen eine vollständige parallele Anwendung besteht, war bislang weder auf der behördlichen noch auf der gerichtlichen Ebene Teil einer Entscheidung.[415] Aus den Tätigkeitsberichten des BKartA von 2001/2002 und 2003/2004 ergibt sich lediglich, dass sich das BKartA bei Entscheidungen über Zugangs- und Entgeltregulierung bislang in Zurückhaltung geübt und der BNetzA entsprechend den Vorrang eingeräumt hat.[416] Ist der Streit um die parallele Anwendung von TKG und allgemeinem Wettbewerbsrecht somit nur von rechtstheoretischer Natur? Diese Frage ist zumindest für die europäische Ebene, auf der es schon zu divergierenden Entscheidungen von Kommission und BNetzA kam, zu verneinen.[417] Doch obgleich die Diskussion um eine parallele Anwendung von GWB und TKG bislang auf nationaler Ebene noch nicht Einzug in die Rechtspraxis gefunden hat, ist deren Beantwortung von erheblicher Bedeutung. Aufgrund der bestehenden konträren Ansichten zu diesem Thema ist dieser Bereich von Rechtsunsicherheit geprägt. Um zukünftige behördliche und gerichtliche Entscheidungen mit (Rechts-)Sicherheit zu diesem Themenkomplex beantworten zu können, ist die Erforschung des Verhältnisses von TKG und GWB essenziell. Denn es kann nicht vorhergesehen werden, ob sich die Anwendungspraxis des BKartA in Zukunft ändern wird.

---

415 Eine entsprechende Entscheidung erging lediglich zur parallelen Anwendung der kartellrechtlichen Missbrauchsaufsicht im Anwendungsbereich des PostG: OLG Düsseldorf, Beschl. v. 13.04.2005 – VI-Kart 3/05 (V) = MMR 2005, 542.

416 Bundeskartellamt, Tätigkeitsbericht 2001/2002, S. 34; Tätigkeitsbericht 2003/2004, S. 27 f.

417 Dazu in Kapitel 3 mehr.

Zunächst soll, insbesondere anhand des § 2 Abs. 4 TKG und unter anderem anhand der Gesetzessystematik und des Gesetzgeberwillens, geklärt werden, ob eine parallele Anwendbarkeit von GWB und TKG überhaupt besteht oder eine solche aufgrund einer Vorrangwirkung zugunsten des TKG ausgeschlossen werden kann (dazu unter I.). Danach stellt sich die Frage, welche Wirkung sich für das Verhältnis von GWB und TKG aus § 2 Abs. 4 TKG ableiten lässt, d. h. in welcher Art und Weise sich ein etwaiger Vorrang des TKG vollzieht (dazu unter II.). Abschließend soll dargestellt werden, wie sich die GWB-Vorschriften konkret zu denen des TKG verhalten und wo eine Zuständigkeit der Kartellbehörden nach dem GWB im Bereich des TK-Sektors verbleibt (dazu unter III.).

I. Parallele Anwendung oder Vorrang des TKG?

In der Literatur haben sich hinsichtlich des Verhältnisses von GWB und TKG zwei Thesen herausgebildet. Zum einen die Parallelitätsthese[418], die – wie der Name zu erkennen gibt – von einer parallelen Anwendung von Wettbewerbs- und Regulierungsrecht ausgeht, und die Spezialitätsthese[419], die das TKG – zumindest teilweise – als das gegenüber dem allgemeinen Wettbewerbsrecht speziellere und somit vorrangige Gesetz sieht. Die Vertreter der Spezialitätsthese gehen verallgemeinert zunächst von einem Vorrang des TKG gegenüber dem GWB aus. Innerhalb dieser These bestehen wiederrum unterschiedliche Ansätze, auf welche Art und Weise sich dieser Vorrang vollzieht.[420] Bei der Betrachtung der beiden Thesenansätze stellt sich heraus, dass die Frage nach dem Verhältnis zwischen TKG und allgemeinem Wettbewerbsrecht nicht nur isoliert anhand des § 2 Abs. 4 TKG beantwortet werden kann. Es ist vielmehr auf den gesamten Kontext der Vorschrift des TKG einzugehen.

Zunächst soll daher der Wortlaut des § 2 Abs. 4 Satz 1 TKG analysiert werden (unter 1.). Danach wird ein systematischer und auch gesetzesübergreifender Vergleich zu ähnlichen Vorschriften und solchen, die das Verhältnis von

---

418 Vgl. u. a. *Topel*, ZWeR 2006, 27 (46 f.); *Attendorn*, MMR 2005, 542 (543 ff.); *Attendorn/Geppert*, in: BeckTKG, § 123 Rn. 2; *Heun*, in: Heun, Hdb. Telekommunikationsrecht, Kap. G, Rn. 249 ff.

419 Vgl. u. a. *Säcker*, in: Säcker, TKG, § 2 Rn. 24 ff. und *ders.* in: Säcker, TKG, Einl. I, Rn. 36 ff.; *Cornils*, in: BeckTKG, § 2 Rn. 98; *Ludwigs*, WuW 2008, 534 (537 ff.); *Scheurle*, in: Scheurle/Mayen, Telekommunikationsgesetz, 2. Aufl., § 2 Rn. 17; *Gärditz*, in: Scheurle/Mayen, Telekommunikationsgesetz, § 2 Rn. 76; *Ruthig*, in: Arndt/Fetzer/Scherer/Graulich, TKG, § 2 Rn. 39.

420 Dazu unter Kapitel 2/B/II. mehr.

sektorspezifischem Regulierungsrecht und allgemeinem Wettbewerbsrecht betreffen, vorgenommen (unter 2.). Daneben wird das Verhältnis von GWB und TKG auch unter Einbeziehung der Gesetzesmaterialien (unter 3.) und der Besonderheiten im TKG (unter 4. und 5.) sowie unter Betrachtung des besonderen Anwendungsbereichs der Marktregulierungsvorschriften (unter 6.) dargestellt.

1. Der Wortlaut des § 2 Abs. 4 TKG als Ausgangspunkt

Bei jeder juristischen Auslegung bildet die Untersuchung des Wortlautes der zu untersuchenden Vorschrift den ersten Anknüpfungspunkt für die nähere Bestimmung ihres Aussagegehalts.[421] Nach § 2 Abs. 4 Satz 1 TKG bleiben die Vorschriften des GWB anwendbar, soweit durch das TKG nicht ausdrücklich abschließende Regelungen getroffen werden. Nach Satz 2 bleiben die Aufgaben und Zuständigkeiten der Kartellbehörden unberührt.

Im Folgenden wird das sich aus § 2 Abs. 4 Satz 1 TKG ergebende grundsätzliche Verhältnis von GWB und TKG dargestellt (unter a.). Den Schwerpunkt der Wortlautauslegung des § 2 Abs. 4 Satz 1 TKG bildet dabei die Frage, was unter „ausdrücklich abschließende Regelungen" zu verstehen ist (unter b.).

a. Grundsätzlich parallele Anwendung von TKG und GWB

Mit der Formulierung „*bleiben* die Vorschriften *[…] anwendbar*" wird (zunächst) von einer parallelen bzw. „autonomen"[422] Anwendbarkeit des Wettbewerbs- und Regulierungsrechts ausgegangen.[423] Das Wort „bleiben" impliziert, dass die GWB-Vorschriften neben denen des TKG bestehen und grundsätzlich nicht ausgeschlossen oder verdrängt werden. Ihre Anwendbarkeit besteht trotz des TKG fort. § 2 Abs. 4 Satz 1 1. HS. TKG spricht insoweit positiv von der Anwendbarkeit der GWB-Vorschriften im Bereich des Telekommunikationssektors. § 2 Abs. 4 Satz 1 1. HS TKG geht von der Anwendbarkeit des gesamten GWB aus. Eine Einschränkung auf bestimmte Normen des Wettbewerbsrechts besteht nicht. Selbst die parallele Anwendung der kartellrechtlichen Missbrauchsaufsicht nach den §§ 19 f. GWB kommt in Betracht. Die Vorschriften des GWB sollen erst dann

---

421 *Larenz/Canaris*, Methodenlehre, S. 143, 163 f.

422 *Wilms*, in: Wilms/Masing/Jochum, Telekommunikationsgesetz, Einleitung, Rn. 41.

423 So auch *Säcker*, in: Säcker, TKG, Einl. I, Rn. 43; *ders.*, in: Säcker, TKG, § 2 Rn. 25; *Wilms*, in: Wilms/Masing/Jochum, Telekommunikationsgesetz, § 2 Rn. 35 „es kann im Anwendungsbereich des TKG grundsätzlich auf die Regelungen des GWB zurückgegriffen werden."; zum TKG 1996: *Fischl*, Wettbewerbsaufsicht im Medienbereich, S. 129, der von einer „vollen Anwendbarkeit" des GWB neben dem TKG ausgeht.

ausgeschlossen werden, wenn dies im TKG ausdrücklich durch abschließende Regelungen angeordnet wird.

Nach dem reinen Wortlaut des § 2 Abs. 4 Satz 1 TKG kann daher zunächst von einem grundsätzlichen Nebeneinander von Wettbewerbs- und Regulierungsrecht ausgegangen werden. Zudem kann der Wortlaut auch dahingehend verstanden werden, dass die Vorschriften des GWB nur im „Ausnahmefall", nämlich immer dann, wenn eine abschließende Regelung dies im TKG ausdrücklich regelt, ausgeschlossen werden.[424] Dies stimmt auch mit dem in § 185 Abs. 2 GWB niedergeschriebenen Grundsatz der grundsätzlichen Anwendbarkeit der GWB-Vorschriften auf alle Wettbewerbsbeschränkungen, die sich im Geltungsbereich des GWB auswirken, auch wenn diese außerhalb des Geltungsbereichs des GWB veranlasst werden, überein. Das GWB ist somit zunächst auch uneingeschränkt im Telekommunikationssektor anwendbar. Es besteht daher grundsätzlich die Möglichkeit einer parallelen Anwendung von GWB und TKG.

Durch § 2 Abs. 4 Satz 1 TKG wird jedoch, unter der Voraussetzung „ausdrücklich abschließender Regelungen", der Anwendungsbereich der GWB-Vorschriften beschränkt. Im Falle ausdrücklich abschließender Regelungen könnte § 2 Abs. 4 Satz 1 TKG daher, ähnlich wie § 111 EnWG, eine den Grundsatz der (parallelen) Anwendung des GWB durchbrechende Regelung darstellen.

b. *„Ausdrücklich" im Sinne des § 2 Abs. 4 Satz 1 TKG*

Bestehen „ausdrücklich abschließende Regelungen" im TKG, ist die Bejahung einer parallelen Anwendung, so wie sie § 2 Abs. 4 Satz 1 1. HS. TKG im Grunde vorsieht, nicht mehr tragbar. Denn nach § 2 Abs. 4 Satz 1 2. HS. TKG wird diese vom Nichtbestehen „ausdrücklich abschließender Regelungen" im TKG abhängig gemacht. In welcher Art und Weise die Anwendung des GWB beim Vorliegen „ausdrücklich abschließender Regelungen" des TKG beeinflusst wird, d. h. welche Wirkung der § 2 Abs. 4 Satz 1 TKG auf die Anwendung des GWB hat, stellt eine andere Frage dar.[425] Zunächst ist ausschließlich das Vorliegen „ausdrücklich abschließender Regelungen" im Sinne des § 2 Abs. 4 Satz 1 TKG für die Bejahung oder Verneinung einer parallelen Anwendung von TKG und GWB maßgeblich. Zu fragen ist daher, ob sich im TKG ausdrücklich abschließende Regelungen i. S. d. § 2 Abs. 4 Satz 1 TKG finden lassen. Diese Frage ist – auf den ersten Blick – zu verneinen. Denn im TKG gibt es keine Vorschrift, die sich zum

424 *Topel*, ZWeR 2006, 27 (46).
425 Siehe unter Kapitel 2/B./II.

Verhältnis des GWB ausdrücklich im wortwörtlichen Sinne äußert.[426] Problematisch ist auch, dass es eine dem § 111 Abs. 2 EnWG vergleichbare Regelung, nach der z. B. ganze Teile des TKG als abschließend benannt werden, im TKG nicht vorhanden ist. Daher erscheint es zunächst so, als bestehe eine parallele Anwendbarkeit von TKG und GWB.[427] Die Anhänger der Spezialitätsthese geben sich damit aber nicht zufrieden. Es ist daher umstritten, wie § 2 Abs. 2 Satz 1 TKG zu verstehen ist. Besteht aufgrund des Fehlens ausdrücklich abschließender Regelungen eine vollumfänglich parallele Anwendung von GWB und TKG? Wie ist der „Soweit-Satz" dann in diesem Zusammenhang zu verstehen? Wäre bei einer unbegrenzt parallelen Anwendung die Regelung des § 2 Abs. 4 Satz 1 TKG nicht völlig überflüssig? Dies sind Folgefragen, die sich aus dem Problem rund um das Merkmal „ausdrücklich abschließende Regelungen" im Sinne des § 2 Abs. 4 Satz 1 TKG ergeben. Zu klären ist daher zunächst, wann genau eine Norm „ausdrücklich" abschließend im Sinne des § 2 Abs. 4 Satz 1 TKG ist. Kern des Streits über das Verhältnis von GWB und TKG im Hinblick auf § 2 Abs. 4 TKG bildet daher die Auslegung des Merkmals „ausdrücklich" im Sinne des § 2 Abs. 4 Satz 1 TKG. Muss eine Abgeschlossenheit der in Betracht kommenden TKG-Vorschrift wörtlich im TKG zum Ausdruck kommen, so dass zumindest im Wortlaut angedeutet wird, dass sie abschließend gegenüber dem GWB ist?[428] Dies wurde bislang nicht einheitlich geklärt.

Aus der Formulierung „ausdrücklich abschließende" folgt zunächst ganz allgemein, dass der Ausschluss vom allgemeinen Wettbewerbsrecht einen besonderen – und daher ausdrücklichen – Anklang in den betreffenden Normen des TKG finden muss. Es kann somit davon ausgegangen werden, dass die „abschließende" Eigenschaft der betreffenden TKG-Norm auch eine besonders herausgehobene Stellung gegenüber den Vorschriften des GWB einnehmen muss. Andernfalls hätte auf das Merkmal „ausdrücklich" verzichtet werden können. Wie dieses besondere In-Erscheinung-Treten des abschließenden Charakters zu verstehen ist, soll im Folgenden eruiert werden.

---

426 Dazu auch *Nolte*, N&R 2008, 65 (70 f.); *Enaux/König*, N&R 2005, 2 (11); *Säcker*, in: Säcker, TKG, § 2 Rn. 26 ff.

427 *Beckmann/Müller*, in: Hoeren/Sieber/Holznagel, Multimedia-Recht, Teil 10 Kartellrecht, Rn. 6; zum TKG 2004: *Topel*, ZWeR 2006, 27 (46 f.); *Heun*, in: Heun, Hdb. Telekommunikationsrecht, Kap. G, Rn. 251; so zum TKG 1996: *Schroeder*, WuW 1999, 14 (15 f., 24 f.); *Eisenblätter*, Regulierung in der Telekommunikation, S. 147.

428 Dieser Frage u. a. auch nachgehend *Schmidt-Volkmar*, Das Verhältnis, S. 99.

Ausgehend vom allgemeinen Sprachgebrauch wird unter *ausdrücklich* etwas Unmissverständliches, Explizites, Bestimmtes und Eindeutiges, d. h. Unzweideutiges, verstanden.[429] Danach wäre eine Vorschrift des TKG dann gegenüber dem GWB abschließend, wenn sie eindeutig und unmissverständlich die Unanwendbarkeit der GWB-Vorschriften regelt.[430] Unmissverständlich kann eine Norm aber nur dann sein, wenn ihre Aussage zum abschließenden Charakter gegenüber dem GWB nicht widerlegt werden kann. Es ist demnach nur eine Interpretationsmöglichkeit der jeweiligen Norm – abschließend oder nicht – vertretbar. Eine solche unwiderlegbare Aussage über den abschließenden Charakter einer Vorschrift kommt aber nur dann in Betracht, wenn in ihrem Wortlaut selbst oder – entsprechend dem § 111 Abs. 2 EnWG – in einer anderen Vorschrift des TKG die Abgeschlossenheit wörtlich bestimmt wird.[431] Die Nennung des abschließenden Charakters im Gesetzestext selbst stellt jedoch eine zu hohe, für die Normen des TKG nicht überwindbare Hürde dar. Denn im TKG existiert keine Vorschrift, die sich zum Ausschluss der GWB-Vorschriften unter Inbezugnahme des Wortes „abschließend" äußert. Die Folge wäre, dass das TKG und das GWB umfänglich parallel zur Anwendung kommen.[432]

Etwas anderes könnte sich jedoch aus der Bestimmung des Wortes „ausdrücklich" dann ergeben, wenn dies ein juristischer Fachbegriff ist, dessen Definition in der Rechtswissenschaft eindeutig feststeht und anerkannt ist, so dass sich ein Rückgriff auf den allgemeinen Sprachgebrauch verbietet.[433] Ist demnach „ausdrücklich" als Gegensatz zu „stillschweigend" in der Art zu verstehen, dass der abschließende Charakter zwar nicht tatsächlich in einer Vorschrift benannt werden, aber zumindest in ihrem Wortlaut angedeutet sein muss?[434]

In diesem Zusammenhang wird auch auf die BAG-Rechtsprechung zur Auslegung des Begriffs „ausdrücklich" eingegangen.[435] Aus der

---

429 http://www.duden.de/rechtschreibung/ausdruecklich, abgerufen am 30.08.2017.

430 Vgl. *Schreiber*, Zusammenspiel, S. 125; gegen eine solche Herangehensweise ausdrücklich: *Säcker*, in: Säcker, TKG, § 2 Rn. 27.

431 *Schmidt-Volkmar*, Das Verhältnis, S. 100 und 104; *ders.*, ZWeR 2012, 230 (238).

432 So auch *Becker*, in: Langen/Bunte, Band 2, Syst. I. Telekommunikation, Rn. 22 ff.; *Heun*, in: Heun, Hdb. Telekommunikationsrecht, Kap. G, Rn. 251; *Topel*, ZweR 2006, 27 (47); *C. Säcker*, Der Einfluss der sektorspezifischen Regulierung, S. 242; *Attendorn*, MMR 2005, 542 (544); *Köber*, FS Möschel, 1. Aufl. 2011, S. 1043 (1048); *Beckmann/Müller*, in: Hoeren/Sieber/Holznagel, Multimedia-Recht, Teil 10 Kartellrecht, Rn. 6.

433 So auch *Schreiber*, Zusammenspiel, S. 125 m.w.N.

434 Kritisch hierzu *Säcker*, in: Säcker, TKG, § 2 Rn. 26 und *Schmidt-Volkmar*, Das Verhältnis, S. 99.

435 *Säcker*, in: Säcker, TKG, § 2 Rn. 27; *Schmidt-Volkmar*, Das Verhältnis, S. 99.

BAG-Rechtsprechung[436], die sich mit der Auslegung von Ausdrücklichkeitsklauseln schon mehrere Male auseinandersetzte, ergibt die Interpretation solcher Klauseln, dass eindeutig positiv feststehen muss, ob eine Regelung abschließend ist oder nicht.[437] Das Gesetz wolle mit der Ausdrücklichkeitsklausel zum Ausdruck bringen, dass kein stillschweigender Wille hineininterpretiert werden soll.[438] Der Begriff „ausdrücklich" wird dabei jedoch lediglich durch den Begriff „eindeutig" ersetzt.[439] Die Gleichsetzung von „ausdrücklich" mit „eindeutig" würde auf eine nichttragfähige Eindeutigkeitsregel[440] hinauslaufen.[441] Dies vermag das Problem um die Bestimmung „ausdrücklich abschließender Regelungen" genauso wie die Heranziehung des allgemeinen Sprachgebrauchs nicht zu lösen. Denn auch bei einer solchen Auslegung würde die Vermutungswirkung[442] des § 2 Abs. 4 Satz 1 TKG für eine parallele Anwendung von Regulierungs- und Wettbewerbsrecht sprechen. Ein Unterschied zum allgemeinen Sprachgebrauch macht sich bei dieser Herangehensweise, jedenfalls für den Bereich des TKG, nicht bemerkbar. Es ist zudem zu beachten, dass sich diese Auslegung nicht verallgemeinern lässt. Sie haftet eng am Sinn und Zweck der arbeitsgerichtlich untersuchten Vorschrift, der eine enge Auslegung des Merkmals „ausdrücklich" fordert.[443] Es ist nicht ersichtlich, dass eine solche Interpretation der Ausdrücklichkeitsklausel auch im Rahmen des § 2 Abs. 4 TKG angebracht wäre. Die Rückschlüsse aus der BAG-Rechtsprechung sind somit nicht tauglich, den Begriff „ausdrücklich" in § 2 Abs. 4 Satz 1 TKG zu bestimmen.[444]

---

436 BAG, Urt. v. 06.03.1958 – 2 AZR 230/57 Rn. 12 = BAGE 5, 226 = AP Nr. 1 zu § 59 BetrVG; BAG, Urt. v. 20.12.1961 – 4 AZR 213/60 Rn. 19 ff. = BAGE 12, 143 = AP Nr. 7 zu § 59 BetrVG; BAG, Bechl. v. 01.02.1963 – 1 ABR 6/61 Rn. 13 = AP Nr. 8 zu § 59 BetrVG, BAG, Beschl. v. 21.02.1967 – 1 ABR 9/66 = AP Nr. 26 zu § 59 BetrVG.

437 BAG, Urt. v. 06.03.1958 – 2 AZR 230/57 Rn. 12 = BAGE 5, 226 = AP Nr. 1 zu § 59 BetrVG; BAG, Urt. v. 20.12.1961 – 4 AZR 213/60 Rn. 19 = BAGE 12, 143; BAG, Beschl. v. 21.02.1967 – 1 ABR 9/66 Rn. 56 = AP Nr. 26 zu § 59 BetrVG; BAG, Beschl. v. 16.09.1960 – 1 ABR 5/59 Rn. 21 ff. = BB 1960, 1329.

438 BAG, Urt. v. 06.03.1958 – 2 AZR 230/57 Rn. 12 = BAGE 5, 226 = AP Nr. 1 zu § 59 BetrVG.

439 Vgl. hierzu kritisch *Säcker*, in: Säcker, TKG, § 2 Rn. 27.

440 *Säcker*, in: MüKoBGB, Einl., Rn. 116; *Schmidt-Volkmar*, Das Verhältnis, S. 99.

441 *Säcker*, in: Säcker, TKG, § 2 Rn. 27 m.w.N.

442 *Wilms*, in: Wilms/Masing/Jochum, Telekommunikationsgesetz, Einleitung, Rn. 41; *ders.*, in: Wilms/Masing/Jochum, Telekommunikationsgesetz, § 2 Rn. 35.

443 Vgl. BAG, Urt. v. 06.03.1958 – 2 AZR 230/57 Rn. 12 = BAGE 5, 226 = AP Nr. 1 zu § 59 BetrVG.

444 So auch *Säcker*, in: Säcker, TKG, § 2 Rn. 27 f. m.w.N.

Daneben wird auch ein Vergleich zu solchen Vorschriften gezogen, die wie § 2 Abs. 4 TKG eine Ausdrücklichkeitsklausel beinhalten.[445] So ist beispielsweise an § 40 Abs. 1 Satz 1 VwGO zu denken.[446] Dieser sieht vor, dass „der Verwaltungsrechtsweg [...] in allen öffentlich-rechtlichen Streitigkeiten nichtverfassungsrechtlicher Art gegeben [ist], soweit die Streitigkeiten nicht durch Bundesgesetz einem anderen Gericht *ausdrücklich* zugewiesen sind". Die ausdrückliche Zuweisung in diesem Sinne bedeutet, dass der Wille des Gesetzgebers im jeweiligen Gesetz zum Ausdruck kommen muss.[447] Daraus folgt zugleich, dass es einer wörtlichen Klarstellung in dem betreffenden Gesetz nicht bedarf. Nur der gesetzgeberische Wille muss eindeutig durch Auslegung ermittelt werden können.[448] Die Heranziehung des § 40 Abs. 1 VwGO erscheint jedoch vor dem Hintergrund, dass selbst bei diesem nicht abschließend geklärt ist, was mit „ausdrücklich" gemeint ist[449], fraglich.[450] Im Ergebnis seien zumindest die zu § 40 Abs. 1 Satz 1 VwGO entwickelten Grundsätze zur Deutung der Ausdrücklichkeitsklausel nicht gänzlich auf das TKG zu übertragen.[451] Es besteht insbesondere ein anderer Sachzusammenhang.[452]

Insbesondere in Bezug auf den „Soweit-Satz" des § 2 Abs. 4 Satz 1 TKG wird von den Vertretern der Spezialitätsthese eine weite Auslegung der Ausdrücklichkeitsklausel empfohlen.[453] Würde starr an dem Merkmal „ausdrücklich" festgehalten werden, so dass eine enge Auslegung von Wortlautandeutung hin zur Nennung des Wortes „abschließend" erforderlich sei, würde der „Soweit-Satz"

445 Vgl. *Schreiber*, Zusammenspiel, S. 125; *Schmidt-Volkmar*, Das Verhältnis, S. 101; vgl. auch *Säcker*, in: Säcker, TKG, § 2 Rn. 29 zu Fn. 60.

446 So auch *Schmidt-Volkmar*, Das Verhältnis, S. 101.

447 BVerwG, Urt. v. 27.09.1962 – I C 51/61 = BVerwGE 15, 34 (36) = NJW 1963, 72.

448 BVerwG, Urt. v. 27.09.1962 – I C 51/61 = BVerwGE 15, 34 (36) = NJW 1963, 72; BVerwG, Urt. v. 03.12.1974 – I C 11/73 = BVerwGE 47, 255 (259) = NJW 1975, 893; BVerwG, Beschl. v. 15.05.1986 – 4 B 92/86 = NJW 1986, 2845 (2845); BFH, Urt. v. 10.09.1991 – VII B 143/91 Rn. 11 - zitiert nach juris = BFHE 165, 315 = DStR 1992, 89.

449 *Schmidt-Volkmar*, Das Verhältnis, S. 101 ff. m.w.N.

450 Vgl. *Sennekamp*, Der Diskurs, S. 23.

451 Wie hier *Schmidt-Volkmar*, Das Verhältnis, S. 102 f.

452 Im § 40 Abs. 1 Satz 1 VwGO geht es um die Eröffnung des Verwaltungsgerichtsweg und somit um eine formelle Frage, wogegen es in § 2 Abs. 4 Satz 1 TKG um die Anwendbarkeit bzw. den Ausschluss des GWB im Anwendungsbereich des TKG geht und somit um eine materielle Frage.

453 *Säcker*, in: Säcker, TKG, § 2 Rn. 26; *Mayen*, CR 2005, 21 (26); *Ludwigs*, WuW 2008, 534 (538); *Cornils*, in: BeckTKG, § 2 Rn. 98.

des § 2 Abs. 4 Satz 1 TKG ins Leere laufen und hätte keine Bedeutung.[454] Folglich müsse § 2 Abs. 4 Satz 1 TKG teleologisch dahingehend ausgelegt werden, dass die Normen des TKG durch Auslegung auf einen abschließenden Charakter im Verhältnis zu den Vorschriften des GWB schließen lassen können.[455] Dem ist zu folgen. Denn nicht nur der „Soweit-Satz", sondern der gesamte § 2 Abs. 4 TKG wäre im Fall einer engen Auslegung des Merkmals „ausdrücklich" bedeutungslos.[456] Die Vertreter der Parallelitätsthese wenden demgegenüber ein, dass zwar zurzeit von dem „Soweit-Satz" kein Gebrauch gemacht wurde, dies jedoch eine Option darstelle, ausdrücklich abschließende Regelungen in Zukunft zu schaffen.[457] Dies überzeugt nicht. Der Gesetzgeber ist nicht auf den § 2 Abs. 4 Satz 1 TKG angewiesen, um im Nachhinein und für die Zukunft ausdrücklich abschließende Regelungen zu erlassen. Er braucht keinen Platzhalter. Für ihn besteht jederzeit die Möglichkeit, Regelungen zu schaffen, die ihren abschließenden Charakter wörtlich bestätigen, ohne dass er auf § 2 Abs. 4 TKG zurückgreifen oder an diesen anknüpfen müsste. Somit wäre auch nach der Parallelitätsthese der „Soweit-Satz" überflüssig. § 2 Abs. 4 Satz 1 2. HS. TKG kann somit nicht bloß als Option gesehen werden, irgendwann einmal „ausdrücklich abschließende Regelungen" in das TKG einzufügen. Der „Soweit-Satz" kann allein dahingehend verstanden werden, dass solche „ausdrücklich abschließenden Regelungen" schon im TKG vorhanden sind.[458] Da aber keine Norm des

---

454 *Säcker*, in: Säcker, TKG, § 2 Rn. 26; *Mayen*, CR 2005, 21 (26); *Ludwigs*, WuW 2008, 534 (538); *Rosengarten*, Missbrauchsaufsicht im TKG 2004, S. 202; *Wissmann*, in: Wissmann, Telekommunikationsrecht, Kap. 2 Rn. 56; *ders.*, K&R Beih. 2/2006, 10 (13).

455 Vgl. *Säcker*, in: Säcker, TKG, § 2 Rn. 29; *Cornils*, in: BeckTKG, § 2 Rn. 98; *Oster*, in: Hoeren/Sieber/Holznagel, Multimedia-Recht, Teil 4 Telekommunikationsrechtliche Vorfragen, Rn. 19; *Mayen*, CR 2005, 21 (26); a. A. *Topel*, ZWeR 2006, 27 (47); *Heun*, in: Heun, Hdb. Telekommunikationsrecht, Kap. G, Rn. 252; *Ruthig*, in: Arndt/Fetzer/Scherer/Graulich, TKG, § 2 Rn. 39; *Enaux/König*, N&R 2005, 2 (11), *Schreiber*, Zusammenspiel, S. 125.

456 Dies ergibt sich schon aus § 185 Abs. 2 GWB. Ohne gesetzlich fixierte Kollisionsregelung könnte im Konfliktfall immer noch auf die allgemeinen Kollisionsregelungen zurückgegriffen werden, so dass es einer „leeren" Bestimmung wie § 2 Abs. 4 TKG in diesem Fall nicht bedarf; so auch *Schmidt-Volkmar*, ZWeR 2012, 230 (238).

457 Vgl. *Schreiber*, Zusammenspiel, S. 129 mit Verweis auf *Schuster*, in: BeckTKG, 3. Aufl., § 2 Rn. 43, dort allerdings nur als eine Interpretationsmöglichkeit gesehen; vgl. auch zur fehlenden Klarstellung *Attendorn*, MMR 2005, 542 (544); *Köber*, FS *Möschel*, S. 1043 (1048); *C. Säcker*, Der Einfluss der sektorspezifischen Regulierung, S. 242; *Becker*, in: Langen/Bunte, Band 2, Syst. I. Telekommunikation, Rn. 24.

458 So auch *Cornils*, in: BeckTKG § 2 Rn. 98.

TKG wörtlich auf ihren abschließenden Charakter gegenüber dem GWB Bezug nimmt, kann das Merkmal „ausdrücklich" nur dahingehend ausgelegt werden, dass der abschließende Charakter einer Norm auch durch Auslegung ermittelbar ist. Ist dies der Fall, wird die Annahme einer uneingeschränkten parallelen Anwendung von sektorspezifischem Regulierungsrecht und allgemeinem Wettbewerbsrecht schwer haltbar sein.

Nach *Säcker* muss sich die Abgeschlossenheit einer Norm aus dem realen Gesetzgeberwillen, d. h. dem nach den allgemeinen Auslegungsgrundsätzen im Gesetz zum Ausdruck kommenden Willen, ergeben.[459] Unter den realen Willen fällt demnach neben dem „ausdrücklich" im Gesetzestext genannten Willen auch der durch „beredtes Schweigen" zum Ausdruck kommende Wille des Gesetzgebers.[460]. Andere stützen sich auf einen logischen Bruch[461], der im Grunde keiner ist. Denn bei der Untersuchung fällt auf, dass dem Merkmal „ausdrücklich" zwei verschiedene Bedeutungen zukommen müssen.[462] Zum einen ist „ausdrücklich" in einem engen Sinne zu verstehen. In diesem muss der abschließende Charakter unmissverständlich im Wortlaut durch Nennung des Wortes „abschließend" zum Ausdruck kommen. Auf der anderen Seite wird „ausdrücklich" im weiteren Sinne, als der zum Ausdruck kommende reale gesetzgeberische Wille, verstanden, der im Wortlaut niedergelegt werden kann, aber nicht muss, und bei dem auch durch Auslegung ein abschließender Charakter der Norm ermittelt werden kann.[463] Letzteres ist hier der Fall.

Eine differenzierte und weite Auslegung des Begriffs „ausdrücklich" ist zu befürworten. Nicht nur, dass „ausdrücklich" bislang weder für das TKG noch einheitlich für die gesamte Rechtsordnung als eindeutiger juristischer Fachbegriff bestimmt wurde, sondern auch, dass der „Soweit-Satz" gegenwärtig bei einer engen Interpretation keinen Anwendungsbereich hätte, unterstützt die Annahme einer Auslegung von „ausdrücklich" im zuvor genannten weiten Sinne. Eine solche Auslegung des § 2 Abs. 4 Satz 1 TKG hält sich zudem in den Grenzen des Wortlautes.[464] Dies zeigt schon der Streit um das Merkmal „ausdrücklich", für das es im TK-Sektor wie dargestellt keine einheitliche Auslegungspraxis gibt. Der Wortlaut enthält dementsprechend keine festen

459 *Säcker*, in: Säcker, TKG, § 2 Rn. 29.
460 *Säcker*, in: Säcker, TKG, § 2 Rn. 29.
461 *Schmidt-Volkmar*, Das Verhältnis, S. 100.
462 Vgl. dazu auch *Sennekamp*, Der Diskurs, S. 22 zu Fn. 28.
463 So *Säcker*, in: Säcker, TKG, § 2 Rn. 29.
464 A. A. *Schmidt-Volkmar*, Das Verhältnis, S. 101.

Grenzen. Entgegen der Auffassung von *Schmidt-Volkmar* spricht auch die unterschiedliche Qualifizierung abschließender Regelungen[465] durch die Vertreter der Spezialitätsthese nicht gegen eine solche Interpretation des Wortlauts des § 2 Abs. 4 Satz 1 TKG.[466] Denn an dieser Stelle wurde zunächst nur festgestellt, dass abschließende Vorschriften auch durch Auslegung zu ermitteln sind und sie trotzdem „ausdrücklich" abschließend im Sinne des § 2 Abs. 4 Satz 1 TKG sein können. Denn im Rahmen des § 2 Abs. 4 Satz 1 TKG sind zwei getrennte und doch miteinander verbundene Fragen zu klären. Zunächst muss die Frage, wie das Merkmal „ausdrücklich" im Sinne des § 2 Abs. 4 Satz 1 TKG zu verstehen ist, beantwortet werden. Erst wenn dies beantwortet wurde, kann danach gefragt werden, wann und unter welchen Voraussetzungen eine Norm des TKG tatsächlich „abschließend" im Sinne des § 2 Abs. 4 Satz 1 TKG ist. In einem weiteren Schritt können dann die Voraussetzungen bestimmt werden, nach denen eine Regelung in diesem Sinne „abschließend" ist. Wird jedoch der Ansicht gefolgt, eine „ausdrücklich abschließende Regelung" müsse im Gesetzestext wörtlich als „abschließend" benannt werden, stellt sich die Frage nach den Voraussetzungen, die eine Vorschrift erfüllen muss, um „abschließend" im Sinne des § 2 Abs. 4 Satz 1 TKG zu sein, nicht. Die unterschiedliche Qualifizierung von Vorschriften als „abschließend" im Sinne des § 2 Abs. 4 Satz 1 TKG betrifft im Kern die zweite Frage und kann sich daher nicht negativ auf die vorgenannte Interpretation des Merkmals „ausdrücklich" auswirken.[467] Sie zeigt vielmehr, dass das Merkmal „ausdrücklich" einer weiten Interpretation zugänglich ist.

Abschließend ist festzuhalten, dass „ausdrücklich" nur den zum Ausdruck kommenden gesetzgeberischen Willen, eine Norm des TKG gegenüber denen des GWB als abschließend zu qualifizieren, meint. Eine Auslegung nach den allgemeinen juristischen Auslegungsmethoden, um den „abschließenden" Charakter zu bestimmen, steht dem nicht entgegen. Somit kann auch dem „Soweit Satz" Bedeutung zukommen. Ein zumindest partieller Vorrang des TKG erscheint durch die Regelung des § 2 Abs. 4 Satz 1 TKG offenbar möglich. Ein solcher Ansatz wird jedenfalls nicht durch das Erfordernis „*ausdrücklich* abschließender Regelungen" von vornherein ausgeschlossen.

465 Teilweise wird der gesamte 2. Teil des TKG, andererseits nur die §§ 28, 30 ff., 38, 39, 42 TKG als abschließend eingestuft. Zu der Problematik des abschließenden Charakters einer Norm des TKG siehe unten unter Kapitel 2/B./III.

466 So aber *Schmidt-Volkmar*, Das Verhältnis, S. 101.

467 So aber *Schmidt-Volkmar*, Das Verhältnis, S. 101.

c. Zwischenfazit: Durchbrechung der grundsätzlich parallelen Anwendung ist möglich

Der Wortlaut des § 2 Abs. 4 TKG stellt somit zunächst die generell parallele Anwendung von GWB und TKG klar. Nur weil der Anwendungsbereich des TKG eröffnet ist, werden die Vorschriften des GWB nicht automatisch ausgeschlossen. Ein vollständiger Ausschluss der GWB-Vorschriften geht aus § 2 Abs. 4 Satz 1 TKG nicht hervor. Wäre dieser gewollt, hätte § 2 Abs. 4 Satz 1 TKG anders formuliert werden müssen.[468] Nach § 2 Abs. 4 Satz 1 TKG gilt der Grundsatz der parallelen Anwendung jedoch dann nicht, wenn sich aus den Vorschriften des TKG ein abschließender Charakter gegenüber den Vorschriften des GWB ausdrücklich ergibt. Erst durch den „Soweit-Satz" in § 2 Abs. 4 Satz 1 TKG wird die Durchbrechung der generell parallel bestehenden Anwendung von GWB und TKG möglich. Dafür ist jedoch eine ausdrücklich gegenüber dem GWB abschließende Regelung im TKG nötig. Da keine Norm des TKG in ihrem Wortlaut ihre abschließende Wirkung gegenüber den Vorschriften des GWB nennt, könnte zunächst von einer vollumfänglich parallelen Anwendung dieser beiden Regelungsbereiche ausgegangen werden. Der „Soweit-Satz" sowie der gesamte § 2 Abs. 4 Satz 1 TKG würde dann keinen Sinn ergeben, er wäre als „leere" gesetzlich fixierte Kollisionsvorschrift überflüssig. Der abschließende Charakter muss, wie zuvor herausgearbeitet, jedoch nicht im Wortlaut der betreffenden Vorschrift angedeutet oder gar genannt werden. Er kann sich vielmehr auch erst durch eine über den Wortlaut hinausgehende Betrachtung und somit durch Auslegung der Regelung ergeben. „Ausdrücklich" im Sinne des § 2 Abs. 4 Satz 1 TKG ist daher weit zu verstehen. Dadurch besteht über § 2 Abs. 4 Satz 1 TKG die Möglichkeit eines zumindest partiellen Vorrangs zugunsten des TKG. Dies führt dazu, dass aufgrund des § 2 Abs. 4 Satz 1 TKG nicht von einer unbegrenzten parallelen Anwendung der Vorschriften des GWB und denen des TKG ausgegangen werden kann.

2. Ein systematischer Vergleich

Auch ein systematischer Vergleich zwischen den sich zum Verhältnis von sektorspezifischem Regulierungsrecht und den zum allgemeinen Wettbewerbsrecht äußernden Regelungen könnte Rückschlüsse auf das Verhältnis der Anwendung von GWB und TKG geben.

---

468 Etwa so: „Die Vorschriften des Gesetzes gegen Wettbewerbsbeschränkungen werden durch die Anwendung der Regelungen dieses Gesetzes vollständig ausgeschlossen."

a. Vergleich mit § 111 EnWG

§ 2 Abs. 4 TKG ist – zumindest auf den ersten Blick – mit § 111 EnWG vergleichbar. Beide Normen sollen das Verhältnis zum Gesetz gegen Wettbewerbsbeschränkungen und die daraus folgende Behördenzuständigkeit regeln. Mit Blick auf den Gesetzeswortlaut und den Gesetzeszweck des § 111 EnWG wird deutlich, dass diese denen des § 2 Abs. 4 TKG ähnlich sind. Im Rahmen der Untersuchung des § 111 EnWG zum Verhältnis von GWB und EnWG wurde bereits dargestellt, dass durch § 111 EnWG ein teilweiser Vorrang zugunsten der EnWG-Vorschriften gegenüber dem GWB besteht. Aufgrund der augenscheinlichen Ähnlichkeit der § 2 Abs. 4 TKG und § 111 EnWG könnte Entsprechendes auch für das TKG gelten. Bei genauerer Betrachtung wird jedoch deutlich, dass § 2 Abs. 4 TKG und § 111 EnWG in ihrem Aussagegehalt nicht deckungsgleich sind. Wie sich das auf das Verhältnis von TKG und GWB auswirkt, gilt es im Folgenden zu klären. Auch wird immer wieder angemerkt, dass eine dem § 111 Abs. 2 EnWG entsprechende Regelung im TKG fehlt.[469] Daraus lässt sich schlussfolgern, das TKG enthalte keine „ausdrücklich abschließenden Regelungen".[470] Ein Vorrang zugunsten des TKG wird dementsprechend abgelehnt.[471] Bei dieser Auslegung des § 2 Abs. 4 TKG wird sich jedoch zu eng an dem Merkmal „ausdrücklich" festgehalten. Dass dieses Merkmal auslegungsbedürftig ist und daher nicht auf eine Nennung im Gesetzestext angewiesen ist, wurde zuvor dargestellt.

Im Gegensatz zum § 111 Abs. 1 EnWG, der von der Nichtanwendbarkeit der §§ 19, 20 und 29 GWB spricht, ist § 2 Abs. 4 Satz 1 TKG positiv formuliert. Danach bleibt das GWB ausdrücklich anwendbar, wenn keine ausdrücklich abschließende Regelung im TKG getroffen wurde. Durch die Formulierung des § 111 Abs. 1 Satz 1 EnWG wird hingegen schon der Spezialitätsgedanke des EnWG zum Ausdruck gebracht und unterstrichen.[472] Denn die aus dem Spezialitätsverhältnis zwischen EnWG und GWB folgende Ausschlusswirkung findet im Wortlaut des § 111 Abs. 1 Satz 1 EnWG Eingang, wenn von einer Nichtanwendbarkeit gesprochen wird. Entsprechendes gilt für das TKG nicht. Im TKG

---

469 Statt vieler *Schmidt-Volkmar*, Das Verhältnis, S. 104.

470 *Topel*, ZWeR 2006, 27 (46 f.); *Attendorn*, MMR 2005, 544 ff.; kritisch *Cornils*, in: BeckTKG, § 2 Rn. 99; *Säcker*, in: Säcker, TKG, § 2 Rn. 26 auch *Schmidt-Volkmar*, Das Verhältnis, S. 104.

471 *Topel*, ZWeR 2006, 27 (46 f.); *Heun*, in: Heun, Hdb. Telekommunikationsrecht, Kap. G, Rn. 251; *Schmidt-Volkmar*, Das Verhältnis, S. 104.

472 Vgl. oben unter Kapitel 2/A./II./1.

steht die Vermutungswirkung[473] zugunsten der Parallelität von GWB und TKG im Vordergrund. Es wurde auf eine Negativformulierung verzichtet. Es soll nur dann nicht zur Anwendung der GWB-Vorschriften kommen, wenn dies ausdrücklich durch abschließende Regelungen bestimmt wird. Dies spricht für das grundsätzliche Nebeneinander von GWB und TKG. Ferner bezieht sich das EnWG in § 111 Abs. 1 Satz 1 EnWG explizit auf die Regelungen der wettbewerbsrechtlichen Missbrauchsaufsicht und somit auf die §§ 19, 20 und 29 GWB. § 2 Abs. 4 Satz 1 TKG will dagegen das generelle Verhältnis zum GWB regeln.[474] Pauschal werden hier nur die Vorschriften des GWB insgesamt genannt, ohne eine Konkretisierung vorzunehmen. Wobei schon hier anzumerken ist, dass es lediglich Überschneidungen mit den §§ 19, 20 GWB gibt[475] und sich eine etwaige aus § 2 Abs. 4 Satz 1 TKG ergebende Kollisionsregelung nur auf diese beziehen kann. Es scheint so, als würde die Kollisionsvorschrift des EnWG konkreter und klarer ausgestaltet sein. Die Regelung des TKG wirkt demgegenüber eher pauschal, das gesamte Verhältnis von TKG und GWB regeln zu wollen, und voreilig formuliert, ohne dass sich der Gesetzgeber näher über dessen Aussagegehalt und Wirkung gedanklich auseinandergesetzt zu haben scheint. Der weitgefasste Wortlaut des § 2 Abs. 4 TKG, dessen Wirkung an dieser Stelle noch nicht geklärt ist[476], spricht im Vergleich zu dem des § 111 EnWG zunächst eher für die Parallelitätsthese.

Zu beachten ist auch, dass § 2 Abs. 4 TKG, wie auch schon § 2 Abs. 3 TKG 1996, im Gegensatz zu § 111 EnWG keine selbständige Norm ist. Die Regelung zum Verhältnis des GWB wurde im Rahmen des TKG lediglich den Regelungen der „Regulierung, Ziele und Grundsätze“[477] untergeordnet. Das Verhältnis des TKG zum GWB wird nicht in einer eigenen Norm geregelt, sondern nur in eine andere Vorschrift, in die des § 2 TKG, integriert. Demgegenüber stellt § 111 EnWG eine eigenständige Regelung dar, die sich allein mit dem Verhältnis des EnWG zum GWB und der Behördenzuständigkeit beschäftigt. Dies lässt darauf schließen, dass das Vorrangverhältnis zugunsten des EnWG durch eine eigenständige Regelung deutlich gemacht und besonders hervorgehoben werden

473 *Wilms*, in: Wilms/Masing/Jochum, Telekommunikationsgesetz, Einleitung, Rn. 41; *ders.*, in: Wilms/Masing/Jochum, Telekommunikationsgesetz, § 2 Rn. 35.

474 So schon *Paulweber*, Regulierungszuständigkeiten, S. 51; so auch *Säcker*, in: Säcker, TKG, § 2 Rn. 25.

475 Dazu unter Kapitel 2/B./III./2./c. mehr.

476 Dazu unten unter Kapitel 2/B./II.

477 So die Überschrift des § 2 TKG.

sollte. Dies ist bei § 2 Abs. 4 TKG nicht der Fall. Allerdings befindet sich § 2 Abs. 4 TKG im allgemeinen Teil des TKG und lässt damit auf eine „Vor-die-Klammer-gezogene“-Wirkung schließen. Auch diese ist nicht zu unterschätzen. § 2 Abs. 4 TKG hat somit vollumfängliche Wirkung für das gesamte TKG. Dies könnte für eine, trotz Einbettung innerhalb des § 2 TKG, übergeordnete Stellung des § 2 Abs. 4 TKG sprechen.

Außer Acht blieb bei dem Vergleich von § 111 EnWG mit § 2 Abs. 4 TKG jedoch bislang der „Soweit-Satz“. In beiden Regelungen ist er enthalten. Der „Soweit-Satz“ spricht, wie zuvor dargestellt[478], gegen eine vollständige parallele Anwendung von GWB und sektorspezifischem Regulierungsrecht. Er leitet die Durchbrechung des Grundsatzes paralleler Anwendung von Regulierungs- und Wettbewerbsrecht ein. Eine den abschließenden Charakter von Normen des TKG ausdrücklich erklärende Regelung, wie in § 111 Abs. 2 EnWG, fehlt jedoch vollständig im TKG. Durch § 111 Abs. 2 EnWG wird deutlich, dass der Gesetzgeber hier selbständig und ausdrücklich (i. e. S.) die Vorschriften des 3. Teils des EnWG für abschließend erklärt hat. Er hat es somit selbst in die Hand genommen, den abschließenden Charakter von Vorschriften aufzuzeigen. Im TKG fehlt eine solche Regelung, die die Frage der parallelen Anwendbarkeit von TKG und GWB hätte eindeutig klären können. Daraus könnte geschlussfolgert werden, dass es keine abschließenden Regelungen im TKG gibt.[479] Dies lediglich an dem Fehlen eines ausdrücklich in den Wortlaut eingefügten abschließenden Charakters einer Vorschrift festzumachen, überzeugt, wie bereits bei der Wortlautauslegung dargestellt, nicht.

Fraglich ist vielmehr, warum der Gesetzgeber es im Rahmen des EnWG für erforderlich hielt, die abschließenden Regelungen zu benennen, wo er eine solche Regelung in dem ein Jahr vor der Einführung des § 111 EnWG modifizierten § 2 Abs. 3 TKG 2004 wegließ. Der Hintergrund des § 111 EnWG ist ein ganz anderer als der des § 2 Abs. 4 TKG: Wie im Rahmen der Untersuchung des Energiesektors dargestellt[480], kam es 2005 zu einem Paradigmenwechsel bezüglich des Verhältnisses von EnWG und GWB. Von der zuvor geltenden parallelen Anwendung dieser beiden Regelungsbereiche wurde Abstand genommen und sich für eine partielle Spezialität des EnWG entschieden. Zu einem vergleichbaren Paradigmenwechsel kam es im TK-Sektor dagegen nicht. Daher bestand für

478 Oben unter Kapitel 2/B./I./1.

479 *Topel*, ZWeR 2006, 27 ff.; *Attendorn*, MMR 2005, 544 ff.; kritisch *Cornils*, in: BeckTKG, § 2 Rn. 99; auch *Schmidt-Volkmar*, Das Verhältnis, S. 104.

480 Kapitel 2/A./I.

den TKG-Gesetzgeber nicht das gleiche Klarstellungsbedürfnis wie im Falle des neuen § 111 EnWG, der eindeutig die Ära der parallelen Anwendung durch eine teilweise Spezialität ablöste. § 2 Abs. 3 TKG 2004 löste dagegen bloß § 2 Abs. 3 TKG 1996 ab, der lediglich eine Unberührtheitsklausel zugunsten des TKG enthielt.[481] Der Gesetzgeber wollte durch die Gesetzesänderung 2004 und somit durch die Hinzufügung des „Soweit-Satzes" das Verhältnis von TKG und GWB klarstellen. Dass dies nicht vollkommen gelungen ist, steht außer Frage. Durch die Neuregelung des § 2 Abs. 3 TKG 2004 wurde klargestellt, dass die Vorschriften des GWB nicht generell parallel neben denen des TKG anwendbar sind.[482]

Das Fehlen einer dem § 111 Abs. 2 EnWG entsprechenden Regelung lässt folglich nicht auf eine generell parallele Anwendung der GWB-Vorschriften schließen.[483] Rückschlüsse auf eine uneingeschränkt parallele Anwendung von GWB und TKG aufgrund des Fehlens einer dem § 111 Abs. 2 EnWG vergleichbaren Regelung im TKG sind nicht überzeugend und voreilig. Ein zumindest partieller Vorrang der TKG-Vorschriften kann unabhängig von einer dem § 111 Abs. 2 EnWG entsprechenden Regelung bestehen, wenn dies auch umständlicher nachzuweisen ist. Durch den „Soweit-Satz" hat der Gesetzgeber – wie in § 111 Abs. 1 Satz 1 EnWG – zum Ausdruck gebracht, dass eine vollumfängliche und unbeschränkte parallele Anwendung nicht gewollt ist. Eine andere Interpretation würde ihn – wie dargestellt – überflüssig machen. Denn eine grundsätzliche und somit auch eine vollumfängliche Anwendbarkeit der GWB-Vorschriften im Telekommunikationssektor würde sich schon aus deren grundsätzlichen Anwendbarkeit ergeben. Eine „klarstellende" Regelung bedarf es dazu nicht.[484]

Der Vergleich zeigt, dass § 111 EnWG klarer formuliert ist als § 2 Abs. 4 TKG. Er ist eindeutig und deutet unmissverständlich auf den partiellen Vorrang des EnWG gegenüber der kartellrechtlichen Missbrauchsaufsicht hin. § 111 EnWG zeigt eine Möglichkeit auf, wie eindeutige Regelungen zum Verhältnis von Wettbewerbs- und Regulierungsrecht im Infrastrukturbereich formuliert sein können. Mit § 111 Abs. 2 EnWG ist es dem Gesetzgeber, anders als bei § 2 Abs. 4

---

481 § 2 Abs. 3 TKG 1996 lautete: „Die Vorschriften des Gesetzes gegen Wettbewerbsbeschränkungen bleiben unberührt.", BGBl. 1996, Nr. 39, 31. Juli 1996.

482 *Schreiber*, Zusammenspiel, S. 128; *Rosengarten*, Missbrauchsaufsicht im TKG 2004, S. 202.

483 Ebenso *Wissmann*, K&R Beih. 2/2006, 10 (13).

484 Auch ohne eine Regelung wie § 111 EnWG oder § 2 Abs. 4 TKG kann das Verhältnis von GWB und sektorspezifisches Regulierungsrecht nach den allgemeinen Kollisionsregelungen abgegrenzt werden. Vgl. dazu auch Ausführung im Eisenbahnsektor unten unter Kapitel 2/C.

TKG, lediglich gelungen, ausdrücklich gegenüber dem GWB abschließende Regelungsbereiche zu nennen und somit das Verhältnis zum GWB verständlich zu regeln. Eine andere Aussage kann § 111 EnWG im Verhältnis zu § 2 Abs. 4 TKG nicht entnommen werden. Eine uneingeschränkt parallele Anwendung von TKG und GWB folgt daraus nicht.

b. Vergleich mit § 185 GWB

Des Weiteren wird teilweise auch auf einen Vergleich zu § 130 Abs. 3 GWB a. F., der dem jetzigen § 185 Abs. 3 GWB entspricht, verwiesen, um die Parallelitätsthese zu stärken.[485] § 185 Abs. 3 GWB regelt nur, dass die Vorschriften des EnWG der Anwendung der §§ 19, 20 und 29 GWB nicht entgegenstehen, soweit in § 111 EnWG keine andere Regelung getroffen ist. § 185 Abs. 3 GWB i. V. m. § 111 EnWG bestätigt somit auch im GWB den sich aus § 111 EnWG ergebenden Vorrang zugunsten der energieregulierungsrechtlichen Vorschriften. Ein entsprechender Verweis auf § 2 Abs. 4 TKG fehlt dagegen. Dies könnte für eine vollständige parallele Anwendung von GWB und TKG sprechen.

Dagegen spricht jedoch, dass § 130 Abs. 3 GWB a. F. schon früher nur das Verhältnis von EnWG und GWB regelte. Bereits 1998 standen die Vorschriften des Energiewirtschaftsgesetzes der Anwendung der §§ 19 und 20 GWB nicht entgegen. In Verbindung mit den Regelungen des EnWG 1998[486] wurde dadurch zunächst eindeutig die parallele Anwendbarkeit von EnWG und GWB statuiert.[487] Zum TKG äußerte sich das GWB 1998 nicht. Somit hätte auch aus dem GWB 1998 der Umkehrschluss abgeleitet werden können, dass ein Vorrangverhältnis des TKG gegenüber dem GWB 1998 bestand.[488] Denn eine parallele Anwendbarkeit von GWB und TKG wurde – im Gegensatz zu einer parallelen Anwendung von GWB und EnWG – im Gesetzeswortlaut des GWB 1998 nicht deutlich. Wäre der Gesetzgeber damals auch von einer uneingeschränkten Anwendbarkeit des GWB neben den Vorschriften des TKG ausgegangen, hätte er ebenfalls eine solche Regelung im GWB treffen können.[489] Aus § 130 Abs. 3

485 *Becker*, in: Langen/Bunte, Band 2, Syst. I. Telekommunikation, Rn. 24; Trotzdem für Subsidiarität: *Paulweber*, Regulierungszuständigkeiten, S. 56.

486 §§ 6 Abs. 1 Satz 4, 7 Abs, 2, 13 Abs. 5 EnWG a. F. (1998).

487 Siehe oben unter Kapitel 2/A./I.

488 So zum GWB 1998 auch *Paulweber*, Regulierungszuständigkeiten, S. 56.

489 So auch schon *Braun*, Zugang zur Netzinfrastruktur, S. 148, 153, der kritisiert, dass der Gesetzgeber nicht schon im Rahmen der 6. GWB-Novelle 1999 eine klarstellende Regelung in das GWB eingeführt hat. Auch *Piepenbrock/Schuster*, CR 2002, 98 (103); *Säcker*, in: Säcker, TKG, Einl. I, Rn. 46.

GWB 1998 könnte dementsprechend ein Vorrang zugunsten des TKG abgeleitet werden. Dies kann so jedoch zunächst nur für die alte Fassung des EnWG und der des GWB 1998 gelten.

Die Neuregelung des § 130 Abs. 3 GWB 2005 bzw. § 185 Abs. 3 GWB wurde entsprechend der Einführung des § 111 EnWG mit einem „Soweit-Satz" ergänzt. Sie stellt in Verbindung mit § 111 EnWG abweichend vom GWB in der Fassung von 1998 klar, dass das EnWG im Rahmen des § 111 ENWG gegenüber den §§ 19, 20 und 29 GWB abschließend ist und eine Anwendung der kartellrechtlichen Missbrauchsaufsicht im Bereich des Energiesektors diesbezüglich nicht in Betracht kommt.[490] Auch § 130 Abs. 3 GWB 2005 bzw. § 185 GWB beziehen sich nur auf das EnWG und nicht generell auf das sektorspezifische Regulierungsrecht und somit auch nicht auf die Regelungen des TKG. Daher wird auch vertreten, dies spreche für die Parallelität von GWB und TKG.[491] Eine gänzliche Parallelität (unter anderem auch) auf das Fehlen einer dem § 130 Abs. 3 GWB 2005 bzw. § 185 Abs. 3 GWB vergleichbaren Regelung im Bereich der Telekommunikation zu stützen, ist jedoch unter Betrachtung des Zwecks und der Entstehungsgeschichte des § 130 Abs. 3 GWB 2005 bzw. § 185 GWB wenig überzeugend.[492]

Im Telekommunikationsbereich war die institutionelle Situation im Vergleich zum Regelungsbereich des EnWG eine ganz andere. Hier wurden die durch das TKG festgesetzten Regelungen zunächst gem. § 98 Satz 1 TKG 1996 durch das Bundesministerium für Post und Telekommunikation wahrgenommen und ab dem 1. Januar 1998 gem. § 66 Abs. 1 TKG 1996 durch die neu errichtete Regulierungsbehörde für Telekommunikation und Post (RegTP) ausgeübt. Somit bestand im Bereich der Telekommunikationsregulierung von Anfang an eine gegenüber dem BKartA eigenständige Behörde, die die Regulierungsaufgaben wahrnahm. Schon dies spricht für die Annahme einer zumindest partiellen Vorrangwirkung des TKG. Die Aufgabenwahrnehmung durch eine eigenständige Regulierungsbehörde wurde von der Monopolkommission zunächst kritisch betrachtet. Sie verlangte, dass die durch das TKG hervorgehenden Aufgaben und Befugnisse vom BKartA übernommen und ausgeführt werden sollten.[493] Begründet wurde dies unter anderem damit, dass zwei verschiedene Behörden

490 Vgl. dazu obige Ausführungen unter Kapitel 2/A./I. und III.

491 *Becker*, in: Langen/Bunte, Band 2, Syst. I. Telekommunikation, Rn. 24.

492 Siehe die obigen Ausführungen unter Kapitel 2/A./I.

493 BT-Drucks. 13/11291 vom 17.07.1998, S. 42; Monopolkommission, Die Telekommunikation im Wettbewerb, Sondergutachten 24, Baden-Baden 1996, Tz. 26 ff.

zu Unsicherheiten bei der Zuständigkeitsabgrenzung führen würden.[494] Schon damals wurde das Problem divergierender Entscheidungen offensichtlich erkannt. Aufgrund der Vorgaben des Art. 3 der Rahmenrichtlinie[495] zur Errichtung einer unabhängigen Regulierungsbehörde wurden diese Bedenken jedoch vollständig beseitigt.[496] Im Telekommunikationsbereich gab es folglich nicht das Problem, dass eine Behörde – so wie das BKartA im Bereich der Energiewirtschaft – in ihrer Aufgabenwahrnehmung durch Einführung einer neuen Behörde begrenzt wurde. Im Telekommunikationssektor bestand schon immer eine mit dem BKartA nicht identische und somit konkurrierende Behörde, die von Anfang an mit der sektorspezifischen Regulierung beauftragt war.[497] Da es demgemäß keine gravierenden Neuerungen in der Zuständigkeit der Behörden gab, bestand auch nicht das Bedürfnis, das Verhältnis des Anwendungsbereiches von TKG und GWB wie in einer dem § 130 Abs. 3 GWB 2005 bzw. § 185 Abs. 3 GWB für den Telekommunikationssektor entsprechenden Vorschrift zu regeln. § 185 Abs. 3 GWB und seine Vorgängervorschriften folgen allein der besonderen Entwicklung des EnWG. Der Regelungsgehalt des § 185 Abs. 3 GWB ist allein auf das EnWG zugeschnitten. Es können demnach nur Rückschlüsse auf das EnWG gezogen werden, nicht jedoch auf andere Regulierungsgesetze. Dass eine dem § 185 Abs. 3 GWB vergleichbare Regelung bezüglich des TKG fehlt, kann daher nicht zur Begründung einer parallelen Anwendung von TKG und GWB herangezogen werden.

c. *Vergleich mit § 123 TKG*

Für eine parallele Anwendbarkeit von TKG und GWB wird zudem die Regelung des § 123 Abs. 1 Satz 3 TKG (bzw. § 82 Satz 4 TKG 1996) angeführt.[498] Nach § 123 Abs. 1 Satz 3 TKG hat das BKartA, wenn es im Bereich der Telekommunikation Verfahren nach den §§ 19 und 20 Abs. 1 und 2 GWB, nach Artikel 102

494 BT-Drucks. 13/11291 vom 17.07.1998, S. 42.

495 Richtlinie 2002/21/EG des Europäischen Parlaments und des Rates vom 7. März 2002 über einen gemeinsamen Rechtsrahmen für elektronische Kommunikationsnetze und -dienste (Rahmenrichtlinie), ABl. EG 2002 Nr. L 108, S. 33.

496 Vgl. *Attendorn/Geppert*, in: BeckTKG, § 116 Rn. 7.

497 Sei es das Bundesministerium für Post und Telekommunikation oder die Regulierungsbehörde für Telekommunikation und Post.

498 So u. a. auch *Eisenblätter*, Regulierung in der Telekommunikation, S. 131; *Heun*, in: Heun, Hdb. Telekommunikationsrecht, Kap. G, Rn. 251; *Trute*, in: Trute/Spoerr/Bosch, Telekommunikationsgesetz, § 2 Rn. 26; *Kühling*, Sektorspezifische Regulierung, S. 238.

AEUV oder nach § 40 Abs. 2 GWB durchführt, der Bundesnetzagentur rechtzeitig vor Abschluss des Verfahrens Gelegenheit zur Stellungnahme zu geben.

§ 123 Abs. 1 Satz 3 TKG spricht von Verfahren des BKartA nach §§ 19, 20 GWB „im Bereich der Telekommunikation". Dies könne nur so verstanden werden, dass die kartellrechtliche Missbrauchsaufsicht gerade nicht durch die Vorschriften des TKG verdrängt wird.[499] Das Gesetz zeige an dieser Stelle, dass es von der parallelen Anwendbarkeit des GWB neben den Vorschriften des TKG ausgeht.[500] Denn es sei nicht ersichtlich, wie das BKartA derartige Verfahren im Bereich der Telekommunikation durchführen sollte, wenn das TKG als spezielleres Gesetz den Vorschriften des GWB vorgehen würde.[501] § 123 Abs. 1 Satz 3 TKG könne gerade als Beispiel für eine ausdrückliche Regelung im TKG angeführt werden. Er bestimmt zwar entgegen dem § 2 Abs. 4 TKG nicht den abschließenden Charakter des TKG, sondern bringt zum Ausdruck, dass das TKG gerade nicht abschließend gegenüber dem GWB ist.[502]

Zudem wenden die Befürworter der Parallelitätsthese ein, dass durch die parallele Anwendung von TKG und GWB das Risiko besteht, dass die Behörden die Vorschriften und wettbewerbsrechtlichen Grundsätze unterschiedlich interpretieren und somit divergierende Entscheidungen daraus resultieren.[503] Das ist grundsätzlich richtig.[504] Die Regelung des § 123 Abs. 1 TKG wird daher auch dafür angeführt, dass sie dieses Risiko abmildern soll, indem den Behörden[505] die Verpflichtung zur Zusammenarbeit auferlegt wird.[506] Eine Abmilderung des Risikos divergierender Entscheidungen kommt aber nur dann in Betracht, wenn

---

499 So schon zu § 84 Satz 4 TKG 1996 *Piepenbrock/Schuster*, CR 2002, 98 (100).

500 *Attendorn/Geppert*, in: BeckTKG, § 123 Rn. 2; *Heun*, in: Heun, Hdb. Telekommunikationsrecht, Kap. G, Rn. 251; *Attendorn*, MMR 2005, 542 (544); Topel, ZWeR 2006, 27 (47).

501 So schon *Martenczuk* zu § 84 Satz 4 TKG 1996, in: CR 1999, 363 (364).

502 So ähnlich *Heun*, in: Heun, Hdb. Telekommunikationsrecht, Kap. G, Rn. 251, der § 123 TKG gerade als zum § 2 Abs. 3 TKG a. F. gegenteilige Vorschrift ansieht, die die Verfahren nach den §§ 19, 20 GWB im Bereich der Telekommunikation durch das BKartA gerade voraussetzt.

503 *Attendorn/Geppert*, in: BeckTKG, § 123 Rn. 2.

504 So auch *Fademrecht/Fetzer*, in: Arndt/Fetzer/Scherer/Graulich, TKG, § 123 Rn. 2; *Attendorn/Geppert*, in: BeckTKG, § 123 Rn. 1.

505 Auf der einen Seite das BKartA, welches mit der Durchführung des GWB beauftragt ist, und auf der anderen Seite die BNetzA, die mit der Regulierung nach dem TKG befasst ist.

506 So *Attendorn/Geppert*, in: BeckTKG, § 123 Rn. 2.

ein solches Risiko auch tatsächlich besteht. Dies kann nur dann der Fall sein, wenn auch in materieller Hinsicht die Vorschriften des GWB neben denen des TKG zur Anwendung kommen können.

Daher wird auch aus der sich aus § 123 Abs. 1 Satz 3 TKG ergebenden Pflicht zur Stellungnahme gegenüber der BNetzA abgeleitet, dass eine solche Stellungnahmepflicht überflüssig wäre, wenn das TKG dem GWB vorgehen würde.[507] Denn in diesem Fall würde ausschließlich die BNetzA handlungsbefugt sein; ein Einschreiten des BKartA würde nach dem GWB nicht mehr in Betracht kommen. Die Regelung des § 123 Abs. 1 Satz 3 TKG würde bei dieser Interpretation des Verhältnisses von TKG und GWB ins Leere laufen.[508]

Jedoch wird bei der Heranziehung des § 123 Abs. 1 Satz 3 TKG als Argument für die Parallelität von TKG und GWB missachtet, dass dies nur gegen einen vollumfänglichen Vorrang im Sinne einer unbegrenzten Spezialität des TKG gegenüber dem GWB sprechen kann.[509] Denn aus dem § 2 Abs. 3 Nr. 6 TKG und den §§ 10 ff. TKG ergibt sich, dass eine Regulierung nach dem TKG nur auf bestimmten sektorspezifischen Märkten in Betracht kommt.[510] In allen anderen Märkten im Bereich der Telekommunikation, auf denen eine Regulierung nach dem TKG nicht erforderlich ist, ist daher auch eine Anwendung des TKG und ein damit möglicherweise verbundener Ausschluss der Regelungen des GWB nicht gegeben. Die Anwendbarkeit der §§ 19 und 20 GWB, so wie sie § 123 Abs. 1 Satz 3 TKG vorsieht, kann somit auch „im Bereich der Telekommunikation", jedenfalls in den Märkten, die nicht der Regulierung nach dem TKG unterfallen, stattfinden.[511] Dies wird auch aus der Gesetzesbegründung zum TKG 2004 deutlich, welche davon ausgeht, dass die „nicht als sektorspezifisch identifizierten Märkte [...] automatisch dem allgemeinen Wettbewerbsrecht" unterliegen und damit ein Einschreiten des BKartA im Missbrauchsfall möglich ist.[512] Die Stellungnahmepflicht des § 123 Abs. 1 Satz 3 TKG ist folglich nicht überflüssig, auch wenn das TKG dem GWB partiell vorgehen würde.[513]

---

507 Vgl. zu § 84 TKG a. F. (entspricht § 123 TKG): *Martenczuk*, CR 1999, 363 (364), *Eisenblätter*, Regulierung in der Telekommunikation, S. 131.

508 So schon zu § 82 Satz 4 TKG 1996 *Piepenbrock/Schuster*, CR 2002, 98 (100, 102 f.).

509 *Ludwigs*, WuW 2008, 534 (539).

510 Näheres dazu sogleich unter Kapitel 2/B./I./6.

511 *Ludwigs*, WuW 2008, 534 (539); *Cornils*, in: BeckTKG, § 2 Rn. 100; so auch *Ruthig*, in: Arndt/Fetzer/Scherer/Graulich, TKG, § 2 Rn. 39; *Heun*, in: Heun, Hdb. Telekommunikationsrecht, Kap. G, R. 246, 250; *Holthoff-Frank*, K&R Beih. 2/2006, 14 (15).

512 Vgl. BR-Drucks. 755/03 vom 17.10.2003, S. 134 zu § 121.

513 So im Grunde auch *Paulweber*, Regulierungszuständigkeiten, S. 51.

Daneben wird aus dem § 123 Abs. 1 Satz 3 TKG ersichtlich, dass die besondere Stellung der BNetzA und die Regulierungsvorschriften beachtet werden müssen. Denn trotz der Unzuständigkeit der BNetzA in Verfahren nach den §§ 19 f. GWB kommt ihr ein Stellungnahmerecht gerade aufgrund ihrer Sachkompetenz und der Entscheidungserheblichkeit für den Telekommunikationssektor zu.[514]

Weiter zeigt auch ein Vergleich mit den Zusammenarbeitsregelungen nach § 58 EnWG, dass aus solchen Regelungen nicht generell von einer parallelen Anwendbarkeit von sektorspezifischem Regulierungsrecht und allgemeinem Wettbewerbsrecht ausgegangen werden kann. In § 58 Abs. 2 EnWG befindet sich eine dem § 123 Abs. Satz 3 TKG vergleichbare Regelung. Auch im Bereich des EnWG, in dem – wie bereits oben dargestellt – der Spezialitätsgrundsatz gegenüber dem GWB unstreitig angenommen wird, führt die Regelung des § 58 Abs. 2 EnWG nicht zu der Annahme einer parallelen Anwendung der Vorschriften des GWB und des TKG. Dort wird im Rahmen des § 111 Abs. 2 EnWG explizit das kartellrechtliche Missbrauchsverfahren innerhalb des Netzbereichs ausgeschlossen. Daraus folgt auch für § 58 Abs. 2 EnWG, dass dort nur von Verfahren nach den §§ 19, 20 und 29 GWB außerhalb des Netzbereichs ausgegangen werden muss. Daher kann auch § 123 Abs. 1 Satz 3 TKG aufgrund der §§ 2 Abs. 4 und 9 ff. TKG nur dahingehend verstanden werden, dass die Verfahren der Kartellbehörde nach den §§ 19 und 20 GWB im TK-Sektor nur dann zur Anwendung kommen, wenn sie nicht durch die Regelungen des TKG ausgeschlossen werden. Auf eine generelle Parallelität lässt der § 123 Abs. 1 Satz 3 TKG dagegen nicht schließen.

Folglich ist die Regelung des § 123 Abs. 1 Satz 3 TKG so zu verstehen, dass sich die Verfahren nach den §§ 19 und 20 GWB nur auf solche Bereiche beziehen, die nicht der Regulierung durch das TKG unterliegen.[515] Eine daraus folgende Einschränkung der kartellrechtlichen Missbrauchsaufsicht wird gleichzeitig durch den § 123 TKG kompensiert.[516] Aus dem § 123 Abs. 1 Satz 3 TKG kann nicht auf einen vollumfänglichen Ausschluss der Anwendung des allgemeinen Kartellrechts durch die Vorschriften des TKG geschlossen werden. Dies spricht aber nicht zugleich auch gegen einen partiellen Vorrang des TKG gegenüber dem GWB.[517]

---

514 Vgl. *Cornils*, in: BeckTKG, § 2 Rn. 100.

515 So ähnlich auch *Paulweber*, Regulierungszuständigkeiten, S. 51.

516 Vgl. Regelungszwecke des § 58 EnWG, oben unter Kaitel2/A./IV.

517 So auch *Ludwigs*, WuW 2008, 534 (539); Paulweber, Regulierungszuständigkeiten, S. 51; *Holthoff-Frank*, K&R Beih. 2/2006, 14 (15).

Weder eine vollumfängliche Parallelität noch ein genereller Ausschluss des GWB kann aus dem § 123 Abs. 1 Satz 3 TKG entnommen werden. § 123 Abs. 1 Satz 3 TKG kann folglich nur für einen partiellen Vorrang des TKG gegenüber dem GWB herangezogen werden.

d. Kritische Würdigung

Der Vergleich mit dem § 111 Abs. 1 und Abs. 2 EnWG sowie mit dem § 130 Abs. 3 GWB a. F. bzw. § 185 Abs. 3 GWB lässt sich argumentativ sowohl für als auch gegen die Parallelitätsthese anführen und bestätigt insofern die grundsätzliche Fragwürdigkeit von „Umkehrschlüssen".[518] Nur eine formal äußerliche Betrachtung des Fehlens einer § 111 Abs. 2 EnWG entsprechenden Regelung lässt den Rückschluss zu, dass der Gesetzgeber im TKG gerade nicht ausdrücklich abschließende Regelungen getroffen habe. Diese Interpretation ist jedoch als voreilig zu bewerten und kann nicht zu fundierten Ergebnissen führen. Im Ergebnis bestätigt die Vorschrift des § 111 Abs. 2 EnWG gerade die Spezialitätsthese, indem sie für das Energierecht den verdrängenden Vorrang aller Netzregulierungsvorschriften gegenüber der Missbrauchsaufsicht nach dem GWB anordnet. *Cornils* sieht den § 111 Abs. 2 EnWG z. B. als gelungenes Beispiel für ein geregeltes Verhältnis von allgemeinem Wettbewerbsrecht und Regulierungsrecht an, das so gegenüber allen Regulierungsgesetzen und somit auch für das TKG gelten sollte.[519] Ob auch im TKG der Abschnitt über die Marktregulierung und somit der 2. Teil entsprechend § 111 Abs. 2 EnWG als abschließend gegenüber dem GWB einzuordnen ist, wird an späterer Stelle erörtert.[520] Auch der Vergleich mit dem § 185 Abs. 3 GWB und seinen Vorgängervorschriften zeigt, dass Rückschlüsse auf das Verhältnis von GWB und TKG nicht gezogen werden können. Bei Beibehaltung dieser Argumentationsstruktur müsste immer vom Gegenteil ausgegangen werden, soweit der betreffende Teil gesetzlich nicht eindeutig im Sinne einer Nennung geregelt wurde. Dies würde aber den allgemeinen Auslegungsregeln nicht gerecht werden und somit zu einer Auslegung allein aufgrund von Umkehrschlüssen führen.

Auch die Heranziehung des § 123 TKG für die Begründung einer parallelen Anwendung von GWB und TKG konnte aus den dargelegten Gründen nicht überzeugen.

---

518 So zu dem Vergleich mit § 111 EnWG auch *Cornils*, in: BeckTKG, § 2 Rn. 99.
519 *Cornils*, in: BeckTKG, § 2 Rn. 99.
520 Siehe unter Kapitel 2/B./III/2./c./cc.

Die §§ 111 EnWG, 185 GWB und 123 TKG können somit keine uneingeschränkte Anwendung von allen Vorschriften des GWB neben denen des TKG begründen.

3. *Gesetzesmaterialien*

Ferner sind die Gesetzesmaterialien zum TKG und zum § 19 Abs. 2 Nr. 4 GWB zu betrachten. Eventuell geben sie Aufschluss über die parallele oder vorrangige Anwendung von Regulierungs- und Wettbewerbsrecht im TK-Sektor.

a. *Gesetzesbegründung zum TKG*

Die aktuelle Gesetzesbegründung zum TKG äußert sich nicht zu dem Verhältnis zwischen GWB und TKG.[521] Auch die vorherige Gesetzesbegründung[522] gibt keine Auskunft darüber.[523] Dies mag daran liegen, dass sich der Regelungsinhalt vom § 2 Abs. 4 TKG bzw. § 2 Abs. 3 TKG a. F. seit Jahren nicht geändert hat. Es kam lediglich zu einer Änderung in der Absatznummerierung. Diese wirkte sich jedoch nicht auf den Inhalt des § 2 Abs. 4 TKG aus. Daher ist an einen früheren Zeitpunkt anzuknüpfen.

Mit der Einführung des TKG 1996 wollte der Gesetzgeber den funktionsfähigen Wettbewerb fördern.[524] Um dieses Ziel zu erreichen, waren nach Ansicht des Gesetzgebers „sektorspezifische Regelungen als Ergänzung zum allgemeinen Wettbewerbsrecht erforderlich“[525]. Denn die bestehenden GWB-Vorschriften waren für die traditionell monopolistisch geprägten Märkte unzureichend, zusätzlich wurden „speziellere Regelungen“ erlassen, „um potentiellen Wettbewerbern den Einstieg in den Markt tatsächlich zu ermöglichen“.[526] Diese Aussage aus der Gesetzesbegründung könnte zunächst darauf schließen lassen, dass die sektorspezifischen Regelungen des TKG nur neben den Regelungen des GWB – quasi als Ergänzung – zur Anwendung kommen sollten und daher nur eine parallele, wenn nicht sogar untergeordnete Rolle spielen. Ansatzpunkte, die gegen eine parallele Anwendung sprechen, fallen zunächst nicht auf.

---

521 TKG 2012, BT-Drucks. 17/5707 vom 04.05.2011, S. 48 zu Nummer 2 (§ 2 Regulierung, Ziele und Grundsätze).

522 TKG 2004, BT-Drucks. 15/2316 vom 09.01.2004.

523 Vgl. *Säcker*, in: Säcker, TKG, § 2 Rn. 24, der die fehlende Erläuterung zur Tragweite des § 2 Abs. 3 TKG a. F. in den Gesetzesmaterialien kritisiert.

524 BT-Drucks. 13/3609 vom 30.01.1996, S. 34.

525 BT-Drucks. 13/3609 vom 30.01.1996, S. 34.

526 Vgl. BT-Drucks. 13/3609 vom 30.01.1996, S. 34.

Bei weiterer Betrachtung der Gesetzesbegründung zum TKG 1996 fällt jedoch folgende Aussage des Gesetzgebers ins Auge:

„§ 2 Abs. 3 TKG a. F. unterstreicht das Verhältnis der sektorspezifischen Verhaltensaufsicht im Bereich der Telekommunikation als Spezialgesetz gegenüber dem allgemeinen Wettbewerbsrecht und insbesondere gegenüber dem Gesetz gegen Wettbewerbsbeschränkungen, das subsidiär immer dann Anwendung findet, wenn keine Spezialregelung getroffen ist.“[527]

Daraus könnte sich ergeben, dass nach dem gesetzgeberischen Willen die Vorschriften des GWB subsidiär zu den, offensichtlich für spezieller gehaltenen, Regelungen des TKG sind.[528] Das wiederum spricht gegen eine parallele Anwendung. Die Anwendung der GWB-Vorschriften wird im Bereich der Telekommunikation folglich auf die Sachverhalte beschränkt, die nicht durch das TKG erfasst werden.[529] Weiter heißt es in der Gesetzesbegründung zum TKG 1996: „Die vorrangigen Wettbewerbsregeln des Vertrages über die Gründung der Europäischen Gemeinschaften und die Fusionskontrollverordnung bleiben unberührt“[530]. Damit stellt der Gesetzgeber klar, dass sich dieses Vorrangverhältnis nicht in Bezug auf die europäischen Regelungen bezieht.[531] Denn eine Einschränkung des europäischen Rechts wäre europarechtswidrig.[532]

Folglich kann die Gesetzesbegründung zum TKG 1996 wohl dahingehend interpretiert werden, dass zwar die Regelungen des TKG ergänzend zum GWB eingeführt wurden. Denn allein durch die Regelungen des GWB würde auf dem sektorspezifischen Markt der Telekommunikation ein funktionsfähiger Wettbewerb nicht entstehen. Die Ergänzung des allgemeinen Wettbewerbsrechts durch regulierungsrechtliche Vorschriften führt jedoch nicht zu einer uneingeschränkten parallelen Anwendung dieser beiden Regelungsbereiche. Vielmehr ist davon auszugehen, dass die speziellen Regelungen des TKG zumindest Vorrang vor denen des GWB haben müssen. Das TKG wird eindeutig als Spezialgesetz tituliert.[533] Das GWB kommt diesem gegenüber – wenn überhaupt – nur nachrangig zur Anwendung. Zudem würde es keinen Sinn ergeben, die unzureichenden

527 BT-Drucks. 13/3609 vom 30.01.1996, S. 36.

528 So auch *Paulweber*, Regulierungszuständigkeiten, S. 52 zum TKG 1996; *Ludwigs*, WuW 2008, 543 (538).

529 *Hofmann*, Entgeltregulierung, S. 49.

530 BT-Drucks. 13/3609 vom 30.01.1996, S. 37.

531 So auch *Wilms*, in: Wilms/Masing/Jochum, Telekommunikationsgesetz, § 2 Rn. 36, der sich auch noch auf die Fusionskontrollverordnung bezieht.

532 Vgl. dazu auch Kapitel 3.

533 BT-Drucks. 13/3609 vom 30.01.1996, S. 36.

GWB-Vorschriften neben den TKG-Vorschriften anzuwenden, wenn erstgenannte Vorschriften das Ziel – die Schaffung eines funktionsfähigen Wettbewerbs – nach dem gesetzgeberischen Willen ohnehin nicht erreichen können.[534]

Zu beachten ist jedoch, dass der Wortlaut des § 2 Abs. 3 TKG 1996 nicht mit dem § 2 Abs. 4 TKG (bzw. § 2 Abs. 3 TKG 2004) übereinstimmt. In § 2 Abs. 3 TKG 1996 hieß es lediglich, dass die Vorschriften des Gesetzes gegen Wettbewerbsbeschränkungen unberührt bleiben. § 2 Abs. 3 TKG 1996 war somit nur mit einer Unberührtheitsklausel ausgestattet. Ein „Soweit-Satz" fehlte. Daraus folgte für einige eine parallele Anwendbarkeit von TKG und GWB[535], soweit der Gesetzgeberwille nicht berücksichtigt wurde. Aus dem Wortlaut ergebe sich ganz klar, dass die Vorschriften des GWB anwendbar bleiben müssen.[536] 2004 wurde diese Regelung jedoch insofern geändert, als die Vorschriften des GWB unberührt bleiben, *soweit* keine ausdrücklich abschließenden Regelungen im TKG gegeben sind. Die Unberührtheitsklausel des § 2 Abs. 3 TKG 1996 wurde folglich konkretisiert und durch einen „Soweit-Satz" ergänzt. § 2 Abs. 4 TKG enthält daher im Vergleich zu § 2 Abs. 3 TKG 1996 einen abgeänderten Aussagegehalt. Es könnte somit davon ausgegangen werden, dass sich der gesetzgeberische Wille, der sich in der Regierungsbegründung zu § 2 Abs. 3 TKG 1996 widerspiegelt, nicht auf die Neufassung des § 2 Abs. 4 TKG übertragen lässt.[537] Jedoch wird aus der fehlenden Äußerung zu § 2 Abs. 4 TKG in der Gesetzesbegründung deutlich, dass der Gesetzgeber an seinem Willen, den er durch die Begründung zu § 2 Abs. 3 TKG 1996 zum Ausdruck gebracht hat, festhalten will. Es wirkt so, als müsse er den geänderten Wortlaut der Norm nicht näher begründen, da sich sein Wille nicht geändert hat. Erst eine Änderung des gesetzgeberischen Willens hätte auch zu einer Klarstellung in der Gesetzesbegründung geführt. Zudem kann gerade durch die Einfügung des „Soweit-Satzes" davon

---

534 Dazu unter Kapitel 2/B./I./6. mehr.

535 Vgl. u. a. Ausführungen von *Braun*, Zugang zur Netzinfrastrukturen, S. 148, 150, i. E. wird dennoch zu einer Spezialität tendiert; ähnlich, aber i. E. eine subsidiäre Anwendung annehmend: *Paulweber*, Regulierungszuständigkeiten, S. 50; *Mestmäcker*, FS Fikentscher, 557 (563); Schroeder, WuW 1999, 14 (15).

536 So *Piepenbrock/Schuster*, CR 2002, 98 (99), die einlenken, dass sich aus dem Wortlaut nicht der Umfang der parallelen Anwendbarkeit ergibt; so auch *Trute*, in: Trute/Spoerr/Bosch, Telekommunikationsgesetz, § 2 Rn. 27.

537 So ähnlich *Heun*, in: Heun, Hdb. Telekommunikationsrecht, Kap. G, Rn. 252, der kritisiert, dass das TKG 1996 noch vornehmlich ein Markteröffnungsgesetz war und nun durch das Richtlinienpaket nur auf bestimmten sektorspezifischen Märkten mittels Vorabverpflichtungen reguliert werden.

ausgegangen werden, dass der Gesetzgeber einen mit dem gesetzgeberischen Willen in Einklang stehenden Wortlaut schaffen wollte. Der „Soweit-Satz" stellt daher eine Klarstellung dar. Auch ergibt sich aus dem Vergleich von § 2 Abs. 3 TKG 1996 und § 2 Abs. 4 TKG, dass der Gesetzgeber schon damals, trotz eines in § 2 Abs. 3 TKG 1996 fehlenden, die Unberührtheitsklausel konkretisierenden, „Soweit-Satzes", von einem Vorrang des TKG gegenüber dem GWB in spezialgesetzlichen Fällen ausgegangen ist. Dies spricht umso mehr für ein Vorrangverhältnis durch den ausdifferenzierteren § 2 Abs. 4 TKG.

Zudem ergibt sich aus dem Vergleich des § 2 Abs. 3 TKG 1996 mit dem § 2 Abs. 4 TKG hinsichtlich des Wortlautes und Gesetzesmaterialien, dass eine Konsistenz zwischen Wortlaut und Gesetzesbegründung nicht immer bestehen muss. Schon das Verhältnis von Gesetzesbegründung und Wortlaut von § 2 Abs. 3 TKG 1996 zeigte, dass der Wortlaut eher auf eine parallele Anwendung abzielte[538], wohingegen der gesetzgeberische Wille, wie aufgezeigt, von einem Spezialitätsverhältnis ausgeht. Es darf somit nicht voreilig dem Wortlaut folgend auf eine parallele Anwendbarkeit geschlossen werden, wobei dieser beim § 2 Abs. 4 Satz 1 TKG, wie dargestellt[539], sehr offen gestaltet ist und auch für einen Vorrang des TKG angeführt werden kann.

Es scheint folglich so, als sollte durch die Wortlautänderung der schon seit Jahren bestehende Gesetzgeberwillen verdeutlicht werden. Aufgrund der Diskussionen rund um die parallele Anwendbarkeit von TKG und GWB war es dem Gesetzgeber schließlich auch bekannt, dass es einer Klarstellung bedurfte. Die Wortlautänderung in § 2 Abs. 3 TKG a. F. bzw. § 2 Abs. 4 TKG kann nur dahingehend interpretiert werden, dass der Gesetzgeber dadurch die Klarstellung, die er schon durch die Regierungsbegründung zum TKG 1996 zum Ausdruck bringen wollte, gerecht werden wollte. Da sich der gesetzgeberische Wille nicht geändert hat, wurde daher schlichtweg auf eine weitergehende Gesetzesbegründung verzichtet. Für eine andere Interpretation der Gesetzesmaterialien zum TKG bestehen keine eindeutigen Anhaltspunkte.

b. Gesetzesbegründung zu § 19 Abs. 4 Nr. 4 GWB a. F. (= § 19 Abs. 2 Nr. 4 GWB)

Bei der Betrachtung der Gesetzesbegründung[540] zur kartellrechtlichen Missbrauchsaufsicht nach § 19 Abs. 4 Nr. 4 GWB 1998 ergibt sich zunächst, dass

---

538 *Schroeder*, WuW 1999, 14 (15).

539 Oben unter Kapitel 2/B./I./1.

540 BT-Drucks. 13/9720 vom 29.01.1998, S. 36.

dieser eine spezialgesetzliche Regelung darstellen soll, die den Netzzugang sicherstellt. Ein Missbrauch soll nach dieser Vorschrift immer dann zu verneinen sein, wenn das betreffende Verhalten aufgrund spezialgesetzlicher Regelungen zulässig ist.[541] Aus der Gesetzesbegründung zu § 19 Abs. 4 Nr. 4 GWB 1998 wird zudem deutlich, dass der Gesetzgeber in § 33 TKG 1996, jetzt § 48 TKG, eine Spezialregelung gegenüber der kartellrechtlichen Missbrauchsaufsicht sieht.[542] Eine Doppelkontrolle nach den Vorschriften des TKG und den Vorschriften des GWB soll folglich im Bereich der Missbrauchsaufsicht vermieden werden. Das TKG ist dementsprechend mit § 42 TKG vorrangig heranzuziehen und ist in seinen gegenüber dem GWB spezialgesetzlichen Regelungen abschließend.

Dies bestätigt neben der Gesetzesbegründung zum TKG 1996 auch die obige Annahme, dass sich durch Auslegung ermitteln lässt, ob eine Norm des TKG abschließend ist oder nicht. Denn auch § 33 TKG 1996 hat nicht ausdrücklich seine Abgeschlossenheit gegenüber dem GWB bestimmt. Eine Nennung des abschließenden Charakters der jeweiligen TKG-Vorschrift im Gesetzestext ist daher offensichtlich nicht erforderlich. Der Gesetzgeber geht somit davon aus, dass im TKG, insbesondere im Bereich der regulierungsrechtlichen Missbrauchsaufsicht, gegenüber dem GWB speziellere und somit abschließende Normen vorhanden sind. Spezialgesetzliche Regelungen bleiben unberührt und genießen Vorrang.[543] Dies bestätigt einen Vorrang der TKG-Vorschriften. Eine vollumfänglich parallele Anwendbarkeit dieser beiden Gesetze wird somit in den Gesetzesmaterialien ausgeschlossen.[544] Bestätigt wird diese Aussage auch durch den Gesetzgeber, der § 19 Abs. 4 Nr. 4 GWB a. F. (nun § 19 Abs. 2 Nr. 4 GWB) als Auffangtatbestand ansieht, der nur dann eingreifen soll, „wenn künftig – wie vorgesehen – die sektorspezifische Regulierung im Bereich der Telekommunikation vom Gesetzgeber wieder aufgehoben wird“[545]. Auch im GWB wird daher davon ausgegangen, dass § 19 Abs. 2 Nr. 4 GWB und andere Vorschriften des GWB nur dann anzuwenden sind, wenn keine sektorspezifische Regulierung besteht. Die speziellen Regellungen des TKG wirken gegenüber dem GWB ausschließend. Auch dies spricht für die Spezialitätsthese.

Verwunderlich erscheint dagegen, warum der Gesetzgeber keine klarstellende Regelung in das GWB 1998 eingeführt hat.[546] Ist doch dem Gesetzgeber

541 BT-Drucks. 13/9720 vom 29.01.1998, S. 36.
542 BT-Drucks. 13/9720 vom 29.01.1998, S. 36.
543 BT-Drucks. 13/9720 vom 29.01.1998, S. 37.
544 So auch *Braun*, Zugang zur Netzinfrastruktur, S. 148.
545 BT-Drucks. 13/9720 vom 29.01.1998, S. 37.
546 Ebenso schon *Braun*, Zugang zur Netzinfrastruktur, S. 148.

das Problem des Anwendungsverhältnisses zwischen TKG und GWB bekannt gewesen. Allein der gleichgebliebene gesetzgeberische Wille sowie das aus Sicht des Gesetzgebers eindeutig feststehende Verhältnis von GWB und TKG rechtfertigt das Absehen von der Einführung einer klarstellenden Regelung im GWB.

Die durch die 8. Novellierung des GWB im Jahr 2013 eingetretene Verschiebung der Absatznummerierung, wonach nun § 19 Abs. 4 Nr. 4 GWB a. F. zu § 19 Abs. 2 Nr. 4 GWB wurde, bewirkte keine Änderung des materiellen Gehalts des § 19 Abs. 2 Nr. 4 GWB.[547]

c. *Kritische Würdigung: Gesetzesmaterialien sprechen für Vorrang des TKG*

Die Gesetzesmaterialien zum TKG sowie die zum § 19 Abs. 2 Nr. 4 GWB (§ 19 Abs. 4 Nr. 4 GWB a. F.) sprechen für einen Vorrang des TKG gegenüber der Anwendung des GWB. Obwohl dies im Wortlaut des § 2 Abs. 4 TKG (bzw. § 2 Abs. 3 TKG a. F.) nicht ersichtlich ist, sind die sektorspezifischen Regelungen des TKG als Spezialregelungen gegenüber dem GWB anzusehen. Dies gilt zumindest dort, wo die Regelungen des TKG die des GWB konkretisieren. Das trifft nach den Gesetzesmaterialien auf die Regelungen bezüglich der Missbrauchsaufsicht zu, auf die verwiesen wird. Unter Heranziehung der Gesetzesmaterialien kann daher nicht von einer grenzenlosen parallelen Anwendung dieser beiden Regelungsbereiche ausgegangen werden.[548] Auch zeigen die Gesetzesmaterialien, dass eine abschließende Regelung auch dann vorliegen kann und den Vorschriften des GWB vorgeht, wenn sie im Wortlaut nicht ausdrücklich ihren abschließenden Charakter benennt. Aus den Gesetzesmaterialien folgt somit eine Tendenz zur Spezialitätsthese. Eine generelle Parallelität von Wettbewerbsrecht und sektorspezifischem Regulierungsrecht im Bereich der Telekommunikation wird auch durch die Gesetzesmaterialien bestritten.

4. *Bestehen einer eigenen (besonderen) Behörde*

Weiter wird angeführt, dass auch die Einrichtung einer eigenen speziellen Behörde, die die sektorspezifische Kontrolle übernimmt bzw. ausführt, gegen eine parallele Anwendbarkeit von TKG und GWB spricht.[549] *Braun* führt zwar an, dass es auf den ersten Blick effizienter erscheint, wenn zwei Behörden tätig

547 BT-Drucks. 17/9852 vom 31.05.2012, S. 20.

548 So auch schon *Fischl*, Wettbewerbsaufsicht im Medienbereich, S. 129.

549 So *Braun*, Zugang zur Netzinfrastruktur, S. 151.

werden und somit von einer parallelen Anwendung ausgegangen wird, damit die gesamte Palette an Eingriffsbefugnissen zur Verfügung steht, um das Ziel eines wettbewerbsfähigen Marktes zu erreichen. Dabei weist er jedoch zutreffend darauf hin, dass dies neben divergierenden Entscheidungen auch aus verwaltungsbehördlicher Sicht unangebracht wäre. Die Regulierungsbehörde sei sachnäher und verfüge über sektorspezifische Spezialkenntnisse, durch die ihr die Beurteilung der regulierungsbedürftigen Sachverhalte besser gelingen sollte als den Kartellbehörden.[550] Diese sind jedoch, und dies ergibt sich aus dem weit gefassten Anwendungsbereich des GWB, nur mit grundlegenden Kenntnissen von den speziell im Regulierungsrecht geregelten Bereichen ausgestattet. Es wäre daher sinnlos bzw. ineffizient, wenn die im Grunde weniger spezialisierte Behörde neben der sachnäheren Behörde tätig werden und womöglich auch noch zu einer unterschiedlichen Einschätzung des Sachverhaltes gelangen würde. Auch betrüge der behördliche Aufwand das Doppelte. Jedoch sollte nicht unberücksichtigt bleiben, dass die Kartellbehörden über einen über die Jahre zusammengetragenen Erfahrungsschatz verfügen.

Daneben wird angeführt, dass dem Gesetzeszweck am besten mit einer Kombination von Vorschriften, seien sie sektorspezifisch oder allgemeiner Natur, gedient wird.[551] Auch eine Vielzahl von Eingriffsinstrumenten, die durch eine parallele Anwendung von TKG und GWB bestehen würden, würde dazu beitragen, dass sich die Marktteilnehmer nicht wettbewerbsbeschränkend verhalten, wodurch man dem Ziel der Herstellung eines funktionsfähigen Wettbewerbs näher kommen würde.[552] Diese Herangehensweise übersieht jedoch, dass durch eine solche „Druckerhöhung“ auf die marktbeherrschenden Unternehmen gerade nicht der Wettbewerb gefördert, sondern eingedämmt wird. Das Risiko, sich regulierungs- und gleichzeitig auch wettbewerbswidrig zu verhalten, steigt. Zudem besteht Ungewissheit darüber, an welche Behörde sich die betreffenden Unternehmen im Ernstfall zu wenden haben. Auch wird bei der Bejahung der parallelen Anwendung nicht beachtet, dass schon die Instrumente des allgemeinen Wettbewerbsrechts nach dem GWB nicht als ausreichend erachtet werden (vgl. § 10 Abs. 2 Satz 1 TKG).[553] Eine parallele Anwendung von TKG und GWB würde sinnlos sein.

---

550 *Braun*, Zugang zur Netzinfrastruktur, S. 151.

551 *Piepenbrock/Schuster*, CR 2002, 98 (101).

552 So schon *Piepenbrock/Schuster*, CR 2002, 98 (101).

553 Dazu unter Kapitel 2/B./I./6. mehr.

Ferner ist anzumerken, dass die Aufgaben und die Zuständigkeit der Regulierungsbehörden nicht durch eine parallel tätige Kartellbehörde auf Grundlage des GWB gestört oder konterkariert werden dürfen. Dafür spricht auch der zuvor genannte § 123 TKG, durch den das Risiko divergierender Entscheidungen aufgrund unterschiedlicher Gesetze abgemildert werden soll. Natürlich bedeutet die Einrichtung einer speziell für das Regulierungsrecht tätigen Behörde nicht, dass die Kartellbehörden im Bereich der Telekommunikation gar nicht mehr tätig werden dürfen, eine Anwendung des GWB somit vollkommen ausgeschlossen würde. Auch dies ergibt sich wieder aus § 123 TKG, zuvorderst aber aus § 2 Abs. 4 Satz 2 TKG, nach dem die Aufgaben und Zuständigkeiten der Kartellbehörden unberührt bleiben[554]. Die Einrichtung einer eigenen Behörde spricht daher lediglich gegen eine vollständig parallele Anwendung von GWB und TKG, nicht jedoch für den vollständigen Ausschluss des GWB.

5. *Die Sonderkartellrechtsstellung des TKG*

Aufgrund der Ähnlichkeit zum Wettbewerbsrecht wird das TKG auch als „Sonderkartellrecht" bezeichnet.[555] Diese Qualifizierung ergebe sich aus der Übernahme kartellrechtlicher Begrifflichkeiten[556] und Instrumentarien[557] sowie der Gesamtausrichtung des TKG.[558] Das TKG ist nach seiner Zielsetzung auf die Wettbewerbsförderung, die durch die Öffnung der Märkte stattfinden soll, die Universaldienstgewährung und die Infrastrukturförderung ausgerichtet. Das

554 Dazu unter Kapitel 2/B./III./1. und 2. mehr.

555 *Gounalakis*, K&R 2003, 49; *Paulweber*, Regulierungszuständigkeiten, S. 56, der von spezielleren Wettbewerbsrecht spricht; so auch *Klaue*, in: Immenga/Mestmäcker, Band 2, § 48 Rn. 22, der von Sektoralisierung des Wettbewerbsrechts spricht; *Kühne*, FS Immenga, 243 (248); *Körber*, in: Immenga/Mestmäcker, Band 3, VIII. Abschnitt. Telekomunikation, Rn. 69; *Wilms*, in: Wilms/Masing/Jochum, Telekommunikationsgesetz, § 2 Rn. 34; kritisch *Ruthig*, in: Arndt/Fetzer/Scherer/Graulich, TKG, 2, § 2 Rn. 38; *Säcker*, AöR 130 (2005), 180 (189).

556 *Ruthig*, in: Arndt/Fetzer/Scherer/Graulich, TKG, § 2 Rn. 38.

557 *Heun*, in: Heun, Hdb. Telekommunikationsrecht, Kap. G, Rn. 249, der sich auf die besondere Missbrauchsaufsicht nach § 42 TKG sowie die nachträgliche Entgeltregulierung nach §§ 38, 28 TKG stützt.

558 Vgl. *Eisenblätter* zum TKG 1996, in: Regulierung in der Telekommunikation, S. 144 und *Martenczuk*, CR 1999, 363 (364); der Zweck spricht für Spezialität: *Braun*, Zugang zur Netzinfrastruktur, S. 150; *Paulweber*, Regulierungszuständigkeiten, S. 53; *Wilms*, in: Wilms/Masing/Jochum, Telekommunikationsgesetz, § 2 Rn. 34; *Ludwigs*, WuW 2008, 534 (539).

sektorspezifische Regulierungsrecht der Telekommunikation verfolgt somit eine mit dem GWB vergleichbare Zielrichtung.[559]

Ein grundlegender Unterschied zwischen allgemeinem Wettbewerbsrecht nach dem GWB und sektorspezifischem Regulierungsrecht nach den einzelnen Regulierungsgesetzen und somit auch nach dem TKG liegt jedoch, wie zuvor dargestellt, in der Ex-ante-Regulierung. Diese gibt es in derartiger Form im allgemeinen Wettbewerbsrecht nicht.[560] Aus diesem gegenüber dem GWB erweiterten Instrumentarium soll sich der spezialgesetzliche Charakter und somit ein Vorrang des TKG gegenüber dem GWB jedoch noch nicht ergeben.[561] Dass die sektorspezifische Regulierung schon im Vorfeld eines Missbrauchs der marktbeherrschenden Stellung an den Netzbetreiber herantritt, resultiert aus der Eigenart des Regulierungsrechts, erstmalig einen Wettbewerb zu etablieren und die Monopolstrukturen aufzubrechen.

Dadurch kann das TKG in diesem Punkt nicht als Sonderkartellrecht verstanden werden. Schon die Bezeichnung als Sonderkartellrecht zeigt, dass das jeweilige Recht etwas Besonderes zum allgemeineren Kartellrecht aufweisen muss. Diese Besonderheit kann jedoch nicht allein daraus abgeleitet werden, dass das als „besonders" zu qualifizierende Recht Regelungen aufweist, die es so im allgemeineren Kartellrecht nicht gibt. Ansonsten könnte jedes beliebige Recht, das von den Vorschriften des allgemeinen Kartellrechts abweicht, als Sonderkartellrecht bezeichnet werden. Vielmehr kann unter der Einordnung als Sonderkartellrecht nur verstanden werden, dass dieses Sonderrecht neben den Merkmalen des allgemeinen Rechts Regelungen aufweist, die an die bestehenden Regelungen des allgemeinen Kartellrechts anknüpfen und über diese hinausgehen. Es kommt somit auf die Normkonkretisierung an und nicht auf die Erweiterung des bestehenden Rechts (das allgemeine Wettbewerbsrecht) durch neue Regelungsbereiche (Ex-ante-Kontrolle). Bei dem Vergleich der Ex-ante-Kontrolle nach dem TKG mit der Ex-post-Kontrolle des GWB wird zudem deutlich, dass die Behörden hier ihr Tätigwerden an zeitlich unterschiedlichen Punkten anknüpfen. Ein Sonderrecht kann sich daraus nicht ergeben.

Aus der Ex-ante-Regulierung allein kann die Qualifizierung als Sonderkartellrecht nicht erfolgen. Die Ex-ante-Regulierung ist jedoch ein wesentlicher

559 Vgl. dazu unter Kapitel 1/B.

560 Siehe unter Kapitel 1/B./III., ausgenommen ist die Ex-ante-Kontrolle im Rahmen der wettbewerbsrechtlichen Fusionskontrolle.

561 *Paulweber*, Regulierungszuständigkeiten, S. 53 f.; *Braun*, Zugang zur Netzinfrastruktur, S. 150.

Aspekt, der über das allgemeine Kartellrecht hinausgeht und einen aus der Ex-post-Regulierung abzuleitenden sonderkartellrechtlichen Charakter unterstützt, einen Vorrang des sektorspezifischen Regulierungsrechts gegenüber dem allgemeinen Wettbewerbsrecht nahelegt und das Regulierungsrecht nach dem TKG zu dem macht, was es ist – ein Regulierungsrecht.

Der sonderkartellrechtliche Charakter des TKG muss daher aus der sektorspezifischen Ex- post-Kontrolle bzw. aus Tatbeständen, die an das Kartellrecht angelehnt sind, folgen. Die Ex-post-Kontrolle des TKG besteht z. B. in der nachträglichen Entgeltregulierung nach §§ 38, 28 TKG sowie der besonderen Missbrauchsaufsicht nach § 42 TKG. Auffällig ist dabei, dass diese Regelungen der kartellrechtlichen Missbrauchsaufsicht nach den §§ 19, 20 GWB nachgebildet sind.[562] Folglich haben bestimmte Regelungen des TKG wettbewerbsrechtlichen Charakter.[563] Auch sind die an die allgemeine Missbrauchsaufsicht nach dem GWB angelehnten Regelungen des TKG bei genauerer Betrachtung[564] sehr viel detaillierter und reichen folglich über die allgemeine Missbrauchsaufsicht des GWB hinaus. Im Umkehrschluss folgt daraus zugleich, dass nicht das gesamte TKG kartellrechtlich geprägt ist. Das TKG ist nur in bestimmten Normen an das allgemeine Wettbewerbsrecht angelehnt. So wird bereits aus den telekommunikationsspezifischen Vorschriften des 3. bis 7. Teils des TKG, in denen der Kundenschutz, die Rundfunkübertragung, die Vergabe von Frequenzen, Nummern und Wegerechten, das Fernmeldegeheimnis, Datenschutz und öffentliche Sicherheit geregelt werden, deutlich, dass diese nicht wettbewerbsrechtlich vorgeprägt sind.[565] Diese Regelungen haben nichts mit den wettbewerbsrechtlichen Regelungen des GWB gemeinsam. Sie dienen dem Schutz der Nutzer von Telekommunikationstechnik[566], der Förderung des Digitalisierungsprozesses[567], der Verwaltung von Besonderheiten im Rahmen der Telekommunikation[568] und

562 Dazu so gleich mehr unter Kapitel 2/B/III./2./c.

563 So auch *Piepenbrock/Schuster*, CR 2002, 98 (99), der auf die Bestimmungen zur Entgeltregulierung nach §§ 27 ff. TKG 1996 und zum Netzzugang du zur Zusammenschaltung nach §§ 16-26 TKG 1996 verweist; auch schon *Möschel*, MMR Beil. 3/1999, 3.

564 Dazu unter Kapitel 2/B./III./2./c. mehr.

565 So auch schon zum TKG 1996: *Piepenbrock/Schuster*, CR 2002, 98 (99); ebenso *Möschel*, K&R 2001, 619 (621 f.); *ders.*, MMR Beil. 3/1999, 3.

566 *Eckhardt*, in: Heun, Hdb. Telekommunikationsrecht, Kap. L, Rn. 1.

567 BT-Drucks. 15/2316 vom 09.01.1004, S. 73 zu Teil 5 (Rundfunkübertragung).

568 Siehe hierzu ausführlich in: *Jenny*, in: Heun, Hdb. Telekommunikationsrecht, Kap. D, Rn. 1 ff.

der Sicherstellung des Gewährleistungsauftrages nach Art. 87f Abs. 1 GG[569]. Sie sind auf die sektorspezifische Marktsituation im Telekommunikationsbereich angepasst.

Aufgrund der Vielzahl von sektorspezifischen Regelungen, die nicht an das Wettbewerbsrecht angelehnt sind, weist das TKG gegenüber dem GWB eine gewisse Eigenartigkeit auf. Auch unter diesem Aspekt geht das TKG über das allgemeine Wettbewerbsrecht hinaus bzw. erfasst von diesem unabhängige Regelungsbereiche. Daher kann das sektorspezifische Regulierungsrecht im Bereich der Telekommunikation nicht als „Sonderkartellrecht" in seiner Gesamtheit verstanden werden, regelt es doch auch Bereiche, die im Kartellrecht sonst nicht behandelt werden. Auf der anderen Seite sprechen jedoch gerade die Detailliertheit und der Bezug zu Telekommunikation im Rahmen der Vorschriften, die an die des allgemeinen Wettbewerbsrechts angelehnt sind, für den spezialgesetzlichen Charakter und somit für einen Vorrang vor dem GWB.

Aus der Kombination von Ex-ante- und Ex-post-Regulierung wird eine weitreichende Verhaltensaufsicht und -lenkung der Marktbeherrscher in den Telekommunikationsmärkten[570] möglich. Daraus folgt auch eine weitreichendere Eingriffsbefugnis der Regulierungsbehörden gegenüber den Kartellbehörden. Die Kartellbehörden haben, aufgrund der Normenstruktur des GWB, grundsätzlich nur die Möglichkeit, ex post in das Marktgeschehen einzugreifen. Dennoch unterscheiden sich die Eingriffsbefugnisse der Regulierungs- und Kartellbehörden im Bereich der Ex-post-Marktaufsicht nicht grundlegend.[571] Die Basis bilden auch im sektorspezifischen Recht die Tatbestände der allgemeinen Missbrauchsaufsicht, die allerdings sektorspezifische Besonderheiten aufweisen. Festzuhalten bleibt daher, dass das Regulierungsrecht im Telekommunikationsbereich aufgrund seines Hauptziels der Marktöffnung, Wettbewerbsförderung und -erhaltung im Wesentlichen Wettbewerbsrecht ist.[572] Das sektorspezifische Regulierungsrecht in der Telekommunikationswirtschaft umfasst die allgemeine wettbewerbsrechtliche Missbrauchsaufsicht und geht über diese aufgrund

569 *Sörup*, in: Heun, Hdb. Telekommunikationsrecht, Kap. K, Rn. 488.

570 Zum Begriff des Telekommunikationsmarktes siehe *Schmidt-Volkmar*, Das Verhältnis, S. 81 f.

571 S.o; so auch: *Paulweber*, Regulierungszuständigkeiten, S. 55.

572 Näher *Säcker*, AöR 130 (2005), 180 (189); *Proelß*, AöR 136 (2011), 402 (416 ff.); *Rädler*, CR 2010, 780 (784); kritisch dazu *Ruthig*, in: Arndt/Fetzer/Scherer/Graulich, TKG, § 2 Rn. 38, der das sektorspezifische Regulierungsrecht, aufgrund seiner Ex-ante-Kontrolle und anderen Abweichungen vom allgemeinen Wettbewerbsrecht nicht als Teil des allgemeinen Wettbewerbsrecht sieht.

sektorspezifischer Gegebenheiten hinaus. Der (Wettbewerbs-)Bereich der Telekommunikation wird somit von den spezifischen und detaillierten Regelungen des TKG erfasst, so dass „für die Vorschriften des GWB in wesentlichen Teilen kein Raum mehr“[573] bleiben soll. Das TKG kann daher als Sonderkartellrecht bezeichnet werden. Schon die Einordnung des TKG als „Sonderkartellrecht“ macht deutlich, dass es sich hierbei um ein gegenüber dem Kartellrecht *besonderes* Gesetz handeln muss. Der Sonderkartellrechtscharakter bestärkt die partielle Vorrangwirkung.[574]

6. *§ 10 TKG und das Verhältnis von Wettbewerbs- und Regulierungsrecht*

Durch das TKG sollen die auf den Telekommunikationsmärkten vorherrschenden besonderen Marktsituationen geregelt werden. Es ist sektorspezifisch ausgestaltet und gilt, im Gegensatz zum potenziell allumfassenden GWB[575], nur für die Telekommunikationsmärkte, die einer Regulierung gem. den §§ 2 Abs. 3 Nr. 6 und 9 ff. TKG bedürfen. Das TKG ist daher mit seinen Marktregulierungsvorschriften nicht ohne Weiteres anwendbar. Es wird vielmehr durch die §§ 9 ff. TKG in seinem Anwendungsbereich beschränkt. Für das hier zu beurteilende Verhältnis von Wettbewerbs- und Regulierungsrecht ist insbesondere § 10 Abs. 2 Satz 1 TKG interessant. Durch § 10 Abs. 2 Satz 1 TKG wurde 2004 der sog. 3-Kriterien-Test im Rahmen der Umsetzung des Richtlinienpaketes für Kommunikationsnetze und -dienste vom 7. März 2002[576] in das TKG eingefügt. Nach diesem wird der Anwendungsbereich für die Marktregulierung, d. h. die Anwendung der Vorschriften des 2. Teils des TKG, bestimmt. Eine Regulierung nach Teil 2 des TKG kommt danach nur für solche Telekommunikationsmärkte in Betracht, die durch beträchtliche und anhaltende strukturell oder rechtlich bedingte Marktzutrittsschranken gekennzeichnet sind (1. Kriterium), langfristig nicht zu wirksamen Wettbewerb tendieren (2. Kriterium) und auf denen die Anwendung des allgemeinen Wettbewerbsrechts – im Sinne des Art. 102 AEUV und der §§ 19 f. GWB – allein nicht ausreicht, um dem betreffenden Marktversagen entgegenzuwirken (3. Kriterium). Bei der Untersuchung des

---

573 So u. a. *Paulweber*, Regulierungszuständigkeiten, S. 54; siehe dazu auch unter Kapitel 2/B./III./2./c.

574 Ebenso *Piepenbrock/Schuster*, CR 2002, 98 (99); *Möschel*, MMR Beil. 3/1999, 3; *Säcker/Calliess*, K&R 1999, 337 (340).

575 *Klaue*, in: Immenga/Mestmäcker, Band 2, § 48 Rn. 22.

576 Vgl. oben unter Kapitel 1/B./II./ 2./a.

betreffenden Marktes auf seine Regulierungsbedürftigkeit hin, steht der Regulierungsbehörde gem. § 10 Abs. 2 Satz 2 TKG ein Beurteilungsspielraum zu. Im Rahmen der Beurteilung der Märkte haben die Regulierungsbehörden jedoch die erlassenen Leitlinien und Empfehlungen der EU-Kommission weitestgehend zu berücksichtigen.[577]

Ob die Regelungen des TKG im Verhältnis zum allgemeinen Wettbewerbsrecht vorrangig oder parallel anwendbar sind, bestimmt sich folglich nicht nur nach § 2 Abs. 4 TKG.[578] Entscheidend ist vielmehr auch der Schritt zuvor.[579] Zunächst muss herausgefunden werden, ob eine Regulierung des in Betracht kommenden Marktes überhaupt erforderlich und somit der Anwendungsbereich der sektorspezifischen Regulierung nach dem TKG eröffnet ist. Erst wenn dies bejaht wird, kann auf einer nächsten Stufe diskutiert werden, ob eine parallele Anwendbarkeit von Wettbewerbs- und Regulierungsrecht gegeben ist. Denn grundsätzlich kann es nur dann zu einer parallelen Anwendung dieser beiden Regelungsbereiche kommen, wenn jeder Regelungsbereich auch für sich betrachtet potenziell zur Anwendung kommen kann.

Bei der Frage nach der parallelen Anwendbarkeit von Wettbewerbs- und Regulierungsrecht fällt im Rahmen des § 10 Abs. 2 Satz 1 TKG insbesondere dessen letztes Kriterium ins Auge. Nach diesem kommt eine Regulierung nur in Betracht, wenn unter anderem die Anwendung des allgemeinen Wettbewerbsrechts allein nicht ausreicht, um dem betreffenden Marktversagen entgegenzuwirken. Im Fokus steht hierbei die Anwendung des allgemeinen Wettbewerbsrechts. Die Marktregulierung nach dem TKG wird von dem Nichtausreichen des allgemeinen Wettbewerbsrechts abhängig gemacht. Fraglich ist, wie § 10 Abs. 2 Satz 1 a. E.TKG hinsichtlich des Verhältnisses von TKG und allgemeinem Wettbewerbsrecht zu interpretieren ist. Ist das sektorspezifische Regulierungsrecht nur als Ergänzung[580] des allgemeinen Wettbewerbsrechts zu verstehen und ist somit eine parallele Anwendung schon durch § 10 Abs. 2 Satz 1 TKG im TKG selbst angelegt? Oder löst das Regulierungsrecht das allgemeine Wettbewerbsrecht dort ab, wo letzteres allein nicht mehr „ausreicht", so dass bei Anwendbarkeit des Regulierungsrechts die Vorschriften des GWB

577 Vgl. § 10 Abs. 2 Satz 3 TKG. Daneben ist die Regulierungsbehörde gem. § 123 Abs. 1 Satz 1 TKG auf das Einvernehmen des BKartA angewiesen.

578 So auch *Gersdorf*, in: Säcker, TKG, § 42 Rn. 10; i. E. so auch *Schütz*, in: BeckTKG, § 42 Rn. 16; *Scheurle*, in: Scheurle/Mayen, Telekommunikationsgesetz, 2. Aufl., § 2 Rn. 17.

579 So auch *Schmidt-Volkmar*, Das Verhältnis, S. 80.

580 So *Heun*, in: Heun, Hdb. Telekommunikationsrecht, Kap. G, Rn. 253.

ausgeschlossen sind? Ergibt sich daraus eine Vorrangwirkung zugunsten des TKG? Fraglich ist somit, welche Aussage aus § 10 Abs. 2 Satz 1 TKG zu dem Verhältnis von GWB und TKG abgeleitet werden kann. Dies gilt es im Folgenden näher zu untersuchen.

a. *Wortlaut des § 10 Abs. 2 Satz 1 letzter HS. TKG*

Einige legen den Wortlaut des § 10 Abs. 2 Satz 1 TKG dahingehend aus, dass das TKG mit seiner sektorspezifischen Regulierung nicht verdrängend, sondern nur ergänzend zum GWB anzuwenden ist.[581] Dies folge aus der klaren Regelung des § 10 Abs. 2 Satz 1 TKG, die bestimme, dass die Regulierung nach dem TKG nur dann zur Anwendung kommen kann, wenn das allgemeine Wettbewerbsrecht *allein* nicht ausreicht, um einen wettbewerbsfähigen Markt herzustellen. Diese Ansicht stützt sich auf das Merkmal „allein". Es ist somit zu fragen, was unter „allein" im Sinne des § 10 Abs. 2 Satz 1 letzter HS. TKG zu verstehen ist. Nach dem allgemeinen Sprachgebrauch kann „allein" mit „ausschließlich", „isoliert" und „nur" gleichgesetzt werden.[582] Dies vorangestellt, kommt nach dem Wortlaut eine Marktregulierung nach dem TKG nur dann in Betracht, wenn dem Marktversagen durch die ausschließliche Anwendung des GWB nicht entgegengewirkt werden kann. Wenn jedoch etwas *allein* nicht ausreicht, kann dies in Kombination mit etwas anderem dennoch ausreichend sein. Dies ergibt sich schon aus der Verwendung des Wortes „allein", dessen Antonym „gemeinsam" ist. Sind die Regelungsmechanismen nach dem allgemeinen Wettbewerbsrecht nicht effektiv genug und führen sie nicht zum Ziel, dem Marktversagen entgegenzuwirken, könne die Marktüberwachung nicht (mehr) allein aufgrund der Vorschriften des allgemeinen Wettbewerbsrechts erfolgen.[583] In diesem Fall sollen die Regulierungsvorschriften ergänzend neben dem allgemeinen Wettbewerbsrecht zur Anwendung kommen. Das TKG soll dann gemeinsam mit dem allgemeinen Wettbewerbsrecht angewendet werden.[584] Eine vorrangige oder sogar ausschließende Wirkung könne dem Wortlaut des § 10 Abs. 2 Satz 1

581 *Heun*, in: Heun, Hdb. Telekommunikationsrecht, Kap. G, Rn. 253.

582 https://www.duden.de/rechtschreibung/allein_Adjektiv und http://www.duden.de/rechtschreibung/allein_Adverb (zuletzt abgerufen am 16.12.2018).

583 *Heun*, in: Heun, Hdb. Telekommunikationsrecht, Kap. G, Rn. 250, 253; so auch *Topel*, ZWeR 2006, 27 (47).

584 *C. Säcker*, Der Einfluss der sektorspezifischen Regulierung, S. 243; so auch *Topel*, ZWeR 2006, 27 (47).

TKG – so gesehen – gerade nicht entnommen werden.[585] Dies würde für eine parallele Anwendung von GWB und TKG sprechen.

Dagegen lässt sich jedoch einwenden, dass der Wortlaut des § 10 Abs. 2 Satz 1 TKG zunächst einmal nur die Anwendbarkeit der sektorspezifischen Regulierung bestimmt. Ist unter anderem auch das allgemeine Wettbewerbsrecht nicht ausreichend, dann ist der Anwendungsbereich für die Regulierung des Marktes nach dem 2. Teil des TKG grundsätzlich eröffnet. Aus dieser Aussage ergibt sich zunächst zwar keine verdrängende Wirkung zugunsten des TKG. Daneben wird mit § 10 Abs. 2 Satz 1 TKG jedoch auch keine parallele Anwendung von GWB und TKG zwingend vorgeschrieben. Gestützt auf die Wörter „nicht ausreichend", ist auch eine von der oben dargestellten Ansicht abweichende Interpretation des § 10 Abs. 2 Satz 1 a. E.TKG möglich. Der Teil „nicht ausreichend" kann sich nur auf ein Versagen des allgemeinen Wettbewerbsrechts beziehen. Ist es „nicht ausreichend", kommt es zur Anwendung der Regulierungsvorschriften nach dem TKG. Tritt dieser Fall ein, kann somit gleichzeitig angenommen werden, dass das allgemeine Wettbewerbsrecht nicht genügt und den Anforderungen, die der Wettbewerb an eine Marktaufsicht stellt, nicht (mehr) gerecht wird. Es ist nicht tauglich, dem Marktversagen entgegenzuwirken. Es ist daher nicht danach zu fragen, ob das Regulierungsrecht das allgemeine Wettbewerbsrecht ergänzt. Es ist vielmehr der umgekehrte Fall denkbar, dass die sektorspezifische Marktregulierung subsidiär durch das allgemeine Wettbewerbsrecht ergänzt wird. Dies spricht aber für einen partiellen – auf die Vorschriften der Marktregulierung bezogenen – Vorrang des TKG. Bei einem Versagen des allgemeinen Wettbewerbsrechts sollte dieses nicht weiterhin zur Anwendung kommen. Gerade § 10 Abs. 2 Satz 1 a. E.TKG zeigt auf, dass das Regulierungsrecht an die Stelle des allgemeinen Wettbewerbsrechts tritt. Es löst das allgemeine Wettbewerbsrecht dort ab, wo dieses untauglich ist, um dem Marktversagen effektiv zu begegnen.

Der Wortlaut des § 10 Abs. 2 Satz 1 TKG tendiert, bezogen auf die Auslegung des Wortes „allein", zwar zu einer parallelen Anwendung von GWB und TKG. Eindeutig lässt sich dies dem Wortlaut jedoch nicht entnehmen. Genauso gut kann von einer Nichtanwendbarkeit des Wettbewerbsrechts ausgegangen werden, wenn das Merkmal „nicht ausreichend" fokussiert wird. Aus dem Wortlaut können daher keine eindeutigen Schlüsse gezogen werden.

---

585 *C. Säcker*, Der Einfluss der sektorspezifischen Regulierung, S. 243.

b. Hintergrund des § 10 Abs. 2 Satz 1 TKG

§ 10 Abs. 2 Satz 1 TKG beruht auf der Umsetzung des Richtlinienpaketes für Kommunikationsnetze und -dienste vom 7. März 2002. Aus dem Erwägungsgrund Nr. 25 der Rahmenrichtlinie ergibt sich zunächst, dass Vorabverpflichtungen (nur) unter bestimmten Umständen aufzuerlegen sind, insbesondere dann, wenn es um die Gewährleistung der Entwicklung eines wettbewerbsorientierten Marktes geht. Dies deutet darauf hin, dass die Vorabverpflichtungen nicht ohne Weiteres auferlegt werden sollen. Nur wenn bestimmte Voraussetzungen erfüllt sind, soll es zu einer Vorabverpflichtung kommen. Es wird nicht von einer grundsätzlichen Anwendbarkeit der Regulierungsvorschriften ausgegangen.

In Erwägungsgrund Nr. 27 der Rahmenrichtlinie heißt es weiter, dass es nur dann zur Regulierung kommen soll, „wenn kein wirksamer Wettbewerb besteht, d. h. auf Märkten, auf denen es ein oder mehrere Unternehmen mit beträchtlicher Marktmacht gibt, und die Instrumente des nationalen und gemeinschaftlichen Wettbewerbsrechts nicht ausreichen, um das Problem zu lösen". Hieraus kann das dritte Kriterium des 3-Kriterien-Testes abgeleitet werden.[586]

Diese Erwägungsgründe wurden in Erwägungsgrund Nr. 9 der Empfehlung 2003/311/EG[587] in Form der drei Kriterien aufgenommen. Diese wurden in § 10 Abs. 2 Satz 1 TKG übernommen. Aus den Märkteempfehlungen[588] ergibt sich

---

586 Erwägungsgrund Nr. 27 der Rahmenrichtlinie (RL 2002/21/EG, ABl. EG Nr. L 108, S. 33) ist der Ursprung des dritten Kriteriums; vgl. auch *Topel*, ZWeR 2006, 27 (29 f.); *Heinen-Hosseini/Woesler*, in: Säcker, TKG, § 10 Rn. 63, *Schütz*, in: BeckTKG, § 10 Rn. 21; *Schütze*, in: Wissmann, Telekommunikationsrecht, Kap. 3 Rn. 64; *Kirchner/Mayen/Käseberg*, in: Scheurle/Mayen, Telekommunikationsgesetz, § 10 Rn. 1c ff.

587 Märkteempfehlung 2003/311/EG, Empfehlung der Kommission vom 11. Februar 2003 über relevante Produkt- und Dienstmärkte des elektronischen Kommunikationssektors, die aufgrund der Richtlinie 2002/21/EG des Europäischen Parlaments und des Rates über einen gemeinsamen Rechtsrahmen für elektronische Kommunikationsnetze und -dienste für eine Vorabregulierung in Betracht kommen, ABl. EU 2003 Nr. L 114, S. 45.

588 Erwägungsgrund Nr. 16 und Erwägungsgrund Nr. 19 der Märkteempfehlung 2003/311/EG; dies ergibt sich auch aus Erwägungsgrund Nr. 17 der Empfehlung 2007/879/EG der Kommission vom 17. Dezember 2007 über relevante Produkt- und Dienstmärkte des elektronischen Kommunikationssektors, die aufgrund der Richtlinie 2002/21/EG des Europäischen Parlaments und des Rates über einen gemeinsamen Rechtsrahmen für elektronische Kommunikationsnetze und -dienste für eine Vorabregulierung in Betracht kommen, ABl. EU 2007 Nr. L 344, S. 65 (68); vgl. auch Erwägungsgrund Nr. 17 der Empfehlung 2014/710/EU der Kommission vom 9. Oktober 2014 über relevante Produkt- und Dienstmärkte des elektronischen

zudem, dass erst dann eine Regulierung angemessen erscheint, wenn die drei Kriterien kumulativ vorliegen. Die Anwendung der sektorspezifischen Regulierung erfolgt somit restriktiv. Daraus könnte eine lediglich ergänzende Wirkung des TKG zum GWB folgen. Dafür spricht auch Erwägungsgrund Nr. 16 der Empfehlung 2014/710/EU[589]. Danach stellt das Regulierungsrecht eine angemessene Ergänzung zum Wettbewerbsrecht dar. Genauer heißt es dort, „die Vorabregulierung sollte [...] als angemessene Ergänzung zum Wettbewerbsrecht angesehen werden, wenn wettbewerbsrechtliche Mittel allein nicht ausreichen würden, um ein festgestelltes Marktversagen angemessen zu beheben“[590]. Zu beachten ist jedoch, dass sich die ergänzende Eigenschaft des Regulierungsrechts ausweislich des Erwägungsgrundes nur auf die Ex-ante-Kontrolle bezieht. Klar ist, dass eine Ex-ante-Kontrolle nach dem TKG, die es in dieser Form im allgemeinen Wettbewerbsrecht nicht gibt, generell als Ergänzung zum Wettbewerbsrecht angesehen werden kann. Denn die Ex-ante-Kontrolle stellt eine Erweiterung dar.[591] Diese ergänzende Wirkung lässt jedoch keine Rückschlüsse auf die Ex- post-Kontrolle nach dem TKG zu. Fest steht damit noch nicht, ob das Regulierungsrecht insgesamt zum allgemeinen Wettbewerbsrecht ergänzend zur Anwendung kommen soll. Dies ergibt sich zumindest nicht aus einer restriktiven Handhabung der Anwendung des Regulierungsrechts. Genauso gut könnte aus der begrenzenden Anwendung der Regulierung auch auf eine Vorrangwirkung geschlossen werden. Ist der Anwendungsbereich der Marktregulierungsvorschriften eröffnet und somit die Hürde zur Regulierung gemeistert, dann könnte dies auch eine ausschließliche Anwendung des Regulierungsrechts indizieren. Jedoch ergibt sich auch eine solche Interpretation nicht aus den Erwägungsgründen der Märkteempfehlungen. Die Märkteempfehlungen äußern sich nicht abschließend zu dem Verhältnis von Wettbewerbs- und Regulierungsrecht.

Kommunikationssektors, die aufgrund der Richtlinie 2002/21/EG des Europäischen Parlaments und des Rates über einen gemeinsamen Rechtsrahmen für elektronische Kommunikationsnetze und -dienste für eine Vorabregulierung in Betracht kommen, ABl. EU 2014 Nr. L 295, S. 79.

589 Empfehlung 2014/710/EU der Kommission vom 9. Oktober 2014 über relevante Produkt- und Dienstmärkte des elektronischen Kommunikationssektors, die aufgrund der Richtlinie 2002/21/EG des Europäischen Parlaments und des Rates über einen gemeinsamen Rechtsrahmen für elektronische Kommunikationsnetze und -dienste für eine Vorabregulierung in Betracht kommen, ABl. EU 2014 Nr. L 295, S. 79.

590 Erwägungsgrund Nr. 16 der Empfehlung 2014/710/EU.

591 Siehe unter Kapitel 2/B/I./5.

Auch aus den Erwägungsgründen Nr. 25 und 27 der Rahmenrichtlinie kann zunächst nur geschlossen werden, dass das allgemeine Wettbewerbsrecht die Basis bildet und somit vor dem sektorspezifischen Regulierungsrecht steht. Das allgemeine Wettbewerbsrecht spielt die Hauptrolle in der (Ex-post-)Kontrolle der Märkte. Es bildet im Verhältnis zur sektorspezifischen Regulierung eine Grundlagenkontrolle. Dies wird auch daran ersichtlich, dass im Falle des Fehlens eines der drei Kriterien der Markt ausschließlich auf der Grundlage des allgemeinen Wettbewerbsrechts kontrolliert wird. Erst wenn diese Grundlagenkontrolle nicht mehr ausreicht, um einen wettbewerbsfähigen Markt zu schaffen bzw. zu erhalten, kommt es zur Anwendung des Regulierungsrechts. Es wird somit grundsätzlich von einem Vorrang des allgemeinen Wettbewerbsrechts vor dem Regulierungsrecht ausgegangen.[592]

Festzuhalten bleibt eine auf der Grundlage des 3-Kriterien-Tests nur beschränkte Anwendung des Regulierungsrechts nach dem 2. Teil des TKG. Es besteht kein genereller Vorrang im Verhältnis zum Wettbewerbsrecht. Im Gegenteil, es wird vielmehr zum Ausdruck gebracht, dass das allgemeine Wettbewerbsrecht der sektorspezifischen Regulierung grundsätzlich vorgehen soll. Aus einem grundsätzlichen Vorrang des Wettbewerbsrechts könnte daher bei Anwendbarkeit der Marktregulierungsvorschriften nach dem TKG nur eine parallele Anwendung von Wettbewerbs- und Regulierungsrecht folgen. Das Wettbewerbsrecht erhält durch seinen grundsätzlichen Vorrang eine – gegenüber dem nur beschränkt anwendbaren Regulierungsrecht – stärkere Position, die durch das Regulierungsrecht nicht unterlaufen werden darf. Es stellt, wie aufgezeigt, die Basis der Marktkontrolle dar. Zu beachten ist jedoch, dass die Erwägungsgründe der Rahmenrichtlinie nicht auf eine „starke Position" des Wettbewerbsrechts gegenüber der Regulierung abzielen, sondern der beschränkte Anwendungsbereich der Regulierung vielmehr auf dem Verhältnismäßigkeitsgedanken[593] beruht. Auch spricht die beschränkte, durch die Erfüllung der drei Kriterien bedingte, Anwendung des Regulierungsrechts nicht gegen einen Ausschluss des allgemeinen Wettbewerbsrechts. Aus den Erwägungsgründen der Rahmenrichtlinie kann somit weder auf eine parallele Anwendung von allgemeinem

592 So auch *Topel*, ZWeR 2006, 27 (47); *G. Jochum*, in: Wilms/Masing/Jochum, Telekommunikationsgesetz, § 10 Rn. 11; *Klotz*, K&R Beil. 1/2003, 3 (6); so auch *Holdampf-Wendel/Elkettani*, in: Säcker, TKG, Vor § 9 Rn. 19 m.w.N, der von einem Regel-Ausnahme-Verhältnis ausgeht; vgl. auch *Ellinghaus*, CR 2004, 23 (25).

593 Dazu unter Kapitel 2/B./I./6./c./aa. mehr; vgl. auch *Holdampf-Wendel/Elkettani*, in: Säcker, TKG, Vor § 9 Rn. 19 m.w.N.

Wettbewerbsrecht und sektorspezifischem Regulierungsrecht noch auf eine Verdrängung des Wettbewerbsrechts geschlossen werden.

c. *Sinn und Zweck des § 10 Abs. 2 Satz 1 letzter HS. TKG*

Weiter könnte der Sinn und Zweck des § 10 Abs. 2 Satz 1 letzter HS. TKG darüber Aufschluss geben, wie sich die Anwendung von GWB und TKG zueinander verhält. Dies ist im Folgenden näher zu untersuchen.

aa. *Eindämmung der Regulierung unter dem Aspekt der Verhältnismäßigkeit*

Wie aufgezeigt, bestehen im sektorspezifischen Regulierungsrecht neben den originären Eingriffsrechten, der Entgeltregulierung und den Zugangsverpflichtungen, auch die aus dem Wettbewerbsrecht stammende und daher als abgeleitetes Eingriffsrecht zu bezeichnende Missbrauchsaufsicht. Damit wird nicht nur die sektorspezifische, auf eine Ex-ante-Kontrolle ausgerichtete Regulierung vervollständigt[594], sondern es werden der Regulierungsbehörde dadurch zudem weitreichende Eingriffsinstrumente an die Hand gegeben. Der im Verhältnis zum allgemeinem Wettbewerbsrecht weitergehende Eingriffscharakter des Regulierungsrechts kommt auch unter Verhältnismäßigkeitsgesichtspunkten[595] in der Anwendungsbereichsbeschränkung des sektorspezifischen Regulierungsrechts zum Ausdruck. Dies erfolgt durch die Regelungen der §§ 9 ff. TKG.

§ 10 Abs. 2 TKG soll den gesetzgeberischen Ultima-ratio-Gedanke beinhalten.[596] Das grundsätzlich nur ex post und im konkreten Einzelfall eingreifende Wettbewerbsrecht ist im Verhältnis zum sektorspezifischen Regulierungsrecht als milderes Mittel anzusehen. Das Regulierungsrecht soll daher nach dem Gedanken des § 10 Abs. 2 Satz 1 letzter HS. TKG nur dann zur Anwendung kommen, wenn das allgemeine Wettbewerbsrecht als milderes Mittel nicht mehr

---

594 Kritisch *Geers*, in: Arndt/Fetzer/Scherer/Graulich, TKG, § 10 Rn. 33, der dies nicht als „Alleinstellungsmerkmal" für das Regulierungsrecht sieht, vgl. *Elkettani*, K&R Beil. 1/2004, 11 (16), die weder den Eingriffsechten des Regulierungsrechts noch denen des allgemeinen Wettbewerbsrecht einen Vorrang zugesteht; auch *Topel*, ZWeR 2006, 27 (33 ff.).

595 Vgl. *Schütz*, in: BeckTKG, § 10 Rn. 21, nachdem das dritte Kriterium dem Verhältnismäßigkeitsgrundsatz Rechnung trägt, so auch *Holdampf-Wendel/Elkettani*, in: Säcker, TKG, Vor § 9 Rn. 19.

596 *Heinen-Hosseini/Woesler*, in: Säcker, TKG, § 10 Rn. 64.

ausreicht.[597] Das allgemeine Wettbewerbsrecht als milderes Mittel kann dann nicht mehr ausreichend sein, wenn es nicht gleichwirksam wie das sektorspezifische Regulierungsrecht ist. Denn nur wenn das allgemeine Wettbewerbsrecht nicht gleichwirksam ist, ist eine Regulierung erforderlich und stellt somit auch ein verhältnismäßiges[598] Mittel dar, um einem Marktversagen entgegenzuwirken.

Hinter der Regelung des § 10 Abs. 2 Satz 1 TKG verbirgt sich unter anderem folgender Gedanke: Das TKG soll nur dort zur Anwendung kommen, wo eine sektorspezifische Regulierung der Märkte unbedingt erforderlich ist. Gerade unter dem Gesichtspunkt der Verhältnismäßigkeit würde jedoch eine verdrängende Wirkung des TKG gerechtfertigt erscheinen. Wenn das allgemeine Wettbewerbsrecht nicht geeignet ist, dem Marktversagen entgegenzuwirken, ist dessen Anwendung auch nicht mehr verhältnismäßig. Auch würden zwei Kontrollmechanismen, auf der einen Seite durch das allgemeine Wettbewerbsrecht und auf der anderen Seite durch das Regulierungsrecht, zu einem schweren Eingriff führen. Auch dies kann nicht verhältnismäßig sein, wenn allein durch das Regulierungsrecht dem Marktversagen entgegengewirkt werden kann.

§ 10 Abs. 2 Satz 1 TKG bestätigt unter dem Aspekt der Verhältnismäßigkeit zwar lediglich, dass die Anwendung der Regulierungsvorschriften gerechtfertigt ist, wenn der 3-Kriterien-Test erfüllt ist. Die sich aus diesem gesetzlich fixierten Verhältnismäßigkeitsgedanken ergebende Tendenz spricht jedoch für einen Vorrang des TKG.

bb. Abbau des Regulierungsrechts im TK-Sektor

Die Schranken des § 10 Abs. 2 Satz 1 TKG können auch als Vorläufer eines schrittweisen Abbaus des Regulierungsrechts im Bereich der Telekommunikation angesehen werden.[599] Dies ergibt sich unter anderem, wie bereits angesprochen[600], aus der Gesetzesbegründung zu § 19 Abs. 4 Nr. 4 GWB a. F. Diese als Auffangtatbestand konzipierte Vorschrift soll (erst) dann eingreifen, „wenn

---

597 Vgl. dazu *Heinen-Hosseini/Woesler*, in: Säcker, TKG, § 10 Rn. 64; *Rosengarten*, Missbrauchsaufsicht im TKG 2004, S. 34.

598 Aus Erwägungsgrund Nr. 16 der Empfehlung 2014/710/EU ergibt sich zudem, dass das dritte Kriterium die Angemessenheit der Vorabregulierung bestimmen soll.

599 Vgl. Erwägungsgrund Nr. 5 Satz 1 der Richtlinie 2009/140/EG (ABl. EU 2009 Nr. L 337, S. 37, Änderungsrichtlinie), siehe auch Art. 8 Abs. 5 lit. f) Rahmenrichtlinie, Erwägungsgrund Nr. 1 der Empfehlung 2014/710/EU und § 2 Abs. 3 Nr. 6 TKG; zum Abbau des Regulierungsrechts *Geers*, in: Arndt/Fetzer/Scherer/Graulich, TKG, § 10 Rn. 29; *Heinen-Hosseini/Woesler*, in: Säcker, TKG, § 10 Rn. 4.

600 Oben unter Kapitel 2/B./I./3./b.

künftig – wie vorgesehen – die sektorspezifische Regulierung im Bereich der Telekommunikation vom Gesetzgeber wieder aufgehoben wird“[601]. Auch aus dem Erwägungsgrund Nr. 1 der Empfehlung 2014/710/EU geht eindeutig hervor, dass der europäische Rechtsrahmen unter anderem darauf abzielt, die sektorspezifische Vorabregulierung im Rahmen der wettbewerblichen Entwicklung der Märkte kontinuierlich abzubauen. Der TK-Sektor soll danach im Ergebnis nur noch durch das allgemeine Wettbewerbsrecht geregelt werden.[602] Auch nach dem Erwägungsgrund Nr. 5 der Änderungsrichtlinie[603] wird das Ziel des schrittweisen Abbaus des Regulierungsrechts verfolgt. Dort heißt es:

„Da die Märkte für elektronische Kommunikation in den letzten Jahren eine starke Wettbewerbsdynamik gezeigt haben, ist es von entscheidender Bedeutung, dass regulatorische Vorabverpflichtungen nur auferlegt werden, wenn kein wirksamer und nachhaltiger Wettbewerb besteht.“[604]

Dies lässt darauf schließen, dass eine – zumindest Ex-ante- – Regulierung dann überflüssig wird, wenn schon durch das allgemeine Wettbewerbsrecht erreicht werden könnte, dass ein wettbewerbsfähiger Markt besteht und dieser auch erhalten bleibt.[605] Der 3-Kriterien-Test dient daher grundsätzlich dem Ziel des Abbaus der regulatorischen Vorabverpflichtungen.[606] Was bedeutet das für die Anwendung von Wettbewerbs- und Regulierungsrecht?

Der Abbau des Regulierungsrechts, so wie er in dem Erwägungsgrund Nr. 1 der Empfehlung 2014/710/EU aufgezeigt wird, könnte zum einen darauf schließen lassen, dass zurzeit Regulierungs- und allgemeines Wettbewerbsrecht parallel Anwendung finden. Die dortige Formulierung „nur noch durch das allgemeine Wettbewerbsrecht zu regeln“ könnte so ausgelegt werden, dass zuvor eine Parallelität im Anwendungsbereich von Wettbewerbs- und Regulierungsrecht bestand und durch den Abbau des Regulierungsrechts gerade *nur noch*

---

601 BT-Drucks. 13/9720 vom 29.01.1998, S. 37.

602 Erwägungsgrund Nr. 1 der Empfehlung 2014/710/EU.

603 Richtlinie 2009/140/EG des Europäischen Parlaments und des Rates vom 25. November 2009 zur Änderung der Richtlinie 2002/21/EG über einen gemeinsamen Rechtsrahmen für elektronische Kommunikationsnetze und -dienste, der Richtlinie 2002/19/EG über den Zugang zu elektronischen Kommunikationsnetzen und zugehörigen Einrichtungen sowie deren Zusammenschaltung und der Richtlinie 2002/20/EG über die Genehmigung elektronischer Kommunikationsnetze und -dienste, ABl. EU 2009 Nr. L 337, S. 37.

604 Erwägungsgrund Nr. 5 der Richtlinie 2009/140/EG.

605 *Klotz*, ZWeR 2003, 283 (294 f.); *Heinen-Hosseini/Woesler*, in: Säcker, TKG, § 10 Rn. 64.

606 Ergibt sich aus Erwägungsgrund Nr. 17 der Empfehlung 2014/710/EU.

eine Anwendung des Wettbewerbsrechts übrigbleibt. Die Verwendung der Wörter „nur noch" ähnelt dem Wortlaut des § 10 Abs. 2 Satz 1 a. E.TKG, in dem das Wort „allein" verwendet wurde. Es könnte daher der gleichen Interpretation wie oben gefolgt werden. Der Markt wird dann nicht mehr *gemeinsam* durch Wettbewerbs- und Regulierungsrecht kontrolliert, sondern *nur noch* bzw. *allein* durch das Wettbewerbsrecht. Durch den Wegfall des sektorspezifischen Regulierungsrechts würde somit eine Parallelität nicht mehr bestehen. Daraus folgt zugleich, dass gegenwärtig eine parallele Anwendung dieser beiden Regelungsbereiche besteht. Teilweise wird daher auch angenommen, dass das sektorspezifische Regulierungsrecht als bloßes Übergangsstadium konzipiert ist. Das BKartA soll sich durch eine parallele Anwendung von allgemeinem Wettbewerbsrecht und Regulierungsrecht frühzeitig mit dem regulierten Markt auseinandersetzen, der langfristig betrachtet allein seiner Kontrolle unterliegen wird.[607] Einer frühzeitigen Befassung mit dem zurzeit regulierten Telekommunikationsmarkt bedarf es jedoch nicht. Zwar ist das sektorspezifische Regulierungsrecht speziell auf die besondere Marktsituation im TK-Sektor angepasst.[608] Wird das Regulierungsrecht im betreffenden Markt jedoch abgebaut, deutet dies darauf hin, dass sektorspezifische Besonderheiten im Verhältnis zum allgemeinen Wettbewerbsrecht aufgelöst wurden und nun das allgemeine Wettbewerbsrecht ohne Bedenken und ohne Rückgriff auf besondere (speziellere) Regelungen zur Anwendung kommen kann. Der zuvor regulierungsbedürftige Markt wäre nach Abbau der Regulierung wie jeder andere Markt zu behandeln. Einer Anwendung von speziellen telekommunikationsrechtlichen Normen und der dafür vorausgesetzten speziellen Sachkenntnis bedarf es im Fall einer Deregulierung nicht mehr. Die parallele Anwendung kann daher nicht mit einer frühzeitigen Befassung des BKartA mit dem TK-Markt begründet werden, wenn das BKartA im Endeffekt nur allgemeine Regelungen auf den deregulierten TK-Markt anwendet.

Daneben wird auch angemerkt, dass eine parallele Anwendung beider Regelungsbereiche die Regulierung den kartellrechtlichen Maßstäben annähern würde. Eine Eingliederung in die allgemein wettbewerbsrechtlichen Aspekte würde damit begünstigt werden.[609] Dieser Ansatz verkennt jedoch, dass das

607 Vgl. *C. Säcker*, Der Einfluss der sektorspezifischen Regulierung, S. 242; *Sennekamp*, Der Diskurs, S. 25 m.w.N.

608 Was auch durch die parallele Anwendung von allgemeinem Wettbewerbsrecht nicht gefährdet werden dürfte.

609 *C. Säcker*, Der Einfluss der sektorspezifischen Regulierung, 242; *Sennekamp*, Der Diskurs, S. 25 m.w.N.

Regulierungsrecht größtenteils aus dem allgemeinen Wettbewerbsrecht entstammt und dieses nur durch sektorspezifische Besonderheiten modifiziert.[610] Die Regelungsbereiche sind daher schon aneinander angenähert. Einer parallelen Anwendung, die auf eine Annäherung der Regelungsbereiche abzielt, bedarf es nicht. Sollen die beiden Regelungsbereiche tatsächlich noch weiter aneinander angenähert werden, könnte über die Schaffung eines einheitlichen Regelungsbereichs nachgedacht werden. Eine Annäherung zweier Regelungsbereiche trotz Beibehaltung verschiedener Gesetze würde die jeweiligen Regelungsstrukturen unterlaufen.

Jedoch könnte die Zielsetzung des § 10 Abs. 1 Satz 2 TKG, das Regulierungsrecht schrittweise abzubauen, auch derart interpretiert werden, dass das Regulierungsrecht zurzeit noch im „Rang" vor dem allgemeinen Wettbewerbsrecht steht und gerade dann zur Anwendung kommt, wenn das allgemeine Wettbewerbsrecht nicht ausreichend im Sinne des § 10 Abs. 2 Satz 1 TKG ist. Zudem erscheint es so, als soll durch den Abbau des sektorspezifischen Regulierungsrechts dem allgemeinen Wettbewerbsrecht (wieder) der „Vorrang" bzw. eine „Rangstelle" oder Anwendbarkeit eingeräumt werden, die es durch die Schaffung des Regulierungsrechts verloren zu haben scheint. Für eine solche Interpretation spricht entscheidend die Gesetzesbegründung zu § 19 Abs. 4 Nr. 4 GWB, in der eindeutig zum Ausdruck kommt, dass das allgemeine Wettbewerbsrecht – zumindest die Vorschrift des § 19 Abs. 4 Nr. 4 GWB a. F. (§ 19 Abs. 2 Nr. 4 GWB) – als Auffangrecht angesehen wird.

Aktuell spricht für einen langsamen, aber schrittweisen Abbau des Regulierungsrechts teilweise auch der Kodex für die elektronische Kommunikation.[611] In diesem wird zwar auch die Regulierung erweitert, indem beispielsweise OTT-Dienste[612] einbezogen und diese zukünftig auch der Regulierung unterliegen werden, so dass letztendlich der Anwendungsbereich des Regulierungsrechtsrahmens erweitert wird.[613] Zugleich soll es aber auch zu einer Deregulierung in auf Investitionen angewiesenen Bereichen kommen. Es werden demnach bestimmte Bereiche aus der Regulierung herausgenommen. Dies kann jedoch nicht als Abbau des Regulierungsrechts im Sinne einer Aufgabe dessen verstanden werden. In der angedachten Deregulierung steht vielmehr die Lenkungswirkung im Vordergrund. Ziel ist es, dadurch Anreize für Investitionen zu schaffen.

---

610 Dazu unter Kapitel 2/B./III./2./c. mehr.

611 Vgl. oben in Kapitel 1/B./II./2./a.

612 Siehe dazu schon oben unter Kapitel1/B./II./2./a.

613 Kritisch *Schaller*, ZD-Aktuell 2017, 05622; *Scherer/Heinickel*, MMR 2017, 71.

Insgesamt stellt daher die Novellierung des europäischen Telekommunikationsrechtsrahmens keine Aufgabe der Regulierung auf dem gesamten TK-Markt dar. Vielmehr wird durch sie ersichtlich, dass an einer Regulierung weitestgehend festgehalten wird.[614]

Gerade die zuvor dargestellte Änderung des europäischen Regulierungsrechtsrahmens im Bereich der Telekommunikation zeigt, dass Regulierungsrecht ein dynamisches[615], von der Entwicklung der Wettbewerbssituation auf den Telekommunikationsmärkten abhängiges Recht ist. Darüber hinaus ist es grundsätzlich nur beschränkt auf einen zuvor definierten Anwendungsbereich anzuwenden und soll aus den Bereichen verdrängt werden, in denen eine Regulierung für den Wettbewerb nicht (mehr) förderlich ist. Regulierung dient auch der Erreichung politischer Ziele, wie im Fall der Konnektivitätsziele. So führt der Abbau bzw. die Eindämmung der Regulierung in von Investitionen abhängigen Bereichen zumindest zur leichteren und schnelleren Realisierung dieser Konnektivitätsziele.[616]

Der Abbau des Regulierungsrechts im Bereich der Telekommunikation kann sowohl für als auch gegen eine parallele Anwendung von allgemeinem Wettbewerbs- und sektorspezifischem Regulierungsrecht sprechen. Gesetzesmaterialien und unionsrechtliche Erwägungsgründe sind widersprüchlich oder nicht eindeutig gefasst, so dass auch aus dem Ziel des Abbaus der Regulierung des Netzbetriebes im TK-Sektor nicht voreilig auf eine parallele oder eine verdrängende Anwendung geschlossen werden kann.

cc. Effizienz der Marktkontrolle

Weiter steckt hinter § 10 Abs. 2 Satz 1 TKG der Gedanke der Anwendung einer effizienteren Marktkontrolle. Denn die Anwendung des Regulierungsrechts wird von dem Scheitern einer effektiven Marktkontrolle durch das allgemeine Wettbewerbsrecht abhängig gemacht. Entscheidend ist somit auch, welche Marktkontrolle effizienter ist; die nach dem GWB oder die nach dem TKG. Ineffizient ist das allgemeine Wettbewerbsrecht nach § 10 Abs. 2 Satz 1 TKG dann, wenn

614 Die weitgehende Aufrechterhaltung des Regulierungsrecht ist im TK-Sektor deutet auf eine Unerlässlichkeit zum heutigen Zeitpunkt hin. Das allgemeine Wettbewerbsrecht vermag dem Marktversagen allein noch nicht ausreichend entgegenzuwirken.

615 So schon *Schütz*, in: BeckTKG, § 10 Rn. 22; zum dynamischen Anwendungsbereich: Schmidt-Volkmar, Das Verhältnis, S. 79.

616 Vgl. dazu auch Pressemitteilung der Kommission vom 14.09.2016, http://europa.eu/rapid/press-release_IP-16-3008_de.htm (zuletzt abgerufen am 16.12.2018).

es nicht ausreicht, um dem Marktversagen entgegenzuwirken. Wann dies der Fall ist, ist noch nicht abschließend geklärt.[617] Ausgegangen werden kann jedoch davon, dass für die Bestimmung des Ausreichens des Wettbewerbsrechts ein Vergleich von Eingriffstiefen[618], Instrumenten und Zielrichtungen von allgemeinem Wettbewerbsrecht und sektorspezifischer Regulierung maßgeblich ist. So ist auch aus Sicht der Europäischen Kommission die relative Effizienz des Wettbewerbsrechts gegenüber dem sektorspezifischen Regulierungsrechts zu überprüfen.[619]

Grundsätzlich kann somit von dem Erfordernis einer Regulierung nach dem TKG immer dann ausgegangen werden, wenn es auf eine präzisere und schnellere Lösung für das Problem des Marktversagens ankommt. Dies ist aufgrund der Ex-ante-Regulierung und der speziell auf den Telekommunikationsbereich zugeschnittenen Normen für den TK-Sektor zu bejahen.[620] So soll die Marktregulierung immer dann eingreifen, wenn zur Behebung des Marktversagens zahlreiche Anforderungen erfüllt sein müssen, wie etwa eine detaillierte Buchhaltung für Regulierungszwecke, eine Kostenermittlung oder eine Überwachung der Bedingungen einschließlich technischer Paramater.[621]

Das allein ex post ausgerichtete allgemeine Wettbewerbsrecht ist hingegen nur auf konkrete Einzelfälle und immer nur dann anwendbar, wenn es bereits zu einem Missbrauch der Marktstellung gekommen ist. Das Wettbewerbsrecht ist somit, wie oben dargestellt, auf die nachträgliche Behebung bzw. Sanktionierung von wettbewerbsschädlichen Verhaltensweisen gerichtet. Das sektorspezifische Regulierungsrecht ist hingegen durch seine schon ex ante eingreifenden Vorschriften effektiver und durch den speziellen Zuschnitt auf den Telekommunikationsbereich auch präziser in der Lösung des im Telekommunikationsbereich betreffenden Marktversagens. Dies hängt auch mit der Zielrichtung des Regulierungsrechts zusammen, das in erster Linie auf eine Verhinderung zukünftiger wettbewerblicher Fehlentwicklungen und somit auf die Herstellung von Wettbewerb gerichtet ist. Es wäre sinnlos, die Instrumente des allgemeinen Wettbewerbsrechts neben denen des Regulierungsrechts parallel laufen zu lassen, wenn

---

617 Vgl. *Heinen-Hosseini/Woesler*, in: Säcker, TKG, § 10 Rn. 64.

618 *Geers*, in: Arndt/Fetzer/Scherer/Graulich, TKG, § 10 Rn. 33.

619 So *Schütze*, in: Wissmann, Telekommunikationsrecht, Kap. 3 Rn. 66.

620 Vgl. VG Köln, Urt. v. 01.03.2007 – 1 K 4148/06 Rn. 78 – zitiert nach juris; VG Köln, Urt. v. 08.03.2007 – 1 K 3918/06 Rn. 58 – zitiert nach juris; *Klotz*, ZWeR 2003, 283 (313).

621 *Schütze*, in: Wissmann, Telekommunikationsrecht, Kap. 3 Rn. 66.

es gerade auf die Präzision und Schnelligkeit des Verfahrens ankommt. Jedoch kann dem entgegengehalten werden, dass dies nicht notwendigerweise für den Ausschluss des allgemeinen Wettbewerbsrechts spricht. Ein parallel laufendes wettbewerbsrechtliches Verfahren würde jedoch zur Rechtsunsicherheit bei den betroffenen Marktteilnehmern führen und den Wettbewerb unter Umständen noch weiter behindern. Es ist fraglich, ob eine parallele Anwendung dieser beiden Bereiche dann noch zu dem gewünschten Erfolg, einen wettbewerbsfähigen Markt zu schaffen und zu erhalten, beiträgt. Zudem würde eine parallele Anwendung von Wettbewerbs- und Regulierungsrecht dem Effizienzgedanken des § 10 Abs. 2 Satz 1 TKG widersprechen. Die Anwendbarkeit des TKG zeigt gerade, dass das allgemeine Wettbewerbsrecht nicht effizient genug ist. Daher kann nicht von einer parallelen Anwendung von Wettbewerbs- und Regulierungsrecht ausgegangen werden, wenn der Anwendungsbereich nach § 10 Abs. 2 Satz 1 TKG für die Marktregulierung eröffnet ist.

Auch von der Europäischen Kommission wird das allgemeine Wettbewerbsrecht offenbar dann nicht für ausreichend erachtet und somit der Anwendungsbereich der Marktregulierung für eröffnet gehalten, wenn „im Rahmen einer Maßnahme zur Behebung eines anhaltenden Marktversagens umfassende Anforderungen zu erfüllen sind oder [...] häufiges und/oder schnelles Einschreiten“[622] erforderlich ist.[623] Dieser Aussage ist zu entnehmen, dass die Kommission das sektorspezifische Regulierungsrecht grundsätzlich auch für die schnellere und unkompliziertere Lösung des Marktversagens hält, zumindest, wenn das Marktversagen als eine Art zu behebende Daueraufgabe erscheint, der nicht nur mithilfe der Ex-post-Eingriffsmechanismen des allgemeinen Wettbewerbsrechts begegnet werden kann. Kritisch wird hier jedoch gesehen, dass diese Fälle auch effizient durch das allgemeine Wettbewerbsrecht gelöst werden können und diese daher nicht ohne Weiteres als „Alleinstellungsmerkmale“

622 Erwägungsgrund Nr. 16 der Empfehlung 2014/710/EU.

623 Erwägungsgrund Nr. 13 der Empfehlung 2007/879/EG (ABl. EU 2007 Nr. L 344, S. 65); vgl. auch die in BT-Drucks. 15/2316 vom 09.01.2004 vorgesehene Legaldefinition des funktionsfähigen Wettbewerbs in § 3 Nr. 10, S. 61 zu § 10; sowie *Krüger*, K&R Beil. 1/2003, 9 (18) und *Klotz*, ZWeR 2003, 283 (294, 313 ff.). Vgl. ferner etwa RegTP, Festlegung v. 20.04.2005 – BK 1-04/001, S. 29 f.; BNetzA, Festlegung v. 24.06.2005 – BK 1-04/002, S. 81 f.; auch das VG Köln, Urt. v. 01.03.2007 – 1 K 4148/06 Rn. 78 – zitiert nach juris; VG Köln, Urt. v. 08.03.2007 – 1 K 3918/06 Rn. 58 – zitiert nach juris.

für das Regulierungsrecht angeführt werden können.[624] Dabei wird außer Acht gelassen, dass eine ex ante geprägte Regulierung das Problem des Marktversagens schon an seiner Wurzel ergreift und nicht nur die Symptome, wie es das allgemeine Wettbewerbsrecht versucht, beseitigt. Das allgemeine Wettbewerbsrecht kann folglich nur noch dort Erfolg versprechen, wo wettbewerbswidrige Verhaltensweisen oder das Marktversagen lediglich kurzfristig auftreten. Ist der Prozess des Marktversagens jedoch schon so weit fortgeschritten, dass mit den Instrumenten des Wettbewerbsrechts ein wettbewerbsfähiger Markt nicht mehr her- bzw. sichergestellt werden kann, kommt das Regulierungsrecht zur Anwendung.

Wurde anhand des 3-Kriterien-Testes die Anwendbarkeit der Marktregulierungsvorschriften bejaht, wurde damit zugleich auch eine Aussage über die Effizienz des Wettbewerbs- und des Regulierungsrechts getroffen. Das Regulierungsrecht stellt dann das effizientere Recht zur Kontrolle des Marktes dar. Aus Effektivitätsgründen wäre es sinnlos, auch das weniger effizientere Wettbewerbsrecht neben dem Regulierungsrecht in seiner Anwendung aufrechtzuerhalten. Unter diesem Aspekt kann somit von einer Verdrängung des Wettbewerbsrechts im Bereich der Marktregulierung ausgegangen werden.

d. Gesetzesbegründung zu § 10 TKG

Die Gesetzesbegründung zu § 10 TKG stellt klar, dass eine sektorspezifische Regulierung nach dem TKG „allein auf die Fälle beschränkt ist, in denen kein funktionsfähiger Wettbewerb besteht und dieser nur bei Anwendung der spezifischen Regulierungsinstrumente des 2. Teils hergestellt werden kann. Weist der untersuchte Markt dagegen trotz des Bestehens beträchtlicher Marktmacht funktionsfähigen Wettbewerb auf, unterliegt er dem allgemeinen Wettbewerbsrecht“[625]. Das Regulierungsrecht kommt dann nicht zur Anwendung. Dies deckt sich in verkürzter Form mit dem Aussagegehalt der Erwägungsgründe der Richtlinien.

Daneben geht aus der Gesetzesbegründung zu § 10 TKG hervor, dass das Regulierungsrecht dann zur Anwendung kommen soll, „wenn ein häufiges Einschreiten unerlässlich [oder] ein frühzeitiges Einschreiten erforderlich ist, um Planungssicherheit und Rechtssicherheit zu schaffen, [sowie] wenn technische

---

624 Kritisch dazu *Geers*, in: Arndt/Fetzer/Scherer/Graulich, TKG, § 10 Rn. 33 mit Verweis auf *Topel*, ZWeR 2006, 27 (30 ff.), die die Qualitäten des allgemeinen Wettbewerbsrechts betonen.

625 BT-Drucks. 15/2316 vom 09.01.2004, S. 61 zu § 10.

Parameter fortlaufend überwacht werden müssen oder umfangreiche Kostenermittlungen erforderlich sind"[626]. Es werden Kriterien aufgestellt, die ein Versagen des Wettbewerbsrechts indizieren. Dies zeigt, dass die Regulierung eine gegenüber der allgemeinen Wettbewerbsaufsicht nach dem Wettbewerbsrecht schnellere und länger anhaltende Kontrolle des betreffenden Marktversagens ermöglicht. Dies lässt auch Rückschlüsse auf eine sachnähere und daher kompetentere Regulierungsbehörde zu, ohne die das Problem des Marktversagens nicht besser, langfristiger und schneller gelöst werden kann.

Die Gesetzesbegründung zeigt zwar auf, wann es zur Regulierung nach dem TKG kommen soll. Wie sich die Eröffnung des Anwendungsbereichs der Marktregulierungsvorschriften auf das Verhältnis zur Anwendung des Wettbewerbsrechts auswirkt, ergibt sich jedoch nicht eindeutig aus ihr. Aus den in der Gesetzesbegründung genannten Kriterien des frühzeitigen, schnellen Einschreitens und der Planungssicherheit folgt jedoch eine Tendenz, das Wettbewerbsrecht in seiner Anwendung neben dem Regulierungsrecht auszuschließen, um die Vorteile des Regulierungsrechts nicht zu unterlaufen.

e. *Erstreckung auch auf die Ex-post-Kontrolle nach den §§ 28, 42 TKG?*

Abschließend ist noch festzustellen, worauf sich die Wirkung des § 10 Abs. 2 Satz 1 TKG erstreckt. Fraglich ist, ob sich § 10 Abs. 2 Satz 1 TKG nur auf die Vorabregulierung, d. h. auf die Ex-ante-Kontrolle, bezieht und daher für die Ex-post-Missbrauchsaufsicht nach den §§ 28 und 42 TKG ohne Bedeutung ist. Zwar spricht für eine solche Annahme, dass das Nichtausreichen des allgemeinen Wettbewerbsrechts zunächst durch eine Ex-ante-Maßnahme ausgeglichen werden kann. Auch nehmen die den Ursprung des § 10 Abs. 2 Satz 1 TKG bildenden Richtlinien nur Bezug auf eine Vorabregulierung. Daraus kann aber nicht vorschnell auf die Bedeutungslosigkeit des § 10 Abs. 2 Satz 1 TKG für die Ex-post-Kontrolle geschlossen werden. Die Einbeziehung der Ex-post-Regulierung wird nicht explizit von § 10 Abs. 2 Satz 1 TKG ausgeschlossen. Zudem werden die Marktdefinitions- und -analyseverfahren als Ausdruck des Verhältnismäßigkeitsgedankens gesehen. Dann müsste auch die Ex-post-Kontrolle nach dem TKG erfasst werden. Zudem ist zu beachten, dass sich das Marktdefinitionsverfahren gem. § 9 Abs. 1 und § 10 Abs. 2 Satz 1 TKG auf den gesamten 2. Teil des TKG bezieht und somit auch auf die Ex-post-Kontrolle nach den §§ 28 und 42 TKG.

---

626 BT-Drucks. 15/2316 vom 09.01.2004, S. 61 zu § 10.

Auch aus der Gesetzesbegründung zu § 40 TKG a. F. (jetzt § 42 TKG) folgte schon, dass „die besondere Missbrauchsaufsicht im Telekommunikationssektor (bezüglich Telekommunikationsdiensten, Universaldienstleistungen und telefonnahen Diensten) [...] auch weiterhin bei der RegTP verbleiben [soll], soweit regulierungsbedürftige Märkte betroffen sind, die nach den §§ 10 und 11 [TKG] als relevante Märkte identifiziert worden sind“[627]. Ist somit der Anwendungsbereich für die Regulierung nach den §§ 10 ff. TKG nicht eröffnet, kommt eine Ex-ante-Kontrolle sowie eine besondere Missbrauchsaufsicht nach § 48 TKG nicht in Betracht. Dasselbe muss auch für alle anderen Vorschriften des 2. Teils des TKG gelten. Sind die Voraussetzungen der §§ 10 ff. TKG nicht erfüllt, verbleibt es bei der ausschließlichen Anwendung der allgemeinen Missbrauchsaufsicht nach dem GWB.[628] Die Voraussetzungen des § 10 TKG müssen folglich auch bei der Ex-post-Kontrolle nach dem TKG erfüllt sein.[629] Eine inzidente Prüfung des 3-Kriterien-Testes und des Vorliegens beträchtlicher Marktmacht nach § 11 TKG ist nicht ausreichend. Die Regulierungsbehörde muss daher für die Durchführung einer Ex-post-Kontrolle zuvor die Regulierungsbedürftigkeit des Marktes nach den §§ 10 ff. TKG konkret festgestellt haben.[630] Wird dies bejaht, gelten die obigen Aussagen zum Verhältnis von Wettbewerbs- und Regulierungsrecht unter Beachtung des § 10 Abs. 2 Satz 1 TKG somit entsprechend auch für die Ex-post-Kontrolle des TKG im Verhältnis zum GWB.

f. Kritische Würdigung: Tendenz zum Vorrang des TKG im Bereich der Marktregulierung

Es bleibt somit festzuhalten, dass das Regulierungsrecht durch den 3-Kriterien-Test in seinem Anwendungsbereich eingeschränkt werden soll, um so die Marktüberwachung, soweit sich die Telekommunikationsmärkte zu vollumfänglich wettbewerbsfähigen Märkten entwickeln, allein durch das allgemeine Wettbewerbsrecht durchzuführen. Die Eindämmung des Anwendungsbereichs des

---

627 BT-Drucks. 15/2316 vom 09.01.2004, S. 71 zu § 40 TKG.

628 Vgl. BVerwG, Urt. v. 18.04.2007 – 6 C 21/06 = BVerwGE 128, 305 (319) = NVwZ 2007, 1321 (1322 ff.).

629 So auch *Schütz*, in: BeckTKG, § 42 Rn. 30; *Wissmann*, in: Wissmann, Telekommunikationsrecht, Kap. 5 Rn. 182; vgl. auch *Roth*, in: Scheurle/Mayen, Telekommunikationsgesetz, § 42 Rn. 8 m.w.N.

630 Vgl. BVerwG, Urt. v. 18.04.2007 – 6 C 21/06 = BVerwGE 128, 305 (319) = NVwZ 2007, 1321 (1322 ff.); BVerwG, Urt. v. 19.09.2007 – 6 C 34/06 = NVwZ 2008, 84, (85); *Heun*, CR 2004, 893 (906); *Robert*, K&R 2005, 354 (358); *Schmidt-Volkmar*, Das Verhältnis, S. 87 f.; vgl. dazu auch *Gersdorf*, in: Säcker, TKG, § 42 Rn. 10 f.

Regulierungsrechts spricht u. a. für die Einhaltung des Verhältnismäßigkeitsgrundsatzes.[631] Die Regulierung soll nur in Maßen zur Anwendung kommen und dies eben nur dann, wenn das Wettbewerbsrecht „versagt". Unter dem Aspekt der Verhältnismäßigkeit sowie aus Effektivitätsgründen zeichnet sich allerdings eine Tendenz zur Vorrangwirkung des TKG im Bereich der Marktregulierung ab. Wie dargestellt, würde es keinen Sinn ergeben, ein weniger effektives Mittel, das allein nicht geeignet ist, dem Marktversagen entgegenzuwirken, neben dem Regulierungsrecht aufrechtzuerhalten.

Auf der anderen Seite kommt dem Regulierungsrecht somit aber auch eine unterstützende Funktion zu. Es soll die Lücken, die das allgemeine Wettbewerbsrecht lässt, schließen, um so dem Marktversagen effektiv entgegenzuwirken. Diese unterstützende bzw. ergänzende Funktion kann jedoch, wie aufgezeigt, zunächst eindeutig nur für die Ex-ante-Kontrolle nach dem TKG gelten. Aus der ergänzenden Funktion lässt sich jedoch weder eindeutig auf eine parallele noch auf eine vorrangige oder verdrängende Anwendbarkeit des TKG im Verhältnis zum allgemeinen Wettbewerbsrecht schließen. Auch dass die sektorspezifische Regulierung im Bereich der Telekommunikation abgebaut werden soll, kann, wie dargestellt, sowohl für als auch gegen eine parallele Anwendung von allgemeinem Wettbewerbsrecht und sektorspezifischer Regulierung sprechen. Die durch § 10 Abs. 2 Satz 1 letzter HS. TKG bestätigte Effizienz und Erforderlichkeit des Regulierungsrechts im Falle des Nichtausreichens des allgemeinen Wettbewerbsrechts spricht, wie dargestellt, jedoch für einen Vorrang des TKG.

Teilweise wird die sektorspezifische Regulierung nicht nur als lex specialis – aufgrund des § 2 Abs. 4 TKG –, sondern aufgrund des § 10 Abs. 2 Satz 1 TKG auch als subsidiär zum allgemeinen Wettbewerbsrecht angesehen.[632] So entfalten die sektorspezifischen Regelungen des TKG gegenüber dem allgemeinen Wettbewerbsrecht nur dann eine Lex-specialis-Wirkung, so dass das allgemeine Wettbewerbsrecht ausgeschlossen werde, wenn nach der Prüfung des 3-Kriterien-Testes des § 10 Abs. 2 Satz 1 TKG die Anwendung der sektorspezifischen Regulierung notwendig ist.[633] Zudem wird dabei angemerkt, dass die

631 Vgl. Erwägungsgrund Nr. 16 der Empfehlung 2014/710/EU; *Holdampf-Wendel/Elkettani*, in: Säcker, TKG, Vor § 9 Rn. 19, der in § 10 Abs. 2 Satz 1 TKG; *Schütz*, in: BeckTKG, § 10 Rn. 21.

632 *Scheurle*, in: Scheurle/Mayen, Telekommunikationsgesetz, 2. Aufl., § 2 Rn. 17.

633 *Scheurle*, in: Scheurle/Mayen, Telekommunikationsgesetz, 2. Aufl., § 2 Rn. 17.

§§ 10 und 11 TKG diejenigen ausdrücklich abschließenden Normen nach § 2 Abs. 3 TKG darstellen, die dieser fordert.[634]

Cornils sieht die §§ 10 ff. TKG als eine Art Wegweiser, der „die Maßstäbe und Formen das Verfahren für die Weichenstellung zwischen den Pfaden, die entweder in das Regime des allgemeinen Wettbewerbsrechts führen oder aber in den Bereich der sektorspezifischen Regulierung", aufzeigt.[635] Reicht nach dem § 10 Abs. 2 Satz 1 TKG das allgemeine Wettbewerbsrecht nicht aus, sei damit zugleich „ein Maßstabwechsel und der Verlust der eigenen Zuständigkeit des BKartA verbunden" [636].

§ 10 Abs. 2 Satz 1 TKG spielt somit bei der Beantwortung der Frage um die parallele Anwendung von Wettbewerbs- und Regulierungsrecht eine wesentliche Rolle. Aus ihm lässt sich eine Tendenz zur verdrängenden Wirkung des TKG gegenüber dem GWB ableiten. Ist § 10 Abs. 2 Satz 1 TKG positiv und somit zugunsten der Anwendung der Marktregulierungsvorschriften nach dem 2. Teil des TKG erfüllt, liegt es nicht fern, den Vorschriften der Marktregulierung nach dem TKG eine gegenüber dem allgemeinen Wettbewerbsrecht ausschließende Wirkung zuzubilligen.[637] Dies ergibt sich auch aus dem schon in Kapitel 1 abstrakt dargestellten Verhältnis von Wettbewerb- und Regulierungsrecht. Dort wurde bereits festgestellt, dass das Regulierungsrecht immer dann zum Zuge kommen soll, wenn es um die Beseitigung eines Marktversagens aufgrund vorherrschender Monopolstrukturen geht. Dargestellt wurde auch, dass sich Marktversagen in den Infrastrukturbereichen gerade durch das Fehlen eines funktionsfähigen Wettbewerbs auszeichnet. Das Wettbewerbsrecht, das in erster Linie allerdings einen solchen funktionsfähigen und damit bestehenden Wettbewerb schützen möchte, kann in diesem Fall schon aufgrund der Ziel- und Zweckrichtung nicht mehr eingreifen. Liegt ein dauerhaftes, durch die Instrumente des allgemeinen Wettbewerbsrechts nicht mehr zu regulierendes Marktversagen vor, wird damit zugleich auch ein Versagen des Wettbewerbsrechts indiziert. Versagt das Wettbewerbsrecht, kann nicht mehr von einer weiterhin bestehenden Anwendbarkeit ausgegangen werden. Das Regulierungsrecht springt in diesen Situationen als

634 *Scheurle*, in: Scheurle/Mayen, Telekommunikationsgesetz, 2. Aufl., § 2 Rn. 17, der so noch zu § 2 Abs. 3 TKG a. F. argumentierte, so ähnlich auch *Cornils*, in: BeckTKG, § 2 Rn. 100.

635 *Cornils*, in: BeckTKG, § 2 Rn. 100.

636 *Cornils*, in: BeckTKG, § 2 Rn. 100.

637 Dazu konkret unter Kapitel 2/B./III./2./c./cc.

„Retter des Wettbewerbs" ein. § 10 Abs. 2 Satz 1 a. E. TKG steht somit für einen Vorrang des TKG im Bereich der Marktregulierung.

7. *Zwischenfazit: Vorrangwirkung zugunsten des TKG*

Das Ergebnis der vorgenannten Darstellung ist eine – zumindest partielle – Vorrangwirkung des TKG. Es findet somit keine grenzenlose parallele Anwendung von Wettbewerbs- und Regulierungsrecht im Telekommunikationssektor statt, soweit abschließende Regelungen[638] vorhanden sind. Die grundsätzlich bestehende sowie die Ausgangslage des Verhältnisses von TKG und GWB bildende parallele Anwendung wird durch § 2 Abs. 4 TKG bestätigt und zugleich mit den in Verbindung zu § 2 Abs. 4 Satz 1 TKG stehenden „abschließenden Regelungen" durchbrochen. Die Parallelitätsthese kann aufgrund der Gesetzesmaterialien, der Einrichtung einer eigenen Regulierungsbehörde, dem speziellen Anwendungsbereich der Marktregulierungsvorschriften nach den §§ 10, 11 TKG sowie der sonderkartellrechtlichen Ausrichtung des TKG nicht aufrechterhalten werden. Zugegebenermaßen ist der Wortlaut des § 2 Abs. 4 TKG und somit der Ausgangspunkt der Diskussion um die parallele Anwendung von TKG und GWB, insbesondere unter Betrachtung des Wortlautes des § 111 Abs. 1 und 2 EnWG, unglücklich formuliert. Aber auch dessen Wortlautauslegung zeigte, dass dieser nicht nur oberflächlich betrachtet werden sollte. Die aufgezeigte Interpretation des § 2 Abs. 4 Satz 1 TKG zeigte zudem, dass die für § 2 Abs. 4 Satz 1 TKG charakteristischen Merkmale nicht getrennt voneinander zu beurteilen sind. Die Merkmale des § 2 Abs. 4 Satz 1 TKG ergeben nur in ihrer Kombination Sinn und Wirkung. Es ist somit auf die Verbindung des Merkmals „ausdrücklich abschließender Regelung" und dem „Soweit-Satz" abzustellen, so dass schlussendlich weder davon ausgegangen werden kann, dass „ausdrücklich" im Sinne des § 2 Abs. 4 Satz 1 TKG im Sinne einer wörtlichen Nennung im Gesetzestext verstanden werden kann, noch, dass es zurzeit keine „ausdrücklich abschließenden Regelungen" gibt, die dem „Soweit-Satz" eine Bedeutung zukommen lassen.

Auch die im Rahmen der Parallelitätsthese angeführten Vergleiche mit § 111 Abs. 2 EnWG, § 128 TKG und § 185 Abs. 3 GWB konnten nicht überzeugen. Eine parallele Anwendung von GWB und TKG ergibt sich aus ihnen nicht.

Im weiteren Verlauf dieser Arbeit wird somit von einem Vorrang des TKG ausgegangen. Auf welche Art und Weise sich dieser Vorrang vollzieht (unter II.), welche Vorschriften des TKG abschließend im Sinne des § 2 Abs. 4 Satz 1 TKG

638 Diese sind im Folgenden zu untersuchen.

sind und worin letztendlich der Anwendungsbereich des GWB im TK-Sektor und die Zuständigkeit der Kartellbehörden bestehen (unter III.), wird im Folgenden dargestellt.

II. Wirkung des § 2 Abs. 4 Satz 1 TKG – Art und Weise des Vorrangs

§ 2 Abs. 4 TKG regelt nach seinem zuvor ausgelegten Wortlaut und unter Betrachtung der Systematik und der entsprechenden Gesetzesmaterialien, wann die Vorschriften des GWB neben denen des TKG anwendbar bleiben. Er stellt eine gesetzlich fixierte Kollisionsregelung dar. Die Vorschriften des GWB bleiben so lange in ihrer zum TKG grundsätzlich parallelen Anwendung unberührt, bis im TKG abschließende Regelungen ausdrücklich getroffen werden. Im letzteren Fall werden sie in ihrer Anwendung berührt. Umstritten ist, wie sich die Berührung der Anwendungsbereiche und somit die abschließenden Regelungen des TKG auf die Anwendung des GWB auswirken.[639] Über die Art und Weise der Vorrangwirkung trifft § 2 Abs. 4 Satz 1 TKG auf den ersten Blick keine Aussage.[640] Die Rechtsfolgenseite des § 2 Abs. 4 Satz 1 TKG wurde im obigen Teil noch ausgeklammert. Neben einem vollkommenen Ausschluss der Anwendung der GWB-Vorschriften kommt auch eine beschränkte, d. h. subsidiäre Anwendung[641] der GWB-Vorschriften in Betracht.[642] Welche von diesen Wirkungen § 2 Abs. 4 Satz 1 TKG entfaltet, soll im Folgenden geklärt werden.

Ein Blick auf § 111 Abs. 1 Satz 1 EnWG zeigt eindeutig[643] die Nichtanwendbarkeit der §§ 19, 20 und 29 GWB auf, soweit ausdrücklich abschließende Regelungen getroffen wurden. Durch diese gewählte Formulierung wird der

639 Nach *Säcker* ist durch § 2 Abs. 4 TKG die Anwendung der allgemeinen Grundsätze von Spezialität und Subsidiarität eröffnet, in: Säcker, TKG, Einl. I, Rn. 43, 46; Holznagel/Enaux/Nienhaus, Telekommunikationsrecht, § 4 Rn. 136; *Ricke*, in: Spindler/Schuster, Recht der elektronischen Medien, § 2 TKG, Rn. 26; a. A. *Heun*, in: Heun, Hdb. Telekommunikationsrecht, Kap. G, Rn. 252; *Topel*, ZWeR 2006, 27 (47); unklar verhalten sich: *Becker*, in: Langen/Bunte, Band 2, Syst. I. Telekommunikation, Rn. 25 ff.; *Körber*, in: Immenga/Mestmäcker, Band 3, VIII. Abschnitt. Telekommunikation, Rn. 71; zu dem Problem der Verdrängungswirkung auch: *Kühne*, FS Immenga, 243 (251 ff.).

640 So auch *Schmidt-Volkmar*, Das Verhältnis, S. 111.

641 A. A. *Höppner*, Netzveränderungen im Zugangskonzept, S. 209.

642 So auch *Schmidt-Volkmar*, Das Verhältnis, S. 111; *Wissmann*, in: Wissmann, Telekommunikationsrecht, Kap. 2 Rn. 56 f.

643 Dagegen *Schmidt-Volkmar*, Das Verhältnis, S. 111 ff.

endgültige Ausschluss der kartellrechtlichen Missbrauchsaufsicht nach dem GWB deutlich. Aus ihr wird auch die partielle Lex-specialis-Wirkung des EnWG abgeleitet. Mit einer solchen Formulierung kann § 2 Abs. 4 TKG nicht punkten. Bedeutet dies, dass abschließende Vorschriften im Sinne des § 2 Abs. 4 TKG keine Lex-specialis-Wirkung gegenüber dem GWB haben? Kann daher auf die allgemeinen Kollisionsregelungen zurückgegriffen werden, um eine solche zu begründen?

Gegen die Anwendung von allgemeinen Normenkollisionsregelungen wird angeführt, dass gerade § 2 Abs. 4 Satz 1 TKG nach seinem Wortlaut die Anwendung dieser ausschließen will. Gefordert werden würde eine ausdrücklich abschließende Regelung.[644] Dabei stützt sich diese Auffassung allein auf das Merkmal „abschließende Regelung“ in § 2 Abs. 4 Satz 1 TKG. Sich allein auf diese Formulierung zu stützen, um so die Rechtsfolgenseite des § 2 Abs. 4 Satz 1 TKG zu bestimmen, setzt voraus, dass schon eindeutig feststeht, was die Rechtsfolge einer „abschließenden Regelung“ im Sinne des § 2 Abs. 4 Satz 1 TKG ist. Auf die Anwendung der Kollisionsregelung kann dann verzichtet werden. Es muss klar sein, ob die abschließenden Regelungen die Anwendung der GWB-Vorschriften vollkommen ausschließen, wie dies nach dem Lex-specialis-Grundsatz der Fall wäre, oder ob die abschließenden Regelungen nur dazu führen, dass die GWB-Vorschriften subsidiär anwendbar bleiben. Die Frage nach der Wirkung des § 2 Abs. 4 Satz 1 TKG als sektorspezifische Kollisionsnorm hängt folglich mit der Frage der Wirkung der abschließenden Regelungen zusammen.[645] Auch im Rahmen der Bestimmung der abschließenden Regelungen im Sinne des § 2 Abs. 4 Satz 1 TKG werden u. a. die Normkollisionsregelungen nach allgemeinen Grundsätzen angewendet.[646] Dies stellt jedoch nur eine Möglichkeit zur Bestimmung von „abschließenden Regelungen“ im Sinne des § 2 Abs. 4 Satz 1 TKG dar. Folglich ist auch im Rahmen der Auslegung der Formulierung „abschließender Regelungen“ im Sinne des § 2 Abs. 4 Satz 1 TKG nicht ganz klar, wie solche konzipiert sein müssen.[647]

644 *Schmidt-Volkmar*, Das Verhältnis, S. 105; auch *Heun* spricht sich gegen die Anwendung von Subsidiarität und Spezialitäts-Grundsätzen aus, in: Heun, Hdb. Telekommunikation, Kap. G, Rn. 252.

645 *Sennekamp* weist in diesem Zusammenhang auf Überschneidungen hin, in: Der Diskus, S. 34.

646 Dazu unter Kapitel 2/B./III. mehr.

647 Vgl. dazu *Sennekamp*, Der Diskurs, S. 30.

Allein aus dem Merkmal „abschließende Regelungen“ des § 2 Abs. 4 Satz 1 TKG können die Rechtsfolgen dieser sektorspezifischen Kollisionsnorm nicht eindeutig festgestellt werden. So werden für die Bestimmung der Rechtsfolgenseite des § 2 Abs. 4 TKG weitestgehend die allgemeinen Normkollisionsregeln angewendet.[648] Viele wenden dabei den Lex-specialis-Gedanken an.[649] Teilweise geschieht dies ohne nähere Erläuterung, so dass eine aus § 2 Abs. 4 TKG folgende Lex-specialis-Wirkung einfach vorausgesetzt wird.[650] Andere sehen in § 2 Abs. 4 TKG nur eine beschränkte Anwendung des GWB im Falle von abschließenden Regelungen. Sie gehen von einer – neben den abschließenden Regelungen des TKG – bestehenden subsidiären Anwendung aus.[651] So soll schon der Wortlaut des § 2 Abs. 4 Satz 1 TKG für eine subsidiäre Anwendung des GWB sprechen.[652] Die subsidiäre Wirkung des Vorrangs an der Wortwahl „soweit“ festzumachen[653], überzeugt nicht. Der „Soweit-Satz“ unterstreicht zum einen die grundsätzlich parallele Anwendung der Gesetze und zum anderen leitet er die Durchbrechung dieser grundsätzlichen Parallelität ein. Auf welche Art und Weise diese Durchbrechung wirkt, geht aus ihm noch nicht hervor. Eine subsidiär bestehende Anwendung der GWB-Vorschriften würde auch das Problem einer doppelten Behördenzuständigkeit sowie das daraus resultierende Risiko divergierender Entscheidungen nicht auflösen. Die Kartellbehörden würden nach dem subsidiär anwendbaren GWB immer dann eingreifen, wenn die Regulierungsbehörde keine Maßnahme nach dem TKG ergriffen hat oder dies trotz Regulierungsbedürftigkeit nach § 10 TKG nicht konnte, da die Vorschriften

---

648 *Säcker*, in: Säcker, TKG, Einl. I, Rn. 46; *Rosengarten*, Missbrauchsaufsicht im TKG 2004, S. 203; *Mayen*, CR 2005, 21 (26); *Ricke*, in: Spindler/Schuster, Recht der elektronischen Medien, § 2 TKG, Rn. 26; *Holznagel/Enaux/Nienhause*, Telekommunikationsrecht, § 4 Rn. 136; *Cornils*, in: BeckTKG, § 2 Rn. 98; *Schmidt-Volkmar*, Das Verhältnis, S. 114; einen Überblick dazu gibt *Sennekamp*, Der Diskurs, S. 32 ff.

649 *Säcker*, in: Säcker, TKG, Einl. I, Rn. 46; *Höppner*, Netzveränderungen im Zugangskonzept, S. 209 f.; *Rosengarten*, Missbrauchsaufsicht im TKG 2004, S. 203; *Mayen*, CR 2005 21 (26); *Schreiber*, Zusammenspiel, S. 133 ff.; *Körber*, in: Immenga/Mestmäcker, Band 3, VIII. Abschnitt. Telekommunikation, Rn. 71.

650 *Ricke*, in: Spindler/Schuster, Recht der elektronischen Medien, § 2 TKG, Rn. 26; *Holznagen/Enaux/Niehaus*, Telekommunikationsrecht, § 4 Rn. 136; *Mayen*, CR 2005, 21 (26).

651 *Paulweber*, Regulierungszuständigkeiten, S. 56; *Schmidt-Volkmar*, Das Verhältnis, S. 113 ff.; teilweise auch *Schreiber*, Zusammenspiel, S. 144, 147, 152 ff.; *Wissmann*, in: Wissmann, Telekommunikationsrecht, Kap. 2 Rn. 56.

652 Kritisch *Schmidt-Volkmar*, Das Verhältnis, S. 114.

653 So *Schmidt-Volkmar*, Das Verhältnis, S. 114.

des TKG nicht greifen. Die Kartellbehörden würden danach auf „Abruf" tätig werden. Eine doppelte, wenn auch subsidiäre und somit nachrangige Behördenzuständigkeit, würde weiterhin bestehen. Dies kann verwaltungstechnisch und gesetzgeberisch nicht gewollt sein. Zum anderen ist fraglich, ob neben den Vorschriften des TKG überhaupt noch ein subsidiärer Anwendungsbereich für das GWB verbleibt. Wenn die vorrangigen Regelungen des TKG abschließend sind, werden sie den betreffenden Sachverhalt definitiv, endgültig und entscheidend regeln.[654] Die GWB-Vorschriften hätten dann keine eigenen Anwendungsfälle im Rahmen der Anwendung der abschließenden TKG-Vorschriften[655], auch wenn diese nicht eingreifen.[656] Eine verbleibende subsidiäre Anwendung des GWB würde daher gegen den Wortlaut des § 2 Abs. 4 TKG sprechen, der abschließende Regelungen fordert.

Auf der Rechtsfolgenseite kann § 2 Abs. 4 Satz 1 TKG daher nur dahingehend interpretiert werden, dass sich die Wirkung der abschließenden Regelungen nach dem Lex-specialis-Verhältnis bestimmt. Der aus § 2 Abs. 4 Satz 1 TKG folgende Vorrang schließt somit die Anwendung der entsprechenden GWB-Vorschriften endgültig aus.

III. Abschließende Regelungen und verbleibende Zuständigkeit der Kartellbehörden

Zuvor wurde herausgearbeitet, was sich aus den §§ 2 Abs. 4, 10 Abs. 2 Satz 1 TKG zu dem Verhältnis des TKG gegenüber dem allgemeinen Wettbewerbsrecht ableiten lässt: Eine – zumindest partielle – Spezialität des TKG. Das Spezialitätsverhältnis zugunsten des Regulierungsrechts besteht auch im Bereich der Telekommunikation nicht ausnahmslos. Nach § 2 Abs. 4 Satz 1 TKG kommt es nur dann in Betracht, wenn „ausdrücklich abschließende Regelungen" vorliegen. Fraglich ist, welche Regelungen des TKG durch Auslegung als abschließende Regelungen im Sinne des § 2 Abs. 4 TKG gegenüber dem GWB zu qualifizieren sind. § 2 Abs. 4 Satz 1 TKG ist weit gefasst. Er bezieht sich auf das gesamte GWB. Anders als § 111 Abs. 1 Satz 1 EnWG bezieht sich § 2 Abs. 4 TKG nicht auf bestimmte Regelungen des GWB. Aus § 10 Abs. 2 Satz 1 TKG lässt sich aber schon die Vermutung ableiten, dass die Vorschriften des 2. Teils des TKG, und

654 Dazu sogleich unter Kapitel 2/B./III.

655 So i. E. auch *Höppner*, der sich für eine vollständige Verdrängung der §§ 19, 20 GWB entscheidet, in: Netzveränderungen im Zugangskonzept, S. 210.

656 So *Säcker* zum EnWG, in: Berliner Kommentar zum Energierecht, Band 1, Teil 2, § 111 EnWG, Rn. 8.

somit die Vorschriften über die Marktregulierung, die Anwendung des GWB verdrängen können. Welche Vorschriften des TKG gegenüber denen des GWB abschließend sind, ist in diesem Abschnitt zu klären (dazu unter 2.). Eng verbunden mit der Frage der materiellen Anwendung der Kartell- und Regulierungsvorschriften ist die Frage nach der daraus folgenden Behördenzuständigkeit, die zuvor dargestellt werden soll (dazu unter 1.).

1. Unberührte Behördenzuständigkeit im Sinne des § 2 Abs. 4 Satz 2 TKG

Neben der das materielle Verhältnis von TKG zum GWB betreffenden Regelung in § 2 Abs. 4 Satz 1 TKG enthält § 2 Abs. 4 Satz 2 TKG auch eine Regelung zum formellen Verhältnis der Behördenzuständigkeit. Danach werden die Aufgaben und Zuständigkeiten des BKartA durch die Vorschriften des TKG nicht berührt.

Auch § 2 Abs. 4 Satz 2 TKG folgt dem Grundsatz der parallelen Anwendung von Wettbewerbs- und Regulierungsrecht.[657] Danach sollen – entsprechend den materiellen Vorschriften – auch die Aufgaben und Zuständigkeiten der Kartellbehörden unberührt bleiben. Dies lässt darauf schließen, dass auch im Rahmen des TKG von einer Gleichwertigkeit der Behörden ausgegangen wird, so dass diese grundsätzlich auch parallel zuständig sind und somit eine Doppelkontrolle möglich ist. Das BKartA ist somit auch im Telekommunikationssektor für die Anwendung der GWB-Vorschriften zuständig und nimmt die sich aus dem GWB ergebenden Aufgaben wahr. Aus dem Verhältnis des § 2 Abs. 4 Satz 1 TKG zu Satz 2 ergibt sich, dass die Zuständigkeit des BKartA bestehen bleibt, wenn das TKG einen bestimmten Sachverhalt nicht abschließend regelt und somit die Anwendung der GWB-Vorschriften nach § 2 Abs. 4 Satz 1 TKG nicht ausschließt.[658] Denn nur, wenn die GWB-Vorschriften auch in materieller Hinsicht zur Anwendung gelangen, kann das BKartA in formeller Hinsicht zuständig sein. Daraus folgt, dass die Regulierungsbehörden und die Kartellbehörden nebeneinander zuständig sind, soweit keine abschließenden Regelungen im TKG getroffen wurden.

---

657 So auch *Säcker*, in: Säcker, TKG, § 2 Rn. 25.

658 So auch *Schreiber*, Zusammenspiel, S. 129; *Wilms*, in: Wilms/Masing/Jochum, Telekommunikationsgesetz, § 2 Rn. 39.

2. *„Abschließende Regelungen" im Sinne des § 2 Abs. 4 Satz 1 TKG*

Folgt die Rechtsfolge des sich aus § 2 Abs. 4 TKG ergebenden Vorrangs zugunsten des TKG der Lex-specialis-Wirkung, ist nun die Frage, welche Regelungen des TKG als ausdrücklich abschließend im Sinne des § 2 Abs. 4 TKG gelten, zu klären. In der Literatur werden verschiedene Maßstäbe herangezogen, um den abschließenden Charakter einer TK-Norm zu bestimmen.[659]

Einige wenden den allgemein bekannten Lex-specialis-Grundsatz[660] an, nach dem die speziellere Norm alle oder zumindest einige Tatbestandsmerkmale[661] der Lex-generalis-Norm enthalten und zusätzlich mindestens eine weitere Voraussetzung enthalten muss, die den konkreten Sachverhalt präziser fasst.[662] Nach diesem Gedanken wäre jede Norm, die eine Missbrauchsaufsicht[663] oder eine Verhaltenskontrolle[664], vergleichbar mit der des § 19 GWB, beinhaltet, abschließend im Sinne des § 2 Abs. 4 Satz 1 TKG. In diesem Zusammenhang wird teilweise auch gefordert, dass die Voraussetzungen des § 19 GWB enger gefasst werden müssen, um einem abschließenden Charakter gerecht zu werden.[665] In gleicher Weise müsste dies auch auf das Kartellverbot nach § 1 GWB und die Fusionskontrolle nach den §§ 35 ff. GWB zutreffen.[666]

Entscheidend ist jedoch, dass die Norm „abschließend" ist.[667] Dies ist sie nach dem allgemeinen Sprachgebrauch, wenn sie endgültig einen Sachverhalt regelt. Das heißt, sie muss definitive, endgültige, ganz genaue und bestimmte Regelungen aufstellen, die die Anwendbarkeit einer anderen Norm in ihrem Anwendungsbereich ausschließen.[668]

---

659 Vgl. dazu *Sennekamp*, Der Diskurs, S. 30.

660 Zum allgemeinen lex specialis-Grundsatz: *Sternberg-Lieben/Bosch*, in: Schönke/Schröder, Strafgesetzbuch, Vor §§ 52 ff., Rn. 105.

661 *Schmidt-Volkmar*, Das Verhältnis, S. 112.

662 Für diesen Ansatz bspw. *Säcker*, in: Säcker, TKG, Einl. I, Rn. 40; *Schütz/Neumann*, in: BeckTKG, § 28 Rn. 14.

663 *Wissmann*, K&R Beih. 2/2006, 10 (13); *ders.*, in: Wissmann, Telekommunikationsrecht, Kap. 2 Rn. 56.

664 *Säcker*, in: Säcker, TKG, Einl. I, Rn. 44; *Holznagel/Enaux/Niehaus*, Telekommunikationsrecht, § 4 Rn. 136; *Ludwigs*, WuW 2008, 534 (539); *Paulweber*, Regulierungszuständigkeiten, S. 56 f.

665 *Säcker*, in: Säcker, TKG, Einl. I, Rn. 47; *Cornils*, in: BeckTKG, § 2 Rn. 98; *Ludwigs*, WuW 2008, 534 (539).

666 Das diese jedoch kein telekommunikationsrechtliches Pendant haben, wird sogleich dargestellt.

667 So auch *Schreiber*, Zusammenspiel, S. 124.

668 Vgl. auch *Wank*, Die Auslegung von Gesetzen, S. 101 ff.

Die Anwendung des Lex-specialis-Grundsatzes führt zu einer solchen abschließenden Bestimmung. Da schon mit § 2 Abs. 4 Satz 1 TKG eine eigenständige Kollisionsregelung geschaffen wurde, die einen Ausschluss der Anwendung der GWB-Vorschriften dem Lex-specialis-Grundsatz entsprechend vorsieht, kommt es nicht mehr entscheidend auf die Wirkung der abschließenden Regelung selbst an. Es ist somit nicht zwingend erforderlich, dass die „abschließenden Regelungen" im Sinne des § 2 Abs. 4 Satz 1 TKG nur dann abschließend sind, wenn sie selbst lex specialis zu den Vorschriften des GWB im Sinne des Lex-specialis-Grundsatzes sind. Daneben können auch solche Normen „abschließend" sein, die nicht lex specialis zu den Vorschriften des GWB sind. Der Lex-specialis-Grundsatz stellt nur eine mögliche Herangehensweise dar, die abschließenden Regelungen des TKG zu bestimmen. Auch andere Merkmale einer Vorschrift können diese als „abschließend" im Sinne des § 2 Abs. 4 Satz 1 TKG qualifizieren.

Daher gehen andere auch von „abschließenden Regelungen" im Sinne des § 2 Abs. 4 Satz 1 TKG aus, wenn sie detailliert ausgestaltet sind.[669] Danach sollen die Regelungen zu Fakturierung und Inkasso in § 21 Abs. 2 Nr. 7 TKG als abschließend zu bewerten sein.[670] Problematisch ist dabei jedoch die Grenzziehung der Detailliertheit. Wann ist eine Vorschrift des TKG detailliert genug, um „abschließend" gegenüber dem GWB zu sein? Dies wirft eher Folgefragen auf, als die Frage des abschließenden Charakters einer Norm hinreichend beantworten zu können. Allein auf die Detailliertheit einer TKG-Vorschrift als solche abzustellen, taugt somit nicht.

Ein abschließender Charakter wird auch dann angenommen, wenn die Vorschriften des TKG einen eigenständigen Regelungsgehalt gegenüber den Vorschriften des GWB haben.[671] Eine inhaltliche Übereinstimmung mit den GWB-Vorschriften solle der Einordnung einer TK- Vorschrift als „abschließend" im Sinne des § 2 Abs. 4 Satz 1 TKG entgegenstehen.[672] Dies würde jedoch

---

669 *Holznagel/Enaux/Nienhaus*, Telekommunikationsrecht, § 4 Rn. 136; *Ricke*, in: Spindler/Schuster, Recht der elektronischen Medien, § 2 TKG, Rn. 26; *Rosengarten*, Missbrauchsaufsicht im TKG 2004, S. 203.

670 *Holznagel/Enaux/Nienhaus*, Telekommunikationsrecht, § 4 Rn. 136; *Ricke*, in: Spindler/Schuster, Recht der elektronischen Medien, § 2 TKG, Rn. 26.

671 *Müller/Berger*, MMR 2005, 551 (555), Anm. zum LG Frankfurt a.M., Urt. v. 22. 4.2005 - 3/11 O 133/04.

672 So *Müller/Berger*, die im Falle des § 42 TKG aufgrund inhaltlicher Ähnlichkeit mit § 19 GWB eine eigenen tk-rechtliche Regelung anzweifeln und somit den „abschließenden" Charakter verneinen, in: MMR 2005, 551 (555), Anm. zum LG Frankfurt a.M., Urt. v. 22. 4.2005 - 3/11 O 133/04.

gegen den Lex-specialis-Gedanken sprechen, der für sich gesehen gerade eine abschließende Regelung i. e. S. bestimmt. Vorzugswürdiger wäre es, hier den eigenständigen Regelungsgehalt dahingehend zu verstehen und eine „abschließende Regelung" dann anzunehmen, wenn spezielle sektorspezifische Regelungen vorliegen, die das Regulierungsrecht erst zu dem machen, was es ist, und die in ihrer Ausgestaltung so nicht im GWB vorzufinden sind. Dies deckt sich auch teilweise mit der zuvor genannten Ansicht. Diese geht weiter davon aus, dass diejenigen Normen „abschließend" seien, die über den Regelungsgehalt des GWB hinausgehen[673] sowie über diejenigen, die eine ausdrückliche Befugniszuweisung an die Regulierungsbehörde beinhalten.[674] Daneben soll es auch auf die Sachnähe der Behörden ankommen.[675] Die TKG-Vorschriften sind danach dann abschließend gegenüber den GWB-Normen, wenn die BNetzA im Rahmen der Anwendung der betreffenden TKG-Vorschrift über eine erweiterte Sachkompetenz verfügt als das BKartA im Vergleich bei der Anwendung der allgemeineren GWB-Vorschriften.

Nach all dem muss zuerst nach dem Lex-specialis-Grundsatz vorgegangen werden, um eine Regelung des TKG als „abschließend" einordnen zu können. Der Weg über die Lex-specialis-Regelung lässt auf den kleinsten gemeinsamen Nenner zwischen Regulierungs- und Wettbewerbsvorschriften schließen. Er stellt dar, wo sich die kartellrechtlichen Vorschriften im TKG wiederfinden und macht zugleich ersichtlich, dass eine doppelte Anwendung von TKG und GWB überflüssig wird, wenn im TKG kartellrechtliche Regelungen näher und konkret auf den Telekommunikationssektor zugeschnitten ausgestaltet werden. Es kommt somit darauf an, ob die kartellrechtlichen Normen im Rahmen des TKG näher ausgestaltet werden, sich gleiche oder zumindest ähnliche Tatbestandsmerkmale des GWB auch im TKG wiederfinden und diese durch sektorspezifische Besonderheiten ergänzt werden. Dann ist das TKG enger und konkreter als das GWB und macht dessen Anwendung unnötig. Daneben dürfen auch Regelungen des TKG, die von denen des GWB abweichen oder die es so nicht im GWB gibt, durch eine parallele Anwendung nicht unterlaufen werden. Bestehen

673 So die ex ante-Entgeltregulierung.

674 Für die Entgeltregulierungsvorschriften als abschließende Regelungen: *Müller/Berger*, MMR 2005, 551 (555), Anm. zum LG Frankfurt a.M., Urt. v. 22. 4.2005 – 3/11 O 133/04.

675 BT-Drucks. 15/2316 vom 09.01.2004, S. 71 zu § 40; BVerwG, Urt. v. 18.04.2007 – 6 C 21/06 = BVerwGE, 128, 305 (310) = NVwZ 2007, 1321 (1322); *Gersdorf*, in: Säcker, TKG, § 42 Rn. 11 f.

sektorspezifische Regelungen, die durch die Anwendung des GWB konterkariert werden können, ist auch in diesem Falle ein abschließender Charakter zugunsten der betreffenden TKG-Normen anzunehmen. Es wird im Grunde dem gleichen Ansatz wie im EnWG gefolgt, wobei hier selbst eindeutig die abschließenden Regelungen bestimmt werden müssen.

Diese herausgearbeiteten Maßstäbe sind im Folgenden auf das Verhältnis von TKG- und GWB-Vorschiften anzuwenden.

a. § 1 GWB im Verhältnis zum TKG

Eine dem Kartellverbot nach § 1 GWB vergleichbare Regelung besteht im TKG nicht. Als natürlicher Monopolist wird gerade die eigene Marktstellung ausgenutzt, um nicht mit anderen Unternehmen verhandeln bzw. in Kontakt treten zu müssen, um so die Monopolstellung aufrechtzuerhalten und andere potenzielle Marktteilnehmer erst gar nicht oder unter erschwerten Bedingungen in den Markt und somit in den Wettbewerb eintreten zu lassen. Im Telekommunikationsbereich fehlt es aufgrund des Vorliegens natürlicher Monopolstrukturen zumeist an wettbewerbsbeschränkenden Vereinbarungen i. S. d. § 1 GWB zwischen konkurrierenden Netzbetreibern. Die Regulierung nach dem TKG zielt gerade auf Vereinbarungen – durch sog. Zugangsvereinbarungen – zwischen den Telekommunikationsunternehmen ab, um den Markt für andere Telekommunikationsunternehmen zu öffnen und einen Wettbewerb herzustellen. Die Vereinbarungen, die im Rahmen des TKG geschlossen werden, sollen nur zwischen den vertragsschließenden Parteien wirken. Ob diese Vereinbarungen sich negativ auf den Wettbewerb zu Dritten auswirken, wird – gleich dem EnWG – auch nach dem TKG nicht überprüft. Der Zweck des TKG und der des § 1 GWB, der gerade Vereinbarungen zwischen Unternehmen verhindern soll, ist unterschiedlich und findet sich im TKG nicht wieder. Mangels vergleichbarer Regelung im TKG besteht zwischen dem § 1 GWB und dem TKG keine Normenkollision, die nach dem Lex-specialis-Grundsatz gelöst werden könnte. Es besteht vielmehr ein paralleler Anwendungsbereich des § 1 GWB mit den Vorschriften des TKG. Im TKG gibt es keine Regelung, die auch ein Kartellverbot im Sinne des § 1 GWB abdecken würde. Es bestehen keine ähnlichen oder abweichenden Regelungen im TKG, die ein Kartell näher beschreiben, dieses gar billigen, vorschreiben oder auch verbieten würden. Die Normbereiche überschneiden sich daher nicht. Daraus folgt, dass Maßnahmen sowohl nach § 1 GWB von dem BKartA als auch durch die BNetzA nach dem TKG ergehen können, wenn der Anwendungsbereich für eine Regulierung nach dem TKG eröffnet und zugleich ein Verstoß gegen § 1 GWB vorliegt. Abschließende Regelungen gegenüber § 1

GWB bestehen nicht. Ein Spezialitätsverhältnis des TKG gegenüber § 1 GWB scheidet aus. § 1 GWB wird nicht durch das TKG verdrängt. Die Anwendung des § 1 GWB durch die Kartellbehörden kann parallel zur Anwendung der Vorschriften des TKG durch die Regulierungsbehörden erfolgen.

b. §§ 35 ff. GWB im Verhältnis zum TKG

Auch im Verhältnis der §§ 35 ff. GWB kommt ein Ausschluss durch das TKG nicht in Betracht. Der eingangs dargestellte unterschiedliche Anknüpfungspunkt von GWB und Regulierungsrecht – hier des TKG – zeigt sich auch in diesem Bereich. Das TKG verbietet grundsätzlich keine Zusammenschaltungen, wie sie im Falle der §§ 35 ff. GWB geregelt sind. Dies galt jedoch nicht immer. Im TKG 1996 war in § 32 ausdrücklich ein Zusammenschlussverbot geregelt. Dieses richtete sich an Lizenznehmer, die eine marktbeherrschende Stellung im Sinne des § 19 GWB innehatten. Diesen Unternehmen konnte durch die Regulierungsbehörde als Lizenzauflage aufgegeben werden, sich in Fällen einer nach § 10 TKG a. F. durchgeführten Beschränkung der Anzahl der Lizenzen nicht mit anderen Unternehmen im Sinne des § 37 Abs. 1 und 2 GWB zusammenzuschließen. § 32 TKG a. F. wurde teilweise als spezialgesetzliche Ausprägung der kartellrechtlichen Fusionskontrolle eingeordnet.[676] § 32 TKG a. F. ist im Rahmen der Novellierung des TKG 2004 entfallen. Eine vergleichbare Vorschrift ist im heutigen TKG nicht gegeben.

Das heutige TKG ist, wie gezeigt, auf eine Zusammenarbeit der Unternehmen ausgerichtet (vgl. § 16 TKG). Durch die TK-Markt-Regulierung sollen die Monopolunternehmen gerade mit den anderen Marktteilnehmern kooperieren. Es sollen individuelle missbräuchliche Verhaltensweisen des jeweils dominanteren Unternehmens unterbunden werden. Grundsätzlich kommt es nicht auf die Untersagung von Vereinbarungen zwischen Unternehmen an. Dabei ist jedoch anzumerken, dass die Regelungen des TKG nur die Zusammenarbeit der Unternehmen fördern sollen, um einen wettbewerbsfähigen Markt zu schaffen. Auf die Zusammenschaltung im Sinne einer Fusion im kartellrechtlichen Sinne ist das TKG nicht ausgerichtet. Eine Fusionskontrolle, wie sie im GWB enthalten ist, ist daher vom TKG nicht vorgesehen. Zugleich wird dadurch nicht ausgesagt, dass missbräuchliche Fusionen im Sinne der §§ 35 ff. GWB vom TKG gebilligt werden. Sie werden vielmehr nicht erfasst. Daher ist bei etwaigen fusionsrechtlich geprägten Sachverhalten ein Rückgriff auf das allgemeine Wettbewerbsrecht

676 Vgl. allein *Fischl*, Wettbewerbsaufsicht im Medienbereich, S. 133; a. A. *Paulweber*, Regulierungszuständigkeiten, S. 59.

notwendig. Auch ist das TKG nicht darauf ausgerichtet, Zusammenschlüsse in Form einer wettbewerbswidrigen Fusion nach dem GWB zu fördern, indem es solche Zusammenschlüsse genehmigt oder anordnet.

Eine Normenkollision besteht folglich auch im Bereich der kartellrechtlichen Fusionskontrollvorschriften nicht. Das TKG enthält zu diesem Regelungsbereich keine und somit auch keine „abschließenden Regelungen“ im Sinne des § 2 Abs. 4 Satz 1 TKG. Die §§ 35 ff. GWB können uneingeschränkt durch das BKartA ausgeführt und durchgesetzt werden, obwohl der Anwendungsbereich für die Regulierung nach dem TKG eröffnet sein kann. Es bestehen auch insoweit keine Abgrenzungsschwierigkeiten.[677]

c. §§ 19 f. GWB im Verhältnis zum TKG

Bislang wurde nur auf die unproblematisch parallel zum TKG anwendbaren GWB-Vorschriften eingegangen. Ein wichtiger Bestandteil des allgemeinen Wettbewerbsrechts bildet daneben auch die Missbrauchsaufsicht nach den §§ 19 f. GWB. Im Folgenden wird dargestellt, wie sich diese im Anwendungsbereich des TKG verhalten. In diesem Zusammenhang sind insbesondere die §§ 42 und 28 TKG zu betrachten. Ähnlich wie § 19 GWB regeln auch sie eine Missbrauchsaufsicht. Nachfolgend ist daher in erster Linie zu klären, wie sich die §§ 42 (dazu unter aa.) und 28 TKG (dazu unter bb.) zu den §§ 19 f. GWB verhalten. Daneben stellt sich die Frage, ob die gesamten Vorschriften des Netzzugangs- und der Entgeltregulierung gegenüber den §§ 19 f. GWB abschließend im Sinne des § 2 Abs. 4 Satz 1 TKG sind und somit die Anwendung der allgemeinen Missbrauchskontrolle aus deren Anwendungsbereich ausschließen (dazu unter cc.).

aa. §§ 19 f. GWB im Verhältnis zu § 42 TKG

§ 42 TKG befasst sich mit missbräuchlichen Verhaltensweisen von (Telekommunikations-)Unternehmen mit beträchtlicher Marktmacht und stellt die besondere Missbrauchsaufsicht nach dem TKG dar. Wie dargestellt, regeln auch die §§ 19 f. GWB den Missbrauch einer marktbeherrschenden Stellung. Fraglich ist daher, wie sich § 42 TKG zu der allgemeinen kartellrechtlichen Missbrauchsaufsicht des GWB verhält. Stellt § 42 TKG eine „abschließende Regelung“ dar, ist eine kartellrechtliche Missbrauchsaufsicht nach dem GWB gem. § 2 Abs. 4 Satz 1 TKG im Anwendungsbereich des § 42 TKG ausgeschlossen.

---

677 So auch schon *Paulweber*, Regulierungszuständigkeiten, S. 59.

Auf den ersten Blick wird deutlich, dass beide Missbrauchstatbestände mit einer Generalklausel und darauf aufbauenden Regelbeispielen ausgestattet sind. Im Wortlaut des § 42 TKG wird nicht auf das Verhältnis zum GWB eingegangen. Aus ihm kann somit zunächst nicht auf einen gegenüber der allgemeinen Missbrauchsaufsicht nach dem GWB abschließenden Charakter im Sinne des § 2 Abs. 4 TKG geschlossen werden. Eine genauere Betrachtung des § 42 TKG im Verhältnis zur allgemeinen Missbrauchsaufsicht nach dem GWB ist demzufolge vorzunehmen, um das Verhältnis durch Auslegung zu ermitteln. Die Einordnung des § 42 TKG als eine gegenüber dem GWB abschließende Regelung im Sinne des § 2 Abs. 4 Satz 1 TKG könnte sich aber hier aus der Anwendung des Lex-specialis-Grundsatzes ergeben.

(1) Die Generalklausel des § 42 Abs. 1 Satz 1 TKG im Vergleich zu § 19 Abs. 1 GWB

So fällt zunächst auf, dass die Generalklausel des § 42 Abs. 1 Satz 1 TKG an die des § 19 Abs. 1 GWB angelehnt ist.[678] Nach § 42 Abs. 1 Satz 1 TKG darf ein „Anbieter von Telekommunikationsdiensten, von Leistungen nach § 78 Abs. 2 Nr. 4 und 5 TKG oder von telekommunikationsgestützten Diensten, der über beträchtliche Marktmacht verfügt, oder ein Betreiber eines öffentlichen Telekommunikationsnetzes, der über beträchtliche Marktmacht verfügt", seine Stellung nicht missbräuchlich ausnutzen. Im Vergleich zu § 19 Abs. 1 GWB wird deutlich, dass sich Adressaten und deren Einflussqualität, d. h. ihre Stellung auf dem Markt, unterscheiden.

(a) Adressaten

§ 19 Abs. 1 GWB sieht vor, dass die missbräuchliche Ausnutzung einer marktbeherrschenden Stellung durch ein oder mehrere Unternehmen verboten ist. § 19 GWB bezieht sich somit – im Gegensatz zu § 42 TKG –grundsätzlich auf Unternehmen aller Branchen. Dass sich § 42 TKG demgegenüber nur auf Anbieter von Telekommunikationsdiensten oder Betreibern von öffentlichen Telekommunikationsnetzen beschränkt, folgt aus dem sektorspezifischen Charakter der telekommunikationsrechtlichen Regulierung.[679] Folglich ist das TKG in diesem Punkt spezieller ausgerichtet als das GWB, was für den spezialgesetzlichen

678 Zum TKG 2004: BT-Drucks. 15/2316 vom 09.01.2004, S. 71 zu § 40; *Schütz*, in: BeckTKG, § 42 Rn. 1; *Kredel*, in: Arndt/Fetzer/Scherer/Graulich, TKG, § 42 Rn. 30; *Heun*, in: Heun, Hdb. Telekommunikationsrecht, Kap. H, Rn. 634.

679 So schon *Eisenblätter*, Regulierung in der Telekommunikation, S. 141.

Charakter des TKG gegenüber dem GWB spricht. Denn das TKG gestaltet ein grundsätzlich gleiches Merkmal – das der Adressatenstellung – näher aus und konkretisiert es somit auf einen spezielleren Fall.

(b) Adressatenqualität – beträchtliche Marktmacht vs. marktbeherrschende Stellung

Daneben besteht, wie angedeutet, auch ein Unterschied in der Qualität des Adressaten. Nach dem § 42 TKG muss der Adressat des Missbrauchstatbestandes eine beträchtliche Marktmacht aufweisen. Nach § 19 GWB ist dagegen eine marktbeherrschende Stellung erforderlich. Es kommt somit einerseits auf eine beträchtliche Marktmacht und andererseits auf eine marktbeherrschende Stellung an.

Zwar ergibt sich nicht konkret aus § 42 TKG, wann ein Unternehmen in diesem Sinne beträchtliche Marktmacht aufweist. Dies lässt sich jedoch nach der Legaldefinition des § 3 Nr. 4 TKG nach § 11 Abs. 1 Satz 3 und 4 TKG bestimmen. Nach § 11 Abs. 1 Satz 3 TKG gilt ein Unternehmen „als Unternehmen mit beträchtlicher Marktmacht, wenn es entweder allein oder gemeinsam mit anderen eine der Beherrschung gleichkommenden Stellung einnimmt, das heißt eine wirtschaftlich starke Stellung, die es ihm gestattet, sich in beträchtlichem Umfang unabhängig von Wettbewerbern und Endnutzern zu verhalten". Marktbeherrschende Unternehmen, die von § 19 GWB erfasst werden, sind solche nach § 18 GWB. Ein Unternehmen ist danach marktbeherrschend, „soweit es als Anbieter oder Nachfrager einer bestimmten Art von Waren oder gewerblichen Leistungen auf dem sachlich und räumlich relevanten Markt (1.) ohne Wettbewerber ist, (2.) keinem wesentlichen Wettbewerb ausgesetzt ist oder (3.) eine im Verhältnis zu seinen Wettbewerbern überragende Marktstellung hat". Gem. § 18 Abs. 4 wird die marktbeherrschende Stellung eines Unternehmens vermutet, wenn es einen Marktanteil von mindestens 40 Prozent hat.

Beträchtliche Marktmacht stellt nach § 11 Abs. 1 Satz 3 TKG „lediglich" eine der Beherrschung gleichkommenden Stellung dar. Daraus wird zum einen deutlich, dass sich das TKG ungeachtet der Verwendung seiner eigenen Begrifflichkeit – beträchtliche Marktmacht anstatt marktbeherrschender Stellung – an das Merkmal der marktbeherrschenden Stellung aus dem GWB anlehnt. Der wettbewerbsrechtliche Bezug des sektorspezifischen Regulierungsrechts kommt auch hier wieder zum Vorschein. Zum anderen ist zu beachten, dass im TKG ausdrücklich und bewusst im Verhältnis zum GWB abweichende Begrifflichkeiten verwendet werden. Auch soll die beträchtliche Marktmacht eben nur eine der Marktbeherrschung gleichkommende Stellung sein und könne daher mit dieser nicht in Gänze übereinstimmen.[680] Aus dem Vergleich der Legaldefinition nach den §§ 3 Nr. 4, 11 Abs. 1 Satz 3 TKG mit § 18 GWB ergibt sich, dass im Rahmen des TKG von einer Stellung ausgegangen wird, die ein unabhängiges Verhalten von Wettbewerbern und Endnutzern fordert. Diese Unabhängigkeit wird jedoch meist nur dann vorliegen, wenn das Unternehmen eine gegenüber seinen (potenziellen) Wettbewerbern überragende Marktstellung hat. Somit besteht wieder eine gewisse Ähnlichkeit mit § 18 GWB.

Ein Monopolist ist auch immer zugleich marktbeherrschend.[681] Da sich das TKG zum Ziel gesetzt hat, die bestehenden monopolistischen Netzstrukturen aufzubrechen, kann das Merkmal der beträchtlichen Marktmacht im Sinne des § 42 TKG nur dahingehend verstanden werden, dass es nicht unterhalb der marktbeherrschenden Stellung i. S. d. § 19 GWB liegt. Auch ist dies schon im beabsichtigten Gleichlauf von Regulierungs- und Wettbewerbsrecht gem. Art. 15 und 16 der Rahmenrichtlinie angelegt. Es besteht somit kein signifikanter inhaltlicher Unterschied zwischen diesen beiden Merkmalen, der eine Spezialität des § 42 TKG gegenüber den §§ 19 f. GWB gefährden würde.

Es bleibt somit festzuhalten, dass die Verwendung des Kriteriums beträchtliche Marktmacht den sektorspezifischen Charakter des TKG zum zweiten Mal zum Vorschein kommen lässt und gleichzeitig eine Parallelität zu dem Merkmal der marktbeherrschenden Stellung im Sinne des GWB besteht. Das Merkmal der beherrschenden Stellung spricht somit in zweierlei[682] Hinsicht für den spezialgesetzlichen Charakter des § 42 TKG gegenüber den §§ 19 f. GWB.

(2) Regelbeispiele und Vermutungstatbestände des § 42 TKG im Vergleich zu den §§ 19 f. GWB

§ 42 TKG sieht Regelbeispiele sowie Vermutungstatbestände vor, bei denen von einem Missbrauch der marktbeherrschenden Stellung ausgegangen werden kann. Erkennbar ist, dass die in § 42 Abs. 1 Satz 2 bis Abs. 3 TKG aufgelisteten Missbrauchsfälle an die in § 19 GWB enthaltenden Missbrauchstatbeständen angelehnt sind. So sieht zunächst § 42 Abs. 1 Satz 2 1. Alt. TKG einen Missbrauch

680 *Korehnke/Ufer*, in: BeckTKG, § 11 Rn. 23 ff.; a. A. *Schütz*, in: Geppert/Schütz, BecktTKG, § 42 Rn. 31 m.w.N, der davon ausgeht, dass das Merkmal der beträchtlichen Marktmacht dem Kriterium der Marktbeherrschung des GWB entspricht; i. E. so auch *Heinen-Hosseini/Woesler*, in: Säcker, TKG, § 11 Rn. 15.

681 Vgl. oben bei Kapitel 1/A./II.

682 Unterschiedliche Begrifflichkeit, die speziell auf den TK-Markt angepasst ist, aber zugleich auch Überschneidung mit dem Merkmal der marktbeherrschenden Stellung.

insbesondere dann als gegeben an, wenn andere Unternehmen unmittelbar oder mittelbar unbillig behindert oder deren Wettbewerbsmöglichkeiten ohne sachlich gerechtfertigten Grund erheblich beeinträchtigt werden. Die telekommunikationsrechtliche Missbrauchskontrolle sieht somit ähnlich dem § 19 Abs. 2 Nr. 1 1. HS. GWB ein Behinderungs- sowie ein Beeinträchtigungsverbot vor.[683] Dem offenen Wortlaut des § 42 Abs. 1 Satz 2 TKG nach wird sowohl das Horizontal-[684] als auch das Vertikalverhältnis[685] erfasst.

(3) *Zwischenfazit: § 42 TKG ist gegenüber den §§ 19 f. GWB abschließend*

Zwar ergibt sich auf den ersten Blick ein Gleichlauf der Anwendungsbereiche von den §§ 19, 20 GWB und § 42 TKG. Daher könnte auch von einer parallelen Anwendung der beiden Regelungsbereiche ausgegangen werden. Bei genauerer Betrachtung wird jedoch klar, dass die besondere Missbrauchsaufsicht des § 42 TKG im Verhältnis zur allgemeinen Missbrauchsaufsicht nach dem GWB spezialgesetzlich im Sinne des Lex-specialis-Grundsatzes und somit auch abschließend[686] ausgestaltet ist. So werden neben dem begrenzten Anwendungsbereich des § 42 TKG, der nur im Rahmen der §§ 10 ff. TKG zur Anwendung kommt, dem speziellen Adressatenkreis sowie durch die Vermutungsregelungen in den Abs. 2 bis 3 deutlich, dass hier die sektorspezifischen Besonderheiten der telekommunikationsrechtlichen Regulierung behandelt werden sollen. Die allgemeingehaltenen Tatbestandsvoraussetzungen der §§ 19, 20 GWB werden in § 42 KG sektorspezifisch näher konkretisiert.[687] Nicht zuletzt wird auch aus der Regierungsbegründung zu § 19 Abs. 4 Nr. 4 GWB a. F. deutlich, dass die Regulierungsbehörden die Missbrauchsaufsicht im Bereich der Telekommunikation übernehmen und für diese ausschließlich und abschließend zuständig sind, so dass es eines Rückgriffs auf die allgemeine Missbrauchsaufsicht nach dem GWB gegenwärtig nicht bedarf.

---

683 Vgl. *Schütz*, in: BeckTKG, § 42 Rn. 44, 91; *Kredel*, in: Arndt/Fetzer/Scherer/Graulich, TKG, § 42 Rn. 36, 40; *Gersdorf*, in: Säcker, TKG, § 42 Rn. 29; *Heun*, in: Heun, Hdb. Telekommunikationsrecht, Kap. H, Rn. 634.

684 *Kredel*, in: Arndt/Fetzer/Scherer/Graulich, TKG, § 42 Rn. 38.

685 *Kredel*, in: Arndt/Fetzer/Scherer/Graulich, TKG, § 42 Rn. 39; a. A. *Paulweber*, Regulierungszuständigkeiten, S. 70; *Trute*, in: Trute/Spoerr/Bosch, Telekommunikationsgesetz, § 2 Rn. 34; *Säcker*, in: Säcker, TKG, Einl. I, Rn. 44 m.w.N.

686 Statt vieler *Säcker*, in: Säcker, TKG, Einl. I, Rn. 47; *Gersdorf*, in: Säcker, TKG, § 42 Rn. 12.

687 So auch *Säcker*, in: Säcker, TKG, Einl. I, Rn. 47.

Die besondere Missbrauchsaufsicht nach § 42 TKG ist folglich lex specialis zu den kartellrechtlichen Regelungen der §§ 19, 20 GWB.[688] § 42 TKG stellt eine abschließende Regelung im Sinne des § 2 Abs. 4 Satz 2 TKG dar. Die Anwendung der §§ 19 f. GWB ist im Bereich der Anwendung des § 42 TKG ausgeschlossen.

(4) *Anwendungsbereich des § 42 TKG und Reichweite des Ausschlusses der §§ 19 f. GWB*

Zu beachten ist, dass § 42 TKG trotz seiner Überschrift – Besondere Missbrauchsaufsicht – nur eine Generalklausel mit Auffangcharakter darstellt.[689] Die Missbrauchsaufsicht nach § 42 TKG kommt nur dann zur Anwendung, wenn keine speziellere Missbrauchsaufsicht oder regulierungsbehördliche Anordnung ergeht. Aufgrund des allgemeinen Charakters des § 42 TKG wird dieser häufig verdrängt.[690] Es ist somit fraglich, wieweit der Anwendungsbereich des § 42 TKG und der daraus folgende Ausschluss der Anwendung der §§ 19 f. GWB nach § 2 Abs. 4 Satz 1 TKG reicht.

(a) *Anwendbarkeit auf die Netzzugangsregulierung*

Die Zugangsregulierung ist in den §§ 16 ff. TKG geregelt. Die Bestimmungen sollen, entsprechend der Ausrichtung der Regulierungsgesetze an sich, potenziellen Wettbewerbern den Zugang zu den bestehenden Infrastrukturnetzen im Bereich der Telekommunikation ermöglichen, um so einen chancengleichen Wettbewerb sicherzustellen und wettbewerbsorientierte Märkte der Telekommunikation nachhaltig zu fördern.[691] So besteht nach § 16 TKG für die Betreiber der öffentlichen Telekommunikationsnetze eine Zusammenschaltungsverpflichtung mit anderen Betreibern öffentlicher Telekommunikationsnetze. Die nachfolgenden Vorschriften bauen die Verpflichtung beispielsweise durch ein Diskriminierungsverbot nach § 19 TKG[692] oder der Transparenzverpflichtung nach

688 *Säcker*, in: Säcker, TKG, § 2 Rn. 29; *ders.*, in: Säcker, TKG, Einl., Rn. 47; *Gersdorf*, in: Säcker, TKG, § 42 Rn. 12; vgl. auch *Gounalakis*, K&R 2003, 49; a. A. *Schütz*, in: BeckTKG, § 42 Rn. 17; *Neitzel/Hofmann*, in: Spindler/Schuster, Vor §§ 42 f. TKG, Rn. 4 m.w.N.; *Topel*, ZWeR 2006, 27 (47); vgl. zum PostG *Habersack*, K&R 2001, 121 (129).

689 Zum TKG 2004: BT-Drucks. 15/2316 vom 09.01.2004, S. 71 zu § 40; *Gersdorf*, in: Säcker, TKG, § 42 Rn. 5 ff.; *Wissmann*, in: Wissmann, Telekommunikationsrecht, Kap. 5 Rn. 178.

690 Vgl. *Gersdorf*, in: Säcker, TKG, § 42 Rn. 5 ff.

691 Entspricht den Zielen des § 2 Abs. 2 Nr. 2 TKG.

692 Vgl. *Geppert/Attendorn*, in: BeckTKG, § 19 Rn. 3.

§ 20 TKG weiter aus. Im Rahmen der Zugangsregulierung kann die BNetzA insbesondere nach § 21 TKG den Betreibern von öffentlichen Telekommunikationsnetzen auch Zugangsverpflichtungen zur Öffnung ihrer Netze für andere Unternehmen auferlegen. Im Falle des Scheiterns von Zugangsvereinbarungen i. S. d. § 22 TKG oder bei Verstoß gegen auferlegte Zugangsverpflichtungen nach § 18 TKG kann die BNetzA den Zugang zum betreffenden Netz selbst anordnen (vgl. § 25 TKG).

Netzzugangsverpflichtungen für Unternehmen mit marktbeherrschender Stellung ergeben sich mittelbar auch aus § 42 TKG. Ferner besteht auch die Möglichkeit, dass Betreiber der Telekommunikationsnetze diskriminierend oder behindernd bei der Zugangsgewährung vorgehen und somit die Tatbestände des § 42 TKG erfüllen. Sind die Voraussetzungen des § 42 TKG gegeben, besteht somit grundsätzlich die Möglichkeit, auch die besondere Missbrauchsaufsicht im Rahmen der Netzzugangsregulierung zur Anwendung kommen zu lassen.[693]

Teilweise wird angenommen, dass die Zugangsvorschriften nach den §§ 16 ff. TKG insgesamt die Anwendung des § 42 TKG verdrängen, ohne dies näher zu erläutern.[694] Einem so pauschalen Verweis kann jedoch nicht gefolgt werden.

(aa) Das Diskriminierungsverbot gem. § 19 TKG

Nach § 19 Abs. 1 TKG kann die BNetzA einen Betreiber eines öffentlichen Telekommunikationsnetzes mit beträchtlicher Marktmacht zu diskriminierungsfreien Zugangsvereinbarungen verpflichten. Diese Anordnung zählt zur Ex-ante-Regulierung. Auch § 42 Abs. 2 TKG enthält, wie festgestellt, ein – jedoch ex post eingreifendes – regulierungsrechtliches Diskriminierungsverbot. Daher kommt die Frage auf, wie sich § 19 TKG zu § 42 TKG verhält. Aufgrund der unterschiedlichen Anknüpfungspunkte ex ante und ex post besteht kein gleicher Regelungsbereich[695], der die Anwendung des § 42 TKG verdrängen würde.[696] Auch losgelöst von einer erfolgten oder auch einer unterbliebenen[697] Diskriminierungsanordnung i. S. d. § 19 TKG kann eine Missbrauchskontrolle nach

---

693 Siehe zu den Spannungsverhältnissen des § 42 TKG zu den §§ 18 a. F., 19, 21 und 25 TKG: *Rosengarten*, Missbrauchsaufsicht im TKG 2004, S. 187.

694 *Kredel*, in: Arndt/Fetzer/Scherer/Graulich, § 42 Rn. 12; a. A. *Höppner*, Netzveränderungen im Zugangskonzept, S. 209; *Rosengarten*, Missbrauchsaufsicht im TKG 2004, S. 192.

695 *Geppert/Attendorn*, in: BeckTKG, § 19 Rn. 10.

696 Gleichzeitige Anwendung von § 19 und 42 TKG wird kritisiert von *Rosengarten*, Missbrauchsaufsicht im TKG 2004, S. 189 ff.

697 Vgl. dazu *Robert*, K&R 2005, 354 (360).

§ 42 TKG stattfinden.[698] Eine Kontrolle nach § 42 TKG kann korrigierend zu § 19 TKG erfolgen. Der Diskriminierungstatbestand des § 19 TKG verdrängt die Anwendung des § 42 TKG daher nicht.[699] Folglich ergibt sich schon aus diesem Verhältnis, dass die §§ 16 ff. TKG die Anwendung des § 42 TKG nicht pauschal verdrängen.

(bb) Die Anordnungen nach § 25 i. V. m. §§ 18, 21 TKG

Im Bereich der Zugangsregulierung können gem. § 25 TKG die Zugangsverpflichtungen nach den §§ 18, 22 TKG durch Einzelfall-Anordnungen von der BNetzA durchgesetzt werden.[700] § 25 TKG greift folglich dann ein, wenn gegen Zugangsverpflichtungen i. S. d. §§ 18, 21 TKG[701] verstoßen bzw. diesen nicht nachgegangen wird. Auch § 42 TKG kann missbräuchliche Verhaltensweisen im Zugangsbereich regeln. Zwar dient § 25 TKG nicht ausdrücklich dem Verbot der missbräuchlichen Ausnutzung einer Marktstellung. Vielmehr soll durch ihn der aus dem § 18 und den §§ 22, 21 TKG zum Ausdruck kommende Ex-ante-Kontrahierungszwang durchgesetzt werden.[702] Eine Anwendungsüberschneidung könnte sich jedoch dann ergeben, wenn das Nichtzustandekommen einer Zugangsvereinbarung nach § 22 TKG oder einer Vereinbarung über Zugangsleistungen nach § 18 TKG ein missbräuchliches Verhalten im Sinne des § 42 TKG darstellt. § 25 TKG bezieht sich, im Gegensatz zu § 42 TKG, konkret auf die Zugangsregulierungsvorschriften der §§ 18 und 22 TKG. Dies würde für einen spezialgesetzlichen Charakter des § 25 TKG gegenüber des § 42 TKG sprechen. Es gilt dabei jedoch zu beachten, dass Normadressat des § 25 TKG ausschließlich Betreiber öffentlicher Telekommunikationsnetze sein können.[703] Der Adressatenkreis des § 42 TKG ist demgegenüber viel weiter. Er erfasst neben den Betreibern von öffentlichen Telekommunikationsnetzen auch

698 *Nolte*, in: Säcker, TKG, § 19 Rn. 46; *Geppert/Attendorn*, in: BeckTKG, § 19 Rn. 11.

699 *Heun*, in: Heun, Hdb. Telekommunikationsrecht, Kap. H, Rn. 142; *Geppert/Attendorn*, in: BeckTKG, § 19 Rn. 11; *Nolte*, in: Säcker, TKG, § 19 Rn. 46; a. A. *Mayen*, in: Scheurle/Mayen, Telekommunikationsgesetz, § 19 Rn. 36, 37; differenziert *Rosengarten*, Missbrauchsaufsicht im TKG 2004, S. 192.

700 Vgl. *Scherer*, in: Arndt/Fetzer/Scherer/Graulich, TKG, § 25 Rn. 2; *Geppert/Attendorn*, in: BeckTKG, § 25 Rn. 1.

701 *Heun*, in: Heun, Hdb. Telekommunikationsrecht, Kap. H, Rn. 395; so i. E. auch *Kühling/Neumann*, in: Säcker, TKG, § 25 Rn. 17, 25; *Scherer*, in: Arndt/Fetzer/Scherer/Graulich, TKG, § 25 Rn. 3 f.

702 Vgl. *Geppert/Attendorn*, in: BeckTKG, § 25 Rn. 2.

703 *Gersdorf*, in: Säcker, TKG, § 42 Rn. 18.

Anbieter von Telekommunikationsdiensten i. S. v. § 3 Nr. 24 TKG, von Telefonauskunftsdiensten[704], von öffentlichen Münz- oder Kartentelefonen[705] und Anbieter von telekommunikationsgestützten Diensten i. S. v. § 3 Nr. 25 TKG. Eine Überschneidung der Anwendungsbereiche des § 25 TKG und des § 42 TKG kommt somit nur dort in Betracht, wo ein identischer Adressatenkreis besteht. Der enge personelle Anwendungsbereich des § 25 TKG folgt den Netzzugangsregelungen der §§ 16 ff. TKG, die naturgemäß auch nur auf Netzbetreiber ausgerichtet sind. Verhalten sich dagegen die anderen Adressaten von § 42 TKG zum Beispiel missbräuchlich im Rahmen der Zugangsgewährung, kommt schon eine Anwendung des § 25 TKG aufgrund fehlender personeller Anwendbarkeit nicht in Betracht, so dass in diesem Fall der Missbrauchskontrolle nach § 42 TKG nichts im Wege steht.[706]

Auch in anderen Fällen kann nichts Abweichendes gelten. Die besondere Missbrauchsaufsicht nach § 42 TKG steht laut der Gesetzesbegründung unabhängig neben § 25 TKG, denn sie ist deutlich weiter gefasst.[707] Von manchen wird § 25 TKG jedoch als lex specialis gegenüber § 42 TKG angesehen.[708] Die Gesetzesbegründung könne aufgrund der generalklauselartigen Ausrichtung des § 42 TKG nur so verstanden werden, dass § 42 TKG nur dann zur Anwendung kommt, wenn der betreffende Sachverhalt nicht von § 25 TKG erfasst wird.[709] § 25 i. V. m. § 18 Abs. 2 TKG stelle einen besonderen Diskriminierungstatbestand[710] zu § 42 TKG dar. Er würde somit der Anwendung des § 42 TKG

---

704 Universaldienstleistungen nach § 78 Abs. 2 Nr. 4 TKG.

705 Universaldienstleistungen nach § 78 Abs. 2 Nr. 5 TKG.

706 *Gersdorf*, in: Säcker, TKG, § 42 Rn. 18.

707 So ausdrücklich zu § 40 TKG 2004 (jetzt 42 TKG) BT-Drucks. 15/2316 vom 09.01.2004, S. 71 zu § 40.

708 *Kredel*, in: Arndt/Fetzer/Scherer/Graulich, § 42 Rn. 12; *Heun*, in: Heun, Hdb. Telekommunikationsrecht, Kap. H, Rn. 586; *Gersdorf*, in: Säcker, TKG, § 42 Rn. 17; a. A.: VG Köln, Urt. v. 17.05.2006 – 21 K 7045/05 Rn. 43 ff. - zitiert nach juris = MMR 2006, 842 (843); *Schreiber*, Zusammenspiel, S. 25 ff.; *Neitzel/Hofmann*, in: Spindler/Schuster, Recht der elektronischen Medien, § 42 TKG, Rn. 11; *Kühling/Neumann*, in: Säcker, TKG, § 25 Rn. 3.

709 Vgl. *Heun*, in: Heun, Hdb. Telekommunikationsrecht, Kap. H, Rn. 586; *Gersdorf*, in: Säcker, TKG, § 42 Rn. 15; a. A. VG Köln, Urt. v. 17.05.2006 – 21 K 7045/05 Rn. 43 ff. - zitiert nach juris = MMR 2006, 842 (843); *Schreiber*, Zusammenspiel, S. 25 ff.; *Neitzel/Hofmann*, in: Spindler/Schuster, Recht der elektronischen Medien, Vor §§ 42 f. TKG, Rn. 11; *Kühling/Neumann*, in: Säcker, TKG, § 25 Rn. 3.

710 *Gersdorf*, in: Säcker, TKG, § 42 Rn. 16.

vorgehen. Selbiges solle auch für § 25 i. V. m. § 18 Abs. 1 TKG gelten.[711] Im Rahmen des § 18 Abs. 2 TKG ist die BNetzA jedoch berechtigt, die Befugnisse des § 42 Abs. 4 TKG entsprechend anzuwenden, soweit gegen die Gleichbehandlungspflicht nach § 18 Abs. 2 Satz 1 TKG verstoßen wird.[712] In diesem Fall gelten die gleichen Antragsrechte und Befugnisse wie bei einem Missbrauch im Sinne des § 42 Abs. 1 TKG, so dass es nicht auf die Durchsetzung des Diskriminierungsverbotes nach § 25 TKG ankommt. Die Durchsetzung des Diskriminierungsverbotes des § 18 Abs. 2 Satz 1 TKG erfolgt somit nach Maßgabe des § 42 Abs. 4 TKG. § 18 TKG setzt – im Gegensatz zu § 42 TKG – keine beträchtliche Marktmacht voraus.[713] Der Verweis in § 18 Abs. 2 Satz 2 TKG auf § 42 Abs. 4 TKG stellt lediglich einen Rechtsfolgenverweis dar[714], so dass es auch hier nicht auf eine beträchtliche Marktmacht ankommt.

Der Verweis in § 25 Abs. 1 TKG auf § 18 TKG kann sich folglich nur auf dessen Abs. 1 beziehen.[715] § 42 TKG kann daher bei einem Verstoß gegen § 18 Abs. 2 Satz 1 TKG nicht durch § 25 TKG verdrängt werden. Somit ist eine Lex-specialis-Wirkung lediglich für § 25 i. V. m. § 18 Abs. 1 TKG möglich. Zwischen § 18 Abs. 1 TKG a. F.[716] und § 42 TKG bestand jedoch isoliert betrachtet bis zum 10. Mai 2012 kein Anwendungskonflikt. § 18 Abs. 1 TKG a. F. bezog sich lediglich auf Betreiber öffentlicher Telekommunikationsnetze ohne beträchtliche Marktmacht.[717] Die Durchsetzung des § 18 Abs. 1 TKG erfolgte somit allein nach § 25 TKG, ohne dass dieser gegenüber § 42 TKG einen Lex-specialis-Tatbestand schaffte. Mit Änderung des § 18 TKG vom 10. Mai 2012 kann an diesem Argument nicht mehr festgehalten werden. Das Merkmal „nicht über beträchtliche Marktmacht verfügen" wurde aus § 18 Abs. 1 TKG gestrichen. Eine Verpflichtung nach § 18 Abs. 1 TKG kann demnach unabhängig von dem Vorliegen einer Marktmacht erfolgen.[718] So dass auch eine Durchsetzung nach § 42

---

711 *Gersdorf*, in: Säcker, TKG, § 42 Rn. 16.

712 Vgl. BT-Drucks. 15/2316 vom 09.01.2004, S. 64 zu § 18.

713 Das Tatbestandsmerkmal der beträchtlichen Marktmacht ist im Rahmen der Novellierung des TKG 2012 entfallen.

714 *Nolte*, in: Säcker, TKG, § 18 Rn. 53.

715 So auch *Nolte*, in: Säcker, TKG, § 18 Rn. 66; *Kühling/Neumann*, in: Säcker, TKG, § 25 Rn. 25.

716 TKG vom 22. Juni 2004, BGBl. 2004 Nr. 29 vom 25. Juni 2004, S. 1190.

717 Vgl. zum fehlenden Konflikt zwischen § 18 und § 42 TKG auch *Rosengarten*, Missbrauchsaufsicht im TKG 2004, S. 188 f.; *Robert*, K&R 2005, 354 (360).

718 Vgl. BT-Drucks. 17/5707 vom 04.05.2011, S. 58 zu Nr. 14.

TKG in Betracht kommt. Diese soll jedoch nach *Gersdorf* über die Lex-specialis-Wirkung des § 25 TKG gegenüber § 42 TKG ausgeschlossen werden.[719]

Daneben kann die BNetzA den Zugang selbst anordnen, wenn dies im Rahmen des § 22 TKG unterbleibt. Die §§ 21 und 22 TKG sind den Ex-ante-Maßnahmen zuzuordnen. Aufgrund verschiedener Regelungsstufen – ex ante und ex post – kommt ein zeitgleicher Konflikt mit § 42 TKG nicht in Betracht. Ein solcher ist allein dann anzunehmen, wenn die Zugangsvereinbarung nach den §§ 21, 22 TKG nicht zustande gekommen ist und diese entweder nach § 25 TKG oder § 42 TKG durchgesetzt werden muss. § 25 i. V. m. § 22 TKG soll nach *Gersdorf* auch eine gegenüber § 42 TKG speziellere Vorschrift darstellen.[720] § 21 TKG steht zu § 42 in einem Spezialitätsverhältnis.[721]

Unstrittig ist § 42 TKG im Rahmen der Zugangsregulierung anwendbar, wenn ein Betreiber eines öffentlichen Telekommunikationsnetzes mit beträchtlicher Marktmacht seiner Verpflichtung aus § 22 Abs. 1 TKG nicht nachkommt, indem die Bearbeitung von Zugangsanträgen ohne sachlichen Grund verzögert wird. Dieser Fall wird nicht von § 25 TKG erfasst und wurde speziell in § 42 Abs. 3 TKG geregelt. [722]

Kritisch wird gesehen, dass bei einem Ausschluss des § 42 TKG durch § 25 TKG der Anwendungsbereich des § 42 TKG beträchtlich beschränkt wird.[723] Für § 42 TKG würde im Bereich der Netzzugangsregulierung nach den §§ 16 ff. TKG kaum eine Anwendung verbleiben. Zudem widerspricht eine solche Auslegung des § 25 TKG dem Gesetzgeberwillen.[724] Daraus würde folgen, dass § 42 TKG auch im Rahmen der Zugangsregulierung uneingeschränkt zur Anwendung kommt. Seine Anwendbarkeit werde nicht durch § 25 TKG verdrängt.[725] Die

---

719 *Gersdorf*, in: Säcker, TKG, § 42 Rn. 16.

720 *Gersdorf*, in: Säcker, TKG, § 42 Rn. 17; so auch *Robert*, K&R 2005, 354 (361).

721 So schon *Robert*, K&R 2005, 354 (361).

722 *Gersdorf*, in: Säcker, TKG, § 42 Rn. 17.

723 So *Schreiber*, Zusammenspiel, S. 27.

724 BT-Drucks. 15/2316 vom 09.01.2004, S. 71 zu § 40; VG Köln, Urt. v. 17.05.2006 – 21 K 7045/05 Rn. 43 . - zitiert nach juris = MMR 2006, 842 (843); *Kühling/Neumann*, in: Säcker, TKG, § 25 Rn. 3; *Heun*, in: Heun, Hdb. Telekommunikationsrecht, Kap. H, Rn. 586.

725 VG Köln, Urt. v. 17.05.2006 – 21 K 7045/05 Rn. 43 . - zitiert nach juris = MMR 2006, 842 (843); *Schreiber*, Zusammenspiel, S. 25 ff.; *Neitzel/Hofmann*, in: Spindler/Schuster, Recht der elektronischen Medien, Vor §§ 42 f. TKG, Rn. 11; *Kühling/Neumann*, in: Säcker, TKG, § 25 Rn. 3; *Heun*, in: Heun Hdb. Telekommunikationsrecht, Kap. H, Rn. 586.

zuvor ergangene Untersuchung zeigt jedoch, dass § 42 TKG lediglich im Rahmen der §§ 25 Abs. 1 Satz 1 i. V. m. §§ 18 Abs. 1, 22, 21 TKG ausgeschlossen wäre. Diese beziehen sich zudem nur auf Betreiber öffentlicher Telekommunikationsnetze. Bei allen anderen Adressaten und Fallgestaltungen, wie beispielsweise im Rahmen des § 18 Abs. 2 TKG, bleibt auch § 42 TKG im Bereich des Netzzugangs anwendbar. Es kann somit nicht von einer beträchtlichen Beschränkung des § 42 TKG im Rahmen der Netzzugangsregulierung ausgegangen werden. Die Spezialitätswirkung des § 25 TKG ist somit anzunehmen.

(b) Anwendbarkeit auf die Entgeltregulierung

Die Entgeltregulierung ist im 3. Abschnitt des 2. Teils des TKG geregelt. Sie teilt sich in die Regulierung von Entgelten für Zugangsleistungen (§§ 30 ff.) und in die Regulierung von Entgelten für Endnutzerleistungen (§ 39 TKG) auf.

Nach § 30 Abs. 1 Satz 1 TKG unterliegen „Entgelte für nach § 21 [TKG] auferlegte Zugangsleistungen von Betreibern öffentlicher Telekommunikationsnetze, die über beträchtliche Marktmacht verfügen", einer Entgeltgenehmigung nach § 31 TKG. Diese Entgeltgenehmigung stellt einen Ex-ante-Kontrollmechanismus dar. Das Verfahren der Entgeltgenehmigung richtet sich nach § 35 TKG. Nach Abs. 2 der vorgenannten Norm hat die Kontrolle der Entgelte im Rahmen des Genehmigungsverfahrens am Maßstab der §§ 28 und 31 Abs. 1 Satz 2 TKG zu erfolgen. Aufgrund der ex post ausgerichteten Missbrauchsaufsicht nach § 42 TKG kommt eine Überschneidung mit der Ex-ante-Entgeltregulierung nicht in Betracht, so dass in diesem Fall allein die Vorschriften der Ex-ante-Entgeltregulierung zur Anwendung kommen.[726] Daneben besteht auch eine nachträgliche Regulierung von Entgelten. § 38 Abs. 2 TKG bestimmt, dass sich auch diese an den Maßstäben des § 28 TKG zu orientieren hat. Dies gilt auch für den Bereich der Kontrolle der Entgelte für Endnutzerleistungen nach § 78 Abs. 2 Nr. 4 und 5 TKG nach § 39 TKG, welcher gem. § 39 Abs. 2 2. HS. über § 38 Abs. 2 TKG auf § 28 TKG verweist. Gleiches gilt für Entgelte für Endnutzerleistungen von Anbietern von Telekommunikationsdiensten, die über beträchtliche Marktmacht verfügen, die keiner Entgeltgenehmigung unterliegen (vgl. § 39 Abs. 3 Satz 1 TKG). Mit den §§ 35, 38 und 39 TKG unterliegen die Entgelte verfahrensmäßig einem geschlossenen System der Überprüfung.[727]

---

726 *Rosengarten*, Missbrauchsaufsicht im TKG 2004, S. 196; *Gersdorf*, in: Säcker, TKG, § 42 Rn. 22; *Neitzel/Hofmann*, in: Spindler/Schuster, Recht der elektronischen Medien, Vor §§ 42 f. TKG, Rn. 12.

727 *Roth*, in: Scheurle/Mayen, Telekommunikationsgesetz, § 42 Rn. 155; *Enaux/König*, N&R 2005, 2 (5), vgl. auch *Robert*, K&R 2005, 354 (361).

Für die Entgelte besteht eine eigene nachträgliche Missbrauchsaufsicht nach § 28 TKG. Diese speziell auf die Entgeltregulierung zugeschnittene Missbrauchsaufsicht geht der allgemein gehaltenen Missbrauchsaufsicht nach § 42 TKG im Wege der lex specialis vor.[728] Dies wird daran deutlich, dass die Missbrauchsaufsicht nach § 28 TKG nur auf die Forderung und Vereinbarung von Entgelten Bezug nimmt. Sie ist folglich auf eine bestimmte Art von Verhaltensweisen beschränkt[729] und somit spezieller im Verhältnis zu der besonderen Missbrauchsaufsicht nach § 42 TKG, welche allgemein jedes missbräuchliche Verhalten des Adressaten der Regelung erfasst.[730] Der in § 28 TKG normierte Missbrauchstatbestand ist speziell auf die Entgeltforderung angepasst. Im Bereich der Entgeltforderung ist er spezieller als der diesbezüglich allgemein gehaltene § 42 TKG. Dem § 42 TKG soll im Bereich der Entgeltregulierung jedoch dann ein Anwendungsbereich verbleiben, wenn es um die Kontrolle von Entgelten eines Anbieters telekommunikationsgestützter Dienste geht.[731]

§ 42 TKG wird somit weitestgehend aus einer Entgeltkontrolle durch die §§ 27 ff. TKG ausgeschlossen. Er findet somit keine Anwendung im Bereich der Regulierung von Entgelten für Zugangsleistungen und Endnutzerleistungen. Insoweit kann sich auch ein auf die Missbrauchsaufsicht nach § 42 TKG gestützter Ausschluss der §§ 19 f. GWB nach § 2 Abs. 4 Satz 1 TKG nicht auch auf die Entgeltregulierung erstrecken.

(c) Anwendbarkeit im Endnutzerbereich

Aufgrund seines generalklauselartigen Charakters ist der Anwendungsbereich des § 42 TKG weit gefasst. In seinen Anwendungsbereich fällt auch der Endnutzerbereich (§ 3 Nr. 8 TKG).[732] Es werden demnach auch wettbewerbswidrige

---

728 *Gersdorf*, in: Säcker, TKG, § 42 Rn. 23; *Kredel*, in: Arndt/Fetzer/Scherer/Graulich, TKG, § 42 Rn. 13; *Schütz*, in: BeckTKG, § 42 Rn. 8; *Schütz/Neumann*, in: BeckTKG, § 28 Rn. 12; *Roth*, in: Scheurle/Mayen, Telekommunikationsgesetz, § 42 Rn. 155; so i. E. auch *Mayen*, in: Scheurle/Mayen, Telekommunikationsgesetz, § 28 Rn. 4; *Rosengarten*, Missbrauchsaufsicht im TKG 2004, S. 197 f.

729 Auf entgeltspezifische Verhaltensweisen, so z. B. *Schütz/Neumann,* in: BeckTKG, § 28 Rn. 35.

730 Ebenso *Groeble*, in: Säcker, TKG, § 28 Rn. 2

731 *Gersdorf*, in: Säcker, TKG, § 42 Rn. 23; *Roth*, in: Scheurle/Mayen, Telekommunikationsgesetz, § 42 Rn. 156; dies nicht spezifiziert: *Kredel*, in: Arndt/Fetzer/Scherer/Graulich, § 42 Rn. 13.

732 BR-Drucks. 755/03 vom 17.10.2003, S. 98; *Weisser/Bauer*, MMR 2003, 709 (713); *Schütz*, in: BeckTKG, § 42 Rn. 14; *Gersdorf*, in: Säcker, TKG, § 42 Rn. 20; *Neitzel/Hofmann*, in: Spindler/Schuster, Recht der elektronischen Medien, § 42 TKG, Rn. 10.

Verhaltensweisen erfasst, die sich auf die Endnutzer, z. B. durch überhöhte Preise, auswirken.[733] Der Einschluss der Endnutzer wird nicht zuletzt auch durch § 42 Abs. 4 Satz 3 TKG deutlich.[734] Nach diesem gelten die Antrags- und Eingriffsbefugnisse der BNetzA nach den Sätzen 1 und 2 des § 42 Abs. 4 TKG entsprechend, „wenn Tatsachen vorliegen, die die Annahme rechtfertigen, dass ein Unternehmen seine [marktbeherrschende] Stellung auf Endkundenmärkten missbräuchlich auszunutzen droht". Endkunde wird in diesem Zusammenhang mit Endnutzer im Sinne des § 3 Nr. 8 TKG gleichgesetzt.[735] § 42 Abs. 4 Satz 3 TKG normiert zugleich die vorbeugende Missbrauchsaufsicht.[736]

Daraus folgt, dass auch im Endnutzerbereich eine Missbrauchsaufsicht allein nach dem TKG auf Grundlage des § 42 TKG erfolgt. Ein Rückgriff auf die §§ 19 f. GWB wird somit auch in diesem Bereich ausgeschlossen.

(5) Zwischenfazit zu § 42 TKG

Zusammengefasst ergibt sich zum Verhältnis des § 42 TKG zu den §§ 19 f. GWB:

§ 42 TKG ist nach dem Lex-specialis-Grundsatzes gegenüber den § 19 f. GWB als abschließende Regelung im Sinne des § 2 Abs. 4 Satz 1 TKG einzuordnen. Die allgemeine kartellrechtliche Missbrauchsaufsicht wird im Anwendungsbereich des § 42 TKG ausgeschlossen.

Im Verhältnis zu spezielleren TKG-internen Missbrauchsaufsichten und regulierungsbehördlichen Anordnungen kann es sein, dass selbst § 42 TKG in seiner Anwendung ausgeschlossen wird. § 42 TKG ist daher zugleich lex specialis und lex generalis. Er ist im TKG als Auffangtatbestand konzipiert. Er erfasst alle missbräuchlichen Verhaltensweisen im TK-Sektor, die nicht schon durch telekommunikationsrechtliche Spezialvorschriften oder Anordnungen erfasst werden. Auch diese Eigenschaft spricht für einen abschließenden Charakter gegenüber den §§ 19 f. GWB.

Der Anwendungsbereich der besonderen Missbrauchsaufsicht nach § 42 TKG erstreckt sich auf den Netzzugang[737] sowie auf den Endnutzerbereich. Allein im Bereich der Entgeltregulierung findet § 42 TKG keine Anwendung.

733 Vgl. *Roth*, in: Scheurle/Mayen, Telekommunikationsgesetz, § 42 Rn. 92.

734 So auch *Neitzel/Hofmann*, in: Spindler/Schuster, Recht der elektronischen Medien, § 42 TKG, Rn. 10.

735 *Schütz*, in: BeckTKG, § 42 Rn. 175.

736 *Gersdorf*, in: Säcker, TKG, § 42 Rn. 51; *Roth*, in: Scheurle/Mayen, Telekommunikationsgesetz, § 42 Rn. 127.

737 Beschränkte Anwendung im Netzzugangsbereich durch §§ 25, 18 Abs. 1, 21, 22 TKG.

Das TKG ist durch § 42 TKG innerhalb seines Anwendungs- und Wirkungsbereichs ausreichend vor missbräuchlichen Verhaltensweisen geschützt. Die Regulierungsbehörden können somit auf ihren eigenen regulierungsrechtlichen Schutzmechanismus der Missbrauchsaufsicht vertrauen und benötigen daneben keine allgemein gefasste Missbrauchsaufsicht nach dem GWB. Dies rechtfertigt auch den Ausschluss der §§ 19 f. GWB im Anwendungsbereich des § 42 TKG.

bb. §§ 19 f. GWB im Verhältnis zu § 28 TKG

Zuvor wurde bei der Untersuchung des § 42 TKG dargestellt, dass eine Missbrauchskontrolle nach § 42 TKG nicht im Bereich der Entgeltregulierung Anwendung findet. Fraglich ist somit, ob § 28 TKG abschließend gegenüber den §§ 19 f. GWB ist und somit nach § 2 Abs. 4 Satz 1 TKG auch ein Ausschluss der Anwendung der kartellrechtlichen Missbrauchsaufsicht im Bereich der Entgeltregulierung besteht.

Nach § 28 TKG wird missbräuchliches Verhalten eines Unternehmens mit beträchtlicher Marktmacht bei der Forderung und Vereinbarung von Entgelten verboten. Auch § 28 TKG ist – ähnlich wie § 42 TKG – dem § 19 GWB nachgebildet.[738]

In erster Linie besteht der Anwendungsbereich des § 28 TKG in der Ex-post-Regulierung von Entgelten gem. § 38 Abs. 2 TKG.[739] Daneben kommt § 28 TKG auch bei der Ex-ante-Regulierung zum Tragen. Denn gem. § 35 Abs. 2 TKG ist eine Entgeltgenehmigung nur dann zu erteilen, wenn die Entgelte sowohl den Maßstäben von § 31 Abs. 1 Satz 2 TKG als auch von § 28 TKG entsprechen. Weiter kommt eine Anwendung des § 28 TKG immer nur dann in Betracht, wenn eine Regulierung nach den §§ 10 ff. TKG erforderlich ist.[740] Sollte dies auf einem Telekommunikationsmarkt nicht der Fall sein, findet unstreitig, wie dargestellt, ausschließlich die allgemeine Missbrauchsaufsicht nach § 19 GWB Anwendung. Die Frage einer parallelen Anwendung von § 28 TKG und § 19 GWB stellt sich in diesem Fall nicht. Ist jedoch der Anwendungsbereich für eine Regulierung nach den §§ 10 ff. TKG eröffnet und somit auch grundsätzlich der Anwendungsbereich des § 28 TKG, stellt sich die Frage nach dem Verhältnis der beiden Normen.[741] Im Wortlaut des § 28 TKG kommt ein abschließender

---

738 *Groebel*, in: Säcker, TKG, § 28 Rn. 1; *Schütz/Neumann*, in: BeckTKG, § 28 Rn. 14.

739 *Groebel*, in: Säcker, TKG, § 28 Rn. 8; *Fetzer*, in: Arndt/Fetzer/Scherer/Graulich, TKG, § 28 Rn. 12.

740 Dies ergibt sich schon aus §§ 9 ff. TKG, der eine Regulierung „nach diesem Teil" des TKG und somit den 2. Teil, der auch § 28 TKG umfasst, vorsieht.

741 So auch *Schütz/Neumann*, in: BeckTKG, § 28 Rn. 14.

Charakter im Sinne des § 2 Abs. 4 TKG nicht zum Ausdruck. Wie schon oben bei § 42 TKG gezeigt, kann dieser auch durch eine genauere Betrachtung der Norm herausgearbeitet werden.

(1) Vergleich der Normstrukturen

§ 28 TKG ist, wie § 19 GWB, mit einer Generalklausel (in Abs. 1 Satz 1) und Regelbeispielen (in Abs. 1 Satz 2 Nr. 1 bis 3) ausgestattet. Wie schon bei § 42 TKG erörtert, bezieht sich auch § 28 TKG auf einen konkret umrissenen Adressatenkreis. Wieder sind nur Anbieter von Telekommunikationsdiensten und Betreiber von öffentlichen Telekommunikationsnetzen, die über beträchtliche Marktmacht verfügen, vom Missbrauchsverbot erfasst. § 28 TKG ist – wie § 42 TKG – schon in diesem Punkt spezieller als § 19 GWB ausgestaltet. Daneben beschränkt sich § 28 TKG nur auf entgeltspezifisches Verhalten.[742] Schon aus diesen beiden Aspekten kann auf einen spezielleren und daher abschließenden Charakter des § 28 TKG im Vergleich zu § 19 GWB geschlossen werden.[743]

Aus der Gesetzesbegründung[744] wird ersichtlich, dass sich § 28 TKG an § 19 Abs. 2 GWB (§ 19 Abs. 4 GWB a. F.) orientiert. Dies fällt auch bei genauerer Betrachtung der Regelbeispiele des § 28 Abs. 1 Satz 2 Nr. 1 bis 3 TKG auf. So ist der Ausbeutungsmissbrauch des § 28 Abs. 1 Satz 2 Nr. 1 TKG dem § 19 Abs. 2 Nr. 2 GWB nachgebildet.[745] Der Beeinträchtigungsmissbrauch des § 28 Abs. 1 Satz 2 Nr. 2 TKG wurde im Rahmen der Gesetzesänderung zu seinem Vorgänger § 24 Abs. 2 Nr. 2 TKG 1996 geändert. Er kommt dem Behinderungsverbot des § 19 Abs. 2 Nr. 1 GWB nahe.[746] Der in § 28 Abs. 1 Satz 2 Nr. 3 TKG niedergelegte Diskriminierungsmissbrauch entspricht dem § 19 Abs. 2 Nr. 3 GWB.[747] Daneben finden sich in § 28 Abs. 2 TKG die Vermutungstatbestände. Sie beziehen sich auf die „zentrale[n] Problemstellungen der ersten Jahre nach

742 Vgl. *Schütz/Neumann*, in: BeckTKG, § 28 Rn. 35.

743 Ebenso *Schütz/Neumann*, in: BeckTKG, § 28 Rn. 14.

744 BT-Drucks. 15/2316 vom 09.01.2004, S. 67 zu § 26 TKG (= § 28 TKG 2004).

745 *Schütz/Neumann*, in: BeckTKG, § 28 Rn. 44; *Fetzer*, in: Arndt/Fetzer/Scherer/Graulich, TKG, § 28 Rn. 24.

746 BT-Drucks. 15/2316 vom 09.01.2004, 67 zu § 26 TKG (= § 28 TKG 2004): Nach der Gesetzesbegründung soll die Einfügung „in einer für den Wettbewerb auf dem Markt erheblichen Weise" in Nummer 2 des § 28 Abs. 1 Satz 2 TKG eine Angleichung an die Formulierung des § 19 GWB darstellen; so auch *Fetzer*, in: Arndt/Fetzer/Scherer/Graulich, TKG, § 28 Rn. 34.

747 So schon *Schütz/Neumann*, in: BeckTKG, § 28 Rn. 72; auch *Fetzer*, in: Arndt/Fetzer/Scherer/Graulich, TKG, § 28 Rn. 70.

der vollständigen Öffnung der Telekommunikationsmärkte"[748]. Es fällt auf, dass die Vermutungstatbestände des § 28 Abs. 2 TKG nicht nur Wettbewerbsprobleme in den Telekommunikationsmärkten, dort insbesondere auf den Endnutzermärkten behandeln und Preisuntergrenzen konkretisieren, sondern auch, dass hierbei sektorspezifische Begrifflichkeiten und Marktbesonderheiten wie Kosten-Preis-Schere (Nr. 2) und Bündelungen (Nr. 3) umschrieben werden.[749] Auch dies kann für den speziellen Charakter des § 28 TKG gegenüber dem GWB angeführt werden.

Aufgrund der einerseits zu § 19 GWB sehr ähnlich ausgestalteten Missbrauchsaufsicht und der andererseits speziell auf den Telekommunikationsmarkt und hierbei insbesondere auf die Entgeltforderung ausgerichtete sektorspezifische Missbrauchsaufsicht des § 28 TKG besteht kein Erfordernis, auf die allgemeine Missbrauchsaufsicht nach § 19 GWB zurückzugreifen.[750] § 28 TKG ist für den Bereich der Telekommunikationsmärkte, die unter eine Regulierung nach den §§ 10 ff. TKG fallen und in dessen konkreten Fall es um ein entgeltspezifisches Verhalten des durch § 28 Abs. 1 Satz 1 TKG exakt umrissenen Adressaten geht, abschließend. § 28 TKG erfasst grundsätzlich alle Tatbestandsmerkmale des § 19 GWB, ist jedoch in einigen Merkmalen konkreter gefasst, so dass zwar grundsätzlich alle Fälle des § 28 TKG auch unter § 19 GWB fallen, dies aber umgekehrt nicht gilt. Die Voraussetzungen der Spezialität sind daher auch im Verhältnis des § 28 TKG gegenüber § 19 GWB erfüllt.[751]

(2) Das Verhältnis zu § 42 TKG

Schließt schon § 42 TKG die Anwendung der §§ 19, 20 GWB aus, muss auch der gegenüber § 42 TKG speziellere § 28 TKG den § 19 GWB ausschließen können. Daher muss auch im Verhältnis zur allgemeinen Missbrauchsaufsicht § 28 TKG lex specialis zu den §§ 19, 20 GWB sein. Folglich werden die §§ 19, 20 GWB im Anwendungsbereich des § 28 TKG ausgeschlossen.

---

748 BT-Drucks. 15/2316 vom 09.01.2004, S. 67 zu § 26 TKG (= § 28 TKG 2004).

749 *Groeble*, in: Säcker, TKG, § 28 Rn. 3, *Fetzer*, in: Arndt/Fetzer/Scherer/Graulich, TKG, § 28 Rn. 39 ff., 44 ff.

750 *Mayen*, in: Scheurle/Mayen, Telekommunikationsgesetz, § 28 Rn. 3.

751 So auch *Mayen*, in: Scheurle/Mayen, Telekommunikationsgesetz, § 28 Rn. 3; *Schütz/Neumann*, in: BeckTKG, § 28 Rn. 14; *Säcker*, in: Säcker, TKG, § 2 Rn. 29.

(3) Keine generelle Spezialität des § 28 TKG gegenüber § 19 GWB? – Das Fehlen der beträchtlichen Marktmacht

Gegen die Einordnung des § 28 TKG als generelle Lex-specialis-Vorschrift zum GWB spricht jedoch, dass auch Konstellationen denkbar sind, die zwar unter § 28 TKG fallen, jedoch nicht unter die eigentlich weitergefasste und generelle Vorschrift des § 19 GWB. Die Voraussetzungen der Spezialität würden somit in diesen Fällen nicht vorliegen.

(a) Verweisung über die §§ 30 Abs. 2 Nr. 1, 38 Abs. 2 bis 4 TKG auf § 28 TKG (Entgelte im Rahmen der Verpflichtung nach § 18 TKG)

Unternehmen ohne beträchtliche Marktmacht werden von § 28 TKG grundsätzlich nicht erfasst.[752] Der Verweis des § 38 Abs. 2 TKG auf § 28 TKG über § 30 Abs. 2 Nr. 1 TKG stellt jedoch eine Ausnahme von diesem Grundsatz dar.

Nach § 30 Abs. 2 Nr. 1 TKG unterliegen Entgelte, die ein Betreiber im Rahmen von Verpflichtungen nach § 18 TKG verlangt, einer nachträglichen Regulierung nach § 38 Abs. 2 bis 4 TKG. Nach vorgenannter Norm werden die Entgelte an dem Maßstab des § 28 TKG gemessen. Weder aus § 30 Abs. 2 Nr. 2 TKG noch aus § 18 TKG ergibt sich, dass der Betreiber eine beträchtliche Marktmacht aufweisen muss. Im Gegenteil, das Merkmal der beträchtlichen Marktmacht wurde im Rahmen der TKG-Novellierung 2012 aus § 18 TKG gestrichen. Auch § 9 Abs. 3 TKG stellt klar, dass im Rahmen des § 18 TKG eine beträchtliche Marktmacht nicht vorausgesetzt wird. Eine Entgeltregulierung nach § 38 Abs. 2 bis 4 TKG, die sich an § 28 TKG zu orientieren hat, ist folglich völlig losgelöst von einer beträchtlichen Marktmacht des Adressaten vorzunehmen. Dies ist zunächst konträr zu § 28 TKG, der dieses Merkmal gerade voraussetzt. Würde an der Voraussetzung der „beträchtlichen Marktmacht" des § 28 TKG auch im Rahmen des § 30 Abs. 2 Nr. 1 TKG festgehalten werden, könnte eine Regulierung nach § 38 Abs. 2 bis 4 TKG nicht stattfinden. Ein Verweis des § 30 Abs. 2 Nr. 1 TKG auf die §§ 38, Abs. 2, 28 TKG, bei dem starr an dem Merkmal der beträchtlichen Marktmacht festgehalten wird, würde ins Leere laufen. Dies gilt jedenfalls dann, wenn der Betreiber öffentlicher Telekommunikationsnetze nach § 18 TKG keine beträchtliche Marktmacht aufweist. Wird jedoch im Rahmen der Anwendung des § 28 durch den Verweis in § 30 Abs. 2 Nr. 1 TKG auf § 38 Abs. 2 bis 4 TKG eine beträchtliche Marktmacht nicht vorausgesetzt, könnte dieser Verweis

752 *Fetzer*, in: Arndt/Fetzer/Scherer/Graulich, TKG, § 28 Rn. 7.

nur als Rechtsfolgenverweis[753] und nicht als (partieller) Rechtsgrundverweis[754] qualifiziert werden.

Der Verweis in § 30 Abs. 2 Nr. 1 TKG auf die §§ 38 Abs. 2 bis 4, 28 TKG kann jedenfalls dann als Rechtsgrundverweis qualifiziert werden, wenn auch der Betreiber im Rahmen der Verpflichtungen nach § 18 TKG beträchtliche Marktmacht aufweist. Dies würde jedoch die Anwendung des § 28 TKG durch den Verweis der §§ 30 Abs. 2 Nr. 1, 38 Abs. 2 TKG von Einzelfallentscheidungen abhängig machen. Dies kann nicht gewünscht sein. Es ist daher dem Gesetzgeber zu folgen, der in dem Verweis von § 30 Abs. 2 Satz 1 Nr. 1 TKG auf § 38 Abs. 2 bis 4 TKG einen partiellen Rechtsgrundverweis annimmt.[755] Folglich kann im Fall des § 30 Abs. 2 Nr. 1 TKG ein Sachverhalt gegeben sein, der zwar unter § 28 TKG fällt – obwohl das Merkmal der beträchtlichen Marktmacht nicht erfüllt wird –, aber nicht zugleich auch unter die eigentlich allgemeiner gefasste Regelung des § 19 GWB. Ein Spezialitätsverhältnis des § 28 TKG zu § 19 GWB scheidet in diesem Zusammenhang aus. Fraglich ist, wie das Verhältnis des § 28 TKG sich zu § 19 GWB unter Betrachtung dieser Fallgestaltung verhält.

Eine Spezialität des § 28 TKG gegenüber § 19 GWB kommt, wie gezeigt, nicht in Betracht. Es ist ein Fall gegeben, in dem der Sachverhalt nur unter § 28 TKG, nicht jedoch – aufgrund der fehlenden marktbeherrschenden Stellung – auch unter § 19 GWB fällt. Richtig ist, dass das zuvor dargestellte Lex-specialis-Verhältnis des § 28 TKG zu § 19 GWB im Rahmen der §§ 30 Abs. 2 Nr. 1, 38 Abs. 2, 28 TKG nicht besteht. Falsch ist jedoch, daraus vorschnell auf eine parallele Anwendung von TKG und GWB zu schließen. Denn diese besteht im Rahmen der §§ 30 Abs. 2 Nr. 1, 38 Abs. 2, 28 TKG aufgrund der fehlenden beträchtlichen Marktmacht und somit der fehlenden marktbeherrschenden Stellung i. S. d. § 19 GWB gerade von vornherein nicht, wenn ein Telekommunikationsunternehmen ohne beträchtliche Marktmacht in den Fokus der Kontrolle fällt. § 19 GWB ist schon aufgrund fehlender Tatbestandsvoraussetzungen nicht neben dem TKG anwendbar, so dass schon aus diesem Grund das Verhältnis zwischen TKG und GWB ganz deutlich abgegrenzt werden kann. Ist der

---

753 So auch BNetzA, Beschl. v. 01.12.2005 – BK 4c-05-071/ E 22.09.05, S. 9; *Groebel*, in: Säcker, TKG, § 28 Rn. 9; *Fetzer*, in: Arndt/Fetzer/Scherer/Graulich, TKG, § 28 Rn. 7.

754 So aber schon *Schreiber*, Zusammenspiel, S. 144; *Schütz/Neumann*, in: BeckTKG, § 28 Rn. 34.

755 BT-Drucks. 17/5707 vom 04.05.2011, S. 60 zu Nummer 22; ein partieller Rechtgrundverweis, der alle Tatbestandsmerkmale des § 28 TKG abgesehen von der beträchtlichen Marktmacht für erfüllt vorsieht, ist einem Rechtsfolgenverweis in diesem Fall gleichgestellt.

Anwendungsbereich des § 19 GWB aufgrund fehlender Tatbestandsvoraussetzungen nicht eröffnet, kann es auch nicht zu einer parallelen Anwendung von Wettbewerbs- und Regulierungsrecht kommen.

Schreiber behandelt in diesem Zusammenhang die subsidiäre Anwendung der kartellrechtlichen Missbrauchsaufsicht zu § 28 TKG.[756] Dies überzeugt nicht, wenn man – wie hier – von der synonymen Bedeutung[757] der beträchtlichen Marktmacht und der marktbeherrschenden Stellung ausgeht. Denn der Anwendungsbereich des § 28 TKG ist im Fall des Fehlens der beträchtlichen Marktmacht weiter als der des § 19 GWB. Unter Beachtung dieses Aspekts ist es nicht nachvollziehbar, warum § 19 GWB als subsidiär zu § 28 TKG eingeordnet werden soll. Denn § 19 GWB erfasst, wie gezeigt, nicht alle dem § 28 TKG unterliegenden und darüber hinausgehenden Fälle. Einen Auffangcharakter, wie ihn die Subsidiarität fordert, besteht somit nicht. Eine Subsidiarität im Verhältnis des § 19 GWB zu § 28 TKG scheidet aus.

Im Rahmen des § 28 TKG kann folglich nur von einer partiellen und nicht von einer generellen Spezialität im Verhältnis zu § 19 GWB ausgegangen werden. Die §§ 30 Abs. 2 Nr. 1, 38 Abs. 2 bis 4, 28 TKG stellen in dieser Kombination keine gegenüber den §§ 19 f. GWB abschließenden Regelungen i. S. d. § 2 Abs. 4 Satz 1 TKG nach dem Lex-specialis-Grundsatz dar. Dies tut aber der isolierten Einordnung des § 28 TKG als abschließende Regelung im Sinne des § 2 Abs. 4 Satz 1 TKG keinen Abbruch. Zeigt doch gerade die Konstellation rund um die §§ 30 Abs. 2 Nr. 1, 38 Abs. 2 bis 4, 28 TKG, dass das TKG speziellere, vom Anwendungsbereich des GWB nicht erfasste, Fälle behandeln kann und somit im Ergebnis weitreichender als das GWB ist und daher auch effektiver zur Wettbewerbsförderung beitragen kann. Im Falle des Fehlens einer beträchtlichen Marktmacht kommt es von vornherein nicht zur Anwendung des GWB, so dass sich schon aus diesem Grund keine parallele Anwendung von Regulierungs- und Wettbewerbsrecht ergeben kann.

756 *Schreiber*, Zusammenspiel, S. 145, unklar, wohl davon ausgehend, das beträchtliche Marktmacht mehr ist als eine marktbeherrschende Stellung und daher eine solche auch vorliegen kann, wenn keine beträchtliche Marktmacht i. S. d. TKG besteht.

757 *Heinen-Hosseini/Woesler*, in: Säcker, TKG, § 11 Rn. 7 zu Fn. 9 m.w.N.

(b) Verweisung über die §§ 39 Abs. 2, 38 Abs. 2 bis 4 und §§ 39 Abs. 3 Satz 1, 38 Abs. 2 bis 4 TKG (Entgeltregulierung bei Endnutzerleistungen)

§ 39 TKG betrifft die Entgeltregulierung bei Endnutzerleistungen. Nach Abs. 2 unterfallen auch Universaldienstleistungen im Sinne des § 78 Abs. 2 Nr. 4 und 5 TKG einer Ex-post-Regulierung nach § 38 Abs. 2 bis 4 TKG. Im Gegensatz zu Abs. 1 und Abs. 3 wird das Merkmal der beträchtlichen Marktmacht in § 39 Abs. 2 TKG nicht genannt. Auch aus dem engen Verhältnis zu § 79 TKG[758] ergibt sich, dass im Rahmen des § 39 Abs. 2 TKG keine beträchtliche Marktmacht erforderlich ist[759]. Die materiellen Vorgaben der Universaldienstleistungen nach § 78 Abs. 2 Nr. 3 bis 5 TKG regelt § 79 Abs. 2 TKG. Nach diesem gelten die Entgelte für die Universaldienstleistungen i. S. d. § 78 Abs. 2 Nr. 3 bis 5 TKG „als erschwinglich, wenn die Entgelte den Maßstäben des § 28 [TKG] entsprechen". Erschwinglichkeit im Sinne des § 79 Abs. 2 TKG kann danach nur dann vorliegen, wenn die Entgelte nicht missbräuchlich im Sinne des § 28 TKG sind.[760] Die Entgelte für Universaldienstleistungen nach § 78 Abs. 2 Nr. 3 bis 5 TKG haben sich folglich auch an dem materiellen Maßstab des § 28 TKG zu orientieren. Auch im Rahmen der §§ 78, 79 Abs. 2 TKG besteht nicht das Erfordernis der beträchtlichen Marktmacht. Dasselbe muss daher für § 39 Abs. 2 TKG gelten.[761] Daraus folgt, dass auch § 39 Abs. 2 TKG durch den Verweis auf § 38 Abs. 2 TKG, der wie festgestellt an § 28 TKG anknüpft, ein Rechtsfolgenverweis[762] darstellen muss, der keinen Anwendungskonflikt mit § 19 GWB auslöst.

---

758 *Heinickel/Scherer*, in: Arndt/Fetzer/Scherer/Graulich, TKG, § 39 Rn. 33; *Geppert/Berger-Kögler*, in: BeckTKG, § 39 Rn. 43 ff.; i. E. so auch *Wissmann*, in: Wissmann, Telekommunikationsrecht, Kap. 5 Rn. 45, der darauf hinweist, dass die Entgelte für Universaldienstleistungen nach § 78 Abs. 2 Nr. 2 TKG a. F. (§ 78 Abs. 2 Nr. 3 TKG) nicht unter § 39 Abs. 2 TKG fallen, aufgrund der Verbindung zu § 28 TKG jedoch auch in die Regulierung nach § 39 Abs. 2 TKG einbezogen wird.

759 A. A. *Kühling/Neumann*, in: Säcker, TKG, § 39 Rn. 93, die eine Beschränkung auf den Anwendungsbereich der beträchtlichen Marktmacht vorschlagen.

760 BT-Drucks. 15/2316 vom 09.01.2004, S. 85 zu § 77; *Fischer*, in: Arndt/Fetzer/Scherer/Graulich, TKG, § 79 Rn. 6; *Cornils/Schütz*, in: BeckTKG, § 79 Rn. 8 ff.; *Sörup*, in: Heun, Hdb. Telekommunikationsrecht, Kap. K, Rn. 503.

761 Vgl. *Geppert/Berger-Kögler*, in: BeckTKG, § 39 Rn. 45; *Heinickel/Scherer*, in: Arndt/Fetzer/Scherer/Graulich, TKG, § 39 Rn. 33; a. A. *Kühling/Neumann*, in: Säcker, TKG, § 39 Rn. 93; *Stamm*, in: Scheurle/Mayen, Telekommunikationsgesetz, § 39 Rn. 4 und 42.

762 *Wissmann*, in: Wissmann, Telekommunikationsrecht, Kap. 5 Rn. 45; *Heinickel/Scherer*, in: Arndt/Fetzer/Scherer/Graulich, TKG, § 39 Rn. 33.

§ 39 Abs. 3 Satz 1 TKG ordnet eine Ex-post-Regulierung für Endnutzerentgelte von Anbietern von Telekommunikationsdienstleistungen, die über beträchtliche Marktmacht auf einem Endkundenmarkt verfügen, an, sofern diese nicht nach § 39 Abs. 1 TKG einer Entgeltgenehmigung unterworfen wurden. Die § 38 Abs. 2 bis 4 TKG gelten in diesem Fall entsprechend. Das Verfahren der Ex-post-Kontrolle von Endnutzerentgelten entspricht somit dem der Ex-post-Kontrolle von Zugangsleistungen. Der Verweis aus § 39 Abs. 3 Satz 1 2. HS. TKG über § 38 Abs. 2 bis 4 TKG auf § 28 TKG qualifiziert auch den § 39 Abs. 3 Satz 1 TKG als abschließende Vorschrift i. S. d. § 2 Abs. 4 Satz 1 TKG.

Folglich ist die Anwendung der §§ 19 f. GWB im Rahmen des § 39 TKG auch im Bereich der Endnutzerentgelte ausgeschlossen.

(c) *Verweisung über die §§ 46 Abs. 5 Satz 3 TKG, 38 Abs. 2 bis 4 TKG (Entgelte im Rahmen einer Rufnummerübernahme bei Anbieterwechsel)*

Werden im Rahmen der Rufnummerübernahme bei Anbieterwechsel i. S. d. § 46 TKG den Teilnehmern oder Diensteanbietern Entgelte in Rechnung gestellt, unterliegen diese gem. § 46 Abs. 5 Satz 3 TKG einer nachträglichen Regulierung nach § 38 Abs. 2 bis 4 TKG. Aus § 46 Abs. 5 TKG ergibt sich nicht, dass der Anbieter von öffentlich zugänglichen Telekommunikationsdiensten über beträchtliche Marktmacht verfügen muss. Fraglich ist, ob es sich bei dem Verweis auf § 38 Abs. 2 bis 4 TKG um einen Rechtsgrund- oder Rechtsfolgenverweis handelt. Handelt es sich um einen Rechtsgrundverweis, würde nur eine Überprüfung gem. § 38 Abs. 2 bis 4 TKG anhand der Maßgaben des § 28 TKG von nicht marktbeherrschenden Unternehmen möglich sein. Dafür spricht der Wortlaut des § 46 Abs. 5 TKG, der die Anwendung der Entgeltkontrolle „nach Maßgabe der § 38 Abs. 2 bis 4 TKG“ anordnet.[763] Daher gehen manche von einem Rechtsgrundverweis aus.[764] Wird der Verweis in § 46 Abs. 5 Satz 3 TKG als Rechtsfolgenverweis betrachtet, unterfallen die Anbieter i. S. d. § 46 Abs. 5 Satz 3 TKG unabhängig von ihrer Marktmacht der Kontrolle des § 38 Abs. 2 bis 4 TKG und müssen somit auch unabhängig von ihrer Marktmacht die Vorgaben des § 28 TKG entsprechend einhalten. Für einen Rechtsfolgenverweis spreche Systematik sowie Sinn und Zweck des § 46 TKG.[765] Die Rufnummernübertragbarkeit ist für

---

763 *Büning*, in: BeckTKG, § 46 Rn. 79; *Rugullis*, in: Säcker, TKG, § 46 Rn. 26.

764 *Rugullis*, in: Säcker, TKG, § 46 Rn. 26; a. A.: *Scheurle/Paschke*, in: Scheurle/Mayen, Telekommunikationsgesetz, § 46 Rn. 45; *Sörup*, in: Heun, Hdb. der Telekommunikation, Kapitel K, Rn. 342.

765 VG Köln, Beschl. v. 25.02.2005 – 11 L 3441/04 Rn. 9.

alle Anbieter von Telekommunikationsdiensten für die Öffentlichkeit verpflichtend. Auch betrifft Teil 3 des TKG primär den Kundenschutz und nicht wie Teil 2, zu dem § 38 TKG gehört, den Wettbewerb, so dass es auf eine beträchtliche Marktmacht des Anbieters von Telekommunikationsdiensten für die Öffentlichkeit nicht ankommen kann.[766]

Eine Entscheidung des Streits bedarf es für die hier zu behandelnde Frage der parallelen Anwendung von Wettbewerbs- und Regulierungsrecht nicht. Im Falle eines Rechtsgrundverweises würde § 28 TKG uneingeschränkt lex specialis zu den §§ 19 f. GWB sein. Im Falle eines Rechtsfolgenverweises gilt das oben zu § 30 Abs. 2 Nr. 1 TKG Gesagte. § 28 TKG wäre in diesem Fall nicht uneingeschränkt lex specialis, aber eine Anwendung der §§ 19 GWB würde aufgrund des Fehlens beträchtlicher Marktmacht bzw. einer marktbeherrschenden Stellung ohnehin nicht in Betracht kommen.

(d) Verweisung über die §§ 47 Abs. 4, 38 Abs. 2 bis 4, 28 TKG (Entgelte für die Überlassung von Teilnehmerdaten)

Eine weitere Ausnahme von dem Grundsatz, dass im Rahmen des § 28 TKG der Adressat eine beträchtliche Marktmacht aufweisen muss, stellt § 47 Abs. 4 TKG dar.[767] Danach wird das für die Überlassung der Teilnehmerdaten i. S. d. § 47 Abs. 2 TKG erhobene Entgelt in der Regel nach der Maßgabe der § 38 Abs. 2 bis 4 TKG reguliert. Auch im Rahmen des § 47 Abs. 4 TKG ist die Regulierung nach § 38 Abs. 2 bis 4 TKG nicht von einer beträchtlichen Marktmacht abhängig. Dies ergibt sich letztendlich auch aus § 47 Abs. 4 Satz 2 letzter HS. TKG, der, im Gegensatz zu § 47 Abs. 4 Satz 1 TKG, gerade das Merkmal der beträchtlichen Marktmacht aufgreift. Auch der Verweis in § 47 Abs. 4 TKG ist als Rechtsfolgenverweis anzusehen.[768] Die vorstehenden Gedanken zu den §§ 30 Abs. 2 Nr. 1, 38 Abs. 2 bis 4, 28 TKG – im Falle des Fehlens beträchtlicher Marktmacht – sind auf die §§ 47 Abs. 4, 38 Abs. 2, 28 TKG zu übertragen.

---

766 VG Köln, Beschl. v. 25.02.2005 - 11 L 3441/04 Rn. 11; *Büning*, in: BeckTKG, § 46 Rn. 79.

767 Vgl. *Fetzer*, in: Arndt/Fetzer/Scherer/Graulich, TKG, § 28 Rn. 7.

768 So auch die Gesetzesbegründung zu § 47 Abs. 4 TKG, BT-Drucks. 15/2316 vom 09.01.2004, S. 72 zu § 45 (= § 47 TKG); *Wilms/Jochum*, in: BeckTKG, § 47 Rn. 61; *Fetzer*, in: Arndt/Fetzer/Scherer/Graulich, TKG, § 28 Rn. 7; *Wissmann*, in: Wissmann, Telekommunikationsrecht, Kap. 5 Rn. 47.

(4) Zwischenfazit zum § 28 TKG

Im Ergebnis verhält sich § 28 TKG gegenüber den §§ 19 f. GWB wie folgt:

§ 28 TKG ist eine abschließende Regelung im Sinne des § 2 Abs. 4 Satz 1 TKG. Der abschließende Charakter des § 28 TKG erstreckt sich jedoch nur auf die kartellrechtliche Missbrauchsaufsicht nach den §§ 19 f. GWB.

Die Einordung des § 28 TKG als abschließende Regelung erfolgt aufgrund der Anwendung des Lex-specialis-Grundsatzes. Zu beachten ist dabei, dass dieser abschließende Charakter des § 28 TKG nur soweit besteht, wie auch die Anwendung des § 28 TKG eine marktbeherrschende Stellung voraussetzt.

Die Verweise in den §§ 30 Abs. 2 Nr. 1, 39 Abs. 2 und 3, 46 Abs. 5 Satz 3 und 47 Abs. 4 TKG auf die unmittelbare Anwendung der §§ 38 Abs. 2 Abs. 4 TKG und somit mittelbar auf § 28 TKG stellen nur dann abschließende Regelungen im Sinne des § 2 Abs. 4 Satz 1 TKG auf der Grundlage des Lex-specialis-Grundsatzes dar, wenn diese als Rechtsgrundverweis angesehen werden.

Besteht lediglich ein Rechtsfolgenverweis, der eine beträchtliche Marktmacht bei Anwendung des § 28 TKG nicht voraussetzt, besteht schon gegenüber den §§ 19 f. GWB kein Lex-specialis-Verhältnis. Aufgrund des Fehlens beträchtlicher Marktmacht erfasst dieser Verweis dann einen von den §§ 19 f. GWB abweichenden Anwendungsbereich. Eine parallele Anwendung wäre aufgrund dessen schon nicht denkbar. Die Einordnung als abschließende Regelung i. S. d. § 2 Abs. 4 Satz 1 TKG kann daher in diesen Fällen unterbleiben.

Die unterschiedlichen – an beträchtliche Marktmacht anknüpfenden oder an eine solche nicht anknüpfenden – Verweise auf § 28 TKG zeigen jedoch, dass die telekommunikationsrechtliche Missbrauchsaufsicht im Bereich der Entgeltregulierung weiter geht als die kartellrechtliche Missbrauchsaufsicht. Auch an dieser Stelle kann das TKG mit einer umfassenderen und weitergehenden Missbrauchsaufsicht als das GWB glänzen. Die Einordnung des § 28 TKG als abschließende Regelung im Sinne des § 2 Abs. 4 Satz 1 TKG ist damit zu unterstützen.

cc. Ist der gesamte Teil 2 des TKG als abschließende Regelung zu qualifizieren?

Wie festgestellt, ergibt sich aus § 10 Abs. 2 Satz 1 a. E. TKG eine Tendenz zur Verdrängung des allgemeinen Wettbewerbsrechts. Diese Verdrängung bezieht sich ausweislich der §§ 9 Abs. 1 und 10 Abs. 2 Satz 1 TKG nur auf die Marktregulierungsvorschriften nach dem 2. Teil des TKG. Für die §§ 42, 28 TKG sowie die entsprechenden Verweise wurde der abschließende Charakter im Sinne des § 2 Abs. 4 Satz 1 TKG zuvor festgestellt. Fraglich ist aber noch, ob der gesamte 2. Teil über die Verweise der §§ 9 Abs. 1 und 10 Abs. 2 Satz 1 TKG als abschließend gegenüber dem allgemeinen Wettbewerbsrecht eingeordnet werden kann. Dies würde einem dem § 111 Abs. 2 EnWG entsprechenden Vorrang gleichkommen.

So wird teilweise für eine analoge Anwendung des § 111 Abs. 2 EnWG plädiert, so dass die §§ 16 bis 43 TKG vorrangig und somit auch abschließend sind.[769] Auch ohne analoge Anwendung des § 111 Abs. 2 EnWG soll sich ein Vorrang der Marktregulierungsvorschriften nach dem 2. Teil des TKG pauschal in allen Fällen, in denen eine Marktanalyse nach den §§ 10 ff. TKG positiv ausfällt, ergeben.[770] Dies spricht für eine umfassende Wirkung des § 2 Abs. 4 Satz 1 TKG. Diese vorrangige Wirkung würde nach § 2 Abs. 4 Satz 1 TKG zu einem vollständigen Ausschluss der GWB-Vorschriften im Bereich der Marktregulierung (Netzzugang und Entgelt) führen. Ein solcher kann aber nur dann in Betracht kommen, wenn die Vorschriften im 2. Teil des TKG auch abschließend im Sinne des § 2 Abs. 4 Satz 1 TKG sind. Der gesamte 2. Teil des TKG kann jedoch nicht pauschal als abschließend gegenüber dem allgemeinen Wettbewerbsrecht eingestuft werden. Zum einen wurde festgestellt, dass die §§ 1 und 35 ff. GWB generell parallel zum TKG Anwendung finden. Dies gilt auch im Bereich des 2. Teils des TKG. Zum anderen fehlt gerade eine dem § 111 Abs. 2 EnWG entsprechende Anordnung im TKG. § 2 Abs. 4 Satz 1 TKG regelt nur, dass ausdrücklich abschließende Vorschriften die Anwendung des GWB beeinflussen. Eine planwidrige Regelungslücke[771] kann aufgrund der Absatzänderung des § 2 Abs. 3 TKG 2004 zu § 2 Abs. 4 TKG 2012 nicht mehr angenommen werden, so dass auch eine analoge Anwendung des § 111 Abs. 2 EnWG ausscheide. Der Gesetzgeber hätte es in der Hand gehabt, im Rahmen dieser Änderung eine dem § 111 Abs. 2 EnWG vergleichbare Regelung aufzunehmen, um eventuelle Gesetzeslücken zu schließen.[772] Dies ist unterblieben, so dass in diesem Rahmen von einer bewussten Entscheidung ausgegangen werden muss. Welche Vorschriften ausdrücklich abschließend im Sinne des § 2 Abs. 4 TKG sind, muss daher für jede einzelne Norm bzw. jeden Normkomplex untersucht werden. Ein pauschaler Verweis ohne nähere Begründung verbietet sich an dieser Stelle.

---

769 *Schmidt-Volkmar*, Das Verhältnis, S. 105 ff.; *ders.*, ZWeR 2012, 230 (239).

770 *Scheurle*, in: Scheurle/Mayen, Telekommunikationsgesetz, 2. Aufl., § 2 Rn. 17; *Höppner*, Netzveränderungen im Zugangskonzept, S. 209; *Schütz*, Kommunikationsrecht, Rn. 894.

771 *Schmidt-Volkmar*, Das Verhältnis, S. 105 ff.

772 Vgl. auch *Sennekamp*, Der Diskurs, S. 29 zu Fn. 89.

(1) Ist die Ex-ante-Regulierung abschließend im Sinne des § 2 Abs. 4 Satz 1 TKG?

Der 2. Teil des TKG enthält neben den nachträglichen Kontrollmöglichkeiten nach den §§ 28 und 42 TKG auch Ex-ante-Regelungen, die dem sektorspezifischen Regulierungsrecht erst seinen Charakter als Zugangs- und Entgeltregulierungsrecht geben. Dass die Ex-post-Kontrollmechanismen nach den §§ 28, 42 TKG lex specialis zur Marktaufsicht nach dem GWB sind, wurde bereits dargestellt. Fraglich ist jedoch, ob die Ex-ante-Regulierung auch eine abschließende Wirkung gegenüber den §§ 19 f. GWB hat. Zu unterscheiden ist zwischen den §§ 16 ff. TKG, die eine Ex-ante-Zugangsregulierung vorsehen, und den §§ 30 ff. TKG, die das Ex-ante-Entgeltgenehmigungsverfahren betreffen. Sind diese Bestimmungen abschließend, könnte der gesamte 2. Teil des TKG als abschließend gegenüber der kartellrechtlichen Missbrauchsaufsicht eingestuft werden. Dafür sprechen zunächst die §§ 9 ff. TKG. Sie sind, wie dargestellt, primär auf die Ex-ante-Regulierung ausgerichtet. Die zu § 10 Abs. 2 Satz 1 letzter HS. TKG gemachten Aussagen[773] können folglich für einen Vorrang der Ex-ante-Vorschriften herangezogen werden.

Die Frage nach dem abschließenden Charakter der Ex-ante-Regulierung stellt sich jedoch konkret erst dann, wenn es keine entsprechende Ex-post-Regulierung im TKG gibt, die denselben Fall regelt. Denn auch im GWB wird mithilfe der §§ 19 f. GWB lediglich ex post eingegriffen. Ein Ex-ante-Kontrollsystem wie das der Regulierungsgesetze besteht im GWB nicht. Eine Überschneidung in der Anwendung von GWB und TKG ergibt sich in Bezug auf die Ex-ante-Regulierung des TKG aber nur dann, wenn das Kontrollsystem des TKG nicht abschließend ist. Besteht somit die Möglichkeit neben der Ex-ante-Regulierung den Netzzugang und die Entgelte auch im TKG selbst ex post zu überwachen, verbietet sich der Rückgriff auf die §§ 19 f. GWB, soweit die entsprechende Ex-post-Kontrolle im TKG abschließend gegenüber der des GWB ist.

(a) Netzzugangsregulierung

Dies ist so zum Beispiel im Rahmen der Netzzugangsregulierung der Fall. § 42 TKG ist neben den §§ 16 ff. TKG anwendbar.[774] Eine Ex-post-Kontrolle ex ante regulierter Netzzugänge ist im TKG somit möglich.[775]

---

773 Vgl. Kapitel 2/B./I./6.

774 Vgl. oben unter Kapitel 2/B./III./2./c./aa./(4)/(a); so auch schon *Höppner*, Netzveränderungen im Zugangskonzept, S. 209.

775 Vgl. oben unter Kapitel 2/B./III./2./c./aa./(4)/(a).

Dies gilt so zum Beispiel für die Durchsetzung des Diskriminierungsverbotes aus § 18 Abs. 2 TKG. Das Diskriminierungsverbot nach § 18 Abs. 2 Satz 1 TKG ist inhaltlich an § 19 Abs. 2 Nr. 1 2. HS. GWB angelehnt.[776] Somit könnten auch die §§ 18 Abs. 2 Satz 2, 42 Abs. 4 TKG lex specialis zu den §§ 19, 20 GWB sein. Wie aufgezeigt, wird das Diskriminierungsverbot des § 18 Abs. 2 TKG durch § 42 Abs. 4 TKG durchgesetzt, indem die Befugnisse des § 42 Abs. 4 TKG über § 18 Abs. 2 Satz 2 TKG angewendet werden dürfen. § 42 TKG ist insgesamt und somit auch mit seinen Befugnissen nach Abs. 4 lex specialis gegenüber den §§ 19 f. GWB. Der gegenüber den §§ 19 f. GWB speziellere und somit abschließende § 42 TKG entfaltet seine Vorrangwirkung folglich auch im Bereich des Netzzugangs. In diesem Fall ist ein Rückgriff auf die §§ 19 f. GWB ausgeschlossen.

Verpflichtungen nach § 18 TKG können jedoch auch unabhängig von einer beträchtlichen Marktmacht[777] des Unternehmens und somit auch unabhängig von einer marktbeherrschenden Stellung i. S. d. §§ 19 f. GWB in Betracht kommen.[778] Damit gilt es zu differenzieren. Handelt es sich im Rahmen des § 18 Abs. 2 TKG um ein Unternehmen mit beträchtlicher Marktmacht, ist eine Anwendung der §§ 19 f. GWB aufgrund des §§ 18 Abs. 2 Satz 2, 42 Abs. 4 TKG ausgeschlossen. § 18 Abs. 2 Satz 2 ist in diesem Fall über den Verweis nach § 42 Abs. 4 TKG lex specialis zu der kartellrechtlichen Missbrauchsaufsicht. Besteht jedoch keine beträchtliche Marktmacht, ist schon der Anwendungsbereich der §§ 19 f. GWB nicht eröffnet. In diesem Fall kann auch kein Lex-specialis-Verhältnis zum TKG bestehen. Eine parallele Anwendung des § 19 GWB kommt nicht in Betracht.

Dargestellt wurde allerdings auch, dass § 25 TKG teilweise den Anwendungsbereich des § 42 TKG im Rahmen der Zugangsregulierung beschränkt.[779] Nicht geklärt wurde bei der obigen Darstellung, wie sich § 25 TKG zu den §§ 19 f. GWB verhält. Die kartellrechtliche Missbrauchsaufsicht könnte allein aufgrund einer Ex-post-Zugangsanordnung nach § 25 TKG ausgeschlossen sein. Wie gezeigt, ist § 25 TKG teilweise lex specialis gegenüber der sektorspezifischen Missbrauchsaufsicht des § 42 TKG. Dies ist schon ein Indiz für die sich aus § 25 TKG ergebende Wirkung auf die Anwendung der allgemeinen Missbrauchsaufsicht nach dem GWB. Zu beachten ist auch der unterschiedliche Anknüpfungspunkt

---

776 So schon *Scherer*, in: Arndt/Fetzer/Scherer/Graulich, TKG, § 18 Rn. 14.

777 Das Tatbestandsmerkmal der beträchtlichen Marktmacht ist im Rahmen der Novellierung des TKG 2012 entfallen.

778 So auch *Scherer*, in: Arndt/Fetzer/Scherer/Graulich, TKG, § 18 Rn. 2; *Schütz*, in: BeckTKG, § 18 Rn. 1.

779 Vgl. oben unter Kapitel 2/B./III./2./c./aa./(4)/(a)/(bb).

und Regelungsbereich von § 25 TKG und § 19 GWB.[780] § 25 TKG richtet sich – anders als § 42 TKG und § 19 GWB – nicht gegen die missbräuchliche Ausnutzung einer Marktstellung. Vielmehr soll der in den § 18 und §§ 22, 21 TKG zum Ausdruck kommende Kontrahierungszwang durchgesetzt werden.[781] Die Regelungsziele und -zwecke von § 25 TKG und den §§ 19 f. GWB decken sich daher nicht unmittelbar. Eine Anwendungsüberschneidung ergibt sich lediglich dann, wenn das Nichtzustandekommen einer Zugangsvereinbarung nach § 22 TKG oder § 18 TKG ein missbräuchliches Verhalten im Sinne des § 19 GWB darstellt und sowohl durch die allgemeine Missbrauchsaufsicht nach dem GWB als auch durch § 25 TKG durchgesetzt werden kann. Im Anwendungsbereich des § 25 TKG besteht jedoch die Möglichkeit, dass der Adressat nicht über eine beträchtliche Marktmacht verfügt. In diesem Fall ist schon der Anwendungsbereich der §§ 19 f. GWB nicht eröffnet, so dass auch ein Nebeneinander der Vorschriften nicht gegeben ist. Für den Fall, dass der Adressat des §§ 25, 18 TKG beträchtliche Marktmacht aufweist, fällt wieder insbesondere der § 19 Abs. 2 Nr. 4 GWB ins Auge, der den Zugang zu den Netzen gewährleisten soll.

Nach *Schreiber* ist § 19 GWB, entsprechend dem Verhältnis von § 42 TKG und § 25 TKG, auch parallel neben § 25 TKG anwendbar.[782] Dies entspricht jedoch nicht der hier vertretenen Ansicht einer Lex-specialis-Wirkung des § 25 TKG gegenüber § 42 TKG. Denn bei einer solchen Herangehensweise wird übersehen, dass eine parallele Anwendung von § 25 TKG und § 19 GWB faktisch ausgeschlossen ist, wenn schon § 42 TKG greift, der, wie festgestellt, gegenüber § 19 GWB lex specialis ist. Die §§ 19 f. GWB müssten somit auch trotz möglicher paralleler Anwendung zu § 25 TKG in diesem Bereich aufgrund des § 42 TKG tatsächlich keine Relevanz haben. Wird jedoch wie hier davon ausgegangen, dass § 25 TKG lex specialis gegenüber § 42 TKG ist, kann nichts anderes für das Verhältnis von § 25 TKG zu § 19 GWB gelten. Die kartellrechtliche Missbrauchsaufsicht wird somit von § 25 TKG verdrängt, wenn nicht schon § 42 TKG zuvor eingreift.

Abschließend bleibt zum Netzzugang Folgendes festzuhalten: Der sich aus § 42 TKG ergebende abschließende Charakter dehnt sich auch auf den Bereich des ex ante regulierten Netzzugangs aus. Die §§ 19 f. GWB sind auf ex ante regulierte Sachverhalte ex post nicht mehr anzuwenden. Ein Anwendungsausschluss

780 So auch schon *Schreiber*, Zusammenspiel, S. 156.

781 *Geppert/Attendorn*, in: BeckTKG, § 25 Rn. 2; für einen anderen systematischeren Zusammenhang: *Scherer*, in: Arndt/Fetzer/Scherer/Graulich, TKG, § 18 Rn. 2.

782 Vgl. *Schreiber*, Zusammenspiel, S. 156.

der §§ 19 f. GWB ergibt sich daneben auch aus § 25 TKG, der gegenüber § 42 TKG und somit auch gegenüber den §§ 19 f. GWB vorrangig ist. Eine abschließende und somit die §§ 19 f. GWB ausschließende Kontrolle erfolgt im Netzzugang über § 42 TKG und § 25 TKG.

(b) Entgeltregulierung

Anders könnte sich dies im Bereich der Ex-ante-Entgeltregulierung verhalten. Eine nachträgliche Kontrolle der Entgelte im TK-Sektor erfolgt, wie dargestellt, nach den §§ 38, 28 TKG. Diese ist jedoch nur für nicht genehmigte Entgelte vorgesehen.[783] Eine Ex-post-Kontrolle ex ante genehmigter Entgelte scheidet dagegen grundsätzlich aus.

(aa) Gesetzesmaterialien zur Ex-ante-Genehmigung von Entgelten

Dies galt nicht immer. War noch im TKG 1996 geregelt, dass auch ex ante genehmigte Entgelte einer nachträglichen Kontrolle unterliegen[784], hat sich der Gesetzgeber im Rahmen des TKG 2004 dafür entschieden, diese – unter Ausweitung der Ex-ante-Regulierung[785] – nicht mehr einer Ex-post-Kontrolle zu unterwerfen.[786] Die Gesetzesbegründung zu § 36 TKG-RegE 2004 (= § 38 TKG) weist darauf hin, dass nun allein nach dem allgemeinen Verwaltungsrecht eine Überprüfung ex ante genehmigter Entgelte möglich sei.[787] Daraus kann gefolgert werden, dass eine Ex-post-Kontrolle nach dem TKG nicht erfolgt, aber eine solche nach dem GWB auch nicht ausgeschlossen wird. Auch wenn schon damals das Verhältnis von GWB und TKG umstritten war, wären die §§ 19 f. GWB, nach dem hier angewendeten Maßstab zur Bestimmung abschließender Regelungen, durch die Ex-post-Kontrolle ex ante genehmigter Entgelte nach § 30 TKG 1996 in ihrer Anwendung ausgeschlossen worden.[788] Dies gilt zu beachten. Der

---

783 BT-Drucks. 15/2316 vom 09.01.2004, S. 70 zu § 36; BR-Drucks. 755/03 vom 17.10.2003, S. 96 zu § 36.

784 Vgl. zur Entgeltregulierung nach den §§ 24 ff. TKG 1996 *Paulweber*, Regulierungszuständigkeiten, S. 65.

785 Dazu *Groebel*, in: Säcker, TKG, § 30 Rn. 2 ff.

786 *C. Säcker*, Der Einfluss der sektorspezifischen Regulierung, S. 244.

787 Vgl. BT-Drucks. 15/2316 vom 09.01.2004, S. 70 zu § 36; BR-Drucks. 755/03 vom 17.10.2003, S. 96 zu § 36.

788 Auch wenn im § 2 Abs. 3 TKG 1996 ein „soweit-Satz“ gefehlt hat hätte das GWB in seiner Anwendung ausgeschlossen werden müssen, wenn abschließende Regelungen im TKG bestehen (selbiges Problem wie im § 14 b Abs. 2 AEG a. F. siehe unten unter Kapitel 2/C./I.).

Gesetzgeber hat durch die Umgestaltung der Ex-ante- und Ex-post-Kontrolle im TKG 2004 gerade nicht zum Ausdruck gebracht, dass sich an diesem Verständnis etwas ändern soll. Auch aus der entsprechenden Gesetzesbegründung geht nicht hervor, dass durch die Änderung der Ex-post-Kontrolle von Entgelten nun auch die nachträgliche Kontrolle nach den Vorschriften des GWB ermöglicht werden soll. Denn nach dem Wortlaut der Gesetzesbegründung soll die nachträgliche Überprüfung nun nur noch allein nach dem allgemeinen Verwaltungsrecht erfolgen.[789] Das allgemeine Wettbewerbsrecht wird demnach nicht in eine Kontrollmöglichkeit einbezogen. Auch von einer Kontrollmöglichkeit durch besonderes Verwaltungsrecht oder insbesondere durch das Wirtschaftsverwaltungsrecht ist in der Gesetzesbegründung keine Rede. Auf eine wettbewerbsrechtliche Kontrolle genehmigter Entgelte wird gerade nicht hingewiesen. Dies darf durch die Anwendung der §§ 19 f. GWB nicht unterlaufen werden. Schon die Gesetzesbegründung zu § 38 TKG 2004 schließt somit eine kartellrechtliche Kontrolle ex ante genehmigter Entgelte aus.

(bb) Entgeltgenehmigung als abschließende Regelung im Sinne des § 2 Abs. 4 Satz 1 TKG?

Eine Ex-post-Kontrolle nach § 28 TKG findet bei ex ante genehmigten Entgelten nicht statt. Deshalb könnte davon ausgegangen werden, dass die §§ 19 f. GWB ergänzend Anwendung finden. Ein Ausschluss der allgemeinen Missbrauchsaufsicht nach dem GWB kommt jedoch trotz fehlender TKG-ex-post-Kontrolle dann in Betracht, wenn die Ex-ante-Entgeltvorschriften des TKG selbst abschließende Regelungen im Sinne des § 2 Abs. 4 Satz 1 TKG sind.

Aufgrund fehlender vergleichbarer Vorschriften im GWB scheidet ein abschließender Charakter der §§ 30 ff. TKG auf der Grundlage des Lex-specialis-Grundsatzes aus. Der abschließende Charakter von Normen kann sich, wie oben dargestellt, aber auch daraus ergeben, dass Regelungen des TKG von denen des GWB derart abweichen, dass diese sektorspezifische Eigenarten darstellen, die durch eine parallele Anwendung des GWB nicht unterlaufen werden dürfen.

An mehreren Stellen wurde bereits darauf hingewiesen, dass vergleichbare Regelungen zur Entgeltgenehmigung im GWB nicht existieren. Die bei der Entgeltgenehmigung angewendeten Maßstäbe und Verfahren könnten durch die – nicht systemverwandten – Vorschriften des GWB unterlaufen werden. Eine Anwendung der Genehmigungsvorschriften wäre dann sinnlos, wenn

789 Vgl. auch BT-Drucks. 15/2316 vom 09.01.2004, S. 70 zu § 36; BR-Drucks. 755/03 vom 17.10.2003, S. 96 zu § 36.

Entgelte unabhängig von einer Genehmigung nach dem GWB kontrolliert werden könnten und ihre mögliche Kartellrechtswidrigkeit das Fordern eines solchen – zuvor genehmigten – Entgeltes verbieten würde. Zudem ist die Ex-ante-Entgeltgenehmigung die schärfste Form in der Entgeltregulierung. Sie greift schon im Vorhinein auf das Marktverhalten ein und bildet neben der Netzzugangsregulierung den Kernbereich der telekommunikationsrechtlichen Marktregulierung.[790] Innerhalb des einen Teilkernbereichs, der Netzzugangsregulierung, finden die §§ 19 f. GWB wie festgestellt keine Anwendung. Dasselbe muss auch für den anderen Teilkernbereich, der Entgeltregulierung, gelten.

Eine Genehmigung der genehmigungsbedürftigen Entgelte erfolgt nach § 31 Abs. 1 Satz 1 TKG entweder (Nr. 1) nach dem sog. KeL-Maßstab des § 32 TKG oder (Nr. 2) nach dem Price-Cap-Verfahren i. S. d. § 33 TKG. § 31 Abs. 1 Satz 2 TKG gibt vor, dass genehmigte Entgelte „die Summe der Kosten der effizienten Leistungsbereitstellung und der Aufwendungen nach § 32 Abs. 2 [TKG] nicht überschreiten“ dürfen. Damit wird eine feste Obergrenze bestimmt.[791] Eine weitere Begrenzung der Entgelte „nach oben“ und „nach unten“ erfolgt durch die Einhaltung der Maßstäbe des § 28 TKG, welche nach § 32 TKG vorausgesetzt werden.[792] Deren Einhaltung wird gem. § 35 Abs. 2 TKG auch im Fall der Genehmigungen nach § 31 Abs. 1 Satz 1 TKG kontrolliert.

Kritisiert wird die Regelungsreichweite der Ex-ante-Entgeltgenehmigungsvorschriften. Die Entgeltgenehmigung gebe nur ein Entgeltkorridor[793] vor, in dessen Rahmen sich der Netzbetreiber bewegen muss. Die Ex-ante-Regulierung könne demnach einen nachträglichen Missbrauch nicht verhindern. Ein unternehmerischer Handlungsspielraum, der auch missbräuchlich ausgenutzt werden könnte, wird durch sie nicht ausgeschlossen.[794] Zugleich wird jedoch angemerkt, dass die Ex-ante-Netzentgeltregulierung ein in sich geschlossenes und umfassendes System darstellt.[795] Danach könne die Ex-ante-Regulierung lediglich eine Bindungswirkung für kartellrechtliche

---

790 *Groebel*, in: Säcker, TKG, § 32 Rn. 3.

791 *Groebel*, in: Säcker, TKG, § 31 Rn. 3; *Wissmann*, in: Wissmann, Telekommunikationsrecht, Kap. 5 Rn. 114; *Gramlich*, in: Heun, Hdb. Telekommunikationsrecht, Kap. I, Rn. 70; *Kühling*, in: BeckTKG, § 31 Rn. 17; *Kühling/Schall/Biendl*, Telekommunikationsrecht, Rn. 346.

792 Vgl. dazu *Schreiber*, Zusammenspiel, S. 181; *Gramlich*, in: Heun, Hdb. Telekommunikationsrecht, Kap. I, Rn. 70.

793 *Schreiber*, Zusammenspiel, S. 180 f.

794 *Schreiber*, Zusammenspiel, S. 152.

795 *Schreiber*, Zusammenspiel, S. 151.

Entscheidungen konstruieren.[796] Dies führt jedoch zum Widerspruch, soweit man den abschließenden Charakter von Normen bzw. Normenkomplexen wie hier bestimmt. Im Bereich der Ex-ante-Entgeltgenehmigung werden konkrete Vorgaben gemacht, die die Ausgestaltung der Entgelte betreffen. Diese Entgelte werden dabei – anders als im AEG a. F.[797] – sogar regulierungsbehördlich genehmigt. Ein solches Ex-ante-Genehmigungsverfahren darf durch die Anwendung der §§ 19 f. GWB nicht konterkariert werden. Zudem wird die Einhaltung des Maßstabes des § 28 TKG – zumindest bei Anwendung des KeL-Maßstabes nach § 32 TKG – auch im Entgeltgenehmigungsverfahren kontrolliert.[798] Auch im Price-Cap-Verfahren wird durch § 33 Abs. 3 Nr. 3 TKG die Ausnutzung missbräuchlichen Verhaltens verhindert.[799] Als Maßgröße für Entgeltgenehmigungen nach § 31 Abs. 1 Satz 1 Nr. 2 TKG gelten dabei auch „Nebenbedingungen, die geeignet sind, einen Missbrauch nach § 28 TKG zu verhindern" (vgl. § 33 Abs. 3 Nr. 3 TKG). Daneben kommt dann ein Einschreiten nach den §§ 19 f. GWB nicht mehr in Betracht.[800] Auch bestimmt § 35 Abs. 2 TKG den § 28 TKG als einen uneingeschränkten[801] Prüfungsmaßstab genehmigungsbedürftiger Entgelte. Die kartellbehördliche Aufsicht nach den §§ 19 f. GWB ist jedoch, wie oben dargestellt, im Fall der Anwendung des § 28 TKG aufgrund dessen Lex-specialis-Charakter ausgeschlossen. Auch der Umstand, dass ein ex ante genehmigtes Entgelt nicht mehr ex post – nach dem TKG – reguliert werden kann, spricht gegen eine nachträgliche kartellrechtliche Kontrolle genehmigter Entgelte. Dies gilt so zumindest auf nationaler Ebene. Hätte der Gesetzgeber eine solche nachträgliche Kontrolle gewollt, hätte er die Ex-post-Kontrolle genehmigter Entgelte nach den Vorschriften des TKG aufrechterhalten. Dies hat er aber nicht. Eine nachträgliche Kontrolle hat daher gänzlich, auch nach den Vorschriften des GWB, zu unterbleiben. Auch an dieser Stelle darf das Verhältnis von Ex-ante- zu Ex-post-Kontrolle nach dem TKG nicht durch das allgemeine Wettbewerbsrecht unterlaufen werden.

---

796 *Schreiber*, Zusammenspiel, S. 152.

797 Dazu im Bereich des Eisenbahnregulierungsrechts in Kapitel 2/C. mehr.

798 Vgl. *Groebel*, in: Säcker, TKG, § 31 Rn. 11; so auch *Wissmann*, in: Wissmann, Telekommunikationsrecht, Kap. 5 Rn. 130, der die genehmigungsbedürftigen Entgelte den Anforderungen des § 28 TKG unterstellt.

799 Vgl. *Groebel*, in: Säcker, TKG, § 31 Rn. 23.

800 Zumindest für Subsidiarität der §§ 19 f. GWB *Schreiber*, Zusammenspiel, S. 181.

801 §§ 28 und 31 TKG kommen uneingeschränkt zur Anwendung, so *Gramlich*, in: Heun, Hdb. Telekommunikationsrecht, Kap. I, R. 80.

Problematisch erscheint jedoch § 35 Abs. 3 Satz 2 TKG. Nach diesem ist die Genehmigung der Entgelte zu versagen, soweit die Entgelte mit dem TKG, insbesondere mit § 28 TKG, oder anderen Rechtsvorschriften nicht in Einklang stehen. Zum einen wird dadurch die Bedeutung des § 28 TKG in der Ex-ante-Genehmigung hervorgehoben.[802] Zum anderen zeigt dies, dass eine Genehmigung des Entgelts von der Übereinstimmung anderer Rechtsvorschriften abhängig ist. Durch den Wortlaut „anderer Rechtsvorschriften" wird deutlich gemacht, dass es sich dabei um solche handelt, die außerhalb des TKG liegen. Prüfungsmaßstab kann dabei grundsätzlich auch das GWB sein. Die Regulierungsbehörden nehmen diesbezüglich im Rahmen des § 35 Abs. 3 Satz 2 TKG allerdings nur eine Offenkundigkeitsprüfung vor.[803] Das GWB kommt als Maßstab nur in Betracht, sofern dessen Vorschriften nicht durch das TKG ausgeschlossen werden.[804] Im Rahmen des § 35 Abs. 3 Satz 2 TKG ist daher auch der abschließende Charakter des § 28 TKG sowie der der §§ 30 ff. TKG gegenüber der allgemeinen Wettbewerbsaufsicht nach dem GWB zu beachten.[805] Eine Überprüfung der Entgelte nach den §§ 19 f. GWB durch die Kartellbehörden scheidet trotz § 35 Abs. 3 Satz 2 TKG aus. Es wird somit auch die Kartellbehörde – jedenfalls hinsichtlich der Maßstäbe des deutschen Wettbewerbsrechts – verbindlich an das genehmigte Entgelt „gebunden".[806]

Folglich ist auch die Ex-ante-Regulierung von Entgelten für Zugangsleistungen nach den §§ 30 ff. TKG als abschließend im Sinne des § 2 Abs. 4 Satz 1 TKG

---

802 Vgl. *Höffler*, in: Arndt/Fetzer/Scherer/Graulich, TKG, § 35 Rn. 33; *Groebel*, in: Säcker, TKG, § 35 Rn. 45.

803 BT-Drucks. 15/2316 vom 09.01.2004, S. 69 zu § 33; *Mayen*/Lünenbürger/*Mayen*, in: Scheurle/Mayen, Telekommunikationsgesetz, § 35 Rn. 59; *Groebel*, in: Säcker, TKG, § 35 Rn. 47; *Berger-Kögler/Cornils*, in: BeckTKG, § 35 Rn. 59.

804 Ebenso *Berger-Kögler/Cornils*, in: BeckTKG, § 35 Rn. 60; *Mayen*/Lünenbürger/*Mayen*, in: Scheurle/Mayen, Telekommunikationsgesetz, § 35 Rn. 59; Masing/*Griebel*, in: Wilms/Masing/Jochum, Telekommunikationsgesetz, § 35 Rn. 27.

805 So auch *Mayen*/Lünenbürger/*Mayen*, in: Scheurle/Mayen, Telekommunikationsgesetz, § 35 Rn. 60; Masing/*Griebel*, in: Wilms/Masing/Jochum, Telekommunikationsgesetz, § 35 Rn. 27.

806 Entgegen *Berger-Kögeler/Cornils*, in: BeckTKG, § 35 Rn. 90, nach denen durch die Genehmigung des Entgelts lediglich die Übereinstimmung der genehmigten Entgelte mit den spezifischen telekommunikationsrechtlichen Prüfmaßstäben der §§ 28, 31 Abs. 1 oder 2 TKG verbindlich festgestellt werden, nicht allerdings hinsichtlich der Ergebnisse der Prüfung sonstiger öffentlich rechtlicher Normen, welche die jeweils fachzuständige Behörde – etwa die Kartellbehörden im Hinblick auf die Maßstäbe deutschen oder unionalen Wettbewerbsrechts – nicht zu binden vermag.

einzuordnen. Gleiches muss auch für die Entgelte für Endnutzerleistungen gelten, im Rahmen derer § 39 Abs. 1 Satz 3 TKG die §§ 31 bis 37 TKG entsprechend gelten.

(2) Zwischenfazit: Abgeschlossenheit des 2. Teils durch Ausstrahlungswirkung der §§ 28 und 42 TKG

Zwar kann nicht jede einzelne Vorschrift des 2. Teils selbst als abschließend im Sinne des § 2 Abs. 4 Satz 1 TKG qualifiziert werden. Die Einordnung jeder einzelnen Vorschrift des 2. Teils des TKG als abschließende Regelung im Sinne des § 2 Abs. 4 Satz 1 TKG ist weder möglich[807] noch bedarf es einer solchen. Eine Anwendung der §§ 19 f. GWB kommt dennoch im 2. Teil des GWB nicht in Betracht, soweit die Regulierungsbedürftigkeit nach den §§ 9 ff. TKG festgestellt wurde. So wird die (Ex-ante-)Netzzugangsregulierung abschließend über § 42 TKG bzw. § 25 TKG überwacht. Auch im Rahmen ex ante regulierter Entgelte kommen die §§ 19 f. GWB nicht zur Anwendung. Zwar erfolgt hier selbst keine Ex-post-Kontrolle über § 28 TKG oder § 42 TKG. Die Wirkung der §§ 28, 42 TKG ist demnach im Bereich ex ante regulierter Entgelte nicht so weitreichend wie im Fall der Netzzugangsregulierung. Dennoch erfolgt schon die Ex-ante-Genehmigung unter anderem am Maßstab des § 28 TKG, so dass sich dessen Lex-specialis-Charakter auch über die Ex-ante-Entgeltregulierung gegenüber den § 19 f. GWB auswirken kann. Zudem besteht im Rahmen der Entgeltgenehmigung ein sektorspezifisches Verfahren unter Anwendung und Einhaltung spezieller, auf den TK-Sektor zugeschnittener Maßstäbe, die nicht durch die Anwendung der §§ 19 f. GWB unterlaufen werden dürfen. Auch die gesetzgeberische Wertung – keine Ex-post-Kontrolle ex ante regulierter Entgelte – darf durch das Kartellrecht nicht umgangen werden. Eine Anwendung der §§ 19 f. GWB wird somit ausgeschlossen.

Die Untersuchung zeigt auch, dass eine Qualifizierung jeder einzelnen Norm des 2. Teils als abschließend im Sinne des § 2 Abs. 4 Satz 1 TKG insbesondere aufgrund der Ausstrahlungswirkung der §§ 28, 42 TKG unterbleiben kann. Daher ist auch der pauschale Ausschluss der Anwendbarkeit der kartellrechtlichen Missbrauchsvorschriften auf solchen Märkten, die nach § 10 TKG regulierungsbedürftig sind[808], und somit im Anwendungsbereich des 2. Teils des TKG

807 Dies gilt insbesondere für Verfahrensvorschriften, sowie für die Vorschriften des Abschnitt 4 (Sonstige Verpflichtungen, §§ 40 – 41c TKG), die hier außer Betracht geblieben sind.

808 *Höppner*, Netzveränderungen im Zugangskonzept, S. 209.

unterliegen, nicht verwunderlich. Denn dies hängt, wie dargestellt, größtenteils damit zusammen, dass in diesem Bereich die gegenüber den §§ 19 f. GWB abschließenden §§ 42, 28, 25 TKG die Einhaltung der §§ 16 ff. TKG und §§ 30 ff. TKG abschließend im Sinne des § 2 Abs. 4 Satz 1 TKG kontrollieren. Der gesamte 2. Teil des TKG kann daher als abschließend bezeichnet werden. Diese Einordnung entspricht auch dem § 111 Abs. 2 EnWG.

dd. Verbleibender Anwendungsbereich der §§ 19 f. GWB im Rahmen des TKG

Nach den vorherigen Ausführungen ist fraglich, wo ein Anwendungsbereich der kartellrechtlichen Missbrauchsaufsicht nach den §§ 19 f. GWB im Bereich der Telekommunikation noch besteht. Unstrittig besteht die Anwendung der §§ 19 f. GWB uneingeschränkt auch im TK-Sektor fort, sofern kein regulierungsbedürftiger Markt nach den §§ 10 ff. TKG vorliegt.[809] Wird jedoch nach dem Marktanalyseverfahren festgestellt, dass der betreffende Markt regulierungsbedürftig ist und somit die Anwendung der Marktregulierungsvorschriften des 2. Teils des TKG Anwendung finden, ist der Anwendungsbereich der kartellrechtlichen Missbrauchsaufsicht erheblich eingeschränkt, wenn nicht sogar vollkommen ausgeschlossen. Der Ausschluss erstreckt sich über den gesamten Bereich der Marktregulierung nach den §§ 16 ff. TKG. Denn im Rahmen des Netzzugangs wird eine abschließende Kontrolle des Marktes über die §§ 25 und 42 TKG gewährleistet. Eine Anwendung der §§ 19 f. GWB scheidet demnach aus. Auch werden die Entgelte im TK-Sektor über § 28 TKG abschließend kontrolliert. Dies betrifft auch Entgelte im Bereich des Kundenschutzes, namentlich bei der Rufnummerübernahme nach § 46 Abs. 5 TKG und der Überlassung von Teilnehmerdaten gem. § 47 Abs. 4 TKG. Auch hier besteht kein Anwendungsbereich der §§ 19 f. GWB.

Außerhalb der Marktregulierungsvorschriften der §§ 16 ff. TKG und der besonderen Entgeltregulierungsvorschriften im Bereich des Kundenschutzes findet die allgemeine Missbrauchskontrolle nach dem GWB jedoch Anwendung. Dies gilt selbst dann, wenn auf die Lex-specialis-Vorschriften der §§ 28

---

809 BVerwG, Urt. v. 18.04.2007 – 6 C 21/06 = BVerwGE 128, 305 (319) = NVwZ 2007, 1321 (1322 ff.); Monopolkommission, 50. Sondergutachten (2007), Tz. 139; *Holznagel/Enaux/Nienhaus*, Telekommunikationsrecht, § 4 Rn. 95, 136; *Höppner*, Netzveränderungen im Zugangskonzept, S. 210; *Schütz*, Kommunikationsrecht, Rn. 894; *Schmidt-Volkmar*, Das Verhältnis, S. 80.

und 42 TKG, wie zum Beispiel in den Fällen der §§ 49 Abs. 2 Satz 2 und 50 Abs. 2 Satz 2 TKG, verwiesen wird.

Nach § 49 Abs. 2 Satz 2 TKG gelten die Kriterien der §§ 28 und 42 TKG im Rahmen der für die Rechteinhaber von Anwendungs-Programmierschnittstellen nach § 49 Abs. 2 Satz 1 TKG bestehenden Pflicht, Herstellern digitaler Fernsehempfangsgeräte sowie ggf. Dritten, Informationen über die Anwendungs-Programmierschnittstellen zur Verfügung zu stellen. Daraus könnte folgen, dass auch im Rahmen des § 49 Abs. 2 TKG eine Missbrauchskontrolle nach den §§ 28, 42 TKG erfolgt und die §§ 19 f. GWB aufgrund dessen in ihrer Anwendung ausgeschlossen wären. Eine direkte Missbrauchskontrolle nach den §§ 28, 42 TKG soll jedoch unionsrechtswidrig sein.[810] Daher ist der Verweis auf die §§ 28 und 42 TKG nur ergänzend zur Auslegung der Begriffe der Chancengleichheit, Angemessenheit und Diskriminierungsfreiheit i. S. d. § 49 Abs. 2 Satz 1 TKG heranzuziehen.[811] Die Maßstäbe der §§ 28, 42 TKG werden nur als Orientierungshilfe herangezogen, um die Kriterien des § 49 Abs. 2 Satz 1 TKG zu konkretisieren. So versteht sich auch der Wortlaut der Bestimmungen, der eindeutig nur auf die „Kriterien" der §§ 28 und 42 TKG Bezug nimmt. Eine Missbrauchskontrolle nach den §§ 28, 42 TKG findet somit nicht statt.[812] Gleiches gilt auch im Rahmen des § 50 Abs. 2 Satz 2 TKG. Nach § 50 Abs. 2 Satz 1 TKG muss die Vergabe von Lizenzen an Hersteller digitaler Fernsehempfangsgeräte durch Inhaber gewerblicher Schutzrechte an Zugangsberechtigungssystemen „zu chancengleichen, angemessenen und nichtdiskriminierenden Bedingungen" erfolgen. Nach § 50 Abs. 2 Satz 2 TKG gelten die Voraussetzungen der §§ 28 und 42 TKG. Auch hier findet keine Missbrauchskontrolle anhand der §§ 28 und 42 TKG statt. Die Kriterien der §§ 28 und 42 TKG werden auch hier lediglich als Auslegungshilfe und Orientierungsmaßstab gesehen.[813] Die kartellrechtliche Missbrauchskontrolle nach den §§ 19 f. GWB ist daher auch neben § 50 TKG anwendbar.[814]

Eine Verdrängung der §§ 19 f. GWB folgt somit weder aus § 49 Abs. 2 Satz 2 noch aus § 50 Abs. 2 Satz 2 TKG. Die kartellrechtliche Missbrauchsaufsicht ist somit in diesem Bereich anwendbar.

Festzuhalten bleibt somit, dass der Anwendungsbereich der allgemeinen kartellrechtlichen Missbrauchsaufsicht im Bereich des TK-Sektors nahezu

810 So *Janik*, in: BeckTKG, § 49 Rn. 21.
811 *Schmits*, in: Säcker, TKG, § 49 Rn. 15 ff.; *Janik*, in: BeckTKG, § 49 Rn. 21.
812 I. E. so *Janik*, in: BeckTKG, § 49 Rn. 21.
813 *Schmits*, in: Säcker, TKG, § 50 Rn. 19 ff.; *Janik/Kühling*, in: BeckTKG, § 50 Rn. 60.
814 *Janik/Kühling*, in: BeckTKG, § 50 Rn. 37.

vollkommen ausgeschlossen wird. Nur in Einzelfällen kann es noch zur Anwendung der §§ 19 f. GWB kommen.[815] Die kartellrechtliche Missbrauchsaufsicht hat im Telekommunikationsbereich folglich kaum eine Anwendungsrelevanz.

3. *Verbleibende Zuständigkeit der Kartellbehörden nach den Vorschriften des GWB*

Aus dem aufgezeigten materiellen Verhältnis von TKG und GWB ergibt sich zugleich die verbleibende Zuständigkeit der Kartellbehörden nach den Vorschriften des GWB:

Die Kartellbehörden sind für die Durchsetzung des Kartellverbotes gem. § 1 GWB sowie für die Zusammenschlusskontrolle nach den §§ 35 ff. GWB uneingeschränkt auch im Anwendungsbereich des TKG zuständig. Dies gilt selbst im 2. Teil des TKG.

Sofern der Anwendungsbereich der telekommunikationsrechtlichen Regulierungsvorschriften nach den §§ 9 ff. TKG eröffnet ist, sind die Kartellbehörden für die Anwendung der kartellrechtlichen Missbrauchskontrollen nach den §§ 19 f. GWB hingegen nur sehr eingeschränkt zuständig.

Der 2. Teil des TKG, insbesondere die Vorschriften der §§ 25, 28 und 42 TKG, ist abschließend im Sinne des § 2 Abs. 4 Satz 1 TKG. Die nach § 2 Abs. 4 Satz 2 TKG grundsätzlich unberührte, aber in enger Verbindung mit der Anwendbarkeit der materiellen Vorschriften stehende Zuständigkeit der Kartellbehörden, wird durch diese Qualifizierung beschränkt. Eine Zuständigkeit der Kartellbehörden aufgrund der §§ 19 f. GWB ist im Bereich des Netzzugangs und der Entgeltkontrolle ausgeschlossen.

Außerhalb des 2. Teils des TKG besteht dagegen eine uneingeschränkte Zuständigkeit der Kartellbehörden. Auch in den Fällen, in denen eine Regulierungsbedürftigkeit nach den §§ 9 ff. TKG nicht festgestellt wurde, kommen die §§ 19 f. GWB als Kontrollmechanismen für den Netzzugang und die entsprechenden Entgelte in Betracht, so dass sich auch daraus eine Zuständigkeit der Kartellbehörden ableiten lässt.

IV. Fazit zum Verhältnis des TKG zum allgemeinen Wettbewerbsrecht

Im Vergleich zum Energiesektor, ist das Verhältnis zwischen TKG und GWB umstrittener und bislang noch nicht eindeutig geklärt. Der Gesetzgeber hat es

---

815 Siehe oben unter Kapitel 2/ B./III./2./c./dd.

bislang noch nicht geschafft, Einigkeit über die Frage nach der Anwendung von Wettbewerbsrecht und TKG herbeizuführen. Um diesen Diskurs zu beenden, wäre eine Klarstellung im Gesetz wünschenswert. Als Vorbild kann § 111 Abs. 2 EnWG dienen. Die Untersuchung des Verhältnisses von TKG und GWB kommt zu folgenden Ergebnissen:

Im TK-Sektor hängt die Antwort auf die Frage nach der parallelen Anwendung entscheidend vom Anwendungsbereich des TKG ab. Innerhalb des Anwendungsbereichs des TKG wird das Verhältnis zum GWB durch § 2 Abs. 4 TKG geregelt. Danach sind die Vorschriften beider Regelungsbereiche grundsätzlich parallel anwendbar. Erst dann, wenn im TKG ausdrücklich abschließende Regelungen getroffen werden, kommt dem TKG eine Vorrangwirkung gegenüber den Vorschriften des GWB zu.

Die abschließenden und somit vorrangigen Regelungen des TKG verdrängen die Anwendung der entsprechend nachrangigen GWB-Vorschriften somit vollständig aus ihrem Anwendungsbereich. Sie sind lex specialis gegenüber dem GWB. Eine subsidiäre Anwendung des GWB kommt nicht in Betracht. Diese Vorrangwirkung spricht weder gegen § 123 TKG, der die Zusammenarbeit der Behörden regelt, noch gegen das Fehlen einer Nennung in § 185 Abs. 3 GWB.

Zwar enthält § 2 Abs. 4 TKG keine dem § 111 Abs. 2 EnWG vergleichbare Regelung, die den abschließenden Charakter von Normen nennt. Dennoch spricht die Ausdrücklichkeitsklausel des § 2 Abs. 4 Satz 1 TKG nicht gegen eine Auslegungsfähigkeit der Vorschriften des TKG hinsichtlich ihrer Abgeschlossenheit. Dies ergibt sich aus der Betrachtung der Gesetzesmaterialien sowie des Sinns und Zwecks des „Soweit"-Satzes in § 2 Abs. 4 Satz 1 TKG. Es kommt damit nicht auf eine wörtliche Nennung der Abgeschlossenheit im Wortlaut einer Vorschrift des TKG an. Mit „ausdrücklich" im Sinne des § 2 Abs. 4 Satz 1 TKG kann vielmehr auch der nach den allgemeinen Grundsätzen der Auslegung zum Ausdruck kommende gesetzgeberische Wille gemeint sein.

Nach Anwendung der allgemeinen Lex-specialis-Regel sind insbesondere die §§ 28 und 42 TKG abschließende Vorschriften im Sinne des § 2 Abs. 4 Satz 1 TKG. Diese schließen die Anwendung der §§ 19 und 20 GWB in ihrem Anwendungsbereich aus. § 28 und 42 TKG sind sektorspezifische Modifizierungen der allgemeinen kartellrechtlichen Missbrauchsaufsicht. Durch die §§ 28 und 42 TKG findet eine ausreichende und abschließende Kontrolle des Netzzugangs und der Entgelte im Telekommunikationssektor statt. Ein Rückgriff auf die §§ 19 f. GWB kann daher unterbleiben.

Die §§ 28 und 43 TKG sind nach den §§ 9 ff. TKG jedoch nur dann anwendbar, wenn der Anwendungsbereich der Marktregulierungsvorschriften nach dem 2. Teil des TKG eröffnet ist. Denn das förmliche Verfahren zur Marktdefinition und -analyse nach den §§ 10 ff. TKG muss auch im Rahmen der Ex-post-Kontrolle durchgeführt werden. Fällt dieses Verfahren negativ aus, sind die §§ 19 f. GWB uneingeschränkt anwendbar.

Die §§ 19 f. GWB werden somit aus dem gesamten 2. Teil des TKG verdrängt. Ihre Anwendung neben den §§ 16 ff. TKG wird vollständig ausgeschlossen. Dies bedeutet jedoch nicht, dass jede einzelne Norm des 2. Teils des TKG abschließend im Sinne des § 2 Abs. 4 Satz 1 TKG ist. Die Ausschlusswirkung erfolgt allein aufgrund der §§ 25, 28 und 42 TKG, die sich auf die übrigen Vorschriften des 2. Teils im Wesentlichen erstrecken und somit eine Qualifizierung des gesamten 2. Teils als abschließend i. S. d. § 2 Abs. 4 TKG entbehrlich machen.

Außerhalb der nach den §§ 10 ff. TKG anwendbaren Marktregulierungsvorschriften der §§ 16 ff. TKG und den besonderen Entgeltregulierungsvorschriften im Bereich des Kundenschutzes (hier ist insbesondere an § 46 Abs. 5 Satz 3 TKG und § 47 Abs. 4 TKG zu denken) findet die allgemeine Missbrauchskontrolle nach dem GWB jedoch Anwendung. Dabei bleibt der allgemeinen kartellrechtlichen Missbrauchsaufsicht lediglich ein sehr begrenzter Anwendungsbereich.

Die §§ 1 und 35 ff. GWB finden mangels Überschneidungen und abschließender Regelungen auch neben den Vorschriften des TKG uneingeschränkt Anwendung. Sie werden nicht durch das TKG ausgeschlossen. Die Missbrauchsaufsicht richtet sich auf den regulierungsbedürftigen Telekommunikationsmärkten somit ausschließlich nach dem TKG. In allen anderen Punkten sind die Vorschriften des GWB uneingeschränkt neben denen des TKG anwendbar.

C. Verhältnis des Eisenbahnregulierungsrechts zum allgemeinen Wettbewerbsrecht

Seit September 2016 besteht ein neues Eisenbahnregulierungsgesetz, das ERegG. Durch dieses wurden die zuvor im AEG und in der EBIV verstreuten Vorschriften zur Regulierung des Eisenbahnsektors zusammengetragen. Daneben wurde unter anderem das Bundeseisenbahnverkehrsverwaltungsgesetz (BEVVG) ergänzt, welches u. a. die Aufgaben und Zuständigkeiten der BNetzA und des Eisenbahn-Bundesamts regelt.

Im ERegG befindet sich – anders als im AEG a. F.[816, 817] – keine Vorschrift, die sich in irgendeiner Weise zu dem Verhältnis zwischen Eisenbahnregulierungs- und Wettbewerbsrecht äußert. Lediglich in § 17 Abs. 7 ERegG findet sich ein Stellungnahmerecht des BKartA. Das formelle Verhältnis von BKartA zur BNetzA wurde ausgelagert und wird nun in § 9 BEVVG geregelt. Nach § 9 Abs. 3 BEVVG bleiben die Zuständigkeiten des BKartA nach dem GWB unberührt. § 9 Abs. 3 BEVVG entspricht insoweit dem § 14b Abs. 2 Satz 1 AEG a. F. Auch dieser regelte die Unberührtheit der Behördenzuständigkeit. Ob sich daraus auch eine materielle Unberührtheit der GWB-Vorschriften ergibt, ist nicht ganz eindeutig. Denn schon im AEG a. F. war das Verhältnis von Eisenbahnregulierungsrecht zu allgemeinen Wettbewerbsrecht nicht abschließend geklärt. Ähnlich wie im TK-Bereich gibt es im Ergebnis wieder zwei Meinungsstränge. Nach der einen Ansicht besteht eine parallele Anwendbarkeit von AEG a. F. und GWB.[818] Nach einer anderen Ansicht ist das AEG a. F. – zumindest in Teilen – lex specialis[819] bzw. abschließend gegenüber dem GWB und verdrängte dieses somit aus seinem Anwendungsbereich.[820]

---

816 Mit a. F. ist die Fassung des AEG vor der Einführung des ERegG gemeint, d. h. das Allgemeines Eisenbahngesetz vom 27. Dezember 1993 (BGBl. I S. 2378, 2396; 1994 I S. 2439), das zuletzt durch Artikel 4 Abs. 113 des Gesetzes vom 18. Juli 2016 (BGBl. I S. 1666) geändert worden ist.

817 Gemeint ist hier § 14b Abs. 2 Satz 1 AEG a. F., wobei auch § 12 Abs. 7 AEG a. F. sich konkret auf das Verhältnis zu § 1 und § 20 GWB bezieht.

818 OLG Düsseldorf, Urt. v. 03.03.2010 – U (Kart) 16/09 = BeckRS 2011, 25332, im Grunde ging es im Urteil aber um die Anwendung des materiellen Zivilrechts in Gestalt des § 315 BGB; OLG Frankfurt a.M., Urt. v. 10.10.2006 – 11 U 46/05 (Kart) = NJOZ 2007, 3816; OLG Düsseldorf, Urt. v. 07.02.2007 – VI-U Kart 3/06 = BeckRS 2007, 05448; *Wachinger/Herrmann/Kreis*, in: Loewenheim/Meessen/Rienkampff/Kersting/Meyer-Lindemann, Kartellrecht, 4. Teil, A. Landverkehr- und Binnenfahrt, Rn. 24; *Bremer/Höppner*, WuW 2009, 1271 (1272); *Höppner*, Netzveränderungen im Zugangskonzept, S. 208; *Steinmann*, IR 2009, 152 (154); *Kühling/Ernert*, NVwZ 2006, 33 (38); *Basedow* schon zum § 14 abs. 5 Satz 2 AEG a. F. in: FS Sandrock (2000), 13 (31 f.); *Basedow*, ZHR 170 (2006), 178 (189); *Bartosch/Jaros*, WuW 2005, 15 (22) für das Verhältnis von § 14 Abs. 1 Satz 1 AEG a. F. zum GWB.

819 So zwar das LG Berlin, Urt. v. 12.10.2004 – 16 O 465/04 = IR 2005, 16, das aber in diesem Urteil darauf hinweist, dass eine Subsumtion unter die Tatbestände nur parallel erfolgen kann, eine Verdrängung insofern ausgeschlossen wird.

820 LG Berlin, Urt. v. 17.03.2009 – 98 O 25/08 = WuW 2009, 531; *Gerstner*, in: BeckAEG, § 14b Rn. 29; *Staebe/Schmitt*, in: Schmitt/Staebe, Eisenbahn-Regulierungsrecht, Rn. 55 f.; *Bunte*, WuW 1997, 302 (307); *Fromm*, DVBl. 1994, 187 (193); *Bredt*, N&R 2009,

Da das ERegG neben neuen Regelungen auch die Regelungen des Netzzugangs des AEG a. F. und die der EIBV beinhaltet und somit zumindest teilweise eine Heranziehung der „alten" eisenbahnrechtlichen Aussagen zum Verhältnis des GWB nicht abwegig erscheint, ist für die Frage nach dem Verhältnis von ERegG und GWB daher zunächst entscheidend, wie sich das AEG a. F. zum GWB verhalten hat. Daraus könnten sich Rückschlüsse für das Verhältnis von ERegG und GWB ergeben. Im Folgenden ist daher zunächst das Verhältnis des AEG a. F. zum GWB näher zu erörtern (unter I.). Danach werden die gewonnenen Erkenntnisse auf das Verhältnis von ERegG zum GWB, soweit möglich, übertragen, und auf die Neuregelungen des ERegG eingegangen[821], um so das Verhältnis vom neuen ERegG zum allgemeinen Wettbewerbsrecht darstellen zu können (unter II.).

I. Das Verhältnis von AEG a. F. und allgemeinem Wettbewerbsrecht

Wie in den zuvor behandelten Regulierungsgesetzen, finden sich auch im AEG a. F. Regelungen, die sich ausdrücklich zu dem Verhältnis von Eisenbahnregulierungsrecht und allgemeinem Wettbewerbsrecht äußern. So schließt beispielsweise § 12 Abs. 7 Satz 1 AEG a. F. die Anwendung des § 1 GWB explizit aus und § 12 Abs. 7 Satz 3 AEG a. F. ordnet die Anwendung des § 19 Abs. 1 i. V. m. Abs. 2 Nr. 1 GWB an. § 12 Abs. 7 AEG a. F. regelt jedoch nur einen ganz bestimmten Fall.[822] Als Vorschrift, die sich allgemein zu der Frage nach der parallelen Anwendung von Wettbewerbs- und Regulierungsrecht im Eisenbahnsektor äußert, kommt daher zunächst § 14b Abs. 2 AEG a. F. in Betracht. Dieser legt in § 14b Abs. 2 Satz 1 AEG a. F. fest, dass „die Aufgaben und Zuständigkeiten der Kartellbehörden nach dem GWB [...] unberührt [bleiben]". Diese Formulierung ist auch aus anderen sektorspezifischen Regulierungsgesetzen bekannt. In diesen steht eine solche Regelung immer im Zusammenhang mit den gesetzlich fixierten Kollisionsregelungen. Nach dem ersten Empfinden könnte daher auch § 14b Abs. 2 AEG – ähnlich wie § 2 Abs. 4 TKG und § 111 EnWG – eine gesetzlich fixierte Kollisionsregelung darstellen. Umstritten ist jedoch wieder einmal, ob sich daraus eine parallele Anwendung oder sogar eine vorrangige

---

235 (240 f.); *Ruge*, DVBl. 2005, 1405 (1407); *Ruge*, AöR 131 (2006), 1 (32) m.w.N.; *Ludwigs*, WuW 2008, 534 (546).

821 Soweit diese für die Bestimmung des Verhältnisses von ERegG und GWB maßgeblich sind.

822 Dazu später unter Kapitel 2/C./I./1./b./bb) mehr.

Anwendung des sektorspezifischen Regulierungsrechts ergibt. Als Besonderheit ist im Eisenbahnsektor jedoch die Frage nach dem Regelungsgehalt des § 14b Abs. 2 AEG a. F. dieser Frage vorgelagert. § 14b Abs. 2 AEG a. F. bezieht sich nur auf die Aufgaben und Zuständigkeiten der Kartellbehörden nach dem GWB. Eine Regelung, die – wie § 111 EnWG oder § 2 Abs. 4 TKG – eindeutig auch das Verhältnis des materiellen sektorspezifischen Regulierungsrechts zum Wettbewerbsrecht regelt, enthält dieser und enthalten auch die restlichen Vorschriften des AEG a. F., abgesehen von § 12 Abs. 7 AEG a. F., nicht. Auf eine gesetzlich fixierte Vorrangregelung zugunsten des AEG wurde offenbar verzichtet. Fehlt eine das materielle Verhältnis dieser Regelungsbereiche regelnden Vorschrift, könnte grundsätzlich davon ausgegangen werden, dass die GWB-Vorschiften neben denen des AEG uneingeschränkt anwendbar sind. Dafür spräche auch der Rechtsgedanke des § 130 Abs. 2 GWB a. F. (jetzt § 185 Abs. 2 GWB), nach dem das GWB grundsätzlich auf allen Märkten anwendbar ist, soweit der Anwendungsbereich des GWB nicht ausdrücklich oder gesetzesimmanent ausgeschlossen wird[823], so wie der Vergleich mit den Regelungstatbeständen des EnWG und des TKG, die, wie gezeigt, jeweils zumindest andeutungsweise das Verhältnis zum GWB durch eine Vorrangregelung regeln. Aus dem Gesetzestext des AEG a. F. ergibt sich nichts Gegenteiliges. Neben diesem Ansatz einer grundsätzlich bestehenden parallelen Anwendung von GWB und AEG a. F. kann jedoch auch das Verhältnis dieser beiden Regelungsbereiche anhand der allgemeinen Kollisionsregelungen konkret bestimmt werden.[824] Andere hingegen ziehen u. a. schon aus § 14b Abs. 2 Satz 1 AEG a. F. Rückschlüsse auf das materielle Verhältnis von AEG a. F. und GWB.[825] Somit besteht im Eisenbahnsektor der besondere Streit darüber, ob aus § 14b Abs. 2 AEG a. F. überhaupt auch auf das materielle Verhältnis von AEG a. F. und GWB und somit auf die parallele oder vorrangige Anwendbarkeit der Vorschriften geschlossen werden kann (unter 1.) oder ob diesbezüglich auf die allgemeinen Kollisionsregelungen zurückgegriffen werden muss (unter 2.). Diese Frage ist der Frage nach dem konkreten Verhältnis von AEG a. F. und GWB vorgelagert.

823 So schon *Bremer/Höppner*, WuW 2009, 1271 (1271).

824 So beispielsweise nach dem lex specialis-Regel, vgl. *Ruge*, DVBl. 2005, 1405 (1407) m.w.N.

825 So zum § 14 Abs. 5 Satz 2 AEG a. F. (entspricht § 14b abs. 2 Satz 1 AEG a. F.) *Basedow*, FS Sandrock, (2000), 13 (32); *Basedow*, ZHR 170 (2006), 178 (189); i. E. auch *C. Säcker*, Der Einfluss der Sektorspezifische Regulierung, S. 281 f.

1. *§ 14b Abs. 2 AEG a. F. in Bezug auf die Anwendung materiellen Rechts*

Zunächst ist daher zu untersuchen, welche Reichweite dem § 14b Abs. 2 Satz 1 AEG a. F. zukommt. Bezieht er sich nur auf das formelle Verhältnis der Behördentätigkeit oder kann aus ihm auch auf das materielle Verhältnis von Eisenbahnregulierungsrecht und allgemeinem Wettbewerbsrecht geschlossen werden?

a. *Wortlaut, Sinn und Zweck des § 14b Abs. 2 Satz 1 AEG a. F.*

Aus dem Wortlaut des § 14b Abs. 2 Satz 1 AEG a. F. ergibt sich zunächst eindeutig eine Regelung zum formellen Verhältnis von der nach dem AEG a. F. zuständigen BNetzA und dem nach dem GWB zuständigen BKartA. § 14b Abs. 2 Satz 1 AEG a. F. bezieht sich ausdrücklich nur auf die Aufgaben und Zuständigkeiten der Kartellbehörden. Wie im EnWG und im TKG kann auch durch diese Formulierung im Eisenbahnsektor von einer Gleichwertigkeit der Behörden ausgegangen werden.

Auffällig ist, dass nur die Behördenzuständigkeit des BKartA nach dem GWB geregelt wurde. Dies geht so jedenfalls eindeutig aus dem Wortlaut des § 14b Abs. 2 Satz 1 AEG a. F. hervor. Danach blieben auch im Eisenbahnsektor „die Aufgaben und Zuständigkeiten der Kartellbehörden nach dem GWG [...] unberührt". Einige schließen dennoch aus diesem Wortlaut auch auf das materielle Verhältnis.[826] Der Wortlaut nehme auf die unbeschränkte Zuständigkeit der Kartellbehörden nach dem GWB Bezug. Daraus folge zugleich, dass die Kartellbehörden die Vorschriften des GWB „ohne Rücksicht" auf das Eisenbahnregulierungsrecht anzuwenden haben.[827] Eine unbeschränkte und daher parallele Zuständigkeit scheine nur dann sinnvoll, wenn auch die Vorschriften in materieller Hinsicht parallel und unbeschränkt zur Anwendung kommen.[828] Aus § 14b Abs. 2 AEG a. F. folge eine uneingeschränkte parallele Anwendung der kartellrechtlichen Vorschriften.[829] Würde eine parallele Anwendbarkeit der

826 Zur Vorgängervorschrift § 14 Abs. 5 Satz 2 AEG a. F. *Basedow*, FS Sandrock, (2000), 13 (32).

827 *Basedow*, FS Sandrock, (2000), 13 (32).

828 *Schröder*, IR 2009, 93 (94) Anm. zum LG Berlin, Urt. v. 17.3.2009 – 98 O 25/08; *Wachinger/Herrmann/Kreis*, in: Loewenheim/Meessen/Riesenkampff/Kersting/Meyer-Lindemann, Kartellrecht, 4. Teil, A. Landverkehr und Binnenschifffahrt, Rn. 24.

829 So noch zum § 14 Abs. 5 AEG a. F.: LG Berlin, Urt. v. 12.10.2004 – 16 O 465/04 = IR 2005, 16; i. E. auch *Kühling/Ernert*, NVwZ 2006, 33 (38); *Basedow*, ZHR 170 (2006), 178 (189); *Fuchs/Möschel*, in: Immenga/Mestmäcker, Band 2, § 19 Rn. 360; *Schröder*,

sektorspezifischen Regulierungsvorschriften und der des GWB verneint werden, würde die Unberührtheitsklausel in § 14b Abs. 2 Satz 1 AEG a. F. ins Leere laufen.[830]

Für eine solche Interpretation des § 14b Abs. 2 Satz 1 AEG a. F. spricht, dass § 14b Abs. 2 Satz 1 AEG a. F. eine vollumfänglich unberührte Zuständigkeit des BKartA voraussetzt, der nur entsprochen werden kann, wenn auch das materielle Recht unbeschränkt zur Anwendung kommt. Fraglich ist jedoch schon, ob durch § 14b Abs. 2 Satz 1 AEG a. F. tatsächlich eine unbeschränkte Zuständigkeit des BKartA anzunehmen ist. Eine unberührte Zuständigkeit ist nämlich nicht mit einer unbeschränkten Zuständigkeit gleichzusetzen. Die vorangegangenen Untersuchungen vom EnWG und TKG haben gezeigt, dass eine Klausel, nach der die Zuständigkeit des BKartA nach dem GWB unberührt bleibt, eine partielle Verdrängung des GWB nicht verhindern kann.[831] Ein Ausschluss des GWB in materieller Hinsicht ist daher trotz einer solchen Unberührtheitsklausel möglich. Folgt aus der unberührten Zuständigkeit des BKartA nach den Vorschriften des GWB nicht zwingend auch eine Unberührtheit der materiellen GWB-Vorschrift, kann genauso gut angeführt werden, dass sich die Unberührtheitsklausel des § 14b Abs. 2 Satz 1 AEG a. F. gerade nicht zum materiellen Verhältnis des Eisenbahnregulierungsrechts zum allgemeinen Wettbewerbsrecht äußert[832] und daher auch nicht auf das materielle Verhältnis dieser Regelungsbereiche geschlossen werden kann.[833]

Auch kann das GWB durch die Kartellbehörden nicht ohne Rücksicht auf die Regelungen des AEG a. F. anzuwenden sein.[834] Dies würde den Sätzen 2 bis

---

IR 2009, 93 (94); *Masing*, Verhandlungen des 66. DJT, 2006, Band I, Gutachten Teil D, D 23.

830 So auch *Wachinger/Herrmann/Kreis*, in: Loewenheim/Meessen/Riesenkampff/Kersting/Meyer-Lindemann, Kartellrecht, 4. Teil, A. Landverkehr und Binnenschifffahrt, Rn. 24; *Basedow*, FS Sandrock, (2000), 13 (32).

831 Vgl. oben unter Kapitel 1 zur verbleibenden Behördenzuständigkeit A./VII. und B./III.; vgl. auch *C. Säcker*, Der Einfluss der sektorspezifischen Regulierung, S. 281 m.w.N. und S. 282 f.; *Höppner*, Netzveränderungen im Zugangskonzept, S. 208; *Bremer/Höppner*, WuW 2009, 1271 (1272) i. E. dann aber doch für Parallelität.

832 Ebenso *Nothdurft*, der sich auch zum neuen § 6 Abs. 3 BEVVG (jetzt § 9 Abs. 3 BEVVG) äußert, in: Langen/Bunte, Band 1, § 19 Rn. 489; so schon *Kühling*, Sektorspezifische Regulierung, S. 232; *Staebe/Schmitt*, in: Schmitt/Staebe, Eisenbahn-Regulierungsrecht, Rn. 56.

833 So auch *Staebe/Schmitt*, in: Schmitt/Staebe, Eisenbahn-Regulierungsrecht, Rn. 56; *Förster/Kardetzky*, in: Schmitt/Staebe, Eisenbahn-Regulierungsrecht, Rn. 418.

834 So aber: *Basedow*, FS Sandrock (2006), 13 (32).

4 des § 14 Abs. 2 AEG a. F. widersprechen. Die dort geregelten wechselseitigen Informations- und Stellungnahmepflichten sollen gerade die Koordinierung zwischen den verschiedenen Gesetzen und den zu deren Durchsetzung befugten Behörden ermöglichen und eine Berücksichtigung der Gesetze fördern.[835]

Richtig ist zwar, dass die formelle Zuständigkeit eng mit der materiellen Anwendbarkeit von Vorschriften zusammenhängt. Dennoch ist die Ausübung der Zuständigkeit erst dann möglich, wenn auch die Norm, für die eine Zuständigkeit besteht, Anwendung findet. Dies haben auch die Anhänger der Parallelitätsthese erkannt, wenn sie argumentieren, dass eine unberührte Zuständigkeit nur dann Sinn ergibt, wenn auch eine materielle Anwendung der GWB-Vorschriften besteht. Sie lassen jedoch außer Acht, dass das Tätigwerden einer zuständigen Behörde von der Anwendbarkeit materieller Vorschriften abhängig ist.[836] Denn eine Behörde bedarf bei staatlichen Eingriffen einer Ermächtigungsgrundlage für ihr Einschreiten.[837] Dies folgt aus dem Grundsatz des Vorbehalts des Gesetzes.[838] Fehlt diese materielle Ermächtigungsgrundlage, kann auch eine grundsätzliche Zuständigkeit der Behörde nicht dazu führen, dass die Behörde tätig wird. Die materielle Vorschrift bildet die Basis für das Tätigwerden der Behörde. Wenn schon der materielle Anwendungsbereich einer Norm nicht gegeben ist, kann die entsprechend zur Durchsetzung dieser – nichtanwendbaren – Norm zuständige Behörde ihre Zuständigkeit erst gar nicht ausüben. Fraglich ist auch, ob in einer solchen Konstellation überhaupt von einer „zuständigen Behörde“ gesprochen werden kann.

Eine Zuständigkeitsregelung kann grundsätzlich nichts über das materielle Verhältnis von Vorschriften zueinander aussagen. Zwar kann auf der einen Seite nach § 14b Abs. 2 Satz 1 AEG a. F. von einer unbeschränkten Behördenzuständigkeit der Kartellbehörden ausgegangen werden. Auf der anderen Seite ist dies jedoch in Abhängigkeit von der Anwendbarkeit der materiellen GWB-Vorschriften zu sehen. Werden diese ausgeschlossen bzw. verdrängt, fehlt es auch an einer Behördenzuständigkeit des BKartA. § 14b Abs. 2 Satz 1 AEG a. F. kann daher nur dahingehend verstanden werden, dass eine Zuständigkeit des

---

835 Siehe dazu unten unter Kapitel 2/C./I./1./b./cc).

836 Vgl. dazu auch *Gerstner*, in: BeckAEG, § 14b Rn. 25 ff., der eine parallele Zuständigkeit von der parallelen Anwendbarkeit der materiellen Vorschriften abhängig macht.

837 Vgl. allgemein *Grzeszick*, in: Maunz/Dürig, Grundgesetz, Band 3, Art. 20 Abs. 3 GG, Rn. 111 ff.

838 Vgl. zum Grundsatz des Vorbehalts des Gesetzes *Grzeszick*, in: Maunz/Dürig, Grundgesetz, Band 3, Art. 20 Abs. 3 GG, Rn. 75.

BKartA nach dem GWB unberührt bleibt, wenn die GWB-Vorschriften auch in materieller Hinsicht anzuwenden sind.[839] So wird auch angeführt, dass sich § 14b Abs. 2 Satz 1 AEG a. F. beispielsweise lediglich auf die Anwendung des Kartellverbots nach § 1 GWB oder die Fusionskontrolle nach den §§ 35 ff. GWB bezieht.[840] Ob und wann materielle Vorschriften des GWB im Anwendungsbereich des AEG a. F. angewendet werden können, wird an späterer Stelle geklärt.

Aus § 14b Abs. 2 Satz 1 AEG a. F. folgt weiter, dass der Gesetzgeber zunächst davon ausging, dass eine Anwendung des GWB im Anwendungsbereich des AEG a. F. grundsätzlich möglich ist.[841] Würde das AEG a. F. die Vorschriften des GWB ausnahmslos in ihrer Anwendung ausschließen, würde das BKartA schon aufgrund fehlender materiell durchsetzbarer Normen nicht zuständig sein. § 14b Abs. 2 Satz 1 AEG a. F. würde dann – wie von den Vertretern der Parallelitätsthese moniert – tatsächlich keinen Sinn ergeben. Gleichwohl führt die Regelung des § 14b Abs. 2 Satz 1 AEG a. F., wie gezeigt, nicht automatisch zu einer generellen parallelen Anwendung dieser beiden Regelungsbereiche. Festzuhalten bleibt daher, dass § 14b Abs. 2 Satz 1 AEG a. F. – ohne dies ausdrücklich zu nennen – eine Anwendbarkeit des GWB im Anwendungsbereich des AEG a. F. voraussetzt bzw. für möglich hält. Somit besteht auch im regulierten Eisenbahn-Sektor der Grundsatz der parallelen Anwendung von AEG a. F. und GWB. Zwar fehlt im AEG a. F. eine Vorschrift, die auch die Anwendung des GWB in materieller Hinsicht unberührt bleiben lässt. Aus dem Gesetzestext des AEG a. F. ergibt sich jedoch auch nichts Gegenteiliges, so dass zunächst von einer autonomen parallelen Anwendbarkeit des GWB neben den Vorschriften des AEG a. F. ausgegangen werden kann. Ob der grundsätzlich neben dem AEG eröffnete Anwendungsbereich des GWB auch bestehen bleibt, ergibt sich dagegen nicht aus § 14b Abs. 2 Satz 1 AEG a. F. Eine im Grundsatz bestehende parallele Anwendung von GWB und AEG a. F. schließt es nicht aus, dem AEG a. F. dennoch in konkreten Bereichen einen Vorrang einzuräumen.

Dies vorausgeschickt spricht der Wortlaut des § 14b Abs. 2 Satz 1 AEG a. F. nicht gegen eine Parallelität in der Anwendung von GWB und AEG. Andere wenden ein, dass der Unberührtheitsklausel des § 14b Abs. 2 Satz 1 AEG a. F. auf der anderen Seite auch kein Vorrang des sektorspezifischen Regulierungsrechts

---

839 So auch *Gersdorf*, Entgeltregulierung im Eisenbahnsektor, 2007, S. 49; *Staebe/Schmitt*, in: Schmitt/Staebe, Eisenbahn-Regulierungsrecht, Rn. 56.

840 *Staebe/Schmitt*, in: Schmitt/Staebe, Eisenbahn-Regulierungsrecht, Rn. 56.

841 So schon BT-Drucks. 14/6929 vom 20.9.2001, S. 16 zu Nummer 10 Buchstabe b (§ 14 Abs. 3a); *Schreiber*, Zusammenspiel, S. 173.

entnommen werden kann.[842] Richtig ist jedoch, dass auch eine generelle Parallelität nicht aus § 14b Abs. 2 Satz 1 AEG a. F. folgen kann. Denn dafür liefert der Wortlaut des § 14b Abs. 2 AEG a. F. genauso wenig Anhaltspunkte. Es wird im § 14b Abs. 2 Satz 1 AEG a. F. gerade nur auf das formelle und eben nicht auf das materielle Verhältnis zum Wettbewerbsrecht Bezug genommen. Klar ist jedoch, dass die formelle Zuständigkeit einer materiellen Anwendbarkeit von Vorschriften folgt. Die materielle Anwendbarkeit der GWB-Vorschriften wird zwar von § 14b Abs. 2 Satz 1 AEG a. F. vorausgesetzt. Ob diese auch tatsächlich neben dem AEG a. F. anwendbar sind, ergibt sich dagegen nicht aus dem Wortlaut des § 14b Abs. 2 Satz 1 AEG a. F.

Unklar und auslegungsbedürftig ist der Wortlaut des § 14b Abs. 2 Satz 1 AEG a. F. dennoch nicht.[843] Er regelt eindeutig nur das formelle Verhältnis. Aus dem Wortlaut sowie aus dem Sinn und Zweck des § 14b Abs. 2 Satz 1 AEG a. F. kann daher nicht abschließend auf das Verhältnis von GWB zum Eisenbahnregulierungsrecht geschlossen werden. § 14b Abs. 2 Satz 1 AEG a. F. trifft für das materielle Verhältnis von Eisenbahnregulierungsrecht zum GWB und somit für die Frage nach der parallelen Anwendung von Regulierungs- und Wettbewerbsrecht keine verwertbare Aussage.

b. Systematik

aa. Sektorübergreifender Vergleich mit den Kollisionsregelungen aus EnWG und TKG

Möglicherweise ergeben sich aus einem Vergleich mit den Kollisionsregelungen aus EnWG und TKG auch Rückschlüsse für die Auslegung von § 14b Abs. 2 AEG. a. F. und somit für das Verhältnis des Eisenbahnregulierungs- zum allgemeinen Wettbewerbsrecht. Bei einer Gegenüberstellung des § 14b Abs. 2 AEG a. F. und des § 2 Abs. 4 TKG sowie des § 111 EnWG ergibt sich zunächst, dass § 14b Abs. 2 Satz 1 AEG a. F. lediglich mit § 2 Abs. 4 Satz 2 TKG und § 111 Abs. 1 Satz 2 EnWG, nicht aber mit den §§ 2 Abs. 4 Satz 1 TKG und 111 Abs. 1 Satz 1, Abs. 2 EnWG Überschneidungen aufweist.

Nach allen drei Vorschriften bleiben Aufgaben und Zuständigkeiten des BKartA unberührt. Lediglich im AEG a. F. wird explizit auf die Aufgaben und Zuständigkeiten des BKartA *nach dem GWB* Bezug genommen. Dies ist jedoch

---

842 *Masing*, Verhandlungen des 66. DJT, 2006, Gutachten Teil D, D 23, kritisch in D 69 f.; *Fehling*, in: Lüdemann, Telekommunikation, Energie, Eisenbahn, S. 118 (137); *Fehling*, in: Fehling/Ruffert, Regulierungsrecht, § 10 Rn. 68 m.w.N.

843 A. A. *Gerstner*, in: BeckAEG, § 14b Rn. 27.

dem Umstand geschuldet, dass in § 2 Abs. 4 Satz 1 TKG und § 111 Abs. 1 Satz 1 EnWG bereits auf die Vorschriften des GWB verwiesen wurde, so dass dies bei der darauffolgenden Bestimmung hinsichtlich der formellen Zuständigkeit entfallen konnte.

Im Rahmen der Analyse von EnWG und TKG hat sich ergeben, dass nur dort eine parallele Zuständigkeit von BKartA und BNetzA gegeben ist, wo zuvor auch eine parallele Anwendbarkeit der materiellen Vorschriften festgestellt wurde. Dass eine solche materiell parallele Anwendbarkeit der Vorschriften des EnWG und TKG im Verhältnis zum GWB zwar den Grundsatz darstellt, jedoch nicht ausnahmslos besteht, wurde in diesen Bereichen gezeigt. Soweit abschließende bzw. speziellere Regelungen vorhanden sind, kann eine Subsidiarität oder eine Spezialität auch im Eisenbahnregulierungsrecht in Betracht kommen.[844] Der Grundsatz der parallelen Anwendbarkeit von GWB zu den sektorspezifischen Regulierungsrechten ist eben lediglich ein Grundsatz, der durch seine Ausnahmen begrenzt wird. Auch dies spricht für den zuvor genannten Ansatz, dass grundsätzlich die formelle Parallelität einer materiellen folgt.

Schädlich kann es nicht sein, dass eine dem § 2 Abs. 4 Satz 1 TKG oder § 111 Abs. 1 Satz 1 EnWG entsprechende Regelung im AEG fehlt und somit auf eine generelle parallele Anwendbarkeit der GWB-Vorschriften mit denen des Eisenbahnregulierungsrechts geschlossen werden kann.[845] Zwar weicht das Eisenbahnregulierungsgesetz an dieser Stelle von den anderen Regulierungsgesetzen ab. Jedoch kann auch ohne eine solche gesetzlich fixierte Kollisionsregelung durch Auslegung ermittelt werden, ob eine Verdrängung der GWB-Vorschriften in Betracht kommt.[846] Dies zeigt auch ein Vergleich mit dem GG und dem StGB, in denen Subsidiarität (bspw. von Art. 2 Abs. 1 GG zu allen anderen Freiheitsgrundrechten[847]) oder (materielle) Spezialität (bspw. von § 249 zu § 242, 240 StGB[848]) nicht im Gesetzestext explizit geregelt wurde. Es kann somit nicht voreilig aufgrund des Fehlens einer den § 2 Abs. 4 Satz 1 TKG und § 111 Abs. 1

---

844 Vgl. auch *Förster/Kardetzky*, in: Schmitt/Staebe, Eisenbahn-Regulierungsrecht, Rn. 418; i. E. auch *Gersdorf*, Entgeltregulierung im Eisenbahnsektor, 2007, S. 49.

845 I. E. auch LG Berlin, Urt. v. 17.03.2009 – 98 O 25/08 Rn. 93 - zitiert nach juris = WuW 2009, 531 (533); a. A. *Wachinger/Herrmann/Kreis*, in: Loewenheim/Meessen/Riesenkampff/Kersting/Meyer-Lindemann, Kartellrecht, 4. Teil, A. Landverkehr und Binnenschifffahrt, Rn. 24.

846 So auch *Förster/Kardetzky*, in: Schmitt/Staebe, Eisenbahn-Regulierungsrecht, Rn. 418.

847 Vgl. dazu *Di Fabio*, in: Maunz/Dürig, Grundgesetz, Band 1, Art. 2 Abs. 1 Rn. 21.

848 Vgl. dazu *Kindhäuser*, in: Kindhäuser/Neumann/Paeffgen, Strafgesetzbuch, § 249 Rn. 34; *Kühl*, in: Lackner/Kühl, StGB, § 249 Rn. 10.

Satz 1 EnWG vergleichbaren Regelung auf eine vollständige parallele Anwendbarkeit von AEG a. F. und GWB geschlossen werden. Das Fehlen einer das materielle Verhältnis von AEG a. F. zum GWB regelnden Vorschrift spricht daher weder für noch gegen eine parallele Anwendbarkeit im Verhältnis zu den Vorschriften des GWB.

Ein Vergleich mit § 2 Abs. 4 TKG und § 111 EnWG zeigt, dass zwar das materielle Verhältnis des Eisenbahnregulierungsrechts zum allgemeinen Kartellrecht im AEG a. F. nicht ausdrücklich in einer Norm[849] des AEG a. F. geregelt wurde und eine Regelung diesbezüglich fehlt. Auswirkungen auf das durch Auslegung zu ermittelnde Verhältnis dieser Regelungsbereiche kann dies grundsätzlich nicht haben.

bb. § 12 Abs. 7 AEG a. F. – Ist eine ausdrückliche Anordnung erforderlich?

Nach § 12 Abs. 7 AEG a. F. gilt § 1 GWB für Vereinbarungen zwischen Eisenbahnverkehrsunternehmen und zwischen solchen und anderen Unternehmen im Bereich der Personenbeförderung sowie „für Beschlüsse und Empfehlungen von Vereinigungen dieser Unternehmen, [...] soweit sie im Interesse einer ausreichenden Bedienung der Bevölkerung mit Verkehrsleistungen im öffentlichen Personennahverkehr und einer wirtschaftlichen Verkehrsgestaltung erfolgen und in einer Integration der Nahverkehrsbedienung, insbesondere durch Verkehrskooperationen, durch die Abstimmung und den Verbund von Beförderungsentgelten und durch die Abstimmung der Fahrpläne dienen“ nicht. Nach Satz 2 bedürfen diese Vereinbarungen zu ihrer Wirksamkeit der Anmeldung bei der Genehmigungsbehörde i. S. d. § 12 Abs. 3 Satz 2 AEG a. F. Folglich wird ein Freistellungstatbestand mit einem sog. Anmeldekartell[850] verbunden.[851]

Diese Vorschrift zeigt, dass der Gesetzgeber ausdrücklich geregelt hat, dass Kooperationen von Eisenbahnverkehrsunternehmen von dem Verbot des § 1 GWB ausgenommen werden. Die Anwendung des § 1 GWB ist nach § 12 Abs. 7

---

849 Jedenfalls nicht in allgemeiner Hinsicht; beachte aber § 12 Abs. 7 AEG a. F., dazu sogleich unter Kapitel 2/C./I./1./b./bb.

850 Als Anmeldekartelle wurden früher Kartelle genannt, die sich allein durch die Anmeldung beim BKartA gesetzlich legitimiert haben, vgl. dazu *Nordemann*, in: Loewenheim/Meessen/Riesenkampff/Kersting/Meyer-Lindemann, Kartellrecht, 10. Teil, § 1 GWB, Rn. 33. Im Fall des § 12 Abs. 7 Satz 2 AEG a. F. übernimmt die Genehmigungsbehörde i. S. d. § 12 Abs. 3 Satz 2 AEG a. F. diese Legitimierungsaufgabe.

851 *Gerstner*, in: BeckAEG, § 12 Rn. 83.

Satz 1 AEG a. F. ausgeschlossen. An dieser Stelle hat der Gesetzgeber bewusst und durch ausdrückliche Benennung den Ausschluss der Anwendung des GWB geregelt. Dies widerlegt zugleich, dass § 14b Abs. 2 AEG a. F. eine generelle Parallelität in der Anwendung von Wettbewerbs- und Regulierungsrecht statuieren soll. Es können somit neben dem § 14b Abs. 2 AEG a. F. auch Spezialvorschriften bzgl. des Verhältnisses von GWB und AEG a. F. bestehen.

Daneben könnte aus § 12 Abs. 7 Satz 1 AEG a. F. folgen, dass die grundsätzlich parallele Anwendung von GWB- und AEG a. F.-Vorschriften nur dann eingeschränkt wird, wenn dies durch eine ausdrücklich abschließende Regelung im AEG a. F. bestimmt wird. Anders als im EnWG oder TKG, in denen gleich ganze Bereiche der Regulierungsgesetze die Anwendung der kartellrechtlichen Missbrauchsaufsicht durch eine entsprechende Kollisionsregelung verdrängt werden, könnten im Eisenbahnsektor einzelne ausdrückliche Anordnungen[852] bestehen, die die Anwendung der GWB-Normen verdrängen.[853] Demnach würde das gesamte GWB, mit Ausnahme des § 1 GWB im Fall des § 12 Abs. 7 Satz 1 AEG a. F., umfassend parallel zum AEG a. F. angewendet werden können.

Des Weiteren enthält aber auch § 12 Abs. 7 Satz 3 AEG a. F. eine ausdrücklich positive Regelung zur Anwendung von GWB-Vorschriften. Danach gilt § 19 Abs. 1 i. V. m. Abs. 2 Nr. 1 GWB „für Vereinigungen von Unternehmen, die Vereinbarungen, Beschlüsse und Empfehlungen [nach § 12 Abs. 7 Satz 1 AEG a. F.] treffen, [...] entsprechend". An dieser Stelle wurde ausdrücklich die Anwendung des § 19 Abs. 1 i. V. m. Abs. 2 Nr. 1 GWB bestätigt. Demnach kann nicht daraus geschlossen werden, dass eine parallele Anwendung immer dann gegeben ist, wenn nichts Abweichendes ausdrücklich im AEG a. F. geregelt wurde. Denn die ausdrückliche Nennung der Anwendung des § 19 Abs. 1 i. V. m. Abs. 2 Nr. 1 GWB würde bei dieser Herangehensweise überflüssig sein. Im Umkehrschluss kann aus den Regelungen des § 12 Abs. 7 AEG a. F. auch nicht davon ausgegangen werden, dass eine parallele Anwendung der Vorschriften nur dann in Betracht kommt, wenn dies ausdrücklich im AEG a. F. bestimmt wurde. § 12 Abs. 7 AEG a. F. betrifft einen ganz speziellen in sich abgeschlossenen Fall, den der Gesetzgeber klar regeln wollte.

852 Im Sinne einer explizierten Nennung der jeweiligen Norm im Gesetzeswortlaut des AEG a. F.

853 Vgl. zu der ausdrücklichen Anordnung des § 12 Abs. 7 AEG a. F. *C. Säcker*, der diesen als systematisches Argument für eine parallele Anwendung nennt, in: Der Einfluss der sektorspezifischen Regulierung, S. 282.

Aus § 12 Abs. 7 AEG a. F. können daher weder für noch gegen eine generell parallele Anwendung sprechende Argumente abgeleitet werden. § 12 Abs. 7 AEG a. F. bestimmt allein das Verhältnis des § 1 GWB zum AEG a. F. in dem in § 12 Abs. 7 AEG a. F. speziell bestimmten Fall. Für den Aussagegehalt des § 14b Abs. 2 Satz 1 AEG a. F. folgt daraus, dass dieser keine generelle parallele Anwendung der materiellen Vorschriften anordnen kann bzw. dass der parallelen Zuständigkeit nicht auch uneingeschränkt eine parallele Anwendung der materiellen Vorschriften des GWB folgen muss. Alles andere würde andernfalls im Widerspruch zu § 12 Abs. 7 AEG a. F. stehen.

cc. *Vorschriften zur Kooperation und gegenseitigen Information – Aussagegehalt der Sätze 2 bis 4 des § 14b Abs. 2 AEG a. F.*

In § 14b Abs. 2 Satz 2 bis 4 AEG a. F. heißt es:

„Die Regulierungsbehörden und die Eisenbahnaufsichtsbehörden sowie die Kartellbehörden und die nach dem Telekommunikationsgesetz und dem Energiewirtschaftsgesetz zuständigen Regulierungsbehörden teilen einander Informationen mit, die für die Erfüllung der jeweiligen Aufgaben von Bedeutung sein können. Insbesondere sollen sie sich gegenseitig über beabsichtigte Entscheidungen informieren, mit denen ein missbräuchliches oder diskriminierendes Verhalten von Eisenbahninfrastrukturunternehmen untersagt werden soll. Sie sollen einander Gelegenheit zur Stellungnahme geben, bevor das Verfahren von der zuständigen Behörde abgeschlossen wird."

Die Sätze 2 bis 4 des § 14b Abs. 2 AEG a. F. verpflichten die Behörden zur Zusammenarbeit, zum Informationsaustausch und zur gegenseitigen Stellungnahme. Dies soll widersprüchliche Entscheidungen der aufgrund des § 14b Abs. 2 Satz 1 AEG a. F. parallel zuständigen Behörden vermeiden.[854] Divergierende Entscheidungen können aber nur dann auftreten, wenn in materieller *und* formeller Hinsicht eine Parallelität gegeben ist. Daher werden die Sätze 2 bis 4 des § 14b Abs. 2 AEG a. F. auch als Argument für eine Parallelität in der Anwendung der Wettbewerbs- und Eisenbahnregulierungsvorschriften angeführt.[855] Dies muss näher betrachtet werden.

Aus § 14b Abs. 2 Satz 2 AEG a. F. ergibt sich, dass das BKartA sowie die BNetzA zur wechselseitigen Informationsmitteilung verpflichtet werden. Teilweise wird

---

854 *Gerstner*, in: BeckAEG, § 14b Rn. 32; vgl. auch *Staebe*, in: Schmitt/Staebe, Eisenbahn-Regulierungsrecht, Rn. 592.

855 Vgl. *Bremer/Höppner*, WuW 2009, 1271 (1272); *Kühling/Ernert*, NVwZ 2006, 33 (38); *C. Säcker*, Der Einfluss der Sektorspezifische Regulierung, S. 282.

daraus abgeleitet, dass eine wechselseitige Informationspflicht nur dann sinnvoll erscheint, wenn auch parallele Verfahren der Behörden möglich sind.[856] Daraus folge zugleich, dass das GWB neben dem AEG a. F. zur Anwendung komme.[857] Zu beachten ist, dass sich § 14b Abs. 2 Satz 2 AEG a. F. lediglich auf die gegenseitige Mitteilung von Informationen, die für die Erfüllung der jeweiligen Aufgaben von Bedeutung sein können, bezieht. Welche Aufgaben der Behörden darunter fallen, wird nicht ausdrücklich genannt. Es kann daher nicht davon ausgegangen werden, dass beispielsweise auch die kartellrechtliche Missbrauchsaufsicht neben den sektorspezifischen Regelungen des AEG a. F. zur Anwendung kommt. Eisenbahnregulierungsrechtliche Informationen können auch außerhalb der allgemeinen Missbrauchsaufsicht des GWB von Interesse für die Arbeit des BKartA sein. So beispielsweise im Rahmen des § 50 GWB i. V. m. Art. 102 AEUV. Aus § 14b Abs. 2 Satz 2 AEG a. F. ergibt sich daher noch nicht, dass auch die materiellen Vorschriften des GWB ausnahmslos parallel zu denen des AEG a. F. angewendet werden können. Diese Vorschrift bestätigt lediglich, dass das BKartA bei der Anwendung der GWB-Vorschriften im Rahmen des Eisenbahnsektors die Grundsätze des AEG a. F. zu berücksichtigen hat.[858] Im Gegenzug hat auch die BNetzA die kartellrechtlichen Grundsätze bei der Anwendung der eisenbahnrechtlichen Vorschriften zu berücksichtigen. Die jeweils sachnähere Behörde soll ihre Informationen an die anderen Behörden weiterleiten, damit auch diese von dem Kenntnisstand profitieren können. Dies zeigt letztlich auch, dass der Verwaltungsaufwand im Rahmen der Ermittlung von Sachverhalten möglichst geringgehalten werden soll und überflüssige doppelte Ermittlungen zu ein und derselben Sache unterbleiben sollen. Dies spricht gegen eine ausnahmslose parallele Anwendung der materiellen Vorschriften von allgemeinem Wettbewerbsrecht und sektorspezifischem Regulierungsrecht.

§ 14b Abs. 2 Satz 3 AEG a. F. konkretisiert die Informationspflicht des 2. Satzes. Er unterscheidet eindeutig zwischen missbräuchlichen und diskriminierenden Verhalten von Eisenbahninfrastrukturunternehmen. Da es im AEG a. F. an

---

856 *Wachinger/Herrmann/Kreis*, in: Loewenheim/Meessen/Riesenkampff/Kersting/Meyer-Lindemann, Kartellrecht, 4. Teil, A. Landverkehr und Binnenschifffahrt, Rn. 24.

857 *Wachinger/Herrmann/Kreis*, in: Loewenheim/Meessen/Riesenkampff/Kersting/Meyer-Lindemann, Kartellrecht, 4.Teil, A. Landverkehr und Binnenschifffahrt, Rn. 24; *Bremer/Höppner*, WuW 2009, 1271 (1272).

858 Für die Entwicklung eines einheitlichen Entscheidungsmaßstabs vgl. *Schmitt*, in: Schmitt/Staebe, Eisenbahn-Regulierungsrecht, Rn. 614.

einem klassischen Missbrauchstatbestand fehlt[859], könnte davon ausgegangen werden, dass das AEG a. F. (auch) in diesem Punkt zwischen der Anwendbarkeit des GWB im Rahmen von missbräuchlichem Verhalten und der des AEG a. F. bei diskriminierendem Verhalten unterscheidet. Wenn in § 14b Abs. 2 Satz 3 AEG a. F. von missbräuchlichem Verhalten die Rede ist, könnte davon ausgegangen werden, dass damit ausschließlich auf die Anwendung der kartellrechtlichen Missbrauchsvorschriften Bezug genommen wird. Wird von § 14b Abs. 2 Satz 3 AEG a. F. die Anwendung des GWB im Rahmen des Eisenbahnsektors vorausgesetzt, könnte dies darauf schließen lassen, dass das GWB im materiellen Sinne nicht durch das AEG a. F. ausgeschlossen wird. Zu beachten ist jedoch, dass auch im Rahmen des § 14 Abs. 5 AEG a. F. eine missbräuchliche Beeinträchtigung der Wettbewerbsmöglichkeiten des Zugangsberechtigten durch Nutzungsentgelte für Serviceeinrichtungen zu unterlassen ist. Der Begriff des „missbräuchlichen Verhaltens" ist somit nicht nur dem allgemeinen Kartellrecht immanent. Vielmehr kommt ein missbräuchliches Verhalten auch nach dem AEG a. F. in Betracht. Daher kann der zuvor genannte Ansatz nicht aufrechterhalten werden.

Für eine parallele Anwendung könnte jedoch § 14b Abs. 2 Satz 3 AEG a. F. unter dem Aspekt sprechen, dass dort von beabsichtigten Entscheidungen der in Satz 2 genannten Behörden und somit auch von Entscheidungen des BKartA gegenüber den Eisenbahninfrastrukturunternehmen die Rede ist. Das BKartA könnte demnach auch im Anwendungsbereich des AEG a. F. und daher gegenüber den Eisenbahninfrastrukturunternehmen nach den Vorschriften des GWB tätig werden.[860] Eine parallele Anwendung von GWB und AEG a. F. wird durch § 14b Abs. 2 Satz 3 AEG a. F. daher nicht ausgeschlossen. Andererseits kann daraus auch nicht eine Anwendung der GWB-Vorschriften ohne jegliche Einschränkung folgen. Eine partielle Spezialität der AEG-Vorschriften wird durch diese Aussage nicht ausgeklammert. Es wird vielmehr nur der Grundsatz der parallelen Anwendung von GWB und AEG a. F. bestätigt. Weiter sollen durch § 14b Abs. 2 Satz 3 AEG a. F. die Behörden auf den gleichen Stand gebracht werden. Zwischen ihnen sollen keine Informationsdefizite bestehen. Auch dies könnte dafür sprechen, dass eine Behörde dann nicht mehr einschreitet, wenn zuvor schon die andere Behörde tätig wurde.

§ 14b Abs. 2 Satz 4 AEG a. F. sieht eine gegenseitige Stellungnahmepflicht vor. Wie schon in Bezug auf den TK-Sektor angesprochen[861], könnte entsprechend

---

859 Dazu mehr unter Kapitel 2/C./I./2./a./cc.

860 *Bremer/Höppner*, WuW 2009, 1271 (1772).

861 S.o. unter Kapitel 2/B./I./2./c.

im Eisenbahnsektor aus dieser Pflicht zur gegenseitigen Stellungnahme abgeleitet werden, dass eine solche überflüssig ist, wenn das AEG a. F. abschließend wäre und gegenüber dem GWB vorgehen würde.[862] Zwar ist die Regelung des § 14b Abs. 2 Satz 4 AEG a. F. nicht so ausdifferenziert gestaltet wie die des § 123 Abs. 1 TKG.[863] Dennoch kann auf die im Rahmen des TKG dazu gemachten Aussagen Bezug genommen werden. Der Vergleich mit den Zusammenarbeitsregelungen in anderen sektorspezifischen Regulierungsgesetzen, insbesondere mit § 123 TKG[864], zeigt allerdings, dass aus der gegenseitigen Unterrichtungspflicht und der Zusammenarbeit der Behörden nicht zwingend auch auf eine vollumfänglich parallele Anwendbarkeit der Vorschriften geschlossen werden kann. Zwar zeigt das Gesetz an dieser Stelle, dass es von einer Anwendbarkeit des GWB neben den Vorschriften des Eisenbahnregulierungsrechts ausgeht. Dies kann jedoch nur so verstanden werden, dass die kartellrechtlichen Regelungen nicht vollständig durch die Regelungen des AEG a. F. verdrängt werden. Ansonsten würde die Regelung in § 14b Abs. 2 Satz 3 AEG a. F. sinnlos erscheinen. Das AEG a. F. könnte jedoch das GWB partiell ausschließen. Auch im Bereich des Energieregulierungsrechts führt eine ähnliche Regelung in § 58 EnWG nicht zu der Annahme einer generellen parallelen Anwendbarkeit von GWB und sektorspezifischem Regulierungsrecht.[865]

Auf eine generell parallele Anwendung des GWB neben dem AEG a. F. kann somit genauso wenig aus den Sätzen 2 bis 4 des § 14b Abs. 2 AEG a. F. geschlossen werden, wie auf eine Spezialität zugunsten des AEG a. F. gegenüber dem GWB. Die Sätze 2 bis 4 des § 14b Abs. 2 AEG a. F. können daher nur so verstanden werden, dass Missbrauchsverfahren der Kartellbehörden nur dann in Betracht kommen, wenn diese nicht durch abschließende Regelungen des AEG a. F. von vornherein ausgeschlossen werden.

---

862 Vgl. *Bremer/Höppner*, WuW 2009, 1271 (1272); *Wachinger/Herrmann/Kreis*, in: Loewenheim/Meessen/Riesenkampff/Kersting/Meyer-Lindemann, Kartellrecht, 4. Teil, A. Landverkehr und Binnenschifffahrt, Rn. 24.

863 Beispielsweise bedarf es kein Einvernehmen.

864 Vgl. dazu auch Argumentation der Vertreter der Parallelitätsthese im TK-Sektor, oben unter Kapitel 2/B./I./2./c.

865 Vgl. dazu oben unter Kapitel 2/A./IV.

dd. Vergleich mit § 185 Abs. 3 GWB

Für eine parallele Anwendung von AEG a. F. und GWB könnte auch die Regelung des § 185 Abs. 3 GWB angeführt werden.[866] Wie festgestellt, bezieht sich § 185 Abs. 3 GWB nur auf die Anwendung von EnWG und GWB und sagt dagegen nichts über die Anwendung der anderen sektorspezifischen Regulierungsrechte aus.[867] Daher könnte auch im Bereich des AEG a. F. davon ausgegangen werden, dass der Gesetzgeber das AEG a. F. und das GWB parallel zur Anwendung kommen lassen will, da er eine dem § 185 Abs. 3 GWB entsprechende Regelung für den Bereich des Eisenbahnregulierungsrechts nicht ins GWB aufgenommen hat. Wie schon im Telekommunikationssektor erörtert, kann eine parallele Anwendung von sektorspezifischer Regulierung und GWB nicht auf das Fehlen einer dem § 185 Abs. 3 GWB entsprechenden Regelung gestützt werden. Entsprechend muss dies auch für den Eisenbahnsektor gelten. Folglich kann aus § 185 Abs. 3 GWB nicht auf eine vollkommene parallele Anwendung von GWB und AEG a. F. geschlossen werden. Dies muss selbst dann gelten, wenn aus § 14b Abs. 2 Satz 1 AEG a. F. eine parallele Anwendung abgeleitet wird.

c. Gesetzesmaterialien

Fraglich ist, ob die Gesetzesmaterialien zu § 14b AEG a. F. bzw. seinen Vorgängervorschriften und zum GWB Aufschluss über das Verhältnis des allgemeinen Wettbewerbsrechts zum Eisenbahnregulierungsrecht geben können.

Ursprünglich sah der Fraktionsentwurf zum AEG 1993 vor, dass die Durchsetzung des diskriminierungsfreien Netzzugangsanspruchs sowie den damit in Verbindung stehenden Bedingungen zwischen den Parteien Aufgabe der, u. a. auch für die Wettbewerbsaufsicht über das Eisenbahninfrastrukturunternehmen zuständige, Kartellbehörde war (vgl. § 12 Abs. 4 des AEG-Faktionsentwurfs 1993).[868] Die Kartellbehörden waren demnach alleine zuständig.[869] Ferner blieben auch schon in dieser Fassung die Aufgaben und

---

866 Im Bereich des TKG wird dies als Argument für die Parallelität eingesetzt, wobei im Eisenbahnsektor gar nicht auf § 185 Abs. 3 GWB eingegangen wird. Dies zeigt, dass der Bezug auf die Regelung des § 185 Abs. 3 GWB nicht tauglich ist eine parallele Anwendung zu begründen, wenn schon sektorübergreifend sich nicht auf gleiche Argumente gestützt wird.

867 Vgl. dazu Kapitel 2/B./I./2./b. zum TK-Sektor.

868 BT-Drucks. 12/4609 (neu) vom 23.03.1993, S. 28.

869 BT-Drucks. 12/4609 (neu) vom 23.03.1993, S. 99 zu § 12 Abs. 4; vgl. auch ausführlich zur Gesetzgebungsgeschichte *Hohmann*, essential facility doctrine, S. 358.

Zuständigkeiten der Kartellbehörden nach dem GWB unberührt (ebd.). Durch § 12 AEG-Fraktionsentwurf 1993 sollte erstmalig der Wettbewerb auf Schienenwegen unter mehreren Eisenbahnverkehrsunternehmen eröffnet werden.[870] Kam eine Netzzugangsvereinbarung zwischen den Beteiligten nicht zustande, sollte eine behördliche Entscheidung erfolgen. Die Entscheidung sollte dabei auf einem „verkehrsneutralen" Weg erfolgen, so dass entscheidungsbefugte Behörde die Wettbewerbs- und Kartellbehörde war.[871] Diese Lösung bot sich laut Fraktionsentwurf an, „da auch wettbewerbsrechtliche Gesichtspunkte für die Beurteilung des Verhaltens der betreffenden Unternehmen von Belangen sein [konnten]"[872]. § 12 Abs. 4 des AEG-Fraktionsentwurfes 1993 wurde jedoch nicht übernommen. Nicht die Kartellbehörden, sondern das Eisenbahn-Bundesamt (EBA) sollte zur entsprechenden behördlichen Entscheidung befugt sein. Daneben blieben die Aufgaben und Zuständigkeiten der Kartellbehörden nach dem GWB unberührt. Begründet wurde dies damit, dass es bei der Überprüfung vor allem um technische Fragen wie Fahrplangestaltung gehe.[873] Die Kartellbehörden besaßen anscheinend nicht die nötige Kompetenz, um dieser Aufgabe gerecht zu werden. Das EBA war demnach die sachnähere Behörde.

Im Rahmen des zweiten Gesetzes zur Änderung eisenbahnrechtlicher Vorschriften vom 21. Juni 2002[874] wurde § 14 Abs. 3a AEG 2002 eingeführt, auf den der § 14b Abs. 2 AEG a. F. zurückgeht. Nach dessen Entwurf sollte dem damaligen EBA, das als sektorspezifische Aufsichtsbehörde mit Festsetzungsbefugnis für die Einhaltung des Eisenbahnrechts zu sorgen hatte, die Eisenbahnaufsicht übertragen werden. Aus dem Entwurf geht auch hervor, dass die Kartellbehörden die Einhaltung des Wettbewerbsrechts nach dem GWB überwachen.[875] Der Gesetzgeber bringt dadurch zunächst zum Ausdruck, dass diese beiden Behörden ihre Aufsichtsfunktion auf unterschiedliche Gesetze stützen. Ob sich deshalb auch eine parallele Anwendbarkeit der Vorschriften ergibt, geht daraus noch nicht hervor. Weiter wurde jedoch klargestellt, dass auch das BKartA auf der Grundlage des GWB gegen ungerechtfertigte Zugangsverweigerungen

870 Vgl. BT-Drucks. 12/4609 (neu) vom 23.03.1993, S. 98 f zu § 12.
871 BT-Drucks. 12/4609 (neu) vom 23.03.1993, S. 99 zu § 12 Abs. 4.
872 BT-Drucks. 12/4609 (neu) vom 23.03.1993, S. 99 zu § 12 Abs. 4.
873 BT-Drucks. 12/5014 vom 25.05.1993, S. 19 f. zu Artikel 5 (§ 12 Abs. 4 AEG); BT-Drucks. 12/6269 vom 30.11.1993, S. 139 zu § 12, zu Absatz 4 Satz 1.
874 BGBl. I., S. 2191.
875 Vgl. BT-Drucks. 14/6929 vom 20.09.2001, S. 16 zu Nummer 10 Buchstabe b (§ 14 Abs. 3a); BT-Drucks. 343/01 vom 11.05.2001, S. 36 f. zu Nummer 10 Buchstabe b (§ 14 Abs. 3a).

einschreiten darf.[876] Daher stützt sich die Parallelitätsthese auch auf die entsprechende Gesetzesbegründung.[877]

Im Rahmen des dritten Gesetzes zur Änderung eisenbahnrechtlicher Vorschriften vom 27. April 2005[878] wurde § 14b AEG a. F. in das AEG eingefügt. Zunächst sollte § 14b AEG 2005 lediglich die Zusammenarbeit der Behörden, insbesondere auf unionsrechtlicher Ebene, regeln.[879] Im Ergebnis wurde dann jedoch § 14 Abs. 3a Satz 2 bis 5 AEG 2002 im § 14b Abs. 2 AEG 2005 übernommen, so dass auch in dem 2005 modifizierten AEG eine Unberührtheitsklausel bezüglich der Behördenzuständigkeit gegeben war.[880] Mit der Einführung des § 14b AEG 2005 haben die Regulierungsbehörden die von dem EBA zuvor wahrgenommenen Aufgaben und Zuständigkeiten übernommen. Eine Begründung zu § 14b Abs. 2 AEG 2005 fehlt jedoch, so dass insoweit davon ausgegangen werden kann, dass sich der oben dargestellte gesetzgeberische Wille nicht geändert hat. Der Gesetzgeber ging auch 2005 von einem Nebeneinander der Vorschriften des GWB und denen des AEG aus. Folglich ergibt sich zu dem oben genannten Grundsatz der parallelen Anwendung von GWB und AEG a. F. keine Abweichung. Daneben kann auch angeführt werden, dass der Gesetzgeber mit der Gesetzesänderung im Rahmen des Dritten Gesetzes zur Änderung eisenbahnrechtlicher Vorschriften im Jahre 2005 eine grundsätzlich bestehende parallele Anwendbarkeit von GWB und AEG a. F. ausschließen konnte. Dies ist jedoch unterblieben. Auch dies spreche gegen eine Spezialität des AEG a. F. gegenüber dem GWB.[881] So stützt auch das OLG Düsseldorf seine Entscheidungen auf den Gesetzgeberwillen und geht von einer parallelen Anwendung von Kartell- und Eisenbahnregulierungsrecht aus.[882]

Selbst als die Einführung eines Missbrauchsverbotes in das AEG diskutiert wurde, ergab sich nichts Abweichendes. Vielmehr ging aus dem dazugehörigen Gesetzesentwurf hervor, dass das angedachte sektorspezifische

---

876 BT- Drucks. 14/6929 vom 20.09.2001, S. 16 zu Nummer 10 Buchstabe b (§ 14 Abs. 3a); vgl. auch BT-Drucks. 343/01 vom 11.05.2001, S. 36 f. zu Nummer 10 Buchstabe b (§ 14 Abs. 3a).

877 So *Schreiber*, Zusammenspiel, S. 174; *Höppner*, Netzveränderungen im Zugangskonzept, S. 208.

878 BGBl. I., S. 1138.

879 BR-Drucks. 269/04 vom 02.04.2004, S. 12 und 41; BT-Drucks. 15/3280 vom 10.06.2004, S. 9 und 19.

880 BR-Drucks. 186/05 vom 17.03.2005, S. 4.

881 *C. Säcker*, Der Einfluss der sektorspezifischen Regulierung, S. 282.

882 OLG Düsseldorf, Urt. v. 03.03.2010 – U (Kart) 16/09 = BeckRS 2011, 25332.

Missbrauchsverbot wie schon das Diskriminierungsverbot des § 14 Abs. 1 AEG a. F. neben dem GWB zur Anwendung kommt.[883] Der Gesetzgeber verdeutlichte durch seinen Bezug auf den Diskriminierungstatbestand des § 14 Abs. 1 AEG a. F., dass eine parallele Anwendbarkeit von GWB und AEG auch hinsichtlich der kartellrechtlichen Missbrauchsaufsicht nach den §§ 19 f. GWB nicht ausgeschlossen wird. Auch dies zeigt, dass der Gesetzgeber von Anfang an von einer parallelen Anwendbarkeit des AEG neben dem GWB ausgegangen ist. Weiter ist anzumerken, dass der Gesetzgeber nicht nur vom Grundsatz der parallelen Anwendung dieser beiden Gesetze ausgeht, sondern darüber hinaus auch nicht die Möglichkeit einer partiellen Spezialität des AEG a. F. in Betracht zieht. Die Gesetzesbegründungen zum AEG sprechen somit für eine generelle parallele Anwendbarkeit von AEG und GWB.

Auch die Abkehr von einer alleinigen Zuständigkeit des BKartA sollte nicht zugleich einer Abkehr von einer parallelen Anwendung gleichkommen.[884] Auch Diskussionen über „kartellrechtssichere" Regelungen in der EIBV[885] lassen darauf schließen, dass von einer parallelen Anwendung ausgegangen wurde.[886] Die Gesetzesbegründungen unterstreichen diese Ansicht, indem sie davon ausgehen, dass das BKartA aufgrund des GWB auch neben eisenbahnregulierungsrechtlichen Entscheidungen tätig werden kann. Dabei wird jedoch nicht explizit ausgeführt, ob eine solche parallele Anwendung dieser beiden Regelungsbereiche auch uneingeschränkt besteht. Eine partielle Spezialität, wie sie auch in den anderen Sektoren vorkommt, wird dadurch nicht ausgeschlossen.

Im Widerspruch dazu steht jedoch die Gesetzesbegründung zu § 19 Abs. 4 Nr. 4 GWB a. F. (jetzt § 19 Abs. 2 Nr. 4 GWB). In dieser wird aufgezeigt, dass der Gesetzgeber nicht nur im TK-Sektor, sondern auch im Eisenbahnsektor spezialgesetzliche Regelungen zur Sicherstellung des Netzzugangs aufgestellt hat. Dabci wird insbesondere auf § 14 AEG a. F. verwiesen.[887] Zwar ergibt sich nicht aus § 14 AEG a. F. selbst, dass dieser die Anwendung des § 19 Abs. 2 Nr. 4 GWB ausschließt. Der Gesetzgeber stellte aber in seiner Gesetzesbegründung klar, dass auch für den Eisenbahnsektor spezialgesetzliche und somit abschließende

---

883 Vgl. BT-Drucks. 16/6294 vom 04.09.2007, S. 36 zu Art. 4, Nr. 5 Buchstabe. a; so auch *Bremer/Höppner*, WuW 2009, 1271 (1272).

884 Vgl. *Hohmann*, essential facility doctrine, S. 358; *Kühling*, Sektorspezifische Regulierung, S. 236.

885 BT-Drucks. 15/4419 vom 01.12.2014, S. 12 zu lit. c) Ausschussdrucksache 15(14)1493.

886 *C. Säcker*, Der Einfluss der sektorspezifischen Regulierung, S. 287 f.

887 Vgl. BT-Drucks. 13/9720 vom 29.01.1998, S. 36 zu lit. ff).

Regelungen getroffen wurden, die den Netzzugang sicherstellen und daher die Anwendung des § 19 Abs. 2 Nr. 4 GWB ausschließen sollen.[888] Auch die Stellungnahme des Bundesrates zu § 19 Abs. 4 GWB a. F. zeigt, dass durch § 19 Abs. 4 GWB a. F. lediglich auftretende Rechtslücken geschlossen werden sollen, da eine Missbrauchsaufsicht nach den §§ 19, 20 GWB neben den sektorspezifischen Regelungen nicht mehr in Betracht gezogen werden würde.[889] Daher wird angeführt, dass gerade die Gesetzesbegründung zu § 19 Abs. 4 GWB a. F. gegen eine uneingeschränkte parallele Anwendung von GWB und AEG a. F. spricht.[890] Daraus folgt, dass in den spezielleren Vorschriften des AEG a. F. gegenüber dem GWB nicht selbst der ausschließende Charakter festgeschrieben werden muss. Insoweit ist auf die Ausführungen, die im Rahmen des TKG gemacht wurden, zu verweisen. Die Gesetzesbegründung zu § 19 Abs. 2 Nr. 4 GWB spricht folglich für einen partiellen Ausschluss der GWB-Vorschriften im Anwendungsbereich des AEG a. F.

Festzuhalten bleibt, dass der Gesetzgeber des AEG a. F. eine parallele Anwendung von GWB und AEG a. F. annimmt, wohingegen der Gesetzgeber des GWB von einer – zumindest – partiellen Spezialität des AEG gegenüber dem GWB und somit von einer die Vorschriften des GWB ausschließenden Wirkung ausgeht. Es besteht folglich ein Widerspruch in den Gesetzesmaterialien. Sie können sowohl für als auch gegen eine parallele Anwendung von sektorspezifischer Regulierung nach dem AEG a. F. und allgemein kartellrechtlicher Aufsicht nach dem Wettbewerbsrecht herangezogen werden. Zu beachten ist jedoch, dass § 19 Abs. 4 Nr. 4 GWB a. F. vor dem § 14 Abs. 3a AEG 2002 eingeführt wurde. Es könnte daher davon ausgegangen werden, dass zwar der Gesetzgeber im Jahr 1998, in dem § 19 Abs. 4 GWB a. F. eingeführt wurde, von einer Spezialität des AEG gegenüber dem GWB ausging, sich dieses jedoch durch die Einführung des § 14 Abs. 3a AEG 2002 geändert hat. Für eine solche Annahme bestehen aber keine Gründe. Zudem würde dann aus der Unberührtheit der Zuständigkeit wieder auf das materielle Verhältnis der Regelungen des AEG und derer des GWB geschlossen werden. Dass dies keinen Sinn ergäbe, wurde zuvor dargestellt.

Ferner ist zu berücksichtigen, dass nicht ausschließlich von den Gesetzesmaterialien ausgehend auf das Verhältnis zu anderen Vorschriften geschlossen werden kann. Dies zeigt schon die Diskussion im TK-Sektor. Dort wurde die

---

888 BT-Drucks. 13/9720 vom 29.01.1998, S. 36 zu lit. ff).

889 Vgl. Stellungnahme des Bundesrates BT-Drucks. 13/9720 vom 29.01.1998, S. 73 zu Artikel 1 (§ 19 Abs. 4 Nr. 4 GWB).

890 Vgl. allgemein *Nothdurft*, in: Langen/Bunte, Band 1, § 19 Rn. 439.

mangelnde Übereinstimmung von Gesetzgeberwillen und Wortlaut von den Anhängern der Parallelitätsthese als Argument gegen einen Vorrang angeführt.[891] Entsprechend müsste dies auch für den Eisenbahnsektor gelten, so dass hier nicht von einer generell parallelen Anwendung von GWB und AEG a. F. ausgegangen werden kann, sofern dies nicht im Gesetzestext selbst niedergelegt wurde. Daraus folgt, dass trotz der gegen eine Spezialität sprechenden Gesetzesbegründung von einer solchen auszugehen ist, wenn dies – ungeachtet der Gesetzesbegründung – durch Auslegung ermittelt werden kann.

Daher kann die Auslegung der Gesetzesmaterialien für die Frage des Verhältnisses von Eisenbahnregulierungs- zu allgemeinem Wettbewerbsrecht nicht weiterhelfen. Zu beachten ist auch an dieser Stelle, dass es sich bei § 14b Abs. 2 AEG a. F. nur um eine Vorschrift handelt, die das formelle Verhältnis der Behörden regelt. Darüber Hinausgehendes – insbesondere hinsichtlich des materiellen Verhältnisses von Eisenbahnregulierungsrecht und allgemeinem Kartellrecht – kann auch aus dem Gesetzgeberwillen nicht abgeleitet werden.

d. Zwischenfazit

Das GWB ist grundsätzlich neben dem AEG a. F. parallel anwendbar. Weder der Wortlaut des § 14b Abs. 2 Satz 1 AEG a. F., noch dessen Sinn und Zweck oder die Systematik und Gesetzesmaterialien des AEG a.F. schließen einen Vorrang der eisenbahnrechtlichen Regulierungsvorschriften von vornherein aus. Vielmehr wird durch sie weitestgehend nur der Grundsatz paralleler Anwendung bestätigt. Eine uneingeschränkte parallele Anwendung folgt daraus dennoch nicht. Ferner wurde auch gezeigt, dass aus § 14b Abs. 2 Satz 1 AEG a. F. nicht unmittelbar auf das materielle Verhältnis von GWB und AEG a. F. geschlossen werden kann. § 14b Abs. 2 Satz 1 AEG a. F. ist keine mit den § 111 EnWG oder § 2 Abs. 4 Satz 1 TKG vergleichbare Kollisionsregelung. Er regelt seinem Wortlaut nach nur die Zuständigkeit des BKartA, die grundsätzlich auch im Rahmen der Anwendung des AEG a. F. besteht. Als spezielle Vorschrift, die das Verhältnis von GWB und AEG a. F. regelt, kann allein § 12 Abs. 7 AEG a. F. angeführt werden. Dieser ist jedoch auf einen ganz besonderen Fall zugeschnitten und kann daher nicht pauschal auf das Verhältnis dieser beiden Regelungsbereiche herangezogen werden. § 12 Abs. 7 Satz 1 AEG a. F. zeigt dagegen, dass eine ausnahmslos parallele Anwendung der GWB-Vorschriften nicht besteht. Auch die Kooperationsvorschriften aus § 14b Abs. 2 bis 4 AEG a. F. können das Verhältnis von GWB und AEG a. F. nicht eindeutig bestimmen.

891 Vgl. oben unter Kapitel 2/B./I./3./a.

Zwar sprechen die Gesetzesmaterialien zu § 14b Abs. 2 AEG a. F. und dessen Vorgängervorschriften für eine parallele Anwendung mit den Vorschriften des GWB. Es lässt sich jedoch nicht zweifelsfrei dieser gesetzgeberische Wille auch im Text des AEG a. F. und seiner Systematik wiederfinden.

Aus § 14b Abs. 2 Satz 1 AEG a. F. lässt sich somit nicht entnehmen, dass das GWB zwingend und uneingeschränkt neben den Vorschriften des AEG a. F. zur Anwendung kommen muss.

2. *Anwendung anderer Maßstäbe zur Bestimmung des Verhältnisses von AEG a. F. und GWB*

Im AEG a. F. besteht keine gesetzlich fixierte Kollisionsregelung, die das Verhältnis von Regulierungsrecht und GWB bestimmt oder zumindest in eine auslegungsfähige Richtung bringt. Allein im Rahmen des § 12 Abs. 7 AEG a. F. wird das Verhältnis der beiden Regelungsbereiche ausdrücklich bestimmt. § 12 Abs. 7 AEG a. F. allein reicht jedoch nicht aus, um Rückschlüsse auf das gesamte Verhältnis zuzulassen. Auch steht das AEG a. F., wie das TKG und EnWG, auf der gleichen Rangstufe wie das GWB. Ein Verhältnis von AEG a. F. zu GWB kann somit auch nicht aus der Normenhierarchie abgeleitet werden. Wenn jedoch weder aus normhierarchen Gründen noch gesetzlich vorgegeben ist, wie ein Konflikt zwischen der Anwendung des GWB und des AEG a. F. aufzulösen ist, muss auf die allgemeinen Kollisionsregelungen, insbesondere auf den Lex-specialis-Grundsatz und die Subsidiarität, zurückgegriffen werden.[892] Daher sollen die allgemeinen Kollisionsregelungen auf das Verhältnis von AEG a. F. und GWB angewendet werden (dazu unter a.).

Aus dem EnWG sowie aus dem TKG ergab sich, dass für die Verdrängung des GWB abschließende Regelungen erforderlich sind. Ersichtlich wurde bei diesen Untersuchungen auch, dass diese abschließenden Regelungen ihren abschließenden Charakter nicht zwangsläufig aus einer Spezialität erhalten. Abschließend, und somit das GWB verdrängend, kann eine regulierungsrechtliche Regelung auch dann sein, wenn sie detailliert genug ist oder solche Aspekte beinhaltet, die durch das GWB gar nicht oder nur in begrenztem Umfang berücksichtigt werden. Solche Regelungen dürfen durch eine Anwendung des GWB nicht konterkariert werden. Es ist daher fraglich, ob neben der Anwendung der allgemeinen Kollisionsregelungen auch auf das Vorliegen abschließender Regelungen

892 So auch *Höppner*, Netzveränderungen im Zugangskonzept, S. 208; *Bremer/Höppner*, WuW 2009, 1271.

abgestellt und somit einer sektorübergreifenden Annahme, dass sektorspezifische, regulierungsrechtlich abschließende Regelungen dem GWB vorgehen, gefolgt werden kann (dazu unter b.).

a. Allgemeine Kollisionsregelungen

Zunächst könnte durch die Anwendung der allgemeinen Kollisionsregelungen das Verhältnis von AEG a. F. zu GWB bestimmt werden. Von einer vollständigen Verdrängung des GWB im Anwendungsbereich des AEG a. F. ist nicht auszugehen. Dafür bieten die obigen Untersuchungen keine Anhaltspunkte. Daher kommt nur eine teilweise Spezialität einzelner AEG a. F.-Vorschriften gegenüber den Vorschriften des GWB in Betracht. Daneben könnte das GWB auch subsidiär zum AEG a. F. zur Anwendung kommen.

Auch im Bereich der Eisenbahnregulierung kann eine Spezialität oder Subsidiarität nur dort in Betracht kommen, wo auch Anwendungsbereichsüberschneidungen zwischen AEG a. F. und GWB bestehen. Dies ist im Folgenden näher zu betrachten.

aa. § 1 GWB im Verhältnis zum AEG a. F.

Hinsichtlich des Verhältnisses des AEG a. F. zu § 1 GWB ist auf die Ausführung im Bereich des TKG zu verweisen. Diese können auf das AEG a. F. übertragen werden. Aufgrund unterschiedlicher Schutzrichtungen des § 1 GWB und des AEG a. F. kommt eine verdrängende Wirkung des AEG a. F. gegenüber § 1 GWB nicht in Betracht. Zu beachten ist jedoch die oben dargestellte Ausnahmeregelung des § 12 Abs. 7 AEG a. F., in dessen Anwendungsbereich die Anwendung des § 1 GWB ausdrücklich ausgeschlossen ist.

bb. §§ 35 ff. GWB im Verhältnis zum AEG a. F.

Auch im Verhältnis zur kartellrechtlichen Fusionskontrolle ist eine Spezialität des AEG a. F. gegenüber dem GWB nicht möglich. Auch eine nur subsidiäre Anwendung des GWB scheidet aus. Das AEG a. F. verbietet, wie das TKG, auch grundsätzlich keine wettbewerbswidrigen Zusammenschaltungen von Unternehmen. Insoweit kann auch hier auf die Ausführungen zum TKG verwiesen werden. Es besteht somit die Möglichkeit, dass das BKartA nach den §§ 35 ff. GWB im Rahmen des Anwendungsbereiches des AEG a. F. tätig wird.[893]

---

893 Zum möglichen Ausschluss der §§ 35 ff. GWB nach § 12 Abs. 7 AEG a. F. siehe *C. Säcker*, Der Einfluss der sektorspezifischen Regulierung, S. 284 ff.

cc. §§ 19 f. GWB im Verhältnis zum AEG a. F.

Die Regelungen der §§ 14 ff. AEG a. F. dienen der Eröffnung des Zugangs zur Eisenbahninfrastruktur. Fraglich ist daher insbesondere, wie sich diese eisenbahnregulierungsrechtlichen Vorschriften zu den Zugangsgewährleistungsvorschriften des GWB, den §§ 19 f. GWB, verhalten.

Wie gezeigt, können sektorspezifische Missbrauchsaufsichten die Anwendung der allgemeinen Missbrauchsaufsicht nach dem GWB umfassend ausschließen. Regelungen entsprechend den §§ 28, 42 TKG, 30 EnWG oder dem § 19 GWB fehlen allerdings im AEG a. F. Eine klassische Missbrauchsaufsicht gibt es im Eisenbahnregulierungsrecht nicht. Daher wird angenommen, dass das AEG a. F. nicht alle von der allgemeinen kartellrechtlichen Missbrauchsaufsicht erfassten Fälle regelt.[894] Diese Regelungslücke könnte zunächst für eine parallele Anwendung der §§ 19 f. GWB neben dem AEG a. F. sprechen. Eine Verdrängung der kartellrechtlichen Missbrauchsaufsicht aus dem Anwendungsbereich des eisenbahnrechtlichen Regulierungsrechts wäre demnach ausgeschlossen.[895] Jedoch könnten im Eisenbahnregulierungsrecht Regelungen vorhanden sein, die spezielle Teilaspekte der allgemeinen Missbrauchsaufsicht betreffen und somit die spezielleren Missbrauchstatbestände des Diskriminierungs-, Ausbeutungs- und Behinderungsmissbrauchs im Bereich des Eisenbahnrechts abschließend regeln. Ausfüllungsbedürftige Regelungslücken würden dann nicht bestehen. Jedoch können dann nur einzelne AEG-Vorschriften gegenüber dem GWB vorrangig sein. Ganze Abschnitte von der Anwendung der allgemeinen Missbrauchsaufsicht nach dem GWB auszuklammern, wie dies beispielsweise durch die Anwendung der §§ 28 und 42 TKG möglich ist, könnte durch die fehlende Missbrauchsaufsicht im AEG a. F. ausgeschlossen sein. Würden jedoch einzelne spezielle Regelungen im AEG a. F. bestehen, würden vielmehr die allgemein gehaltenen kartellrechtlichen Regelungen des GWB in ihrer Anwendung – zumindest in diesen konkreten Fällen – ausgeschlossen werden können. Dies ist nachfolgend näher zu untersuchen. Eine pauschale Aussage über das Verhältnis des AEG a. F. zur kartellrechtlichen Missbrauchsaufsicht ist dabei nicht angebracht. Es ist vielmehr differenziert vorzugehen und zwischen Netzzugang und Entgeltregulierung zu unterscheiden.

---

894 *Bremer/Höppner*, WuW 2009, 1271 (1272).
895 *Bremer/Höppner*, WuW 2009, 1271 (1272).

(1) Netzzugangsregulierung; § 14 Abs. 1 AEG a. F.

Im Bereich des Netzzugangs ist insbesondere das Verhältnis des § 14 Abs. 1 AEG a. F. zu § 19 Abs. 2 Nr. 1 2. Alt. und Nr. 4 GWB fraglich. § 14 Abs. 1 AEG a. F. schreibt die diskriminierungsfreie Benutzung der Eisenbahninfrastruktur und die diskriminierungsfreie Erbringung von Leistungen vor. Verfolgt wird somit die Netzzugangseröffnung.[896] Vergleichbare Regelungen finden sich in § 19 Abs. 2 Nr. 1 2. Alt. und Nr. 4 GWB. Auch diese Regelungen beziehen sich auf die Gewährung eines diskriminierungsfreien Netzzugangs. Ein gleicher Regelungsbereich besteht. § 19 Abs. 2 Nr. 1 2. Alt. und Nr. 4 GWB sind zunächst aufgrund gleicher Zweck- und Zielbestimmung neben § 14 Abs. 1 AEG a. F. anwendbar.

Diejenigen, die § 14b Abs. 2 AEG a. F. nicht auch auf das materielle Verhältnis von AEG a. F. und GWB anwenden, ordnen § 14 Abs. 1 AEG a. F. häufig als lex specialis gegenüber der kartellrechtlichen Zugangskontrolle nach dem GWB[897] ein.[898] Für die Anwendung der allgemeinen Missbrauchsaufsicht sei in diesem Bereich kein Raum mehr.[899] Das Verhältnis von § 14 Abs. 1 AEG a. F. zum GWB ist jedoch, nicht zuletzt aufgrund des § 14b Abs. 2 Satz 1 AEG a. F., umstritten.

Ob tatsächlich eine parallele Anwendung von § 14 Abs. 1 AEG a. F. und § 19 Abs. 2 Nr. 1 2. Alt. und Nr. 4 GWB oder doch ein Vorrang des § 14 Abs. 1 Satz 1 AEG a. F., begründet mit der Anwendung des Lex-specialis-Grundsatzes, in Betracht kommt, ist folglich näher zu untersuchen.

(a) Adressaten des § 14 Abs. 1 AEG a. F. im Vergleich zum GWB

§ 14 Abs. 1 AEG a. F. richtet sich an Eisenbahninfrastrukturunternehmen und Betreiber von Schienenwegen. Eisenbahninfrastrukturunternehmen sind nach der Legaldefinition des § 2 Abs. 1 2. Alt. AEG a. F. Unternehmen, die Eisenbahninfrastruktur betreiben. Unter Eisenbahninfrastruktur werden gem. § 2 Abs. 3 AEG a. F. „die Betriebsanlagen der Eisenbahnen einschließlich der Bahnstromleistungen" verstanden. Betreiber von Schienenwegen stellen eine Untergruppe

---

896 BR-Drucks. 131/93 vom 16.03.1993, S. 100 zu § 12; *Gerstner*, in: BeckAEG, § 14 Rn. 1 ff.

897 Gemeint sind damit die § 19 Abs. 2 Nr. 1 2. Alt. und Nr. 4 GWB.

898 BT-Drucks. 13/9720 vom 29.01.1998, S. 36 zu lit. ff) und S. 51 zu § 19 zu Absatz 4; *Bunte*, WuW 1997, 302 (307); *Ruge*, DVBl. 2005, 1405 (1407 f.); schon *Fromm*, DVBl. 1994, 187 (193); a. A. OLG Düsseldorf, Urt. v. 03.03.2010 – U (Kart) 16/09 = BeckRS 2011, 25332; *Bremer/Höppner*, WuW 2009, 1271 (1272).

899 *Ruge*, DVBl. 2005, 1405 (1407); *Ruge*, AöR 131 (2006), 1 (32); *Gerstner*, in: BeckAEG, § 14b Rn. 29, *Ludwigs*, WuW 2008, 534 (546) m.w.N.

der Eisenbahninfrastrukturunternehmen dar. Sie sind nach § 2 Abs. 3a AEG a. F. Eisenbahninfrastrukturunternehmen, die „den Betrieb, den Bau und den Unterhalt der Schienenwege der Eisenbahn zum Gegenstand [haben], mit Ausnahme der Schienenwege in Serviceeinrichtungen". Der Adressatenkreis ist somit enger gefasst als der des § 19 GWB. Dies spricht zunächst für einen spezialgesetzlichen Charakter des § 14 Abs. 1 AEG a. F.[900]

Ein Unterschied zu den §§ 19 f. GWB besteht jedoch in der Adressatenqualität. Wird nach dem allgemeinen Wettbewerbsrecht eine marktbeherrschende Stellung vorausgesetzt, nimmt § 14 AEG a. F. zu der Adressatenqualität keinerlei Stellung. Kommt es jedoch im Rahmen der eisenbahnrechtlichen Regulierung nicht auf das Merkmal der marktbeherrschenden Stellung an, könnte dies gegen eine Spezialität des § 14 Abs. 1 AEG a. F. gegenüber der kartellrechtlichen Missbrauchsaufsicht sprechen. In einem solchen Fall würde die speziellere Vorschrift nicht denselben Sachverhalt wie die allgemeinere Vorschrift regeln. Dabei ist jedoch zu beachten, dass das Eisenbahnregulierungsrecht speziell auf die Aufbrechung des natürlichen Monopols der Deutschen Eisenbahn gerichtet ist. Natürliche Monopole sind grundsätzlich auch immer marktbeherrschend im Sinne des GWB.[901] Folglich stellt der Verzicht auf eine ausdrückliche Nennung der Adressatenqualität kein Hindernis dar, das AEG a. F. in Teilaspekten als lex specialis gegenüber dem GWB einzuordnen. Dies zeigt auch ein Vergleich zu § 30 EnWG, der das Merkmal der marktbeherrschenden Stellung auch nicht nennt, von dieser Eigenschaft aber bei den Betreibern von Energieversorgungsnetzen ausgeht.[902] Folglich scheitert die Einordnung des § 14 Abs. 1 AEG a. F. als lex specialis gegenüber dem GWB nicht an der fehlenden Nennung des Merkmals der marktbeherrschenden Stellung. Die besondere Adressatenstellung sowie die Differenzierung innerhalb des § 14 Abs. 1 AEG a. F. zwischen Betreiber von Schienenwegen und Eisenbahninfrastrukturunternehmen deutet darauf hin, dass es sich hier um einen speziellen Regelungstatbestand handelt, der die Besonderheiten des Eisenbahnrechts aufgreifen soll und daher in dieser Weise nicht vom allgemeinen Kartellrecht erfasst wird. Eine Spezialität des § 14 Abs. 1 AEG a. F. gegenüber den §§ 19 f. GWB liegt nach Betrachtung der Adressatenstellung nicht fern.

Weiter ist § 14 Abs. 1 Satz 4 AEG a. F. zu beachten. Dieser sieht eine Ausnahme für den Adressatenkreis vor. Danach findet die diskriminierungsfreie

---

900 Vgl. Insoweit auch Ausführungen im Bereich des TKG.

901 Vgl. auch VG Köln, Beschl. v. 15.06.2012 – 18 L 547/12 Rn. 13.

902 Vgl. oben unter Kapitel 2/A./II./3./a./cc./(1.).

Gewährleistung des Netzzugangs nach den Sätzen 1 bis 3 nicht auf Eisenbahninfrastrukturen Anwendung, „die ausschließlich zur Nutzung für den eigenen Güterverkehr betrieben werden, sofern es sich nicht um den Schienenzugang zu eisenbahnbezogenen Diensten in Terminals und Häfen, die mehr als einen Endnutzer bedienen können, handelt". Liegt ein Fall des § 14 Abs. 1 Satz 4 AEG a. F. vor, ist § 14 Abs. 1 Satz 1 AEG a. F. nicht anwendbar, so dass auch aus diesem keine verdrängende Wirkung gegenüber der allgemeinen Missbrauchsaufsicht nach den §§ 19 f. GWB folgen kann. Die §§ 19 f. GWB sind dann uneingeschränkt anwendbar. Wie im EnWG wird auch im AEG a. F. die Anwendbarkeit der Zugangsregulierung starr von dem Adressatenkreis abhängig gemacht. Bestehen Ausnahmen, kommt das AEG a. F. nicht zur Anwendung. In diesen Fällen muss das GWB eingreifen, da eine verdrängende Wirkung des AEG a. F. gerade nicht in Betracht kommen kann.[903]

(b) *Struktur des § 14 Abs. 1 AEG a. F. im Vergleich zu § 19 GWB – Diskriminierung als Spezialfall des Missbrauchs*

Auffällig ist, dass § 14 Abs. 1 AEG a. F. nicht wie § 19 GWB strukturiert ist. So stellt § 14 Abs. 1 AEG a. F. kein Verhalten unter ein Verbot[904], sondern verpflichtet lediglich den Adressaten zur diskriminierungsfreien Zugangsgewährung.[905] Weiter setzt § 14 Abs. 1 Satz 1 AEG keinen Missbrauch einer marktbeherrschenden Stellung im Allgemeinen voraus. Insoweit kann nicht auf die gleiche Argumentation wie im TKG, dass z.B. die Regelungsstruktur des sektorspezifischen Regulierungsrechts der der allgemeinen Missbrauchsaufsicht des GWB ähnelt, um sektorspezifische Besonderheiten ergänzt wurde und daher eine spezialgesetzliche Ausgestaltung des kartellrechtlichen Missbrauchstatbestandes darstellt, zurückgegriffen werden. Denn mit § 14 Abs. 1 AEG a. F. wird kein sektorspezifischer Missbrauchstatbestand aufgestellt. Wegen diesem Unterschied könnte daher davon ausgegangen werden, dass eine Spezialität des AEG a. F. nicht in Betracht kommt. Knüpft das AEG a. F. nur an die Diskriminierung an, wird ein missbräuchliches Verhalten sowie eine marktbeherrschende Stellung von den Regulierungsbehörden nicht überprüft. Würde die Anwendung der §§ 19 f. GWB durch einen Lex-specialis-Charakter des § 14 Abs. 1 AEG a. F. ausgeschlossen werden, könnten Regelungslücken entstehen, die den Mindeststandard des

903 Vgl. dazu Ausführungen beim EnWG zu § 110 EnWG unter Kapitel 2/A./II.3./b.

904 Zum Verbotsnormcharakter sogleich unter Kapitel 2/C./I./2./a./cc./(1)/(d).

905 Vgl. auch *Gerstner*, in: BeckAEG, § 14 Rn. 57, der in § 14 Abs. 1 AEG a. F. eine Gebotsnorm sieht.

Missbrauchstatbestands des § 19 GWB unterlaufen würden.[906] Zu beachten ist jedoch, dass die Diskriminierung nach § 19 Abs. 2 Nr. 1 2. Alt. GWB einen Unterfall des allgemeinen Missbrauchsverbots i. S. d. § 19 Abs. 1 GWB darstellt. Dies ergibt sich schon aus dem Wortlaut des § 19 Abs. 2 Nr. 1 2. Alt. GWB, nach dem ein Missbrauch *insbesondere* dann vorliegt, wenn ein anderes Unternehmen ohne sachlich gerechtfertigten Grund unmittelbar oder mittelbar anders behandelt wird als gleichartige Unternehmen. Eine Diskriminierung stellt daher nur eine besondere Ausprägung des Missbrauchs – einen Spezialfall – dar. Dies ist hier zu berücksichtigen.

Wenn jedoch § 14 Abs. 1 Satz 1 AEG a. F. und § 19 Abs. 1 Nr. 1 2. Alt. GWB von Diskriminierung sprechen, könnte sich hier eine Überschneidung der Tatbestände ergeben, die durch eine Spezialität zugunsten des § 14 Abs. 1 AEG a. F. gelöst werden könnte. Dazu müsste jedoch zunächst der Diskriminierungsbegriff bei beiden Gesetzen gleich sein. Fraglich ist daher, wann eine Diskriminierung nach § 14 Abs. 1 AEG a. F. vorliegt. Dies wird weder im AEG a. F. selbst noch in der EIBV definiert.[907] Es ist auf das allgemeine bzw. auf das kartellrechtliche Verständnis abzustellen. Unter einer Diskriminierung wird die Ungleichbehandlung von wesentlich Gleichem oder die Gleichbehandlung von wesentlich Ungleichem ohne sachlich gerechtfertigtem Grund verstanden. Dies entspricht auch dem Diskriminierungsbegriff des § 19 Abs. 2 Nr. 1 2. Alt. GWB.[908] Da der Diskriminierungsbegriff des § 14 Abs. 1 Satz 1 AEG a. F. nicht näher konkretisiert ist, wird bei seiner Auslegung auf den Diskriminierungsbegriff des § 19 Abs. 1 Nr. 1 2. Alt. GWB zurückgegriffen.[909] Die Übernahme bzw. Anlehnung an kartellrechtlich geprägte Begrifflichkeiten und die Einbettung solcher in einen eisenbahnrechtlichen Kontext zeigt einen ersten Anhaltspunkt für einen sonderkartellrechtlichen Ansatz des AEG a. F. Darüber hinaus wird in § 14 Abs. 1 AEG a. F., wie festgestellt, eine besondere Adressatenstellung vorgeschrieben. Dies spricht für einen spezialgesetzlichen Charakter des § 14 Abs. 1 AEG a. F. gegenüber § 19 GWB. Eine partielle Spezialität erscheint möglich.

Dass § 14 Abs. 1 AEG nicht die gleiche Struktur wie die sektorspezifischen Missbrauchstatbestände aus TKG und EnWG oder des § 19 GWB aufweist, führt nicht zwangsläufig dazu, hierin keine speziellere Norm zu sehen. Die

---

906 So auch *Bremer/Höppner*, WuW 2009, 1271 (1273).

907 Zum Diskriminierungsbegriff i. S. d. AEG a. F.: siehe *Förster/Kardetzky*, in: Schmitt/Staebe, Eisenbahn-Regulierungsrecht, Rn. 274 m.w.N.

908 Vgl. *Ruge*, DVBl. 2005, 1405.

909 *Gerstner*, in: BeckAEG, § 14 Rn. 26.

fehlende Vergleichbarkeit in der Normstruktur ist lediglich Folge des grundsätzlich fehlenden Missbrauchstatbestands im AEG a. F. Dass jedoch auch eine Spezialität dann vorliegt, wenn nur Teilaspekte dieses kartellrechtlich geprägten Missbrauchstatbestands des § 19 GWB im AEG a. F. abschließend für den Eisenbahnsektor geregelt sind, wurde bereits erläutert. Daher kann nicht voreilig darauf geschlossen werden, dass hier ausnahmslos eine parallele Anwendung in Betracht kommt.

Weiter folgt aus dem Vorgenannten, dass § 14 Abs. 1 AEG a. F. auch als eine spezialgesetzliche Ausprägung des Netzzugangs nach § 19 Abs. 2 Nr. 4 GWB angesehen werden kann.[910] Nicht nur, dass es sich bei § 14 Abs. 1 AEG a. F. um irgendeinen Netzzugang handelt. Es wird die Verpflichtung zu einem diskriminierungsfreien Zugang auferlegt. § 14 Abs. 1 AEG a. F. kombiniert folglich § 19 Abs. 2 Nr. 1 2. Alt. und Nr. 4 GWB. Zudem bezieht sich der diskriminierungsfreie Zugang nach § 14 Abs. 1 AEG a. F. nicht – wie in § 19 Abs. 2 Nr. 4 GWB – generell auf die Zugangsgewährung, sondern knüpft an die Benutzung der Eisenbahninfrastruktur und die Erbringung der von den Eisenbahninfrastrukturunternehmen angebotenen Leistungen an. Dadurch wird der Zugangsanspruch im Rahmen des Eisenbahnsektors spezifiziert. Weitere inhaltliche Vorgaben hinsichtlich des Zugangsrechts bestimmt die EIBV, auf die § 14 Abs. 1 Satz 1 a. E.AEG a. F. Bezug nimmt. § 14 Abs. 1 AEG a. F. i. V. m. der EIBV bestimmt somit konkret, worauf sich der Zugangsanspruch im Eisenbahnsektor bezieht. Auch aus dieser Konkretisierung des Zugangsrechts wird der spezialgesetzliche Gehalt dieser Vorschrift ersichtlich. Weiter wird gem. § 14 Abs. 1 Satz 3 AEG a. F. ein Mindestumfang an Leistungsbereitstellung durch die Betreiber der Schienenwege vorgeschrieben. Aus der Differenzierung nach § 14 Abs. 1 Satz 3 AEG a. F. zwischen Eisenbahninfrastrukturunternehmen und dem dort genannten Betreiber der Schienenwege folgt auch, dass letzterer nicht selbst über die Bereitstellung der von ihm betriebenen Schienenwege und der Mindestleistung bestimmen kann.[911] Die Gewährung eines Mindestumfangs an Leistung und der damit verbundene Netzzugang stellt im Verhältnis zu § 19 GWB ein „Mehr“ an

910 Vgl. LG Berlin, Urt. v. 12.10.2004 – 16 O 465/04 = IR 2005, 16, wobei das LB Berlin in diesem Urteil darauf hinweist, dass eine Subsumtion unter diese Tatbestände nur parallel erfolgen kann; LG Berlin, Urt. v. 17.03.2009 – 98 O 25/08 Rn. 93 - zitiert nach juris = WuW 2009, 531 (533); a. A. OLG Düsseldorf, Urt. v. 03.03.2010 – U (Kart) 16/09 = BeckRS 2011, 25332.

911 Vgl. dazu BT-Drucks. 15/3280 vom 10.06.2004, S. 17 f. zu Nummer 10 (§ 14) zu Absatz 1 Satz 1 und 2.

Regelung dar. Der Zugangsanspruch des § 14 Abs. 1 AEG a. F. geht somit über den nach § 19 Abs. 2 Nr. 4 GWB hinaus.

Aus dem Vorgenannten folgt zugleich, dass eine Verdrängung auch nur gegenüber den §§ 19 Abs. 2 Nr. 1 2. Alt. und Nr. 4 GWB möglich ist. Alle anderen Tatbestände des § 19 GWB werden von § 14 Abs. 1 AEG a. F. nicht erfasst.

(c) Folgen eines Verstoßes gegen § 14 Abs. 1 AEG a. F.

§ 14 Abs. 1 AEG a. F. verpflichtet die Eisenbahninfrastrukturunternehmen zur Gewährung eines diskriminierungsfreien Zugangs. Im Unterschied zu § 19 GWB folgt daraus unmittelbar keine Verbotsanordnung.[912] Fraglich ist daher, ob das Vorliegen eines Verbotsnormcharakters zwingend für die Einordnung des § 14 Abs. 1 AEG a. F., als eine gegenüber § 19 Abs. 2 Nr. 1 2. Alt. und Nr. 4 GWB speziellere Norm, vorausgesetzt wird.

Das LG Berlin hat in zwei Urteilen klargestellt, dass § 14 Abs. 1 Satz 1 AEG a. F. kein Verbotsgesetz im Sinne des § 134 BGB ist.[913] Ein Verstoß gegen § 14 Abs. 1 Satz 1 AEG a. F. würde demnach nicht automatisch zur Nichtigkeit der getroffenen Vereinbarung führen. Weiter wies das LG Berlin darauf hin, dass von einer Eisenbahnrechtskonformität der vereinbarten Entgelte und weiterer Nutzungsbedingungen so lange ausgegangen werden muss, bis die BNetzA gem. § 14e oder § 14f AEG a. F. eine anders lautende Verfügung trifft.[914] Auch dies bestätigt die fehlende Verbotsgesetzeigenschaft des § 14 Abs. 1 Satz 1 AEG a. F. Zudem weist das LG Berlin darauf hin, dass schon aus der Verfügung der BNetzA gem. § 14f Abs. 1 Nr. 2 AEG a. F., die nur ex nunc wirkt, kein Verbotsgesetz im Sinne des § 134 BGB hervorgehen kann.[915] Kritisiert wird an dieser Entscheidung, dass damit die Rechtskonformität von dem Entschließungsermessen der BNetzA abhängig gemacht wird.[916]

---

912 LG Berlin, Urt. v. 14.05.2009 – 93 O 47/08 Rn. 40 - zitiert nach juris = IR 2009, 162 m. Anm. *Makatsch*; LG Berlin, Urt. v. 17.03.2009 – 98 O 25/08 Rn. 89 - zitiert nach juris = WuW 2009, 531 (532); *Gerstner*, in: BeckAEG, § 14 Rn. 57.

913 LG Berlin, Urt. v. 17.03.2009 – 98 O 25/08 Rn. 89 - zitiert nach juris = WuW 2009, 531 (532); und Urt. v. 14.05.2009 – 93 O 47/08 Rn. 40 - zitiert nach juris = IR 2009, 162 m. Anm. *Makatsch*.

914 LG Berlin, Urt. v. 14.05.2009 – 93 O 47/08 Rn. 39 - zitiert nach juris = IR 2009, 162 m. Anm. *Makatsch*; LG Berlin, Urt. v. 17.03.2009 – 98 O 25/08 Rn 90 - zitiert nach juris = WuW 2009, 531 (532).

915 LG Berlin, Urt. v. 17.03.2009 – 98 O 25/08 Rn. 98 = WuW 2009, 531 (532).

916 *Steinmann*, IR 2009, 152 (154).

Problematisiert wird in der Literatur die widersprüchliche Ansicht des LG Berlin zu den vorherigen Urteilen auf diesem Gebiet gesehen.[917] So ging insbesondere das LG Frankfurt a. M. davon aus, dass § 14 Abs. 1 AEG a. F. ein Verbotsgesetz im Sinne des § 134 BGB ist.[918] Eine diskriminierungsfreie Nutzung von Infrastruktureinrichtungen durch Dritte könne nur dadurch sichergestellt werden, dass diskriminierende oder zugangsvereitelnde Verträge für nichtig erklärt werden.[919] Fraglich ist daher, welcher Ansicht zu folgen ist.

Ein gesetzliches Verbot im Sinne des § 134 BGB liegt grundsätzlich dann vor, wenn ein im Grunde zulässiges Rechtsgeschäft wegen seines konkreten Inhalts, seines bezweckten Erfolges oder wegen der Art und Weise seines Zustandekommens untersagt wird.[920] Dabei ist anerkannt, dass das Verbot nicht ausdrücklich sein muss. Es kann sich vielmehr auch durch Auslegung ermitteln lassen.[921] So impliziert die Formulierung „darf nicht" in der Regel ein Verbot, wohingegen Formulierungen wie z. B. „soll nicht" oder „soll nur" lediglich auf das Vorliegen einer bloßen Ordnungsvorschrift hindeuten. Wendungen wie z. B. „kann nicht", „ist unzulässig" oder „ist nicht übertragbar" sollen auf die Grenzen der rechtsgeschäftlichen Dispositionsfreiheit hindeuten.[922] Kann durch Auslegung ermittelt werden, dass die betreffende Norm ein Verbot vorsieht, muss hinzukommen, dass ein Verstoß gegen dieses Verbot nach dem Sinn und Zweck der Verbotsnorm auch die Nichtigkeit des verbotswidrig vorgenommenen Rechtsgeschäfts nach sich ziehen soll. Dies ist ebenfalls durch Auslegung zu ermitteln.[923]

Nach seinem Wortlaut verpflichtet § 14 Abs. 1 Satz 1 AEG a. F. lediglich die Eisenbahninfrastrukturunternehmen eine diskriminierungsfreie Benutzung der von ihnen betriebenen Eisenbahninfrastrukturen und eine diskriminierungsfreie Erbringung der von ihnen angebotenen Leistungen zu gewähren. Der Wortlaut beinhaltet keine „Darf-nicht"- Formulierung. Die Pflicht zur

---

917 *Steinmann*, IR 2009, 152 (153).

918 LG Frankfurt a.M., Urt. v. 15.12.2004 – 3-08 O 72/04 Rn. 134 - zitiert nach juris = RdE 2005, 108 (110).

919 LG Frankfurt a.M., Urt. v. 15.12.2004 – 3-08 O 72/04 Rn. 135 - zitiert nach juris = RdE 2005, 108 (110).

920 *Dörner*, in: Schulze u. a., Bürgerliches Gesetzbuch, § 134 Rn. 4; *Wendtland*, in: Bamberger/Roth/Hau/Poseck, BeckOK BGB, § 134 Rn. 9 m.w.N.

921 BGH, Urt. v. 19.12.1968 – VII ZR 83 und 84/66 = BGHZ 51, 255 (262) = NJW 1969, 750; OLG Karlsruhe, Urt. v. 29.11.2001 – 19 U 14/01 = NJW-RR 2002, 1206 (1207).

922 *Wendtland*, in: BeckOK BGB, § 134 Rn. 9; differenzierter *Armbrüster*, in: MüKoBGB, § 134 Rn. 43 ff.

923 *Wendtland*, in: BeckOK BGB, § 134 Rn. 10.

diskriminierungsfreien Gewährung lässt eher auf eine bloße Ordnungsvorschrift schließen. Dies spricht zunächst gegen ein Verbotsgesetz. Allein die Auslegung des Wortlautes lässt jedoch keine abschließende Beurteilung des Gesetzescharakters zu. Die Nichtigkeit des Rechtsgeschäfts als Folge eines Verstoßes gegen § 14 Abs. 1 Satz 1 AEG a. F. könnte sich auch aus dem Sinn und Zweck des § 14 Abs. 1 Satz 1 AEG a. F. ergeben. § 14 Abs. 1 Satz 1 AEG a. F. sieht eine Netzeröffnung durch diskriminierungsfreie Zugangsgewährung vor.[924] Daraus folgt noch nicht, dass die dagegen verstoßenden Vereinbarungen unwirksam sein sollen. Wie sich auch aus § 14f Abs. 1 Satz 2 Nr. 2 AEG a. F. ergibt, können die Netznutzungsbedingungen nur für die Zukunft durch die Regulierungsbehörden für ungültig erklärt werden. Dies macht deutlich, dass ein Verstoß gegen die Diskriminierungsfreiheit aus § 14 Abs. 1 Satz 1 AEG a. F. nicht automatisch eine Nichtigkeit der Vereinbarung nach sich zieht.[925] Auch der Sinn und Zweck sowie die Systematik deuten darauf hin, dass § 14 Abs. 1 AEG a. F. kein Verbotsgesetz im Sinne des § 134 BGB ist. Mit § 14 AEG a. F. liegt vielmehr „eine Erlaubnis mit Verbotsvorbehalt" vor.[926] Dies ergibt sich aus dem Widerspruchsrecht der Regulierungsbehörde nach § 14e AEG a. F.

Spricht nun der festgestellte fehlende Verbotsnormcharakter des § 14 AEG a. F. gegen einen Vorrang gegenüber dem GWB? Dafür könnte der fehlende Gleichlauf in den Rechtsfolgen von den §§ 19 f. GWB und § 14 AEG a. F. angeführt werden. Ein Verstoß gegen das kartellrechtliche Missbrauchsverbot des § 19 GWB hat grundsätzlich die Nichtigkeit des betreffenden Rechtsgeschäfts zur Folge.[927] Ein Verstoß gegen die Netzzugangsgewährung des § 14 Abs. 1 AEG a. F. hingegen führt – wie dargestellt – weder zur Nichtigkeit noch stellt dieser oder ein Verstoß gegen die Zugangsgewährungspflicht – anders als ein Verstoß gegen § 95 Abs. 1 Nr. 4 und 5 EnWG und § 149 Abs. 1 Nr. 4 TKG – eine Ordnungswidrigkeit nach § 28 AEG a. F. dar[928]. Aufgrund der privatrechtlichen Ausgestaltung des Netzzugangs müssen die Rechte vom Berechtigten auch auf vertragsrechtlichem Wege durchgesetzt werden.

---

924 *Gerstner*, in: BeckAEG, § 14 Rn. 1, 25 ff.

925 So auch *Gerstner*, in: BeckAEG, § 14f Rn. 25; vgl. dazu auch *Bredt*, N&R 2009, 235 (241).

926 Vgl. *Bredt*, N&R 2009, 235 (240).

927 Vgl. nur *Loewenheim*, in: Loewenheim/Meessen/Riesenkampff/Kersting/Meyer-Lindemann, Kartellrecht, 10. Teil, § 19 GWB, Rn. 113, 116.

928 *Gerstner*, in: BeckAEG, § 14 Rn. 57.

Ein Vergleich zu den sektorspezifischen Regulierungsrechten in der Telekommunikations- und der Energiewirtschaft zeigt, dass diese in den §§ 28, 42 TKG und in § 30 EnWG eine Verbotsanordnung ähnlich dem § 19 GWB enthalten. Nach § 30 EnWG ist ein Missbrauch der Marktstellung ausdrücklich verboten. § 30 Abs. 1 Satz 1 EnWG stellt ein Verbotsgesetz im Sinne des § 134 BGB dar.[929] Die §§ 28, 42 TKG beinhalten jeweils „Darf-nicht"-Formulierungen. Ihr Wortlaut deutet somit auf einen Verbotsgesetzcharakter hin. Trotzdem wird § 28 TKG nicht als Verbotsgesetz im Sinne des § 134 BGB qualifiziert.[930] Dagegen enthält § 42 TKG ein gesetzliches Verbot.[931] Ungeachtet eines bestehenden oder fehlenden Verbotsgesetzcharakters sind die §§ 28, 42 TKG und § 30 EnWG, wie dargestellt, lex specialis gegenüber den §§ 19 f. GWB. Ferner sind nicht nur die telekommunikationsrechtlichen Missbrauchstatbestände, sondern auch die Ex-ante-Kontrolle nach dem TKG sowie die restlichen Vorschriften aus dem 3. Teil des EnWG abschließend. Es sind daher nicht alle gegenüber dem GWB abschließenden und somit vorrangigen Regelungen auch gleichzeitig gesetzliche Verbote. Die Abgeschlossenheit einer Regulierungsnorm fordert folglich nicht zugleich auch einen Verbotsgesetzcharakter der betreffenden Regelungen. Nichts anderes kann daher im Rahmen des § 14 Abs. 1 AEG a. F. gelten.

Zudem besteht für die Regulierungsbehörde nach § 14c AEG a. F. die Möglichkeit, ihre allgemeine Befugnis bei Verstößen der Eisenbahninfrastrukturunternehmen anzuwenden. Auch § 14f AEG a. F. ermöglicht ein Vorgehen gegen Verstöße des § 14 Abs. 1 AEG a. F. im Rahmen der nachträglichen Prüfung. Folglich finden sich auch im Eisenbahnrecht Möglichkeiten, gegen die Verletzung des § 14 AEG a. F. vorzugehen. So können beispielsweise im Rahmen des § 14f AEG a. F. Schienennetz-Benutzungsbedingungen und Nutzungsbedingungen für die Serviceeinrichtungen sowie die Entgelte ex post überprüft werden. Ziel dieser Vorschrift ist die Komplettierung der Überprüfungsbefugnisse der Regulierungsbehörden.[932] Nach § 14f Abs. 1 Satz 2 AEG a. F. wirken diese Kontrollmechanismen jedoch nur ex nunc. Dies könnte zu einem lückenhaften Rechtsschutz führen, wenn der Ansicht des LG Berlin gefolgt und § 14 Abs. 1

---

929 Vgl. BT-Drucks. 15/3917 vom 14.10.2004, S. 63 zu § 30; *Weyer*, in: Berliner Kommentar zum Energierecht, Band 1, Teil 1, § 30 Rn. 158; vgl. auch *Säcker*, ZNER 2004, 98 (109).

930 *Schütz/Neumann*, in: BeckTKG, § 28 Rn. 153; *Fetzer*, in: Arndt/Fetzer/Scherer/Graulich, TKG, § 28 Rn. 86.

931 I. E. *Neitzel/Hofmann*, in: Spindler/Schuster, Recht der elektronischen Medien, § 42 TKG, Rn. 48; *Schütz*, in: BeckTKG, § 42 Rn. 172.

932 *Gerstner*, in: BeckAEG, § 14f Rn. 1.

AEG a. F. nicht als Verbotsgesetz eingestuft wird.[933] Die Ex-nunc-Wirkung ermöglicht den Eisenbahninfrastrukturunternehmen jedoch einen gewissen Schutz ihrer wirtschaftlichen Interessen. In bestehende Verträge kann grundsätzlich nicht eingegriffen werden.[934] Daneben ergibt sich aus den Abs. 2 und 3 des § 14f AEG a. F. ein vergleichsweise ausdifferenziertes System einer nachträglichen Kontrolle der Nutzungsverträge.[935] Danach wird dem Zugangsberechtigten die Einleitung einer regulierungsbehördlichen Kontrolle der Entgelte und sonstigen Bedingungen ermöglicht.

Problematisch erscheint auch, dass die Eingriffsbefugnis nach dem AEG a. F. im Ermessen der Regulierungsbehörde steht. Demgegenüber *muss* die Regulierungsbehörde nach § 42 Abs. 4 Satz 1 TKG einschreiten[936], wenn ein Missbrauch vorliegt. Ihr kommt kein Ermessen zu.[937] Im Rahmen des § 30 Abs. 2 EnWG kommt der Regulierungsbehörde dagegen Ermessen („kann") zu. Der Unterschied zwischen der gebundenen Eingriffsbefugnis nach dem TKG und der im Ermessen der Regulierungsbehörde stehenden Befugnis nach dem AEG a. F. ist daher unbeachtlich. Zu beachten ist, dass im Rahmen des EnWG – wie dargestellt – die partielle Spezialität des EnWG ausdrücklich im Gesetz angeordnet ist. Ein Vergleich des AEG a. F. mit dem EnWG muss daher unter Berücksichtigung dieses Aspektes erfolgen.

Zu beachten ist aber auch, dass sich der Gesetzgeber bewusst dafür entschieden hat, keine Nichtigkeit ex tunc zu konzipieren. Die aus dem AEG a. F. folgende Ex-nunc-Wirkung sowie das Ermessen der Regulierungsbehörde, überhaupt tätig zu werden, würde jedoch umgangen werden, wenn die §§ 19 f. GWB parallel angewendet werden würden. Die Kontrollbefugnisse der Regulierungsbehörden nach dem ausdifferenzierten System würden dadurch unterlaufen werden. Das allgemeiner gehaltene GWB würde den vom Tatbestand her spezielleren § 14 Abs. 1 AEG a. F. ins Leere laufen lassen. Dies kann so nicht gewollt sein. Auch das LG Berlin urteilte, dass das spezifische System des AEG zur Überprüfung der Rechtmäßigkeit[938] durch eine – im Gegensatz zum

---

933 *Steinmann*, IR 2009, 152 (153).

934 *Bredt*, N&R 2009, 235 (236).

935 LG Berlin, Urt. v. 14.05.2009 – 93 O 47/08 Rn. 41- zitiert nach juris = IR 2009, 162 (163) m. Anm. *Makatsch*; kritisch Monopolkommission, Sondergutachten 69, Bahn 2015, S. 35 Rn. 40; *Staebe*, in: Schmitt/Staebe, Eisenbahn-Regulierungsrecht, Rn. 589.

936 Entweder auf Antrag oder nach Amts wegen.

937 Ebenso *Heun*, in Heun, Hdb. des Telekommunikationsrechts, Kap. H, Rn. 689; *Schütz*, in: BeckTKG, § 42, Rn. 152.

938 Insbesondere der Entgelte.

BKartA – spezialisierte Behörde unterlaufen werden würde, wenn eine parallele Anwendung der GWB-Vorschriften, die bei den ordentlichen Gerichten durchgesetzt werden, in Betracht kommt.[939] Eine parallele Anwendung muss daher ausgeschlossen werden. Auch eine subsidiäre Anwendung des § 19 GWB bei unterlassenem Einschreiten der Regulierungsbehörde nach § 14f AEG a. F. kommt nicht in Betracht. Denn auch im Fall einer (wenn auch nur) subsidiären Anwendung der kartellrechtlichen Missbrauchsaufsicht, würden die Regelungen des AEG a. F. umgangen werden. Der Gesetzgeber hat sich bewusst für die Ex-nunc-Lösung und die Abhängigkeit des Einschreitens der Behörde von deren Ermessen entschieden. Eine unbewusste Regelungslücke besteht somit nicht. Eine bewusste Regelungslücke kann jedoch, wie dargelegt, nicht durch die Anwendung des GWB geschlossen werden. Denn sie ist aufgrund der bewussten Entscheidung nicht schließungsbedürftig. Daher ist also das Verhältnis von § 14 Abs. 1 AEG a. F. und den §§ 19 f. GWB allein durch den Lex-specialis-Grundsatz zugunsten des AEG a. F. zu lösen, um den Besonderheiten der eisenbahnrechtlichen Netzzugangsregulierung gerecht zu werden.

Ein weiterer Unterschied zum Kartellrecht ergibt sich daraus, dass die regulierungsbehördlichen Eingriffsbefugnisse nach den §§ 14c, f AEG a. F. bei Verstoß gegen die eisenbahnrechtlichen Bestimmungen des § 14 Abs. 1 AEG a. F. nicht auf die Sanktionierung, sondern vielmehr auf die Gewährleistung eines diskriminierungsfreien Zugangs gerichtet sind. Daher erscheint es vorzugswürdig, eine parallele Anwendung von Regulierungs- und Wettbewerbsrecht in Betracht zu ziehen. Würde das allgemeine Wettbewerbsrecht durch § 14 Abs. 1 AEG a. F. ausgeschlossen werden, würde das betreffende Unternehmen nicht hinreichend für sein diskriminierendes Verhalten sanktioniert werden. Die präventive sowie repressive Wirkung der kartellrechtlichen Sanktionsmöglichkeiten würde unterlaufen werden und das betreffende Unternehmen womöglich nicht zur Besserung animieren.

Andererseits hat der Gesetzgeber im Eisenbahnrecht anscheinend bewusst auf eine Sanktionierung und einer Verfügung entsprechend den anderen Regulierungsgesetzen verzichtet. Aus der abweichenden Ausgestaltung des § 14 Abs. 1 AEG a. F. könnte daher auch geschlossen werden, dass die trotz Verstoß gegen § 14 Abs. 1 AEG a. F. bestehende Eisenbahnrechtskonformität durch eine kartellrechtliche Sanktionierung umgangen wird. Ein Verhalten, das nach dem

939 So LG Berlin, Urt. v. 14.05.2009 – 93 O 47/08 Rn. 39, 42 - zitiert nach juris = IR 2009, 162 m. Anm. *Makatsch*, und LG Berlin, Urt. v. 17.03.2009 – 98 O 25/08 Rn. 92 - zitiert nach juris = WuW 2009, 531 (533).

sektorspezifischen Regulierungsrecht gebilligt wird, sollte nicht nach dem allgemeinen Kartellrecht verboten werden. Dies entspricht auch der Ansicht des LG Berlin. Eine Nichtigkeit nach kartellrechtlichen Grundsätzen oder nach § 134 BGB sowie die daraus folgende Überprüfung durch die ordentlichen Gerichte scheidet daneben aus.[940] Die Einordnung des § 14 Abs. 1 AEG a. F. als Gebotsnorm führt daher noch nicht ohne Weiteres zu einer parallelen Anwendung von GWB und AEG a. F. Es ist bei einer parallelen Anwendung vielmehr die Umgehung der eisenbahnrechtlichen Besonderheiten zu befürchten, so dass aus diesem Grund von einer Verdrängung der §§ 19 f. GWB im Bereich des § 14 Abs. 1 AEG a. F. auszugehen ist.

(d) Zwischenfazit: § 14 Abs. 1 AEG a. F. ist lex specialis

Die Gewährung des Netzzugangs bezieht sich nicht auf den Netzzugang im Allgemeinen, sondern auf den Zugang zu Eisenbahninfrastrukturunternehmen sowie auf die Gewährung der damit verbundenen Leistungen. § 14 Abs. 1 AEG a. F. ist konkret auf die Zugangsgewährung im Eisenbahnsektor zugeschnitten. In dieser Hinsicht geht er über das Diskriminierungsverbot nach § 19 Abs. 2 Nr. 1 2. Alt. GWB und die Zugangsgewährung nach § 19 Abs. 2 Nr. 4 GWB hinaus. § 14 Abs. 1 AEG a. F. ist spezieller. Würden § 19 Abs. 2 Nr. 1 2. Alt. und Nr. 4 GWB dagegen neben § 14 Abs. 1 AEG a. F. angewendet werden, würde dies die eisenbahnrechtlichen Besonderheiten konterkarieren. Die Anwendung der § 19 Abs. 2 Nr. 1 2. Alt. und Nr. 4 GWB neben § 14 Abs. 1 AEG a. F. ist bei gleichem Regelungszweck unnötig. Auch das Fehlen eines Verbotsgesetzcharakters schadet dieser Lex-specialis-Einordnung des § 14 Abs. 1 AEG a. F. nicht. Durch eine subsidiäre oder gar parallele Anwendung der §§ 19 f. GWB würde diese bewusste Entscheidung des Gesetzgebers vielmehr umgangen werden. § 14 Abs. 1 AEG a. F. wäre überflüssig. Die Einordnung des § 14 Abs. 1 AEG a. F. als speziellere Regelung gegenüber dem Kartellrecht ist daher vorzugswürdig. Folglich besteht im Rahmen der eisenbahnrechtlichen Netzzugangsregulierung ein Ausschluss der Anwendung der §§ 19 Abs. 2 Nr. 1 2. Alt., Nr. 4 GWB. Eine partielle Spezialität des § 14 Abs. 1 AEG a. F. gegenüber dem GWB kann somit begründet werden.

---

940 LG Berlin, Urt. v. 14.05.2009 – 93 O 47/08 = IR 2009, 162 m. Anm. *Makatsch*, und LG Berlin, Urt. v. 17.03.2009 – 98 O 25/08 = WuW 2009, 531.

(2) Entgeltregulierung

Fraglich ist, ob dies auch für den Bereich der eisenbahnrechtlichen Entgeltregulierung gilt. Die betreffenden Regelungen sind in § 14 Abs. 4 und 5 AEG a. F. und der EIBV enthalten. Zu beachten ist, dass die Abs. 4 und 5 des § 14 AEG a. F. einen unterschiedlichen Regelungsbereich haben. Daher ist auch hier differenziert vorzugehen.

(a) § 14 Abs. 4 AEG a. F. – Nutzungsentgelte für Schienenwege

Nach § 14 Abs. 4 Satz 1 AEG a. F. haben Betreiber von Schienenwegen ihre Entgelte nach Maßgabe der EIBV „so zu bemessen, dass die ihnen insgesamt für die Erbringung der Pflichtleistungen im Sinne des [§ 14] Abs. 1 Satz 1 [AEG a. F.] entstehenden Kosten zuzüglich einer Rendite, die am Markt erzielt werden kann, ausgeglichen werden".

Adressat dieser Regelung sind Betreiber von Schienenwegen. Es fallen daher nicht alle Eisenbahninfrastrukturunternehmen unter diese Entgeltvorschrift. Zudem bezieht sich die Regelung auf die Entgeltbemessung für Verpflichtungen nach § 14 Abs. 1 Satz 1 AEG a. F. und somit auf das Pendant, welches die Betreiber der Schienenwege für die diskriminierungsfreie Erbringung der Pflichtleistungen verlangen können. Die Pflichtleistungen werden in Anlage 1 Nr. 1 der EIBV konkretisiert und abschließend aufgelistet.[941]

Zwar sprechen die Adressatenstellung sowie die Entgeltbezogenheit auf Pflichtleistungen nach § 14 Abs. 1 Satz 1 AEG a. F. i. V. m. Anlage 1 Nr. 1 der EIBV für besondere eisenbahnregulierungsrechtliche Ausprägungen, die es nahelegen, auch § 14 Abs. 4 AEG a. F. i. V. m. der EIBV als lex specialis gegenüber dem GWB einzuordnen. Jedoch ist dabei zu beachten, dass der Kerninhalt des § 14 Abs. 4 AEG a. F. nicht auf den Missbrauch einer marktbeherrschenden Stellung abzielt und auch in sonstiger Weise nicht mit den Aussagen der allgemeinen Missbrauchskontrolle übereinstimmt oder an dieser angelehnt ist. Auffällig ist nämlich, dass diese Regelung keine Gemeinsamkeiten mit den Tatbeständen der §§ 19 f. GWB bzw. keine Merkmale von diesen aufweist. § 14 Abs. 4 AEG a. F. stellt vielmehr einen Berechnungsmaßstab dar.

Problematisch erscheint, dass aus den Regelungen zur Entgeltbemessung nach § 14 Abs. 4 und 5 AEG a. F. sowie aus den dazugehörigen §§ 21 ff. EIBV eine im Grundsatz beliebige Ausgestaltung der Entgelte folgt.[942] Ferner besteht

941 Vgl. *Gerstner*, in: BeckAEG, § 14 Rn. 185.

942 I. E. so auch *Staebe*, in: Schmitt/Staebe, Eisenbahn-Regulierungsrecht, Rn. 483; *Koenig/Neumann/Schellberg*, WuW 2006, 139 (141); *Gersdorf*, Entgeltregulierung im

auch kein besonderes Verfahren zur Einhaltung oder Überprüfung der Entgelte.[943] Es kann lediglich eine Überprüfung im Rahmen der §§ 14c, 14e und 14f AEG a. F. erfolgen. Zu beachten ist dabei, dass die Berechnung und Erhebung des Entgelts zum größten Teil dem Betreiber der Infrastruktur obliegt[944] und kein Ex-ante-Genehmigungsverfahren[945] mit strengen Vorgaben, wie sie in den anderen Regulierungsgesetzen bestehen, zu durchlaufen ist.

(aa) Primat des Vertrages

Im Rahmen der eisenbahnrechtlichen Regulierung gilt das sog. Primat des Vertrages.[946] Nach § 14 Abs. 6 AEG a. F. sind die „Einzelheiten des Zugangs, insbesondere hinsichtlich des Zeitpunktes und der Dauer der Nutzung sowie das zu entrichtende Entgelt und die sonstigen Nutzungsbedingungen einschließlich der der Betriebssicherheit dienenden Bestimmungen zwischen den Zugangsberechtigten und den Eisenbahninfrastrukturunternehmen", nach Maßgabe der EIBV zu vereinbaren. Die Entgelte[947] sind zwischen den Parteien in einer privatautonomen Vereinbarung auszuhandeln.[948]

(bb) Keine klassische Ex-ante-Kontrolle

Eine klassische Ex-ante-Entgeltregulierung, wie sie beispielsweise in § 23a EnWG und den §§ 30, 31 TKG zu finden ist, besteht im Eisenbahnregulierungsrecht nicht.[949] Ein Vergleich mit der Entgeltkontrolle nach EnWG und TKG ist daher nicht möglich, so dass nicht schon daraus ein möglicher Anwendungsvorrang gegenüber dem GWB abgeleitet werden kann. Dennoch hat auch der

---

Eisenbahnsektor, 2007, S. 59 f.; vgl. zum Regulierungsrahmen *Gersdorf*, Entgeltregulierung im Eisenbahnsektor, 2015, S. 15 f.

943 *Gerstner*, in: BeckAEG, § 14 Rn. 173.

944 Richtlinie 2001/14/EG des Europäischen Parlaments und des Rates vom 26. Februar 2001 über die Zuweisung von Fahrwegkapazität der Eisenbahn, die Erhebung von Entgelten für die Nutzung von Eisenbahninfrastruktur und die Sicherheitsbescheinigung, Seite 5; vgl. auch *Gerstner*, in: BeckAEG, § 14 Rn. 173.

945 Vgl. dazu sogleich unter Kapitel 2/C./I./2./a./cc./(2)/(a)/(bb).

946 *Gerstner*, in: BeckAEG, § 14 Rn. 174.

947 So wie schon der Netzzugang als solcher.

948 Siehe dazu ausführlich *Förster/Kardetzky*, in: Schmitt/Staebe, Eisenbahn-Regulierungsrecht, Rn. 282 ff.

949 Vgl. dazu *Ludwigs*, WuW 2008, 534 (547); *Kühling/Ernert*, NVwZ 2006, 33 (37); vgl. auch Monopolkommission, Sondergutachten 69, Bahn 2015, S. 35 Rn. 40.

Gesetzgeber des AEG a. F. eine Überwachung des Eisenbahnmarktes von Anfang an beabsichtigt.[950]

So wird für Rahmenverträge, die eine Laufzeit von mehr als 5 Jahren vorsehen, durch § 14a Abs. 2 AEG a. F. bestimmt, dass sie einer Genehmigung durch die Regulierungsbehörde bedürfen. Diese Genehmigung bezieht sich nach dem Wortlaut des § 14a Abs. 2 AEG a. F. jedoch nur auf die Laufzeit des Rahmenvertrages. Die Entgelthöhe oder sonstigen Bedingungen unterliegen dagegen keiner Genehmigungspflicht. Dies zeigt, dass keine mit den telekommunikationsrechtlichen Bestimmungen vergleichbare Ex-ante-Kontrolle der Zugangsvereinbarungen geben ist. Daher wurde auch mit § 14a AEG a. F. keine kartellrechtliche Sonderregelung geschaffen.[951]

Weiter sieht § 14d AEG a. F. eine umfangreiche Unterrichtungspflicht der öffentlichen Eisenbahninfrastrukturunternehmen gegenüber der Regulierungsbehörde vor, welche sich auf den Netzzugang und die geforderten Entgelte nach § 14 AEG a. F. sowie die Rahmenverträge nach § 14a AEG a. F. bezieht. Mit dieser Mitteilungspflicht korrespondiert eine Vorabüberprüfung der Regulierungsbehörde nach § 14e AEG a. F. Diese Kontrolle erfolgt am Maßstab der Vorschriften des Eisenbahnrechts über den Zugang zur Eisenbahninfrastruktur. Dabei werden grundsätzlich alle Regelungen und Maßstäbe der §§ 14 bis 14f AEG a. F. sowie solche der EIBV erfasst. Als Kontrollschwerpunkt kann dabei die Einhaltung des Gebots der diskriminierungsfreien Netzzugangsgewährung aus § 14 Abs. 1 Satz 1 AEG a. F. gesehen werden.[952] Dies wird auch durch die gesetzgeberische Zielsetzung der Ex-ante-Kontrolle im Eisenbahnsektor ersichtlich. Danach sollte die Zugangsregulierung verbessert und das präventive Einschreiten gegen drohende Diskriminierungen und Zugangsvereitelungen ermöglicht werden.[953]

Die Vorabprüfung durch die Regulierungsbehörden nach § 14e AEG a. F. hält nach dessen Abs. 1 für die Regulierungsbehörden ein Widerspruchsrecht bereit. Soweit die dort genannten beabsichtigten Entscheidungen der öffentlichen Eisenbahninfrastrukturunternehmen nicht den Vorschriften des Eisenbahnrechts über den Zugang zur Eisenbahninfrastruktur entsprechen, kann die

950 Vgl. *Steinmann*, IR 2008, 277 (279).

951 Auch § 14a AEG a. F. verdrängt das GWB nicht, vgl. *Gerstner*, in: BeckAEG, § 14a Rn. 52.

952 *Gerstner*, in: BeckAEG, § 14e Rn. 5.

953 BT-Drucks. 15/3280 vom 10.06.2004, S. 20 noch zur Abgrenzung der Aufgaben zwischen Eisenbahn-Bundesamt und Trassenagentur.

Regulierungsbehörde dem Inhalt der nach § 14d AEG a. F. eingegangenen Mitteilung widersprechen. Der Widerspruch ist nur in den nach § 14e Abs. 1 Nr. 1 bis 4 AEG a. F. festgelegten Fristen möglich. Die unterschiedlichen Fristen sind an die unterschiedlichen Mitteilungen nach § 14d AEG a. F. gekoppelt. Wurde der Widerspruch ausgeübt, ergeben sich die Rechtsfolgen aus § 14e Abs. 3. AEG a. F. Danach sind die Nutzungsbedingungen entweder nach Vorgaben der Regulierungsbehörde neu zu entscheiden oder abzuändern. Dennoch handelt es sich bei der Vorabprüfung nach § 14e AEG a. F. nicht um eine klassische Ex-ante-Regulierung, wie sie auch aus anderen Netzregulierungen bekannt ist.[954] Dennoch steht mit den §§ 14 e, 14d AEG a. F. ein detailliertes, an bestimmte Fristen gebundenes und auf konkrete Sachverhalte abgestuftes System einer Vorabüberprüfung zur Verfügung.[955]

Problematisch ist, dass der Gebrauch des Widerspruchsrechts durch die Regulierungsbehörde nach dem Wortlaut des § 14e AEG a. F. in deren Ermessen steht. Sie *kann* tätig werden, muss es aber nicht. Auch kann sie gem. § 14e Abs. 4 AEG a. F. auf Mitteilungen i. S. d. § 14d AEG a. F. verzichten, was mit dem Verzicht auf das Widerspruchsrecht nach § 14e Abs. 1 AEG a. F. einhergeht.[956] Auch dies zeigt, dass die Kontrolle der unternehmerischen Entscheidungen im Sinne des § 14d Satz 1 AEG a. F. und somit die Nutzungs- und Zugangsbedingungen nicht zwingend von der Regulierungsbehörde ex ante kontrolliert werden. Anders ist dies bei den Entgelten im Bereich der Telekommunikation, für die (teilweise) zwingend eine Genehmigung und somit eine Ex-ante-Kontrolle durch die BNetzA erforderlich ist.[957] § 14a Abs. 2 AEG a. F. stellt eine Ausnahme dar. Dass die Ex-ante-Überwachung des Eisenbahnmarktes lediglich fakultativer Natur[958] ist, kann für das Vorliegen einer Ex-ante-Kontrolle dem Grunde nach zunächst keine Rolle spielen. Dennoch kann eine fakultative, vom Ermessen der Kontrollbehörde abhängige Überwachung nicht die gleiche Kontrolle ermöglichen, wie ein an einen Genehmigungsvorbehalt geknüpftes Verfahren.

Zu überlegen ist, ob das Widerspruchsverfahren im Rahmen des § 14e AEG a. F. einer Genehmigungsverweigerung gleichgesetzt werden kann. Ist dies der

---

954 So schon *Kühling/Ernert*, NVwZ 2006, 33 (37); vgl. auch Monopolkommission, Sondergutachten 69, Bahn 2015; S. 35 Rn. 40.

955 *Kühling/Ernert*, NVwZ 2006, 33 (37); vgl. auch *Bredt*, N&R 2009, 235 (236).

956 So auch *Gerstner*, in: BeckAEG, § 14e Rn. 11.

957 Vgl. dazu oben unter Kapitel 2/B./III./2./c./cc./(1)/(b).

958 Vgl. zur fakultativen Natur auch *Pflug*, Eisenbahnregulierung, S. 115; *Koenig/Neumann/Schellberg*, WuW 2006, 139 (141).

Fall, besteht eine gewisse Ähnlichkeit zur Ex-ante-Genehmigung aus anderen Sektoren, so dass entsprechendes bezüglich des Verhältnisses von Ex-ante-Regulierung zum allgemeinen Wettbewerbsrecht auch für den Eisenbahnsektor gelten müsste.

Kommt es zum Widerspruch nach § 14e Abs. 1 AEG a. F., dürfen die betreffenden Bedingungen nicht die Grundlage des Netzzugangs bilden. Sie müssen nach den Vorgaben der Regulierungsbehörde neu entschieden werden bzw. treten nicht in Kraft, so dass eine neue Vereinbarung zwischen den Parteien erfolgen muss (vgl. § 14e Abs. 3 AEG a. F.). Nach § 37 Abs. 1 TKG dürfen beispielsweise „keine anderen als die von der BNetzA genehmigten Entgelte" verlangt werden. Die Netzbetreiber sind sowohl im Telekommunikations- als auch im Eisenbahnsektor an die Entscheidung der BNetzA gebunden. Sie dürfen keine von der Genehmigung abweichenden bzw. keine widersprochenen Entgelte fordern. Wird eine Genehmigung nicht erteilt, wirkt dies ähnlich wie ein Widerspruch gegen eine unternehmerische Entscheidung. Auch im Eisenbahnsektor kann somit eine Überprüfung der Zugangsbedingungen ex ante erfolgen.[959] Ein Unterschied besteht jedoch darin, dass die Genehmigung in anderen Sektoren teilweise zwingend vorgeschrieben ist und der Widerspruch im AEG a. F. immer im Ermessen der Regulierungsbehörde steht und zudem von der Mitteilungspflicht nach § 14d AEG a. F. abhängt. Aus diesen Gründen sind das Widerspruchsverfahren und somit die Ex-ante-Kontrolle der Zugangsbedingungen im Eisenbahnsektor nicht mit dem regulierungsrechtlichen Genehmigungsverfahren anderer Sektoren gleichzusetzen. Jedoch verfolgen Genehmigung und Widerruf das gleiche Ziel: Die Vorabüberprüfung der Zugangsbedingungen. Eine gewisse Ähnlichkeit besteht somit. Dennoch kann nicht vom Vorliegen einer klassischen Ex-ante-Genehmigung von Entgelten gesprochen werden, denn an einer Genehmigung als solcher fehlt es offensichtlich.

(cc) Zwischenfazit: § 14 Abs. 4 AEG a. F. ist nicht lex specialis

Inhaltlich werden keine Tatbestandsmerkmale der §§ 19 f. GWB im § 14 Abs. 4 AEG a. F. übernommen. Regulierungsrechtlich werden daher keine mit den Tatbeständen der §§ 19 f. GWB vergleichbaren Einschränkungen bezüglich der Entgeltfestlegung gemacht. Werden jedoch nur allgemeine Vorgaben hinsichtlich der Entgelte festgelegt, ist fraglich, ob die Vorschrift lex specialis gegenüber

---

959 Vgl. auch Monopolkommission, Sondergutachten 69, Bahn 2015, S. 35 Rn. 40, geht von einer prinzipiellen Ex-ante-Kontrolle aus, weist jedoch auf das Fehlen einer Ex-ante-Genehmigung hin; vgl. auch *Klinge*, in: Staebe, ERegG, § 33 Rn. 2.

dem GWB sein kann. § 14 Abs. 4 AEG a. F. konkretisiert den Tatbestand der allgemeinen Missbrauchsaufsicht nicht, auch nicht in Teilaspekten, wie es bei § 14 Abs. 1 AEG a. F. der Fall ist. § 14 Abs. 4 AEG a. F. ordnet keine Missbrauchsmaßstäbe an, sondern legt lediglich den Anknüpfungspunkt zur Berechnung der Entgelte, die ein Betreiber von Schienenwegen für die Erbringung der Pflichtleistungen fordern kann, fest. Auch eine Kontrolle dieser Entgelte, wie sie bspw. nach den §§ 28, 42 TKG erfolgt, besteht im AEG a. F. nicht. Auch besteht kein einzuhaltendes Entgeltgenehmigungsverfahren. Anders als bei § 14 Abs. 1 AEG a. F. wird von § 14 Abs. 4 AEG a. F. kein Tatbestand des § 19 GWB erfasst und dessen Voraussetzungen mindestens um eine weitere Voraussetzung ergänzt, die die Anwendung des allgemeinen § 19 GWB auf einen bestimmten Sachverhalt durch eine spezieller ausgestaltete Norm konkretisiert. Dem § 14 Abs. 4 AEG a. F. kann daher kein Lex-specialis-Charakter zugesprochen werden. Dies könnte für eine parallele Anwendung von GWB und AEG a. F. in diesem Punkt sprechen. Auch *Bremer/Höppner* weisen darauf hin, dass das Bestehen von Regulierungsvorschriften, deren Einhaltung durch eine besondere Behörde überwacht wird, für die Annahme einer Spezialität nicht genügen kann.[960]

§ 14 Abs. 4 AEG a. F. ist nicht lex specialis zur allgemeinen kartellrechtlichen Missbrauchsaufsicht.

(b) § 14 Abs. 5 AEG a. F. – Nutzungsentgelte für Serviceeinrichtungen

Eine weitere Regelung zu den Entgelten enthält § 14 Abs. 5 AEG a. F. Danach haben Eisenbahninfrastrukturunternehmen „ihre Entgelte für den Zugang zu Serviceeinrichtungen einschließlich der damit verbundenen Leistungen so zu bemessen, dass die Wettbewerbsmöglichkeiten der Zugangsberechtigten nicht missbräuchlich beeinträchtigt werden“. Nach Satz 2 wird anhand von zwei – nicht abschließenden – Regelbeispielen aufgezeigt, wann eine missbräuchliche Beeinträchtigung im Sinne des Satzes 1 vorliegt.

Wie auch im Rahmen des § 14 Abs. 4 AEG a. F. gilt auch bei der Entgeltgestaltung nach § 14 Abs. 5 AEG a. F. das Primat des Vertrages. Dies ergibt sich aus § 14 Abs. 6 AEG a. F., der sich generell auf Entgelte bezieht und keine Unterscheidung zwischen Entgelten für Pflichtleistungen und Entgelten für Serviceleistungen vornimmt.[961]

Im Gegensatz zu § 14 Abs. 4 AEG a. F. bezieht sich § 14 Abs. 5 AEG a. F. nicht nur auf die Betreiber von Schienenwegen, sondern ist insgesamt an die

---

960 *Bremer/Höppner*, WuW 2009, 1271.

961 Vgl. auch *Gerstner*, in: BeckAEG, § 14 Rn. 214.

Eisenbahninfrastrukturunternehmen gerichtet. Weiter handelt es sich bei § 14 Abs. 5 AEG a. F. um eine Bestimmung, die sich ausschließlich auf Entgelte für Serviceeinrichtungen und die damit verbundenen Leistungen bezieht. Serviceeinrichtungen werden unter § 2 Abs. 3c AEG a. F. aufgelistet. § 14 Abs. 5 AEG a. F. sieht im Vergleich zu § 14 Abs. 4 AEG a. F. keine Bemessung der Entgelte nach dem Prinzip der Vollkostendeckung[962] vor.[963] Denn ein kostenorientierter Maßstab wird von § 14 Abs. 5 AEG a. F. nicht ausdrücklich vorausgesetzt. Vielmehr sind die Entgelte nach § 14 Abs. 5 AEG a. F. so zu bemessen, dass sie die Wettbewerbsmöglichkeiten der Zugangsberechtigten nicht beeinträchtigen. Im Gegensatz zu § 14 Abs. 4 AEG a. F. verpflichtet § 14 Abs. 5 AEG a. F. nicht nur positiv einen bestimmten Entgeltmaßstab zu verwenden, sondern formuliert die Pflicht zur Entgeltbemessung negativ dahingehend, dass das Entgelt die Wettbewerbsmöglichkeit nicht missbräuchlich beeinträchtigen darf. Daraus könnte zum einen folgen, dass die Anforderungen im Rahmen des § 14 Abs. 5 AEG a. F. noch geringer sind als die im Rahmen des § 14 Abs. 4 AEG a. F., wenn nicht einmal ein Berechnungsansatz vorgeschrieben wird. Jedoch kann daraus genauso gut folgen, dass im Rahmen der grundsätzlich privatautonomen Entgeltgestaltung nach § 14 Abs. 5 AEG a. F. regulierungsrechtliche Einschränkungen gemacht werden, die zudem an das Kartellrecht angelehnt[964] sind. Denn im Gegensatz zu der Entgeltbemessung nach § 14 Abs. 4 AEG a. F. werden dem Eisenbahninfrastrukturunternehmen nach § 14 Abs. 5 AEG a. F. nähere Vorgaben dazu gemacht, wie das Entgelt *nicht* zu bemessen ist. Die grundsätzlich freie Verhandelbarkeit von Entgelt für Serviceeinrichtungen und die damit verbundenen Leistungen erfährt somit eine Einschränkung. Daneben ist auch im Rahmen des § 14 Abs. 5 AEG a. F. das Diskriminierungsverbot des § 14 Abs. 1 AEG a. F. zwingend zu berücksichtigen.[965] Dies ergibt sich auch aus § 14 Abs. 5 Satz 2 AEG a. F., der vorsieht, dass einzelnen Zugangsberechtigten keine Vorteile gegenüber anderen Zugangsberechtigten ohne sachlich gerechtfertigten Grund eingeräumt werden.

---

962 Vgl. dazu unter Kapitel 2/C./I./2./b./aa./(2)/(b)/(aa).

963 Entscheidend ist vielmehr die Einhaltung des Missbrauchsmaßstabs *Gerstner*, in: BeckAEG, § 14 Rn. 215; Gersdorf, Entgeltregulierung im Eisenbahnsektor, 2007, S. 54 f.

964 Siehe dazu gleich unter Kapitel 2/C./I./2./a./cc./(2)/(b)/(aa.) und *Gerstner*, in: BeckAEG, § 14 Rn. 216; *Ruge*, DVBl. 2005, 1405 (1412); *Ludwigs*, WuW 2008, 534 (549).

965 Vgl. *Schmitt/Staebe*, VerwArch 2009, 228 (249).

(aa) § 14 Abs. 5 AEG a. F.: Missbräuchliche Beeinträchtigung der Wettbewerbsmöglichkeiten

§ 14 Abs. 5 Satz 1 AEG a. F. bezieht sich auf die missbräuchliche Beeinträchtigung der Wettbewerbsmöglichkeiten. Was unter einer missbräuchlichen Beeinträchtigung der Wettbewerbsmöglichkeiten zu verstehen ist, wird durch die beiden Regelbeispiele in § 14 Abs. 5 Satz 2 AEG a. F. näher konkretisiert. Danach liegt eine missbräuchliche Beeinträchtigung (1.) dann vor, wenn „Entgelte gefordert werden, welche die entstandenen Kosten für das Erbringen der in Satz 1 genannten Leistungen in unangemessener Weise überschreiten oder [(2.)] einzelnen Zugangsberechtigten Vorteile gegenüber anderen Zugangsberechtigten eingeräumt werden, soweit hierfür nicht ein sachlich gerechtfertigter Grund vorliegt". Diese Regelbeispiele sind, wie sich aus dem Wort *insbesondere* ergibt, nicht abschließend.

Durch den Bezug des § 14 Abs. 5 AEG a. F. auf die missbräuchliche Beeinträchtigung der Wettbewerbsmöglichkeiten wird deutlich, dass an dieser Stelle ähnliche Regelungszwecke verfolgt werden wie mit den §§ 19 f. GWB. § 14 Abs. 5 AEG a. F. ist an das allgemeine Wettbewerbsrecht angelehnt.[966] Auch die inhaltliche Ausgestaltung des § 14 Abs. 5 AEG a. F. ist dem des Kartellrechts ähnlich. So wird ein Grundtatbestand durch konkretisierende Regelbeispiele ergänzt. Hinsichtlich der Begriffsbestimmung kann daher an die Auslegungspraxis des Kartellrechts angeknüpft werden.[967] Auch bei § 14 Abs. 5 AEG a. F. fehlt die Anknüpfung an eine marktbeherrschende Stellung. Wie schon im Rahmen des § 14 Abs. 1 AEG a. F. erörtert, haben die betreffenden Eisenbahninfrastrukturunternehmen regelmäßig eine natürliche Monopolstellung inne.[968] Es kann daher auch hier auf die Verwendung des Merkmals der marktbeherrschenden Stellung verzichtet werden. So ist § 14 Abs. 5 Satz 1 AEG a. F. mit dem Behinderungsmissbrauch aus § 19 Abs. 2 Nr. 1 1. Alt. GWB[969] und § 14 Abs. 5 Satz 2 Nr. 1 AEG a. F. mit dem Ausbeutungsmissbrauch aus § 19 Abs. 2 Nr. 2

---

966 *Gerstner*, in: BeckAEG, § 14 Rn. 216; *Ruge*, DVBl. 2005, 1405 (1412); *Gersdorf*, Entgeltregulierung im Eisenbahnsektor, 2007, S. 56; *Ludwigs*, WuW 2008, 534 (549).

967 OVG Münster, Beschl. v. 23.3.2010 – 13 B 247/10 = N&R 2010, 188 (189); vgl. auch *Schmitt/Staebe*, VerwArch 2009, 228 (250); *Ruge*, DVBl. 2005, 1405 (1412); zu den kartellrechtlichen Missbrauchsbegrifflichkeiten *Nothdurft*, in: Langen/Bunte, Band 1, § 19 Rn. 113 ff.

968 Vgl. unter Kapitel 2/C./2./a./cc./(1)/(a) und auch VG Köln, Beschl. v. 15.06.2012 – 18 L 547/12 Rn. 13.

969 Vgl. VG Köln, Beschl. v. 15.06.2012 – 18 L 547/12 Rn. 13.

GWB vergleichbar.[970] Selbst inhaltliche Verknüpfung mit § 29 Satz 1 Nr. 2 GWB werden vorgetragen.[971] Auch eine Parallele des § 14 Abs. 5 Nr. 2 AEG a. F. zum Diskriminierungsverbot des § 19 Abs. 2 Nr. 1 2. Alt. GWB ist erkennbar. Somit ist bei der Auslegung des § 14 Abs. 5 AEG a. F. zumindest auf die kartellrechtlichen Wertungen Bezug zu nehmen.[972]

Kritisiert wird, dass das AEG a. F. kein allgemeines Behinderungsverbot entsprechend dem § 19 Abs. 2 Nr. 1 1. Alt. GWB kennt.[973] Ein Behinderungsmissbrauch nach § 19 Abs. 2 Nr. 1 1. Alt. GWB liegt in jeder objektiven Beeinträchtigung der Betätigungsmöglichkeiten anderer Unternehmen im Wettbewerb, die sich auf die Wettbewerbschancen des beeinträchtigten Unternehmens tatsächlich auswirkt.[974] Dass das AEG a. F. einen solchen Tatbestand nicht enthält, kann jedoch nicht als Argument gegen eine Spezialität des AEG a. F. sprechen. Richtig ist zwar, dass im AEG a. F. kein allgemeines Behinderungsverbot festgesetzt wird. Jedoch wird bei dieser Betrachtungsweise außer Acht gelassen, dass mit § 14 Abs. 5 Satz 1 AEG a. F. ein spezieller, auf den Bereich der Eisenbahnen bezogener Behinderungstatbestand im AEG a. F. Eingang gefunden hat. § 14 Abs. 5 Satz 1 AEG a. F. bezieht sich konkret auf die Behinderung der Wettbewerbsmöglichkeiten im Rahmen der Forderung von Entgelten für die Zugangsgewährung zu Serviceeinrichtungen. Anders als bei dem Behinderungsmissbrauch im Sinne des § 19 Abs. 2 Nr. 1 1. Alt. GWB wird aus dem Zusammenhang des § 14 Abs. 5 Satz 1 AEG a. F. mit der Konkretisierung durch das Regelbeispiel der Nr. 1 deutlich, dass für den Behinderungsmissbrauch im eisenbahnrechtlichen Sinne die Ausbeutung des potenziellen Marktteilnehmers ausreicht, um den Tatbestand zu erfüllen.[975] Dies stellt eine Konkretisierung des Behinderungsmissbrauchs aus § 19 Abs. 2 Nr. 1 1. Alt. GWB dar. Dass es kein *allgemeines* Behinderungsverbot im AEG a. F. gibt, spricht zudem erst recht für eine Spezialität des AEG a. F. gegenüber dem GWB. Zwar bezieht sich die Spezialität des AEG a. F. in diesem Fall auch nur auf den in § 14 Abs. 5 Satz 1 AEG a. F. konkretisierten Tatbestand. Daraus kann aber nicht geschlossen werden, dass eine Spezialität des AEG a. F. ausgeschlossen sei, weil es keinen allgemeinen, über den Fall des § 14 Abs. 5

970 *Gerstner*, in: BeckAEG, § 14 Rn. 216.
971 *Kramer*, AEG, § 14 Rn. 13.
972 *Ruge*, DVBl. 2005, 1405 (1412).
973 *Bremer/Höppner*, WuW 2009 ,1271 (1272).
974 *Markert*, in: Immenga/Mestmäcker, Band 2, § 19 Rn. 102 ff. m.w.N.
975 Anders ist dies bei § 19 Abs. 2 Nr. 1 1. Alt. GWB, wonach die Beeinträchtigung über eine Ausbeutung im Sinne des § 19 Abs. 2 Nr. 2 GWB hinausgehen muss, vgl. dazu *Markert*, in: Immenga/Mestmäcker, Band 2, § 19 Rn. 103 m.w.N.

Satz 1 AEG a. F. hinausgehenden, Missbrauchstatbestand aufweisen kann. Auf alle anderen Fälle ist somit der allgemeine Behinderungsmissbrauchstatbestand des GWB anwendbar. Divergierende Entscheidungen können mangels Regelung im AEG a. F. für über in § 14 Abs. 5 Abs. 5 Satz 1 AEG a. F. hinausgehende Fälle nicht erfolgen.

Ähnlich wie § 19 Abs. 2 Nr. 2 GWB sieht auch § 14 Abs. 5 Satz 2 Nr. 1 AEG a. F. die Ausbeutung von Wettbewerbern als missbräuchlich an. Als missbräuchliche Beeinträchtigung gilt demnach die Forderung unangemessener überhöhter Entgelte. Wann von einem überhöhten Entgelt ausgegangen werden kann, bemisst sich nach den Gesamtkosten[976], die für den Zugang zu Serviceeinrichtungen einschließlich der damit verbundenen Leistungen entstehen. Diese bilden im Umkehrschluss aus Nr. 1 auch die Entgeltobergrenze. Entgelte, die diese Kosten überschreiten, sind missbräuchlich.

Wie § 19 Abs. 2 Nr. 2 GWB verfolgt auch § 14 Abs. 5 Satz 2 Nr. 1 AEG a. F. das Ziel, die Marktteilnehmer vor Ausbeutung zu schützen. Zu beachten ist jedoch, dass § 19 Abs. 2 Nr. 2 GWB zuvorderst auf einen Schutz der vertikalen Marktstrukturen gerichtet ist.[977] Demgegenüber ist § 14 Abs. 5 AEG a. F. auf vertikale sowie horizontale Strukturen ausgerichtet, wie sich aus dem Kreis der Zugangsberechtigten nach § 14 Abs. 2, 3 AEG a. F. erkennen lässt.

Nach § 14 Abs. 5 Satz 2 Nr. 1 AEG a. F. ist ein überhöhtes Entgelt jedoch erst dann missbräuchlich, wenn es die Gesamtkosten, d. h. die Kosten für die Zugangseröffnung, „in unangemessener Weise überschreitet". Wann dies der Fall ist, wird im Gesetz nicht näher konkretisiert. Aufgrund der Anlehnung an das Kartellrecht ist auch an dieser Stelle auf die kartellrechtlichen Maßstäbe zurückzugreifen. Demnach liegt eine missbräuchliche Beeinträchtigung im Sinne des § 14 Abs. 5 Satz 2 Nr. 1 AEG a. F. dann vor, wenn es zu einer erheblichen Beeinträchtigung[978] kommt.

Aus dem gleichen Schutzgedanken sowie dem ähnlichen Regelungsgehalt wird ersichtlich, dass § 14 Abs. 5 Satz 2 Nr. 1 AEG a. F. grundsätzlich den gleichen Sachverhalt betrifft wie § 19 Abs. 2 Nr. 2 GWB. Er betrifft jedoch konkret die Entgelte für den Zugang zu Serviceeinrichtungen einschließlich der damit

---

976 *Gerstner*, in: BeckAEG, § 14 Rn. 216.

977 *Fuchs/Möschel*, in: Immenga/Mestmäcker, 2. Band, § 19 Rn. 246.

978 Zur Erheblichkeit der Beeinträchtigung: BGH, Beschl. v. 16.12.1976 – KVR 2/76 = BGHZ 68, 23 (36); BGH, Beschl. v. 22.07.1999 – KVR 12/98 = BGHZ 142, 239 (251); *Fuchs/Möschel*, in: Immenga/Mestmäcker, 2. Band, § 19 Rn. 275 ff. m.w.N.; vgl. auch OVG Münster, Beschl. v. 23.3.2010 – 13 B 247/10 = N&R 2010, 188 (190).

verbundenen Leistungen, die von einem Eisenbahninfrastrukturunternehmen gefordert werden. Aus dieser sektorspezifischen Ausrichtung folgt auch, dass mit § 14 Abs. 5 Satz 2 Nr. 1 AEG a. F. eine speziellere Regelung bezüglich des Ausbeutungsmissbrauchs getroffen wurde.

Nach § 14 Abs. 5 Satz 2 Nr. 2 AEG a. F. müssen die Zugangsberechtigten gleichbehandelt werden, soweit die Eisenbahninfrastrukturunternehmen keinen sachlichen Grund für eine Ungleichbehandlung vorweisen können. Diskriminierende Entgeltvereinbarungen sind demnach grundsätzlich zu unterlassen. Folglich bezieht sich § 14 Abs. 5 Satz 2 AEG a. F. auf einen mit § 19 Abs. 2 Nr. 1 2. Alt. GWB vergleichbaren Missbrauch in Form der Diskriminierung. Anders als bei § 19 Abs. 2 Nr. 1 2. Alt. GWB kommt es jedoch im Rahmen des § 14 Abs. 5 Satz 2 Nr. 2 AEG a. F. nicht darauf an, dass sich die Diskriminierung besonders auf die Marktchancen oder den Gesamtmarkt auswirkt.[979] Jedoch ergibt sich aus dem Zusammenhang mit § 14 Abs. 5 Satz 1 AEG a. F., dass die Wettbewerbsmöglichkeiten der Zugangsberechtigten grundsätzlich nicht beeinträchtigt werden dürfen. Dies kann auch dahingehend ausgelegt werden, dass Marktchancen des Zugangsberechtigten nicht beeinträchtigt werden sollen. Folglich stimmt der Regelungsgehalt des § 14 Abs. 5 Satz 2 Nr. 2 AEG a. F. mit dem des § 19 Abs. 2 Nr. 1 2. Alt. GWB überein und spezifiziert diesen aufgrund seiner sektorspezifischen Ausgestaltung. § 14 Abs. 5 Satz 2 Nr. 2 AEG a. F. ist gegenüber § 19 Abs. 2 Nr. 1 2. Alt. GWB lex specialis.

(bb) Vergleich mit § 28 TKG

Auch § 28 Abs. 1 Satz 2 Nr. 2 TKG bestimmt, dass ein Missbrauch insbesondere dann vorliegt, wenn die Wettbewerbsmöglichkeiten anderer Unternehmen auf einem Telekommunikationsmarkt auf erhebliche Weise beeinträchtigt werden. § 28 Abs. 1 Satz 2 Nr. 2 TKG verbietet somit, ähnlich wie § 14 Abs. 5 AEG a. F., die Beeinträchtigung der Wettbewerbsmöglichkeiten.

Im Hinblick auf den Telekommunikationssektor wurde dargestellt, dass der § 28 TKG dem § 19 GWB nachgebildet ist.[980] Insbesondere entspricht § 28 Abs. 1 Satz 2 Nr. 2 TKG dem § 19 Abs. 2 Nr. 2 GWB. Schon im Rahmen des § 28 Abs. 1 Satz 2 Nr. 2 TKG wurde daher darauf hingewiesen, dass aufgrund der speziellen Ausgestaltung des § 28 TKG die Anwendung des allgemein gehaltenen § 19 GWB nicht mehr erforderlich ist. Er ist gegenüber § 19 GWB abschließend. Dies

979 VG Köln, Urt. v. 04.04.2014 – 18 K 6145/12 = GRURPrax 2014, 565.

980 Vgl. dazu oben unter Kapitel 2/B./III./2./c./bb.

gilt so – entsprechend der Ähnlichkeit von § 14 Abs. 5 Satz 1 AEG a. F. und § 28 Abs. 1 Satz 2 Nr. 2 TKG – auch für § 14 Abs. 5 Satz 1 AEG a. F.

Demnach sind die Ausführungen, die im Verhältnis von § 28 TKG zu § 19 GWB gemacht wurden, auch auf § 14 Abs. 5 Satz 1 AEG a. F. zu übertragen. § 14 Abs. 5 Satz 1 AEG a. F. sowie § 28 Abs. 1 Satz 2 Nr. 2 TKG richten sich an spezielle Adressaten und sind jeweils auf die Entgeltforderung bezogen. Dass § 28 TKG eine spezielle Ausgestaltung der allgemeinen Missbrauchskontrolle nach dem GWB ist, ist für diesen Vergleich unschädlich.

Folglich zeigt auch der Vergleich mit § 28 TKG, dass die Annahme einer Spezialität zugunsten von § 14 Abs. 5 AEG a. F. zu befürworten ist.

(cc) Konkretisierungen nach § 24 EIBV

§ 14 Abs. 5 AEG a. F. wird durch § 24 EIBV konkretisiert. Nach § 24 Abs. 1 EIBV haben Eisenbahninfrastrukturunternehmen „ihre Entgelte so zu gestalten, dass sie durch leistungsabhängige Bestandteile den Eisenbahnverkehrsunternehmen und den Eisenbahninfrastrukturunternehmen, die Serviceeinrichtungen betreiben, Anreize zur Verringerung von Störungen und zur Erhöhung der Leistungsfähigkeit der Serviceeinrichtungen bieten“. § 24 Abs. 1 EIBV entspricht der Formulierung des § 21 Abs. 1 EIBV.[981] Aus dem Wortlaut des § 24 Abs. 1 EIBV wird dessen zwingender Charakter ersichtlich. Nach § 24 Abs. 3 EIBV wird deutlich gemacht, dass im Fall der Erhebung eines gesonderten Entgeltes die §§ 21 bis 23 EIBV gelten. Abweichen können davon nach Satz 2 – jedoch nur zugunsten der Zugangsberechtigten! – Eisenbahninfrastrukturunternehmen, die Serviceeinrichtungen betreiben.

Ein dem § 21 Abs. 6 Satz 1 EIBV entsprechendes Gleichbehandlungsgebot aller Zugangsberechtigter ergibt sich aus § 24 Abs. 4 EIBV. Eine Minderungspflicht entsprechend § 21 Abs. 6 Satz 2 EIBV ist bei den Entgelten für Serviceeinrichtungen dagegen nicht vorgesehen.[982] Daraus könnten weniger strenge Vorgaben für die Nutzungsentgelte für Serviceeinrichtungen als für die Entgelte für Schienenwege folgen. Zu beachten ist jedoch, dass § 24 EIBV in Verbindung mit § 14 Abs. 5 AEG a. F. zu sehen ist. Der Gesamteindruck ist maßgeblich. Nach der Gesamtschau, unter Einbeziehung des § 14 Abs. 5 AEG a. F., ist von einer partiellen Verdrängung des GWB auszugehen.

---

981 Dazu unten unter Kapitel 2/C,/I./2./b./aa./(2)/(b)/(bb) mehr; auf die dortigen Aussagen kann an dieser Stelle verwiesen werden.

982 *Schmitt/Staebe*, VerwArch 2009, 228 (250).

(dd) Kein Verbotsgesetzcharakter

Auch § 14 Abs. 5 AEG a. F. stellt kein Verbotsgesetz im Sinne des § 134 BGB dar.[983] Dass dies jedoch nicht per se gegen einen Lex-specialis-Charakter des § 14 Abs. 5 AEG a. F. spricht, wurde entsprechend bei § 14 Abs. 1 AEG a. F. dargestellt. Auf die obigen Ausführungen ist daher zu verweisen.[984]

(ee) Zwischenfazit: § 14 Abs. 5 AEG a. F. ist lex specialis

Die Regelungen zu den Nutzungsentgelten für Serviceeinrichtungen befinden sich lediglich in § 14 Abs. 5 AEG a. F. und § 24 EIBV.[985] In diesen Regelungen, insbesondere im § 14 Abs. 5 AEG a. F., wird der Behinderungs- und Ausbeutungsmissbrauch sowie das Diskriminierungsverbot des § 19 Abs. 2 GWB in eisenbahnrechtlicher Hinsicht, wie aufgezeigt, konkretisiert. Aufgrund der Adressatenstellung und der Entgeltbezogenheit in Bezug auf Serviceeinrichtungen ist § 14 Abs. 5 AEG a. F. lex specialis zu den §§ 19 Abs. 2 Nr. 1 und Nr. 2 GWB. Daneben besteht jedoch auch eine Spezialität gegenüber § 19 Abs. 2 Nr. 4 GWB, welche sich aus dem auch im Rahmen des § 14 Abs. 5 AEG a. F. zu beachtenden diskriminierungsfreien Zugang nach § 14 Abs. 1 AEG a. F. ergibt. § 14 Abs. 4 AEG a. F. hat folglich partiell einen gegenüber § 19 GWB abschließenden Charakter.

(3) Weitere Lex-Specialis-Vorschriften

Auch § 7e Abs. 1 AEG a. F. enthält eine besondere Zugangsgewährungspflicht.[986] Danach sind Eisenbahninfrastrukturunternehmen „verpflichtet, dem Fahr- und Begleitpersonal der Eisenbahnverkehrsunternehmen die erforderlichen Streckenkenntnisse und die erforderlichen Kenntnisse der Betriebsvorschriften und

---

983 LG Berlin, Urt. v. 14.05.2009 – 93 O 47/08 Rn. 40 - zitiert nach juris = IR 2009, 162 m. Anm. *Makatsch*; LG Berlin, Urt. v. 17.03.2009 – 98 O 25/08 Rn. 89 - zitiert nach juris = WuW 2009, 531 (532); vgl. allgemein zum § 14 AEG a. F. *Staebe*, in: Schmitt/Staebe, Eisenbahn-Regulierungsrecht, Rn. 597 und speziell zu § 14 Abs. 4 und 5 Rn. 553 mit LG Frankfurt a.M. 15.4.2009 2 08 o 365/07 Verweis auf LG Frankfurt a.M., Urt. v. 15.04.209 – 2_08 O 365/07, S. 14 und LG Berlin, Urt. v. 23.07.2009 – 104 O 95/08, S. 10.

984 Vgl. unter Kapitel 2/C./I./.2./a./cc./(1)/(d).

985 Daneben ist natürlich auch das Diskriminierungsverbot des § 14 Abs. 1 AEG a. F. zu beachten.

986 Besonders deshalb, weil mit § 7 e AEG a. F. keine klassische Zugangsgewährungspflicht wie in § 14 AEG a. F. angesprochen wird, vgl. *Kramer*, AEG, § 7e Rn. 1.

Betriebsverfahren, einschließlich der Signalgebung, der Zugsteuerung und Zugsicherung, sowie der für die betreffenden Strecken geltenden Notfallverfahren durch Schulungen zu vermitteln, soweit Schulungen nicht durch Dritte angeboten werden". Diese Verpflichtung hat nach § 7e Abs. 2 AEG a. F. in nichtdiskriminierender Weise zu erfolgen.[987] § 7 e Abs. 3 AEG a. F. stellt klar, dass für die Schulungen ein angemessenes Entgelt verlangt werden kann.[988] Hier ergeben sich Ähnlichkeiten zur Zugangsgewährung zu Infrastruktureinrichtungen nach § 14 Abs. 1 i. V. m. § 14 Abs. 4 und 5 AEG a. F. Angemessen soll ein Entgelt nach § 7e Abs. 3 AEG a. F. sein, wenn es die anfallenden Kosten sowie eine marktübliche Rendite umfasst und nicht diskriminierend ist.[989]

Für die Durchsetzung der Zugangsgewährungspflicht wird kein klassisches Netzzugangsverfahren vorgesehen. Auch sind die Regulierungsbehörden anders als im Rahmen der §§ 14 ff. AEG a. F. nicht mit entsprechenden Durchsetzungsbefugnissen ausgestattet. Es könnte daher davon ausgegangen werden, dass der Zugang zu Schulungseinrichtungen auch von den §§ 19 f. GWB erfasst wird und daher von den Kartellbehörden kontrolliert werden kann. Die Zugangsgewährungspflicht des § 7e AEG a. F. wird zwar nicht durch die Regulierungsbehörden, aber von der Sicherheitsbehörde als zuständige Aufsichtsbehörde durchgesetzt.[990] Es besteht somit eine eigenständige Behörde, die das sektorspezifische Regulierungsrecht selbst durchsetzen kann. Daher stellt sich auch im Rahmen des § 7e AEG a. F. die Frage nach der parallelen Anwendung des GWB und der mit dieser einhergehenden parallelen Zuständigkeit der Kartellbehörden.

Zunächst ist fraglich, ob mit § 7e AEG a. F. der gleiche Anwendungsbereich erfasst wird wie mit den §§ 19 f. GWB. In Betracht kommt hier wieder eine Überschneidung mit § 19 Abs. 2 Nr. 1 2. Alt. und Nr. 4 GWB. § 19 Abs. 2 Nr. 1 2. Alt. GWB sieht ähnlich dem § 7e Abs. 2 AEG a. F. eine Verpflichtung zu einem nichtdiskriminierenden Verhalten vor. § 7e Abs. 2 AEG a. F. nimmt eine allgemeine kartellrechtliche Begrifflichkeit auf. Auch weist die Zugangsgewährleistungspflicht des § 7e Abs. 1 AEG a. F. Parallelen zu § 19 Abs. 2 Nr. 4 GWB auf. Beide Normen knüpfen an die Zugangsgewährung an. Fraglich ist jedoch, ob unter dem Begriff Infrastruktureinrichtungen im Sinne des § 19 Abs. 2 Nr. 4 GWB auch Schulungseinrichtungen nach § 7 e AEG a. F. fallen können. Ist dies nicht der Fall, besteht schon kein gleicher Anwendungsbereich und das Problem

---

987 Vgl. zur diskriminierungsfreien Weise der Zugangspflicht *Kramer*, AEG, § 7e Rn. 5.
988 Vgl. BR-Drucks. 626/06 vom 01.09.2006, S. 24 zu (§ 7d) Absatz 3.
989 *Kramer*, AEG, § 7e Rn. 6.
990 *Kramer*, AEG, § 7e Rn. 1.

einer parallelen Anwendung ergibt sich nicht. Was unter Infrastruktureinrichtungen im Sinne des § 19 Abs. 2 Nr. 4 GWB zu verstehen ist, ist vom Gesetzgeber *offen*gehalten.[991] Neben Einrichtungen, die den Charakter eines natürlichen Monopols haben[992], muss sich bei der Subsumtion an dem Zweck des § 19 GWB, Marktzutrittsschranken zu beseitigen, orientiert werden[993]. Unter den Begriff der Infrastruktureinrichtungen fallen daher alle Einrichtungen, „deren Mitbenutzung notwendig ist, um auf bestimmten Märkten tätig zu werden".[994] Da durch die Zugangsgewährungspflicht des § 7e AEG a. F. die Entstehung eines zusätzlichen „Flaschenhalses" im Wettbewerb vermieden werden soll[995], ist davon auszugehen, dass hier ein gleicher Anwendungsbereich besteht. Denn die Berechtigten des § 7e AEG a. F. sind auf die Schulungen, die sie zum Betrieb qualifizieren, angewiesen. So sind die Schulungen im Sinne des § 7e Abs. 1 AEG a. F. nach § 7e Abs. 2 Nr. 1 AEG a. F. insbesondere für die Beantragung einer Sicherheitsbescheinigung notwendig. Ohne eine solche dürfen Eisenbahnverkehrsunternehmen grundsätzlich nicht am regelspurigen öffentlichen Eisenbahnbetrieb teilnehmen, vgl. § 7a Abs. 1 Satz 1 AEG a. F. Wird der Schulungsverpflichtung nicht § 7e AEG a. F. entsprechend nachgekommen, bedeutet dies also zugleich, dass das Eisenbahnverkehrsunternehmen nicht am Wettbewerb auf dem Eisenbahnmarkt teilnehmen kann, da ihm die erforderliche Sicherheitsbescheinigung fehlt. Die Verweigerung des Zugangs zu Schulungseinrichtungen stellt somit eine missbräuchliche Ausnutzung der Marktstellung des Eisenbahninfrastrukturunternehmens dar. Ein gleicher Anwendungsbereich von § 19 Abs. 2 Nr. 1 2. Alt. und Nr. 4 GWB sowie § 7e AEG a. F. besteht somit.

---

991 BT-Drucks. 13/9720 vom 29.01.1998, S. 51 zu § 19, zu Absatz 4; Stellungnahme des Bundesrates, BT-Drucks. 13/9720 vom 29.01.1998, S. 73 zu Artikel 1 (§ 19 Abs. 4 Nr. 4 GWB); Gegenäußerung der Bundesregierung, BT-Drucks, 13/9720 vom 29.01.1998, S. 83 zu Nummer 12 (Artikel 1 § 64 Abs. 1 Nr. 2 GWB); *Loewenheim*, in: Loewenheim/Meessen/Riesenkampff/Kersting/Meyer-Lindemann, Kartellrecht, 10. Teil, § 19 GWB, Rn. 87.

992 Stellungnahme des Bundesrates, BT-Drucks. 13/9720 vom 29.01.1998, S. 73 zu Artikel 1 (§ 19 Abs. 4 Nr. 4 GWB).

993 *Loewenheim*, in: Loewenheim/Meessen/Riesenkampff/Kersting/Meyer-Lindemann, Kartellrecht, 10. Teil, § 19 GWB, Rn. 87.

994 *Loewenheim*, in: Loewenheim/Meessen/Riesenkampff/Kersting/Meyer-Lindemann, Kartellrecht, 10. Teil, § 19 GWB, Rn. 87; vgl. auch *Nothdurft*, in: Langen/Bunte, Band 1, § 19 Rn. 441.

995 Durch die Aufstellung neuer Sicherheitsanforderungen, so dass letztendlich den EVU der Marktzutritt verwehrt wird, so *Kramer*, AEG, § 7e Rn. 2.

Wie zuvor angesprochen, beinhaltet § 7e AEG a. F. keinen klassischen Zugangsanspruch so wie der § 14 Abs. 1 AEG a. F. Es kann somit nicht aus einer überwiegenden Ähnlichkeit mit § 14 Abs. 1 AEG a. F. auf das Verhältnis zum GWB geschlossen werden, denn eine solche fehlt. Dennoch ist § 7e AEG a. F. als sektorspezifische Zugangsvorschrift einzuordnen. Aufgrund der sektorspezifischen Ausrichtung und der Konkretisierung des Zugangsanspruchs auf Schulungsmöglichkeiten werden die Tatbestände der §§ 19 Abs. 2 Nr. 1 2. Alt. und Nr. 4 GWB näher ausgestaltet, so dass der diskriminierungsfreie Zugang zu Schulungseinrichtungen nach § 7e AEG a. F. eine Lex-specialis-Vorschrift gegenüber diesen darstellt.[996]

Auch § 12 Abs. 8 AEG a. F. stellt eine gegenüber dem GWB vorrangige Vorschrift dar.[997] Diese sieht vor, dass Eisenbahnverkehrsunternehmen in ihren Fahrplaninformationsmedien über Anschlussverbindungen aller Anbieter diskriminierungsfrei zu informieren haben. Unter Fahrplaninformationsmedien fallen die klassischen Aushänge am Bahnhof und Informationsblätter sowie die telekommunikative oder digitale Fahrplanauskunft durch Telefon und Internet. Informationsmedien sind demnach alle physischen wie auch elektronischen Medien.[998] Nach § 12 Abs. 8 AEG a. F. muss nicht nur über Anschlussverbindungen aller Anbieter diskriminierungsfrei informiert werden. Gleichermaßen trifft diese Verpflichtung auch alle Eisenbahnverkehrsunternehmen. § 12 Abs. 8 AEG a. F. nimmt insoweit keine Differenzierung nach Größe oder Marktstellung vor. § 12 Abs. 8 AEG a. F. stellt eine wechselseitige Verpflichtung aller Eisenbahnverkehrsunternehmen dar.[999] In dem die Information in diskriminierungsfreier Weise zu erfolgen hat, wird an die kartellrechtliche Diskriminierungsfreiheit angeknüpft. § 12 Abs. 8 AEG a. F. ist somit, wie § 14 Abs. 1 und 5 und § 7e AEG a. F., kartellrechtlich geprägt.[1000] Durch eine diskriminierungsfreie Information über Anschlussverbindungen aller anderen Anbieter wird nicht nur den Endkunden eine umfassende Information über ihre weitere Streckengestaltung ermöglicht. Vielmehr kann durch die Gleichbehandlung

---

996 So auch *Förster/Kardetzky*, in: Schmitt/Staebe, Eisenbahn-Regulierungsrecht, Rn. 420.

997 Vgl. dazu *Förster/Kardetzky*, in: Schmitt/Staebe, Eisenbahn-Regulierungsrecht, Rn. 421.

998 *Gerstner*, in: BeckAEG, § 12 Rn. 98; *Kramer*, NVwZ 2006, 26 (30); *Kramer*, AEG, § 12 Rn. 9; *Förster/Kardetzky*, in: Schmitt/Staebe, Eisenbahn-Regulierungsrecht, Rn. 421.

999 *Gerstner*, in: BeckAEG, § 12 Rn. 100.

1000 So auch *Förster/Kardetzky*, in: Schmitt/Staebe, Eisenbahn-Regulierungsrecht, Rn. 421.

der Eisenbahninfrastrukturunternehmen ein wirksamer Wettbewerb um die Anschlussverbindungen erzeugt werden.

Dass weder § 7e noch § 12 Abs. 8 AEG a. F. an eine marktbeherrschende Stellung anknüpft, obwohl in der Gesetzesbegründung des § 12 Abs. 8 AEG a. F. noch an das Merkmal der marktbeherrschenden Stellung angeknüpft wurde[1001], schadet der Vergleichbarkeit mit den §§ 19 f. GWB auch hier nicht.[1002]

Neben § 14 AEG a. F. ist auch § 13 AEG a. F. zu beachten. Dieser sieht in Abs. 1 Satz 1 vor, dass jede Eisenbahn den angrenzenden Eisenbahnen mit Sitz in der Bundesrepublik Deutschland den Anschluss an ihre Eisenbahninfrastruktur unter billiger Regelung der Bedingungen und der Kosten zu gestatten hat. § 13 AEG a. F. dient der Sicherstellung der Zugangsrechte des § 14 AEG a. F.[1003] Er steht mit § 14 AEG a. F. und somit mit dem Infrastrukturzugang in engem Zusammenhang, ist diesem aber vorgelagert.[1004] Denn durch § 13 Abs. 1 AEG a. F. soll, neben den Abs. 2 bis 4 des § 7 EIBV, eine die Grenzen einer Eisenbahninfrastruktur überschreitende Nutzung in technischer Hinsicht ermöglicht werden.[1005] Kommt eine Einigung über die Bedingungen des Anschlusses sowie über die Angemessenheit der Kosten zwischen den Eisenbahnen nicht zustande, ergeht nach § 13 Abs. 2 AEG a. F. eine behördliche Entscheidung.

§ 19 Abs. 2 Nr. 4 GWB ist, wie auch § 14 Abs. 1 AEG a. F., auf den Zugang zu und nicht den Anschluss an Netzen ausgelegt, so dass schon von tatbestandlicher Seite keine Anwendung der allgemeinen kartellrechtlichen Missbrauchsaufsicht in Betracht kommt. Aufgrund des Fehlens einer vergleichbaren Regelung im GWB kommt es im Bereich des Netzanschlusses nicht zu einer parallelen Anwendung. § 13 AEG a. F. kann daher auch nicht lex specialis gegenüber dem GWB sein.

Festzuhalten bleibt, dass auch § 7e und § 12 AEG a. F. gegenüber der allgemeinen Missbrauchsaufsicht nach dem GWB lex specialis sind.

1001 Vgl. BT-Drucks. 15/4419 vom 01.12.2004, S. 17 zu Nummer 8.

1002 Das Erfordernis einer marktbeherrschenden Stellung wird im Eisenbahnsektor vorausgesetzt, siehe dazu VG Köln, Beschl. v. 15.06.2012 – 18 L 547/12 Rn. 13.

1003 Siehe zur entsprechenden Vorgängervorschrift § 11a AEG a. F. BT-Drucks. 12/5014 vom 25.05.1993, S. 19 zu Artikel 5 (nach § 11 AEG).

1004 *Gerstner*, in: BeckAEG, § 13 Rn. 5.

1005 *Gerstner*, in: BeckAEG, § 13 Rn. 15; *Staebe*, in: Schmitt/Staebe, Eisenbahn-Regulierungsrecht, Rn. 238 f.

b. *„Abschließende Regelungen" im AEG a. F.*

Ein Vorrangverhältnis von Vorschriften des AEG a. F. könnte sich, neben der gerade dargestellten Anwendung der allgemeinen Kollisionsregelungen, auch aus dem Vorliegen „abschließender Regelungen" ergeben.[1006] EnWG und TKG knüpfen auch an das Vorliegen abschließender Regelungen an, um einen Vorrang des sektorspezifischen Regulierungsrechts zu begründen. Dabei ist aufgefallen, dass als abschließende Regelungen im Sinne der Regulierungsgesetze nicht nur Regelungen erfasst werden, die lex specialis sind.[1007] Unter den abschließenden Regelungen fallen, insbesondere im TK-Sektor, auch solche Regelungen, die dem Einschreiten nach den Vorschriften des GWB vorgelagert bzw. solche Regelungen, die so nicht im allgemeinen Wettbewerbsrecht vorhanden sind, wie die Ex-ante-Regulierung. Entsprechendes gilt für den Energiesektor, bei dem pauschal auf die Vorschriften des 3. Teils des EnWG verwiesen wird.

Um solche abschließenden eisenbahnregulierungsrechtlichen Vorschriften nicht durch die Anwendung des GWB zu konterkarieren, ist fraglich, warum nicht auch für den Eisenbahnsektor für eine Vorrangwirkung auf solche abschließenden Regelungen abgestellt werden sollte.

Auf der einen Seite könnte angeführt werden, dass im Rahmen des AEG a. F. nicht auf „abschließende Regelungen" abgestellt werden darf, weil hier gerade eine Vorrangwirkung des AEG a. F. nicht ausdrücklich von abschließenden Regelungen abhängig gemacht wird. Es fehlt schlechthin an einer gesetzlichen Regelung, die auf abschließende Regelungen abstellt. Ist gesetzlich keine Kollisionsregelung getroffen, könnte nur auf die allgemeine Kollisionsregelung abgestellt werden. Danach kann zwar auch eine abschließende Regelung vorliegen, aber nur dann, wenn diese abschließend im Sinne des Lex-specialis-Grundsatzes ist.

Auf der anderen Seite würden Systematik und Sinn und Zweck für ein Abstellen auf „abschließende Regelungen" sprechen. Sektorübergreifend sollte für das Eisenbahnrecht nichts Abweichendes gelten, auch wenn eine entsprechende Regelung fehlt. Bestehen abschließende Regelungen auch im AEG a. F., dürfen sie aufgrund ihrer Sektorspezifität nicht durch eine Kontrolle nach dem GWB umgangen werden. Das BKartA wendet im Rahmen der Anwendung der allgemeinen Missbrauchsaufsicht einen anderen – allgemeinen – Kontrollmaßstab

---

1006 Wie hier auch LG Berlin, Urt. v. 17.03.2009 – 98 O 25/08 = WuW 2009, 531; *Ludwigs*, WuW 534 (546 ff., insb. 548); *Gerstner*, in: BeckAEG, § 14b Rn. 27.

1007 Ansonsten würde eine gesetzlich fixierte Kollisionsvorschrift auch keinen Sinn ergeben bzw. überflüssig sein, wenn sie nur das wiedergibt/ausdrückt, was schon aus der Anwendung der allgemeinen Kollisionsregelungen folgen würde.

an. Dessen Anwendung würde etwaige abschließende Regelungen des AEG a. F. umgehen. Um dies zu verhindern und zugleich einen Gleichlauf mit den anderen Sektoren herzustellen, ist neben den allgemeinen Kollisionsregelungen auch danach zu fragen, ob das AEG a. F. abschließende sektorspezifische Regelungen enthält, die eine Anwendung des GWB zumindest in Teilen ausschließen würden.

aa. § 14 Abs. 4 AEG a. F. als „abschließende Regelung"

Insbesondere ist der abschließende Charakter des § 14 Abs. 4 AEG a. F., der die Entgeltregulierung für die Schienenwegnutzungsentgelte beinhaltet, fraglich. Wie zuvor festgestellt, ist dieser nicht lex specialis zu den §§ 19 f. GWB. Er könnte aufgrund seines Regelungscharakters jedoch abschließend gegenüber der allgemeinen Missbrauchsaufsicht nach dem GWB sein. In diesem Fall würde die Entgeltregelung des § 14 Abs. 4 AEG a. F. trotz fehlenden Lex-specialis-Charakters den §§ 19 f. GWB vorgehen und diese in ihrer Anwendung ausschließen.

Manche weisen auf die gegenüber den anderen hier untersuchten Sektoren generell bestehende geringe Regelungsdichte im Eisenbahnsektor hin, die sich auch im Rahmen der Entgeltregulierung zeige.[1008] Anders als bei der Entgeltregulierung nach dem TKG und dem EnWG fehlen im AEG a. F. und in der EIBV detaillierte Regelungen zu den Entgeltgrundsätzen und zur Festlegung der Entgelte sowie – zuvor dargestellt[1009] – eine Ex-ante-Entgeltgenehmigung. Es könnte den §§ 14 Abs. 4 AEG a. F., 21 ff. EIBV daher an einem Regulierungscharakter fehlen, wenn unterstellt wird, dass diese keine konkret einzuhaltenden Vorgaben statuieren und somit nichts konkret regeln bzw. *regulieren*.

(1) Primat des Vertrages

Bei der Ausgestaltung des Entgeltes sind die Parteien, wie aufgezeigt, grundsätzlich frei.[1010] Dies liegt an der Geltung des Primats des Vertrages. Aufgrund der privatrechtlichen Ausgestaltungsmöglichkeit könnte davon ausgegangen werden, dass keine gegenüber dem allgemeinen Wettbewerbsrecht abschließende Ausformung der Entgeltbestimmung nach § 14 Abs. 4 AEG a. F. gegeben ist.

1008 *Höppner*, Netzveränderungen im Zugangskonzept, S. 208; allgemein *Sennekamp*, Der Diskurs, S. 82 f.

1009 Siehe dazu oben unter Kapitel 2/ C./I./2./a./cc./(2)/(a)/(bb).

1010 OLG Düsseldorf, Urt. v. 03.03.2010 – U (Kart) 16/09 = BeckRs 2011, 25332; *Förster/ Ernert*, IR 2008, 150; *Gerstner*, in: BeckAEG, § 14 Rn. 173 f.; *Ruge*, AöR 131 (2006), 1 (59 f.).

Können die Betreiber der Schienenwege privatautonom entscheiden, wie sie die Entgelte gestalten, könnte man meinen, es bestünden keine oder nur wenige gesetzlich einzuhaltende Vorgaben, aus denen sich ein abschließender Charakter ableiten lässt. So wird von manchen auch der vertraglich festgelegte Netzzugang als Gegenstück des geregelten bzw. regulierten Netzzugangs angesehen.[1011] Zu beachten ist jedoch, dass die vertragliche Gestaltung des Netzzugangs auch in anderen Regulierungsgesetzen bekannt ist.[1012] Dies dürfte also kein Hindernis sein, auch § 14 Abs. 4 AEG a. F. als abschließende Regelung zu qualifizieren. Zudem werden die staatlichen Eingriffsbefugnisse der Behörden gerade durch die autonome Gestaltungsfreiheit begrenzt.[1013] Die dadurch beschränkte Anwendung materieller Überprüfungsmaßstäbe darf dann auch durch die Anwendung des GWB nicht unterlaufen werden.

Das Primat des Vertrags spricht somit nicht gegen einen abschließenden Charakter des § 14 Abs. 4 AEG a. F. Entscheidend ist vielmehr, ob ein materieller Entgeltmaßstab vorliegt, aus dem sich die Abgeschlossenheit des Entgeltregulierungssystems im Bereich der Nutzungsentgelte für Schienenwege ergibt.

(2) Inhaltliche Anforderungen an das Schienenwegnutzungsentgelt

Im Rahmen der Nutzungsentgelte für Schienenwege muss § 14 Abs. 4 AEG a. F. sowie die Bestimmungen der EIBV beachtet werden. Diese Regelungen geben jedoch nur den Berechnungsansatz für die Entgelte vor. Es wird daher teilweise davon ausgegangen, dass die inhaltlichen Vorgaben, die sich aus dem AEG und der EIBV zu den Nutzungsentgelten für Schienenwege ergeben, nicht ausreichen und somit ein Rückgriff auf die §§ 19 f. GWB nicht ausgeschlossen werden könne.[1014] § 14 Abs. 4 AEG a. F. lege in Anlehnung an Art. 4 der Richtlinie 2001/14/EG[1015] nur Entgeltrahmenbedingungen fest.[1016] Bestehen nur abstrakte, den Entgelten nur einen Rahmen vorgebende Regelungen, würde dies gegen einen

1011 *Ruge*, DVBl. 2005, 1405 (1406).

1012 Vgl. BVerwG, Urt. v. 31.03.2004 – 6 C 11/03 = BVerwGE 120, 263 = DVBl 2004, 1168.

1013 *Gerstner*, in: BeckAEG, § 14 Rn. 174.

1014 *Höppner*, Netzveränderungen im Zugangskonzept, S. 208, vgl. zur zivilrechtlichen Überprüfung nach § 315 BGB auch OLG Düsseldorf, Urt. v. 03.03.2010 – U (Kart) 16/09 = BeckRs 2011, 25332.

1015 Richtlinie 2001/14/EG des Europäischen Parlaments und des Rates vom 26. Februar 2001 über die Zuweisung von Fahrwegkapazität der Eisenbahn, die Erhebung von Entgelten für die Nutzung von Eisenbahninfrastruktur und die Sicherheitsbescheinigung, ABl. EG 2001 Nr. L 75, S. 29.

1016 Vgl. auch *Gerstner*, in: BeckAEG, § 14 Rn. 173.

abschließenden Charakter der Entgeltregulierungsvorschriften im Bereich der Nutzungsentgelte für Schienenwege sprechen. Ob dies tatsächlich der Fall ist, ist im Folgenden näher zu untersuchen.

(a) Diskriminierungsfreies Entgelt nach dem Grundsatz des § 14 Abs. 1 Satz 1 AEG a. F.

Zu beachten ist auch eine diskriminierungsfreie Berechnung der Entgelte nach dem Grundsatz des § 14 Abs. 1 AEG a. F.[1017] Denn neben den Anforderungen aus § 14 Abs. 4 AEG a. F. und denen der EIBV ist die Erhebung der Entgelte für die Nutzung der Schienenwege an § 14 Abs. 1 AEG a. F. zu messen. Auch die Bereitstellung der Schienenwege hat diskriminierungsfrei zu erfolgen. Dies bezieht sich nicht nur auf den Netzzugang als solchen, sondern umfasst aufgrund der Verbindung zum Netzzugang auch das jeweilige korrespondierende Entgelt. Es kann somit nicht in Gänze davon ausgegangen werden, dass keine gesetzlichen Maßgaben eingehalten werden müssen und die Betreiber der Schienenwege vollkommen frei in ihrer Entgeltgestaltung sind.

§ 14 Abs. 1 Satz 1 AEG a. F. ist, wie festgestellt, lex specialis zu den §§ 19 f. GWB. Diese spezialgesetzliche Wirkung strahlt auch auf § 14 Abs. 4 AEG a. F. ab, so dass schon danach ein abschließender Charakter nicht ausgeschlossen werden kann.

(b) Inhaltliche Vorgaben des § 14 Abs. 4 AEG a. F.

(aa) Entgelt-Berechnungsmaßstab

Nach § 14 Abs. 4 Satz 1 AEG a. F. müssen die Entgelte anhand der Kosten, die für die Erbringung der Pflichtleistungen im Sinne des § 14 Abs. 1 Satz 1 AEG a. F. entstehen, zuzüglich einer Rendite bemessen werden. Daraus folgt, dass die tatsächlichen Kosten, die für die Deckung der Bereitstellung und Gewährung des Netzzugangs erforderlich sind, angesetzt werden.[1018] Es gilt das Prinzip der Vollkostendeckung.[1019] Im Gegensatz dazu wird bei § 21 Abs. 2 EnWG und den

---

1017 *Schmitt/Staebe*, VerwArch 2009, 228 (246); *Förster/Ernert*, IR 2008, 150 (152).

1018 *Ruge*, DVBl. 2005, 1405 (1411 f.); *Staebe*, WuW 2006, 492 (497 ff.); *Koenig/Neumann/Schellberg*, WuW 2006, 139 (143).

1019 Vgl. *Gerstner*, in: BeckAEG, § 14 Rn. 181; *Ehricke*, IR 2006, 10 (12); Gersdorf, Entgeltregulierung im Eisenbahnsektor, 2007, S. 24 f.; *Ruge*, AöR 131 (2006), 1 (61); *Schmitt/Staebe*, VerwArch 2009, 228 (246 f.); *Staebe*, WuW 2006, 492 (497); *Steinmann/Kirchhartz/Kaufmann*, N&R 2009, 182 (183).

§§ 31 Abs. 1 Satz 2, 32 TKG in erster Linie auf die effiziente Leistungsbereitstellung eines hypothetischen Anbieters von Telekommunikationsleistungen oder auf Kosten, die denen eines effizienten und strukturell vergleichbaren Netzbetreibers entsprechen, dem sog. Vergleichsmarktkonzept, abgestellt. Auf die tatsächlichen Kosten des Verpflichteten kommt es demnach nicht an. Auch im Rahmen des § 19 GWB wird nicht auf die tatsächlichen Kosten abgestellt. Es kommt vielmehr auch hier auf einen hypothetischen Vergleichsmarkt an.[1020] So sieht § 19 Abs. 2 Nr. 2 GWB vor, dass ein Missbrauch dann vorliegt, wenn ein marktbeherrschendes Unternehmen u. a. Entgelte fordert, die von denjenigen abweichen, die sich bei wirksamem Wettbewerb mit hoher Wahrscheinlichkeit ergeben würden. Daraus folgt, dass auch unter der kartellrechtlichen Missbrauchsaufsicht hypothetische Kosten an Hand eines hypothetischen „Als-Ob-Wettbewerbs"[1021] den Maßstab bilden. Energie- und Telekommunikationsrecht beziehen sich daneben auf einen Maßstab, der sich an einer effizienten Leistungsbereitstellung orientiert, und sind in diesem Punkt ähnlich ausgestaltet. Im eisenbahnrechtlichen Regulierungsrecht fehlt jedoch dieser gleiche Ansatzpunkt, wenn von den tatsächlichen Kosten ausgegangen wird. Aufgrund dieser unterschiedlichen Anknüpfungspunkte innerhalb der Berechnung der Entgelte kann ein Konflikt im Rahmen einer parallelen Anwendung von GWB und AEG a. F. nicht ausgeschlossen werden.[1022] Denn der Schienenbetreiber ist nach dem AEG verpflichtet,[1023] die tatsächlichen Kosten in der Bemessung seiner Entgelte mit einzubeziehen. Nach den kartellrechtlichen Regelungen drohen ihm im Rahmen einer parallelen Anwendung jedoch Sanktionen, wenn diese eisenbahnrechtliche Bemessung der Entgelte von den hypothetischen Kosten abweicht und die eisenbahnregulierungsrechtlichen Besonderheiten keine Berücksichtigung bei der Anwendung des allgemeinen Wettbewerbsrechts finden. Die unterschiedlichen Berechnungsmaßstäbe führen zur Rechtsunsicherheit. Unter diesem Aspekt wäre die Einräumung eines abschließenden

---

1020 *Fuchs/Möschel*, in: Immenga/Mestmäcker, Band 2, § 19 Rn. 259 ff.; vgl. auch *Ludwigs*, WuW 2008, 534 (547).

1021 *Bechtold/Bosch*, GWB, § 19 Rn. 55 m.w.N.; *Fuchs/Möschel*, in: Immenga/Mestmäcker, Band 2, § 19 Rn. 259 ff.

1022 *Ludwigs*, WuW 2008, 534 (547) m.w.N.

1023 § 14 Abs. 4 Satz 1 AEG a. F. ist nicht nur eine Berechtigung, sondern eine Verpflichtung für den Betreiber der Schienenwege, vgl. dazu *Gerstner*, in: BeckAEG, § 14 Rn. 181 m.w.N.; *C. Säcker*, Der Einfluss der sektorspezifischen Regulierung, S. 292; a. A. *Stabe*, WuW 2006, 492 (497 f.); *Staebe*, in: Schmitt/Staebe, Eisenbahn-Regulierungsrecht, Rn. 491.

Charakters für § 14 Abs. 4 AEG a. F. und für die §§ 21 bis 23 EIBV und somit die Verdrängung der §§ 19 ff. GWB angebracht. Dies könnte aber genauso gut im Rahmen der Bindungswirkung eisenbahnrechtlicher Maßgaben gegenüber Maßnahmen auf der Grundlage des GWB angenommen werden. Ein notwendiger Ausschluss der §§ 19 f. GWB von vornherein ist damit nicht unbedingt verbunden. Ob von einer solchen Bindungswirkung ausgegangen werden kann, kann aber erst dann festgestellt werden, wenn der Anwendbarkeit der §§ 19 ff. GWB nichts entgegensteht.

Der zugrunde zu legende unterschiedliche Berechnungsansatz spricht jedoch gegen eine parallele Anwendung.[1024] Das AEG a. F. ist gerade ein Gesetz, das sich speziell an den Eisenbahnsektor richtet. Die allgemeinen (kartellrechtlichen) Maßstäbe, die grundsätzlich für alle Bereiche gelten, stehen jedoch im Widerspruch zu diesem sektorspezifischen Anknüpfungspunkt der Vollkostendeckung. Diese spezifische Regelung würde ins Leere laufen, wenn eine Anwendung der §§ 19 f. GWB daneben in Betracht käme. Im Ergebnis würde der Vollkostenansatz unbeachtet bleiben.[1025]

Zudem weist *Gerstner* auf die Nichtübertragbarkeit der im Rahmen der Energiewirtschaft und der Telekommunikation diesbezüglich gewonnenen Erkenntnisse auf den Eisenbahnsektor hin.[1026] Dies resultiert zum einen aus dem im Eisenbahnsektor bestehenden Konkurrenzverhältnis mit anderen Verkehrsträgern – insbesondere auf der Straße – sowie zum anderen aus der sektorspezifischen Problemlage enorm hoher Fixkosten, die teilweise auch durch staatliche Beihilfe gedeckt werden müssen. Es könne daher nicht darauf abgestellt werden, dass auch im Eisenbahnsektor, wie in den anderen Sektoren, von der effizienten Leistungsbereitstellung bzw. von einem Vergleichsmarkt bei der Berechnung des Entgelts ausgegangen wird und somit auch eine Anwendung der §§ 19 f. GWB nichts entgegensteht.[1027] Gerade dieser Besonderheit im Eisenbahnsektor muss durch einen Ausschluss in der Anwendung der allgemeinen Missbrauchskontrolle begegnet werden. Der Vollkostenansatz spricht klar für einen sektorspezifischen Maßstab, der nicht durch die Anwendung des GWB unterlaufen werden

1024 Vgl. auch *Ludwigs*, WuW 2008, 534 (547 f.).

1025 Beachtung könnte diesem allenfalls im Rahmen einer Bindungswirkung regulierungsrechtlicher Maßgaben geschenkt werden, wobei schon im Ansatz fraglich ist, ob eine Bindungswirkung von den Entgeltregelungen ausgehen kann.

1026 *Gerstner*, in: BeckAEG, § 14 Rn. 178.

1027 Vgl. *Gerstner*, in: BeckAEG, § 14 Rn. 178.

darf. Er ist ein Indiz für die Abgeschlossenheit der Entgeltbestimmungen für die Nutzung von Schienenwege.

(bb) Spezielle Regelungen bzgl. Entgeltvorgaben nach § 14 Abs. 4 Satz 2 bis 3 AEG a. F. und den §§ 21 ff. EIBV

Kritisch betrachtet wird auch, dass § 14 Abs. 4 AEG a. F. lediglich vereinzelte Vorgaben enthalte und so einen weiten Gestaltungsspielraum hinsichtlich der Entgelthöhe einräume.[1028] Dieser Spielraum werde zudem nach dem AEG a. F. nicht hinreichend kontrolliert. Aufgrund des Fehlens einer ausreichenden Preiskontrolle müsse der Preisgestaltungsspielraum durch die kartellrechtliche Preismissbrauchsaufsicht beschränkt werden.[1029] Eine parallele Anwendung von AEG a. F. und GWB wäre die Folge.

Richtig ist, dass § 14 Abs. 4 AEG a. F. auf den ersten Blick kaum Maßstäbe für die inhaltliche Ausgestaltung vorgibt. Eine abschließende Norm setzt jedoch voraus, dass sie explizite Regelungen trifft, die über die allgemeinen Regelungen hinausgehen, so dass sie i. E. die allgemeinere Norm aus ihrem Anwendungsbereich verdrängt.

Zu beachten ist jedoch, dass § 14 Abs. 4 Satz 1 AEG a. F. den Ansatzpunkt – den Maßstab der Vollkostendeckung – für die Berechnung der Entgelte der Betreiber von Schienenwegen vorschreibt. In den Sätzen 2 und 3 finden sich weitere Konkretisierungen und Gestaltungsmöglichkeiten. § 14 Abs. 4 Satz 2 AEG a. F. sieht die Möglichkeit vor, Aufschläge auf die Kosten, die unmittelbar aufgrund des Zugbetriebs anfallen, zu erheben. Bei der Erhebung dieser Aufschläge kann zwischen den Verkehrsleistungen Schienenpersonenfernverkehr, Schienenpersonennahverkehr oder Schienengüterverkehr sowie nach Marktsegmenten innerhalb dieser Verkehrsleistungen differenziert werden. Dies ermöglicht dem Betreiber, unterschiedliche Entgelte zu erheben, die jeweils an die entsprechende Marktsituation für einzelne Marktsegmente angepasst sind.[1030] Daraus folgt auch, dass die Ausgestaltung der Entgelte zwar grundsätzlich den Schienennetzbetreibern überlassen wird. Ob sie eine Differenzierung bzgl. der Aufschläge vornehmen, steht in ihrem Ermessen. Trotzdem wird durch § 14 Abs. 4

1028 Vgl. Monopolkommission, Sondergutachten 64, Bahn 2013, S. 47 Rn. 57 ff.; *Schmitt/Staebe*, VerwArch 2009, 228 (246); *Bremer/Höppner*, WuW 2009, 1271 (1272); *Förster/Ernert*, IR 2008, 150.

1029 *Bremer/Höppner*, WuW 2009, 1271 (1272).

1030 BT-Drucks. 15/4419 vom 01.12.2004, S. 17 zu Nummer 9, zu Buchstabe c, zu Satz 2; vgl. auch *Gerstner*, in: BeckAEG, § 14 Rn. 182 m.w.N.

Satz 2 AEG a. F. eine Untergrenze für die geforderten Entgelte festgesetzt.[1031] Es müssen mindestens die Kosten erhoben werden, die unmittelbar aufgrund des Zugbetriebs anfallen. Kosten in diesem Sinne sind alle ungedeckten[1032] Aufwendungen, die dem Betreiber der Schienenwege selbst entstehen.[1033] Zudem hat der Betreiber von Schienenwegen bei der Bemessung der Entgelte nach § 14 Abs. 4 Satz 2 AEG a. F. die Wettbewerbsfähigkeit der Schiene in den einzelnen Marktsegmenten zu gewährleisten.

Nach § 14 Abs. 4 Satz 3 AEG a. F. dürfen die nach Satz 2 erhobenen Kosten jedoch „nicht die Kosten, die jeweils unmittelbar aufgrund des Zugbetriebs anfallen, zuzüglich einer Rendite, die am Markt erzielt werden kann, übersteigen". Daraus ergibt sich, dass die Schienennetzbetreiber nicht völlig frei in der Berechnung ihrer Entgelte sind. Ihnen wird durch § 14 Abs. 4 Satz 3 AEG a. F. eine Obergrenze in ihrer ansonsten freien Gestaltung auferlegt.

Weiter sieht § 14 Abs. 4 Satz 4 in Verbindung mit § 22 EIBV Ausnahmen von dem sich aus § 14 Abs. 4 Satz 1 AEG a. F. ergebenden Grundsatz der Vollkostendeckung sowie eine aufgrund Allgemeinverfügung ergehende Freistellungsmöglichkeit[1034] von diesem vor. Dies zeigt, dass im Eisenbahnsektor differenziert vorgegangen wird.

Daneben wird über § 14 Abs. 4 Satz 1 AEG a. F. auch generell auf die Vorschriften der EIBV verwiesen. Kritisch wird betrachtet, dass diese aus normenhierarchischen Gründen schon keine Verdrängung der §§ 19 f. GWB bewirken können.[1035] Dabei ist jedoch zu beachten, dass auf die sich in der EIBV befindlichen Regelungen explizit in § 14 AEG a. F. an mehreren Stellen verwiesen wird. Daher müssen die Vorschriften der EIBV immer im Zusammenhang mit denen des AEG a. F. gesehen werden. Da sich § 14 AEG a. F. jedoch auf der gleichen Ebene wie die §§ 19 f. GWB befindet, kommt eine (mittelbare) Verdrängung letzterer wiederum in Betracht. Folglich steht der Bezug auf die Vorschriften der EIBV einem abschließenden Charakter des § 14 Abs. 4 AEG a. F. gegenüber dem GWB nicht im Wege.

§ 21 EIBV stellt die Entgeltgrundsätze für Schienenwege auf. So wird nach dessen Abs. 1 Satz 1 vorgeschrieben, dass die Entgeltgestaltung „durch

---

1031 So schon *Schmitt/Staebe*, VerwArch 2009, 228 (247).

1032 Eine Deckung der Kosten kommt durch staatliche Zuwendungen in Betracht.

1033 So schon *Schmitt/Staebe*, VerwArch 2009, 228 (247) mit weiteren Ausführungen.

1034 Verfassungsrechtliche Bedenken sieht *Gerstner*, in: BeckAEG, § 14 Rn. 194.

1035 *Bremer/Höppner*, WuW 2009, 1271 (1272); vgl. auch *Basedow*, FS Sandrock (2000), 13 (32).

leistungsabhängige Bestandteile den Eisenbahnverkehrsunternehmen und den Betreibern der Schienenwege Anreize zur Verringerung von Störungen und zur Erhöhung der Leistungsfähigkeit des Schienennetzes bieten [sollen]". Diese Regelung dient der effizienten Nutzung der Schienenwege durch finanzielle Anreize[1036] und ist für den Schienennetzbetreiber zwingend[1037]. Vorgeschrieben wird damit die Aufnahme eines Anreizsystems in die Entgeltbemessung.[1038] Wie dieses Anreizsystem auszugestalten ist, um entsprechende Anreize i. S. d. § 21 EIBV zu setzen, ist weder im AEG a. F. noch in der EIBV näher geregelt.[1039] Aufgrund dessen kann angenommen werden, dass die Betreiber der Schienenwege auch in diesem Punkt in der Ausgestaltung frei sind.[1040] Sie können daher Bonus- wie auch Malusregelungen vertraglich vorsehen, um eine effiziente Schienennutzung zu gestalten.[1041] Auch unter diesem Aspekt wird daher angenommen, dass der Betreiber der Schienenwege über einen umfangreichen Gestaltungsspielraum verfügt.[1042] Dem Betreiber der Schienenwege wird dadurch ein weiter Ermessensspielraum zugebilligt, ohne dass dieser regulatorisch eingeschränkt wird. Allein die beiderseitige Qualitätssteigerung kann dem § 21 Abs. 1 Satz 1 EIBV als Mindestvoraussetzung entnommen werden.[1043]

Nach den Abs. 2 bis 4 können in die Entgelte die Kosten der umweltbezogenen Auswirkungen des Zugbetriebs[1044], die Knappheit der Schienenwegkapazität[1045] sowie die erhöhten Kosten einer Verkehrsleistung gegenüber anderen

---

1036 BR-Drucks. 249/05 vom 15.04.2005, S. 55 zu § 21 Absatz 1 EIBV; „Ziel ist damit eine Entgeltregelung mit positiven Anreizen und Sanktionen zwecks Erreichung sowohl einer höheren Kosteneffizienz als auch einer höheren Qualität, letztlich also einer effizienten Nutzung der Schienenwege", vgl. *Koenig/Neumann/Schellberg*, WuW 2006, 139 (144).

1037 *Ruge*, DVBl. 2005, 1405 (1412).

1038 *Schmitt/Staebe*, VerwArch 2009, 228 (248); *Cosovic*, DVBl. 2015, 1565 (1568).

1039 So auch *Gerstner*, in: BeckAEG, § 14 Rn. 199 mit Gestaltungsmöglichkeiten.

1040 OVG Münster, Beschl. v. 26.03.2007 – 13 B 2592/06 = N&R 2007, 124 (126) = IR 2007, 163 m. krit. Anm. *Holler*; VG Köln, Urt. v. 21.08.2009 – 18 K 2722/07 = N&R 2010, 47 (54) m. Anm. *Kramer*; bestätigt durch OVG Münster, Urt. v. 17.06.2010 – 13 A 2557/09 = N&R 2010, 245 (253) m. Anm. *Klinge*; *Schmitt/Staebe*, VerwArch 2009, 228 (248); *Cosovic*, DVBl. 2015, 1565 (1568); *Förster/Ernert*, IR 2008, 150 (151).

1041 *Gerstner*, in: BeckAEG, § 14 Rn. 199; *Koenig/Neumann/Schellberg*, WuW 2006, 139 (144); *Förster/Ernert*, IR 2008, 10 (151) m.w.N.

1042 *Gerstner*, in: BeckAEG, § 14 Rn. 199 m.w.N.

1043 *Förster/Ernert*, IR 2008, 150 (151).

1044 Vgl. dazu *Gerstner*, in: BeckAEG, § 14 Rn. 203 f.

1045 Vgl. dazu *Gerstner*, in: BeckAEG, § 14 Rn. 205.

Verkehrsleistungen[1046] miteinfließen. Durch die Auferlegung eines Knappheitszuschlages wird dem Betreiber der Schienenwege eine entsprechende Steuerung der Nachfrage der Trassen und somit ein Eingreifen in das Marktverhalten der Zugangsberechtigten ermöglicht.[1047] Dem Betreiber der Schienenwege wird dadurch ein zusätzlicher Gestaltungsspielraum eröffnet.[1048] Die Berücksichtigung der in den Abs. 2 bis 4 genannten Kriterien stellt nur einen Auszug des Gestaltungsspielraums dar. Die Betreiber der Schienenwege sind darüber hinaus auch berechtigt, weitere Aspekte in die Entgeltberechnung miteinfließen zu lassen. Auch an dieser Stelle wird der weite Gestaltungsspielraum und der sich daraus ergebende offene Normgehalt ersichtlich.

Weiter wird vorgeschrieben, dass die Entgeltberechnung gegenüber jedem Zugangsberechtigten in gleicher Weise zu erfolgen hat (§ 21 Abs. 6 Satz 1 EIBV). Folglich wird auch im Rahmen der EIBV das Gebot der Gleichbehandlung berücksichtigt. Eine Pflicht zur Minderung der Entgelte soll nach § 21 Abs. 6 Satz 2 EIBV dann bestehen, wenn u. a. Schienenwege nicht im vertragsgemäßen Zustand sind. Der § 21 Abs. 6 Satz 2 EIBV gilt daher auch als spezielles Leistungsstörungsrecht.[1049]

Zudem bestimmt § 23 EIBV unter welchen Umständen und in welcher Höhe Entgeltnachlässe für Schienenwege von den Betreibern der Schienenwege eingeführt werden können. Die Entgeltgrundsätze des § 14 Abs. 4 AEG a. F. können folglich durch § 23 EIBV modifiziert werden.[1050] Zu beachten ist jedoch, dass nach dem Wortlaut des § 23 Abs. 2 EIBV die Gewährung der Entgeltnachlässe im Ermessen des Betreibers der Schienenwege steht. Der Regelungsgehalt dieser Vorschrift ist somit optional[1051] und gibt keinen zwingenden und somit die Gestaltungsfreiheit der Entgelte durch die regulierungsrechtlichen Vorgaben einschränkenden Maßstab vor. Die zu gewährenden Nachlässe sind lediglich nach § 23 Abs. 1 Satz 1 EIBV auf die Höhe der tatsächlich vom Betreiber der Schienenwege eingesparten Verwaltungskosten zu begrenzen.

Die dargestellten Entgeltbestandteile werden in den §§ 21 ff. EIBV nicht abschließend geregelt.[1052] Andere Bestandteile sind zulässig, wenn sie die oben genannten zwingenden Vorgaben berücksichtigen.

1046 Vgl. dazu *Gerstner*, in: BeckAEG, § 14 Rn. 206.
1047 *Gerstner*, in: BeckAEG, § 14 Rn. 205.
1048 *Schmitt/Staebe*, VerwArch 2009, 228 (249).
1049 *Gerstner*, in: BeckAEG, § 14 Rn. 200 m.w.N.
1050 *Koenig/Neumann/Schellberg*, WuW 2006, 139 (144); *Ruge*, DVBl. 2005, 1405 (1412).
1051 *Schmitt/Staebe*, VerwArch 2009, 228 (249).
1052 *Schmitt/Staebe*, VerwArch 2009, 228 (249).

Aus der Betrachtung der Vorschriften der EIBV ergibt sich, dass dem Betreiber von Schienennetzen ein weiter Gestaltungsspielraum verbleibt. Dabei können aus § 21 EIBV dennoch zwingende Vorgaben abgeleitet werden[1053]: Entgelte müssen nach § 21 Abs. 1 EIBV grundsätzlich mit einem Anreizsystem versehen werden[1054], nach § 21 Abs. 4 EIBV hat eine verursachungsbedingte Kostenberücksichtigung zu erfolgen und nach § 21 Abs. 6 Satz 2 EIBV sind sie entsprechend zu mindern. Daraus folgt, dass Betreiber von Schienenwegen nicht grenzenlos bei ihrer Entgeltgestaltung vorgehen können. Sie haben vielmehr die Grenzen der Absätze 1, 4 und 6 Satz 2 des § 21 EIBV sowie das Diskriminierungsverbot aus § 14 Abs. 1 AEG a. F. und die Ober- und Untergrenze des § 14 Abs. 4 Satz 1 und 2 AEG a. F. zwingend zu berücksichtigen. Die Vorschriften der EIBV sind jedoch zuvorderst nicht auf eine missbräuchliche Gestaltung der Entgelte und somit auf die Behinderung des Wettbewerbs bzw. seiner Entstehung gerichtet. Die Regelungen der EIBV haben vielmehr eine Lenkungswirkung, die das Marktgeschehen unter den Aspekten Effizienz, Umwelt und Leistungserbringung verbessern will. Der immer wieder auftauchende Entscheidungsspielraum bei der Entgeltgestaltung spricht isoliert betrachtet gegen einen abschließenden Charakter der Entgeltregulierung im Bereich der Nutzungsentgelte für Schienenwege. Betrachtet werden muss jedoch die Gesamtheit der Regelungen. Die Betreiber der Schienenwege sind nicht vollkommen frei in der Entgeltgestaltung. Sie haben sich an § 14 AEG a. F. und die Regelungen der EIBV zu halten. Frei sind die Betreiber der Schienenwege nur dann, wenn sie die besonderen Maßgaben beachten. Daneben sind diese Regelungen nicht von allgemeiner Natur. Sie sind exakt auf die Besonderheiten im Eisenbahnsektor angepasst. Dies muss entsprechend gewürdigt werden. Eine entsprechende Berücksichtigung dieser Entgeltmaßgaben kann nur dann erfolgreich sein, wenn sie nicht durch die Anwendung der allgemeinen kartellrechtlichen Missbrauchsaufsicht umgangen werden. Das allgemeine Kartellrecht kennt aber solche spezifischen Maßgaben nicht. Schon deshalb müssten die speziellen Regelungen des § 14 Abs. 4 und der §§ 21 ff. EIBV als abschließend gegenüber den §§ 19 f. GWB qualifiziert werden.

(3) Kein Verbotsgesetz

§ 14 Abs. 4 AEG a. F. ist, ebenso wie die Verpflichtung zum diskriminierungsfreien Netzzugang nach § 14 Abs. 1 AEG a. F. und der Bemessung der

---

1053 *Ruge*, DVBl. 2005, 1405 (1412); *Schmitt/Staebe*, VerwArch 2009, 228 (248).

1054 Davon kann jedoch im Einzelfall abgesehen werden, vgl. OVG Münster, Beschl. v. 26.03.2007 – 13 B 2592/06 = N&R 2007, 125 (126).

Nutzungsentgelte für die Serviceeinrichtungen nach § 14 Abs. 5 AEG a. F., kein Verbotsgesetz im Sinne des § 134 BGB.[1055] Dass diese fehlende Eigenschaft nicht gegen eine verdrängende Wirkung gegenüber den §§ 19 f. GWB spricht, haben bereits die Ausführungen zu § 14 Abs. 1 und Abs. 5 AEG a. F. gezeigt. Nichts anderes kann daher für § 14 Abs. 4 AEG a. F. gelten. Vielmehr stellt das Fehlen eines gesetzlichen Verbotes und die damit im Zusammenhang stehende Rechtsfolge der Nichtigkeit des Entgelts eine sektorspezifische Abweichung von den GWB-Grundsätzen dar. Diese Abweichung muss Beachtung finden. § 14 Abs. 4 AEG a. F. ist in dieser Hinsicht gegenüber den §§ 19 f. GWB als abschließend zu qualifizieren, da andere Rechtsfolgen[1056] vorgesehen werden.

(4) Keine Ex-ante-Kontrolle

Problematisch erscheint, dass generell im Eisenbahnregulierungsrecht kein Ex-ante-Genehmigungsverfahren vorgesehen ist. So wenden manche ein, es drohen keine widersprüchlichen Entscheidungen.[1057] Widersprüchliche Entscheidungen hängen jedoch nicht allein davon ab, ob eine Ex-ante-Genehmigung erfolgt oder nicht. Zwar ist richtig, dass sich die Gerichte – insbesondere auf europäischer Ebene – in der Vergangenheit mit Fällen auseinandersetzen mussten, in denen ein Verstoß gegen das allgemeine Wettbewerbsrecht trotz vorheriger Ex-ante-Genehmigung der Entgelte bejaht wurde.[1058] Im AEG a. F. besteht jedoch keine Ex-ante-Genehmigung, auch nicht im Rahmen des § 14 Abs. 5 AEG a. F. Dieser wurde dennoch als lex specialis und somit als vorrangig eingeordnet. Das Fehlen einer Ex-ante-Genehmigung kann somit auch im Rahmen des § 14 Abs. 4 AEG a. F. nicht entgegengehalten werden.

bb. Zwischenfazit: Entgeltregulierung für die Nutzung von Schienenwegen ist abschließend gegenüber den §§ 19 f. GWB

Aus der Gesamtschau der Regelungen in der EIBV und des § 14 Abs. 4 AEG a. F. wird deutlich, dass sich diese mit konkreten Umständen in der Eisenbahnwirtschaft beschäftigen, detailliert ausgestaltet sind und ihnen somit auch ein abschließender Charakter beigemessen werden kann.[1059] Das Prinzip des

---

1055 LG Berlin, Urt. v. 17.03.2009 - 98 O 25/08 Rn. 89 - zitiert nach juris = WuW 2009, 531 (532); *Gerstner*, in: BeckAEG, § 14b Rn. 29.

1056 Verstoß gegen § 14 Abs. 4 AEG a. F. kann nur ex tunc wirken.

1057 So *Höppner* für die insgesamt fehlende Ex-ante-Regulierung im Eisenbahnsektor in: Netzveränderungen im Zugangskonzept, S. 208.

1058 Vgl. dazu unter Kapitel 3/B./I./2.

1059 So auch *Bredt*, N&R 2009, 235 (236); *Gerstner*, in: BeckAEG, § 14b Rn. 29.

Primats des Vertrages spricht gerade dafür, die Eingriffs- und Kontrollmöglichkeiten der Behörden zu beschränken. Die privatautonome Ausgestaltung des Nutzungsentgelts für Schienenwege zieht sich wie ein roter Faden durch die Regelungen des § 14 Abs. 4 AEG a. F. und der §§ 21 EIBV, die dem Betreiber der Schienenwege einen entsprechend weiten Gestaltungsspielraum belassen. Dieser bewusst gewählte Freiraum darf genauso wenig durch die Anwendung der §§ 19 f. GWB umgangen werden, wie der Umstand, dass es sich bei § 14 Abs. 4 AEG a. F. nicht um ein Verbotsgesetz im Sinne des § 134 BGB handelt. Daher droht, trotz fehlender klassischer Ex-ante-Kontrolle der Entgelte, eine zu den gesetzlichen Anforderungen des AEG a. F. und der EIBV divergierende Entscheidung durch die Kartellbehörden bei der Anwendung der §§ 19 f. GWB. Auch dürfen die speziell durch § 14 Abs. 4 AEG a. F. und den §§ 21 ff. EIBV festgelegten, wenn auch zum größten Teil im Ermessen des Betreibers der Schienenwege stehenden, Maßgaben nicht durch eine Anwendung der §§ 19 f. GWB unterlaufen werden. Die Regulierung der Entgelte für die Nutzung der Schienenwege ist daher als abschließend gegenüber den §§ 19 f. GWB einzuordnen.

3. *AEG a. F. als Sonderkartellrecht*

Wie zuvor im Rahmen der Absätze 1, 4 und 5 des § 14 AEG a. F. dargestellt, finden sich im AEG a. F. einige kartellrechtliche Momente wieder. Insbesondere gilt dies für die spezielle Regelung des § 14 Abs. 1 AEG a. F. Das AEG a. F.[1060] könnte somit als Sonderkartellrecht eingeordnet werden.[1061] Andere Regelungen des AEG a. F. – insbesondere die privatautonome Gestaltung der Entgelte – sind hingegen vom allgemeinen Wettbewerbsrecht losgelöst. Zumindest sind sie nicht offensichtlich durch das Kartellrecht vorgeprägt.

Aber nicht nur dann, wenn wettbewerbsrechtliche Regelungen nahezu in Gänze übernommen wurden, kann von Sonderkartellrecht die Rede sein, sondern auch, wenn nur wenige Bestimmungen an das allgemeine Wettbewerbsrecht angelehnt sind. Dies zeigt auch eine Rückschau auf die Analyse des TKG, aus der ersichtlich wird, dass sich der sonderkartellrechtliche Charakter des sektorspezifischen Regulierungsrecht auch nur auf Teilaspekte des betreffenden Regulierungsrechts beziehen kann.

1060 Zumindest kann dies für Teile des AEG a. F. in Betracht kommen.

1061 So auch *Ruge*, DVBl. 2005, 1405 (1408), der das AEG a. F. als sektorales wettbewerbsrecht betitelt und *Staebe/Schmitt*, in: Schmitt/Staebe, Eisenbahn-Regulierungsrecht, Rn. 55; auch *Ludwigs*, WuW 2008, 534 (546).

Schon der Zweck des AEG a. F. weist auf den sonderkartellrechtlichen Charakter des AEG a. F. hin. Nach § 1 Abs. 1 Satz 1 AEG a. F. liegt dieser unter anderem in „der Sicherstellung eines wirksamen und unverfälschten Wettbewerbs auf der Schiene bei dem Erbringen von Eisenbahnverkehrsleistungen und dem Betrieb von Eisenbahninfrastrukturen". Das AEG a. F. ist demnach an dem Ziel des allgemeinen Wettbewerbsrechts, dem Schutz des (bestehenden) Wettbewerbs, ausgerichtet.[1062] Allein eine ähnliche Ziel- bzw. Zwecksetzung vermag das eisenbahnrechtliche Regulierungsrecht jedoch noch nicht als Sonderkartellrecht zu qualifizieren. Wie im Rahmen der Bearbeitung des TKG dargestellt, bedarf es dafür einer Übernahme oder Ähnlichkeit bei der Verwendung kartellrechtlicher Begriffe sowie der Instrumentarien und Tatbestände.

So verfolgt § 14 Abs. 1 AEG a. F. ähnlich wie § 19 Abs. 2 Nr. 4 GWB die Zugangseröffnung.[1063] Der dort verwendete Diskriminierungsbegriff weist eine Parallele zum Kartellrecht auf. Auch § 14 Abs. 5 Satz 1 AEG a. F. ist an das Wettbewerbsrecht angelehnt. Entgelte für den Zugang zu Serviceeinrichtungen einschließlich der damit verbundenen Leistungen sind so zu bemessen, dass die Wettbewerbsmöglichkeiten der Zugangsberechtigten nicht missbräuchlich beeinträchtigt werden. Auch hier werden kartellrechtliche Begrifflichkeiten übernommen und mit sektorspezifischen Besonderheiten verknüpft. Durch die ähnliche Zielrichtung und die Übernahme einiger Begrifflichkeiten aus dem Kartellrecht sowie die grundsätzliche Anwendbarkeit auf die gleichen Sachverhalte zeigt sich eine gewisse Ähnlichkeit dieser beiden Regelungsbereiche. Durch die besonderen und vom GWB abweichenden Ausgestaltungen der Maßstäbe, insbesondere in der Entgeltregulierung, hebt sich das AEG a. F. von dem GWB deutlich ab. Es stellt eine speziellere Ausformung des Wettbewerbsrechts dar.[1064] Durch die Kombination von Gleichlauf der Zielrichtung und Übernahme von Begrifflichkeiten auf der einen Seite und der Abweichungen vom allgemeinen Wettbewerbsrecht auf der anderen Seite erlangt das AEG a. F. seine Stellung als Sonderkartellrecht. Diese Stellung zeigt, dass die Einordnung, das AEG a. F. zumindest in Teilen als gegenüber dem GWB vorrangig anzusehen, zu befürworten ist. Denn genauso wie das TKG ist auch das AEG a. F. nicht in Gänze als Sonderkartellrecht einzustufen. Nur bestimmte Regelungen des AEG a. F. haben

---

1062 So auch *Ruge*, DVBl. 2005, 1405 (1408).

1063 Vgl. BR-Drucks. 131/93 vom 26.03.1993, S. 100 f. zu § 12; *Gerstner*, in: BeckAEG, § 14 Rn. 1 ff.

1064 *Ruge*, DVBl. 2005, 1405 (1408); *Staebe/Schmitt*, in: Schmitt/Staebe, Eisenbahn-Regulierungsrecht, Rn. 55.

einen kartellrechtlichen Charakter. Dies trifft insbesondere auf diejenigen Vorschriften zu, die zuvor als vorrangig qualifiziert wurden.

4. Bestehen einer eigenen (besonderen) Behörde

Entsprechend den Ausführungen zum TKG[1065] kann auch im Bereich des Eisenbahnregulierungsrechts das Bestehen einer eigenen Behörde als Argument für die spezialgesetzliche Ausrichtung des AEG a. F. im Verhältnis zum GWB angeführt werden. Auch die entsprechenden Ausführungen in den Gesetzesmaterialien sprechen für eine gesteigerte Kompetenz der Regulierungsbehörden im Verhältnis zu den Kartellbehörden.[1066] Dies darf nicht durch eine aufgrund eines allgemein gehaltenen Gesetzes auch allgemein zuständigen Behörde unterlaufen werden. Das Bestehen einer eigenen Regulierungsbehörde muss auch im Rahmen des materiellen Verhältnisses von GWB und sektorspezifischem Regulierungsrecht beachtet werden.

5. Zwischenergebnis: AEG a. F. ist partiell vorrangig gegenüber dem GWB

Die Untersuchung führt zu folgenden Erkenntnissen:

Das GWB ist grundsätzlich, wie auch in den Sektoren Energie und Telekommunikation, neben den sektorspezifischen Regulierungsvorschriften anwendbar. Aus § 14b Abs. 2 AEG a. F. kann nicht auf das Verhältnis von Eisenbahnregulierungsrecht und allgemeinem Kartellrecht geschlossen werden. § 14b Abs. 2 AEG a. F. stellt keine gesetzlich fixierte Kollisionsregelung dar. Auch ein Vergleich mit den § 111 EnWG und § 2 Abs. 4 TKG ist nicht möglich. Es ist daher zunächst auf die allgemeinen Kollisionsregelungen abzustellen.

Aufgrund fehlender entsprechender Regelungen im AEG a. F. sind die §§ 1, 35 ff. GWB parallel neben dem AEG a. F. anwendbar. Zu beachten ist jedoch § 12 Abs. 7 AEG a. F., der eine Ausnahme für die Anwendung des § 1 GWB vorsieht.

Nach der Anwendung des Lex-specialis-Grundsatzes sind insbesondere die §§ 14 Abs. 1 und Abs. 5 AEG a. F. gegenüber den §§ 19 f. GWB vorrangig. § 14 Abs. 4 AEG a. F. kann demgegenüber nur aufgrund der Anwendung der Grundsätze über abschließende Regelungen, so wie sie auch im TK-Sektor angewendet wurden, gegenüber den §§ 19 f. GWB als vorrangig qualifiziert werden. Nicht nur die § 14 Abs. 1, Abs. 4 und Abs. 5 AEG a. F. sowie die entsprechenden

---

1065 Kapitel 2/B./I./4.

1066 Siehe hierzu oben unter Kapitel 2/C./I./1./c.

Vorschriften der EIBV sind gegenüber den §§ 19 f. GWB vorrangig. Gleiches gilt auch für § 7e und § 12 Abs. 8 AEG a. F. Sie enthalten gegenüber den §§ 19 f. GWB speziellere Zugangsgewährungspflichten bzw. Diskriminierungstatbestände.

Aus einem Umkehrschluss ergibt sich, dass die §§ 19 f. GWB auf diejenigen Sachverhalte anwendbar bleiben, die keinen Netzzugang und/oder entsprechende Entgelte für die Nutzung von Schienenwegen oder Serviceeinrichtungen zum Gegenstand haben.[1067] Außerhalb der Netzzugangsregulierung und der damit korrespondierenden Entgeltregulierung finden die §§ 19 f. GWB auch im Anwendungsbereich des AEG a. F. Anwendung. So sieht insbesondere § 12 Abs. 7 Satz 3 AEG a. F. die Anwendung des § 19 Abs. 1 i. V. m. Abs. 2 Nr. 1 GWB vor. Daneben ist das AEG a. F. teilweise als Sonderkartellrecht zu qualifizieren, was das partielle Vorrangverhältnis zugunsten des AEG a. F. bestärkt.

II. Übertragung auf das Eisenbahnregulierungsrecht (ERegG)

Zum 2. September 2016 wurde die Richtlinie 2012/34/EU zur Schaffung eines einheitlichen europäischen Eisenbahnraums, die sog. Recast-Richtlinie[1068], ein gutes Jahr nach Ablauf der Umsetzungsfrist[1069] in das deutsche Recht umgesetzt. Neben der Einführung eines Eisenbahnregulierungsgesetzes (ERegG) wurden insbesondere auch das AEG und die BEVVG neugestaltet sowie die EIBV aufgehoben.[1070] In dem ERegG finden sich nun die Vorschriften zur Regulierung des Netzbetriebes, die vormals Inhalt des AEG und der EIBV waren. Es kam zur Ausgliederung der §§ 14 ff. AEG a. F. Das ERegG bildet somit einen gemeinsamen, aus dem Zusammenschluss der Regulierungsvorschriften des AEG a. F. sowie den ergänzenden Vorschriften der EIBV, Rechtsrahmen für die Regulierung des Eisenbahnsektors.

Nach den allgemeinen Bestimmungen in Kapitel 1 (§§ 1 bis 4 ERegG) folgt das Kapitel 2 Entwicklung des Eisenbahnsektors (§§ 5 bis 17 ERegG). In diesem finden sich u. a. die Vorschriften zur Zugangsregulierung (§§ 10 ff. ERegG). Danach folgen unter der Überschrift „Erhebung von Entgelten und Zuweisungen

---

1067 Vgl. dazu *Ruge*, DVBl. 2005, 1405 (1407 f.).

1068 Richtlinie 2012/34/EU des Europäischen Parlaments und des Rates vom 21. November 2012 zur Schaffung eines einheitlichen europäischen Eisenbahnraums (Neufassung), ABL. EU vom 14.12.2012 Nr. L 343, S. 32.

1069 Nach Art. 64 Abs. 1 Satz der RL 2012/34/EU endete die Umsetzungsfrist am 16. Juni 2015.

1070 Auch das Gesetz über die BNetzA und das Personenbeförderungsgesetz haben Änderung erfahren, auf diese ist aber an dieser Stelle nicht einzugehen.

von Schienenwegkapazität im Schienenverkehr“ in Kapitel 3 (§§ 18 bis 62 ERegG) u. a. die Entgeltregulierungsvorschriften. Eine Besonderheit und damit auch die weitreichendste Neuerung der Regulierung des Eisenbahnsektors bildet die Einführung einer Ex-ante-Genehmigung der Entgelte eines Betreibers der Schienenwege für die Erbringung des Mindestzugangspaketes i. S. d. Anlage 2 Nr. 1 des ERegG zu § 11, §§ 45 f. ERegG. Dies wird für die Betrachtung des Verhältnisses von Eisenbahnregulierungsrecht und allgemeinem Wettbewerbsrecht auch neues Diskussionspotenzial mit sich bringen. Denn auch in den anderen Sektoren wird im Hinblick auf den sonderkartellrechtlichen Charakter und dem Nicht-umgehen-dürfen regulierungsrechtlicher Sonderregelungen, wie sie die Ex-ante-Regulierung darstellt, sowie insbesondere auf europäischer Ebene das Risiko divergierender Entscheidungen an dem Vorliegen von Ex-ante-Maßnahmen deutlich und diskutiert. Daneben werden in Kapitel 4 die Wartungseinrichtungen, in Kapitel 5 Vorschriften zur Regulierungsbehörde und schließlich in Kapitel 6 die Übergangs- und Anwendungsvorschriften geregelt. Der Schwerpunkt der Eisenbahnregulierung wird in Zukunft im Bereich der Nutzungsentgelte liegen.[1071]

Das ERegG gilt nach § 1 Abs. 1 ERegG für Eisenbahnen i. S. d. AEG und somit nach § 2 Abs. 1 AEG für „öffentliche Einrichtungen oder privatrechtlich organisierte Unternehmen, die Eisenbahnverkehrsdienste erbringen (Eisenbahnverkehrsunternehmen, [vgl. § 2 Abs. 3 AEG]) oder eine Eisenbahninfrastruktur betreiben (Eisenbahninfrastrukturunternehmen, [vgl. § 2 Abs. 6 AEG])“. Die hier zu untersuchende Zugangs- und Entgeltregulierung knüpft nach § 1 Abs. 1 Nr. 2 und 3, Abs. 2 ERegG an Eisenbahnanlagen und Serviceeinrichtungen an.[1072] Was unter Eisenbahnanlagen zu verstehen ist, regelt § 1 Abs. 5 ERegG mit dem Verweis auf die Anlage 1. Eisenbahnanlagen entsprechen demnach den bisherigen Betriebsanlagen der Eisenbahnen nach dem AEG a. F.[1073] Aus Anlage 2 Nr. 2 zu den §§ 10 bis 14 ERegG ergibt sich, was unter Serviceeinrichtungen zu verstehen ist.[1074] Auch dies entspricht weitestgehend dem § 2 Abs. 3c AEG a. F. und somit der bisherigen Auffassung.[1075]

1071 So schon *Staebe* zum ERegG-Entwurf, in IR 2015, 74 (74); *ders.*, in: Staebe, ERegG, Vorb. §§ 23 ff. Rn. 1; siehe zu den Schwerpunkten der Recast-Richtlinie *Stüer*, DVBl. 2017, 295 (296).

1072 Vgl. zum Anwendungsbereich auch *Staebe*, in: Staebe, ERegG, Einf. Rn. 4 ff.

1073 *Staebe*, DVBl. 2016, 1564 (1566); *ders.*, in: Staebe, ERegG, Einf. Rn. 4, § 1 Rn. 8.

1074 Vgl. zur Begriffsbestimmung auch *Kirfel*, IR 2018, 74.

1075 *Gerstner*, N&R 2016, 211 (213).

Der Anwendungsbereich des ERegG wird durch mehrere Anwendungsausnahmen beschränkt (vgl. § 2 ERegG).[1076] Näher zu beachten sind insbesondere die Ausnahmemöglichkeiten nach § 2 Abs. 4 bis 6 ERegG. Danach können auf Antrag Eisenbahnen von der Anwendung der §§ 5, 6, 7 Abs. 1, 2 und 4 Satz 1 sowie der §§ 8 und 12 ERegG (vgl. § 2 Abs. 4 ERegG) sowie Betreiber einer Serviceeinrichtung nach Anlage 2 Nr. 2 von den Pflichten des § 13 ERegG und des Kapitels 3 unter Ausnahme des § 43 ERegG (vgl. § 2 Abs. 5 ERegG) sowie Betreiber einer Serviceeinrichtung, die Serviceeinrichtungen ausschließlich zu dem Zweck musealer Nutzung betreiben, von den Pflichten des ERegG mit Ausnahme des § 17 Abs. 2 Nr. 1 ERegG (vgl. § 2 Abs. 6 ERegG) befreit werden, soweit jeweils eine Beeinträchtigung des Wettbewerbs nicht zu erwarten ist. Mit einer Beeinträchtigung des Wettbewerbs ist nicht zu rechnen, wenn die angebotene und nachgefragte Leistung von geringer Bedeutung für den Wettbewerb ist.[1077] Diese Regulierungsausnahmen, insbesondere die des § 2 Abs. 5 ERegG, deuten auf einen Vorrang des Eisenbahnregulierungsrechts gegenüber dem allgemeinen Wettbewerbsrecht hin. Ist eine Beeinträchtigung zu erwarten, gelten die strengeren Regelungen des ERegG. Sie können in diesem Fall nicht auf Antrag ausgeschlossen werden. Nur die Regelungen des ERegG vermögen eine zu befürchtende Wettbewerbsbeeinträchtigung abzuwenden. Ansonsten könnte auf die Regulierung nach dem ERegG verzichtet werden und das allgemeine Wettbewerbsrecht würde allein zur Anwendung kommen. Ist die Anwendung des ERegG zwingend gegeben, weil der Anwendungsbereich eröffnet ist, scheint – ähnlich wie im Fall des § 10 TKG – das Wettbewerbsrecht allein nicht auszureichen, um einer Wettbewerbsbeeinträchtigung zu begegnen.

Besonderheiten bilden auch die Regelungen der Werksbahnen in § 15 ERegG und Wartungseinrichtungen in den §§ 63 ff. ERegG. So sollen Werksbahnen nach § 15 Abs. 2 Satz 1 ERegG nur dann der Regulierung unterliegen, „wenn sich der Betreiber einer Werksbahn nicht vorbehält, Transporte auf der von ihm betriebenen Eisenbahninfrastruktur selbst durchzuführen oder durch ein von ihm beauftragtes Eisenbahnverkehrsunternehmen durchführen zu lassen". Ist dies der Fall, so soll jedoch nur eine eingeschränkte[1078] Regulierung stattfinden.[1079] Auch Wartungseinrichtungen haben im Rahmen der §§ 63 ff. ERegG eine Sonderstellung.[1080]

1076 Vgl. zu den Ausnahmevorschriften *Staebe*, in: Staebe, ERegG, Einf. Rn. 5
1077 Vgl. *Staebe*, in: Staebe, ERegG, § 2 Rn. 19.
1078 *Gerstner*, N&R 2016, 211 (213).
1079 Vgl. § 15 Abs. 2 bis 5 ERegG.
1080 Vgl. dazu *Gerstner*, N&R 2016, 211 (214); *Staebe*, DVBl. 2016, 1564 (1566).

Der Anwendungsbereich des Eisenbahnregulierungsrechts an der hier zu untersuchenden Schnittstelle mit dem allgemeinen Wettbewerbsrecht hängt folglich nicht nur – wie im Fall des TKG – von der Regulierungsbedürftigkeit des Sektors, sondern vor allem – entsprechend den Ausführungen zum EnWG – vom Regulierungsadressaten ab. Fehlt es an der Adressatenstellung, am Zugangsobjekt oder am richtigen Berechtigten, sind die Regulierungsvorschriften des ERegG nicht anwendbar. In diesem Fall kommen die Bestimmungen des allgemeinen Wettbewerbsrecht zum Zuge. Dies mag auch daran liegen, dass die sektorspezifische Regulierung nach dem ERegG tatsächlich weiter reicht als die allgemein gehaltenen Bestimmungen des GWB.

Das jetzige AEG regelt hingegen nur noch die Gewährleistung eines sicheren Betriebs der Eisenbahnen, eines attraktiven Verkehrsangebots auf der Schiene sowie die Wahrung der Interessen der Verbraucher im Eisenbahnmarkt. Die regulierungstypischen Komponenten wie Netzzugang und Entgeltbestimmungen finden sich nun ausschließlich im ERegG. Ergänzend zum ERegG sieht das neugefasste BEVVG Regelungen der mit der Regulierung des Eisenbahnsektors in Zusammenhang stehenden Eisenbahnverkehrsverwaltung des Bundes vor. So wurde erstmals mit § 6 BEVVG (jetzt § 9 BEVVG[1081]) die Zusammenarbeit zwischen Regulierungs-, Sicherheits-, Genehmigungs- und Kartellbehörde in dem BEVVG geregelt.

Aufgrund der Ähnlichkeit des ERegG zum AEG a. F. und der EIBV ist herauszuarbeiten, ob es im neuen ERegG Vorschriften gibt, die denen der Regulierung nach den §§ 14 ff. AEG entsprechen, und ob somit die oben dargestellten Grundsätze auch auf das ERegG zu übertragen sind.

1. *Das Fehlen einer gesetzlich fixierten Kollisionsregelung*

Mit der Neugestaltung des Regulierungsrechts im Eisenbahnsektor hatte der Gesetzgeber die Möglichkeit, auch das Verhältnis von Eisenbahnregulierungsrecht zu allgemeinem Wettbewerbsrecht endlich eindeutig zu regeln und somit den Streit um die parallele oder vorrangige Anwendung endgültig zu beenden. Dies ist jedoch unterblieben. Denn bei Betrachtung des ERegG fällt auf, dass auch im neuen Eisenbahnregulierungsgesetz eine dem § 2 Abs. 4 Satz 1 TKG bzw. § 111 Abs. 1 Satz 1 EnWG vergleichbare Regelung fehlt, die das materielle Verhältnis zwischen sektorspezifischem Regulierungs- und dem allgemeinen

1081 Änderung der Paragraphennummer durch Art. 2 des Gesetzes vom 27. Juni 2017, BGBl. I S. 2085, 2087, ohne Auswirkung auf den Inhalt.

Wettbewerbsrecht regelt.[1082] Nicht nur, dass es dem Gesetzgeber nicht gelungen ist, eine eindeutige gesetzliche Kollisionsregelung in das ERegG oder in den anderen mit dem Gesetz zur Stärkung des Wettbewerbs im Eisenbahnbereich in Verbindung stehenden Gesetzesänderungen zu etablieren, hat der Gesetzgeber es zudem unterlassen, eine solche Kollisionsregelung gesetzlich zu fixieren, obwohl dies, wie die Ausführungen zum AEG a. F. gezeigt haben, unter dem Aspekt der Rechtsklarheit nötig gewesen wäre.

Hatte der Gesetzgeber zwar noch im ERegG-Entwurf eine gesetzlich fixierte Kollisionsregelung in Betracht gezogen, ist eine solche im erlassenen ERegG unterblieben. Es stellt sich somit die Frage, was aus der noch im ERegG-Entwurf enthaltenen Kollisionsregelung zum Verhältnis von Eisenbahnregulierungsrecht und allgemeinem Wettbewerbsrecht nach dem GWB abgeleitet werden kann (dazu unter a.) und ob sich aus anderen sektorspezifischen Vorschriften eine Kollisionsregelung ableiten lässt, wobei insbesondere an § 9 Abs. 3 BEVVG zu denken ist (dazu unter b.). Daneben wird auch auffallen, dass sich die BNetzA immer mehr zu einer eigenständigen und vom BKartA unabhängigen Behörde entwickelt hat. Auch dies kann für eine autonome Anwendung der Regulierungsvorschriften gegenüber dem allgemeinen Wettbewerbsrecht sprechen (dazu unter c.).

a. *Der gescheiterte Entwurf einer gesetzlich fixierten Kollisionsregelung in § 2 Abs. 2 ERegG-E*

Ursprünglich war eine das materielle Verhältnis von Eisenbahnregulierungs- und allgemeinem Wettbewerbsrecht regelnde Vorschrift geplant. § 2 Abs. 2 des ERegG-Entwurfs von 2012/2013 (ERegG-E) sah nämlich vor, dass

„die §§ 19 und 20 des Gesetzes gegen Wettbewerbsbeschränkungen […] nicht anzuwenden [sind], soweit durch [das ERegG] oder aufgrund [des ERegG] ausdrücklich abschließende Regelungen getroffen werden. Die Bestimmungen des Teils 2 Abschnitt 3 und die dazu aufgrund des § 70 [ERegG] erlassenen Rechtsverordnungen und § 61 [ERegG] sind abschließende Regelungen im Sinne des Satzes 1. Die Aufgaben und Zuständigkeiten der Kartellbehörden bleiben unberührt.“[1083]

In Teil 2 Abschnitt 3 befanden sich die Vorschriften zur Entgeltregulierung. § 61 ERegG-E beinhaltete einen besonderen Missbrauchstatbestand, in dem missbräuchliches Verhalten eines marktmächtigen Unternehmens beim Vertrieb

1082 Kritisch dazu *Ludwigs*, NVwZ 2016, 1665 (1668).

1083 BR-Drucks. 559/12 vom 21.09.2012 und BT-Drucks. 17/12726 vom 13.03.2013.

von Fahrausweisen und Bahnstrom verboten war.[1084] Der Netzzugang nach § 4 ERegG-E sollte hingegen nicht als ausdrücklich abschließende Regelung qualifiziert werden, denn er befand sich nicht in Teil 2 Abschnitt 3, sondern in Abschnitt 1.

Dennoch war § 2 Abs. 2 ERegG-E eine mit § 111 EnWG und § 2 Abs. 4 TKG vergleichbare Regelung. Sie hätte entsprechend dem § 111 EnWG und dem § 2 Abs. 4 TKG auf das Verhältnis von Eisenbahnregulierungsrecht und allgemeinem Wettbewerbsrecht schließen lassen können. Die Anwendung der allgemeinen Missbrauchsaufsicht nach dem GWB sollte durch ausdrücklich abschließende Regelungen des ERegG-E ausgeschlossen werden.[1085] Welche Regelungen des Eisenbahnregulierungsrechts als abschließend zu qualifizieren sind, hatte der Gesetzgeber – wie im Rahmen des § 111 Abs. 2 EnWG – durch einen pauschalen Verweis auf den 2. Teil Abschnitt 3 sowie die aufgrund § 70 ERegG-E erlassenen Rechtsverordnungen und den Bezug auf § 61 ERegG-E eindeutig festgelegt. Alle anderen Vorschriften sollten hingegen keine abschließenden Regelungen darstellen. Eine parallele Anwendung war somit nicht in Gänze ausgeschlossen.[1086] Eine Regelung wie die des § 2 Abs. 2 ERegG-E ist zu begrüßen. Ähnlich wie § 111 EnWG hätte hierdurch die Frage nach der Anwendung des GWB im Rahmen des Eisenbahnregulierungssektors geklärt werden können. Die Anwendung der allgemeinen Missbrauchsaufsicht wurde partiell in den genannten Bereichen ausgeschlossen. Daraus folgt, dass der Gesetzgeber in Teil 2 Abschnitt 3 sowie die aufgrund § 70 ERegG-E erlassenen Rechtsverordnungen und § 61 ERegG-E abschließenden, spezielleren Regelungen gegenüber den §§ 19 f. GWB gesehen hat. Eine partielle Spezialität wäre somit zu begründen gewesen.

Im Gesetzgebungsverfahren wurde Kritik an der Einführung des § 2 Abs. 2 ERegG-E geübt. Die Empfehlung der Ausschüsse sah eine Streichung des § 2 Abs. 2 ERegG-E vor.[1087] Zumindest sollten aber in § 2 Abs. 2 Satz 2 der Zusatz „und § 61" gestrichen werden.[1088] Dies wurde damit begründet, dass der

---

1084 Vgl. zur Missbrauchsaufsicht nach § 61 ERegG-Entwurf Monopolkommission, Sondergutachten 64, Bahn 2013, S. 87 Rn. 157 ff.

1085 Vgl. BR-Drucks. 559/12 vom 21.09.2012, S. 121 zu § 2 Absatz 2; BT-Drucks. 17/12726 vom 13.03.2013, S. 63 zu § 2, zu Absatz 2.

1086 Vgl. auch BR-Drucks. 559/12 vom 21.09.2012, S. 121 zu § 2 Abs. 2; BT-Drucks. 17/12726 vom 13.03.2013, S. 63 zu § 2, zu Absatz 2.

1087 Empfehlung der Ausschüsse BR-Drucks. 559/2/12 vom 12.11.2012, S. 3.

1088 Empfehlung der Ausschüsse BR-Drucks. 559/2/12 vom 12.11.2012, S. 6.

Missbrauchstatbestand des § 61 ERegG-E dem des § 19 GWB nachgebildet[1089] sei und dessen Ausschluss den Verzicht auf einen deutlich weiteren Kontrollrahmen und Sanktionsmöglichkeiten des Kartellgesetzes bewirken würde.[1090] Zu dieser Änderung[1091] sollte es aber nur dann kommen, wenn nicht § 2 Abs. 2 ERegG-E ohnehin vollständig gestrichen und § 61 ERegG-E neugefasst worden wäre[1092], was eine Erweiterung der Missbrauchsaufsicht durch die BNetzA zur Folge gehabt hätte[1093]. Denn die Regelungen des ERegG-E wurden im Vergleich zu den kartellrechtlichen Vorschriften als weniger weitreichend und somit als weniger effektiv eingestuft. Durch den Ausschluss des GWB würde somit ein Minus an Instrumenten zur Verfügung stehen, um den Wettbewerb im Bereich der Eisenbahnen herzustellen und aufrechtzuerhalten. Der Ausschuss befürchtete somit eine lückenhafte Wettbewerbsaufsicht durch die BNetzA allein aufgrund des ERegG-E., die es durch eine Streichung des § 2 Abs. 2 ERegG-E zu verhindern galt. Zu dieser Kritik wurde jedoch keinerlei Stellung genommen. Es wurde lediglich im Rahmen des neuen Gesetzgebungsverfahrens auf eine Regelung wie § 2 Abs. 2 ERegG-E ohne Begründung verzichtet.[1094] Aus dem Verzicht lässt sich Folgendes ableiten:

Einerseits kann dieser Verzicht einer klarstellenden Regelung für eine uneingeschränkt parallele Anwendung von allgemeinem Wettbewerbsrecht und Eisenbahnregulierungsrecht sprechen. Das GWB soll gerade nicht aus dem Anwendungsbereich des ERegG ausgeschlossen werden, sonst hätte eine entsprechende Regelung dies zum Ausdruck gebracht. Auch könnte daran gedacht werden, dass der Gesetzgeber eine ausdrückliche Klarstellung des Verhältnisses von Eisenbahnregulierungsrecht zum GWB nicht gewollt hat, weil es nichts klarzustellen gab. Die den Grundsatz bildende parallele Anwendung beider Gesetze soll nicht durch Vorschriften des sektorspezifischen Regulierungsrechts

1089 Eine Nachbildung der allgemeinen kartellrechtlichen Missbrauchsaufsicht spricht jedoch gerade für einen Ausschluss dieser allgemeiner gefassten Regelungen.

1090 Empfehlung der Ausschüsse BR-Drucks. 559/2/12 vom 12.11.2012, S. 6.

1091 Streichung der Wörter „und § 61" aus § 2 Abs. 2 ERegG-E.

1092 Siehe dazu Empfehlung der Ausschüsse BR-Drucks. 559/2/12 vom 12.11.2012, S. 3.

1093 Empfehlung der Ausschüsse BR-Drucks. 559/2/12 vom 12.11.2012, S. 4.

1094 Zu den gescheiterten Gesetzesentwürfen Mitteilung des Vorsitzenden des Vermittlungsausschusses, BR-Drucks. 548/13 vom 26.06.2013; Unterrichtung durch den Vermittlungsausschuss, BT-Drucks. 17/14225 vom 26.06.2013; BR-Drucks. 548/13(B) vom 05.07.2013; Unterrichtung durch den Bundesrat, BT-Drucks. 17/14347 vom 08.07.2013; vgl. auch den neuen Gesetzesentwurf vom 15.01.2016 der die Grundlage des jetzigen ERegG bildet: BR-Drucks. 22/16 vom 15.01.2016.

durchbrochen werden. Die Abkehr von § 2 Abs.2 ERegG-E könnte den fehlenden gesetzgeberischen Willen sowie eine bewusste Entscheidung aufzeigen. Der Gesetzgeber hatte im Rahmen der Novellierung des Eisenbahnregulierungsrechts die Möglichkeit, eine klarstellende Regelung hinsichtlich des Verhältnisses von Regulierungs- und Wettbewerbsrecht in das ERegG einzuführen. Dies ist unterblieben. Es spricht somit einiges für eine ausnahmslos parallele Anwendung von GWB und ERegG.

Andererseits bedarf es nicht zwingend einer das Verhältnis dieser beiden Regelungsbereiche klärenden Vorschrift im ERegG. Dies wäre zwar unter dem Aspekt der Rechtsklarheit wünschenswert. Trotz einer das Verhältnis von sektorspezifischem Regulierungsrecht zum allgemeinem Wettbewerbsrecht regelnden Vorschrift besteht – wie im Fall des § 2 Abs. 4 TKG ersichtlich wurde – nicht immer die Gewähr dafür, dass daraus für den Rechtsanwender auch eine eindeutige Klarstellung folgt. Zudem zeigt ein Rückblick auf das AEG a. F., dass auch ohne eine das materielle Verhältnis regelnde Vorschrift ein partieller Vorrang zugunsten des Eisenbahnregulierungsrechts begründet werden kann. Der vorrangige bzw. abschließende Charakter eines Regelungsbereiches lässt sich auch durch Anwendung der allgemeinen Kollisionsregelungen ermitteln. Aus dem Fehlen einer dem § 2 Abs. 2 ERegG-E entsprechenden Regelung folgt somit nicht zwangsläufig, dass GWB und Eisenbahnregulierungsrecht ohne Einschränkungen parallel Anwendung finden. Aus der Abkehr von einer gesetzlich fixierten Kollisionsregelung kann nicht auf eine generell parallele Anwendung geschlossen werden.

Zwar kann angeführt werden, dass von der Regelung des § 2 Abs. 2 ERegG-E Abstand genommen wurde und dies für eine parallele Anwendung spricht. Jedoch besteht nach dem Grundsatz, dass auch durch Auslegung ein Vorrangverhältnis begründet werden kann, immer noch die Möglichkeit, dass das ERegG zumindest partiell die Anwendung des GWB ausschließt. Es darf somit auch an dieser Stelle nicht voreilig auf eine vollumfänglich parallele Anwendung geschlossen werden. Hätte der Gesetzgeber eine uneingeschränkte parallele Anwendung von GWB und ERegG gewollt, hätte er diese auch ausdrücklich im Gesetzestext fixieren können. Diese ist genauso wenig erfolgt wie die ausdrückliche Klärung des Verhältnisses dieser beiden Regelungsbereiche mithilfe einer gesetzlich fixierten Kollisionsregelung.

b. Unberührte Zuständigkeit nach § 9 Abs. 3 BEVVG (= § 14b Abs. 2 AEG a. F.)

Im Rahmen der Neuordnung der Regulierung im Eisenbahnbereich wurde keine das materielle Verhältnis von allgemeinem Kartellrecht und sektorspezifischem Regulierungsrecht regelnde Kollisionsvorschrift aufgenommen. Jedoch besteht nach wie vor eine Vorschrift, die das formelle Verhältnis der Behörden zueinander regelt. So ist eine dem § 14b Abs. 2 AEG a. F. entsprechende Regelung in § 9 Abs. 3 BEVVG[1095] zu finden. Danach bleiben auch nach der Neuordnung der Regulierung im Eisenbahnbereich die Aufgaben und Zuständigkeiten der Kartellbehörden nach dem GWB unberührt. Die Vorschrift des § 14b Abs. 2 AEG a. F. wurde wortgleich in § 9 Abs. 3 BEVVG übernommen. Eine inhaltliche Änderung ist unterblieben. Auch eine Begründung des Regelungsinhaltes von § 6 Abs. 3 BEVVG (jetzt § 9 Abs. 3 BEVVG) wurde unterlassen.[1096] Es kann somit davon ausgegangen werden, dass der im Rahmen des § 14b Abs. 2 AEG a. F. zum Ausdruck gekommene Gesetzgeberwille aufrechterhalten bleibt. Auf die obigen Ausführungen zu den Gesetzesmaterialien des § 14b Abs. 2 AEG a. F. kann daher verwiesen werden. Es könnte somit auch bei § 9 Abs. 3 BEVVG davon ausgegangen werden, dass GWB und Eisenbahnregulierungsrecht nebeneinander zur Anwendung kommen können. Die Anhänger der Parallelitätsthese im Eisenbahnsektor könnten sich daher bestärkt fühlen. Zu beachten ist allerdings auch an dieser Stelle, dass es sich bei § 9 Abs. 3 BEVVG ebenso wie bei § 14b Abs. 2 AEG a. F. lediglich um eine zur Zuständigkeit der Behörden äußernde Vorschrift handelt. Eine über das formelle Verhältnis von BKartA und BNetzA hinausgehende Aussagekraft kann dem § 9 Abs. 3 BEVVG nicht entnommen werden. Abschließende Rückschlüsse auf das materielle Verhältnis sind dadurch nicht möglich. Dies wurde bereits im Rahmen des AEG a. F. erläutert. Auf die Ausführungen zu § 14b Abs. 2 AEG a. F. kann daher verwiesen werden.

Zudem ist die Regelungssystematik des § 9 BEVVG zu betrachten. Dieser regelt generell die Zusammenarbeit zwischen den Regulierungs-, Sicherheits-, Genehmigungs- und Kartellbehörden im Bereich des Eisenbahnrechts. Anders als noch im AEG a. F. wurde die Regelung über das formelle Verhältnis nicht

---

1095 Zuvor war dies noch in § 6 Abs. 3 BEVVG geregelt. Zu der Verschiebung in der Paragraphennummerierung kam es am 5. Juli 2017 durch Artikel 2 des Gesetzes vom 27.06.2017, BGBl. I S. 20085.

1096 BR-Drucks. 22/16 vom 15.01.2016, Entwurf eines Gesetzes zur Stärkung des Wettbewerbs im Eisenbahnbereich, S. 392 zu § 6 Absatz 3; BT-Drucks. 18/8334 vom 04.05.2016, S. 266, zu § 6 Absatz 3.

innerhalb der Vorschriften des Regulierungsgesetzes geregelt. Vielmehr hat sich der Gesetzgeber bei der Einordnung dieser Vorschrift in § 9 Abs. 3 BEVVG für eine Auslagerung entschieden. Die Vorschriften über die Zusammenarbeit der Behörden und die Regelungen hinsichtlich des formellen Verhältnisses der Behörden werden nun einheitlich[1097] im Gesetz über die Eisenbahnverkehrsverwaltung des Bundes geregelt. Das ERegG hingegen richtet sich ausschließlich auf die Regulierung. Die Unberührtheit der Zuständigkeit wird nun unabhängig von den Regulierungsvorschriften in einem eigenen Gesetz außerhalb des ERegG geregelt. Dadurch wird deutlich, dass sich aus § 9 Abs. 3 BEVVG keine abschließenden Rückschlüsse auf das materielle Verhältnis von ERegG und GWB ergeben sollen.[1098] Die Parallelitätsthese kann sich folglich nicht mehr auf die Unberührtheitsklausel des § 9 Abs. 3 BEVVG stützen, um die parallele Anwendung von GWB und ERegG zu begründen. Die obige, hier vertretene Aussage zu § 14b Abs. 2 Satz 1 AEG a. F. wird durch die systematische Stellung des § 9 Abs. 3 BEVVG unterstrichen. Eine uneingeschränkte parallele Anwendung in materieller Hinsicht ergibt sich aus § 9 Abs. 3 BEVVG folglich nicht.

BNetzA und BKartA sind auch im ERegG gleichwertige Behörden. § 9 Abs. 3 BEVVG bestätigt dies. Auch eine parallele Zuständigkeit im Anwendungsbereich des ERegG wird durch § 9 Abs. 3 BEVVG nicht ausgeschlossen. Sie kommt entsprechend der Anwendbarkeit der materiellen Vorschriften in Betracht. Insoweit ergeben sich zur Regelung des § 14b Abs. 2 Satz 1 AEG a. F. keine Änderungen.

c. *Beteiligung des BKartA nach dem ERegG und dem BEVVG*

Wie bereits angesprochen, beinhaltet lediglich § 17 Abs. 7 ERegG ein Recht des BKartA Stellung zu Inhalten und Methoden der regulierungsbehördlichen Marktüberwachung nach § 17 ERegG zu nehmen. Ziel dieser Regelung ist die Erleichterung einer Marktüberwachung nach gemeinsamen Kriterien oder in bewusster Abgrenzung der methodischen Ansätze voneinander.[1099] Daraus folgt eine selbständige Marktüberwachung der Regulierungsbehörde, die nicht auf das BKartA angewiesen ist. Die Regulierungsbehörden können demnach auf die Stellungnahme des BKartA zurückgreifen, müssen es aber nicht. Sie können sich auch aufgrund unterschiedlicher methodischer Ansätze von der Vorgehensweise

---

1097 Ausgenommen werden die Zusammenarbeitsvorschriften im europäischen Bezug, vgl. § 75 ERegG.

1098 So auch *Klinge*, in: Staebe, ERegG, § 32 Rn. 32.

1099 Vgl. BR-Drucks. 22/16 vom 15.01.2016, S. 268 zu § 17 Absatz 7; BT-Drucks. 18/8334 vom 04.05.2016, S. 184 zu § 17 Absatz 7.

des BKartA distanzieren bzw. abgrenzen. Dafür spricht auch § 68 Abs. 1 Satz 4 ERegG.[1100] Nach diesem entscheidet die zuständige Regulierungsbehörde „unabhängig von den Zuständigkeiten der Kartellbehörden [...] über die geeigneten Maßnahmen zur Verhütung von Diskriminierung und Marktverzerrung". Die Unabhängigkeit bedeutet zum einen, dass die Maßnahmen nach dem GWB neben den Maßnahmen im Rahmen der Marktüberwachung nach dem ERegG nicht ausschlaggebend sind, um eine angemessene Marktüberwachung zu gewährleisten. Dies spricht gegen eine parallele Anwendung. Zum anderen kann die Unabhängigkeit auch für eine parallele Anwendung herangezogen werden. Dabei ist jedoch zu beachten, dass eine Unabhängigkeit im Sinne eines Handelns ohne Rücksicht auf die jeweils andere Behörde gerade bei parallel handelnden Behörden zu widersprüchlichen Entscheidungen führen wird. Das kann nicht gewollt sein. Die Unabhängigkeit der Behörden kann daher hier nur so verstanden werden, dass eine Marktüberwachung im Rahmen eines abschließenden ERegG ohne Einfluss des BKartA und somit ohne Anwendung des GWB im konkreten Fall erfolgen soll. Neben § 68 Abs. 1 Satz 4 ERegG wird die Zusammenarbeit zwischen den Behörden in § 9 BEVVG geregelt.[1101] Die Informations- und Kooperationsvorschriften des § 14b Abs. 2 Satz 2 bis 4 AEG a. F. wurden in § 9 Abs. 3 Satz 2 bis 4 BEVVG übernommen. Auf die hierzu bereits oben gemachten Aussagen kann an dieser Stelle verwiesen werden. Im Ergebnis sprechen sie nicht für eine uneingeschränkte parallele Anwendung von GWB und Eisenbahnregulierungsrecht. Das Gegenteil ist der Fall.

2. *Übertragbarkeit der Ansätze zum AEG a. F. auf das ERegG*

Aufgrund fehlender gesetzlicher Kollisionsregelung und der Zusammenführung der Regulierungsvorschriften aus dem AEG a. F. und den entsprechenden Konkretisierungen aus der EIBV im neuen ERegG stellt sich die Frage, ob die oben zum AEG a. F. entwickelten Ansätze auch auf das ERegG zu übertragen sind und sich auch im neuen ERegG ein zumindest partieller Vorrang des sektorspezifischen Regulierungsrechts gegenüber dem GWB durchsetzt.

1100 Vgl. dazu auch *el-Barudi*, in Staebe, ERegG, § 68 Rn. 10.

1101 So auch BR-Drucks. 22/16 vom 15.01.2016, S. 323 zu § 68 Absatz 1; BT-Drucks. 18/8334 vom 04.05.2016, S. 221 zu § 68 Absatz 1.

a. *§§ 1, 35 ff. GWB im Verhältnis zum ERegG*

Das Verhältnis der §§ 1, 35 ff. GWB zum Eisenbahnregulierungsrecht hat sich nicht verändert. Abgesehen davon, dass eine dem § 12 Abs. 7 AEG a. F. betreffende Vorschrift im neuen ERegG fehlt und somit die Anwendung des § 1 GWB ausdrücklich in besonders geregelten Fällen nicht ausgeschlossen wird, bleibt das Kartellrechtsverbot nach § 1 GWB und die Zusammenschlusskontrolle nach den §§ 35 ff. GWB uneingeschränkt neben den sektorspezifischen Regulierungsvorschriften anwendbar. Das ERegG geht diesen Regelungen weder als lex specialis noch aufgrund abschließender Regelung vor.

Dennoch ist die Regelung des § 12 Abs. 7 AEG a. F. nicht untergegangen. Sie findet sich unverändert auch im § 12 Abs. 7 AEG neu wieder. Dies zeigt, dass § 12 Abs. 7 AEG keine Regulierungsvorschrift, sondern vielmehr lediglich eine allgemeine eisenbahnrechtliche Vorschrift ist. Ansonsten wäre auch § 12 Abs. 7 AEG a. F. in das neue ERegG übertragen worden. Daraus folgt, dass schon aus § 12 Abs. 7 AEG a. F. nicht auf das Verhältnis von Regulierungs- und Wettbewerbsrecht geschlossen werden konnte bzw. der ausdrückliche Ausschluss des § 1 GWB oder die ausdrückliche Anwendbarkeit des § 19 Abs. 1 i. V. m. Abs. 2 Nr. 1 GWB nicht verallgemeinert werden kann.

b. *§§ 19 f. GWB im Verhältnis zum ERegG*

Auch im neuen ERegG findet sich keine aus dem GWB oder aus den anderen regulierten Sektoren bekannte klassische Missbrauchsaufsicht. Ein den §§ 28, 42 TKG, § 30 EnWG und §§ 19 f. GWB entsprechender Tatbestand fehlt. Eine Spezialität – wie sie noch im TKG und EnWG begründet wurde – kann sich hier deshalb nicht aus einem sektorspezifischen Missbrauchstatbestand ergeben. Es kann daher auf die dazu oben im Rahmen des AEG a. F. gemachten Ausführungen verwiesen werden.[1102] Die Untersuchung der Regulierungsvorschriften des AEG a. F. hat dennoch gezeigt, dass sich ein Vorrang des sektorspezifischen Regulierungsrechts nicht nur aus einer sektorspezifischen Missbrauchsaufsicht ableiten lässt. Daneben kommt ein Vorrang des Regulierungsrechts auch dann in Betracht, wenn einzelne Teilaspekte der allgemeinen Missbrauchsaufsicht lex specialis im Regulierungsrecht geregelt werden oder gegenüber den Bestimmungen des GWB abschließend ausgeformt sind. In Anlehnung an das AEG a. F. könnten daher auch im ERegG Regelungen bestehen, die die Anwendung

---

1102 Vgl. oben unter Kapitel 2/C./I./1./b./aa.

des GWB und daher die Kontrolle des BKartA nach den Vorschriften des GWB ausschließen.

Wie schon im Rahmen des Verhältnisses des AEG a. F. zum GWB dargestellt, ist eine pauschale Aussage zu unterlassen, so dass auch im neuen ERegG zwischen Netzzugangs- und Entgeltregulierung zu differenzieren ist.

aa. Netzzugangsregulierung

Die Zugangsregulierung bildete im AEG a. F. den bisherigen Regulierungsschwerpunkt.[1103] Auch im neuen Eisenbahnregulierungsrecht soll ein umfassender Zugang zu Eisenbahnanlagen und Serviceeinrichtungen für die Erbringung von Güterverkehrsdiensten eröffnet werden.[1104] Die Vorschriften über die Zugangsregulierung finden sich nun in den §§ 10 ff. ERegG. Sie teilen sich in drei Normenkomplexe auf.[1105] Mit den §§ 10 ff. ERegG wurden weitestgehend die bisherigen aus AEG a. F. und der EIBV bekannten Zugangsvorschriften übernommen.[1106] Es ergeben sich daher kaum Neuerungen gegenüber dem AEG a. F. § 10 ERegG bestimmt den Zugangsanspruch zu Eisenbahnanlagen und Serviceeinrichtungen, § 11 ERegG den Zugang zu den in den Infrastrukturen erbrachten Leistungen. In § 13 ERegG finden sich besondere Regelungen für den Zugang zu Serviceeinrichtungen und in § 14 ERegG Bestimmungen bezüglich des Zugangs zu weiteren Leistungen (Zusatz- und Nebenleistungen).

§ 10 ERegG bezieht sich auf den Zugang zu Eisenbahnanlagen und den Zugang zu Serviceeinrichtungen. § 14 Abs. 1 Satz 1 AEG a. F. hat sich demgegenüber generell auf den Zugang zur Eisenbahninfrastruktur bezogen. Daher wird von manchen auch gefordert, dass § 19 Abs. 2 Nr. 4 GWB daneben zur Anwendung kommen sollte, um einen allgemeinen Anspruch auf Zugang zu Eisenbahninfrastruktur gewährleisten zu können.[1107] Durch die Bezugnahme auf die Begriffe Eisenbahnanlagen und Serviceeinrichtungen wird der Kreis der Zugangsobjekte jedoch weiter konkretisiert.[1108] Dies spricht für eine spezialgesetzliche Ausgestaltung. Daher bedarf es auch im Rahmen der §§ 10 ff. ERegG keines Rückgriffs

---

1103 *Staebe*, DVBl. 2016, 1564 (1567).

1104 So auch die Gesetzesbegründung, BT-Drucks. 18/8334 vom 04.05.2016, S. 178.

1105 §§ 18 bis 22, 42 bis 44 und 48 bis 62 ERegG; vgl. *Ludwigs*, NVwZ 2016, 1665 (1666); *Staebe*, DVBl. 2016, 1564 (1568).

1106 So auch *Staebe*, DVBl. 2016, 1564 (1568).

1107 So zum ERegG-Entwurf vom 21.01.2015 *Staebe*, N&R 2015, 206 (208).

1108 Vgl. dazu auch *Gerstner*, N&R 2016, 211 (212); *Leitzke*, in: Staebe, ERegG, Vorb. §§ 10 ff. Rn. 2 ff.

auf § 19 Abs. 2 Nr. 4 GWB. Zudem ist auch im neuen ERegG der Zugang an eine besondere, vom allgemeinen Wettbewerbsrecht (abweichende) konkretisierende Adressatenstellung abhängig, so dass der Zugangsanspruch aus dem GWB im ERegG konkretisiert wird. Außerhalb der Zugangsobjekte Eisenbahnanlagen und Serviceeinrichtungen bleibt § 19 GWB dagegen anwendbar.

Die Zugangsvorschriften der §§ 10, 11 und 13 f. ERegG werden im 3. Kapitel des ERegG weiter ausgestaltet. Für viele dieser Vorschriften bildeten die ehemaligen Bestimmungen der EIBV eine Grundlage. So wird in den §§ 18 bis 22 ERegG u. a. geregelt, dass der Zugang zu den Schienenwegen nach Maßgabe eines „Effektivitätsgrundsatzes" (§ 18 ERegG) sowie aufgrund von Schienennetz-Nutzungsbedingungen (§ 19 ERegG) zu erfolgen hat. Nach § 20 ERegG bilden vertragliche Vereinbarungen auch weiterhin die Grundlage des Zugangs.

In einem weiteren, den Zugang konkretisierenden, Komplex regeln die §§ 42 bis 44 ERegG die Zuweisung von Kapazitäten und den Umgang mit zugewiesener Kapazität an Schienenwegen und Serviceeinrichtungen. Die §§ 48 bis 62 ERegG enthalten abschließend Regelungen zu zugangsrechtlichen Einzelfragen.[1109]

Auch in der Struktur der Zugangsregulierung ist eine Fortführung der Maßgaben des AEG a. F. ersichtlich.[1110] Dies zeigt sich zum einen an der Anknüpfung an den Primat des Vertrages (dazu unter (1)) sowie zum anderen an der Aufrechterhaltung der Zugangsmodalitäten (dazu unter (2)).

(1) Primat des Vertrages

Das Primat des Vertrages nach § 14 Abs. 6 AEG a. F. besteht auch im neuen Eisenbahnregulierungsrecht fort.[1111] So wird in § 20 Abs. 1 ERegG bestimmt, dass der Betreiber der Schienenwege mit jedem Zugangsberechtigten die erforderliche Vereinbarungen über die Einzelheiten des Zugangs, das zu entrichtende Entgelt und die sonstigen Nutzungsbedingungen abschließt. § 20 Abs. 2 ERegG stellt demgegenüber klar, dass die vereinbarten Bedingungen angemessen, nichtdiskriminierend und transparent sein müssen. Die Modalitäten des Zugangs nach § 10 ERegG werden auch hier nochmals aufgegriffen. Gleiches gilt auch für den Betreiber einer Serviceeinrichtung (vgl. § 20 Abs. 3 ERegG).

Die Geltung des Primats des Vertrages wird auch in § 66 Abs. 3 ERegG ersichtlich. Danach kommt eine – vormals in § 14f Abs. 2 AEG a. F.

1109 Vgl. *Staebe*, DVBl. 2016, 1564 (1568).
1110 *Gerstner*, N&R 2016, 211 (214); *Gerpott*, N&R 2016, 277 (279).
1111 *Gerstner*, N&R 2016, 211 (214).

geregelte – Ex-post-Kontrolle beim Nichtzustandekommen dieser Vereinbarungen in Betracht.[1112]

Die Beibehaltung des Primats des Vertrages darf auch im neuen ERegG nicht durch die Anwendung der §§ 19 f. GWB unterlaufen werden. Die privatautonome Gestaltungsfreiheit beschränkt auch hier die staatlichen Eingriffsbefugnisse und somit die Anwendung der allgemeinen kartellrechtlichen Missbrauchsaufsicht. Die Aufrechterhaltung des Primats des Vertrages ist ein Indiz für die Abgeschlossenheit der betreffenden Regelungen, hier der Zugangsregelung, gegenüber den §§ 19 f. GWB.

(2) Zugangsmodalitäten

Nach § 10 Abs. 1 bis 4 ERegG muss der Zugang jeweils zu angemessenen, nichtdiskriminierenden und transparenten Bedingungen erfolgen. § 10 ERegG knüpft wie § 14 Abs. 1 Satz 1 AEG a. F. an einen diskriminierungsfreien Netzzugang an. Der bisherige Grundsatz der Gewährung eines – insbesondere – diskriminierungsfreien Zugangs bleibt auch im ERegG erhalten, so dass es im Rahmen der Zugangsregulierung kaum zu Veränderungen kam.[1113] Zentral für die Zugangsgewährung ist auch im neuen ERegG das Recht auf diskriminierungsfreien Zugang. Der dem Zugang zugrunde gelegte Maßstab ist folglich mit dem in § 14 Abs. 1 AEG a. F. vergleichbar. Auf die Ausführungen zu § 14 Abs. 1 AEG a. F. kann daher verwiesen werden. Durch die Einführung angemessener und transparenter Bedingungen geht § 10 ERegG über den Regelungsgehalt des § 14 Abs. 1 AEG a. F. hinaus. Der Zugangsmaßstab wurde erweitert. Durch die Angemessenheit soll ein Moment der Verhältnismäßigkeit in die Bedingungen Eingang finden.[1114] Die Einhaltung der Transparenz soll auf die Verständlichkeit der Bedingungen hinwirken.[1115]

§ 10 ERegG unterscheidet zwischen den Zugangsobjekten Schienengüterverkehrsdienste und Personenverkehrsdienste. Die neue Zugangsregulierung ist folglich differenzierter gestaltet. Zum anderen wird in Abweichung der

---

1112 So auch *Gerstner*, N&R 2016, 211 (214).

1113 So auch *Gerpott*, N&R 2016, 277 (279); *Gerstner*, N&R 2016, 211 (215); *Ludwigs*, NVwZ 2016, 1665 (1666).

1114 *Gerstner*, N&R 2016, 211 (215); vgl. auch *Leitzke*, in: Staebe, ERegG, § 10 Rn. 6 ff.

1115 EuGH, Urt. v. 07.04.2016 – Rs. C-324/14 Rn. 61, ABl. C 339 v. 29.09.2014 – „Partnwe Apwlski Dariusz“ = NVwZ 2016, 1798; vgl. auch *Leitzke*, in: Staebe, ERegG, § 10 Rn. 11.

umzusetzenden Richtlinie auch der rein innerstaatliche Sachverhalt geregelt.[1116] Daneben ist auch der Effektivitätsgrundsatz nach § 18 ERegG zu beachten.[1117]

Aufgrund der gleichgebliebenen bzw. noch weiter ausgestalteten und differenzierenden Zugangsmodalitäten ist auch die Zugangsregulierung nach dem ERegG lex specialis zu den §§ 19 f. GWB.[1118]

bb. Entgeltregulierung

Hat noch im AEG a. F. die Zugangsregulierung den Schwerpunkt gebildet, wurde dieser im ERegG auf die Entgeltregulierung verlagert.[1119] Die Entgeltregulierung ist in Kapitel 3 des ERegG, in den §§ 18 ff. ERegG, geregelt. In den §§ 23 bis 30 ERegG finden sich grundsätzliche Vorschriften sowie solche zur Bestimmung des Entgeltmaßstabes. In den §§ 31 bis 41 ERegG ist die Entgeltermittlung und -ausgestaltung geregelt und im letzten Komplex, in den §§ 45 bis 46 ERegG, befindet sich das neu eingefügte Entgeltgenehmigungsverfahren. Durch die Einführung einer Ex-ante-Entgeltgenehmigung und die Etablierung eines Anreizregulierungssystems für die Schieneninfrastruktur[1120] kam es im Bereich der Entgeltregulierung zu wesentlichen Änderungen.[1121]

Wie schon im AEG a. F. wird auch im ERegG zwischen Entgelten für Schienenwege und Entgelte für Serviceeinrichtungen unterschieden, die auch unterschiedlichen materiellen Vorschriften unterliegen. Daher ist auch hier differenziert vorzugehen.

(1) Regulierung der Entgelte für Schienenwege

Die Regulierung der Nutzungsentgelte für Schienenwege war nach dem AEG a. F. zwar nicht lex specialis, aber abschließend gegenüber den §§ 19 f. GWB. Es ist daher zu fragen, ob an diesem Standpunkt auch im Rahmen der neuen Entgeltregulierungsvorschriften für Schienenwege festgehalten werden kann.

1116 BR-Drucks. 22/16 vom 15.01.2016, S. 259 zu § 10 Absatz 2.

1117 Vgl. dazu *Leitzke*, in: Staebe, ERegG, Vorb. §§ 10 ff. Rn. 10; *ders.*, in: Staebe, ERegG, § 18 Rn. 1 ff.

1118 Vgl. auch *Staebe*, in: Staebe, ERegG, Einf. Rn. 51.

1119 *Staebe*, DVBl. 2016, 1564 (1569).

1120 Dazu später unter Kapitel 2/C./II./2./b./bb./(1)/(b)/(bb) mehr.

1121 So auch *Gerstner*, N&R 2016, 211 (216); *Staebe*, DVBl. 2016, 1564 (1569).

(a) Diskriminierungsfreiheit

§ 23 Abs. 1 ERegG beinhaltet zunächst das allgemeine Gebot der Gleichbehandlung. Danach hat der Betreiber von Schienenwegen zu „gewährleisten, dass die Entgelte in seinem gesamten Netz auf denselben Grundsätzen beruhen". Aus § 23 Abs. 2 ERegG folgt weiter, dass der Betreiber der Schienenwege zu gewährleisten hat, „dass die Anwendung der Entgeltregelungen zu gleichwertigen und nichtdiskriminierenden Entgelten für unterschiedliche Eisenbahnverkehrsunternehmen führt". Aus § 23 ERegG kann daher auch ein „Vor-die-Klammer-gezogener"-Grundsatz der Diskriminierungsfreiheit abgeleitet werden.[1122] Schon diese Diskriminierungsfreiheit konkretisiert diejenige aus § 19 Abs. 2 Nr. 1 2. Alt. GWB.

Die diskriminierungsfreie Ausgestaltung eines Entgelts ergibt sich zudem auch aus dem materiellen Maßstab, den § 39 Abs. 1 ERegG darstellt. Danach sind die Betreiber der Schienenwege „verpflichtet, den Zugangsberechtigten den Zugang zu Eisenbahnanlagen zu angemessenen, transparenten und nichtdiskriminierenden Entgelten und Entgeltregelungen zu gestatten". Dass die Entgelte nicht nur diskriminierungsfrei, sondern auch angemessen und transparent sein müssen, stellt eine Neuerung dar. Diese korrespondiert mit dem Zugangsanspruch aus den §§ 10 und 11 ERegG. Auch dies spricht für einen abschließenden Charakter der Entgeltregulierungsvorschriften für die Betreiber der Schienenwege.

(b) Entgeltmaßstab und Regelungen zur Ausgestaltung des Entgelts

Regelungen zum Entgeltmaßstab sowie zur Ausgestaltung des Entgelts finden sich in den §§ 25 ff. ERegG.

(aa) Grundsatz der Vollkostendeckung

Weiterhin findet in der Entgeltregulierung eine Orientierung an den Kosten effizienter Leistungsbereitstellung, wie sie in anderen Sektoren bekannt ist, nicht statt. Stattdessen wird wieder an die tatsächlichen Kosten angeknüpft, also am System der Vollkostendeckung festgehalten.[1123]

1122 *Staebe*, DVBl. 2016, 1564 (1569); so auch schon *Staebe*, IR 2015, 74 (76); *Staebe/Ernert*, in: Schulte/Kloos, Hdb. Öffentliches Wirtschaftsrecht, § 12 Rn. 118.

1123 BR-Drucks. 22/16 vom 15.01.2016, S. 253 zu § 2 Absatz 9, S. 288 zu § 34 Absatz 3, S. 291 zu § 35 Absatz 1; *Gerstner*, N&R 2016, 211 (217); *Gerpott*, N&R 2016, 277 (280); *Klinge*, in: Staebe, ERegG, § 31 Rn. 7; kritisch auch *Ludwigs*, NVwZ 2016, 1665 (1667).

Wie schon nach § 14 Abs. 4 AEG a. F. müssen die Entgelte die Gesamtkosten des Mindestzugangspaketes decken. So ist der Betreiber der Schienenwege nach § 31 Abs. 2 Satz 1 ERegG „verpflichtet, mit der Summe der nach § 26 Abs. 2 [ERegG] ermittelten Entgelte die Gesamtkosten des Mindestzugangspakets zu decken". Es besteht somit eine Überschneidung mit der nach § 14 Abs. 4 AEG a. F. auferlegten Verpflichtung. Die Verpflichtung zur Vollkostendeckung zieht sich durch die gesamte Entgeltregulierung. So weisen auch die Vorschriften des § 25 Abs. 1 Satz 3 i. V. m. Anlage 4 Nr. 1.1 zu den §§ 25 bis 27 ERegG und § 36 Abs. 1 Satz 1 ERegG auf das Prinzip der Vollkostendeckung hin.

Die Beibehaltung des Vollkostendeckungsgrundsatzes zeigt, dass sich der Gesetzgeber auch im Rahmen des ERegG nicht an den aus anderen Sektoren bekannten Effizienzmaßstab orientiert.[1124] Die Abweichung von anderen sektorspezifischen Regulierungsgesetzen bleibt erhalten. Einher geht damit auch, dass nicht auf die hypothetischen Kosten abgestellt wird. Somit enthält auch das ERegG eine vom allgemeinen Wettbewerbsrecht differenzierte Ausgestaltung des anzuwendenden Maßstabes. Aufgrund der unterschiedlichen Anknüpfungspunkte ist auch das ERegG diesbezüglich als abschließend gegenüber den §§ 19 f. GWB einzuordnen. An der Rechtslage hat sich insoweit nichts geändert. Auf die oben gemachten Anmerkungen ist zu verweisen.[1125]

(bb) Etablierung eines Anreizregulierungssystems

Der Vollkostenansatz wird jedoch durch die Etablierung eines Anreizregulierungssystems modifiziert.[1126] Dem Betreiber der Schienenwege werden nach Maßgabe der §§ 25 und 26 ERegG Entgeltobergrenzen, sog. Price Caps[1127], vorgeschrieben, die sich aus der Obergrenze der Gesamtkosten i. S. d. § 25 Abs. 2 ERegG ergeben. Durch die Einführung dieses Anreizsystems sollen Anreize zur Kostensenkung und Effizienzsteigerung geschaffen werden.[1128]

1124 *Gerstner*, N&R 2016, 211 (217); kritisch auch *Ludwigs*, NVwZ 2016, 1665 (1667).

1125 Kapitel 2/C./I./2./a./cc./(2)/(b)/(aa).

1126 Siehe zur Anreizregulierung *Ludwigs*, NVwZ 2016, 1665 (1667); *Staebe*, DVBl. 2016, 1564 (1569); *ders.*, in: Staebe, ERegG, Einf. Rn. 10 ff.; *ders.*, in: Staebe, ERegG, § 25 Rn. 1 ff.; *Klinge*, in: Staebe, ERegG, § 31 Rn. 7; *Gerstner*, N&R 2016, 211 (216); weitere Ausführungen unter Kapitel 2/C./II./2./b./bb./(d)/(cc).

1127 Anders ist dies im Energiesektor, in dem dort Obergrenzen für Erlöse (sog. Revenue Caps) im Rahmen der Anreizregulierung vorgegeben werden; vgl. auch *Staebe*, in: Staebe, ERegG, § 25 Rn. 13; *ders.*, in: Staebe, ERegG, § 26 Rn. 7.

1128 So schon BR-Drucks. 22/18 vom 15.01.2016, S. 129 zu 2.3.5

Nach § 25 Abs. 1 Satz 3 ERegG bestimmen sich die rechtlichen und betriebswirtschaftlichen Vorgaben[1129] nach Anlage 4. Neben § 25 Abs. 1 Satz 4 ERegG wird das weitere Verfahren der Anreizregulierung nach den §§ 26 bis 30 ERegG geregelt.[1130] Das Anreizregulierungssystem stellt die Vorstufe des Genehmigungsverfahrens dar.

(cc) Weitere besondere Bestimmungen

Die §§ 35 ff. ERegG konkretisieren die Ausgestaltung der Entgelte. Nach § 36 Abs. 1 ERegG sind z. B. die „Aufschläge auf der Grundlage effizienter, transparenter und nichtdiskriminierender Grundsätze zu erheben, wobei die bestmögliche Wettbewerbsfähigkeit der Segmente des Eisenbahnmarktes zu gewährleisten ist".[1131] Die Einführung einer Differenzierungsmöglichkeit zwischen den verschiedenen Marktsegmenten ist neu.[1132] § 36 Abs. 2 Satz 2 sowie die dazugehörige Anlage 7 zu § 36 Abs. 2 und § 39 ERegG sind demgemäß differenziert ausgestaltet. Diese differenzierte Ausgestaltung spricht für einen abschließenden Charakter.

Die Regelungen hinsichtlich Knappheitszuschlag und Umweltbezogenheit aus § 21 Abs. 2 und 3 EIBV finden sich in § 35 Abs. 1 und 2 ERegG wieder.[1133] Auch die Entgeltnachlassregelungen des § 23 EIBV wurden in modifizierter Form in § 38 ERegG aufgenommen.[1134]

Mit § 39 Abs. 2 ERegG wird das bisherige Anreizsystem nach § 21 Abs. 1 EIBV aufgegriffen und weiter ausgeformt.[1135] Neu ist, dass mit § 39 Abs. 2 Satz 1 ERegG auf eine Möglichkeit zur Ausgestaltung der Anreizsetzung hingewiesen wird. Nach Satz 2 können Regelungen „Vertragsstrafen für Störungen des Netzbetriebs, eine Entschädigung für von Störungen betroffene Unternehmen und eine Bonusregelung für Leistungen, die das geplante Leistungsniveau übersteigen, umfassen". Es wird somit auf die Aufnahme von Bonus- und Malusregelungen hingewiesen. Bei

1129 So *Gerstner*, N&R 2016, 211 (216).

1130 Zur überblicksartigen Darstellung der Anreizregulierung siehe *Ludwigs*, NVwZ 2016, 1665 (1667); *Staebe*, in: Staebe, ERegG, § 25 Rn. 18 ff.; *ders.*, in: Staebe, ERegG, § 26 Rn. 1 ff.

1131 Vgl. dazu *Klinge*, in: Staebe, ERegG, § 36 Rn. 2 ff.

1132 Vgl. *Gerstner*, N&R 2016, 211 (218).

1133 Vgl. dazu *Klinge*, in: Staebe, ERegG, § 35 Rn. 1 ff.

1134 Vgl. dazu *Staebe*, in: Staebe, ERegG, § 38 Rn. 6 ff.

1135 So auch *Gerstner*, N&R 2016, 211 (218); vgl. auch *Staebe*, in: Staebe, ERegG, § 39 Rn. 3.

der konkreten Gestaltung dieser Bonus- und Malusregelungen ist der Betreiber der Schienenwege frei.[1136]

Die besonderen Bestimmungen der EIBV wurden somit weitestgehend in das ERegG implementiert und ausgeformt. Auf die obigen Ausführungen ist daher zu verweisen. Die Ausgestaltungsmöglichkeiten zeigen auch hier im Rahmen des ERegG, dass die Betreiber der Schienenwege eine Vielzahl von Gestaltungsmöglichkeiten[1137] besitzen, dennoch auch diesen entsprechen müssen, so dass nicht vollständig von einem freien Gestaltungsspielraum gesprochen werden kann. Dies darf durch eine Anwendung der §§ 19 f. GWB nicht umgangen werden.

(c) Entgeltgrundsätze

Die Regelungen über die Entgeltgrundsätze sind in § 34 ERegG zu finden.[1138] Zwar wird die Bestimmung der Entgeltgrundsätze auch im Rahmen des ERegG unter Beachtung der Entgeltmaßstäbe den Eisenbahnverkehrsunternehmen überlassen. Aus § 34 Abs. 2 Satz 2 ERegG folgt jedoch, dass die nach den §§ 28 bis 31 ERegG berechneten Entgelte den in den Schienennetz-Nutzungsbedingungen vorgesehenen Verfahren, Regeln und ggf. Tabellen entsprechen müssen. Die Entgeltberechnung muss demnach weitestgehend transparent erfolgen. Wie die Schienennetz-Nutzungsbedingungen auszugestalten sind, wird in § 19 ERegG dargestellt. § 4 EIBV i. V. m. Anlage 2 wurde weitestgehend in § 34 ERegG übernommen.

Daneben sind nach § 34 Abs. 4 Satz 1 ERegG „die Vorgaben über die Bedingungen zur Berechnung der Kosten, wie sie aufgrund eines nach Art. 31 Abs. 3 der Richtlinie 2012/34/EU erlassenen, durch Anlage 6 modifizierten Durchführungsakt bestimmt werden", zu beachten.

(d) Ex-ante-Entgeltgenehmigung

Neben der Anreizregulierung nach den §§ 25, 26 ERegG stellt auch die neu eingefügte Ex-ante-Genehmigung von Entgelten eine wesentliche Erweiterung des eisenbahnrechtlichen Regulierungsrechts dar. Für die Entgelte der Betreiber von Schienenwegen ist diese in § 33 Abs. 1 Satz 1 Nr. 1 und in den §§ 45, 46 ERegG geregelt.

1136 Allgemein für eine weitgehende Gestaltungsfreiheit im Rahmen des Anreizsystems *Staebe*, in: Staebe, ERegG, § 39 Rn. 10.

1137 Für einen erheblichen Gestaltungsspielraum auch *Klinge*, in: Staebe, ERegG, § 36 Rn. 10.

1138 Vgl. dazu ausführlich *Klinge*, in: Staebe, ERegG, § 34 Rn. 3 ff.

(aa) Adressaten des Entgeltgenehmigungsverfahrens

Die §§ 33 Abs. 1 Satz 1 Nr. 1, 45 ERegG richten sich an Betreiber von Schienenwegen. Dennoch ist zu differenzieren. § 33 Abs. 1 Satz 1 Nr. 1 ERegG betrifft die Entgeltgenehmigung der Betreiber der Schienenwege, die von den Vorschriften zur Entgeltbildung für Schienenwegen befreit sind. Eine solche Befreiung kommt beispielsweise nach § 2 Abs. 7 ERegG in Betracht. Für die befreiten Betreiber gelten für die Entgeltbildung lediglich die (einfachen) Vorschriften über Serviceeinrichtungen.[1139] Als Kompensation unterliegen sie jedoch der Entgeltgenehmigung nach § 33 ERegG.

Daneben sieht § 45 Abs. 1 Satz 1 ERegG ein grundsätzliches Genehmigungserfordernis für Entgelte der Betreiber der Schienenwege für die Erbringung des Mindestzugangspaketes nach Anlage 2 Nr. 1 einschließlich der Entgeltgrundsätze vor. In diesem Zusammenhang wird auch von der Genehmigung der Trassenentgelte gesprochen.[1140]

Bei einem Vergleich von § 33 Abs. 1 Satz 1 Nr. 1 ERegG zu § 45 Abs. 1 Satz 1 ERegG fällt auf, dass § 33 ERegG nicht auf bestimmte Entgelte beschränkt ist.[1141]

(bb) Maßstab der Entgeltgenehmigung

Nach § 33 Abs. 1 Satz 2 ERegG ist die Genehmigung zu erteilen, wenn den Voraussetzungen des § 32 ERegG entsprochen wird. Nach § 45 Abs. 1 Satz 2 ERegG ist die Genehmigung dagegen zu erteilen, wenn die Entgelte den Maßgaben der §§ 24 bis 40 und 46 ERegG und die Entgeltgrundsätze der Anlage 3 Nr. 2 entsprechen. Genehmigungsmaßstab bilden daher zum einen § 32 ERegG und zum anderen die §§ 24 bis 40 und § 46 ERegG sowie Anlage 3 Nr. 2, je nachdem, welcher Adressat von der Genehmigung betroffen ist. Im Rahmen der Entgeltbildung der bundeseigenen Betreiber der Schienenwege ist zusätzlich § 37 ERegG zu beachten, § 33 Abs. 1 Satz 3 ERegG.

§ 32 ERegG enthält lediglich (einfache) Vorschriften[1142] über die Ermittlung der Entgelte des Betreibers einer Serviceeinrichtung.[1143] Die §§ 24 bis 40 ERegG enthalten dagegen alle wesentlichen Entgeltvorschriften für Betreiber der

---

1139 Vgl. BT-Drucks. 18/9099 vom 06.07.2016, S. 22 zu Buchstabe o (§ 33 ERegG).

1140 So *Klinge*, in: Staebe, ERegG, § 45 Rn. 3.

1141 So auch *Bühlmeier*, N&R 2017, 93 (94).

1142 So BT-Drucks. 18/9099 vom 06.07.2016, S. 22 zu Buchstabe o (§ 33 ERegG).

1143 Dazu sogleich mehr unter Kapitel 2/C./II./2./b./bb./(2).

Schienenwege. § 46 ERegG bestimmt das Entgeltverfahren.[1144] Anlage 3 Nr. 2 bestimmt, wie die Entgeltgrundsätze darzulegen sind.

Der Genehmigungsmaßstab zeigt eine vollumfängliche Ex-ante-Kontrolle – zumindest im Rahmen des § 45 ERegG – über die Einhaltung der Entgeltregulierungsvorschriften, welche über einen aus § 14 Abs. 4 AEG a. F. festgestellten abschließenden Charakter gegenüber den §§ 19 f. GWB hinausgehen. Auch über § 33 Abs. 1 Satz 2 i. V. m. § 32 ERegG werden die ansonsten befreiten Betreiber der Schienenwege zur Einhaltung kartellrechtlich geprägter Maßgaben angehalten. Ihnen wird nach § 32 Abs. 1 ERegG eine Obergrenze vorgeschrieben. Wird jedoch schon von Anfang an kontrolliert, ob diese Maßgaben eingehalten werden, erscheint es äußerst fraglich, ob daneben ex post noch eine Kontrolle nach den §§ 19 f. GWB angebracht ist.

(cc) Verfahren der Entgeltgenehmigung

Im Gegensatz zu den anderen Sektoren sind die Verfahrensregelungen hinsichtlich der Genehmigung von Entgelten im ERegG nicht sehr umfangreich ausgestaltet. Dennoch enthält § 46 ERegG einige wenige Regelungen zum Entgeltgenehmigungsverfahren.[1145] Absatz 1 enthält Fristbestimmungen für die Antragstellung auf Einleitung des Genehmigungsverfahrens sowie die Art und Weise der Antragstellung und den beizulegenden Dokumenten. Nach § 46 Abs. 2 ERegG kann ein vorläufiges Entgelt festgesetzt werden, wenn der Antragsfrist nach § 46 Abs. 1 Satz 1 ERegG nicht entsprochen wird oder die Regulierungsbehörde aufgrund fehlender oder unrichtiger Unterlagen nicht über den Antrag entscheiden kann. Die Absätze 3 und 4 enthalten Bestimmungen zur Veröffentlichung der beantragten Entgelte sowie zur Dauer der Genehmigung. § 46 Abs. 5 Satz 1 ERegG enthält eine sog. Genehmigungsfiktion: „Trifft die Regulierungsbehörde binnen einer Frist von zwei Monaten nach Vorliegen der vollständigen und inhaltlich richtigen Unterlagen keine Entscheidung, so gilt das beantragte Entgelt als genehmigt". Die Genehmigung wird für einzelne Entgelte erteilt.

§ 46 ERegG gilt grundsätzlich nur für das Entgeltgenehmigungsverfahren nach § 45 ERegG. Für das Entgeltgenehmigungsverfahren nach § 33 ERegG bestehen keine besonderen Verfahrensvorschriften. § 46 ERegG soll dort analog gelten.[1146]

1144 Dazu unter Kapitel 2/C./II./2./b./bb./(1)/(d)/(cc).

1145 Vgl. dazu auch *Klinge*, in: Staebe, ERegG, § 46 Rn. 1 ff.

1146 *Blühmeier*, N&R 2017, 93 (95); *Klinge*, in: Staebe, ERegG, § 33 Rn. 14.

Neben diesen formellen Verfahrenspunkten beginnt das Genehmigungsverfahren materiell im Rahmen der Anreizregulierung. Ausgangspunkt bildet dabei nach § 25 Abs. 1 ERegG das vom Betreiber der Schienenwege berechnete und mitgeteilte Ausgangsniveau der Gesamtkosten, welches durch die BNetzA überprüft und festgelegt wird. Das Ausgangsniveau der Gesamtkosten für das Mindestzugangspaket ist nach Anlage 4 zu berechnen. Danach orientiert sich die Berechnung, wie zuvor dargestellt, nicht an den Kosten der effizienten Leistungserbringung, sondern an den tatsächlichen Kosten. In § 25 Abs. 2 ERegG wird die Bestimmung der Obergrenze der Gesamtkosten geregelt.[1147] Nach Ermittlung der jährlichen Obergrenze der Gesamtkosten wird diese durch die Regulierungsbehörde auf Antrag des betroffenen Betreibers der Schienenwege oder von Amts wegen nach § 26 Abs. 1 ERegG überprüft und gegebenenfalls angepasst. Auf der Grundlage der mitgeteilten Obergrenze der Gesamtkosten und der Festlegung der Entgelte für die einzelnen Verkehrsdienste und deren Marktsegmente auf der Grundlage der §§ 23 und 31 bis 41 ERegG durch den Betreiber der Schienenwege hat nach § 26 Abs. 2 Satz 1 ERegG die Genehmigung nach § 45 ERegG zu erfolgen. Die Obergrenze dient nach § 26 Abs. 2 Satz 3 ERegG ausdrücklich als Grundlage für die Begrenzung der genehmigten Entgelte. Jedoch muss nicht jedes einzelne Entgelt diesem Maßstab entsprechen.[1148] Nach § 26 Abs. 2 Satz 3 ERegG darf lediglich die gewichtete Summe der Entgelte die Obergrenze der Gesamtkosten nicht übersteigen.

(dd) Folgen der Entgeltgenehmigung

Wurde das Entgelt genehmigt, sind die Betreiber der Schienenwege an dieses gebunden. § 33 Abs. 2 Satz 1 ERegG sowie § 45 Abs. 2 Satz 1 ERegG sehen jeweils vor, dass der Betreiber der Schienenwege keine anderen als die genehmigten Entgelte vereinbaren darf. Ähnlich wie in den anderen Sektoren (§ 37 TKG und § 23a Abs. 2 Satz 1 EnWG[1149]) besteht somit eine Bindungswirkung. Bei einem Verstoß gilt das genehmigte Entgelt als vereinbart.[1150]

Entsprechend der Bindungswirkung sehen die § 33 Abs. 2 Satz 3 und § 45 Abs. 2 Satz 3 ERegG vor, dass das genehmigte Entgelt als billiges Entgelt im Sinne des § 315 BGB gilt. Eine zivilgerichtliche Kontrolle, gestützt auf § 315 BGB, wird

1147 Vgl. dazu weitergehend *Ludwigs*, NVwZ 2016, 1665 (1667).
1148 *Gerstner*, N&R 2016, 211 (217).
1149 Wobei hier nur Höchstpreise genehmigt werden, die zwar grundsätzlich nicht überschritten, aber unterschritten werden dürfen.
1150 Vgl. § 33 Abs. 2 Satz 2 ERegG, § 45 Abs. 2 Satz 2 ERegG.

damit explizit ausgeschlossen.[1151] Zu begrüßen ist hier, dass der Gesetzgeber mit § 33 Abs. 2 Satz 3 und § 45 Abs. 2 Satz 3 ERegG dem – mit der Anwendung des GWB vergleichbaren – Problem der parallelen Anwendung des § 315 BGB, welches im Rahmen dieser Arbeit jedoch nicht behandelt wird, Abhilfe geschaffen hat.[1152] Ende 2017 erging diesbezüglich auch ein klarstellendes Urteil des EuGH.[1153] Hintergrund war die Rechtssache CTL Logistics GmbH (CTL) gegen DB Netz AG (DB), bei der es um die Erstattung von Stornierungs- und Änderungsentgelten im Zusammenhang mit der Nutzung der DB betriebenen Eisenbahninfrastruktur ging.[1154] CTL erhob zunächst Klage vor dem LG Berlin, ohne zuvor die Regulierungsstelle zu befassen, und verlangte die Festsetzung eines billigen Entgeltes nach § 315 BGB. Das LG Berlin setzte jedoch das Verfahren aus und legte dem EuGH sieben Fragen hinsichtlich der Auslegung der Richtlinie 2001/14/EG, insbesondere, ob eine nationale Regelung wie § 315 BGB dieser entgegensteht, zur Vorabentscheidung vor. Der EuGH erklärte die Anwendung von § 315 BGB durch nationale Zivilgerichte für unvereinbar mit der Richtlinie 2001/14/EG und somit auch mit dem nationalen Eisenbahnregulierungsrecht, welches auf dieser Richtlinie beruht. Die im Rahmen des § 315 BGB erfolgende Einzelfallentscheidung durch die nationalen Zivilgerichte widerspricht dem Diskriminierungsverbot der Richtlinie 2001/14/EG[1155], sie beeinträchtigt die Unabhängigkeit der Betreiber der Infrastrukturen[1156] und greift in die Zuständigkeit der Regulierungsstellen ein[1157]. Für Fälle ab 2018 wird die Nichtanwendung des § 315 BGB, wie bereits dargestellt, durch die §§ 33 Abs. 2 und 45 Abs. 2 ERegG klargestellt. Ob die Recast-Richtlinie demnach einer Billigkeitskontrolle nach § 315 BGB entgegensteht, ist nicht mehr entscheidend.[1158]

1151 Dies soll jedenfalls dann gelten, wenn die Billigkeitsprüfung im Sinne des § 315 BGB nach selbst entwickelten Billigkeitsmaßstäben der Zivilgerichte vorgenommen werden soll. Vgl. dazu *Bremer/Scheffczyk*, NZKart 2018, 121 (122) und *Staebe*, EuZW 2018, 118 (119 ff.).

1152 So auch *Ludwigs*, NVwZ 2016, 1665 (1668); *Gerpott*, N&R 2016, 277 (283).

1153 Siehe EuGH, Urt. v. 09.11.2017 – Rs.C-489/15 = EuZW 2018, 74; kritisch hierzu *Bremer/Scheffczyk*, NZKart 2018, 121; *Staebe*, EuZW 2018, 118; *Neun/Schlichting*, IWRZ 2018, 31 (32 f.); *Mietzsch/Uhlenhut/Keding*, IR 2018, 57.

1154 Siehe EuGH, Urt. v. 09.11.2017 – Rs.C-489/15.

1155 EuGH, Urt. v. 09.11.2017 – Rs.C-489/15, Rn. 70, 72, 73, 76, 89, 95.

1156 EuGH, Urt. v. 09.11.2017 – Rs.C-489/15, Rn. 38, 81 m.w.N., 93.

1157 EuGH, Urt. v. 09.11.2017 – Rs.C-489/15, Rn. 84 ff., 93.

1158 Kritisch *Ludwigs*, N&R 2018, 55 (58).

Zu kritisieren ist an den Regelungen der §§ 33 Abs. 2 Satz 3 und 45 Abs. 2 Satz 3 ERegG, dass hier der Ausschluss der §§ 19 f. GWB, dessen Anwendung meist in Verbindung mit der des § 315 BGB steht, nicht ausdrücklich geregelt wurde.[1159] Die fehlende Nennung der §§ 19 f. GWB im Rahmen der Bindungswirkung der genehmigten Entgelte nach § 45 ERegG könnte darauf hindeuten, dass die genehmigten Entgelte gerade keine Bindungswirkung für die Anwendung der §§ 19 f. GWB entfalten. Auch die zuvor genannte EuGH-Entscheidung befasst sich ausdrücklich nur mit der zivilgerichtlichen Kontrolle nach § 315 BGB im Eisenbahnsektor. Zu anderen regulierten Bereichen sowie zum Vorrang regulierungsrechtlicher Bestimmungen gegenüber kartellrechtlichen Bestimmungen hat sich der EuGH nicht ausdrücklich geäußert. Dennoch können aus der EuGH-Entscheidung Rückschlüsse auf das Verhältnis von Eisenbahnregulierungsrecht und § 19 GWB gezogen werden.[1160] Für einen Ausschluss der §§ 19 f. GWB ist erforderlich, dass diese durch die dem nationalen Recht vorrangige europäische Richtlinie 2012/34/EU ebenso ausgeschlossen werden, wie es im Fall des § 315 BGB nach der Richtlinie 2001/14/EG geschah.[1161] Nach dem EuGH steht eine zivilgerichtliche Überprüfung von regulierten Entgelten, wie es gem. § 19 GWB z. B. im Rahmen einer Schadensersatzklage nach den §§ 33, 33a GWB der Fall wäre, dem Regulierungsrecht dann entgegen, wenn ihre Anwendung und Durchsetzung in den abschließenden Zuständigkeitsbereich der Regulierungsbehörde eingreift[1162] und im Rahmen einer Einzelfallentscheidung ergeht, die nur den klagenden Infrastrukturzugangsberechtigten gegenüber anderen Zugangsberechtigten besserstellt und somit zu einer Ungleichbehandlung führt, die vom Regulierungsrecht gerade vermieden werden soll.[1163] Daneben darf durch die Anwendung des Kartellrechts im Zivilrechtsweg aber auch nicht in eine bestehende Unabhängigkeit der Infrastrukturbetreiber eingegriffen

---

1159 Zur Kritik an dem fehlenden Ausschluss des Kartellrechts siehe *Ludwigs*, NVwZ 2016, 1665 (1668).

1160 So LG Frankfurt, Urt. v. 09.05.2018 – 2-06 O 38/17 = BeckRS 2018, 19378, Rn. 29; *Gerstner*, EuZW 2018, 74 (80); *Staebe*, EuZW 2018, 118 (122); anders *Bremer/Scheffczyk*, NZKart 2018, 121 (122), vgl. auch *Mietzsch/Uhlenhut*, IR 2018, 57 (61).

1161 *Weinter*, EnWZ 2018, 73 (78).

1162 Entsprechend hat sich der EuGH zu der zivilgerichtlichen Billigkeitskontrolle nach § 315 BGB geäußert, EuGH, Urt. v. 09.11.2017 – Rs.C-489/15, Rn. 84 ff.

1163 Entsprechend hat sich der EuGH zu der zivilgerichtlichen Billigkeitskontrolle nach § 315 BGB geäußert, EuGH, Urt. v. 09.11.2017 – Rs.C-489/15, Rn. 89, 95.

werden.[1164] Es darf somit keine faktische Regulierungswirkung durch die Anwendung des § 19 GWB für die Infrastrukturbetreiber entstehen.

Dies ist jedoch bei einer zivilgerichtlichen Kontrolle von Entgelten anhand des § 19 GWB im Eisenbahnsektor der Fall. Zivilgerichtliche Entscheidungen auf der Grundlage der §§ 19 f. GWB führen ebenso zu unterschiedlichen Entgelten im Einzelfall wie eine Billigkeitsentscheidung nach § 315 BGB.[1165] Diese ist jedoch nach Aussage des EuGH nur dann möglich, wenn die Rechtswidrigkeit „zuvor schon durch die Regierungsbehörde [...] festgestellt wurde“[1166]. Nichts anderes kann für eine Missbrauchskontrolle nach § 19 GWB gelten. Wenn aber zuvor nicht die Unvereinbarkeit des Entgelts mit dem Regulierungsrecht festgestellt wurde, führt die zivilgerichtliche Entscheidung nach § 19 GWB auch zu einer Diskriminierung gegenüber anderen Eisenbahnunternehmen, die keine Klage nach den §§ 33 Abs. 1, 33a GWB i. V. m. § 19 GWB erheben.[1167] Dies widerspricht jedoch, wie vom EuGH klargestellt, dem Eisenbahnregulierungsrecht. Es dürfte nicht darauf ankommen, ob sich eine Diskriminierung aus der „Unbilligkeit“ eines behördlich gebilligten Entgeltes nach § 315 BGB oder aus seiner „Missbräuchlichkeit“ nach § 19 GWB ergibt.[1168] Die zivilgerichtliche Kontrolle nach § 19 GWB führt aufgrund der Einzelfallbetrachtung zu abweichenden Ergebnissen. Rechtschutzlücken entstehen dadurch nicht.[1169] Auch die Regulierungsgesetze sehen Mechanismen vor, die einen Schutz gegen rechtswidrige Entgelte gewährleisten, z. B. das umfassende Beschwerderecht nach § 66 Abs. 1 ERegG sowie ein gerichtlicher Drittschutz gegen behördliche Entscheidungen.[1170]

Für den Eisenbahnsektor wirkt sich die EuGH-Entscheidung demnach nicht nur im Hinblick auf § 315 BGB[1171], sondern auch im Hinblick einer

---

1164 Entsprechend hat sich der EuGH zu der zivilgerichtlichen Billigkeitskontrolle nach § 315 BGB geäußert, EuGH, Urt. v. 09.11.2017 – Rs.C-489/15, Rn. 81 m.w.N.

1165 *Weitner*, EnWZ 2018, 73 (78); *Gerstner*, EuZW 2018, 74 (80). Auch in der RL 2012/34/EU wird der Grundsatz der Diskriminierungsfreiheit weitergeführt, vgl. dazu u. a. Erwägungsgrund Nr. 9, 16, Art. 10, 13.

1166 Entsprechend hat sich der EuGH zu der zivilgerichtlichen Billigkeitskontrolle nach § 315 BGB geäußert, EuGH, Urt. v. 09.11.2017 – Rs.C-489/15, Rn 97.

1167 *Weitner*, EnWZ 2018, 73 (78); LG Frankfurt, Urt. v. 09.05.2018 – 2-06 O 38/17 = BeckRS 2018, 19378, Rn. 29.

1168 *Staebe*, EuZW 2018, 118 (122).

1169 So aber *Mietzsch/Uhlenhut* für Fälle die vor der Einführung des ERegG liegen, IR 2018, 57 (62).

1170 Vgl. OVG Münster, 01.12.2017 – 13 B 720/17.

1171 Für Fälle vor dem ERegG.

zivilgerichtlichen Kontrolle der Entgelte nach § 19 GWB aus. Trotz fehlendem gesetzlich fixiertem Ausschluss der Anwendung der §§ 19 f. GWB in den §§ 33 Abs. 2 Satz 3 und 45 Abs. 2 Satz 3 ERegG muss daher von einem solchen ausgegangen werden. Dafür spricht auch die Beibehaltung und weitere Ausformung des § 14 Abs. 4 AEG a. F. sowie die Ergänzung um ein Ex-ante-Genehmigungsverfahren in den ERegG-Vorschriften bezüglich der Entgelte der Betreiber der Schienenwege, dass ein abschließender Charakter aufrechterhalten bleiben soll, so dass trotz fehlender Nennung des Ausschlusses der §§ 19 f. GWB in § 45 Abs. 2 Satz 3 ERegG ein solcher nicht abwegig ist. Eine fehlende Nennung der §§ 19 f. GWB in § 33 Abs. 2 Satz 3 und § 45 Abs. 2 Satz 3 ERegG hat nicht zur Folge, dass die allgemeine kartellrechtliche Missbrauchsaufsicht uneingeschränkt zur Anwendung kommt. Daneben beziehen sich § 33 Abs. 2 Satz 3 und § 45 Abs. 2 Satz 3 ERegG lediglich auf eine Bindungswirkung, die erst dann eintreten kann, wenn die Anwendbarkeit der entsprechenden Vorschrift vollumfänglich bejaht wurde. Hier könnte jedoch der Fall vorliegen, dass die §§ 19 f. GWB erst gar nicht zur Anwendung kommen.[1172] Eine Bindungswirkung würde dann keinen Sinn ergeben bzw. nur von deklaratorischer Natur sein. Daher kann § 45 Abs. 2 Satz 3 ERegG auch dahingehend verstanden werden, dass eine entsprechende Regelung für die §§ 19 f. GWB bewusst weggelassen wurde, da diese ohnehin – aufgrund des abschließenden Charakters der Vorschriften über die Entgelte von Betreibern der Schienenwege – nicht zur Anwendung kommen. Des Weiteren bestehen auch im TK-Sektor entsprechende Regelungen nicht. Trotzdem sind dort die Vorschriften über die Entgeltregulierung gegenüber den §§ 19 f. GWB vorrangig. Nichts Gegenteiliges kann sich daher für den Eisenbahnsektor ergeben.

Fraglich ist in diesem Zusammenhang auch, ob sich die dargestellte EuGH-Entscheidung auch auf die anderen Sektoren auswirkt. Jedenfalls ist eine Übertragung des EuGH-Urteils in den TK-Sektor hinsichtlich einer zivilgerichtlichen Kontrolle nach § 315 BGB sowie nach den §§ 19 f. GWB nicht erforderlich. In diesem Bereich entspricht es nahezu der herrschenden Meinung, dass für eine zivilgerichtliche Billigkeitskontrolle der regulierungsbehördlich genehmigten Entgelte nach § 315 BGB aufgrund deren Fixpreischarakters (§ 37 TKG) kein Raum besteht.[1173] Dass eine zivilgerichtliche Überprüfung der Entgelte auf der Grundlage der §§ 19 f. GWB nicht möglich ist, ergibt sich schon aus der

---

1172 Ebenso *Staebe*, in: Staebe, ERegG, Vorb. §§ 23 ff. Rn. 6; *Klinge*, in: Staebe, ERegG, § 33 Rn. 10.

1173 Vgl. auch BGH, Urt. v. 24.05.2007 – III ZR 467/04, Rn. 15 = ZNER 2007, 317 (318).

fehlenden Anwendbarkeit der kartellrechtlichen Missbrauchsaufsicht in regulierten Bereichen des TK-Sektors. Aber auch dann, wenn man nicht der hier verfolgten Ansicht des abschließenden Charakters des TKG gegenüber der kartellrechtlichen Missbrauchsaufsicht nach dem GWB folgt, wäre eine zivilgerichtliche Kontrolle nach § 19 GWB im Hinblick auf die Aussagen des EuGH in der Rechtssache CTL./. DB nicht mit dem TK-spezifischem Regulierungsrecht vereinbar. Auch im Telekommunikationsbereich soll die Regulierung zuvorderst einer Diskriminierung entgegenwirken. Dies wird an den Regelungen der §§ 19, 27 Abs. 1, 28 und 42 TKG deutlich. Eine zivilgerichtliche Entscheidung nach § 19 GWB im Einzelfall würde demnach, entsprechend wie im Eisenbahnsektor, gegen das Diskriminierungsverbot verstoßen und zur Ungleichbehandlung der Zugangsberechtigten führen. Ferner wird auch durch eine solche zivilgerichtliche Entscheidung im Einzelfall in die ausschließliche Zuständigkeit der Regulierungsbehörden eingegriffen.

Für den Energiesektor gilt Folgendes: Der BGH hatte für den Energiesektor die Anwendbarkeit von § 315 BGB grundsätzlich bejaht.[1174] Die Kontrolle nach § 315 BGB wurde aber dadurch beschränkt, dass der Genehmigung der Regulierungsbehörde eine „Indizwirkung" für die Billigkeit der Entgelte zugesprochen wurde.[1175] Dies wurde auch vom BVerfG bestätigt und bekräftigt.[1176] Im Hinblick auf die §§ 19 f. GWB kommt jedoch eine zivilgerichtliche Kontrolle schon von vornherein wegen § 111 EnWG nicht in Betracht. Ob daneben die EuGH-Entscheidung, entgegen der Rechtsprechung des BGH, auch auf den Energiesektor übertragbar ist, soll hier nicht vertieft verfolgt werden. Nur Folgendes ist dazu festzuhalten: Eine Anwendung des § 315 BGB wird jedenfalls dann ausgeschlossen, wenn Vorgaben der einschlägigen Richtlinien des Energiesektors[1177] mit denen der Richtlinie 2001/14/EG zumindest teilweise vergleichbar sind. Denn dann könnten die Argumente des EuGH hinsichtlich des Verhältnisses von § 315 BGB und der Richtlinie 2001/14/EG auf den Energiesektor übertragen werden.[1178] Eine solche Vergleichbarkeit ist zu bejahen: Auch im Energiesektor

---

1174 BGH, Urt. v. 15.05.2012 – EnZR 105/10, Rn. 33, NJW 2012, 3092.

1175 BGH, Urt. v. 15.05.2012 – EnZR 105/10,RdE 2012, 382, Rn. 36.

1176 BVerfG, Beschl. v. 26.09.2017 – 1 BvR 1486/16, 1 BvR 1487/16, 1 BvR 2490/16, 1 BvR 2491/16 = EnWZ 2018, 79 mit Anm. *Missling*, siehe dazu auch dazu *König*, N&R 2018, 47.

1177 Insb. RL 2003/54/EG, RL 2003/55/EG, VO (EG) Nr. 1228/2003, VO (EG) Nr. 1775/2005, RL 2009/72/EG, RL 2009/73/EG, VO (EG) Nr. 714/2009, VO (EG) Nr. 715/2009.

1178 *Weitner*, EnWZ 2018, 73 (78 f.), der dies bejaht.

sind die grundlegenden Richtlinien von einem Diskriminierungsverbot geprägt. Dies spiegelt sich auch in § 20 Abs. 1 und § 21 Abs. 1 EnWG wider. Auch besteht ein eigener Spielraum für Netzbetreiber bei der Umsetzung der Erlösobergrenze in den Netzentgelten.[1179] Dieser würde durch eine Anwendung des § 315 BGB unzulässig beschränkt werden. Daneben wäre mit der zivilgerichtlichen Kontrolle nach § 315 BGB auch im Energiesektor eine Missachtung des verbindlichen Charakters der regulierungsbehördlichen Anordnung[1180] sowie ein unzulässiger Eingriff in die Zuständigkeit der Regulierungsbehörde verbunden.[1181] Denn auch hier wird von einer exklusiven Zuständigkeit der Regulierungsbehörden ausgegangen.[1182]

(e) Zwischenfazit und kritische Würdigung: Entgeltregulierung für Schienenwege ist abschließend

Die Entgeltregulierung im Bereich der Schienenwege entspricht zwar im Grunde dem § 14 Abs. 4 AEG a. F. sowie den §§ 20 bis 23 EIBV, sie geht jedoch in ihrem Regelungsbereich über diese hinaus.[1183] Im Verhältnis zu den alten Entgeltregulierungsvorschriften ist sie umfassender. Zunächst ist der „Vor die-Klammer-gezogene"-Grundsatz der Diskriminierungsfreiheit in § 23 ERegG, der auch für die Entgelte der Betreiber von Schienenwegen gilt, in Erscheinung getreten. Dieser konkretisiert, wie dargestellt, § 19 Abs. 2 Nr. 1 2. Alt. GWB. Daneben wurde an dem Prinzip der Vollkostendeckung bei der Berechnung der Entgelte festgehalten sowie Bestimmungen der EIBV zur Konkretisierung der Ausgestaltung der Entgelte für Schienenwege in das ERegG übernommen. Aus der Übernahme und Fortführung der bekannten Vorschriften aus AEG a. F. und EIBV folgt, dass auch im ERegG ein abschließender Charakter der Entgeltregulierung für Schienenwege weiter besteht. Weiter führt die Etablierung eines Anreizsystems in den §§ 25, 26 ERegG und die Einführung einer Entgeltgenehmigung zu mehr Transparenz, Kontrolle und weiteren bindenden Maßgaben. Insbesondere die Einführung des Genehmigungserfordernisses und des Genehmigungsverfahrens stellt eine bedeutsame Neuerung des Eisenbahnregulierungsrechts dar. Mit Einführung der Ex-ante-Genehmigung der Entgelte der Betreiber der Schienenwege und der entsprechenden Entgeltgrundsätze besteht nun auch im

1179 *Berg*, RdE 2018, 184 (190 f.).
1180 *Berg*, RdE 2018, 184 (194).
1181 *Berg*, RdE 2018, 184 (192); auch *Ludwigs*, N&R 2018, 55 (58).
1182 Vgl. *Berg*, RdE 2018, 184 (192).
1183 So auch *Gerpott*, N&R 2016, 277 (281).

Eisenbahnsektor eine klassische aus den anderen Sektoren bekannte Ex-ante-Kontrolle der Entgelte. Im Rahmen des ERegG kann sich nun nicht mehr – wie dies noch im Rahmen des AEG a. F. der Fall war – auf das Fehlen eines klassischen Ex-ante-Kontrollmechanismus und somit fehlender Regulierung berufen werden.

Aus der daraus folgenden breiten Aufstellung der Entgeltregulierungsvorschriften für Schienenwege folgt, dass nun nicht nur eine einzelne Bestimmung – wie § 14 Abs. 4 AEG a. F. – gegenüber den §§ 19 f. GWB als abschließend zu qualifizieren ist. Vielmehr ist das gesamte Entgeltregulierungssystem für die Betreiber der Schienenwege abschließend, da es in sich geschlossen ist.

(2) Regulierung der Entgelte für Serviceeinrichtungen

Die Entgeltregulierung für Entgelte für Serviceeinrichtungen bestimmt sich insbesondere nach § 32 ERegG.[1184] § 32 Abs. 1 ERegG bestimmt den materiellen Entgeltmaßstab. Er sieht vor, dass „die Entgelte für den Schienenzugang innerhalb von Serviceeinrichtungen nach Anlage 2 Nummer 2 und für die Erbringung von Leistungen in diesen Einrichtungen [...] die Kosten für deren Erbringung zuzüglich eines angemessenen Gewinns[1185] nicht übersteigen [dürfen]". Auch die Entgelte für Serviceeinrichtungen haben sich somit an einer Vollkostendeckung zu orientieren.[1186] Was ein angemessener Gewinn ist, wird in § 1 Abs. 9 ERegG legaldefiniert.[1187]

§ 32 Abs. 2 ERegG normiert die allgemeine Verpflichtung, Entgelte angemessen, nichtdiskriminierend und transparent zu gestalten.[1188]

(a) Vergleichbarkeit mit § 14 Abs. 5 AEG a. F.

§ 32 Abs. 2 Satz 2 stellt regelbeispielsartig dar, wann den Grundsätzen aus § 32 Abs. 2 Satz 1 ERegG nicht entsprochen wird.[1189] Eine Beeinträchtigung liegt demnach vor, „wenn (Nr. 1) Entgelte gefordert werden, [die] die entstandenen Kosten für das Erbringen der Leistungen in unangemessener Weise überschreiten[1190] oder (Nr. 2) einzelnen Zugangsberechtigten Vorteile gegenüber

1184 Vgl. dazu *Staebe*, in: Staebe, ERegG, Vorb. §§ 23 ff. Rn. 25 ff; *Klinge*, in: Staebe, ERegG, § 32 Rn. 1 ff.

1185 Zum sog. Cost Plus-Maßstab siehe *Klinge*, in: Staebe, ERegG, § 32 Rn. 5 ff.

1186 Vgl. dazu auch *Klinge*, in: Staebe, ERegG, § 31 Rn. 7.

1187 Vgl. dazu auch *Klinge*, in: Staebe, ERegG, § 31 Rn. 15 ff.

1188 BR-Drucks. 22/16 vom 15.01.2016, S. 287 zu § 32, Absatz 2.

1189 Vgl. BR-Drucks. 22/16 vom 15.01.2016, S. 287 zu § 32, Absatz 2.

1190 Diese Regelung deckt sich mit § 14 Abs. 5 Satz 2 Nr. 1 AEG a. F.

anderen Zugangsberechtigten eingeräumt werden, soweit hierfür nicht ein sachlich gerechtfertigter Grund vorliegt[1191]". § 32 ERegG entspricht weitestgehend § 14 Abs. 5 AEG a. F.[1192] Die Regulierung der Entgelte für Serviceeinrichtung ist daher im Wesentlichen gleichgeblieben.

Im Gegensatz dazu wurde jedoch die Generalklausel des § 14 Abs. 5 Satz 1 AEG a. F. nicht übernommen. § 32 Abs. 2 Satz 1 ERegG sieht in Abkehr von § 14 Abs. 5 Satz 1 AEG a. F. vor, dass „die Entgelte so zu bemessen [sind], dass sie angemessen, nichtdiskriminierend und transparent sind". Ein Verbot der missbräuchlichen Beeinträchtigung von Wettbewerbsmöglichkeiten der Zugangsberechtigten durch die Entgeltbemessung ist in § 32 ERegG, anders als noch in § 14 Abs. 5 Satz 1 AEG a. F., nicht vorgesehen.[1193] Jedenfalls ist dies nicht mehr auf den ersten Blick ersichtlich. Dies zeigt zum einen eine Anpassung an die Zugangsregelung des § 10 ERegG. Durch Aufnahme einer angemessenen, nichtdiskriminierenden und transparenten Entgeltbemessung wird eine dem § 10 Abs. 1 Satz 1 ERegG korrespondierende Entgeltvorschrift geschaffen. Dadurch wird aber auch von einer deutlichen Anlehnung an das Wettbewerbsrecht Abstand genommen. Dies könnte dafür sprechen, dass der Entgeltregulierung für Serviceeinrichtungen der Lex-specialis-Charakter genommen wurde. Jedoch ist zu beachten, dass mit den Regelbeispielen des § 32 Abs. 2 Satz 2 ERegG und dem § 32 Abs. 2 Satz 1 ERegG trotzdem der Tatbestand des Ausbeutungsmissbrauchs nach § 19 Abs. 2 Nr. 2 GWB und das Diskriminierungsverbot des § 19 Abs. 2 Nr. 1 2. Alt. GWB aufgenommen bzw. beibehalten wird. Das Kriterium der Angemessenheit als Teilaspekt des Verhältnismäßigkeitsgrundsatzes soll künftig eine regulierungsrechtliche Überprüfung des Missbrauchs einer strukturellen Ungleichgewichtslage bei der Forderung von Bedingungen, die für den Betreiber von Serviceeinrichtungen gewinnbringender wären, als solche zwischen anderen Unternehmen im wettbewerblichen Umfeld zu erwarten sind, ermöglichen.[1194] Werden unangemessene Bedingungen entgegen § 32 Abs. 2 Satz 1 ERegG gefordert, würden damit zwangsläufig die Wettbewerbsmöglichkeiten des Zugangsberechtigten beeinträchtigt werden. Aufgrund der Stellung des Betreibers von Serviceeinrichtungen wären solche Entgeltbedingungen auch missbräuchlich.

1191 Diese Regelung entspricht § 14 Abs. 5 Satz 2 Nr. 2 AEG a. F.

1192 *Gerpott*, N&R 2016, 277 (283); *Gerstner*, N&R 2016, 211 (218); *Ludwigs*, NVwZ 2016, 1665 (1668); *Bühlmeier*, N&R 2017, 93; *Klinge*, in: Staebe, ERegG, § 32 Rn. 1, 24.

1193 Vgl. hierzu auch *Blühmeier*, N&R 2017, 93; *Klinge*, in: Staebe, ERegG, § 32 Rn. 23.

1194 *Blühmeier*, N&R 2017, 93; Bundesnetzagentur, Beschl. v. 18.11.2016 – Az. BK10-16-0009_Z, S. 8 f. und 19 f.

Trotz der Wortlautänderung bleibt der Zweck der Regelung, Wettbewerbsmöglichkeiten der Zugangsberechtigten nicht missbräuchlich zu beeinträchtigen, erhalten. Das Fehlen einer dem § 14 Abs. 5 Satz 1 AEG a. F. vergleichbaren Formulierung in § 32 ERegG vermag also noch nicht den Lex-specialis-Charakter der Entgeltregulierung für Serviceeinrichtungen abzuschwächen oder gar auszuschließen. Besondere Regelungen ergeben sich aus § 37 ERegG für Personenbahnhöfe der Eisenbahninfrastrukturunternehmen des Bundes. Zusätzlich trifft auch die Betreiber der Serviceeinrichtungen – ohne Unterschied (Personenbahnhöfe) – die Pflicht zur Schaffung eines Anreizsystems. Wie die Betreiber der Schienenwege sind sie zukünftig nach § 39 Abs. 4 ERegG verpflichtet, leistungsabhängige Bestandteile zur Anreizschaffung im Sinne des § 39 Abs. 2 ERegG in ihren Entgeltregelungen aufzunehmen.[1195] Damit wird an den Vorgaben des § 24 EIBV festgehalten. Auf die obigen Ausführungen kann daher erneut verwiesen werden.

Die Maßgaben für die Entgelte der Serviceeinrichtungen bleiben daher auch in der neuen Regelung des § 32 ERegG lex specialis gegenüber den §§ 19 Abs. 2 Nr. 1 und Nr. 2, 20 GWB.

(b) Ex-ante-Entgeltgenehmigung

Auch im Rahmen der Entgelte für Serviceeinrichtungen besteht ein Ex-ante-Genehmigungserfordernis. Dieses richtet sich nach § 33 ERegG und ist im Gegensatz zur Genehmigung der Entgelte der Betreiber der Schienenwege weniger weitreichend.

(aa) Adressaten des Genehmigungsverfahrens

Im Unterschied zu den Entgelten der Betreiber der Schienenwege, in denen grundsätzlich alle Betreiber der Schienenwege gleichermaßen von der Genehmigungspflicht betroffen sind, erstreckt sich die Genehmigungspflicht nach § 33 Abs. 1 Satz 1 Nr. 2 ERegG nur auf Entgelte der Betreiber von Personenbahnhöfen. Für Betreiber der restlichen Serviceeinrichtungen besteht dagegen kein Genehmigungserfordernis für ihre Entgelte. Sie unterliegen wie bisher nur einer

1195 Im Gesetzgebungsverfahren war zunächst vorgesehen, dass nur Betreiber von Personenbahnhöfen leistungsabhängige Entgeltregelungen vorsehen müssen. Der Gesetzgeber wollte jedoch an der Regelung des § 24 EIBV festhalten und stellte alle Betreiber von Serviceeinrichtungen gleich, vgl. BT-Drucks. 18/8334 vom 04.05.2016, S. 289 zu Artikel 1 (§ 39 Absatz 4 ERegG).

Ex-post-Kontrolle nach § 66 Abs. 3 und 4 ERegG und der (fakultativen) Vorabüberprüfung nach § 72 Satz 1 Nr. 5 i. V. m. § 73 Abs. 1 Nr. 4 ERegG.

(bb) Maßstab der Entgeltgenehmigung

Als Maßstab sieht § 33 Abs. 1 Satz 2 ERegG vor, dass eine Genehmigung grundsätzlich zu erteilen ist, wenn den Anforderungen des § 32 ERegG entsprochen wird. Abweichend davon bestimmt § 33 Abs. 1 Satz 3 ERegG, dass im Fall von Personenbahnhöfen der Eisenbahnen des Bundes der § 37 ERegG als Prüfungsmaßstab gilt.[1196]

Im Rahmen der Entgeltregulierung wird somit die Einhaltung der § 19 GWB partiell ausschließenden Vorschriften überprüft, so dass sich ähnlich dem TKG[1197] ein Vorrangverhältnis auch auf die Ex-ante-Kontrolle erstrecken wird.

(cc) Verfahren der Entgeltgenehmigung

Ein besonderes Verfahren ist im Rahmen des § 33 ERegG nicht vorgesehen.[1198] Es ist aber von der – zumindest analogen – Anwendbarkeit des § 46 ERegG auszugehen.[1199] Auf die obigen Ausführungen ist daher zu verweisen.

(dd) Folgen der Genehmigung

Auch im Rahmen des § 33 ERegG besteht eine Bindungswirkung. So sieht § 33 Abs. 2 Satz 1 ERegG entsprechend dem § 45 Abs. 2 Satz 1 ERegG vor, dass andere als die genehmigten Entgelte nicht vereinbart werden dürfen. Ansonsten ist der Vertrag wegen Verstoßes gegen § 33 Abs. 2 Satz 1 ERegG nach § 33 Abs. 2 Satz 2 ERegG unwirksam, so dass das jeweils genehmigte Entgelt gilt. Weiter wird auch nach § 33 Abs. 2 Satz 3 ERegG die Nichtanwendung des § 315 BGB klargestellt. Daraus könnte zudem folgen, dass eine parallele Anwendung des § 315 BGB in sonstigen Fällen der Serviceeinrichtungen in Betracht kommt.[1200] Dies ist im Rahmen dieser Arbeit jedoch nicht näher zu erörtern. Auch hier ist wieder der

---

1196 Vgl. auch BT-Drucks, 18/9099, S. 22 zu Buchstabe o (§ 33 ERegG), Zu Absatz 1 Nummer 2.

1197 Da über § 31 Abs. 1, 32, 35 Abs. 2 TKG auch die Einhaltung des § 28 TKG geprüft wird, siehe oben unter Kapitel 2/B./III./2./c./cc./(1)/(b).

1198 So auch *Bühlmeier*, N&R 2017, 93 (94).

1199 *Bühlmeier*, N&R 2017, 93 (94 f.).

1200 So auch *Ludwigs*, NVwZ 2016, 1665 (1669); BT-Drucks. 18/8334 vom 04.05.2016, S. 315 zu Nummer 29 (§ 45 Absatz 1 Satz 1, Absatz 2 Satz 1a – neu – und Satz 3 ERegG) Buchstabe b)bb).

Verzicht auf eine ausdrückliche Nennung der §§ 19 f. GWB im Rahmen des § 33 Abs. 2 Satz 3 ERegG zu beanstanden. Da die Entgeltregulierung entsprechend dem 14 Abs. 5 AEG a. F. auch hier wieder lex specialis gegenüber dem GWB ist, ist schon fraglich, ob die §§ 19 f. GWB überhaupt zur Anwendung kommen. Bei einem Anwendungsausschluss von Anfang an bedarf es auch keiner Bindungswirkung i. S. d. § 33 Abs. 2 Satz 3 ERegG, so dass aus der Nichtnennung der §§ 19 f. GWB in § 33 Abs. 2 Satz 3 ERegG für die Vorrangwirkung des ERegG nichts Nachteiliges abgeleitet werden kann.

(c) *Entgelte für Zusatz- und Nebenleistungen*

Der gleiche Maßstab gilt nach § 35 Abs. 5 ERegG auch für Entgelte für Zusatz- und Nebenleistungen. Werden die in Anlage 2 Nr. 3 und 4 aufgeführten Zusatz- und Nebenleistungen nur von einem einzigen Dienstleister angeboten, hat die BNetzA zu prüfen, ob der Maßstab des § 32 Abs. 2 ERegG eingehalten wird.

Zwar unterliegen die Zusatz- und Nebenleistungen denselben Maßstäben wie die Entgelte der Betreiber der Serviceeinrichtungen. Auch das Genehmigungserfordernis des § 33 ERegG ist, im Gegensatz zu § 45 ERegG, nicht auf ein bestimmtes Entgelt beschränkt, so dass auch von einer Genehmigungspflicht nach § 33 ERegG der Entgelte für Zusatz- und Nebenleistungen ausgegangen werden könnte.[1201] Aus der Gesetzesbegründung wird jedoch das Gegenteil deutlich. Danach unterliegen Zusatz- und Nebenleistungen keiner Genehmigungspflicht.[1202] Dies deckt sich auch mit dem Gesetzestext, der an keiner Stelle Zusatz- und Nebenleistungen einer Entgeltkontrolle unterwirft.

(d) *Zwischenfazit: Entgeltregulierung für Serviceeinrichtungen bleibt lex specialis*

Aufgrund der grundlegenden Übereinstimmung des § 32 ERegG mit § 14 Abs. 5 AEG a. F. und den ausführenden Vorschriften der EIBV ist auch die Entgeltregulierung für Entgelte für Serviceeinrichtungen lex specialis gegenüber den §§ 19 Abs. 2 Nr. 1 und Nr. 2, 20 GWB. Auch die neu eingeführte Ex-ante-Genehmigung von Entgelten für die Nutzung von Personenbahnhöfen in § 33 ERegG führt dazu, dass sich der Lex-specialis-Gedanke ausweitet und somit auch die Vorabregulierung gegenüber den §§ 19 Abs. 2 Nr. 1 und Nr. 2, 20 GWB vorrangig

---

1201 I. E. ablehnend *Bühlmeier*, N&R 2017, 93 (94).

1202 Vgl. BT-Drucks. 18/8334 vom 04.05.2016, S. 205 und BR-Drucks. 22/16 vom 15.01.2016, S. 300 zu § 45 Absatz 1.

ist.[1203] Die Anwendung der allgemeinen kartellrechtlichen Missbrauchsaufsicht ist somit auch im Bereich der Entgeltregulierung von Personenbahnhöfen partiell ausgeschlossen.

3. *Verbleibende Zuständigkeit der Kartellbehörden nach den Vorschriften des GWB*

Die vorherige Untersuchung des Eisenbahnsektors zeigte das materielle Verhältnis von ERegG und GWB auf. Aus diesem Verhältnis können sogleich auch Rückschlüsse auf die verbleibende Zuständigkeit des BKartA in diesem Sektor gezogen werden. Der Zusammenhang zwischen materieller Anwendbarkeit und formeller Zuständigkeit ergibt sich, wie aufgezeigt, auch aus § 9 Abs. 3 BEVVG, der dem § 14b Abs. 2 AEG a. F. entspricht. Für die Zuständigkeit des BKartA bedeutet dies:

Im Rahmen der Anwendung des Kartellverbotes nach § 1 GWB sowie der Zusammenschlusskontrolle nach den §§ 35 ff. GWB besteht eine uneingeschränkte Zuständigkeit der Kartellbehörden.

Die Zuständigkeit der Kartellbehörden aufgrund der §§ 19 f. GWB ist dagegen – wie in den anderen hier behandelten Sektoren – auch im Eisenbahnregulierungssektor weitestgehend ausgeschlossen. Insbesondere im Bereich des Netzzugangs sowie der Kontrolle der Netzzugangsentgelte ist die Zuständigkeit zu verneinen. Dies gilt jedoch nur insoweit, wie auch die Vorschriften des ERegG Anwendung finden.

Ist die Anwendbarkeit der sektorspezifischen Regulierungsvorschriften selbst schon von vornherein ausgeschlossen, etwa in den Fällen der §§ 2, 10 Abs. 6, 15 Abs. 2 Satz 1 ERegG oder durch eine Privilegierung im Rahmen der §§ 63 ff. ERegG, finden die §§ 19. f. GWB uneingeschränkt auch auf Sachverhalte, die den Netzzugang und die Entgeltkontrollen betreffen, Anwendung. Den Kartellbehörden verbleibt für diese Fälle eine uneingeschränkte Zuständigkeit.

III. Gesamtergebnis zum Verhältnis des Eisenbahnregulierungsrechts zum allgemeinen Wettbewerbsrecht

Abschließend lässt sich Folgendes zum Verhältnis des Eisenbahnregulierungsrechts zum allgemeinen Wettbewerbsrecht nach dem GWB sagen:

1203 Ebenso *Klinge*, in: Staebe, ERegG, § 32 Rn. 32.

Im AEG a. F. fehlte eine dem § 111 EnWG oder § 2 Abs. 4 TKG vergleichbare Regelung. Aus § 14b Abs. 2 Satz 1 AEG a. F. kann nicht auf das materielle Verhältnis zum GWB geschlossen werden. § 14b Abs. 2 Satz 1 AEG a. F. schließt dagegen auch einen Vorrang des Eisenbahnregulierungsrechts nicht von vornherein aus. Dasselbe ergibt sich aus der Systematik und den einschlägigen Gesetzesmaterialien. Vielmehr kommt durch sie nur der Grundsatz paralleler Anwendung zum Ausdruck. Eine uneingeschränkte parallele Anwendung folgt daraus jedoch nicht.

Im Rahmen des Verhältnisses von AEG a. F. und GWB muss daher auf die Anwendung der allgemeinen Kollisionsregelungen zurückgegriffen werden. Danach sind die §§ 14 Abs. 1 und 5, 7e und 12 Abs. 8 AEG a. F. gegenüber den §§ 19 f. GWB vorrangig im Sinne der Lex-specialis-Regelung. Ferner ist die Regulierung der Entgelte für die Nutzung der Schienenwege gem. § 14 Abs. 4 AEG a. F. aufgrund ihres herausgearbeiteten abschließenden Charakters vorrangig gegenüber den §§ 19 f. GWB.

Demgegenüber bleiben die §§ 1, 35 ff. GWB im Anwendungsbereich des AEG a. F., mit Ausnahme der Regelung des § 12 Abs. 7 AEG a. F., anwendbar. Daneben ist die allgemeine kartellrechtliche Missbrauchsaufsicht auch außerhalb der Netzzugangsregulierung und mit dieser einhergehenden Entgeltregulierung anwendbar. Insbesondere sieht § 12 Abs. 7 Satz 3 AEG a. F. die Anwendung des § 19 Abs. 1 i. V. m. Abs. 2 Nr. 1 GWB vor.

Eine parallele Anwendung der §§ 19 f. GWB ist trotz fehlender sektorspezifischer Missbrauchsaufsicht und Ex-ante-Entgeltgenehmigung im AEG a. F. nicht vorzugswürdig. Sie würde die sektorspezifischen Besonderheiten und die lediglich ex nunc wirkenden Verfügungen der Regulierungsbehörden aufgrund Verstöße gegen die Zugangs- und Entgeltvorschriften aushöhlen. Das AEG a. F. ist teilweise Sonderkartellrecht.

Trotz des Entwurfs einer gesetzlichen Kollisionsregelung fehlt auch im neuen Eisenbahnregulierungsgesetz weiterhin eine solche. § 14b Abs. 2 Satz 1 AEG a. F. wurde in § 9 Abs. 3 BEVVG ausgelagert. Aus dieser Vorschrift kann auch weiterhin nicht auf das materielle Verhältnis von GWB und ERegG geschlossen werden.

Das ERegG übernimmt weitestgehend die bisherigen Regulierungsvorschriften zum Netzzugang und zu den Entgelten, die bislang im AEG a. F. und der EIBV zu finden waren. Daneben erfährt das ERegG mit der Einführung einer Anreizregulierung sowie einer – zumindest teilweisen – Ex-ante-Entgeltregulierung erhebliche Verbesserungen und Erweiterungen. Daraus folgt, dass nicht nur die zum AEG a. F. herausgearbeiteten Verhältnisse gegenüber dem GWB auf das

ERegG weitestgehend übertragbar sind, sie werden vielmehr durch das ERegG bestätigt, und die Vorrangstellung des ERegG wird gestärkt.

Weiter besteht auch im ERegG keine verdrängende Wirkung gegenüber der Anwendung der §§ 1, 35 ff. GWB. Die §§ 19, 20 GWB werden allerdings weitestgehend aus der Zugangs- und Entgeltkontrolle verdrängt. Außerhalb der Anwendung der Zugangs- und Entgeltregulierung bleibt die kartellrechtliche Missbrauchsaufsicht anwendbar.

Die verbleibende Zuständigkeit des BKartA richtet sich nach der materiellen Anwendbarkeit der GWB-Vorschriften.

Abschließend bleibt festzuhalten, dass die Regulierung im Eisenbahnsektor derzeit noch nicht so weit fortgeschritten ist, wie dies beispielsweise in den Sektoren Energie und Telekommunikation der Fall ist. Es fehlt immer noch an einer sektorspezifischen Missbrauchsaufsicht sowie an einer konkreten und eindeutigen gesetzlichen Kollisionsregelung. Es bleibt abzuwarten, wie sich der Eisenbahnsektor im Bereich der Regulierung weiterentwickelt. Eine Orientierung am Energie- sowie Telekommunikationssektor wäre wünschenswert, um eine einheitliche Regulierung unter Beachtung der sektorspezifischen Besonderheiten aufzubauen. Dadurch könnte ein einheitliches Regulierungsgrundgerüst etabliert werden. Die Abgrenzung zum Wettbewerbsrecht würde dadurch vereinfacht werden. Erste Annäherungen zeichnen sich jetzt durch die Einführung einer Ex-ante-Genehmigung der Entgelte ab.

3. Kapitel: Parallele Anwendung von Wettbewerbs- und Regulierungsrecht auf europäischer Ebene – Das Verhältnis des sektorspezifischen Regulierungsrechts zu Art. 102 AEUV

Die Unternehmen im Bereich der Energie-, Telekommunikations- und Eisenbahnwirtschaft agieren nicht nur auf nationaler Ebene. Vielmehr sind diesbezüglich auch grenzüberschreitende Sachverhalte oder solche denkbar, in denen sich das rein nationale Handeln auch auf den Wettbewerb anderer Mitgliedstaaten der Europäischen Union auswirkt. Daher wird in diesem Abschnitt das Verhältnis des Art. 102 AEUV zum sektorspezifischen Regulierungsrecht betrachtet.

A. Grundsätzliche Anwendbarkeit der europäischen Missbrauchsaufsicht nach Art. 102 AEUV in den Sektoren Energie, Telekommunikation und Eisenbahnen

I. Überschneidungen im Anwendungsbereich

Art. 102 AEUV ist unmittelbar auf nationaler Ebene anwendbar.[1204] Die unmittelbare Geltung und Anwendbarkeit bzw. Wirkung[1205] des Art. 102 AEUV

1204 Zur unmittelbaren Wirkung des Art. 102 AEUV: Art. 1 Abs. 3 VO Nr. 1/2003; *Bunte*, in: Langen/Bunte, Band 2, Einl., Rn. 7; *Fuchs/Möschel*, in: Immenga/Mestmäcker, Band 1, Art. 102 AEUV, Rn. 2; *Mäger*, in: Schulze/Zuleeg/Kadelbach, Europarecht, § 16 Rn. 23; *Beckmann/Müller*, in: Hoeren/Sieber/Holznagel, Multimedia-Recht, Teil 10 Kartellrecht, Rn. 194.

1205 Die Begriffe unmittelbare Wirkung und unmittelbare Anwendbarkeit werden teilweise sinnvariierend verwendet vgl. dazu *Ehlers*, in: Schulze/Zuleeg/Kadelbach, Europarecht, § 11 Rn. 9 m.w.N. Der Begriff der „unmittelbare Wirkung" wird häufig im Zusammenhang mit der unmittelbaren Anwendbarkeit der Richtlinien verwendet. Als Oberbegriff dient jedoch „unmittelbare Anwendbarkeit". Vgl. dazu auch *Schmidt-Volkmar*, Das Verhältnis, S. 146 zu Fn. 667. Hier werden die Begriffe zur Vereinfachung synonym verwendet. Siehe grundlegend zu den Verwendungen der Begriffe *Klein*, Unmittelbare Geltung, Anwendbarkeit und Wirkung von europäischem Gemeinschaftsrecht, 1988, S. 3 ff.

erstreckt sich auf alle Bereiche und gilt daher auch im Anwendungsbereich des nationalen Regulierungsrechts.[1206] Eine Bereichsausnahme nach Art. 103 Abs. 2 lit. c) AEUV besteht für die hier betrachteten Sektoren nicht.

Um das Konfliktpotenzial einer parallelen Anwendung von Art. 102 AEUV und nationalem Regulierungsrecht deutlich zu machen, wird zunächst dargestellt, inwieweit sich die Anwendungsbereiche des europäischen Wettbewerbsrechts mit dem nationalen Wettbewerbs- und Regulierungsrecht überschneiden.

1. Parallelen zu § 19 GWB

§ 19 GWB entspricht im Grunde Art. 102 AEUV, obwohl er in einigen Punkten über diesen hinausgeht.[1207] Beide Normen sind jeweils mit einer Generalklausel und den daran anknüpfenden Regelbeispielen ausgestattet. Art. 102 AEUV erfasst wie § 19 GWB Behinderungs-, Ausbeutungs- und Strukturmissbräuche sowie ein Diskriminierungsverbot.[1208] Beide sind auf eine Ex-post-Kontrolle beschränkt. Art. 102 AEUV regelt somit grundsätzlich denselben Anwendungsbereich wie die nationale Missbrauchsaufsicht.

Das Verhältnis von Art. 102 AEUV zu § 19 GWB wird durch Art. 3 VO Nr. 1/2003 eindeutig geregelt. Danach sind die nationalen Wettbewerbsbehörden und nationalen Gerichte verpflichtet, neben der Anwendung von einzelstaatlichem Wettbewerbsrecht auch Art. 102 AEUV selbst anzuwenden. Dies bestätigt auch § 22 Abs. 3 Satz 1 und 2 GWB. Die nationale Missbrauchsaufsicht nach § 19 GWB kann neben der unionsrechtlichen Wettbewerbsaufsicht nach Art. 102 AEUV angewendet werden. Es besteht somit die Möglichkeit einer parallelen Anwendung von Art. 102 AEUV und § 19 GWB.[1209]

1206 Ebenso *Schmidt-Volkmar*, Das Verhältnis, S. 158.

1207 *Loewenheim*, in: Loewenheim/Meessen/Riesenkampff/Kersting/Meyer-Lindemann, Kartellrecht, 10. Teil, § 19 GWB, Rn. 1; *Emmerich*, in: Dauses/Ludwigs, EU-Wirtschaftsrecht, Band 1, H.I. § 3, Art. 102 AEUV, Rn. 1; *Wiedemann*, in: Wiedemann, Hdb. des Kartellrechts, § 23 Rn. 1.

1208 Vgl. dazu *Bulst*, in: Langen/Bunte, Band 2, Art. 102 AEUV, Rn. 90 ff.; zum Diskriminierungsverbot siehe *Wolf*, in: Berliner Kommentar zum Energierecht, Band 2, Art. 102 AEUV, Rn. 16 m.w.N.

1209 Vgl. nur *Wiedemann*, in: Wiedemann, Hdb. des Kartellrechts, § 23 Rn. 282; auch *Nothdurft*, in: Langen/Bunte, Band 1, § 19 Rn. 32 ff.; *Loewenheim*, in: Loewedheim/Meessen/Riesenkampff/Kersting/Meyer-Lindemann, Kartellrecht, 10. Teil, § 19 GWB, Rn. 4.

2. *Abgrenzung zum nationalen Recht: Die Zwischenstaatlichkeitsklausel*

Für die Anwendung des Art. 102 AEUV ist erforderlich, dass sich die betreffende Wettbewerbsbeschränkung innerhalb der Union auswirkt. Dies folgt schon aus dem Wortlaut des Art. 102 AEUV, der nur missbräuchliches Verhalten „auf dem Binnenmarkt oder auf wesentlichen Teilen desselben" erfasst.

Eine Ausnutzung der marktbeherrschenden Stellung im Sinne des Art. 102 AEUV kann nur dann missbräuchlich und somit verboten sein, wenn dies zur Beeinträchtigung des Handels zwischen den Mitgliedstaaten führen kann. Erforderlich ist folglich, dass die sog. Zwischenstaatlichkeitsklausel[1210] erfüllt ist. Durch sie wird der Geltungsbereich des Unionsrecht von dem des innerstaatlichen nationalen Rechts abgegrenzt.[1211] Der EuGH stellt in seinen Urteilen klar, dass unter das Unionsrecht alle Verhaltensweisen fallen, „die geeignet sind, die Freiheit des Handels zwischen Mitgliedstaaten in einer Weise zu gefährden, die der Verwirklichung der Ziele eines einheitlichen Marktes zwischen den Mitgliedstaaten nachteilig sein kann, indem insbesondere die nationalen Märkte abgeschottet oder die Wettbewerbsstruktur im Gemeinsamen Markt verändert [werden]. Dagegen fallen Verhaltensweisen, deren Auswirkungen sich auf das Gebiet eines einzelnen Mitgliedstaats beschränken, [in] den Geltungsbereich der nationalen Rechtsordnung"[1212]. Dies soll nach Annahme der Kommission selbst dort gelten, wo Märkte im wesentlichen nationalen Charakter haben, was beim damaligen Stand der Liberalisierung der Fall war. Der Missbrauch einer marktbeherrschenden Stellung wird auch in diesem Fall im Allgemeinen die Marktstruktur beeinträchtigen und sich rückwirkend auf den Handel zwischen den Mitgliedstaaten auswirken.[1213]

1210 Vgl. dazu *T. Mäger*, in: Mäger, Europäisches Kartellrecht, Kap. 1 Rn. 67 ff.; *Emmerich*, Kartellrecht, § 3 Rn. 13 ff.

1211 EuGH, Urt. v. 23.04.2009 – Rs. C-425/07 P, Slg. 2009, I-3226 – „AEPI" = WuW 2009, 703 (705 f. Rn. 50); EuGH, Urt. v. 31.05.1979 – Rs. 22/78, Slg. 1979, 1869 Rn. 17 – „Hugin/Kommission" = NJW 1979, 2461 (2462); *Schröter/Bartl*, in: von der Groeben/Schwarze/Hatje, Europäisches Unionsrecht, Band 2, Art. 102 AEUV, Rn. 328.

1212 EuGH, Urt. v. 31.05.1979 – Rs. 22/78, Slg. 1979, 1869 Rn. 17 – „Hugin/Kommission" = NJW 1979, 2461 (2462); auch EuGH, Urt. v. 05.10.1988 – Rs. 247/86, Slg. 1988, 5987 Rn. 11 – „Alsatel/Novasam" = NJW 1990, 1410 (1410).

1213 Kommission, Mitteilung über die Anwendung der Wettbewerbsregeln auf Zugangsvereinbarungen im Telekommunikationsbereich, ABl. EG 1998, Nr. C 265 vom 22.08.1998, 2 (Tz. 144 ff.).

Die Bejahung der Zwischenstaatlichkeit hängt von drei Kriterien ab: Erstens muss ein Handel zwischen Mitgliedstaaten vorliegen.[1214] Zweitens muss die wettbewerbswidrige Maßnahme zur Beeinträchtigung des Warenverkehrs geeignet[1215] und drittens muss die tatsächliche oder mögliche Beeinträchtigung des Handels auch spürbar sein.[1216] Erst wenn diese drei Kriterien erfüllt sind, kann die Zwischenstaatlichkeit bejaht und somit eine Anwendung des Art. 102 AEUV potenziell in Betracht gezogen werden. Als „versteckte Kollisionsregelung" kann die Zwischenstaatlichkeitsklausel dabei jedoch nicht angesehen werden.[1217] Eine Kollisionsregelung kann erst dann eingreifen, wenn die Anwendbarkeit mindestens zweier Regelungen bereits tatsächlich in Betracht

---

1214 Dabei wird grundsätzlich jede (grenzüberschreitende) wirtschaftliche Tätigkeit erfasst; vgl. Bekanntmachung der Kommission - Leitlinien über den Begriff der Beeinträchtigung des zwischenstaatlichen Handels in den Artikeln 81 und 82 des Vertrages, ABl. 2004 Nr. C 101, S. 81, 83, Nr. 19; EuGH, Urt. v. 14.07.1981 – Rs. 172/80, Slg. 1981, 2021 Rn. 18 – „Züchner" = NJW 1982, 505 (506); EuGH, Urt. v. 19.02.2002 – Rs. C-309/99, Slg. 2002, I-1577 Rn. 95 ff. – „Wouters" = NJW 2002, 877 (880 f.).

1215 Dies muss sich aus einer Prognosenentscheidung aus der Gesamtbetrachtung objektive Kriterien ergeben; vgl. Bekanntmachung der Kommission - Leitlinien über den Begriff der Beeinträchtigung des zwischenstaatlichen Handels in den Artikeln 81 und 82 des Vertrages, ABl. 2004 Nr. C 101, S. 81 Tz. 24 ff., 41 ff.; EuGH, Urt. v. 30.06.1966 – Rs. 56/65, Slg. 1966, 281 (303) – „Société technique minière /Maschienenbau Ulm"; EuGH, Urt. v. 11.12.1980 – Rs. 31/80, Slg. 1980, 3775, (3791,3794) – „L'Oréal/ De Nieuwe AMCK" = GRUR Int. 1981, 315; EuGH, Urt. v. 21.01.1999 – Rs. C-215/96 und C-216/96, Slg. 1999, I-135 Rn. 48 – „Bagnasco/Banca Popolare di Novara" = WM 1999, 372; EuGH, Urt. v. 12.12.1967 – Rs. 23/67, Slg. 1967, 525 (555 f.) – „Brasserie de Haecht/Wilkin Janssen" = GRUR Int. 1968, 299; EuGH, Urt. v. 07.12.2000 – Rs. C-214/99, Slg. 2000, I-11121 Rn. 25 ff. – „Neste Markkinoiti Oy/Yötuuli Ky u. a. "= EuZW 2001, 631.; *Schröter/Bartl*, in: von der Groeben/Schwarze/Hatje, Europäisches Unionsrecht, Band 2, Art. 102 AEUV, Rn. 329; *Weiß*, in: Calliess/Ruffert, EUV/AEUV, Art. 102 AEUV, Rn. 73; *Klees*, in: Kilian/Heussen, Computerrechts-Hdb., Teil 6, Grundlagen, Rn. 61 m.w.N.; *T. Mäger*, in: Mäger, Europäisches Kartellrecht, Kap. 1 Rn. 68; *Emmerich*, Kartellrecht, § 3 Rn. 15.

1216 Vgl. zum Spürbarkeitskriterium Kommission, Leitlinie, ABl. Nr. C 101 vom 27.04.2004, S. 81, Tz. 13, 44 ff.; *Emmerich*, Kartellrecht, § 3 Rn. 18 m.w.N. und dem Verweis auf die NAAT-Regel der Kommission; *Klees*, in: Kilian/Heussen, Computerrechts-Hdb., Teil 6, Grundlagen, Rn. 62; *T. Mäger*, in: Mäger, Europäisches Kartellrecht, Kap. 1 Rn. 74 ff.

1217 Vgl. zum Begriff der „versteckten Kollisionsregel" *Paulweber*, Regulierungszuständigkeiten, S. 121.

kommt. Die Bejahung der Zwischenstaatlichkeitsklausel hingegen eröffnet erst den Anwendungsbereich des Art. 102 AEUV. Sie greift somit schon einen Schritt zuvor ein. Ist schon die Zwischenstaatlichkeitsklausel nicht erfüllt, kommt auch eine Anwendung des Art. 102 AEUV und somit eine daraus folgende parallele Anwendung zum Regulierungsrecht von vornherein nicht in Betracht. In diesem Fall wäre allein das Regulierungsrecht und ggf. das GWB[1218] anwendbar. Die Zwischenstaatlichkeitsklausel ist somit vorderste Schranke für die Anwendung des EU-Wettbewerbsrechts. Sie stellt ein entscheidendes Schlüsselelement bei der Beantwortung der Frage nach der parallelen Anwendung von europäischem Wettbewerbs- und nationalem Regulierungsrecht dar und muss stets beachtet werden.

3. *Parallelen zum EnWG, TKG und ERegG*

Die sektorspezifischen Regelungen des TKG, des EnWG und des ERegG sind, wie bereits aufgezeigt, insbesondere auf einen diskriminierungsfreien Netzzugang ausgerichtet. Auch der Art. 102 AEUV soll einen Netzzugang fördern.[1219] Dies hängt nicht zuletzt mit der durch die Kommission aus dem amerikanischen Anti-Trust-Law entnommenen und in die Praxis des Art. 102 AEUV implementierten Essential-facilities-Doktrin zusammen.[1220] Folglich erfasst auch das europäische Wettbewerbsrecht und somit insbesondere Art. 102 AEUV netzzugangsvereitelnde Verhaltensweisen.[1221]

Insbesondere besteht – entsprechend der Ähnlichkeit mit § 19 GWB – auch eine Überschneidung der §§ 28, 42 TKG und § 30 EnWG mit der europäischen Missbrauchsaufsicht nach Art. 102 AEUV. Art. 102 AEUV stellt – wie die §§ 19 f. GWB und somit auch wie § 30 EnWG und die §§ 28, 42 TKG – ein Missbrauchsverbot auf. Aufgrund gleicher Tatbestandsausgestaltung besteht ein gleicher Anwendungsbereich. Die sektorspezifische nationale Missbrauchsaufsicht

1218 Soweit kein Ausschluss nach den abschließenden bzw. spezialgesetzlichen Regulierungsvorschriften erfolgt.

1219 *Schröter/Bartl*, in: von der Groeben/Schwarze/Hatje, Europäisches Unionsrecht, Band 2, Art. 102 AEUV, Rn. 289.

1220 Siehe dazu die Ausführungen unter Kapitel 1/B./II./1./a.

1221 Vgl. zur Anwendbarkeit des Art. 102 AEUV in den sektorspezifisch regulierten Bereichen: *Schröter/Bartl*, in: von der Groeben/Schwarze/Hatje, Europäisches Unionsrecht, Band 2, Art. 102 AEUV, Rn. 294 ff.; vgl. auch zur essential facility doctrine: *Bulst*, in: Langen/Bunte, Band 2, Art. 102 AEUV, Rn. 307 ff.

nach § 30 EnWG bzw. nach den §§ 28 oder 42 TKG kommt dabei grundsätzlich neben Art. 102 AEUV zur Anwendung.[1222]

Anders ist dies hingegen im Eisenbahnregulierungsrecht. Aufgrund des Fehlens einer Missbrauchsaufsicht im Eisenbahnregulierungsrecht kann eine mit den anderen Sektoren vergleichbare Überschneidung zu Art. 102 AEUV unter diesem Aspekt nicht dargestellt werden. Dies führt jedoch nicht dazu, dass eine Anwendungsüberschneidung mit Art. 102 AEUV gänzlich ausscheidet. Gerade dann, wenn missbräuchliches Verhalten – im grenzüberschreitenden Kontext – nicht durch nationale Regelungen erfasst wird, muss eine Anwendung des Art. 102 AEUV bestehen. Zwar besteht dann keine parallele Anwendung zwischen zwei gleichartigen Tatbeständen. Ein Normkonflikt kann jedoch auch dort bestehen, wo keine gleichartigen Normen bestehen. Dies wurde bereits im Rahmen des Verhältnisses von AEG a. F. bzw. ERegG zum GWB gezeigt. So kann im Verhältnis des ERegG zu Art. 102 AEUV dann ein Anwendungskonflikt gegeben sein, wenn die nationalen Regulierungsvorgaben verbindliche Maßgaben vorschreiben, sich das Unternehmen entsprechend verhält und trotzdem oder gerade deshalb gegen Art. 102 AEUV verstößt, z. B. wenn ein Entgelt zuvor regulierungsbehördlich genehmigt wurde, dieses aber unter Anwendung des Art. 102 AEUV missbräuchlich ist.[1223] Dies gilt für den Eisenbahnsektor gleichermaßen wie für alle anderen Sektoren auch. Das Risiko divergierender Entscheidungen ist folglich unabhängig vom Vorliegen gleichartiger Tatbestände.

II. Der Anwendungsvorrang des Art. 102 AEUV im Konfliktfall

Seit der EuGH-Entscheidung Costa/E.N.E.L. 1964[1224] wird von einem zwingenden Anwendungsvorrang des Unionsrechts ausgegangen.[1225] Dieser Vorrang soll zum

---

1222 *Wolf*, in: Berliner Kommentar zum Energierecht, Band 2, Art. 102 AEUV, Rn. 25; vgl. auch *Schröter/Bartl*, in: von der Groeben/Schwarze/Hatje, Europäisches Unionsrecht, Band 2, Art. 102 AEUV, Rn. 289; vgl. auch *Schmidt-Volkmar*, ZWeR 2012, 230 (233 f.).

1223 So im Fall der Telekom-Entscheidung, vgl. Europäische Kommission, Entscheidung v. 21.05.2003 – Rs. COMP/C-1/37.451, 37.578, 37/579, ABl. EU Nr. L 263, S. 9 – „Deutsche Telekom AG"; EuG, Urt. v. 10.04.2008 – Rs. T-271/03, Slg. 2008, II-477 – „Deutsche Telekom/Kommission" = MMR 2008, 385; EuGH, Urt. v. 14.10.2010 – Rs. C-280/08 P, Slg. 2010, I-9555 – „Deutsche Telekom/Kommission" = GRUR Int. 2011, 405.

1224 EuGH, Urt. v. 15.07.1964 – Rs. 6/64, Slg. 1964, 1251– „Costa/E.N.E.L." = NJW 1964, 2371.

1225 ständige EuGH Rechtsprechung: EuGH, Urt. v. 13.02.1969 – Rs. 14/68, Slg. 1969, 1 Rn. 6 – „Walt Wilhelm u. a./BKartA" = NJW 1969, 1000; EuGH, Urt. v. 16.07.1992 – Rs.

einen aus der Autonomie des Unionsrechts und zum anderen aus dem Prinzip der Sicherung der Funktionsfähigkeit der Union sowie der Verwirklichung der Vertragsziele folgen.[1226] Der Anwendungsvorrang besteht darin, dass im Konfliktfall eine vorrangige Anwendung des EU-Rechts besteht. Dabei setzt sich im Falle einer Kollision von nationalem Recht und Unionsrecht letzteres durch, so dass das nationale Recht zwar gültig bleibt, aber in seiner Anwendung ausgeschlossen wird.[1227] Voraussetzung für einen solchen Anwendungsvorrang ist jedoch die Wirksamkeit des den Anwendungsvorrang auslösenden EU-Rechts und dessen unmittelbare Anwendung sowie eine Kollision von europäischem und nationalem Recht. In Bezug auf Art. 102 AEUV steht die Wirksamkeit und dessen unmittelbare Anwendung außer Frage.[1228] Zu klären ist allein, wann eine Kollision im Sinne des Anwendungsvorrangs von nationalem Regulierungsrecht und Art. 102 AEUV in Betracht kommt. Eine Kollision in diesem Sinne ist nicht mit einer normalen Anwendungsüberschneidung gleichzustellen. Eine Kollision[1229] ist dann vorstellbar, wenn ein Verhalten, das nach Art. 102 AEUV verboten ist, durch das nationale Recht erlaubt

---

C-67/91, Slg. 1992, I-4785 Rn. 11 ff. – „AEB“ = NJW 1993, 251; BVerfG, Beschl. v. 22.10.1986 – 2 BvR 197/83 = BVerfGE 73, 339 (375) = NJW 1987, 577; BVerfG, Beschl. v. 08.04.1987 – 2 BvR 687/85 = BVerfGE 75, 223 (244 f.) = NJW 1988, 1459 (1462); BVerfG, Urt. v. 28.01.1992 – 1 BvR 1025/82, 1 BvL 16/83, 1 BvL 10/91 = BVerfGE 85, 191 (204) = NJW 1992, 964 (964); BVerfG, Urt. v. 30.06.2009 – 2 BvE 2, 5/08, 2 BvR 1010, 1022, 1259/08, 182/09 = BVerfGE 123, 267 (398 ff.) = NJW 2009, 2267; BVerfG, Beschl. v. 06.07.2010 – 2 BvR 2661/06 = BVerfGE 126, 286 (301 f.) = NJW 2010, 3422; BVerwG, Urt. v. 29.11.1990 – 3 C 77/87 = BVerwGE 87, 154 (158 ff.) = NVwZ 1992, 783 (784); *Weiß*, in: Callies/Ruffert, EUV/AEUV, Art. 101 AEUV, Rn. 16; *Ehlers*, in: Schulze/Zuleeg/Kadelbach, Europarecht, § 11 Rn. 48; *Maurer/Waldhoff*, Allgemeines Verwaltungsrecht, § 4 Rn. 10.

1226 *Ehlers*, in: Schulze/Zuleeg/Kadelbach, Europarecht, § 11 Rn. 13 m.w.N.

1227 EuGH, Urt. v. 07.02.1991 – Rs. C-184/89, Slg. 19991, I-297 Rn. 21 – “Nimz/Freie Hansestadt Hamburg” = NVwZ 1991, 461 (463); EuGH, Urt. v. 22.10.1998 – Rs. C-10/97 bis C22/97, C-10/79, C-11/97, C-12/97, C-13/97, Slg. 1998, I-6307 Rn. 21 – „Ministero delle Finanze/IN. CO. GE. ´90 u. a.“ = EuZW 1998, 719 (720); EuGH, Urt. v. 09.03.1978 – Rs. 106/77, Slg. 1978, 629 (643) – „Simmenthal II“ = NJW 1978, 1741; EuGH, Urt. v. 16.07.1992 – Rs. C-67/91, Slg. 1992, I-4785 Rn. 11 ff. – „AEB“ = NJW 1993, 251.

1228 Siehe oben unter Kapitel 3/A.

1229 Vgl. dazu *C. Säcker*, Der Einfluss der sektorspezifischen Regulierung, S. 187; vgl. zur allgemeinen Normenkollision auch *Maurer/Waldhoff*, Allgemeines Verwaltungsrecht, § 4 Rn. 51.

oder vorgeschrieben wird.[1230] Beispielsweise bestimmen § 37 Abs. 1 TKG und die §§ 33 Abs. 2 Satz 1 und 45 Abs. 2 Satz 1 ERegG, dass das Unternehmen kein anderes als das genehmigte Entgelt verlangen bzw. vereinbaren darf. Aus § 37 Abs. 1 TKG und § 33 Abs. 2 Satz 1 sowie § 45 Abs. 2 Satz 1 ERegG folgt zwar keine unmittelbare Verpflichtung zur Forderung eines (unionsrechtswidrigen) Entgelts, jedoch folgt aus diesen Regelungen ein faktischer Zwang, das genehmigte Entgelt zu vereinbaren. Denn das betroffene Unternehmen wird nicht davon absehen, das genehmigte Entgelt zu vereinbaren, wenn es dazu nach nationalem Recht verpflichtet ist. § 37 Abs. 1 TKG bzw. die §§ 33 Abs. 2 Satz 1 und 45 Abs. 2 Satz 1 ERegG sind im Falle eines unionsrechtswidrigen Entgelts widersprüchlich zu Art. 102 AEUV. Diese Divergenz wird jedoch durch den Anwendungsvorrang des Art. 102 AEUV unterbunden. Die Regelungen des § 37 Abs. 1 TKG und der §§ 33 Abs. 2 Satz 1 sowie 45 Abs. 2 Satz 1 ERegG würden aufgrund des Anwendungsvorrangs keine Wirkung auf unionsrechtlicher Ebene entfalten, so dass keine Pflicht besteht, dass unionsrechtswidrige Entgelt zu fordern.[1231] Fordert das Unternehmen dennoch das unionsrechtswidrige Entgelt, kann es sich nicht darauf stützen, dass es zu diesem Verhalten aufgrund gesetzlicher Anordnung verpflichtet gewesen ist. Denn die gesetzliche Verpflichtung entfaltet, wie dargestellt, keine Wirkung. Die §§ 37 Abs. 1 TKG, 33 Abs. 2 Satz 1 und 45 Abs. 2 Satz 1 ERegG können nicht als Rechtfertigung herangezogen werden.

Auch die Ex-post-Kontrolle nicht genehmigungsbedürftiger Entgelte, beispielsweise nach § 28 TKG, kann auf nationaler Ebene eine Untersagungs- und Unwirksamkeitsverfügung zur Folge haben, so dass nur noch ein bestimmtes Entgelt verlangt werden kann. Ist dieses Entgelt unionsrechtswidrig, wird auch hier mittelbar ein faktischer Zwang auf das Unternehmen ausgeübt, dieses unionsrechtswidrige Entgelt zu verlangen.[1232] Des Weiteren ist auch bei einer Ex-post-Missbrauchsverfügung denkbar, dass ein unionsrechtswidriges Verhalten unmittelbar auferlegt wird. In diesen Fällen kommt es zur Kollision mit Art. 102 AEUV, so dass die Verpflichtungen nicht zu Lasten des Art. 102 AEUV durchgreifen.

1230 *Bunte*, in: Langen/Bunte, Band 2, Einl., Rn. 87; *Jung*, in: Grabitz/Hilf/Nettesheim, Recht der Europäischen Union, Art. 102 AEUV, Rn. 4; *C. Säcker*, Der Einfluss der sektorspezifischen Regulierung, S. 187.

1231 Vgl. entsprechend zum PostG auch *C. Säcker* zum Postrecht in: Der Einfluss der sektorspezifischen Regulierung, S. 188.

1232 Vgl. entsprechend zum PostG auch *C. Säcker* zum Postrecht in: Der Einfluss der sektorspezifischen Regulierung, S. 189.

Folglich kann ein nach Art. 102 AEUV missbräuchliches Verhalten unter diesem Aspekt nicht durch nationales Recht erlaubt und daher gerechtfertigt sein.[1233] Die Pflicht zur Forderung eines bestimmten Entgeltes kann einen wettbewerbsrechtlichen Verstoß gegen Art. 102 AEUV nicht rechtfertigen, da diese Pflicht aufgrund Kollision mit Art. 102 AEUV selbst entfällt.

Daneben kommt es sodann zu einer Kollision mit Art. 102 AEUV, wenn ein Verhalten zwar nicht nach Art. 102 AEUV, aber nach nationalem Recht verboten wird.[1234] Das nationale Recht würde dann im Widerspruch zum Unionsrecht stehen, da sich die Rechtsfolgen unterscheiden. Art. 102 AEUV genießt jedoch keinen absoluten Vorrang.[1235] Der Anwendungsvorrang des Art. 102 AEUV gilt nur soweit, wie das nationale Recht nicht strengere Maßstäbe aufstellt.[1236] Denn Art. 102 AEUV legt nur den Mindeststandard fest, der durch nationale Gesetze nicht unterschritten werden darf.[1237] Auch nach der VO Nr. 1/2003 gilt das Vorrangprinzip uneingeschränkt nur für Art. 101 AEUV. Für die Mitgliedstaaten besteht nach Art. 3 Abs. 2 Satz 2 VO Nr. 1/2003 die Möglichkeit, strengere nationale Vorschriften zur Unterbindung und Ahndung einseitiger Handlungen von Unternehmen zu erlassen und anzuwenden. Diese Befugnis beschränkt sich zwar in erster Linie auf die wettbewerbsrechtlichen Missbrauchstatbestände im nationalen Recht. Daneben soll der Art. 3 Abs. 2 Satz 2 VO Nr. 1/2003 aber auch für alle anderen Missbrauchstatbestände außerhalb des GWB und somit auch für diejenigen in den sektorspezifischen Regulierungsgesetzen gelten.[1238] Strengeres nationales Recht wird dann nicht von Art. 102 AEUV verdrängt. In diesem Fall bleibt eine parallele Anwendung grundsätzlich bestehen.

Ungeachtet der VO Nr. 1/2003 kann ein zwar nicht nach Art. 102 AEUV, aber nach nationalem Recht verbotenes Verhalten nur dann eine den Anwendungsvorrang auslösende Kollision nach sich ziehen, wenn das Verhalten nach

---

1233 EuG Urt. v. 07.10.1999 – Rs. T-228/97, Slg. 1999, II-2969 Rn. 211– „Irish Sugar“; vgl. auch *Jung*, in: Grabitz/Hilf/Nettesheim, Recht der Europäischen Union, Art. 102 AEUV, Rn. 162.

1234 Vgl. *C. Säcker*, Der Einfluss der sektorspezifischen Regulierung, S. 187.

1235 *Bunte*, in: Langen/Bunte, Band 2, Einl., Rn. 87; vgl. auch *Bechtold/Bosch/Brinker*, EU-Kartellrecht, Art. 3 VO Nr. 1/2003 Rn. 25.

1236 *Mäger*, in: Schulze/Zuleeg/Kadelbach, Europarecht, § 16 Rn. 46 ff.

1237 Monopolkommission, 14. Hauptgutachten, BT-Drucks. 14/9903 vom 28.08.2002, S. 70, Tz. 86 f.

1238 *Bechthold/Bosch/Brinker*, EU-Kartellrecht, Art. 3 VO Nr. 1/2003 Rn. 26; so i. E. auch *de Bronett*, Europäisches Kartellverfahrensrecht, Art. 3 Rn. 7.

Art. 102 AEUV tatsächlich erlaubt wird.[1239] Erst dann würde ein Widerspruch von nationalem Recht und Unionsrecht vorliegen. Art. 102 AEUV stellt jedoch nur ein Verbot und keine Erlaubnis dar.[1240] Eine Kollision scheidet demnach in dieser Fallgestaltung aus.

Nach all dem gilt zu beachten, dass von dem unionsrechtlichen Vorrang des Art. 102 AEUV nicht automatisch auf eine Verdrängung der nationalen Regulierungsvorschriften, insbesondere der sektorspezifischen Missbrauchsaufsichten nach § 30 EnWG oder den §§ 42, 28 TKG, geschlossen werden kann. Diese Normen sind grundsätzlich parallel zu Art. 102 AEUV anwendbar. Erst dann, wenn im Einzelfall durch die Regulierungsgesetze ein nach Art. 102 AEUV verbotenes Verhalten vorgeschrieben oder sogar erlaubt wird, setzt sich Art. 102 AEUV durch.[1241]

Der Anwendungsvorrang des Art. 102 AEUV hat auch zur Folge, dass nationale Kollisionsnormen wie § 111 EnWG und § 2 Abs. 4 TKG eine Anwendbarkeit des Art. 102 AEUV nicht verdrängen können.[1242] Der sich aus den nationalen Kollisionsnormen ergebende Vorrang zugunsten der Regulierungsgesetze bezieht sich nur auf das nationale Wettbewerbsrecht. Somit stellt der fehlende Verweis auf Art. 102 AEUV in den regulierungsgesetzlichen Kollisionsvorschriften auch kein redaktionelles Versehen dar.[1243] Dies bestätigt der Disput zu § 111 Abs. 3 EnWG a. F.[1244] Zwar sah § 111 EnWG a. F. keinen unmittelbaren Ausschluss des Art. 102 AEUV vor. Jedoch hatten die Kartellbehörden gem. § 111 Abs. 3 EnWG a. F. unter anderem in Verfahren nach Art. 82 des EGV

1239 Vgl. *C. Säcker* zum Postrecht in: Der Einfluss der sektorspezifischen Regulierung, S. 187.

1240 *Immenga/Mestmäcker*, in: Immenga/Mestmäcker, Band 1, Einleitung B., Rn. 81; *Paulweber*, Regulierungszuständigkeiten, S. 166; Vgl. auch *C. Säcker* zum Postrecht in: Der Einfluss der sektorspezifischen Regulierung, S. 187.

1241 *Jung*, in: Grabitz/Hilf/Nettesheim, Recht der Europäischen Union, Art. 102 AEUV, Rn. 4.

1242 Dies stellt die ständige Rspr. des EuGHs dar, vgl. nur EuGH, Urt. v. 15.07.1964 – Rs. 6/64, Slg. 1964, 1251 Rn. 8, 11– „Costa/E.N.E.L." = NJW 1964, 2371 (2372); so u. a.: *Schröter/Bartl*, in: von der Groeben/Schwarze/Hatje, Europäisches Unionsrecht, Band 2, Art. 102 AEUV, Rn. 289; *van Miert*, WuW 1998, 7 (12); Auch die Regierungsbegründung zum TKG geht davon aus, vgl. BT-Drucks. 13/3609 vom 30.01.1996, S.37 zu § 2, zu Absatz 3.

1243 So schon Salje zum § 111 Abs. 1 EnWG a. F. in: Energiewirtschaftsgesetz, 2006, § 111 Rn. 8.

1244 I. d. F. des Energiewirtschaftsgesetzes vom 07.07.2005 (BGBl. I 2005, 1970).

(jetzt Art. 102 AEUV) die genehmigten Entgeltpreisbestandteile als rechtmäßig zugrunde zu legen. Eine inzidente Kontrolle dieser Entgeltbestandteile nach Art 82 EGV war somit zu unterlassen. Die Anwendung des Art. 102 AEUV wurde in diesem Rahmen faktisch ausgeschlossen. Die Regelung des § 111 Abs. 3 EnWG a. F. war jedoch europarechtswidrig[1245], so dass es 2007 zur Änderung des § 111 Abs. 3 EnWG kam und Art. 82 EGV aus diesem gestrichen wurde[1246].

Folglich kommt es im Rahmen des Art. 102 AEUV zu einer Durchbrechung des aus den regulierungsgesetzlichen Kollisionsvorschriften folgenden Vorrangverhältnisses zugunsten des Regulierungsrechts.[1247] Eine durch die nationalen regulierungsrechtlichen Kollisionsregelungen zu vermeidende Doppelkontrolle ist somit bei grenzüberschreitenden Netzbetrieben, europarechtlich relevanter marktbeherrschenden Stellung und Missbrauch dieser Stellung aufgrund der vorrangigen supranationalen Regelung des Art. 102 AEUV möglich.[1248]

Auch die Gesetzesbegründung zum TKG 1996 stellte eindeutig klar, dass die Wettbewerbsregeln des AEUV durch die Regelung des § 2 Abs. 3 TKG a. F. unberührt bleiben.[1249] Art. 102 AEUV ist somit Einfallstor für konkurrierende bzw. parallele und somit möglicherweise abweichende Entscheidungen durch die Kommission oder nationale Kartellbehörden, die zur Durchsetzung des Art. 102 AEUV gem. § 50 GWB berechtigt sind.[1250] Die auf der nationalen Ebene in den regulierten Sektoren gesetzlich angelegte Spezialität greift auf europäischer Ebene nicht durch. Das Vorgenannte gilt entsprechend auch für den Eisenbahnsektor. Aus § 9 Abs. 3 Satz 1 BEVVG folgt unmittelbar weder eine generelle Parallelität von Eisenbahnregulierungs- und allgemeinem Wettbewerbsrecht im materiellen Sinne noch ein Vorrang des ERegG. Nichts anderes kann für das Verhältnis von ERegG zu Art. 102 AEUV gelten.

Auch einen Vorrang des nationalen Regulierungsrechts gegenüber Art. 102 AEUV auf den Lex-specialis-Gedanken zu stützen, ist, obwohl Adressaten- und Anwendungskreis zum Beispiel in § 30 EnWG und den §§ 28, 42 TKG näher

---

1245 *Säcker*, AöR (130) 2005, 180 (216 f.); *Säcker*, in: Berliner Kommentar zum Energierecht, Band 1, Teil 2, § 111 Rn. 13.

1246 Änderung des § 111 Abs. 3 EnWG a. F. durch Art. 2 des Gesetzes vom 18.12.2007, BGBl. I S. 2966.

1247 *Schex*, in: Kment, Energiewirtschaftsgesetz, § 111 Rn. 4; *Säcker*, in: Berliner Kommentar zum Energierecht, Band 1, Teil 2, § 111 Rn. 13 ff.

1248 So schon *Antweiler/Nieberding*, NJW 2005, 3673 (3675); *Säcker*, ZNER 2004, 98 (111); *Baur*, RdE 2004, 277 (281); *Schex*, in: Kment, Energiewirtschaftsgesetz, § 111 Rn. 4.

1249 Vgl. BT-Drucks. 13/3609 vom 30.01.1996, S. 37 zu § 2 Absatz 3.

1250 Zur Zuständigkeit siehe Kapitel 3/C.

ausgestaltet und daher konkreter als im allgemeiner gefassten Art. 102 AEUV sind, aufgrund des Anwendungsvorrangs abzulehnen.[1251] Grundsätzlich kann der Lex-specialis-Grundsatz auch auf europäischer Ebene Anwendung finden. Lex specialis und lex generalis müssen dabei jedoch von gleicher Rangstufe sein.[1252] So kann der Lex-specialis-Gedanke nur zwischen EU-Primärrecht oder zwischen EU-Sekundärrecht greifen, nicht aber zwischen EU-Primär- und EU-Sekundärrecht oder sogar zwischen EU-Recht im allgemeinen und nationalem Recht. Nationales Regulierungsrecht ist rangniedriger als das Unionsrecht.[1253] Der Lex-specialis-Grundsatz kann somit in diesem Verhältnis nicht zur Anwendung kommen.[1254] Eine Vorrangwirkung des § 30 EnWG und der §§ 28, 42 TKG gegenüber Art. 102 AEUV aufgrund der Lex-specialis-Regelung kommt daher nicht in Betracht.

III. Die Umsetzung europäischer Richtlinien ins nationale Regulierungsrecht

Das sektorspezifische Regulierungsrecht beruht zum größten Teil auf europarechtlichen Vorgaben. Das regulierungsrechtliche Sekundärrecht wurde weitestgehend im nationalen Regulierungsrecht umgesetzt. Das umgesetzte Sekundärrecht ändert jedoch nichts an dem Verhältnis von nationalem Regulierungsrecht zu Art. 102 AEUV. Denn Art. 102 AEUV ist nicht nur gegenüber dem nationalen Recht höherrangiges Recht und geht diesem (im Konfliktfall) vor. Selbiges gilt auch für das Sekundärrecht.[1255] Auch im Bereich der Regulierung geht es dem Primärrecht nicht vor.[1256] Aufgrund unterschiedlicher Rangstufen von Art. 102 AEUV und sektorspezifischem Sekundärrecht ist der

---

1251 Vgl. *Paulweber*, Regulierungszuständigkeiten, S. 138 ff.; *Schmidt-Volkmar*, Das Verhältnis, S. 160; *Schmidt-Volkmar*, ZWeR 2012, 230 (234).

1252 *Fuchs/Möschel*, in: Immenga/Mestmäcker, Band 1, Art. 102 AEUV, Rn. 394; *Maurer/Waldhoff*, Allgemeines Verwaltungsrecht, § 4 Rn. 6.

1253 Statt aller *Maurer/Waldhoff*, Allgemeines Verwaltungsrecht, § 4 Rn. 9.

1254 *Fuchs/Möschel*, in: Immenga/Mestmäcker, Band 1, Art. 102 AEUV, Rn. 394.

1255 Vgl. *Ruffert*, in: Calliess/Ruffert, EUV/AEUV, Art. 288 AEUV, Rn. 8; *Maurer/Waldhoff*, Allgemeines Verwaltungsrecht, § 4 Rn. 9, 76; Wobei Im Verhältnis Primär- zu Sekundärrecht nicht der Grundsatz des Anwendungsvorrangs, sondern der Grundsatz des Geltungsvorrangs gilt.

1256 Vgl. *Wolf*, in: Berliner Kommentar zum Energierecht, Band 2, Art. 102 AEUV, Rn. 28; i. E. auch ablehnend *Salje*, Energiewirtschaftsgesetz, § 111 Rn. 18-20; *Paulweber*, Regulierungszuständigkeiten, S. 141 ff.; .

Lex-specialis-Grundsatz nicht anwendbar.[1257] Auch konkretisiert das Sekundärrecht das Primärrecht nicht abschließend, so dass eine Anwendung des Primärrechts nicht überflüssig wird.[1258] Entsprechendes gilt auch, wenn für die Begründung des Vorrangs auf die Rangordnung der Rechtsquellen abgestellt werden soll.[1259]

Ein Vorrang des Regulierungsrechts könnte nur dann in Betracht kommen, wenn Art. 102 AEUV durch das Sekundärrecht abschließend konkretisiert wird und wirksam ins nationale Regulierungsrecht umgesetzt wurde.[1260] Schon der ehemalige Wettbewerbskommissar *van Miert* äußerte sich über die ONP-Bestimmungen dahingehend, dass „diese [ONP-] Bestimmungen, die von den Mitgliedstaaten in innerstaatliches Recht umgesetzt werden und von den nationalen Telekom-Regulierungsbehörden angewendet werden, [...] spezieller [sind,] als die allgemeinen Wettbewerbsregeln der EU und [sie] deren Anwendung in vielen Fällen entbehrlich machen [werden]"[1261].

Das infrage stehende Sekundärrecht ist jedoch nicht spezieller im Sinne einer abschließenden Konkretisierung gegenüber Art. 102 AEUV. Es genügt nicht, dass das Sekundärrecht Regelungen aufweist, die durch Art. 102 AEUV nicht erfasst werden, so wie dies bei einer Ex- ante-Regulierung der Fall wäre. Auch wird Art. 102 AEUV in seinen Einzelheiten durch das Sekundärrecht nicht näher ausgestaltet.[1262] Auch *van Miert* ist nicht von einer abschließenden Konkretisierung

1257 Vgl. *Maurer/Waldhoff*, Allgemeines Verwaltungsrecht, § 4 Rn. 6; *Fuchs/Möschel*, in: Immenga/Mestmäcker, Band 1, Art. 102 AEUV, Rn. 394.

1258 Vgl. für das Energierecht: *Salje*, Energiewirtschaftsgesetz, § 111 Rn. 18; für das Telekommunikationsrecht: *Paulweber*, Regulierungszuständigkeiten, S. 141; für das Eisenbahnrecht: *Staebe*, in: Schmitt/Staebe, Eisenbahn-Regulierungsrecht, Rn. 595; vgl. auch *Schreiber*, Zusammenspiel, S. 95 f. m.w.N., i. E. aber auch ablehnend.

1259 Vgl. für diesen Ansatz *Schmidt-Volkmar*, Das Verhältnis, S. 160.

1260 Aufgrund fehlender nationaler Ermächtigungsgrundlage für den Erlass von Art. 102 AEUV konkretisierenden Vorschriften sei immer auf das die Grundlage des nationalen Regulierungsrechts bildende Sekundärrecht abzustellen, vgl. *Schmidt-Volkmar*, Das Verhältnis, S. 162, 167; vgl. auch *Staebe*, in: Schmitt/Staebe, Eisenbahn-Regulierungsrecht, Rn. 595.

1261 *Van Miert*, WuW 1998, 7 (12), wobei sich *van Miert* von der Annahme einer Spezialität im Sinne einer lex specialis-Anwendung distanzierte, indem er darauf hinweist, dass die Wettbewerbsvorschriften neben den OPN-Regeln zur Anwendung kommen.

1262 So auch schon zur Liberalisierungsrichtlinie und zur OPN-Richtlinie *Paulweber*, Regulierungszuständigkeiten, S. 142 ff.; vgl. auch *Salje*, Energiewirtschafsgesetz, § 111 Rn. 18; *Wolf*, in: Berliner Kommentar zum Energierecht, Band 2, Art. 102 AEUV, Rn. 28 mit Bezug auf Art. 3 Abs. 2 Satz 1 und Art. 3 Abs. 8 Satz 2

des Sekundärrechts ausgegangen, wenn er darauf hinwiest, dass neben dem speziellen ONP-Regelungen auch die Wettbewerbsvorschriften der EU zur Anwendung kommen.[1263] Dies wäre bei der Zugrundelegung eines Lex-specialis-Verhältnisses sowie der Abgeschlossenheit der ONP-Regelungen nicht möglich. Ein Vorrang des Sekundärrechts gegenüber Art. 102 AEUV kommt aufgrund Fehlens einer abschließenden Konkretisierung nicht in Betracht. Dies gilt für alle der hier behandelten Sektoren. Eine Abgeschlossenheit der Sekundärrechtsakte drängt sich zurzeit nicht auf. Selbst die Neuerungen im EU-Sekundärrecht lassen nicht auf deren Abgeschlossenheit gegenüber Art. 102 AEUV schließen. Auch durch das EU-Winterpaket im Energiesektor[1264], den Kodex für elektronische Kommunikation im TK-Sektor[1265] oder die Novellierungen im Eisenbahnsektor[1266] wird Art. 102 AEUV nicht abschließend konkretisiert: Bezüglich des EU-Winterpaketes ist für eine abschließende Konkretisierung des Art. 102 AEUV nichts ersichtlich. Der Schwerpunkt liegt vielmehr in der Energieeffizienz und bei den erneuerbaren Energien. Auch der Kodex für elektronische Kommunikation, der seinen Schwerpunkt in der Umsetzung der Konnektivitätsziele hat, konkretisiert Art. 102 AEUV nicht abschließend, so dass sich aus dem umzusetzenden Recht auch in Zukunft kein Vorrang gegenüber Art. 102 AEUV ableiten lässt. Entsprechendes gilt für die Recast-Richtlinie 2012/34/EU sowie das vierte Eisenbahnpaket. Die weitgehend im ERegG umgesetzte Recast-Richtlinie macht zwar, wie aufgezeigt, die Abgrenzung von Eisenbahnregulierungsrecht und GWB einfacher, indem der abschließende Charakter des ERegG nun deutlicher hervortritt. Aufgrund der immer noch fehlenden Missbrauchsaufsicht kann aber auch hier nicht von einer abschließenden Konkretisierung des Art. 102 AEUV durch das Sekundärrecht gesprochen werden. Die Recast-Richtlinie sieht eine konkretisierende Missbrauchsaufsicht nicht vor. Auch die anderen Regelungen bezüglich Netzzugangs- und Entgeltregulierung sind nicht spezieller als der Regelungsgehalt des Art. 102 AEUV.

Beschleunigungsrichtlinie-Strom, Art. 3 Abs. 2 Satz 1 und Art. 18 Abs. 3 GasRL, Art. 25 Abs. 8 Satz 2 GasRL, Art. 3 Abs. 2 RL 91/286/EWG; *Schreiber*, Zusammenspiel, S. 96 ff.; zu den Elektrizitäts- und Telekommunikationsrichtlinien ausführlich: *Schmidt-Volkmar*, Das Verhältnis, S. 170 ff.; *C. Säcker*, Der Einfluss der sektorspezifischen Regulierung, S. 251 ff., 270.

1263 *Van Miert*, WuW 1998, 7 (12).

1264 Siehe dazu unter Kapitel 1/B./II./2./a.

1265 Siehe dazu unter Kapitel 1/B./II./2./a.

1266 Siehe dazu unter Kapitel 1/B./II./2./a.

Festzuhalten bleibt schließlich, dass nationales Regulierungsrecht im Verhältnis zu Art. 102 AEUV immer rangniedrigeres Recht ist, unabhängig davon, ob es das Sekundärrecht umsetzt oder nicht. Die Anwendung des Art. 102 AEUV wird trotz weitestgehender Umsetzung des europäischen Sekundärrechts ins nationale Recht nicht beeinflusst. Aus dem europarechtlichen Einfluss des Sekundärrechts auf die Regulierungsgesetze kann somit nicht auf ein Spezialitätsverhältnis der nationalen sektorspezifischen Regulierungsgesetze zu Art. 102 AEUV geschlossen werden.

B. Beeinflussung der Anwendbarkeit des Art. 102 AEUV durch regulierungsrechtliche Maßgaben auf nationaler Ebene?

Nachdem die grundsätzliche Anwendbarkeit des Art. 102 AEUV auch im Bereich der hier behandelten Sektoren dargestellt wurde, stellt sich nun die Frage, wie sich die Anwendung des Art. 102 AEUV zu den zuvor ergangenen regulierungsrechtlichen Entscheidungen und Maßgaben verhält. Bleibt die Anwendung des Art. 102 AEUV von vorherigen regulierungsbehördlichen Entscheidungen vollkommen unbeeinflusst oder entwickeln diese gegenüber dem Unionsrecht eine „immunisierende Wirkung“[1267] für die Netzbetreiber, weil sie den Entscheidungs- bzw. Handlungsspielraum des Unternehmens ausschließen (dazu unter I.) oder einen Vertrauensschutz aufbauen (dazu unter II.)? Kommt man zu dem Ergebnis, dass Art. 102 AEUV durch Regulierungsentscheidungen nicht in seiner Anwendbarkeit ausgeschlossen wird, stellt sich weiter die Frage, ob regulierungsrechtliche Entscheidungen gegenüber der Anwendung des Art. 102 AEUV eine Bindungswirkung entfalten können, so dass die Anwendung bzw. das Einschreiten aufgrund des Art. 102 AEUV begrenzt wird (dazu unter III.).

1267 Dies soll nicht im Sinne einer Rechtfertigung verstanden werden, denn eine solche ist, wie dargestellt, durch das nationale Recht nicht möglich. In Betracht kommt jedoch eine Anwendungshemmung, bei der schon der Anwendungsbereich des Art. 102 AEUV durch regulierte Sachverhalte ausgeschlossen wird; vgl. zur Immunität auch *Säcker*, EnWZ 2015, 531 (535).

I. Ausschluss des unternehmerischen Entscheidungsspielraums durch nationales Regulierungsrecht?

Zuvor wurde bereits dargestellt, dass sich der Anwendungsbereich des Art. 102 AEUV grundsätzlich mit dem der Ex-post-Regulierung, insbesondere mit der sektorspezifischen Missbrauchsaufsicht, überschneidet und eine Anwendung des Art. 102 AEUV grundsätzlich neben den regulierungsrechtlichen Maßgaben besteht.[1268] Problematisch ist allerdings besonders das Verhältnis von Ex-ante-Maßnahmen und der Anwendbarkeit des Art. 102 AEUV. Es stellt sich somit die Frage, inwieweit regulierungsbehördliche Genehmigungsentscheidungen, wie die Entgeltgenehmigung, die Anwendung des Art. 102 AEUV beeinflussen können.

Die Ex-ante-Maßnahmen greifen schon vor den für Art. 102 AEUV relevanten Sachverhalt, dem Missbrauch, ein. Ihrer Natur nach sollen sie missbräuchliche Verhaltensweisen von vornherein ausschließen und die Netze unter adäquaten Bedingungen für den Wettbewerb öffnen.

Für eine Anwendung des Art. 102 AEUV trotz zuvor ergangener regulierungsrechtlicher Entscheidung spricht zunächst der Anwendungsvorrang des EU-Rechts. Die Anwendung des Art. 102 AEUV scheint somit auf den ersten Blick uneinschränkbar. Die weitere Untersuchung wird jedoch zeigen, dass Art. 102 AEUV durch die Ex-ante-Maßnahmen nicht vollständig unbeeinflusst bleibt. Denn der Anwendungsvorrang kommt nur dann in Betracht, wenn Art. 102 AEUV auch tatsächlich tatbestandlich erfüllt ist, was beim Fehlen des unternehmerischen Entscheidungsspielraums abzulehnen wäre.

Weitestgehend unproblematisch ist dagegen das Verhältnis von regulierungsrechtlichen Ex-post-Maßnahmen und der Anwendbarkeit des Art. 102 AEUV. Im Rahmen von Ex-post-Entscheidungen ist Art. 102 AEUV grundsätzlich parallel anwendbar. Die Überschneidungen der Ex-post-Missbrauchsaufsicht nach den Regulierungsgesetzen, dem GWB sowie nach Art. 102 AEUV und das Verhältnis der §§ 19 f. GWB zu Art. 102 AEUV bestätigen eine solche parallele Anwendung auch in Bezug auf die nationalen Regulierungsvorschriften. Auch stehen Art. 102 AEUV und die regulierungsrechtlichen Ex-post-Maßnahmen zeitlich gesehen – anders als im Verhältnis zu den Ex-ante-Maßnahmen – auf derselben Stufe. Allein wenn die regulierungsrechtliche Ex-post-Maßnahme im Einzelfall tatsächlich zeitlich vor einer Entscheidung nach Art. 102 AEUV ergeht, könnte an eine Beeinflussung des Art. 102 AEUV gedacht werden, um

1268 Vgl. dazu Kapitel 3/A.

eine doppelte „Sanktionierung“ zu vermeiden. Die Ex-post-Maßnahme beeinflusst die Entscheidungsfreiheit des Unternehmens jedoch grundsätzlich nicht, so dass sich das Problem eines fehlenden Entscheidungsspielraums an dieser Stelle nicht ergibt. Zudem resultiert aus der parallelen Anwendbarkeit von Ex-post-Regulierung und Art. 102 AEUV automatisch noch keine tatsächliche doppelte Anwendung dieser Regelungen mit dem Risiko divergierender Entscheidungen. Denn ob eine Anwendung von Art. 102 AEUV im Einzelfall neben einer zuvor ergangenen regulierungsrechtlichen Ex-post-Maßnahme tatsächlich ergeht, hängt von dem Regelungsrahmen der nationalen Ex-post-Maßnahme und der Ermessensausübung der Kommission bzw. des BKartA ab. Das Ermessen der Kommission bzw. des BKartA, auf der Grundlage des Art. 102 AEUV einzuschreiten, könnte in diesem Fall reduziert sein.[1269] Geht der regulierungsrechtliche Regelungsrahmen weiter als der des Art. 102 AEUV, ist schon ein Einschreiten auf der Grundlage des Art. 102 AEUV nicht notwendig. Erst dann, wenn die nationale Maßnahme hinter Art. 102 AEUV zurückbleibt, ist auch ein Einschreiten der Kommission bzw. des BKartA auf der Grundlage des Art. 102 AEUV denkbar und aufgrund des Anwendungsvorrangs des Art. 102 AEUV durchaus auch notwendig. In diesem Fall besteht jedoch nicht das Problem divergierender Entscheidungen in dem Sinne, dass national ein Verhalten erlaubt, dasselbe Verhalten aber unionsrechtlich verboten wird. Vielmehr wird regulierungsrechtlich ein Verhalten nicht bzw. nicht ausreichend sanktioniert, welches jedoch nach Art. 102 AEUV verboten ist. Art. 102 AEUV kann dann aufgrund fehlender Vorrangstellung des (nationalen) Regulierungsrechts als Ergänzung des Regulierungsrechts verstanden werden. Schließlich ist die Kommission auch nicht an die Entscheidungen der nationalen Regulierungsbehörden gebunden.[1270]

Etwas anderes könnte sich allerdings dann ergeben, wenn das Unternehmen erst durch die Ex-post-Regulierung gegen Art. 102 AEUV verstößt. Wird in diesem Fall durch die Ex-post-Maßnahme der Regulierungsbehörde der

1269 Vgl. *Martenczuk*, CR 1999, 363 (367); *Wissmann*, K&R Beih. 2/2006, 10 (14); *Schmidt-Volkmar*, ZWeR 2012, 230 (235 ff.); vgl. auch Ausführungen bei *Sennekamp*, Der Diskurs, S. 131.

1270 EuG, Urt. v. 10.04.2008 – Rs. T-271/03, Slg. 2008, II-477 Rn. 120 – „Deutsche Telekom/Kommission“= MMR 2008, 385; EuGH, Urt. v.14.12.2000 – Rs. C-344/98, Slg. 2000, I-11369 Rn. 48 – „Masterfoods und HB“ = NJW 2001, 1265 (1266); *Klotz*, in: Säcker, TKG, Anh. I, Rn. 245.

unternehmerische Entscheidungsspielraum ausgeschlossen, kommt eine korrigierende Anwendung des Art. 102 AEUV nicht infrage.

Zu analysieren ist daher, ob durch die regulierungsrechtlichen Ex-ante sowie Ex-post-Maßnahmen die Anwendbarkeit des Art. 102 AEUV beeinflusst wird.

1. Entscheidungsspielraum als ungeschriebene Voraussetzung für die Anwendbarkeit des Art. 102 AEUV

Aus dem US-amerikanischen Recht wird die sog. State-Action-Doktrin abgeleitet.[1271] Danach wird eine Anwendung des allgemeinen Antitrustrechts durch eine sektorspezifische Regulierung verdrängt, wenn das unternehmerische Verhalten nicht mehr als eigenverantwortlich angesehen werden kann.[1272] Die ganz überwiegende Ansicht in Literatur[1273] und Praxis[1274] setzt auch für die Anwendung des Art. 102 AEUV das Bestehen eines Handlungs- bzw.

1271 Vgl. *Ludwigs*, WuW 2008, 534 (536, 540 m.w.N.); *Säcker*, AöR (130) 2005, 180 (213 ff.); *Säcker*, in: Säcker, TKG, Einl. I, Rn. 52 m.w.N.

1272 Siehe dazu ausführlich: *Säcker*, in: Säcker, TKG, Einl. I, Rn. 51 ff.

1273 *Jung*, in: Calliess/Ruffert, EUV/AEUV, Art. 106 AEUV, Rn. 6; *Emmerich*, in: Immenga/Mestmäcker, Band 1, Art. 101 Abs. 1 AEUV, Rn. 66 ff.; *Huttenlauch/Lübbig*, in: Loewenheim/Meessen/Riesenkampff/Kersting/Meyer-Lindemann, Kartellrecht, 6. Teil, Art. 102 AEUV, Rn. 10; *Säcker*, in: Säcker, TKG, Einl. I, Rn. 51; *Roth/Ackermann*, in: FK Kartellrecht, Band II, Art. 81 Abs. 1 Grundfragen, Rn. 273; *Topel*, ZWeR 2006, 27 (48); *Emmerich*, Kartellrecht, § 3 Rn. 8; *Klotz*, ZWeR 2003, 283 (307); *Nolte*, K&R 2008, 417 (421); *Wissmann*, K&R Beih. 2/2006, 10 (14); *Holthoff-Frank*, K&R Beih. 2/2006, 14 (15).

1274 Europäische Kommission, Entscheidung v. 04.07.2007, COMP/38.784, ABl. EU 2008 Nr. C 83, S.6 (Zusammenfassung) – „Wanadoo Espana/Telefónica"; EuG, Urt. v. 29.03.2012 – Rs. T-336/07 und T-398/07 – „Telefónica de Espana/Kommission", siehe dazu *Klotz*, K&R 2012, 407, bestätigt vom EuGH, Urt. v. 10.07.2014 – Rs. C-295/12 P = EuZW 2014, 799; EuGH, Urt. v. 17.02.2011 – Rs. C-52/09 – „TeliaSonera"= GRUR Int. 2011, 413; EuGH, Urt. v. 11.11.1997 – Rs. C-359/95 P und C-379/95 P, Slg. 1997, I-6265 Rn. 33 – „Kommission und Frankreich/Ladbroke Racing" = EuZW 1997, 759; EuGH, Urt. v. 09.09.2003 – Rs. C-198/01, Slg. 2003, I-8055 Rn. 51– „CIF" = EuZW 2003, 728 m. Anm. *Clarich/Lübbig*, EuZW 2003, 733; BGH, Urt. v. 10.02.2004 – KZR 6/02 und 7/02 = MMR 2004, 470; BGH, Urt. v. 29.06.2010 – KZR 31/08 = MMR 201=, 786; OLG Düsseldorf, Urt. v. 16.01.2002 – U (Kart) 8/01 = WuW 2002, 736; BKartA, Beschl. v. 11.02.2005 – B 9 – 55/03 = N&R 2005, 82 (83); Europäische Kommission, Entscheidung v. 21.05.2003 – Rs. COMP/C-1/37.451, 37.578, 37/579, ABl. 2003 Nr. L 263, S. 9 Rn. 54 – „Deutsche Telekom AG"; EuG, Urt. v. 28.06.2016 – Rs. T-216/13 – „Telefónica/Kommission".

Entscheidungsspielraums[1275] voraus. Ansonsten würde die Wettbewerbsbeschränkung nicht, wie von Art. 102 AEUV vorgesehen, in einer selbständigen Verhaltensweise des Unternehmens liegen.[1276] Die Telekom-Entscheidung der Kommission vom 31. Mai 2003[1277] bestätigte die diesbezügliche EuGH-Rechtsprechung[1278] ausdrücklich auch für den telekommunikationsrechtlich regulierten Bereich. Ein Missbrauch im Sinne des Art. 102 AEUV kann nur vorliegen, wenn die sektorspezifischen Regulierungsvorgaben die Möglichkeit den Wettbewerb durch ein selbständiges Verhalten der Unternehmen zu verhindern, zu beschränken oder zu verfälschen bestehen lassen.[1279] Dies gilt für das europäische und das nationale Kartellrecht gleichermaßen. Die Anwendung des allgemeinen Wettbewerbsrechts ist demnach ausgeschlossen, wenn keine Eigenverantwortlichkeit des Unternehmens bei einem Verstoß gegen Art. 102 AEUV aufgrund fehlenden Entscheidungsspielraums gegeben ist.

Einige kritisieren jedoch das Erfordernis eines solchen Entscheidungsspielraums.[1280] Art. 102 AEUV müsse aufgrund des Anwendungsvorrangs uneingeschränkt anzuwenden sein. Der Anwendungsvorrang schließe die Rechtfertigung unionsrechtswidrigen Verhaltens durch nationale Vorgaben aus.[1281] Andernfalls würde die Anwendbarkeit des Art. 102 AEUV von den mitgliedstaatlichen Maßnahmen abhängig gemacht werden[1282], indem sie den Handlungsspielraum ausschließende Verpflichtungen auferlegen oder entsprechende Anordnungen treffen. Zudem sind die Mitgliedstaaten selbst an die Einhaltung des Art. 102

1275 Die Begriffe Handlungs- und Entscheidungsspielraum werden hier gleichbedeutend verwendet.

1276 EuGH, Urt. v. 11.11.1997 – Rs. C-359/95 und C-379/95 P, Slg. 1997, I-6265 Rn. 33 – „Kommission und Frankreich/Ladbroke Racing".

1277 Europäische Kommission, Entscheidung v. 21.05.2003, Rs. COMP/C-1/37.451, 37.578, 37/579, ABl. 2003 Nr. L 263, S. 9 Rn. 175 – „Deutsche Telekom AG".

1278 EuGH, Urt. v. 11.11.1997 – Rs. C-359/95 P und C-379/95 P, Slg. 1997, I-6265 Rn. 34 – „Kommission und Frankreich/Ladbroke" = EuZW 1997, 759.

1279 EuGH, Urt. v. 11.11.1997 – Rs. C-359/95 P und C-379/95 P, Slg. 1997, I-6265 Rn. 34 – „Kommission und Frankreich/Ladbroke Racing" = EuZW 1997, 759; vgl. auch EuGH, Urt. v. 29.10.1980 – Rs. 209/78 bis 215/78 und 218/78, Slg. 1980, 3125 – „Van Landewyck u. a./Kommission"; EuGH, Urt. v. 20. 03 1985 – Rs. 41/83, Slg. 1985, 873 Rn. 18 ff. – „Italien/Kommission".

1280 Siehe ausführlich zur Diskussion *Sennekamp*, S. 119 ff. m.w.N.

1281 *Jung*, in: Grabitz/Hilf/Nettesheim, Recht der Europäischen Union, Art. 102 AEUV, Rn. 162.

1282 *Hoffmann*, in: Dauses/Ludwigs, EU-Wirtschaftsrecht, Band 1, H.I, § 1 Rn. 15; vgl. auch *C. Säcker*, Der Einfluss der sektorspezifischen Regulierung, S. 221.

AEUV gebunden. Dies zeige, dass durch mitgliedstaatliches Verhalten der Anwendungsbereich des Art. 102 AEUV nicht eingeschränkt werden soll.[1283] Das alleinige Vorgehen gegen den Mitgliedstaat, der das unionsrechtswidrige Verhalten durch Genehmigung auslöst, vermag den Ausschluss des Art. 102 AEUV gegenüber dem handelnden Unternehmen nicht zu kompensieren bzw. gerecht zu werden.[1284] So werde der Anwendungsvorrang des Art. 102 AEUV zu sehr eingeschränkt, wenn ein Unternehmen selbst bei einem absichtlichen Verstoß gegen Art. 102 AEUV nicht zur Rechenschaft gezogen werden kann.[1285]

Diese Kritik vermag nicht zu überzeugen. Das Erfordernis eines unternehmerischen Handlungsspielraums beruht auf verschiedenen Erwägungen:

Zum einen ist anerkannt, dass der Wettbewerb von der Möglichkeit des Marktteilnehmers, zwischen verschiedenen Handlungsalternativen wählen zu können, abhängt.[1286] Entsprechend zielt die kartellrechtliche Missbrauchskontrolle auf die Unterbindung der Ausnutzung der vom Wettbewerb nicht kontrollierten Handlungsspielräume zu Lasten Dritter ab.[1287] Daher müssen auch die vom nationalen und unionalen Wettbewerbsverbot erfassten Wettbewerbsbeschränkungen ihre Ursache in einem freien Verhalten haben.[1288] Die Entscheidungsfreiheit ist somit zwingendes Schlüsselelement zwischen Wettbewerb und Wettbewerbsbeschränkung.[1289] Verbleibt dem betroffenen Unternehmen kein Entscheidungsspielraum, entfällt die Zurechenbarkeit des gegenständlichen Verhaltens auf den Unternehmensrechtsträger.[1290] Wird dem betreffenden Unternehmen von staatlicher Seite zum Beispiel die Pflicht auferlegt, sich zwingend an das genehmigte Entgelt zu halten, könnte dem verpflichteten Unternehmen der daraus resultierende Wettbewerbsverstoß nicht zuzurechnen sein bzw. es könnte ihn nicht zu verantworten haben.[1291] Das die staatliche Genehmigung

---

1283 *C. Säcker*, Der Einfluss der sektorspezifischen Regulierung, S.231.

1284 *Bauer*, Wettbewerbsbeschränkung durch Staaten?, S. 272 f.

1285 *C. Säcker*, Der Einfluss der sektorspezifischen Regulierung, S. 227.

1286 *C. Säcker*, Der Einfluss der sektorspezifischen Regulierung, S. 118 f.

1287 *Fuchs*, in: Immenga/Mestmäcker, Band 2, § 19 Rn. 11.

1288 BGH, Urt. v. 10.02.2004 – KZR 6/02 und 7/02 = MMR 2004, 470 (471); *Ludwigs*, WuW 2008, 534 (536).

1289 So auch *C. Säcker*, Der Einfluss der sektorspezifischen Regulierung, S. 120.

1290 EuG, Urt. v. 10.04.2008 – Rs. T-271/03, Slg. 2008, II-477 Rn. 87 – „Deutsche Telekom AG/Kommission" = MMR 2008, 385; *Klotz*, MMR 2008, 389 (389); *Schreiber*, Zusammenspiel, S. 105 f.

1291 Vgl. *Wissmann/Krull*, in: Wissmann, Telekommunikationsrecht, Kap. 18 Rn. 139; *Wolf*, in: Berliner Kommentar zum Energierecht, Band 2, Art. 102 AEUV, Rn. 30; *Weiß*, in: Calliess/Ruffert, EUV/AEUV, Art. 101 AEUV, Rn. 46, *C. Säcker*, Der

ausführende Unternehmen wird dann zur Marionette staatlicher Vorgaben. Eine Zurechnung des wettbewerbswidrigen Verhaltens wäre an dieser Stelle unangemessen. Dies ist vergleichbar mit dem Fall der mittelbaren Täterschaft im Strafrecht, bei der der unmittelbar Handelnde aufgrund eines Defekts nicht strafbar ist, dem Hintermann die ausgeführte Tat als eigen jedoch zuzurechnen ist.[1292]

Des Weiteren folgt aus dem Gebot der Rechtssicherheit, dass ein staatlich auferlegtes Verhalten keine Rechtswidrigkeit desselben Verhaltens zur Folge haben kann. Ein Unternehmen kann nicht rechtmäßig und zugleich rechtswidrig handeln.[1293] Gleiches kann auch nach dem Grundsatz der Einheit der Rechtsordnung angenommen werden.[1294] Schon nach dem allgemeinen Verständnis kann einem Unternehmen ein missbräuchliches Verhalten nicht unterstellt werden, wenn es sich strikt an die regulatorischen Vorgaben hält und ihm darüber hinaus auch keine autonome Entscheidungsmöglichkeit verbleibt, anders zu handeln. Auch würde diese Vorgehensweise nicht den Wettbewerb fördern. Im Gegenteil, sie würde den Wettbewerb aufgrund der dadurch entstehenden Rechtsunsicherheit behindern.

Zudem kann in Bezug auf das Merkmal „Entscheidungsspielraum“ nicht von einer Rechtfertigung unionsrechtswidrigen Verhaltens durch nationale Vorgaben gesprochen werden. Zu einer Rechtfertigung kann es erst dann kommen, wenn der Tatbestand des Art. 102 AEUV schon erfüllt ist. Dies ist aber bei fehlendem Entscheidungsspielraum gerade nicht der Fall. Nationale Vorgaben im Sinne der hier behandelten Regulierungsentscheidungen rechtfertigen daher kein unionsrechtswidriges Verhalten. Sie sollen vielmehr im Einzelfall schon den Tatbestand des Art. 102 AEUV ausschließen, indem sie den betreffenden Netzbetreibern keine Handlungsalternative mehr belassen. Mittelbar resultiert daraus natürlich auch eine Einschränkung der Anwendbarkeit des Art. 102 AEUV durch nationale Vorgaben. Diese Einschränkung kann jedoch hingenommen werden, soweit diese selbst nicht unionsrechtswidrig ist. Aufgrund der Bindung der Mitgliedstaaten an die Einhaltung des Art. 102 AEUV sowie der Anerkennung des Erfordernisses eines Entscheidungsspielraums durch den EuGH und

---

Einfluss der sektorspezifischen Regulierung, S. 125; *Paulweber*, Regulierungszuständigkeiten, S. 158 ff.; *Ludwigs*, WuW 2008, 534 (540); *Stockenhuber*, in: Gabitz/Hilf/Nettesheim, Recht der Europäischen Union, Art. 101 AEUV, Rn. 118; *Klotz*, MMR 2008, 650 (654).

1292 Siehe dazu *Heine/Weißer*, in: Schönke/Schröder, Strafgesetzbuch, § 25 Rn. 6.

1293 EuGH, Urt. v. 09.09.2003 – Rs. C-198/01, Slg. 2003, I-8055 Rn. 51 ff. – „CIF“ = NJW 2004, 351 (352) = EuZW 2003, 728.

1294 Vgl. dazu schon *Schmidt-Volkmar*, Das Verhältnis, S. 194.

der Möglichkeit, diesen Entscheidungsspielraum durch nationale Vorgaben einzuschränken, kann davon nicht ausgegangen werden. Es ist jedoch im Einzelfall zu prüfen, ob die regulatorische Maßnahme einen Handlungsspielraum für das Unternehmen ausschließt und somit eine Zurechenbarkeit des missbräuchlichen Verhaltens ausscheidet.[1295] Anstatt das Erfordernis des Entscheidungsspielraums für die Anwendung des Art. 102 AEUV zu kritisieren, sollte sich diese Diskussion vielmehr auf die Frage verlagern, ob der Entscheidungsspielraum tatsächlich durch regulierungsrechtliche Maßnahmen ausgeschlossen wird. Denn die Untersuchung wird zeigen, dass der Handlungsspielraum durch nationale Regulierungsentscheidungen nur im Ausnahmefall ausgeschlossen wird.[1296] Die Anwendbarkeit des Art. 102 AEUV bleibt im Grunde unbeeinflusst.

2. Ausschluss des Entscheidungsspielraums durch regulierungsrechtliche Ex-ante-Vorgaben?

Zur Verneinung des Handlungsspielraums kommt es nach der Rechtsprechung nur im Ausnahmefall.[1297] Von der Anwendbarkeit und Durchsetzung des Art. 102 AEUV darf nur dann abgesehen werden, wenn die Wettbewerbsbeschränkung, wie zuvor dargestellt[1298], ihre Ursache ausschließlich in den nationalen Rechtsvorschriften bzw. in anderweitigen hoheitlichen Vorgaben hat. Ist

1295 EuG, Urt. v. 10.04.2008 – Rs. T-271/03, Slg. 2008, II-477 Rn. 90 – „Deutsche Telekom AG/Kommission“ = MMR 2008, 385; EuG, Urt. v. 30.03.2000 – Rs. T-513/93, Slg. 2000, S. II-1807 Rn. 61 – „Consiglio Nazionale degli Spedizionieri Doganali/Kommission“; *Klotz* MMR 2008, 389 (389).

1296 Siehe sogleich unter Kapitel 3/B./I./2. und 3.

1297 Vgl. EuGH, Urt. v. 16.12.1975 – Rs. 40773 – 48/73, 50/73, 54/73, 55/73, 56/73, 111/73, 113/73 u. 113/73, Slg. 1975, 1663 Rn. 36 - 73 – „Suiker Unie u. a./Kommission“ = NJW 1976, 470; EuG, Urt. v. 18.09.1996 – Rs. T-387/94, Slg. 1996, II-961 Rn. 60, 65 – „Asia Motor France u. a./Kommission“; EuGH, Urt. v. 29.10.1980 – Rs. 209/78 – 212/78, Slg. 1980, 3125 Rn. 130 – 134 – „Van Landewyck u. a./Kommission“; EuGH, Urt. v. 20.03.1985 – Rs. 41/83, Slg. 1985, 873 Rn. 19 – „Italien/Mokkission“ = ZUM 1985, 560; EuGH, Urt. v. 10.12.1985- Rs. 240/82 – 242/82, 261/82 u. 262/82, Slg. 1985, 3831 Rn. 27 – 29 – „Stichting Sigarettenindustrie u. a./Kommission“; EuG, Urt. v. 30.03.2000 – Rs. T-513/93, Slg. 2000, II-1807 Rn. 60 – „Consiglio Nazionale degli Spedizionieri Doganali/Kommission“; EuGH, Urt. v. 09.09.2003 – Rs. C-198/01, Slg. 2003, I-8055 Rn. 67– „CIF“ = NJW 2004, 351 (353) = EuZW 2003, 728; EuG, Urt. v. 27.09.2006 – Rs. T-168/01, Slg. 2006, II-2969 Rn. 70 – „GlaxoSmithKline Service Unlimite“; EuG, Urt. v. 10.04.2008 – Rs. T-271/03, Slg. 2008, II-477 Rn. 86 – „Deutsche Telekom AG/Kommission“ = MMR 2008, 385.

1298 Siehe dazu unter Kapitel 3/B./I./1.

dies der Fall, ist die objektiv wettbewerbswidrige Verhaltensweise des Unternehmens nicht auf eine selbständige Verhaltensweise des Unternehmens zurückzuführen und die Anwendung des Art. 102 AEUV wird ausgeschlossen.[1299] Verbleibt den Unternehmen dagegen auch nur eine Handlungsalternative, muss ein Entscheidungsspielraum angenommen werden, so dass die Anwendung des Art. 102 AEUV nicht ausgeschlossen ist.

Das Entfallen des Handlungsspielraums kann nicht pauschal vom Vorliegen von Ex-ante-Vorgaben abhängig gemacht werden. Denn nicht jede regulatorische Maßnahme wird den Entscheidungsspielraum der Unternehmen ausschließen. So kann ein Ausschluss des Art. 102 AEUV nicht schon allein deshalb bejaht werden, weil sich das Unternehmen durch nationale Vorgaben leiten lässt, weil nationale Rechtsvorschriften ein wettbewerbswidriges Verhalten veranlassen oder erleichtern[1300] oder weil sich das betreffende Unternehmen entsprechend der regulierungsbehördlichen Verpflichtungen verhält[1301]. Dagegen soll ein unternehmerischer Handlungsspielraum zumindest dann nicht bestehen, wenn das missbräuchliche Verhalten staatlich vorgeschrieben wird oder dem Unternehmen durch die mitgliedstaatliche Anordnung das wettbewerbswidrige Verhalten aufgezwungen wird, weil ihm keine Handlungsalternative verbleibt.[1302] In diesem Fall wäre die Anwendung des Art. 102 AEUV ausgeschlossen.

Die verschiedenen Konstellationen der behördlichen Vorgaben sind daher näher zu betrachten. Dabei ist zwischen den unterschiedlichen Handlungsvorgaben und Sektoren zu unterscheiden. Aus der bisherigen Praxis des EuGH und des EuG können zudem Grundsätze abgeleitet werden, nach denen die Bejahung eines Handlungsspielraums trotz Ex-ante-Vorgaben generell möglich ist.[1303]

1299 EuGH, Urt. v. 11.11.1997 – Rs. C-359/95 P und C-379/95 P, Slg. 1997, I-6265 Rn. 33 – „Kommission und Frankreich/Ladbroke Racing“ = EuZW 1997, 759; EuGH, Urt. v. 16.12.1975 – Rs. 40/73 bis 48/73, 50/73, 54/73, 55/73, 56/73, 111/73, 113/73 und 114/73, Slg. 1975, 1663 Rn. 36-72, insb. Rn. 65, 66, 71 und 72 – „Suiker Unie u. a./ Kommission“.

1300 EuG, Urt. v. 10.04.2008 – Rs. T-271/03, Slg. 2008, II-477 Rn. 86 – „Deutsche Telekom AG/Kommission“ = MMR 2008, 385.

1301 Vgl. auch BGH, Urt. v. 10.02.2004 –KZR 6/02 u. KZR 7/02 = MMR 2004, 470 (471 ff.).

1302 *Paulweber*, Regulierungszuständigkeiten, S. 159, 161; vgl. auch *Säcker*, in: Das neue Recht für die Energiewirtschaft, S. 107 (122 f.).

1303 Vgl. dazu ausführlich *Schreiber*, Zusammenspiel, S. 106 ff.

a. *Entscheidungsspielräume im Rahmen der Ex-ante-Netzzugangsregulierung*

Die Netzzugangsregulierung erfolgt zunächst durch Ex-ante-Vorgaben. So werden nach allen hier behandelten Sektoren die Betreiber der Netze durch die Netzzugangsregelungen verpflichtet, anderen Marktteilnehmern den Zugang zu ihrem Netz in diskriminierungsfreier Weise zu ermöglichen. Zwar werden in den Regulierungsgesetzen hoheitliche Vorgaben zum Netzzugang aufgestellt, an die sich die Unternehmen zu halten haben. Diese Vorgaben können jedoch lediglich als Orientierung verstanden werden. Die konkrete Ausgestaltung des Zugangs im Einzelfall obliegt dagegen den Unternehmen.[1304] Die Netzzugangsregulierung ist daher in den einzelnen Sektoren lediglich durch die Festsetzung von Rahmenbedingungen geprägt.[1305] Diese Rahmenbedingungen sind allgemeiner Natur und konkretisieren keinen bestimmten Einzelfall. Konkret auferlegte Vorgaben bestehen im Bereich der Ex-ante-Netzzugangsregulierung grundsätzlich nicht.[1306] Der EuGH merkte in einem seiner Urteile an, dass beim gänzlichen Fehlen von hoheitlich auferlegten Verhaltenskriterien vom Vorliegen eines Handlungsspielraum ausgegangen werden muss.[1307] Daraus kann aber noch nicht geschlossen werden, dass bei hoheitlich aufgestellten Kriterien ein Handlungsspielraum in Gänze fehlt.[1308] Die in der Netzzugangsregulierung aufgestellten gesetzlichen Rahmenbedingungen können trotz ihres allgemeinen Charakters nicht mit dem gänzlichen Fehlen von hoheitlichen Maßgaben gleichgesetzt werden. Trotzdem oder gerade weil die Netzzugangsregelungen nur allgemein gehaltene Verhaltensmaßstäbe vorschreiben, können die betroffenen Unternehmen bei deren Umsetzung im Einzelfall im großen Umfang eigenverantwortlich vorgehen. Die Unternehmen müssen sich zwar an diese verpflichtenden Maßstäbe halten, jedoch sind sie bei der Umsetzung dieser Richtvorgaben frei, solange die Richtvorgaben, beispielsweise die Diskriminierungsfreiheit, eingehalten werden. Auf welche Art und Weise und somit auch unter welchen Bedingungen diese Zielvorgaben erreicht werden, wird nicht vorgegeben. Die

1304 Vgl. oben insbesondere beim AEG a. F., Kapitel 2/C./I./2./a./cc./(1)/(b).

1305 So auch *Schreiber*, Zusammenspiel, S. 114; siehe beispielhaft auch oben im Eisenbahnsektor unter Kapitel 2/C./I./2./a./cc./(1).

1306 Vgl. dazu *Schreiber*, Zusammenspiel, S. 115, mit Hinweis auf § 23 TKG (Standartangebot).

1307 EuGH, Urt. v. 30.03.2000 – Rs. T-513/93, Slg. 2000, S. II-1807 Rn. 62 f. – „Consiglio Nazionale deli Spedizionieri Doganali/Kommission".

1308 So auch *Schreiber*, Zusammenspiel, S. 108.

Einhaltung dieser Verhaltensmaßgaben schränkt den Handlungsspielraum daher lediglich ein und schließt ihn nicht in Gänze aus.[1309] Der für die Anwendung des Art. 102 AEUV vorausgesetzte Handlungsspielraum besteht.

b. Entscheidungsspielräume in der Ex-ante-Entgeltregulierung

Die Ex-ante-Entgeltregulierung zeichnet sich in den einzelnen Sektoren grundsätzlich durch ein Genehmigungsverfahren aus. Das Entgeltgenehmigungsverfahren wird in der Regel durch einen Antrag des betroffenen Unternehmens eingeleitet[1310] und endet – bei Erfolg – mit der Erteilung einer Genehmigung. Zumeist sind die Unternehmen dann auch verpflichtet, kein anderes als das genehmigte Entgelt zu fordern.[1311] Durch die Genehmigung könnte den Unternehmen hoheitlich ein konkretes Verhalten vorgeschrieben werden, welches ihren Handlungsspielraum vollständig ausschließt. Zu beachten ist jedoch, dass die Genehmigung nur in wenigen Fällen auch tatsächlich den Handlungs- bzw. Entscheidungsspielraum der Unternehmen in Gänze ausschließen wird.

aa. Genehmigung von Entgeltobergrenzen

Genehmigungen legen nicht immer nur ein konkret beziffertes Entgelt fest. Durch Entgeltgenehmigungen können auch Entgeltobergrenzen festgelegt werden, die nicht überschritten werden dürfen. Dem betreffenden Unternehmen wird folglich nur eine Verhaltensalternative – Überschreitung der festgelegten Grenze – verwehrt. Ihm verbleibt jedoch innerhalb dieser Grenze eine autonome Entgeltgestaltung. Es besteht nur eine Beschränkung der zulässigen Verhaltensalternativen. Trotz der staatlich auferlegten Obergrenze besteht für das Unternehmen die Möglichkeit, Einfluss auf die Entgelte zu nehmen.

Im Energiesektor erfolgt beispielsweise eine sog. Höchstpreisgenehmigung. § 23a Abs. 2 Satz 2 EnWG sieht vor, dass die genehmigten Entgelte Höchstpreise sind, die „nur überschritten werden [dürfen], soweit die Überschreitung ausschließlich aufgrund der Weitergabe nach Erteilung der Genehmigung erhöhter Kostenwälzungssätze einer vorgelagerten Netz- oder Umspannstufe erfolgt". Es kann zwar – abgesehen von Ausnahmen nach § 23a Abs. 2 Satz 2 a. E. EnWG – nicht über das genehmigte Entgelt hinausgegangen werden. Da in diesem Fall lediglich die Obergrenze des Entgeltes festgelegt wird, besteht für das betroffene Unternehmen allerdings noch die Möglichkeit, niedrigere Entgelte zu

1309 So schon *Schreiber*, Zusammenspiel, S. 109.

1310 Vgl. z. B. § 31 Abs. 3 TKG, § 23a Abs. 3 EnWG und § 46 Abs. 1 ERegG.

1311 Vgl. § 37 Abs. 1 TKG, § 23a Abs. 2 Satz 2 EnWG und § 45 Abs. 2 Satz 1 ERegG.

verlangen als das genehmigte.[1312] Es wird daher nur eine Verhaltensalternative ausgeschlossen, nämlich die Forderung eines höheren als das genehmigte Entgelt. Alle Verhaltensalternativen werden dagegen nicht ausgeschlossen. Das Unternehmen hat trotz der Genehmigung einen Entscheidungsspielraum. Es erfolgt somit nur eine Beschränkung, aber kein, für die Nichtanwendbarkeit des Art. 102 AEUV erforderlicher, vollkommener Ausschluss des unternehmerischen Handlungsspielraums. In diesen Fällen besteht daher ein ausreichender Entscheidungsspielraum, so dass der Anwendung des Art. 102 AEUV keine Bedenken entgegenstehen.[1313]

Dieser Ansatz wird auch durch die Telefónica-Entscheidung bestätigt.[1314] Die Kommission wies darauf hin, dass ein Einschreiten aufgrund des Art. 102 AEUV trotz vorheriger nationaler Regulierung möglich sei.[1315] Die regulierten Preise bildeten nur Obergrenzen, so dass es für eine eigenverantwortliche Preissetzung des Unternehmens genügend Spielraum gab.[1316]

Werden nur Obergrenzen festgelegt, ist ein Handlungsspielraum gegeben und der Anwendung des Art. 102 AEUV steht diesbezüglich grundsätzlich nichts entgegen.

bb. Genehmigung eines bestimmten Entgeltes

Anders könnte dies jedoch im Fall einer Genehmigung eines bestimmten Entgeltes aussehen. Nach § 37 Abs. 1 TKG darf „ein Betreiber eines öffentlichen Telekommunikationsnetzes, der über beträchtliche Marktmacht verfügt, [...] keine anderen als die von der BNetzA genehmigten Entgelte verlangen". Auch § 45 Abs. 2 Satz 1 ERegG sieht vor, dass „der Betreiber der Schienenwege [...] für das Erbringen des Mindestzugangspakets keine anderen als die genehmigten Entgelte vereinbaren" darf. Entsprechendes gilt auch nach § 33 Abs. 2 Satz 1 ERegG. Wird das Unternehmen verpflichtet, sich an das genehmigte Entgelt zu halten,

---

1312 So auch *Ludwigs*, in: Baur/Salje/Schmidt-Preuß, Regulierung, Kap. 42 Rn. 23; *Schreiber*, Zusammenspiel, S. 116.

1313 So i. E. auch *Schreiber*, Zusammenspiel, S. 113; vgl. auch *Wolf*, in: Berliner Kommentar zum Energieecht, Band 2, Art. 102 Rn. 30.

1314 EuG, Urt. v. 29.03.2012 – Rs. T-336/07 – „Telefónica de Espana/Kommission" = K&R 2012, 407, bestätigt vom EuGH, Urt. v. 10.07.2014 – Rs. C-295/12 P Rn. 160 ff. = EuZW 2014, 799.

1315 EuG, Urt. v. 29.03.2012 – Rs. T-336/07 Rn. 296 ff., insb. 304 – „Telefónica de Espana/Kommission" = K&R 2012, 407.

1316 EuG, Urt. v. 29.03.2012 – Rs. T-336/07 Rn. 327 ff. – „Telefónica de Espana/Kommission" = K&R 2012, 407.

könnten all seine Handlungsalternativen ausgeschlossen sein.[1317] Der Betreiber wird gem. § 37 Abs. 1 TKG bzw. §§ 33 Abs. 2 Satz 1 oder 45 Abs. 2 Satz 1 ERegG förmlich an das genehmigte Entgelt gebunden. Eine Abweichung wird ihm somit untersagt. Von der Bindungswirkung des § 37 Abs. 1 TKG bzw. der §§ 33 Abs. 2 Satz 1 oder 45 Abs. 2 Satz 1 ERegG kann jedoch nicht automatisch auf den gänzlichen Ausschluss der Entscheidungsfreiheit geschlossen werden. Denn nicht jede Genehmigung eines bestimmten Entgelts schließt den unternehmerischen Handlungsspielraum aus. Aus der Kommissions-Entscheidung im Fall der Deutschen Telekom AG folgte, dass die Anwendung des Art. 102 AEUV nicht ausgeschlossen wird, nur weil die Preise eines marktbeherrschenden Unternehmens durch nationale Stellen im Sinne einer Positivfeststellung genehmigt wurden.[1318] Es ist daher auch hier wieder differenziert vorzugehen, um konkret herauszufinden, ob ein Entscheidungsspielraum verbleibt oder nicht.

§ 31 Abs. 1 TKG differenziert zwischen zwei Entgeltgenehmigungsverfahren. Zum einen kann eine Genehmigung auf der Grundlage der auf die einzelnen Dienste entfallenden Kosten der effizienten Leistungsbereitstellung (KeL) nach § 32 TKG im Rahmen eines Einzelgenehmigungsverfahren oder auf der Grundlage der von der BNetzA vorgegebenen Maßgrößen für die durchschnittlichen Änderungsraten der Entgelte für einen Korb zusammengefasster Dienste (Price-Cap-Verfahren) nach Maßgabe des § 33 TKG erfolgen. Zu beachten ist dabei jedoch, dass es sich bei beiden Genehmigungsverfahren um eine Höchstpreisgenehmigung handelt. Nach § 31 Abs. 1 Satz 2 TKG dürfen die genehmigten Entgelte „die Summe der Kosten der effizienten Leistungsbereitstellung und der Aufwendungen nach § 32 Abs. 2 [TKG] nicht überschreiten". Ähnliches gilt für die Ex-ante-Genehmigung von Entgelten im Eisenbahnsektor, obwohl dort zumindest nicht von einer Höchstpreisgenehmigung i. S. d. § 23a EnWG auszugehen ist.[1319]

(1) Price-Cap-Verfahren nach dem TKG

Im Rahmen des Price-Cap-Verfahrens werden zunächst für eine vorher festgelegte Zeitspanne Maßgrößen festgelegt, nach denen die Entgelte für die Körbe genehmigungsfähig sind.[1320] Im telekommunikationsrechtlichen

---

1317 *Wissmann/Krull*, in: Wissmann, Telekommunikationsrecht, Kap. 18 Rn. 140; *Topel*, ZWeR 2006, 27 (48).

1318 Vgl. auch *Fuchs/Möschel*, in: Immenga/Mestmäcker, Band 1, Art. 102 AEUV, Rn. 165; vgl. zur Telekom-Entscheidung Kapitel 3/B./I./2./b./bb./(1).

1319 Vgl. *Klinge*, in: Staebe, ERegG, § 45 Rn. 6.

1320 Vgl. *Groebel*, in: Säcker, TKG, § 31 Rn. 16.

Price-Cap-Verfahren beschränkt sich die Prüfung auf den Durchschnitt der Preise in einem Korb.[1321] Die BNetzA prüft dabei, ob die durchschnittlichen Änderungsraten der Entgelte eine zuvor vorgegebene Maßgröße überschritten haben oder nicht.[1322] Durch die Zusammenfassung der Entgelte der Leistungen in Körbe wird nicht jedes einzelne Entgelt für eine bestimmte Leistung anhand der §§ 28, 31 Abs. 1 Satz 2 TKG überprüft. Im Price-Cap-Verfahren werden die Entgelte auf der Grundlage, der von der BNetzA vorgegebenen Maßgröße für die durchschnittlichen Änderungsraten der Entgelte für einen Korb zusammengefasster Dienste, genehmigt. Die Unternehmen können also selbst darüber entscheiden, wie sie die Entgelte in einem Korb zusammengefasster Leistungen verteilen wollen. Ein Handlungsspielraum bleibt somit weitestgehend bestehen. Art. 102 AEUV ist daher anwendbar.[1323]

An dieser Stelle ist auf die Deutsche-Telekom-Entscheidung[1324] als wohl wichtigste Entscheidung im Rahmen regulierter Entgelte hinzuweisen. In der Entscheidung ging es um den Missbrauch nach Art. 102 AEUV der Deutschen Telekom AG in Form einer Kosten-Preis-Schere aufgrund eines Missverhältnisses zwischen den Vorleistungs- und Endkundenentgelten für den Zugang zum Ortsnetz. Die aus der Kosten-Preis-Schere folgenden unangemessenen Preise für die Wettbewerber und Endkunden wurden von der Kommission als Verstoß gegen Art. 102 AEUV angesehen, obwohl die Vorleistungsentgelte zuvor durch die zuständige Regulierungsbehörde verbindlich festgelegt wurden.[1325] Dies resultierte nach Ansicht der Kommission aus dem angewendeten Price-Cap-Verfahren, welches einen ausreichenden Handlungsspielraum zur Einflussnahme auf die Entgeltgestaltung bestehen lässt.[1326]

1321 Vgl. BT-Drucks. 13/3609 vom 30.01.1996, S. 44 zu § 26, zu Absatz 2.

1322 BT-Drucks. 13/3609 vom 30.01.1996, S. 44zu § 26, zu Absatz 2.

1323 *Schmidt-Volkmar*, Das Verhältnis, S. 203; *Klotz*, ZWeR 2003, 283 (308); kritisch *Ludwigs*, WuW 2008, 534 (541).

1324 Europäische Kommission, Entscheidung v. 21.05.2003 – Rs. COMP/C-1/37.451, 37.578, 37/579, ABl. EU Nr. L 263, S. 9 – „Deutsche Telekom AG"; EuG, Urt. v. 10.04.2008 – Rs. T-271/03, Slg. 2008, II-477 – „Deutsche Telekom/Kommission" = MMR 2008, 385; EuGH, Urt. v. 14.10.2010 – Rs. C-280/08 P, Slg. 2010, I-9555 – „Deutsche Telekom/Kommission" = GRUR Int. 2011, 405.

1325 Europäische Kommission, Entscheidung v. 21.05.2003 – Rs. COMP/C-1/37.451, 37.578, 37/579, ABl. EU 2003 Nr. L 263, S. 9 Rn. 104 – „Deutsche Telekom".

1326 Europäische Kommission, Entscheidung v. 21.05.2003 – Rs. COMP/C-1/37.451, 37.578, 37/579, ABl. EU 2003 Nr. L 263, S. 9 Rn. 164 und 169 – „Deutsche Telekom"; kritisch *Schütze/Salevic*, CR 2008, 482 (486).

Folglich gilt: Werden Entgelte im Price-Cap-Verfahren genehmigt, wird der Handlungsspielraum der Unternehmen nicht in Gänze ausgeschlossen, so dass eine Anwendbarkeit des Art. 102 AEUV bejaht werden kann.

(2) Einzelgenehmigungsverfahren nach dem TKG

Bei einem Einzelgenehmigungsverfahren wird für jedes einzelne Entgelt die Einhaltung der Maßgaben nach den §§ 28, 31 Abs. 1 Satz 2 TKG geprüft. Jedes Entgelt wird einer eigenen Genehmigung unterworfen. Regulierungsrechtlich bestehen somit konkrete Vorgaben. Bestehen jedoch konkrete hoheitliche Vorgaben zur Einhaltung dieses Entgelts, könnte der Entscheidungsspielraum des Unternehmens ausgeschlossen sein.[1327] Allein an dieser Ebene angeknüpft, kann nicht mehr von einem unternehmerischen Handlungsspielraum gesprochen werden. Dass dennoch – bei Anknüpfung an einem der Genehmigung zeitlich vorgelagerten Punkt der Antragstellung – von einem ausreichenden Handlungsspielraum ausgegangen werden kann, wird sogleich dargestellt.

(3) Entgeltgenehmigung nach dem ERegG

Seit Mitte 2016 besteht auch im Eisenbahnsektor ein Ex-ante-Entgeltgenehmigungsverfahren. Wie dargestellt, muss hier aber zwischen Entgelten der Betreiber der Schienenwege und Entgelten der Betreiber der Serviceeinrichtungen unterschieden werden. Für die Betreiber der Schienenwege werden einzelne Entgelte genehmigt. Dies ergibt sich aus den §§ 45 Abs. 2 Satz 1 und 33 Abs. 2 Satz 1 ERegG. Die Genehmigung der Trassenentgelte nach § 45 ERegG sowie die der Entgelte der Betreiber der Schienenwege in besonderen Fällen nach § 33 Abs. 1 Nr. 1 ERegG bindet die Betreiber der Schienenwege. Sie dürfen von diesem weder nach oben noch nach unten abweichen. Eine solche Bindungswirkung schließt, ähnlich wie im Einzelgenehmigungsverfahren nach dem TKG, den Entscheidungsspielraum vollständig aus. Eine Anwendung des Art. 102 AEUV scheidet, wenn allein auf das Genehmigungsergebnis abgestellt wird, aus.[1328]

Für die Betreiber der Serviceeinrichtungen besteht, wie aufgezeigt, grundsätzlich keine Genehmigungspflicht. Der Handlungsspielraum wird dementsprechend nicht eingeschränkt oder gar ausgeschlossen. Die gesetzlich festgelegten Entgeltmaßstäbe ändern daran nichts. Für den Betreiber der Serviceeinrichtung

---

1327 Vgl. dazu auch *Schreiber*, Zusammenspiel, S. 109; *Schmidt-Volkmar*, Das Verhältnis, S. 204.

1328 Ebenso *Klinge*, in: Staebe, ERegG, § 33 Rn. 11; *ders.*, in: Staebe, ERegG, § 45 Rn. 6.

bestehen vielfältige Möglichkeiten, um den Bestimmungen des § 32 ERegG zu genügen und nichtdiskriminierende und angemessene Entgelte zu fordern. Nur im Ausnahmefall des § 33 Abs. 1 Satz 1 Nr. 2 ERegG unterliegen auch die Betreiber der Serviceeinrichtungen, in Form der Betreiber der Personenbahnhöfe, einer Genehmigungspflicht. Auch diese sind nach § 33 Abs. 2 Satz 1 ERegG an das genehmigte Entgelt gebunden. Auch hier wird der unternehmerische Entscheidungsspielraum ausgeschlossen, so dass eine Anwendung des Art. 102 AEUV von vornherein nicht in Betracht kommt.[1329]

cc. Anknüpfung an Antragstellung – Zeitpunkt der Einflussnahme

Bislang wurde das Bestehen eines Entscheidungsspielraums ausschließlich von dem Inhalt der erteilten Genehmigung[1330] abhängig gemacht. Knüpft der vorausgesetzte unternehmerische Entscheidungsspielraum an die Möglichkeit an, zwischen verschiedenen Handlungsalternativen zu wählen, steht dies in Verbindung mit einer generellen Möglichkeit, den Markt durch das Unternehmen beeinflussen zu können. Diese Einflussnahme kann daher seinen Ursprung auch schon vor Genehmigung des Entgeltes haben. Kann das Unternehmen die Genehmigung vor Erteilung beeinflussen, ist somit auch ein Entscheidungsspielraum gegeben.[1331] So entschieden schon das EuG und der EuGH, dass eine behördliche Genehmigung nicht zwangsläufig auch die unternehmerische Verantwortung entzieht.[1332] Ein Unternehmen kann somit trotz konkret einzuhaltender Genehmigung missbräuchlich im Sinne des Art. 102 AEUV handeln, weil es einen Handlungsspielraum vor der Genehmigungserteilung hatte.[1333] Für das Vorliegen eines Handlungsspielraums sei es ausreichend, wenn das Unternehmen Einfluss auf die Ausgestaltung der Genehmigung hatte.[1334] Entscheidend ist

---

1329 Ebenso *Klinge*, in: Staebe, ERegG, § 33 Rn. 11.

1330 Im Sinne von konkreten Vorgaben, allgemeinen Bestimmungen oder Unter- oder Obergrenzen.

1331 *Schreiber*, Zusammenspiel, S. 111.

1332 EuG, Urt. v. 10.04.2008 – Rs. T-271/03, Slg. 2008, II-477 Rn. 107 – „Deutsche Telekom/Kommission“ = MMR 2008, 385 (386); vgl. auch EuGH, Urt. v. 30.01.1985 – Rs. 123/83, Slg. 1985, 391 Rn. 23– „BNIC/Clair“ = GRUR Int. 1985, 673 (675).

1333 EuG, Urt. v. 10.04.2008 – Rs. T-271/03, Slg. 2008, II-477 Rn. 107 – „Deutsche Telekom/Kommission“ = MMR 2008, 385 (386); BGH, Urt. v. 10.02.2004 –KZR 6/02 und 7/02 = MMR 2004, 470 (471 ff.); *F.Müller*, in: Spindler/Schuster, Recht der elektronischen Medien, § 31 TKG, Rn. 38; *Paulweber*, Regulierungszuständigkeiten, S. 159 f.

1334 EuG, Urt. v. 10.04.2008 – Rs. T-271/03, Slg. 2008, II-477 Rn. 122-124 – „Deutsche Telekom/Kommission“ = MMR 2008, 385; vgl. auch BGH, Urt. v. 10.02.2004 –KZR 6/02 und 7/02 = MMR 2004, 470 (471 ff.); *Paulweber*, Regulierungszuständigkeiten,

daher auch, wie sich das Vorliegen eines Handlungsspielraums vor der Entgeltgenehmigung, insbesondere im Rahmen der Antragsstellung, gestaltet. Für die Bestimmung eines Handlungsspielraums ist somit schon auf den Zeitpunkt vor der Genehmigungserteilung abzustellen.

Das Vorhandensein eines Entscheidungsspielraums wird dabei insbesondere auf die Antragstellung vorverlagert.[1335] Kritisch wird bei dieser vorverlagerten Anknüpfung des Entscheidungsspielraums gesehen, dass das Unternehmen im Grunde verpflichtet ist, den Antrag zu stellen, und somit immer verantwortlich bleibt.[1336]

Wird das Unternehmen verpflichtet, das Genehmigungsverfahren einzuleiten, könnte schon von Anfang an das Vorliegen eines Handlungsspielraums zu verneinen sein. Ein solcher könnte nur durch etwaige Ausgestaltungsmöglichkeiten bei der Antragstellung durchbrochen werden. Zwar besteht für die Unternehmen eine faktische Verpflichtung zur Stellung eines Genehmigungsantrages. Denn meist können sie erst nach Erhalt der Genehmigung ihre Entgelte fordern. Sie sind daher darauf angewiesen, dass das Genehmigungsverfahren in Gang gesetzt wird. Eine Antragstellung durch das Unternehmen selbst stellt die schnellste Alternative dar, um dieses Ziel zu erreichen. Das Genehmigungsverfahren kann jedoch auch von Amts wegen durchgeführt werden, wenn eine Antragstellung durch das Unternehmen unterbleibt.[1337] In tatsächlicher Hinsicht besteht somit keine Verpflichtung zur Antragstellung. Ein Entscheidungsspielraum kann daher nicht schon aus diesem Grund ausgeschlossen werden.

Auch der Informationsvorsprung des Unternehmens spricht entscheidend für die Anknüpfung an die Antragstellung und die Bejahung eines Handlungsspielraums.[1338] Das Unternehmen muss im Rahmen des Genehmigungsantrages die erforderlichen Unterlagen vorlegen (vgl. § 31 Abs. 3 Satz 1 TKG, § 46 Abs. 1 Satz 2 ERegG). Trotz dieser Vorlagepflicht verbleibt dem sich mit den internen Abläufen und vor allem mit den Kosten vertrauten Unternehmen ein

---

S. 159; *C. Säcker*, Der Einfluss der sektorspezifischen Regulierung, S. 224 f. m.w.N.; *Schreiber*, Zusammenspiel, S. 111 f.; a. A. *Wissmann/Krull*, in: Wissmann, Telekommunikationsrecht, Kap. 18 Rn. 140.

1335 BGH, Urt. v. 10.02.2004 –KZR 6/02 und 7/02 = MMR 2004, 470 (471 ff.); Anm. *Schuster*, MMR 2004, 470 (474); *Vollrath*, in: KK zum Kartellrecht, Band 4, Syst. IV, Rn. 98.

1336 *Schmidt-Volkmar*, Das Verhältnis, S. 205.

1337 Vgl. § 31 Abs. 4 Satz 2 TKG und § 46 Abs. 2 ERegG.

1338 *Vollrath*, in: KK zum Kartellrecht, Band 4, Syst. IV, Rn. 98; *C. Säcker*, Der Einfluss der sektorspezifischen Regulierung, S. 139.

eindeutiger Informationsvorsprung gegenüber den Behörden. Es kann somit „verdeckt" missbräuchlich überhöhte Entgeltanträge stellen.

Sind die Unternehmen jedoch an strikte regulierungsrechtliche Vorgaben bei der Antragstellung gebunden, könnte ein Handlungsspielraum entfallen. Da die Unternehmen bei der Entgeltbestimmung im TK-Sektor an die Kosten der effizienten Leistungsbereitstellung nach § 32 TKG gebunden sind, könnte ihnen kein Handlungsspielraum verbleiben.[1339] Art. 102 AEUV wäre demzufolge nicht anwendbar. Doch dies überzeugt nicht. Nach § 31 Abs. 1 Satz 1 Nr. 1 TKG werden zwar nur Entgelte auf der Grundlage der auf die einzelnen Dienste entfallenden Kosten der effizienten Leistungsbereitstellung genehmigt. Und auch § 31 Abs. 1 Satz 2 TKG schreibt vor, dass die genehmigten Entgelte die Summe der Kosten effizienter Leistungsbereitstellung und der Aufwendungen nach § 32 Abs. 2 TKG nicht überschreiten dürfen. Dadurch wird jedoch nicht sichergestellt, dass sich das Unternehmen bei Antragstellung auch daran hält. Auch hier spielt wieder der Informationsvorsprung des Unternehmens eine Rolle. Zudem besagt die Bindung an den Kosten der effizienten Leistungsbereitstellung noch nichts darüber aus, dass dies im Ergebnis auch unionsrechtskonform ist. Den Unternehmen ist somit auch im Antragstellungsverfahren die Möglichkeit eröffnet, unternehmerischer Freiheit nachzugehen. Entsprechendes gilt im Eisenbahnsektor, wo sich das Verfahren hinsichtlich der Betreiber der Schienenwege insbesondere nach den §§ 25, 26 ERegG und bei den Betreibern von Personenbahnhöfen nach § 32 ERegG richtet. Im Eisenbahn- sowie im Energiesektor führt die Einführung der Anreizregulierung ohnehin zur Schaffung entsprechender Entscheidungsspielräume bei der Ausgestaltung der Entgelte.[1340]

Zeitlich betrachtet ist der sich aus der Antragstellung ergebende Handlungsspielraum auch getrennt von allen anderen nachfolgenden Maßnahmen zu sehen. Zwar erfolgt im Rahmen des Genehmigungsverfahrens keine automatische Eins-zu-Eins-Übernahme des Entgeltantrages – andernfalls bedürfte es auch kein Genehmigungs*verfahren*. Die Möglichkeit der genehmigenden Behörde, auf den gestellten Antrag Einfluss nehmen zu können, soll dennoch nicht maßgeblich sein.[1341] Zwar mag auch daran gedacht werden, dass ein ursprünglich nicht zu

---

1339 Vgl. dazu *Ludwigs*, WuW 2008, 534 (541).

1340 Zum Energiesektor *Säcker*, in: Berliner Kommentar zum Energierecht, Band 1, Teil 2, § 111 Rn. 36.

1341 OLG Düsseldorf, Urt. v. 16.01.2002 – U (Kart) 8/01 Rn. 34 – zitiert nach juris = WuW 2002, 736; *Schreiber*, Zusammenspiel, S. 112; a. A. *Wissmann/Krull*, in: Wissmann, Telekommunikationsrecht, Kap. 18 Rn. 140.

beanstandender Antrag durch behördliche Modifizierung zur Genehmigung eines unionsrechtswidrigen Entgelts führen könnte.[1342] Eine Durchbrechung des Zurechnungszusammenhangs könnte daher dann in Betracht kommen, wenn die Regulierungsbehörde von dem gestellten Entgeltantrag abweicht, so dass die Unionsrechtswidrigkeit des Entgeltes ihre Ursache allein in der Behördenentscheidung findet. Gegen eine solche Zurechnungsdurchbrechung spricht jedoch, dass das Unternehmen jederzeit einen Änderungsantrag stellen kann. Es ist daher nicht gezwungen, das durch unionsrechtswidrige behördlich gestaltete Verhalten hinzunehmen. So spreche auch die grundsätzlich befristet erteilte Genehmigung für einen bestehenden Handlungsspielraum der Unternehmen. Sie können für die Zukunft immer eine Änderung herbeiführen.[1343] Ihre Handlungsmöglichkeiten werden nicht (endgültig) ausgeschlossen. Dies geht auch aus der Telekom-Entscheidung hervor: Durch die Möglichkeit, jederzeit Entgeltänderungsanträge an die Regulierungsbehörden zu richten, kann ein für Art. 102 AEUV ausreichender Handlungsspielraum begründet werden.[1344]

Eine weitere Konstellation betrifft den Fall, in dem für das Unternehmen nicht die Möglichkeit besteht, Einfluss auf die Genehmigung zu nehmen, da diese ausschließlich auf staatliches Verhalten zurückzuführen ist.[1345] Eine Einflussnahme des Unternehmens[1346] könnte in diesem Fall aufgrund fehlender Antragstellung abgelehnt werden. Denkbar ist eine solche Konstellation, wenn

1342 Vgl. *C. Säcker*, Der Einfluss der sektorspezifischen Regulierung, S. 225.

1343 Europäische Kommission, Entscheidung v. 21.05.2003, Rs. COMP/C-1/37.451, 37.578, 37/579 Rn. 175, ABl. EU 2003 Nr. L 263, S. 9 – „Deutsche Telekom AG“; EuG, Urt. v. 10.04.2008 – Rs. T-271/03, Slg. 2008, II-477 Rn. 98 ff. – „Deutsche Telekom/Kommission“ = MMR 2008, 385 (386); Europäische Kommission, Entscheidung v. 04.07.2007, COMP/38.784, ABl. EU 2008 Nr. C 83, S.6 (Zusammenfassung) – „Wanadoo Espana/Telefónica“; EuG, Urt. v. 29.03.2012 – Rs. T-336/07 Rn. 335 – „Telefónica de Espana/Kommission“, siehe dazu *Klotz*, K&R 2012, 407, bestätigt vom EuGH, Urt. v. 10.07.2014 – Rs. C-295/12 P Rn. 160 ff. = EuZW 2014, 799; *Klotz*, MMR 2008, 650 (654).

1344 Europäische Kommission, Entscheidung v. 21.05.2003 – Rs. COMP/C-1/37.451, 37.578, 37/579 Rn. 164 ff., ABl. EU 2003 Nr. L 263, S. 9 – „Deutsche Telekom AG“; EuG, Urt. v. 10.04.2008 – Rs. T-271/03, Slg. 2008, II-477 Rn. 98 ff. – „Deutsche Telekom/Kommission“ = MMR 2008, 385 (386); kritisch *Schütze/Salevic*, CR 2008, 483 (486).

1345 EuGH, Urt. v. 09.09.2003 – Rs. C-198/01, Slg. 2003, I-8055 Rn. 6, 51, 59, 69 – „CIF“ = EuZW 2003, 728.

1346 Die Einflussnahme soll die Zurechenbarkeit bzw. den Entscheidungsspielraum begründen.

das Entgeltgenehmigungsverfahren von Amts wegen eingeleitet wird. Dies stellt jedoch die Ausnahme dar. Zudem hatte das Unternehmen bei von Amts wegen eingeleiteten Entgeltgenehmigungsverfahren zum Beispiel im TK-Sektor nach § 31 Abs. 4 TKG und im Eisenbahnsektor nach § 46 Abs. 1 ERegG die Möglichkeit, einen entsprechenden Antrag selbst zu stellen. Wird diese Möglichkeit – auch nach Aufforderung durch die Behörde – nicht ergriffen, liegt darin eine Entscheidung des Unternehmens, die ursächlich für das genehmigte Entgelt ist. Es bestand somit vor Einleitung des Verfahrens von Amts wegen ein ausreichender Handlungsspielraum.

Im Grunde kann durch die Antragstellung bzw. dessen bewusste Unterlassung eine Bedingung für die Genehmigung eines unionsrechtswidrigen Entgelts gesetzt werden. Aufgrund des Informationsvorsprungs des Unternehmens ist es der Regulierungsbehörde nicht möglich, den Sachverhalt ausreichend auf Unionsrechtskonformität zu beurteilen.[1347] Trotz der gesetzlichen Vorgaben im Rahmen der Antragstellung und des genehmigungsfähigen Entgelts verbleibt dem Unternehmen ein ausreichender Handlungs- bzw. Entscheidungsspielraum. Aber auch dann, wenn regulierungsbehördlich etwas anderes genehmigt wurde als beantragt, kommt eine Durchbrechung des Zurechnungszusammenhangs nicht in Betracht. Bei konsequenter Anwendung des Anwendungsvorrangs des Art. 102 AEUV besteht auch keine Pflicht, das genehmigte Entgelt zu verlangen. Auch kann das Unternehmen jederzeit erneut einen Entgeltgenehmigungsantrag stellen. Es kann somit trotz (unionsrechtswidriger) Genehmigung autonom handeln.

3. Ausschluss des Entscheidungsspielraums durch regulierungsrechtliche Ex-post-Vorgaben?

Außer Acht bleibt bei der Diskussion um den Ausschluss des Entscheidungsspielraumes durch regulierungsrechtliche Maßnahmen meist die Ex-post-Regulierung. Dies mag daran liegen, dass sich in diesem Bereich die Rechtsprechung zurückhält. Dennoch ist auf das theoretisch bestehende Problem des Ausschlusses des Entscheidungsspielraums durch Ex-post-Maßnahmen der Regulierungsbehörden einzugehen. Dargestellt wurde zuvor[1348], dass die Anwendung von Ex-post-Regulierungsmaßnahmen und der Durchsetzung von Art. 102 AEUV auf ein und denselben, zuvor noch nicht regulierten, Sachverhalt

---

1347 Vgl. dazu auch unter Kapitel 3/B./II.

1348 Dazu unter Kapitel 3/B./I.

grundsätzlich nicht an einem fehlenden Entscheidungsspielraum scheitern wird. Anders könnte sich dies jedoch dann verhalten, wenn dem betreffenden Unternehmen durch die Ex-post-Maßnahme ein bestimmtes Verhalten auferlegt wird, welches erst dazu führt, dass dieses gegen Art. 102 AEUV verstößt. Eine Anwendung des Art. 102 AEUV auf das dadurch ausgelöste wettbewerbswidrige Verhalten könnte in einer solchen Fallgestaltung ausgeschlossen sein. Dazu müsste die Ex-post-Regulierungsmaßnahme dem Unternehmen alle Verhaltensalternativen entziehen und somit den Entscheidungsspielraum gänzlich ausschließen.

Nach § 30 Abs. 2 Satz 1 EnWG kann die Regulierungsbehörde einen missbräuchlich handelnden Betreiber von Energieversorgungsnetzen verpflichten, eine Zuwiderhandlung gegen § 30 Abs. 1 EnWG abzustellen. Dazu kann die Regulierungsbehörde dem betreffenden Unternehmen alle Maßnahmen aufgeben, die erforderlich sind, um die Zuwiderhandlung wirksam abzustellen (§ 30 Abs. 2 Satz 2 EnWG). Nach § 30 Abs. 2 Satz 3 EnWG werden die in Betracht kommenden Maßnahmen weiter konkretisiert. Auch § 42 Abs. 4 Satz 2 TKG sieht die Befugnis der BNetzA, dem missbräuchlich auftretenden Unternehmen ein Verhalten aufzuerlegen oder zu untersagen, vor. Dabei ist allerdings nicht ausgeschlossen, dass die BNetzA dem Unternehmen ein gegen Art. 102 AEUV verstoßendes Verhalten bzw. eine entsprechende Maßnahme auferlegt. Ausgenommen sind von der Anordnungsbefugnis nach § 30 Abs. 2 EnWG, § 42 Abs. 4 Satz 2 TKG lediglich solche Maßnahmen, die über die Befugnisse der allgemeineren Regulierungstatbestände bzw. der gesetzlich vorgesehenen Regelungen hinausgehen.[1349] Daraus folgt grundsätzlich nur, dass die auferlegte regulierungsbehördliche Maßnahme im Einklang mit den regulierungsgesetzlichen Bestimmungen stehen muss. Eine Konformität mit Art. 102 AEUV folgt daraus noch nicht. Aufgrund des Anwendungsvorrangs des Art. 102 AEUV sind die nationalen Regulierungsbehörden jedoch gehalten, diesen bei ihrer Entscheidung zu berücksichtigen und verstoßende Maßnahmen zu unterlassen. Dass sich die nationalen Regulierungsbehörden bei ihren Entscheidungen nicht immer die Einhaltung des Maßstabes des Art. 102 AEUV wahren, zeigten die Ausführungen zur Ex-ante-Entgeltgenehmigung.

Im Energiewirtschaftsbereich kann die Regulierungsbehörde gegenüber Betreibern von Energieversorgungsnetzen insbesondere Änderungen der

---

1349 *Weyer*, in: Berliner Kommentar zum Energierecht, Band 1, Teil 1, § 30 Rn. 147; *Wimmer*, in: BeckOK Informations- und Medienrecht, § 42 TKG, Rn. 41; entsprechend auch für den Eisenbahnsektor OVG NRW, Beschl. v. 06.06.2012 – 13 B 291/12 = DVBl. 2012, 1032 (1033).

Entgelte oder der Bedingungen für den Netzanschluss oder den Netzzugang verlangen. Das Änderungsverlangen bezieht sich allerdings nur auf die angewendete Methode. Auch im Rahmen des § 30 Abs. 2 Satz 3 Nr. 2 EnWG ist eine regulierungsbehördliche Festlegung aller Bedingungen der Netzanschluss- oder Netzzugangsvereinbarung oder der Entgelte nicht möglich.[1350] Zudem muss zwar die Anordnung nach § 30 Abs. 2 EnWG dem Bestimmtheitsgrundsatz des § 37 Abs. 1 VwVfG gerecht werden. Die Anordnung darf jedoch nicht derart konkretisiert sein, dass nur noch eine Verhaltensalternative übrigbleibt.[1351] Denn die Anordnungen nach § 30 Abs. 2 EnWG sind lediglich Ausgestaltungen der gesetzlichen Verpflichtungen. Durch die Verfügung nach § 30 Abs. 2 EnWG darf dem Unternehmen nicht die Möglichkeit genommen werden, selbst zu entscheiden, in welcher Weise es diesen gesetzlichen Verpflichtung nachkommen will.[1352] Daraus folgt, dass Anordnungen nach § 30 Abs. 2 EnWG grundsätzlich nicht den Entscheidungsspielraum des betreffenden Unternehmens ausschließen. Art. 102 AEUV kann auf die der Anordnung nach § 30 Abs. 2 EnWG folgende unternehmerische Handlung angewendet werden. Entsprechendes muss auch für die allgemeine Untersagungsverfügung nach § 65 Abs. 1 EnWG gelten. Allerdings wird eine Anordnungsverfügung nach § 65 Abs. 2 EnWG in der Regel den Entscheidungsspielraum des Unternehmens durch die Auferlegung konkreter Maßnahmen ausschließen.[1353] Eine Anwendung des Art. 102 AEUV auf das zuvor ex post regulierte Verhalten ist dann nicht möglich.

Im TK-Sektor kann nach § 42 Abs. 4 Satz 2 TKG die Bereitstellung einer von einem Dritten nachgefragten Leistung oder die Annahme der angebotenen Leistung angeordnet werden. In diesem Fall könnte der unternehmerische Entscheidungsspielraum aufgrund der konkreten Anordnung einer bestimmten Verhaltensweise – Bereitstellung oder Annahme einer angebotenen Leistung – entfallen. Eine Anwendung des Art. 102 AEUV wäre demnach ausgeschlossen.

1350 BT-Drucks. 15/4068 vom 28.10.2004, S. 6 zu Artikel 1 Nr. 36 (zum Vorschlag des Bundesrates, BT-Drucks. 15/3917 vom 14.10.2004, S. 88 zu Artikel 1 (§ 30 Abs. 2 Nr. 2 Satz 2 – neu – EnWG)); vgl. auch *Weyer*, in: Berliner Kommentar zum Energierecht, Band 1, Teil 1, § 30 Rn. 148 m.w.N.

1351 Vgl. hierzu *Weyer*, in: Berliner Kommentar zum Energierecht, Band 1, Teil 1, § 30 Rn. 153 m.w.N.

1352 BGH, Beschl. v. 24.09.2002 – KVR 15/01 = BHGZ 152, 84 = NJW 2003 748; mit Verweis auf BVerwG, Urt. v. 15.02.1990 – 4 C 41/87 = BVerwGE 84, 335 (338 f.) = NVwZ 1990, 658 (659 f.); *Bornkamm/Tolkmitt*, in: Langen/Bunte, § 32 Rn. 44.

1353 BGH, Beschl. v. 03.04.1975 – KVR 1/74 = NJW 1975, 1282; *Baur*, RdE 2004, 277 (279).

Allerdings ist schon ein Verstoß gegen Art. 102 AEUV in dieser Konstellation fraglich. Wird hingegen nur abstrakt angeordnet, gegenüber Dritten ein Angebot abzugeben, und ist das betreffende Unternehmen in der Ausgestaltung dieses Angebots weitestgehend frei, entfällt auch hier der Entscheidungsspielraum nicht. Anders verhält sich dies jedoch dann, wenn durch die Anordnung bestimmte Konditionen der Leistungsbereitstellung festgelegt werden. Durch die Festsetzung konkreter Konditionen entfällt entsprechend auch der unternehmerische Entscheidungsspielraum. Ein nachfolgender Verstoß gegen Art. 102 AEUV wäre demnach ausgeschlossen. Dies gilt jedenfalls, soweit ein etwaiger Verstoß gegen Art. 102 AEUV gerade aus den regulierungsbehördlich festgelegten Konditionen folgt.

Regulierungsbehördliche Untersagungen im Sinne des § 42 Abs. 4 Satz 2 TKG führen dagegen grundsätzlich nicht zum Ausschluss der Entscheidungsfreiheit und somit auch nicht zur Nichtanwendbarkeit des Art. 102 AEUV. Untersagungsverfügungen nach § 42 Abs. 4 Satz 2 TKG sind nur deklaratorischer Natur.[1354]

Auch nach § 67 Abs. 1 Satz 1 ERegG kann die Regulierungsbehörde erforderliche Maßnahmen zur Beseitigung oder Verhütung von Verstößen gegen das ERegG oder unmittelbar geltende Rechtsakte der Europäischen Union im Anwendungsbereich des ERegG treffen. Ähnlich wie im EnWG wird auch hier die getroffene Maßnahme hinreichend bestimmt sein. Sie darf jedoch nicht alle Entscheidungsalternativen ausschließen. Ferner wird mit dem Bezug auf die „unmittelbar geltende[n] Rechtsakte der Europäischen Union“ deutlich, dass sich auch die Regulierungsbehörde an diesen zu halten hat. Eine Anordnung im Rahmen des § 67 Abs. 1 Satz 1 ERegG, die zugleich gegen Art. 102 AEUV verstößt, ist damit ausgeschlossen.

Festzuhalten bleibt daher, dass die regulierungsgesetzlichen Ex-post-Maßnahmen trotz ihrer Ähnlichkeit zu § 32 GWB[1355] nicht automatisch zugleich Art. 102 AEUV-konform sein müssen. Trotz Ex-post-Maßnahmen bleibt der Entscheidungsspielraum allerdings weitestgehend bestehen. Allein im Fall der Anordnung konkreter Maßnahmen nach § 65 Abs. 2 EnWG sowie § 42 Abs. 4 Satz 2 TKG könnte es zum Ausschluss des Entscheidungsspielraums kommen. Art. 102 AEUV wäre dann nicht auf eine der Ex-post-Maßnahme folgende wettbewerbswidrige Verhaltensweise anwendbar.

1354 *Neitzel/Hofmann*, in: Spindler/Schuster, Recht der elektronischen Medien, § 42 TKG, Rn. 48.

1355 Vgl. dazu Kapitel 1/B./III./1.

II. Keine Beeinflussung durch Vertrauensschutz

Eine Genehmigung wird erteilt, damit ein bestimmtes Verhalten ausgeführt werden kann. Eine Genehmigung zeichnet sich zudem dadurch aus, dass das genehmigte Verhalten grundsätzlich erlaubt ist, andernfalls würde es nicht genehmigt werden. Problematisch ist, dass nach der zuvor dargestellten unionsrechtlichen Praxis ein national genehmigtes und somit erlaubtes Verhalten auf Unionsebene auch verboten sein und dementsprechend sanktioniert werden kann. Dies scheint dem Charakter einer Genehmigung entgegenzustehen. Fraglich ist, ob ein durch eine Genehmigung begründetes Vertrauen die Anwendung des Art. 102 AEUV sperren kann. Ein solcher Vertrauensschutz wird jedoch nur in engen Grenzen bejaht.[1356]

Er kommt von vornherein nicht in Betracht, wenn derjenige, der sich auf ihn berufen will, nicht schutzwürdig ist. Dies kann beispielsweise dann der Fall sein, wenn das betreffende Unternehmen im Entgeltgenehmigungsverfahren bei der Antragstellung falsche Angaben gemacht hat.[1357]

Ein Vertrauensschutz kommt daneben auch nur dann in Betracht, wenn die nationale Regulierungsbehörde bei dem Genehmigungsverfahren einen etwaigen Verstoß nach Art. 102 AEUV überhaupt prüft. Unterbleibt eine solche Prüfung, kann sich auch ein Vertrauensschutz hinsichtlich einer Rechtskonformität mit Art. 102 AEUV nicht ergeben. Entsprechendes muss bei den gesetzlich vorgeschriebenen Verhaltensweisen gelten. Werden diese nicht im Einklang mit Art. 102 AEUV festgelegt, kann sich – abgesehen davon, dass diese dann mit Art. 102 AEUV im Widerspruch stehen und aufgrund des Anwendungsvorrangs keinerlei Wirkung entfalten – das betreffende Unternehmen nicht auf eine Art. 102 AEUV-Konformität seines Verhaltens berufen, wenn es allein diesen Regelungen folgt.

Insbesondere für das Genehmigungsverfahren ergibt sich Folgendes: Im Bereich des TKG hat sich das genehmigte Entgelt nach § 31 Abs. 1 TKG nur an den Kosten der effizienten Leistungsbereitstellung nach § 32 TKG oder an das Price-Cap-Verfahren nach § 33 TKG zu orientieren. Geprüft wird nur, ob das beantragte Entgelt den Anforderungen der §§ 28, 31 Abs. 1 Satz 2 TKG

1356 EuGH, Urt. v. 02.02.1988 – Rs. 24/86, Slg. 1988, 379 Rn. 28 – „Blaizot/ Université de Liège u. a."= NJW 1989, 3088 (3089); EuGH, Urt. v. 16.07.1992 – Rs. C-163/90, Slg. 1992, I-4625 Rn. 30 – „Administration/Legros u. a." = BeckEuRS 1992, 190064; EuGH, Urt. v. 23.05.2000 – Rs. C-104/98, Slg. 2000, I-3625 Rn. 39 – „Buchner"; EuGH, Urt. v. 20.09.2001 – Rs. C-184/99, Slg. 2001, I-6193 Rn. 51, 53 – „Grzelczyk".

1357 *C. Säcker*, Der Einfluss der sektorspezifischen Regulierung, S. 230 f.

entspricht. Auch im Energiesektor und im Eisenbahnsektor wird ein Entgelt genehmigt, soweit es den Anforderungen der jeweiligen Regulierungsgesetze entspricht.[1358] Eine Prüfung des Art. 102 AEUV wird nicht explizit vorgenommen.[1359] Das beantragte Entgelt kann demzufolge trotz seiner Genehmigung gegen Art. 102 AEUV verstoßen.

Grundsätzlich haben jedoch die Mitgliedstaaten und daher auch die nationalen Behörden den Art. 102 AEUV zu beachten, denn sie sind an ihn gebunden.[1360] Die Genehmigungsentscheidung der Regulierungsbehörden muss somit mit Art. 102 AEUV vereinbar sein. Aber auch dann, wenn Art. 102 AEUV von den nationalen Behörden tatsächlich beachtet und geprüft wird, kann dies nicht zum Ausschluss der Durchsetzung des Art. 102 AEUV durch die Kommission führen. Zunächst entfaltet eine Prüfung des Art. 102 AEUV auf nationaler Ebene keine Bindungswirkung für die Kommission.[1361] Der Vertrauensschutz besteht jedoch auch aus einem anderen Grund nicht: Das den Genehmigungsantrag stellende Unternehmen hat eine marktbeherrschende Stellung inne. Mit dieser Stellung geht einher, dass sich das betreffende Unternehmen stets wettbewerbskonform verhalten muss und dieses Verhalten auch selbst zu überprüfen hat.[1362] Aus der marktbeherrschenden Stellung folgt somit eine besondere Verhaltenspflicht, diese Stellung nicht auszunutzen, auch nicht bei der Antragstellung einer Entgeltgenehmigung. Die Marktstellung des Unternehmens lässt somit schon gar kein Vertrauen in die nationalen Genehmigungen hinsichtlich der Rechtskonformität mit Art. 102 AEUV entstehen. Wie zuvor angesprochen, hat das marktbeherrschende Unternehmen einen gewissen Informationsvorsprung. Es ist verpflichtet sich rechtskonform zu verhalten. Somit ist auch unter dem Aspekt des Vertrauensschutzes entscheidend, dass das Unternehmen Einfluss auf die Genehmigungsentscheidung nehmen konnte.

1358 Vgl. § 23a Abs. 2 EnWG und §§ 33 Abs. 1 Satz 2, 45 Abs. 1 Satz 2 ERegG.

1359 So auch *Schmidt-Volkmar*, Das Verhältnis, S. 201.

1360 Vgl. *Magiera*, in: Schulze/Zuleeg/Kadelbach, Europarecht, § 13 Rn. 29 und 33 m.w.N.

1361 EuG, Urt. v. 10.04.2008 – Rs. T-271/03, Slg. 2008, II-477 Rn. 120 – „Deutsche Telekom AG/Kommission" = MMR 2008, 385; EuGH, Urt. v. 14.12.2000 – Rs. C-344/98, Slg. 2000, I-11369 Rn. 48 – „Masterfoods und HB"; *Fuchs/Möschel*, in: Immenga/Mestmäcker, Band 1, Art. 102 AEUV, Rn. 165; *Klotz*, in: Säcker, TKG, Anh. I, Rn. 245.

1362 Vgl. dazu auch EuG, Urt. v. 10.04.2008 – Rs. T-271/03, Slg. 2008, II-477 Rn. 108-121, 122 ff. – „Deutsche Telekom AG/Kommission" = MMR 2008, 385 (386 f.); EuG, Urt. v. 29.03.2012 – Rs. T-336/07 Rn. 322 ff. – „Telefónica de Espana/Kommission" = K&R 2012, 407; *F.Müller*, in: Spindler/Schuster, Recht der elektronischen Medien, § 31 TKG, Rn. 38.

Ein Ausschluss der Anwendung des Art. 102 AEUV lässt sich folglich nicht aus einem Vertrauen in die regulierungsbehördliche Genehmigung ableiten. Des Weiteren können sich die betroffenen Unternehmen schon aufgrund der EuGH-Praxis und insbesondere aus dem bestätigenden Urteil des EuGHs vom 14. Oktober 2010[1363] nicht auf ein schutzwürdiges Vertrauen berufen. Die vergangene und gegenwärtige Praxis zeigt, dass es zu einem Verstoß gegen Art. 102 AEUV kommen kann und dieser auch durch die Kommission sanktioniert wird, obwohl eine staatliche Genehmigung vorliegt. Das betroffene Unternehmen kann sich also nicht pauschal darauf berufen, dass sein Verhalten regulierungsbehördlich genehmigt wurde. Die regulierungsbehördliche Genehmigung erstreckt sich allein auf nationales Regulierungsrecht und bindet somit allein die nationalen Behörden in der Anwendung und Durchsetzung von nationalem Recht.[1364]

Ferner kann sich das Unternehmen auch unabhängig von einer Entgeltgenehmigung nicht pauschal darauf berufen, sich entsprechend den Regelungen des Regulierungsgesetzes verhalten zu haben. Denn es verhält sich lediglich regulierungsrechtskonform und gerade nicht auch AEUV-konform. Die Einhaltung regulierungsrechtlicher Maßstäbe sagt noch nichts über die Einhaltung des Maßstabs von Art. 102 AEUV aus. Das Unternehmen kann daher weder darauf vertrauen, dass durch die Genehmigung auch ein unionsrechtmäßiges Verhalten erfasst wird, noch dass generell durch sein regulierungsrechtskonformes Verhalten ein Verstoß gegen Art. 102 AEUV ausgeschlossen wird. Ein Vertrauensschutz hinsichtlich Art. 102 AEUV ergibt sich aus den Regelungen der Regulierungsgesetze sowie konkret aus der Entgeltgenehmigung nicht. Art. 102 AEUV wird daher auch unter Betrachtung dieses Aspekts nicht in seiner Anwendbarkeit beschränkt.

III. Keine Bindungswirkung regulierungsrechtlicher Entscheidungen

Abgesehen von der zuvor untersuchten Ex-ante-Genehmigung und dem aus der Genehmigung folgenden – aber im Rahmen der Entgeltgenehmigung fehlenden – Vertrauensschutz, könnte sich eine Beeinflussung der Anwendung des

---

1363 EuGH, Urt. v. 14.10.2010 – Rs. C-280/08 P, Slg. 2010, I-9555 – „Deutsche Telekom/Kommission" = GRUR Int. 2011, 405.

1364 Siehe hierzu beispielsweise § 111 Abs. 3 EnWG und a. F.

Art. 102 AEUV auch aus einer Bindungswirkung der zuvor ergangenen regulierungsrechtlichen Entscheidungen ergeben.

Im Rahmen des Verhältnisses von sektorspezifischer Regulierung zum GWB wurde bereits auf § 111 Abs. 3 EnWG hingewiesen. Das Ergebnis war die im Falle einer parallelen Anwendung von sektorspezifischem Regulierungsrecht und den §§ 19 f. GWB bestehende Bindung der Kartellbehörden an gewisse Vorgaben des Regulierungsrechts. So findet gem. § 111 Abs. 3 EnWG eine inzidente Kontrolle der genehmigten Netzzugangsentgelte nicht statt. Sie müssen in den Verfahren der Kartellbehörden nach den §§ 19 ff. GWB als rechtmäßig zugrunde gelegt werden. Entsprechendes gilt nach § 33 Abs. 2 Satz 3 und § 45 Abs. 2 Satz 3 ERegG auch für die Anwendung des § 315 BGB. Ist das allgemeine Wettbewerbsrecht somit parallel anwendbar, kann dessen tatsächliche Anwendung durch das Regulierungsrecht begrenzt werden. Dies gilt so zumindest für das nationale Wettbewerbsrecht.

Verfahrensregelungen zur Anwendung des Art. 102 AEUV enthält, wie dargestellt, die VO Nr. 1/2003. Bestimmungen zur Bindungswirkung sucht man in dieser jedoch vergeblich. Manche versuchen eine Bindungswirkung mit der mitgliedstaatlichen Verfahrensautonomie zu begründen.[1365] Im Ergebnis wird dies zu Recht abgelehnt.[1366] Denn die Kommission ist grundsätzlich nicht an die Entscheidungen der nationalen Regulierungsbehörden gebunden.[1367]

Aus Art. 1 Abs. 3 VO Nr. 1/2003 folgt das unmittelbare Verbot, eine marktbeherrschende Stellung im Sinne des Art. 82 EGV (jetzt Art. 102 AEUV) missbräuchlich auszunutzen. Danach ist „die missbräuchliche Ausnutzung einer marktbeherrschenden Stellung im Sinne des Art. 82 [EGV (jetzt Art. 102 AEUV)] verboten, ohne dass dies einer vorherigen Entscheidung bedarf". Ist der Tatbestand des Art. 102 AEUV erfüllt, bleibt dieses Verhalten auch europarechtlich verboten, ungeachtet einer nationalen „Erlaubnis" in Form einer Genehmigung.[1368]

Gegen eine Bindungswirkung spricht auch § 111 Abs. 3 EnWG a. F. Dieser sah vor, dass selbst in Verfahren nach Art. 82 EGV (jetzt Art. 102 AEUV)

1365 Vgl. *C. Säcker*, Der Einfluss der sektorspezifischen Regulierung, S. 201 ff.

1366 *C. Säcker*, Der Einfluss der sektorspezifischen Regulierung, S. 217.

1367 EuG, Urt. v. 10.04.2008 – Rs. T-271/03, Slg. 2008, II-477 Rn. 120 – „Deutsche Telekom/Kommission"= MMR 2008, 385; EuGH, Urt. v.14.12.2000 – Rs. C-344/98, Slg. 2000, I-11369 Rn. 48 – „Masterfoods und HB" = NJW 2001, 1265 (1266); *Klotz*, in: Säcker, TKG, Anh. I, Rn. 245.

1368 So schon zu Art. 1 VO (EWG) Nr. 17/62: *Jung*, Subsidiarität, S. 233 m.w.N.

die regulierungsbehördlich genehmigten Netzzugangsentgelte als rechtmäßig zugrunde zu legen waren. Neben den Verfahren nach den §§ 19 ff. GWB waren die Kartellbehörden auch im Verfahren nach Art. 102 AEUV an die regulierungsrechtlichen Vorgaben gebunden. Auch im Rahmen des Art. 102 AEUV bestand nach dieser Norm eine Bindungswirkung durch das nationale Recht. Wie bereits oben dargelegt[1369], war dies unionsrechtswidrig. Es erfolgte eine Streichung des Art. 82 EGV aus § 111 Abs. 3 EnWG a. F. Daraus folgt, dass die Wettbewerbsbehörden in Verfahren nach Art. 102 AEUV an zuvor genehmigte Entgelte nicht gebunden sind. Dies spricht gegen eine grundsätzlich bestehende Bindungswirkung der Behörden bei Verfahren nach Art. 102 AEUV.

Daneben spricht auch die Gewährleistung der Durchsetzung und Anwendung des EU-Rechts gegen eine solche Bindungswirkung. Anders als bei einer möglichen Beeinflussung der Anwendbarkeit des Art. 102 AEUV aufgrund fehlenden Handlungsspielraums wird bei einer Bindungswirkung nicht danach gefragt, ob Art. 102 AEUV im einschlägigen Fall überhaupt zur Anwendung kommt. Wie dargestellt, kommt die Frage nach der Bindungswirkung erst dann auf, wenn die Anwendbarkeit des Art. 102 AEUV bejaht wurde, weil alle Tatbestandsmerkmale vorliegen. Wurde die Anwendbarkeit des Art. 102 AEUV jedoch bejaht, entfaltet Art. 102 AEUV, wie beschrieben, im Konfliktfall einen Anwendungsvorrang. Unionsrechtswidrige Regulierungsentscheidungen können sich somit nicht gegenüber Art. 102 AEUV durchsetzen. Dies muss auch für eine etwaige Bindungswirkung gelten. Eine Bindungswirkung besteht daher nicht. Die Kommission hat die Vorabregulierung im Rahmen der Anwendung des Art. 102 AEUV nicht als rechtmäßig zugrunde zu legen.

In einigen Urteilen wurde jedoch die vorab ergangenen Ex-ante-Regulierungsentscheidungen der nationalen Behörden bei der Berechnung der Geldbuße miteinbezogen. Daraus folgt, dass eine Vorabregulierung – wenn überhaupt – nur als milderer Umstand gewertet werden kann.[1370]

1369 Siehe Kapitel 3/A./II.

1370 Europäische Kommission, Entscheidung v. 21.05.2003 – Rs. COMP/C-1/37.451, 37.578, 37/579 Rn. 212, ABl. EU Nr. L 263, S. 9 – „Deutsche Telekom AG"; EuG, Urt. v. 10.04.2008 – Rs. T-271/03, Slg. 2008, II-477 Rn. 306 ff. – „Deutsche Telekom/ Kommission"; EuGH, Urt. v. 14.10.2010 – Rs. C-280/08 P, Slg. 2010, I-9555 Rn. 271 ff. – „Deutsche Telekom/ Kommission" = GRUR Int. 2011, 405;); Europäische Kommission, Entscheidung v. 04.07.2007, COMP/38.784, ABl. EU 2008 Nr. C 83, S. 6 (Zusammenfassung) – „Wanadoo Espana/Telefónica".

IV. Zwischenfazit: Keine maßgebliche Beeinflussung der Anwendbarkeit und tatsächlichen Anwendung des Art. 102 AEUV durch regulierungsrechtliche Entscheidungen auf nationaler Ebene

Die Untersuchung zeigt zusammengefasst Folgendes:

Der für die Anwendung des Art. 102 AEUV erforderliche Entscheidungs- bzw. Handlungsspielraum wird durch staatliche Maßnahmen, insbesondere durch die Ex-ante-Genehmigung von Entgelten, grundsätzlich nicht ausgeschlossen. Die Ex-ante-Netzzugangsregulierung stellt nur Verhaltensmaßstäbe auf, die den Handlungsspielraum zwar einschränken, aber nicht ausschließen. Auch die behördliche Genehmigung von Entgelten lässt die eigene unternehmerische Verantwortung, nicht missbräuchlich zu handeln, grundsätzlich unberührt.

Weiter erweckt die regulierungsrechtliche Genehmigung nur den Anschein, das genehmigte Verhalten sei in Gänze rechtskonform. Die genauere Betrachtung zeigt jedoch eine sich nur auf das nationale Regulierungsrecht erstreckende Genehmigungswirkung. Ein Freifahrtsschein für Verstöße gegen Art. 102 AEUV soll die Genehmigung dagegen nicht sein. Dies zeigt nicht zuletzt die gerichtliche Praxis, die Art. 102 AEUV ausnahmslos auch auf national genehmigte Entgelte anwendet. Einen Vertrauensschutz bewirkt das national genehmigte Entgelt daher nicht.

Auch Ex-post-Regulierungsmaßnahmen führen grundsätzlich nicht dazu, dass der Entscheidungsspielraum gänzlich ausgeschlossen wird. Art. 102 AEUV ist auf zuvor ex post regulierte Sachverhalte anwendbar. Ausgenommen davon sind jedoch Fälle, in denen konkrete Maßnahmen angeordnet werden.

Die zuvor ergangene Entgeltgenehmigung kann allein im Rahmen der Berechnung der Geldbuße bei einem Verstoß gegen Art. 102 AEUV Berücksichtigung finden. Bindungswirkungen nationaler regulierungsbehördlicher Entscheidungen sind jedoch aufgrund des Vorrangs des EU-Rechts grundsätzlich abzulehnen.

C. Die Anwendung des Art. 102 AEUV aus behördlicher Sicht – Zuständigkeiten, Befugnisse und tatsächliches Tätigwerden

Aufgrund des Nebeneinanders von Art. 102 AEUV und nationalem Regulierungsrecht ist weiterhin auf die Eingriffsbefugnisse und Zuständigkeiten bei der Anwendung des europäischen Wettbewerbsrechts einzugehen, um die möglichen Konsequenzen einer parallelen Behördenzuständigkeit auf nationaler und europäischer Ebene darzustellen.

I. Die Kommission

Primär zuständig für die Durchsetzung des europäischen Wettbewerbsrechts ist die Europäische Kommission. Dies ergibt sich unmittelbar aus Art. 105 AEUV und Art. 4 VO Nr. 1/2003. Nach Art. 4 VO Nr. 1/2003 verfügt die Kommission bei der Anwendung der Art. 101 und 102 AEUV über die in der VO Nr. 1/2003 vorgesehenen Befugnisse.

Grundsätzlich kann bei einer parallelen Anwendung von Art. 102 AEUV und nationalem Regulierungsrecht auch von einer parallelen Behördenzuständigkeit von Kommission und nationaler Regulierungsbehörde ausgegangen werden. Damit ist jedoch keine Gleichrangigkeit der Behördenzuständigkeit verbunden. Setzt sich das EU-Recht aufgrund des Anwendungsvorrangs in materieller Hinsicht gegenüber dem nationalen Recht durch, gilt dies auch für die das EU-Recht durchsetzende Behörde. Auch dann, wenn kein Anwendungsvorrang besteht, ist die Kommission aufgrund der Rangordnung der Rechtsquellen die „ranghöhere" Behörde. Sie steht aufgrund der Stellung des EU-Primärrechts somit in Zweifelsfällen über der nationalen Regulierungsbehörde. Die Kommission kann daher auch als „Superregulierungsbehörde" verstanden werden.[1371]

Wird die Kommission tätig und übt sie ihre Durchsetzungskompetenz im Hinblick auf Art. 102 AEUV aus, sind die sich daraus ergebenden möglichen Rechtsfolgen zu betrachten. Wie bereits oben[1372] beschrieben, ergeben sich die Befugnisse der Kommission aus den Art. 7 ff. VO Nr. 1/2003.[1373] Auf die obigen Ausführungen ist daher an dieser Stelle zu verweisen. Maßnahmen der Kommission auf der Grundlage der VO Nr. 1/2003 können auch dann ergehen, wenn schon vorab die nationalen Regulierungsbehörden Entscheidungen zu demselben Fall getroffen haben. Dies ergibt sich, wie dargestellt, schon aus der Rangordnung der Rechtsquellen sowie aus dem Anwendungsvorrang des EU-Rechts. Zwar kann die Kommission diese Entscheidungen der nationalen Behörden nicht aufheben, d. h. rückgängig machen. Sie kann jedoch die zuvor ergangene nationale Maßnahme durch eine eigene Verfügung intensivieren, wenn die Maßnahme den Anforderungen des Art. 102 AEUV nicht gerecht wird, oder

---

1371 So *Paulweber*, Regulierungszuständigkeiten, S. 157.

1372 Kapitel 1/B./III./1.

1373 Vgl. dazu auch ausführlich in *Schwarze/Weitbrecht*, Grundzüge des europäischen Kartellverfahrensrechts, § 6 Rn. 17 ff.

die Maßnahme bei einem Verstoß gegen Art. 102 AEUV aufgrund des Anwendungsvorrangs als unbeachtlich behandeln.[1374]

II. Die Kompetenz des BKartA nach § 50 GWB

Auch das BKartA ist neben der Kommission für die Durchsetzung des europäischen Wettbewerbsrechts zuständig.[1375] Dies ergibt sich zunächst aus Art. 5 Satz 1 VO Nr. 1/2003, der die Wettbewerbsbehörden der Mitgliedstaaten für die Anwendung der Art. 101 und 102 AEUV für zuständig erklärt. Durch die VO Nr. 1/2003 wurde die zentrale Stellung der Kommission zur Durchsetzung der Art. 101 und 102 AEUV aufgegeben und den nationalen Wettbewerbsbehörden entsprechend dem Subsidiaritätsgrundsatz aus Art. 5 EUV die Befugnis zur Durchsetzung des EU-Wettbewerbsrechts ausdrücklich eingeräumt.[1376]

Die entsprechenden Befugnisse der nationalen Wettbewerbsbehörden werden in Art. 5 Satz 2 der VO Nr. 1/2003 aufgezählt. Danach kann die zuständige Wettbewerbsbehörde und somit das BKartA die Abstellung von Zuwiderhandlungen oder einstweiligen Maßnahmen anordnen, Verpflichtungszusagen annehmen oder Geldbußen, Zwangsgelder oder sonstige im innerstaatlichen Recht vorgesehene Sanktionen verhängen. Entsprechende Befugnisse sehen die §§ 32 ff., 81 und 86a GWB vor.

Welche nationalen Behörden als Wettbewerbsbehörden im Sinne der VO Nr. 1/2003 angesehen werden können, wird durch Art. 35 VO Nr. 1/2003 geregelt. Nach Art. 35 Abs. 1 Satz 1 der VO Nr. 1/2003 haben die Mitgliedstaaten die für die Anwendung der Art. 101 und 102 AEUV zuständigen Wettbewerbsbehörden zu bestimmen. Im Rahmen der 5. GWB-Novelle hat der deutsche Gesetzgeber in § 47 GWB a. F. das BKartA als „nationale Wettbewerbsbehörde" im Sinne der VO Nr. 1/2003 bestimmt. Seit der 6. GWB-Novelle befindet sich eine entsprechende Regelung in § 50 GWB. Dieser sieht in Abs. 1 vor, dass das BKartA und die obersten Landesbehörden für die Anwendung der Art. 101 und 102 AEUV die zuständigen Wettbewerbsbehörden im Sinne des Art. 35 Abs. 1 VO Nr. 1 /2003 sind, soweit ihnen die Zuständigkeit nach den §§ 48, 49 GWB

1374 Vgl. dazu auch *Paulweber*, Regulierungszuständigkeiten, S. 166.

1375 Eine parallele Zuständigkeit ergibt sich schließlich auch aus der unmittelbaren Anwendung des Art. 102 AEUV auf nationaler Ebene; vgl. auch *de Bronett*, Europäisches Kartellverfahrensrecht, Allgemeine Vorbemerkung, Rn. 4.

1376 *De Bronett*, Europäisches Kartellverfahrensrecht, Art. 4 VO Nr. 1/2003 Rn. 1; *Weitbrecht*, EuZW 2003, 69 (70); *Röhling*, GRUR 2003, 1019 (1022); *Hermanns/Brück*, SchiedsVZ 2004, 137 (139 ff.).

zukommt. Auffällig ist, dass für die BNetzA eine solche Zuständigkeitsregelung nicht besteht. Daraus folgt, dass auch in den sektorspezifischen Bereichen der Energie, Telekommunikation und der Eisenbahnen eine Doppelkontrolle durch die BNetzA aufgrund des TKG, des EnWG oder des ERegG sowie durch das BKartA nach § 50 GWB i. V. m. Art. 102 AEUV bestehen kann. Anders als in Fällen ohne Unionsrechtsbezug, ist eine parallele Zuständigkeit von BNetzA und BKartA in Fällen mit Unionsrechtsbezug daher nicht ausgeschlossen.

Es wurde sich gefragt, ob aus dem auf nationaler Ebene bestehenden Spezialitätsverhältnis von sektorspezifischem Regulierungsrecht zum GWB auch eine Einschränkung der Zuständigkeit des BKartA bei der Durchsetzung des Art. 102 AEUV folgt.[1377] Zum einen könnte der BNetzA selbst eine (konkludente) Anwendungsbefugnis zur Durchsetzung der Art. 101 und 102 AEUV übertragen werden, zum anderen könnte die dezentrale Anwendung der Art. 101 f. AEUV durch das BKartA durch die Anwendbarkeit der Regulierungsgesetze ausgeschlossen sein.[1378] Im letzteren Fall wäre allein die Kommission befugt, Art. 102 AEUV durchzusetzen.[1379]

Der Ausschluss des § 50 GWB sowie die Übertragung der Zuständigkeit aus § 50 GWB auf die BNetzA könnte sich jeweils aus dem spezialgesetzlichen Charakter der Regulierungsgesetze ergeben. Der BNetzA könnte aufgrund des nationalen Vorrangs der Regulierungsgesetze vor dem GWB auch die Durchsetzung des Art. 102 AEUV entsprechend dem § 50 GWB zustehen.

Ungeachtet dessen, welchem Ansatz – Ausschluss der Anwendung des § 50 GWB oder Übertragung der dezentralen Anwendung des Art. 102 AEUV auf die BNetzA – gefolgt wird, würde ein solcher Ansatz dazu führen, dass sich das Spezialitätsverhältnis von sektorspezifischem Regulierungsrecht gegenüber dem GWB über die formelle Ebene der Zuständigkeit der Behörden auch auf die unionsrechtliche Ebene überträgt. Dies kommt jedoch angesichts der Rangordnung der Rechtsquellen und des Anwendungsvorrangs des Unionsrechts gegenüber dem nationalen Recht nicht in Betracht.

Gegen die Übertragung der dezentralen Anwendungszuständigkeit auf die BNetzA spricht zudem, dass der Gesetzgeber bewusst darauf verzichtet hat, eine dem § 50 GWB entsprechende Norm in die sektorspezifischen

---

1377 So für den Bereich der Telekommunikation schon *Paulweber*, Regulierungszuständigkeiten, S. 173 ff.

1378 Vgl. dazu *Paulweber*, Regulierungszuständigkeiten, S. 174 ff., der diese Ansätze i. E. jedoch ablehnt.

1379 Vgl. dazu *Paulweber*, Regulierungszuständigkeiten, S. 174 f.

Regulierungsgesetze einzuführen und die BNetzA als Wettbewerbsbehörde im Sinne der VO Nr. 1/2003 zu benennen.[1380] Die BNetzA ist gerade nicht zuständig, die Durchsetzung des Art. 102 AEUV vorzunehmen. Eine Übertragung der dezentralen Zuständigkeit zur Durchsetzung des Art. 102 AEUV auf die BNetzA ohne gesetzliche Bestimmung ist ausgeschlossen.[1381] Art. 35 VO Nr. 1/2003 ordnet ausdrücklich an, dass die Mitgliedstaaten die für die Anwendung der Art. 81 und 82 des Vertrages (jetzt Art. 101 und 102 AEUV) zuständige Wettbewerbsbehörden „bestimmen". Ausreichend kann nicht sein, dass sich die Zuständigkeit aus der Systematik und dem Verhältnis der Gesetze (auf nationalen Ebenen!) zueinander ergibt. Denn darin liegt kein „Bestimmen". Es muss vielmehr klar durch eine bewusste Entscheidung des Gesetzgebers zum Ausdruck kommen, welche nationale Behörde zur Durchsetzung der Art. 101 und 102 AEUV befugt ist. Dies kann bei der Diskussion um die parallele Anwendung von Wettbewerbs- und Regulierungsrecht nicht aus einer möglichen Spezialität der Regulierungsgesetze gegenüber dem GWB abgeleitet werden. Denn der Diskurs zeigt gerade, dass sich nicht eindeutig im Sinne einer zweifelsfreien Bestimmung ableiten lässt, welcher Ansicht[1382] zu folgen ist. Die dezentrale Zuständigkeit des BKartA kann daher mangels fehlender gesetzlicher Regelung in den sektorspezifischen Regulierungsgesetzen nicht auf die BNetzA übertragen werden. Es fehlt der BNetzA schlichtweg an einer gesetzlich fixierten Eingriffsbefugnis bzw. an einer Benennung der BNetzA zur Wettbewerbsbehörde im Sinne der VO Nr. 1/2003.

Auch die Nichtanwendung des § 50 GWB im Falle der Anwendbarkeit des auf nationaler Ebene vorrangigen Regulierungsgesetzes ist abzulehnen. Das auf nationaler Ebene bestehende Lex-specialis-Verhältnis der regulierungsrechtlichen Vorschriften zum GWB wirkt nicht so weit, dass die Vorrangwirkung der Regulierungsgesetze auch die Anwendung des § 50 GWB ausschließt.[1383] Insbesondere § 111 Abs. 1 Satz 1 EnWG bezieht sich nur auf die Anwendung der §§ 19, 20 und 29 GWB. § 50 GWB wird von diesem Vorrangverhältnis nicht erfasst. Die Kommission ist auch im Fall der Anwendbarkeit der – gegenüber dem GWB spezielleren – regulierungsrechtlichen Vorschriften allein für die Durchsetzung des Art. 102 AEUV berechtigt und zuständig. Denn wie gezeigt, tritt die BNetzA nicht an die Stelle des BKartA, um die Durchsetzung des Art. 102

1380 Vgl. auch *Paulweber*, Regulierungszuständigkeiten, S. 175.

1381 *Paulweber*, Regulierungszuständigkeiten, S. 175.

1382 Parallele von Regulierungsrecht und GWB oder aufgrund Spezialität das GWB verdrängende Anwendung der Regulierungsgesetze.

1383 Vgl. zu diesem Ansatz: *Paulweber*, Regulierungszuständigkeiten, S. 175.

AEUV selbst vorzunehmen. Dies würde jedoch nicht dem Subsidiaritätsgrundsatz des Art. 5 Abs. 3 EUV[1384] entsprechen, gegen die damit verbundene effektive Durchsetzung des EU-Rechts verstoßen und daher dem Effektivitätsgrundsatz widersprechen.[1385] Somit kann sich das auf nationaler Ebene bestehende Vorrangverhältnis nicht auf die Anwendung des § 50 GWB auswirken.

III. Zusammenarbeit zwischen Kommission und BKartA bei der Durchsetzung des Art. 102 AEUV

Aufgrund der dezentralen Zuständigkeit des BKartA für die Durchsetzung der Art. 101 und 102 AEUV neben der Kommission ist das Verhältnis von BKartA und Kommission zu untersuchen, um darzustellen, in welchen Konstellationen Art. 102 AEUV neben der auf nationaler Ebene agierenden BNetzA behördlich durchgesetzt werden kann. Anders als im Verhältnis zu den nationalen Regulierungsbehörden, besteht zwischen Kommission und nationaler Wettbewerbsbehörde schon von vornherein keine Zuständigkeitskonkurrenz.[1386] Dies liegt daran, dass sich schon materiell kein Vorrang aus den durchzusetzenden Normen ergibt. Beide Zuständigkeiten betreffen die Durchsetzung des Art. 102 AEUV.

Die Art. 11 ff. VO Nr. 1/2003 betreffen die Zusammenarbeit von und die Verfahrensverteilung zwischen Kommission und nationaler Wettbewerbsbehörde. Daneben äußern sich diesbezüglich auch die Regelungen der Bekanntmachung der Kommission über die Zusammenarbeit innerhalb des Netzes der Wettbewerbsbehörden (ECN-Bekanntmachung)[1387]. Nach Art. 11 Abs. 1 VO Nr. 1/2003 arbeiten die Kommission und die Wettbewerbsbehörden der Mitgliedstaaten bei der Anwendung der Wettbewerbsregeln der Union eng zusammen. Die Art. 11 ff. VO Nr. 1/2003 werden auch als Grundlage des sog. Netzwerks der Wettbewerbsbehörden (ECN) angesehen.[1388] Dies ergibt sich auch aus Erwägungsgrund Nr. 15 der VO Nr. 1/2003, wonach „die Kommission und die Wettbewerbsbehörden der Mitgliedstaaten [...] gemeinsam ein Netz von Behörden

---

1384 Dazu sogleich unter Kapitel 3/C./IV./2.

1385 So auch *Paulweber*, Regulierungszuständigkeiten, S. 176.

1386 Vgl. auch *de Bronett*, Europäisches Kartellverfahrensrecht, Allgemeine Vorbemerkung, Rn. 5.

1387 Europäische Kommission, Bekanntmachung der Kommission über die Zusammenarbeit innerhalb des Netzes der Wettbewerbsbehörden, Abl. EU Nr. C 101/43 vom 27.4.2004.

1388 Statt vieler *De Bronett*, Europäisches Kartellverfahrensrecht, Allgemeine Vorbemerkung, Rn. 4.

bilden, die die EU-Wettbewerbsregeln in enger Zusammenarbeit anwenden". Weiter heißt es dort, dass „zu diesem Zweck [...] Informations- und Konsultationsverfahren eingeführt werden" müssen. Dieser Informationsaustausch wird in Art. 12 VO Nr. 1/2003 weiter aufgegriffen und ausgeführt.[1389] Er ist für eine einheitliche Anwendung und Durchsetzung des Art. 102 AEUV bei paralleler Zuständigkeit von Kommission und nationaler Wettbewerbsbehörden zwingend notwendig.[1390] Die Zusammenarbeit ermöglicht einen weitreichenden Erfahrungs- und Erkenntnisaustausch zwischen den Mitgliedern des ECN.[1391] In § 50a GWB werden die Regelungen präzisiert.

Die parallele Zuständigkeit von Kommission und nationalen Wettbewerbsbehörden bedeutet jedoch nicht, dass auch immer beide Behörden tätig werden und parallele Verfahren stattfinden. So regelt beispielsweise Art. 11 Abs. 6 Satz 1 VO Nr. 1/2003, dass im Falle der Einleitung eines Verfahrens durch die Kommission nach Kapitel III der VO Nr. 1/2003 für die nationalen Wettbewerbsbehörden zugleich die Zuständigkeit für die Durchsetzung der Art. 101 und 102 AEUV entfällt. Die Kommission kann demnach ein Verfahren an sich ziehen und die Zuständigkeit der nationalen Wettbewerbsbehörden ausschließen.[1392] Daneben haben die nationalen Wettbewerbsbehörden gem. Art. 16 Abs. 2 VO Nr. 1/2003 die von der Kommission erlassenen Entscheidungen zu berücksichtigen. Sie dürfen keine zuwiderlaufenden Entscheidungen treffen. Auch regelt Art. 13 Abs. 1 Satz 1 VO Nr. 1/2003 die Aussetzung bzw. Zurückweisung des Verfahrens durch eine nationale Wettbewerbsbehörde, wenn bereits eine andere nationale Wettbewerbsbehörde im selben Fall tätig geworden ist. Dasselbe gilt nach Art. 13 Abs. 1 Satz 2 VO Nr. 1/2003 auch für die Kommission. Auch dies zeigt, dass parallele Verfahren von nationalen Wettbewerbsbehörden bzw. einer nationalen Wettbewerbsbehörde und der Kommission vermeidbar sind.[1393] Dies hängt wohl auch mit dem hinter der Bearbeitung eines Verfahrens stehendem Verwaltungsaufwand, der möglichst gering gehalten werden soll, sowie mit der

---

1389 Zu den Informationspflichten nach Art. 11 VO Nr. 1/2003 siehe *A. Johanns*, in: Mäger, Europäisches Kartellrecht, Kap. 12 Rn. 99 ff. und zum Informationsaustausch nach Art. 12 VO Nr. 1/2003 *A. Johanns*, in: Mäger, Europäisches Kartellrecht, Kap. 12 Rn. 110

1390 *De Bronett*, Europäisches Kartellverfahrensrecht, Allgemeine Vorbemerkung, Rn. 5.

1391 *Schmidt-Volkmar*, Das Verhältnis, S. 158.

1392 *Klees*, Europäisches Kartellverfahrensrecht, § 7 Rn. 134.

1393 *A. Johanns* sieht Art. 13 VO Nr. 1/2003 gerade als Vorschrift, die für parallele Verfahrenstätigkeiten spricht, in: Mäger, Europäisches Kartellrecht, Kap. 12 Rn. 116 m.w.N.

Vermeidung von divergierenden Entscheidungen zusammen.[1394] Auch nach Erwägungsgrund Nr. 18 der VO Nr. 1/2003 soll „jeder Fall [möglichst] nur von einer Behörde bearbeitet" werden.

Welche Behörde im Einzelfall tätig wird, ist in der VO Nr. 1/2003 nicht geregelt. Allein Art. 11 Abs. 6 VO Nr. 1/2003 bestimmt eine alleinige Zuständigkeit der Kommission. Aus der ECN-Bekanntmachung[1395] wird deutlich, dass im Rahmen der parallelen Zuständigkeit entweder eine Bearbeitung durch eine einzelne nationale Wettbewerbsbehörde (ggf. mit Unterstützung der Wettbewerbsbehörden anderer Mitgliedstaaten) oder durch mehrere parallel handelnde nationale Wettbewerbsbehörden oder durch die Kommission erfolgt. Dabei ist nicht die Rede davon, dass Kommission und nationale Behörden auch tatsächlich parallel tätig werden.[1396] Leitet die Kommission ein Verfahren auf der Grundlage des Art. 102 AEUV ein, verliert die nationale Wettbewerbsbehörde, wie zuvor dargestellt, nach Art. 11 Abs. 6 VO Nr. 1/2003 ihre Zuständigkeit.[1397] Ist bereits eine nationale Wettbewerbsbehörde in einem Fall tätig und übt die Kommission ihr Evokationsrecht aus, entfällt die Zuständigkeit für die nationale Wettbewerbsbehörde.[1398] Auch weitere Fallverteilungen ergeben sich aus der ECN-Bekanntmachung.[1399]

Somit kann festgehalten werden, dass schon unter den Behörden, die für die Durchsetzung des Art. 102 AEUV zuständig sind, eine doppelte bzw. parallele Behördenzuständigkeit nicht stattfindet. Dasselbe könnte demnach auch für das Verhältnis von Regulierungs- und Wettbewerbsbehörde gelten. Dies ist sogleich näher zu erörtern.

1394 Allgemein: *de Bronett*, Europäisches Kartellverfahrensrecht, Allgemeine Vorbemerkung, Rn. 5.

1395 Europäisches Kommission, ECN-Bekanntmachung, ABl. EU Nr. C 101 vom 27.4.2004, S. 43 Rn. 5.

1396 Vgl. *A. Johanns*, in: Mäger, Europäisches Kartellrecht, Kap. 12 Rn. 123; *Klees*, Europäisches Kartellverfahrensrecht, § 7 Rn. 136.

1397 Vgl. *A. Johanns*, in: Mäger, Europäisches Kartellrecht, Kap. 12, Rn. 123; *Klees*, Europäisches Kartellverfahrensrecht, § 7 Rn. 136.

1398 *Klees*, Europäisches Kartellverfahrensrecht, § 7 Rn. 134.

1399 Europäische Kommission, ECN-Bekanntmachung, ABl. EU Nr. C 101 vom 27.4.2004, S. 43 Rn. 6 ff.

IV. Praktische Subsidiarität der Zuständigkeit von Kommission und BKartA in der Anwendungspraxis von Art. 102 AEUV

1. Vorrangeinräumung zugunsten des TKG durch die Kommission

Wie gezeigt, besteht im Anwendungsbereich der sektorspezifischen Regulierung grundsätzlich auch die Möglichkeit einer parallelen Anwendung mit Art. 102 AEUV.[1400] Die EU- Kommission versucht dies jedoch zu vermeiden. Sie brachte unter anderem in einer Mitteilung über die Anwendung der Wettbewerbsregeln auf Zugangsvereinbarungen im Telekommunikationsbereich zum Ausdruck, dass sie keine parallelen Verfahren auf der Grundlage des Art. 102 AEUV einleiten wird bzw. dies möglichst zu vermeiden versucht.[1401] Divergierende Entscheidungen können durch eine solche Zurückhaltung der Kommission verhindert werden. Diese Einstellung der EU-Kommission zeigt, dass sie den nationalen Regulierungsbehörden einen tatsächlichen oder auch praktischen Zuständigkeitsvorrang einräumt.[1402] Ein Einschreiten der Kommission auf der Grundlage der unionsrechtlichen Wettbewerbsregeln kommt danach dann nicht in Betracht, wenn ein mit dem Art. 102 AEUV vergleichbarer Schutz des Wettbewerbs durch das nationale materielle und formelle Regulierungsrecht zur Verfügung steht.[1403]

Die sektorspezifische Missbrauchsaufsicht ist – wie schon im Vergleich mit der nationalen Wettbewerbsaufsicht nach den §§ 19 f. GWB deutlich wurde – spezieller ausgestaltet und verfügt oftmals auch über weitergehende Eingriffsbefugnisse als Art. 102 AEUV. Ein Einschreiten auf der Grundlage des Art. 102

1400 Soweit die europarechtlich spezifischen Voraussetzungen, wie beispielsweise die Zwischenstaatlichkeitsklausel, erfüllt sind; vgl. auch BGH, Urt. v. 10.02.2004 –KZR 6/02 und 7/02, MMR 2004, 470 (471); BGH, Urt. v. 29.06.2010 – KZR 31/08 = BGH, MMR 2010, 786; *Ruthig*, in: Arndt/Fetzer/Scherer/Graulich, TKG, § 2 Rn. 40; *Säcker*, in: Säcker, TKG, Einl. I, Rn. 42, jeweils m.w.N.

1401 Europäische Kommission, Mitteilung über die Anwendung der Wettbewerbsregeln auf Zugangsvereinbarungen im Telekommunikationsbereich, ABl. EG Nr. C 265 vom 22.08.1998, S. 2 insb. Rn. 5, 150.

1402 So *Säcker*, in: Säcker, TKG, Einl. I, Rn. 41 f.

1403 Vgl. grundlegend die „Leitlinien für die Anwendung der EG-Wettbewerbsregeln im Telekommunikationsbereich", ABl. EG vom 06.09.1991, Nr. C 233, S. 2; Europäische Kommission, Mitteilung über die Anwendung der Wettbewerbsregeln auf Zugangsvereinbarungen im Telekommunikationsbereich, ABl. EG Nr. C 265 vom 22.08.1998, S. 2 insb. Rn. 150.; *van Miert*, WuW 1998, 7 (12); *Riehmer*, MMR 1998, 59 (64); *Säcker*, in: Säcker, TKG, Einl. I, Rn. 41f.

AEUV durch die Kommission bzw. durch das BKartA könnte sich daher in vielen Fällen erübrigen.[1404] Aus dem geäußerten Bestreben der Kommission, parallele Verfahren zu vermeiden, wird eine sog. praktische Subsidiarität[1405] abgeleitet.[1406] Das europäische Wettbewerbsrecht kommt demnach immer nur dann zur Anwendung, wenn das nationale Regulierungsrecht versagt und den Anforderungen des Art. 102 AEUV im Einzelfall nicht gerecht wird.[1407] Trotz praktischer Subsidiarität wird sich jedoch Art. 102 AEUV durchsetzen.[1408] Dies folgt wie schon mehrmals aufgezeigt, aus der Hierarchie der Rechtsquellen, nach der sich Art. 102 AEUV gegenüber dem nationalen Recht immer durchsetzen wird. Die praktische Subsidiarität wirkt lediglich wie eine Entscheidungsschranke, die von der Kommission im Einzelfall überwunden werden kann bzw. muss, damit ein paralleles, mit divergierender Entscheidung verbundenes Verfahren eingeleitet wird. Die Kommission wird demnach immer dann von einem parallelen Verfahren Abstand nehmen, wenn eine divergierende Entscheidung auf der Grundlage des Art. 102 AEUV ausgeschlossen ist. Dies kann beispielsweise dann der Fall sein, wenn mit der regulierungsrechtlichen Ex-post-Missbrauchsaufsicht auch ein Verstoß gegen Art. 102 AEUV ausgeschlossen wird bzw. dieser entsprechend geahndet wird oder ein entsprechender Verstoß schon durch die Vorabregulierung verhindert werden kann. Ist hingegen anzunehmen, dass die Kommission nach Art. 102 AEUV zu einem anderen Ergebnis kommt, dann schreitet die Kommission nach Art. 102 AEUV (*praktisch subsidiär*) ein. So wird die Kommission regelmäßig dann einschreiten, wenn die geforderten Entgelte trotz Ex-ante-Genehmigung gegen Art. 102 AEUV verstoßen. Dies wurde zuvor gezeigt.[1409] Die praktische Subsidiarität ist lediglich ein Mechanismus, der überflüssigen Verfahren und doppelten ungerechtfertigten Sanktionen entgegenwirken soll. Für diese Auslegung spricht insbesondere auch der Aspekt des

---

1404 *Schreiber*, Zusammenspiel, S. 100; vgl. dazu auch Europäische Kommission, Mitteilung über die Anwendung der Wettbewerbsregeln auf Zugangsvereinbarungen im Telekommunikationsbereich, ABl. EG Nr. C 265 vom 22.08.1998, S. 2 insb. Rn. 58.

1405 Dies meint keine Subsidiarität im Rechtssinne, es wird vielmehr aus pragmatischen Gründen vom Einschreiten der Kommission auf der Grundlage des Art. 102 AEUV abgesehen, daher wird auch von „praktischer Subsidiarität" gesprochen.

1406 *Säcker*, in: Säcker, TKG, Einl. I, Rn. 41; ebenso *Ruthig*, in: Arndt/Fetzer/Scherer/Graulich, TKG, § 2 Rn. 40.

1407 *Säcker*, in: Säcker, TKG, Einl. I, Rn. 41 f.; siehe zu d
en Verfahren im TK-Sektor *Klotz*, in: Säcker, TKG, Anh, I, Art. 102 AEUV, Rn. 207 ff.

1408 *Ruthig*, in: Arndt/Fetzer/Scherer/Graulich, TKG, § 2 Rn. 40.

1409 Siehe insbesondere unter Kapitel 3/B./2./b./bb./(1).

Verwaltungsaufwandes. Die generell arbeitsbelastete Kommission wird bemüht sein, ihren Verwaltungsaufwand möglichst gering zu halten. Kann das Interesse der Kommission auch ohne ihr Eingreifen befriedigt werden, wäre es ineffektiv, zusätzlich noch die Kommission tätig werden zu lassen, die womöglich zu dem gleichen Ergebnis kommt wie die nationalen Regulierungsbehörden, die auf der Grundlage des nationalen Regulierungsrechts tätig werden. In diesem Fall besteht zwar nicht das Problem divergierender Entscheidungen, jedoch ist ein doppelter behördlicher Aufwand bei der Bearbeitung des betreffenden Falls verwaltungstechnisch nicht förderlich. Die Behördenpraxis wird durch doppelte Verfahren blockiert und behindert. Ein überflüssiges verwaltungstechnisch ineffektives Einschreiten der Kommission liegt aber dann nicht vor, wenn ein Verstoß gegen Art. 102 AEUV trotz regulierungsrechtlicher Maßnahmen nicht vermieden werden kann oder konnte, so dass in diesem Fall ein Einschreiten der Kommission *subsidiär* in Betracht kommt. Im zuletzt genannten Fall wäre dies auch im Sinne der Wahrung und Einhaltung des Unionsrechts angebracht. Aus der praktischen Subsidiarität folgt daher kein automatisches Untätigbleiben der Kommission, wenn zuvor oder auch parallel ein Tätigwerden nationaler Regulierungsbehörden in Betracht kommt. Die praktische Subsidiarität wirkt sich somit nicht tiefgreifend auf die Zuständigkeit und das tatsächliche Einschreiten der Kommission auf Grundlage des Art. 102 AEUV aus. Ein paralleles Tätigwerden von nationaler Regulierungsbehörde und Kommission kann und soll durch die praktische Subsidiarität nicht vollends verhindert werden.

Positiv bewertet werden sollte aber die von der Kommission selbst eingebrachte Zurückhaltung beim Einschreiten auf der Grundlage des Art. 102 AEUV. Dies indiziert schon, dass die Kommission grundsätzlich parallele Verfahren vermeiden will. Jedoch bleiben auch im TK-Sektor Verfahren der Kommission, trotz subsidiären Einschreitens, nicht aus. Die praktisch subsidiäre Anwendung des Art. 102 AEUV durch die Kommission hat, wie bereits darauf hingewiesen wurde, nicht automatisch ein Untätigbleiben der Kommission in Gänze zur Folge.

2. Übertragbarkeit der praktischen Subsidiarität auf andere Sektoren?

Die sog. praktische Subsidiarität ist grundsätzlich nur für den Telekommunikationssektor anerkannt. Im Energie- und Eisenbahnsektor hat sich die Kommission bislang noch nicht zum subsidiären Tätigwerden geäußert. Die hinter dem subsidiären Einschreiten der Kommission stehenden Gedanken der Effektivität der Behördentätigkeit und die Entlastung der Kommission durch Zurückhaltung beim Einschreiten auf der Grundlage des Art. 102 AEUV können jedoch auch auf den Energie- und Eisenbahnsektor übertragen werden. Grundsätzlich spricht nichts dagegen. Auch im Energie- und Eisenbahnsektor können parallele Verfahren, die zum selben Ergebnis führen, aufgrund praktisch nur subsidiärer Anwendung des Art. 102 AEUV durch die Kommission vermieden werden. Dafür spricht auch das sich aus dem 13. Absatz der Präambel des EUV und Art. 5 Abs. 3 EUV ergebende Subsidiaritätsprinzip. Denn nach Art. 5 Abs. 3 EUV darf die Union und somit auch die Kommission nur tätig werden, wenn die Ziele der in Betracht gezogenen Maßnahmen von den Mitgliedstaaten weder auf zentraler noch auf regionaler oder lokaler Ebene ausreichend verwirklicht werden können, sondern vielmehr wegen ihres Umfangs oder ihrer Wirkung auf Unionsebene besser zu verwirklichen sind. Art. 5 Abs. 3 EUV stellt dabei auf die Erforderlichkeit und Effizienz des Tätigwerdens der Union ab. Erst wenn beides – Erforderlichkeits- und Effizienzkriterium – erfüllt ist, soll die Union von ihrer Zuständigkeit Gebrauch machen.[1410] Das Subsidiaritätsprinzip zielt jedoch in erster Linie auf die Gesetzgebung ab und nicht auf die Durchsetzung von Art. 102 AEUV.[1411] Jedoch gilt Art. 5 EUV auch für exekutives Handeln durch die Union und ihre Organe.[1412] Es gilt somit auch in Bezug auf die Anwendung und Durchsetzung des Art. 102 AEUV.

Daraus folgt: Aufgrund der parallelen Anwendbarkeit von Art. 102 AEUV und sektorspezifischem Regulierungsrecht wird die Kommission nur dann nach Art. 102 AEUV tätig, wenn nicht die Regulierungsbehörden den Wettbewerb ausreichend und effektiv auf Grundlage der nationalen Regulierungsgesetze regeln können und die Einhaltung des Art. 102 AEUV dadurch nicht gewährleistet ist. Das aus Art. 5 Abs. 3 EUV abgeleitete Subsidiaritätsprinzip schränkt nicht die Zuständigkeitsverteilung, sondern die Ausübung dieser, ein.[1413]

1410 *König*, in: Schulze/Zuleeg/Kadelbach, Europarecht, § 2 Rn. 28.

1411 Vgl. Protokolle und Erklärungen der Schlussakte zum Vertrag von Lissabon ABl. 2008 Nr. C 115/201, Protokoll (Nr. 1) Über die Rolle der nationalen Parlamente in der Europäischen Union; Protokolle und Erklärungen der Schlussakte zum Vertrag von Lissabon ABl. 2008 Nr. C 115/201, Protokoll (Nr. 2) Über die Anwendung der Grundsätze der Subsidiarität und der Verhältnismäßigkeit, ABl. 2007 Nr. C 306/150. Siehe auch *Calliess*, in: Calliess/Ruffert, EUV/AEUV, Art. 5 EUV, Rn. 28; *Kadelbach*, in: von der Groeben/Schwarze/Hatje, Europäisches Unionsrecht, Band 1, Art. 5 EUV, Rn. 32.

1412 *Calliess*, in: Calliess/Ruffert, EUV/AEUV, Art. 5 EUV, Rn. 4; *Kadelbach*, in: von der Groeben/Schwarze/Hatje, Europäisches Unionsrecht, Band 1, Art. 5 EUV, Rn. 32; *Jung*, Subsidiarität, S. 182 m.w.N.

1413 Vgl. *Calliess*, in: Calliess/Ruffert, EUV/AEUV, Art. 5 EUV, Rn. 20 m.w.N.

Selbst die zuvor angesprochene Fallverteilung zwischen Kommission und den nationalen Wettbewerbsbehörden bei der Durchsetzung des Art. 102 AEUV zeigt, dass ein paralleles Tätigwerden möglichst zu unterbleiben hat. Ein und derselbe Fall soll von Kommission und nationaler Wettbewerbsbehörde nicht gleichzeitig bearbeitet werden. Entsprechendes muss auch für die Fallverteilung zwischen Kommission und nationalen Regulierungsbehörden gelten. Wenn schon zwischen den Wettbewerbsbehörden der Verwaltungs- und Bearbeitungsaufwand möglichst geringgehalten werden soll, kann nichts Abweichendes für das Verhältnis zwischen nationaler Regulierungsbehörde und Kommission gelten, solange das nationale Regulierungsrecht sowie die darauf ergehenden behördlichen Entscheidungen dem Art. 102 AEUV gerecht werden. Folglich muss davon ausgegangen werden, dass die sog. praktische Subsidiarität nicht nur im TK-Sektor, sondern darüber hinaus auch in allen anderen regulierten Sektoren gelten soll.

3. *Auswirkung auf die Handhabung durch das BKartA*

Wie dargestellt, hat das BKartA grundsätzlich die Möglichkeit, auf der Grundlage des Art. 102 AEUV i. V. m. § 50 GWB parallel zur BNetzA tätig zu werden, obwohl ihm ein Einschreiten auf nationaler Ebene durch das Spezialitätsverhältnis verwehrt wird. Fraglich ist jedoch, wie sich diese praktische Subsidiarität auf das nach § 50 GWB zuständige BKartA auswirkt.[1414] Das BKartA wird im Rahmen des § 50 GWB selbst mit der Anwendung und Durchsetzung des Art. 102 AEUV betraut. Es ist an das Unionsrecht gebunden und hat sich an die Vorgaben der Kommission zu halten. Dies ergibt sich auch aus den Zusammenarbeitsvorschriften nach Art. 11 ff. VO Nr. 1/20003. Die zuvor genannte praktische Subsidiarität muss daher auch für das BKartA gelten.[1415] Das BKartA kann demnach für die Durchsetzung des Art. 102 AEUV auf der Grundlage des § 50 GWB nur dann tätig werden, wenn die Anwendung des sektorspezifischen Regulierungsrechts durch die nationalen Regulierungsbehörden den Rechtsfolgen des Art. 102 AEUV widerspricht oder keinen effektiven Wettbewerbsschutz verspricht. Die Zuständigkeit des BKartA nach § 50 GWB wird folglich auch durch das Subsidiaritätsprinzip des Art. 5 Abs. 3 EUV beschränkt.[1416]

Zudem wird teilweise darauf hingewiesen, dass trotz Zuständigkeitsbefugnis nach § 50 GWB mit einem Einschreiten des BKartA in laufende

---

1414 Unklare Tragweite dieser Regelung *Cornils*, in: BeckTKG, § 2 Rn. 105.

1415 Im Ergebnis so auch *Säcker*, in: Säcker, TKG, Einl. I, Rn. 42.

1416 So auch *Paulweber*, Regulierungszuständigkeiten, S. 176.

regulierungsrechtliche Missbrauchsverfahren nicht zu rechnen sei.[1417] Wie schon mehrfach angesprochen, spricht gegen die Verwaltungsökonomie eine doppelte Behördentätigkeit. Zudem können divergierende Entscheidungen wettbewerbspolitisch nicht gewollt sein, wenn die Kooperationsvorschriften betrachtet werden.[1418] Die Kooperationsvorschriften zwischen Kartell- und Regulierungsbehörde finden sich in den §§ 57, 58 EnWG, §§ 123, 123a TKG, § 9 Abs. 3 Satz 2 bis 4 BEVVG und § 50c GWB. Auf die obigen Erläuterungen zu § 58 EnWG und § 123 TKG und § 9 Abs. 3 Satz bis 4 BEVVG kann an dieser Stelle verwiesen werden.[1419] Die Zusammenarbeitspflicht und gegenseitige Informationspflichten bestehen nicht nur bei Verfahren auf nationaler Ebene. Wie sich aus der Nennung des Art. 102 AEUV in den §§ 57[1420], 58 Abs. 1 Satz 2 EnWG und den §§ 123 Abs. 1 Satz 3, 123a[1421] TKG ergibt, gelten diese Kooperationsvorschriften auch bei unionsrechtsrelevanten Sachverhalten. In § 9 Abs. 3 Satz 2 bis 4 BEVVG befinden sich weit weniger ausdifferenzierte Regelungen. Bei diesen kann jedoch nichts Gegenteiliges gelten. Auch § 50c GWB soll die Zusammenarbeit zwischen den Behörden sicherstellen und fördern. Die gegenseitige Informationspflicht und die dadurch bewirkte Zusammenarbeit der Behörden, auch im Anwendungsbereich des Art. 102 AEUV, ist notwendig, um Wertungswidersprüche zu vermeiden.[1422] Tauschen sich die Behörden bei ihren Verfahren untereinander aus, können unterschiedliche Aspekte in die Bearbeitung des Falles einfließen. Ein paralleles oder nacheinander erfolgendes Tätigwerden zweier Behörden kann dadurch vermieden werden. Es ist somit nicht damit zu rechnen, dass das BKartA auf Grundlage des § 50 GWB ein Verfahren nach Art. 102 AEUV einleitet, wenn zuvor die Regulierungsbehörde tätig geworden ist.

4. Zwischenfazit und kritische Würdigung: Praktische Subsidiarität nur in der Theorie

Problematisch ist, dass ein subsidiäres Einschreiten auf der Grundlage des Art. 102 AEUV nur eingeschränkt Wirkung zeigt.[1423] Es ist von einem

---

1417 *Salje*, Energiewirtschaftsgesetz, § 111 Rn. 9; mit weiteren Ausführungen *Säcker*, in: Berliner Kommentar zum Energierecht, Band 1, Teil 2, § 111 Rn. 15.

1418 *Säcker*, in: Berliner Kommentar zum Energierecht, Band 1, Teil 2, § 111 Rn. 15; *Schex*, in: Kment, Energiewirtschaftsgesetz, § 111 Rn. 4.

1419 Kapitel 2/A./IV. und B./I./2./c. und C./II./1.b.

1420 Weitere Ausführungen unten unter Kapitel 3/C./V./2.

1421 Weitere Ausführungen unten unter Kapitel 3/C./V./1.

1422 *Scholz*, in: KK zum Kartellrecht, Band 2, § 50c, Rn. 2.

1423 So auch *Cornils*, in: BeckTKG, § 2 Rn. 105.

vergleichbaren Rechtsschutz durch das nationale Regulierungsrecht abhängig. Das nationale Regulierungsrecht sowie die nationalen Regulierungsbehörden sind derzeit jedoch noch nicht abschließend an die Anwendungspraxis des Art. 102 AEUV angepasst, was durch die parallelen Entscheidungen der Kommission in den hier behandelten Sektoren deutlich wird. Das EU-Recht wird sich im Zweifel immer durchsetzen, was mit dessen Anwendung einhergeht. Die praktische Subsidiarität wird folglich nur theoretisch zu einer Vorrangwirkung des nationalen Regulierungsrechts führen. Solange das nationale Regulierungsrecht und dessen Anwendung nicht an den Standard des Art. 102 AEUV angepasst sind und somit ein vergleichbarer Schutz des europäischen Marktes nicht durch nationales Regulierungsrecht erzielt werden kann, ist mit einem Einschreiten der Kommission bzw. des BKartA, sei dieses subsidiär oder nicht, zu rechnen.

V. Gremien, Agenturen und die Kooperationsvorschriften – wird ein Einschreiten auf der Grundlage des Art. 102 AEUV überflüssig?

Ein weiterer wichtiger Aspekt für die Beurteilung des Verhältnisses der Anwendung und Durchsetzung des Art. 102 AEUV und den sektorspezifischen Regulierungsgesetzen spielen die sektorspezifischen EU-Gremien und Agenturen. Allen ist gemeinsam, dass sie die Zusammenarbeit zwischen den Mitgliedstaaten und zum Teil auch zwischen den Mitgliedstaaten und der Kommission fördern wollen. Werden jedoch die gesetzlichen und verwaltungspraktischen Grundlagen durch diese Institutionen aneinander angenähert, so dass es nach und nach zu einer einheitlichen Rechtsanwendung und -durchsetzung kommt, könnte dies ein Einschreiten auf der Grundlage des Art. 102 AEUV unnötig werden lassen. Auch sprechen die Kooperationsvorschriften in den nationalen Regulierungsgesetzen für diesen Ansatz. Im Folgenden soll daher näher auf die verschiedenen institutionellen Einrichtungen und Kooperationsvorschriften eingegangen werden, um ihren Einfluss auf die Anwendung des Art. 102 AEUV in der Praxis aufzuzeigen.

1. Telekommunikationssektor

Im TK-Sektor steht das Gremium Europäischer Regulierungsstellen für elektronische Kommunikation (GEREK) im Fokus. Es wurde durch die VO Nr. 1211/2009[1424] im Jahre 2010 eingeführt. Das GEREK stärkte die Grundsätze der

1424 Vgl. dazu schon oben unter Kapitel 1/B./II./2./a.

Gruppe Europäischer Regulierungsstellen (GER) und löste dieses Institut zugleich ab.[1425] Neben dem Zweck der Förderung einer einheitlichen Anwendung der EU-Rechtsvorschriften[1426] soll das GEREK für eine einheitliche Regulierungspraxis in den Mitgliedstaaten sorgen.[1427] Ziel ist es, dass die EU über einen funktionierenden Binnenmarkt für elektronische Kommunikationsdienste und -netze verfügt.

Das GEREK besitzt keine eigene Rechtspersönlichkeit[1428] und hat keine eigene Entscheidungsbefugnis, sondern soll vielmehr nur vermittelnd tätig werden.[1429] Es berät die europäischen Institutionen auf Anfrage oder eigener Initiative. Zu den wichtigsten Aufgaben vom GEREK gehört es, bewährte Praktiken zu entwickeln und unter den nationalen Regulierungsbehörden zu verbreiten, die nationalen Regulierungsbehörden in Regulierungsfragen zu unterstützen, Stellungnahmen zu Entwürfen von Entscheidungen, Empfehlungen und Leitlinien abzugeben, Berichte zu erstellen und die Kommission im Bereich der elektronischen Kommunikation zu beraten.[1430] Das GEREK wird durch das mit Rechtspersönlichkeit ausgestaltete GEREK-Büro unterstützt.

Das GEREK besteht aus dem sog. Regulierungsrat und Arbeitsgruppen. Der Regulierungsrat setzt sich aus den Leitern der nationalen Regulierungsbehörden aller EU-Länder zusammen. Daher sind im GEREK alle Regulierungsbehörden der Mitgliedstaaten vertreten. Durch die beratende Funktion des GEREK wird durch dieses Institut ein Bindeglied zwischen den nationalen Regulierungsbehörden und der Europäischen Kommission geschaffen. Ausweislich des

---

1425 Vgl. Erwägungsgrund Nr. 6 der VO (EG) Nr. 1211/2009 des Europäischen Parlaments und des Rates vom 25. November 2009 zur Einrichtung des Gremiums Europäischer Regulierungsstellen für elektronische Kommunikation (GEREK) und des Büros, ABl. EU Nr. L 337, S. 1, (VO Nr. 1211/2009).

1426 *Korehnke/Ufer*, in: BeckTKG, § 12 Rn. 4.

1427 Erwägungsgrund Nr. 5 der VO Nr. 1211/2009.

1428 Erwägungsgrund Nr. 6 der VO Nr. 1211/2009; dafür besteht ein mit Rechtspersönlichkeit ausgestattetes Büro als Geschäftsstelle des GEREK, Erwägungsgrund Nr. 11 der VO Nr. 1211/2009.

1429 Vgl. *Ricke*, in: Spindler/Schuster, Recht der elektronischen Medien, § 3 TKG, Rn. 18.

1430 Vgl. dazu auch Art. 4 VO Nr. 1211/2009 und VO (EU) Nr. 2015/2120 des Europäischen Parlaments und des Rates vom 25. November 2015 über Maßnahmen zum Zugang zum offenen Internet und zur Änderung der Richtlinie 2002/22/EG über den Universaldienst und Nutzerrechte bei elektronischen Kommunikationsnetzen und -diensten sowie der Verordnung (EU) Nr. 531/2012 über das Roaming für öffentliche Mobilfunknetze in der Union, ABl. EU 2015 Nr. L 310, S. 1 (5).

Erwägungsgrundes Nr. 6 der VO Nr. 1211/2009 soll es als Forum für die Zusammenarbeit zwischen den nationalen Regulierungsbehörden und zwischen den nationalen Regulierungsbehörden und der Kommission bei der Wahrnehmung aller ihrer Aufgaben innerhalb des EU-Rechtsrahmens fungieren. Durch das Streben nach einer einheitlichen Regulierung in Europa und die vermittelnde Funktion des GEREK wird eine einheitliche Regulierungspraxis in den verschiedenen Mitgliedstaaten angestrebt sowie eine Vereinbarkeit dieser Regulierungspraxis mit dem EU-Recht und dessen Anwendungspraxis der Kommission. Wird die nationale Regulierungspraxis weitestgehend vereinheitlicht und mit der Kommissionspraxis abgeglichen, sollte daraus auch gleichzeitig ein verringertes Einschreiten der Kommission nach Art. 102 AEUV auf regulierte Sachverhalte folgen. Die Verbindung zwischen nationalen Regulierungsbehörden und Kommission könnte dazu führen, dass sich divergierende Entscheidungen, wie im Fall der Telekom AG, zumindest nicht häufen werden bzw. ganz der Vergangenheit angehören. Dadurch, dass das GEREK für die Mitgliedstaaten und die Kommission verbindliche Berichte abgeben kann[1431], kann ein einheitlicher Regulierungsmaßstab festgelegt werden. Auch dies könnte dazu beitragen, dass ein Einschreiten der Kommission unnötig wird. Zumindest soll das GEREK einer verbesserten Koordinierung der regulierungsbehördlichen Tätigkeit in den Mitgliedstaaten dienen.[1432]

Auch die Reform der Verordnung zur Errichtung des Gremiums Europäischer Regulierungsstellen für elektronische Kommunikation (GEREK-VO)[1433] sowie der Kodex für die elektronische Kommunikation zeigen, dass dem GEREK immer mehr Bedeutung zugemessen werden soll. Die Ausstattung des GEREK mit neuen Befugnissen und Aufgaben erfolgt unter anderem jedoch auch deshalb, weil gleichzeitig der Rechtsrahmen des TK- Sektors durch den Kodex für die elektronische Kommunikation modifiziert wird. Die Ausdehnung der Befugnisse und Aufgaben des GEREK dienen diesbezüglich auch der Kontrolle der einheitlichen Umsetzung des angestrebten Rechtsrahmens für einen digitalen Binnenmarkt. Neben der Erweiterung der Befugnisse des GEREK wird aber durch den Kodex für die elektronische Kommunikation ersichtlich, dass die Kommission weiterhin ein Mitspracherecht haben will und sich deshalb auch

---

1431 Vgl. u. a. Art. 3 Abs. 3 VO Nr. 1211/2009. Gegen verbindliche Entscheidung: *Korehnke/Ufer*, in: BeckTKG, § 12 Rn. 4 m.w.N.

1432 *Fuchs/Möschel*, in: Immenga/Mestmäcker, Band 1, Art. 102 AEUV, Rn. 395.

1433 Siehe oben unter Kapitel 1/B./II./2./a.

die Befugnis, delegierte Rechtsakte zu erlassen, vorbehält.[1434] Die Kommission verliert daher auch durch die Erweiterung des GEREK ihre herausragende Stellung nicht. Die Erweiterung der Kompetenzen des GEREK wird sich trotzdem allgemein positiv auf die Kommunikation zwischen den nationalen Regulierungsbehörden und der Kommission auswirken, weil dadurch die Zusammenarbeit der nationalen Regulierungsstellen und der Kommission gefördert wird. Das GEREK wird zudem in seiner Stellung als Koordinierungs- und Überwachungsinstitut gestärkt und wird somit an Bedeutung gewinnen.

Weiter ist an die Kooperationsvorschrift des § 123a TKG zu denken. § 123a TKG regelt ausdrücklich die Zusammenarbeit der BNetzA mit anderen Behörden auf der Ebene der Europäischen Union. Andere Behörden sind andere nationale Regulierungsbehörden der anderen Mitgliedstaaten, die Kommission und das GEREK. Die Vorschrift dient zunächst der Umsetzung von Bestimmungen der Rahmenrichtlinie.[1435] Zweck des § 123a Abs. 1 TKG ist es, eine einheitliche Anwendung der Bestimmungen der Richtlinie 2002/21/EG und den Einzelrichtlinien zu gewährleisten sowie einen einheitlichen Maßstab für die Regulierung bestimmter Situationen auf dem Markt zu erarbeiten. Daneben soll die BNetzA gem. § 123a Abs. 2 TKG die Ziele des GEREK in Bezug auf bessere regulatorische Koordinierung und mehr Kohärenz unterstützen. Auch § 123a TKG zeigt, dass die nationale Regulierung mit der Kontrolle der Märkte auf europäischer Ebene und umgekehrt abgestimmt werden soll. Die Funktion des GEREK soll durch die nationale Regierungsbehörde gestärkt werden. Daneben wird durch die Zusammenarbeit der Behörden widersprüchlichen Entscheidungen entgegengewirkt.

Sollte schon auf nationaler Ebene den Anforderungen des europäischen Rechts entsprochen werden, was durch diese Maßnahmen angestrebt wird, erübrigt sich ein „korrigierendes“ Einschreiten der Kommission auf der Grundlage des Art. 102 AEUV.[1436] Somit spricht auch § 123a TKG für ein reduziertes Tätigwerden der Kommission auf der Grundlage des Art. 102 AEUV.

1434 Vgl. Art. 40 Abs. 5, 60 Abs. 2, 73 Abs. 2, 102 Abs. 7, 108 des Vorschlags der Kommission für eine Richtlinie des Europäischen Parlaments und des Rates über den europäischen Kodex für die elektronische Kommunikation (Neufassung), vom 12.10.2016, COM(2016) 590 final/2 – 2016/0288 (COD).

1435 So zum Beispiel Art. 7 Abs. 2 Rahmen-RL; *Fademrecht/Fetzer*, in: Arndt/Fetzer/Scherer/Graulich, TKG, § 123a Rn. 1.

1436 Dies entspricht der sog. praktischen Subsidiarität, vgl. oben unter Kapitel 3/C./IV.

2. *Energiesektor*

Im Energiesektor besteht die Agentur für die Zusammenarbeit der Energieregulierungsbehörden (ACER = Agency for the Cooperation of Energy Regulators). Diese dezentrale Agentur der Europäischen Union wurde am 13. Juli 2009 gegründet. Ihre Aufgaben sind die Überwachung und Regulierung der europäischen Energiemärkte. ACER ist eine Einrichtung des europäischen öffentlichen Rechts mit eigener Rechtspersönlichkeit[1437], klaren Kompetenzen und der Befugnis zur Einzelfallentscheidung in spezifischen Fällen.[1438] Sie setzt im Wesentlichen die Arbeit der Gruppe der europäischen Regierungsbehörden für Elektrizität und Erdgas (ERGEG) fort, die mit Beschluss 2003/796/EG gegründet und mit Beschluss 2011/280/EU vom 16. Mai 2011 am 30. Juni 2011 aufgehoben wurde. Die ERGEG diente der Festigung des Elektrizitäts- und Erdgasbinnenmarktes durch die Erleichterung der Konsultation, Koordination und Kooperation zwischen den nationalen Regierungsbehörden sowie zwischen den Behörden und der Kommission.[1439] Die ACER übernimmt diese Aufgabe ausweislich des Erwägungsgrunds Nr. 5 der VO Nr. 713/2009. Die Zusammenarbeit der Behörden und Institutionen wird durch die Informationsmitteilungs-[1440], Beratungs-[1441] und Empfehlungsfunktion[1442] der ACER gefördert. Zusammengefasst gehört zu ihren Aufgaben die Ergänzung und Koordinierung der Arbeit der nationalen Energieregulierungsbehörden, die Mitwirkung bei der Erstellung europäischer Netzvorschriften, das Treffen von verbindlichen Einzelentscheidungen zu den Bestimmungen für den Zugang zu grenzüberschreitenden Infrastrukturen und deren Betriebssicherheit, der Beratung der EU-Organe in Energiefragen, die Überwachung der Entwicklungen auf den Energiemärkten und Berichterstattung darüber sowie die Überwachung der Energiegroßhandelsmärkte zur Ermittlung und Verhinderung von Marktmissbrauch in enger Zusammenarbeit mit den nationalen Regulierungsbehörden.[1443] Neben

---

1437 Art. 2 Abs. 1 VO (EG) Nr. 713/2009 des Europäischen Parlaments und des Rates zur Gründung einer Agentur für die Zusammenarbeit der Energieregulierungsbehörden vom 13. Juli 2009, ABl. EU Nr. L 211 vom 14.08.2009, S. 1, (VO Nr. 713/2009).

1438 Vgl. Erwägungsgrund Nr. 3 der VO Nr. 713/2009.

1439 Vgl. Erwägungsgrund Nr. 2 der VO Nr. 713/2009.

1440 Erwägungsgrund Nr. 8 der VO Nr. 713/2009.

1441 Erwägungsgrund Nr. 11 der VO Nr. 713/2009.

1442 Erwägungsgrund Nr. 12 der VO Nr. 713/2009.

1443 Vgl. https://europa.eu/european-union/about-eu/agencies/acer_de, (zuletzt abgerufen am 16.12.2018).

der Koordinierung der mitgliedstaatlichen Regulierungsbehörden steht auch deren Kontrolle, insbesondere bei der Einhaltung der in den Richtlinien normierten Prinzipien für die Markt- und Unternehmensstrukturen, im Fokus der ACER.[1444] Wenn jedoch durch diese Agentur die Regulierungsbehörden bei der Umsetzung europäischer Vorgaben kontrolliert werden, wird die Einhaltung des Art. 102 AEUV möglicherweise schon durch die nationalen Regulierungsbehörden sichergestellt, so dass ein Rückgriff auf die Kommission nicht mehr nötig ist. Problematisch ist jedoch, dass die Durchsetzung des Art. 102 AEUV nur durch die Kommission oder die nationalen Wettbewerbsbehörden sichergestellt werden kann und soll. Die deutschen Regulierungsbehörden sind vom Gesetzgeber gerade nicht als nationale Wettbewerbsbehörden im Sinne der VO Nr. 1/2003 ernannt worden. Somit kann grundsätzlich auch nicht davon ausgegangen werden, dass die Beachtung des Art. 102 AEUV allein durch das Regulierungsrecht sichergestellt werden soll. Zudem erstreckt sich die Kontrolle, wie dargestellt, auf die Einhaltung des Umsetzungsrechts. Die ACER kann – ähnlich wie das GEREK – als vermittelnde Stelle zwischen Kommission und nationalen Regulierungsbehörden tätig werden. Allein die Vermittlung könnte jedoch dazu beitragen, dass frühzeitig auf die Einhaltung des Art. 102 AEUV aufmerksam gemacht wird und Bedenken der Kommission daher auch frühzeitig an die nationalen Regulierungsbehörden herangetragen werden, um so letztendlich ein Einschreiten der Kommission auf der Grundlage des Art. 102 AEUV zu verhindern. Trotzdem bleibt der durch die ACER geschaffene europäische Regulierungsverbund bildlich gesehen hinter dem Rang der EU-Kommission zurück.[1445] Die Kommission behält ihre Letztentscheidungsbefugnis. Zwar spricht dies gegen einen Rückzug der Kommission im Energiebereich aus der Anwendungspraxis des Art. 102 AEUV auf energierechtlich regulierte Bereiche. Jedoch ist es auch nicht Ziel der ACER, die Kommission in ihrer Entscheidungsbefugnis zu beschränken. Es soll vielmehr auf einer freiwilligen Basis die Kooperation zwischen den Behörden verbessert werden, was auch für ein freiwilliges Absehen von einer korrigierenden Durchsetzung des Art. 102 AEUV durch die Kommission bei mit EU-Recht koordiniertem Regulierungsverhalten der nationalen Behörden spricht. Ist das nationale Regulierungsrecht derart an Art. 102 AEUV angepasst und entspricht es der Praxis der mitgliedstaatlichen Regierungsbehörden sowie der Kommission, erübrigt sich – wie im Fall der praktischen Subsidiarität – ein Einschreiten der Kommission.

1444 *Mestmäcker/Schweitzer*, Europäisches Wettbewerbsrecht, § 1 Rn. 86.
1445 Vgl. *Haller*, Verwaltungsverbund, S. 50 ff.

Die Kommission stellte in ihrer Mitteilung vom 25.03.2015[1446] klar, dass „die Tätigkeit der ACER [...] im Wesentlichen auf die Abgabe von Empfehlungen und Stellungnahmen beschränkt [ist]. Ihre Entscheidungsbefugnisse sind stark begrenzt. Die EU-weite Regulierung des Binnenmarkts sollte verstärkt werden. Dazu sollten die Befugnisse und die Unabhängigkeit der ACER bei der Wahrnehmung von Regulierungsfunktionen auf europäischer Ebene erheblich erweitert werden, damit sie die Entwicklung des Energiebinnenmarktes und der damit zusammenhängenden Marktregulierung wirksam beaufsichtigen und alle grenzüberschreitenden Fragen behandeln kann, die mit der Schaffung eines nahtlosen Binnenmarkts im Zusammenhang stehen." Die Position der ACER zwischen nationalen Regulierungsbehörden und Kommission auf dem Energiebinnenmarkt soll gestärkt werden. Dennoch soll die ACER nicht zu einer europaweiten Regulierungsbehörde erstarken.[1447] Vielmehr sollen nur ihre Kompetenzen gefestigt werden. Um die nationalen Regulierungsbehörden und -verfahren zu unterstützen, sollen grenzüberschreitende Regulierungsfragen zukünftig von der regionalen Ebene auf die Agentur übertragen und durch die Schaffung gleichartiger Verfahren von dieser geklärt werden.[1448] Selbst die Kommission weist in ihrem Vorschlag zur Neufassung der Agentur-Verordnung darauf hin, dass es immer noch an einer einheitlichen Regulierungsaufsicht bei grenzüberschreitenden Sachverhalten fehlt, wodurch die Gefahr unterschiedlicher Entscheidungen und unnötiger Verzögerung im Regulierungsverfahren besteht.[1449] Daher sollen im Rahmen der Etablierung des novellierten

1446 Paket zur Energieunion. Mitteilung der Kommission an das Europäische Parlament, den Rat, den Europäischen Wirtschafts- und Sozialausschuss, den Ausschuss der Regionen und die Europäische Investitionsbank, Rahmenstrategie für eine krisenfeste Energieunion mit einer zukunftsorientierten Klimaschutzstrategie, vom 22.02.2015, COM(2015) 80 final, S. 11; vgl. dazu auch *Klotz/Hofmann,* N&R 2016, 66

1447 Vgl. den Vorschlag der Kommission für eine Verordnung des Europäischen Parlaments und des Rates zur Gründung einer Agentur der Europäischen Union für die Zusammenarbeit der Energieregulierungsbehörden (Neufassung), vom 23.2.2007, COM(2016) 863 final/2 - 2016/0378 (COD), S. 20.

1448 Vgl. den Vorschlag der Kommission für eine Verordnung des Europäischen Parlaments und des Rates zur Gründung einer Agentur der Europäischen Union für die Zusammenarbeit der Energieregulierungsbehörden (Neufassung), vom 23.2.2007, COM(2016) 863 final/2 - 2016/0378 (COD), S. 8 f.

1449 Vgl. den Vorschlag der Kommission für eine Verordnung des Europäischen Parlaments und des Rates zur Gründung einer Agentur der Europäischen Union für die Zusammenarbeit der Energieregulierungsbehörden (Neufassung), vom 23.2.2007, COM(2016) 863 final/2 - 2016/0378 (COD), S. 9.

europäischen Regulierungsrechtsrahmens durch das Energie-Winterpaket[1450] entsprechend auch die Aufgaben der ACER erweitert und angepasst werden. Insbesondere soll dieser eine erweiterte Koordinierungsbefugnis zustehen.[1451] Die Ausweitung der Kompetenzen der ACER im Rahmen der angestrebten Energieunion sorgt im Endeffekt auch für eine effektivere Überwachung der Einhaltung und Umsetzung der Marktregulierungsvorschriften.[1452] Folglich ist eine Erweiterung der Kompetenzen und der damit in Verbindung stehenden Koordinierung von Regulierungsentscheidungen auf unionsrechtlicher Ebene angedacht. Ob und wie sich dieser Gedanke letztendlich durchsetzen wird, bleibt abzuwarten und hängt entscheidend mit der Annahme und Umsetzung des Energie-Winterpaketes zusammen.

Auch der Council of European Energy Regulators (CEER) ist ein weiteres wichtiges Koordinierungsinstitut. Auch durch ihn wird die Kooperation zwischen nationalen Regulierungsbehörden und den europäischen Organen verbessert.

Wie bereits oben angesprochen, befindet sich in § 57 EnWG eine nationale regulierungsrechtliche Vorschrift über die Zusammenarbeit mit Regulierungsbehörden anderer Mitgliedstaaten, der ACER und der EU-Kommission. § 57 EnWG setzt mit verfahrensrechtlichen Regelungen die von der ACER vorgesehene Kooperation der Behörden und der Kommission um.[1453] So beinhaltet § 57 Abs. 1 EnWG eine allgemeine Befugnis zur Zusammenarbeit der Behörden.[1454] Nach § 57 Abs. 2 EnWG ist die BNetzA befugt, Entscheidungen und Sachverhalte anderer mitgliedstaatlicher Regulierungsbehörden zu berücksichtigen[1455], auf eine Regulierung zu verzichten[1456] oder eine grenzüberschreitende Regulierung[1457] vorzunehmen. Die Absätze 4 und 5 enthalten darüber hinaus noch

---

1450 Siehe dazu unter Kapitel 1/B./II./2./a.

1451 Vgl. den Vorschlag der Kommission für eine Verordnung des Europäischen Parlaments und des Rates zur Gründung einer Agentur der Europäischen Union für die Zusammenarbeit der Energieregulierungsbehörden (Neufassung), vom 23.2.2007, COM(2016) 863 final/2 - 2016/0378 (COD), S. 9, 12.

1452 Vgl. *Klotz/Hofmann*, N&R 2016, 66.

1453 *Groebel*, in: Berliner Kommentar zum Energierecht, Band 1, Teil 2, § 57 Rn. 3.

1454 Vgl. dazu *Groebel*, in: Berliner Kommentar zum Energierecht, Band 1, Teil 2, § 57 Rn. 8; *Theobald/Werk*, in: Danner/Theobald, § 57 EnWG, Rn. 11.

1455 § 57 Abs. 2 Satz 1 EnWG.

1456 § 57 Abs. 2 Satz 2 und 3 EnWG.

1457 § 57 Abs. 2 Satz 4 EnWG.

Regelungen zum Informationsaustausch. Auch § 57 EnWG trägt dazu bei, dass die Koordination zwischen den Behörden verbessert wird.

3. *Eisenbahnsektor*

Im Eisenbahnsektor sind die Europäische Eisenbahnagentur, die Independent Regulators Group-Rail (IRG-Rail) und das „European Network of Rail Regulatory Bodies" (ENRRB) näher zu betrachten. Die Europäische Eisenbahnagentur wurde am 29. April 2004 gegründet und besitzt Rechtspersönlichkeit. Mit Wirkung zum 15. Juni 2016 wurde die ehemals European Union Agency for Railway (ERA) genannte Agentur in European Union Agency for Railways umbenannt.[1458] Die Agentur kann Empfehlungen und Stellungnahmen an die Kommission und letztere auch an die Behörden der Mitgliedstaaten richten.[1459] Die Europäische Eisenbahnagentur ist jedoch nicht mit GEREK oder ACER vergleichbar. Ihre Hauptaufgabe ist es, die Sicherheit und Interoperabilität des Schienenverkehrs in der EU zu stärken und in technischen Fragen zur Durchführung des Unionsrechts durch die Entwicklung gemeinsamer Konzepte für die Sicherheit im europäischen Eisenbahnsystem und durch die Erhöhung des Interoperabilitätsniveaus der Eisenbahnsysteme beizutragen.[1460] Im Vordergrund steht somit die Angleichung technischer Vorschriften und die Festsetzung gemeinsamer Sicherheitsziele.[1461] Um die Koordination der Anwendung von Regulierungsvorschriften, die auf die marktbeherrschende Stellung abzielen, geht es dagegen nicht.

Die IRG-Rail wurde 2010 von unabhängigen Regulierungsbehörden gegründet. Durch sie soll die Zusammenarbeit der unabhängigen Regulierungsbehörden im Eisenbahnsektor gestärkt werden, um eine widerspruchsfreie Eisenbahnregulierung in Europa zu schaffen.[1462] Zwar wird dadurch zwischen

1458 VO (EG) Nr. 881/2004 des Europäischen Parlaments und des Rates zur Errichtung einer Europäischen Eisenbahnagentur vom 29. April 2004, ABl. EU Nr. L 164 vom 30.04.2004 i. d. F. vom 21.06.2004, ABl. EU Nr. L 220, S. 3 (VO Nr. 881/2004), ersetzt durch VO (EU) Nr. 2016/796 des Europäischen Parlaments und des Rates vom 11. Mai 2016 über die Eisenbahnagentur der Europäischen Union und zur Aufhebung der Verordnung (EG) Nr. 881/2004.

1459 Art. 4 VO (EU) Nr. 2016/796.

1460 Art. 2 VO (EU) Nr. 2016/796.

1461 So schon zur ERA *Bergmann*, in: Bergmann, Handlexikon der Europäischen Union, Eisenbahnverkehr/Europäische Eisenbahnagentur, III.

1462 Vgl. zur IRG-Rail: https://www.bundesnetzagentur.de/DE/Allgemeines/DieBundesnetzagentur/Internationales/Eisenbahnen/IRG-Rail/irg-rail-node.html, (zuletzt abgerufen am 16.12.2018).

den Mitgliedstaaten eine einheitliche Regulierungspraxis gefördert. Auf eine – wie bei dem GEREK oder der ACER vergleichbare – Koordination mit der Kommission wird aber verzichtet. Daher kann auch sie nicht dafür angeführt werden, dass sich ein Einschreiten der Kommission in Zukunft erübrigen wird. Dies bestätigt auch ein Blick auf das vierte Eisenbahnpaket, welches zwar die ERA stärkt, aber nicht auch die IRG-Rail.[1463]

In Bezug auf die Richtlinie 2012/34/EU wurde das Netzwerk ENRRB 2013 gegründet. Die Mitglieder dieses Netzwerkes, nationale Regulierungsstellen wie die BNetzA, und die Kommission treffen sich zweimal pro Jahr, um sich über die neusten Rechtsentwicklungen in der EU bezüglich Regulierung, Entscheidungsgrundsätze und -praxis zu informieren und auszutauschen. Ziel ist es, einen gemeinsamen Regulierungsansatz zu entwickeln und widersprüchliche Entscheidungen zu vermeiden.[1464]

Daneben besteht mit § 75 ERegG eine nationale Vorschrift, die die Zusammenarbeit mit den Regulierungsbehörden der Europäischen Union[1465] regelt. § 75 Abs. 3 ERegG sieht vor, dass die Regulierungsbehörde bei Beschwerden und Untersuchungen im Zusammenhang mit dem Zugang zu grenzüberschreitenden Zugtrassen und entsprechenden Wegeentgelten sowie der Überwachung des Wettbewerbs im grenzüberschreitenden Schienenverkehr vor dem Treffen einer Entscheidung die anderen Mitgliedstaaten, durch deren Gebiet die betreffende grenzüberschreitende Zugtrasse führt, anhört. Daneben wird auch die EU-Kommission angehört und nach den entsprechenden Informationen ersucht, soweit eine Beteiligung der Kommission nach § 75 Abs. 8 ERegG beantragt wurde. § 75 Abs. 8 ERegG sieht vor, dass „die Europäische Kommission [auf Antrag der Regulierungsbehörde] an den Tätigkeiten nach den Abs. 2 bis 6 teilnehmen [kann], um die Zusammenarbeit der Regulierungsbehörden zu fördern". Die Zusammenarbeitsvorschrift des § 75 ERegG ist ein erster Schritt in Richtung Koordinierung von Kartell- und Regulierungsverfahren auf EU-Ebene. Überflüssig kann ein Einschreiten auf der Grundlage des Art. 102 AEUV durch sie noch nicht gemacht werden.

Im Eisenbahnsektor ist die Zusammenarbeit zwischen nationalen Regulierungsbehörden und der EU-Kommission bislang noch nicht so weit ausgereift

1463 Vgl. dazu oben unter Kapitel 1/B./II./1./a.

1464 http://ec.europa.eu/transparency/regexpert/index.cfm?do=groupDetail.groupDetailDoc&id=21244&no=1 und https://ec.europa.eu/transport/modes/rail/market/regulatory_bodies_de (zuletzt abgerufen am 16.12.2018).

1465 Damit sind die Regulierungsbehörden anderer Mitgliedsstaaten gemeint.

wie in den Sektoren der Energie und Telekommunikation. Kernaufgabe der dargestellten Agenturen ist nicht die Zusammenarbeit zwischen den Regulierungsbehörden und der Kommission. Sie bewirken daher keine Angleichung der Regulierungspraxis an die der EU-Kommission nach Art. 102 AEUV. Ein erster Schritt in Richtung Harmonisierung der Regulierungspraxis auf EU-Ebene stellt jedoch das relativ junge ENRRB dar. Dennoch ist auch im Eisenbahnsektor ein Einschreiten der Kommission nach Art. 102 AEUV aufgrund der Angleichung der Regulierungspraxis noch nicht entbehrlich geworden.

4. *Zwischenfazit: Koordinierung, Zusammenarbeit und Angleichung als Maßnahme gegen divergierende Entscheidungen*

Die Darstellung der verschiedenen Gremien und Agenturen im Rahmen der Sektoren hat gezeigt, dass eine Angleichung der regulierungsrechtlichen Praxis durch einen Informationsaustausch zwischen den Behörden untereinander und der Kommission bezweckt wird. Diese Angleichung ermöglicht auch, dass die Bedenken der Kommission aufgrund eines Verstoßes des regulierten Unternehmens in Zukunft weniger werden dürften. Ein Einschreiten der Kommission aufgrund des Art. 102 AEUV auf bereits regulierte Unternehmen oder solchen, die ex post reguliert werden, könnte somit vermieden werden. Dieses Konzept entspricht auch der von der EU-Kommission aufgestellten praktischen Subsidiarität bei der Handhabung der Durchsetzung des Art. 102 AEUV. Es sollte somit weiter ausgebaut werden. Auch im Eisenbahnsektor, wo bislang vergleichbare Institute fehlen, sollte eine Anpassung stattfinden. Zudem zeigt der Unionsgesetzgeber mit der Erweiterung der Aufgaben und Befugnisse der Gremien und Agenturen die Absicht, nationale Regulierungsverwaltung und unionsrechtliches Vorgehen immer weiter aneinander anzunähern und zu verknüpfen[1466], so dass auch ein Einschreiten der Kommission aufgrund erfolgreicher Koordinierung zwischen den Behörden und Einhaltung der Maßstäbe des Unionsrechts schon durch die nationalen Regulierungsbehörden an Bedeutung verlieren wird.

1466 So *Manger-Nestler/Gramlich*, N&R 2017, 79 (80).

D. Zusammenfassung des Verhältnisses des nationalen Regulierungsrechts zum Art. 102 AEUV

Art. 102 AEUV ist auch im Bereich der hier behandelten Sektoren Energie, Telekommunikation und Eisenbahnen anwendbar. Eine Bereichsausnahme nach Art. 103 Abs. 2 lit. c) AEUV besteht für diese Sektoren nicht.

Der auf nationaler Ebene bestehende Vorrang zugunsten der Regulierungsgesetze dehnt sich nicht auf die Anwendbarkeit des Art. 102 AEUV aus. Dies ergibt sich schon aus der Hierarchie der Rechtsquellen, die die Anwendung des Lex-specialis-Gedanken zwischen europäischem und nationalem Recht nicht zulässt. Nichts anderes gilt auch für das Verhältnis von Sekundär- zu Primärrecht. Daneben kann auch das in das nationale Recht umgesetzte Sekundärrecht die Anwendung des Art. 102 AEUV nicht ausschließen. Es fehlt an einer abschließenden Konkretisierung des umgesetzten Sekundärrechts im Verhältnis zu Art. 102 AEUV. Als Konsequenz ist Art. 102 AEUV grundsätzlich neben den nationalen Regulierungsvorgaben anwendbar.

Für die Anwendung des Art. 102 AEUV ist neben der Erfüllung des Missbrauchstatbestandes auch die Erfüllung der Zwischenstaatlichkeitsklausel sowie das Bestehen eines unternehmerischen Handlungs- bzw. Entscheidungsspielraums nötig. Die Zwischenstaatlichkeit sollte bei Vorliegen grenzüberschreitender Sachverhalte meist zu bejahen sein. Das Bestehen eines unternehmerischen Entscheidungsspielraums bildet den Schwerpunkt der Prüfung einer tatsächlichen parallelen Anwendung von Art. 102 AEUV und nationalem Regulierungsrecht. Die Darstellung zeigte jedoch, dass ein solcher Entscheidungsspielraum, trotz Ex-ante-Genehmigung und der (teilweise) daraus folgenden Verpflichtung nur das genehmigte Entgelt zu fordern, bestehen bleibt. Insbesondere gilt dies im Zeitpunkt der Antragstellung, indem die Netzbetreiber meist aufgrund ihres Informationsvorsprungs einen ausreichenden Handlungsspielraum besitzen.

Theorie wie auch Praxis zeigen also, dass Art. 102 AEUV von der Kommission grundsätzlich ohne Rücksicht auf bereits ergangene regulierungsrechtliche Entscheidungen durchgesetzt wird. Dies ist konsequent, denn nur so kann ein einheitlicher Binnenmarkt, in dem in jedem Mitgliedstaat die gleichen Voraussetzungen gelten, um den Handel zwischen den Staaten zu erleichtern, gefördert und geschützt werden. Allein in den Entscheidungen zur Höhe der Geldbußen können regulierungsrechtliche Maßnahmen Berücksichtigung finden. Darüber hinaus entfalten sie keinerlei Bindungswirkung.

Mit dem Grundsatz der praktischen Subsidiarität zeigt die Kommission dagegen, dass sie auf Grundlage des Art. 102 AEUV nur im Ausnahmefall eingreifen will. Dies hängt wohl mit der Effektivität des Einschreitens sowie der

Aufgabenbelastung der Kommission zusammen. Der im Rahmen der praktischen Subsidiarität beschriebene Ausnahmefall ist jedoch schnell erreicht, wenn das Handeln des Unternehmens wettbewerbswidrig im Sinne des Art. 102 AEUV ist. Dass dies selbst bei national regulierten Sachverhalten der Fall sein kann, wurde gezeigt. Auch dies zeigt, dass sich die Unternehmen nicht auf ihr regulierungsrechtlich konformes Verhalten berufen können. Eine immunisierende Wirkung oder gar ein Vertrauensschutz wird durch vorherige nationale Regulierung nicht entfaltet.

Unternehmen sowie nationale Regulierungsbehörden sollten in der Praxis darauf achten, dass ihre Entscheidungen und darauf beruhende Verhaltensweisen auch im Einklang mit Art. 102 AEUV stehen. Nur so können Rechtssicherheit herbeigeführt und „korrigierende" Entscheidungen durch die Kommission vermieden werden. Solange jedoch nach Art. 103 Abs. 2 lit. c) AEUV nicht eine Bereichsausnahme für den Energie-, Telekommunikations- und Eisenbahnsektor beschlossen wurde, ist davon auszugehen, dass die Intension der Kommission nach einem „subsidiären" Einschreiten auf der Grundlage des Art. 102 AEUV nur die Theorie bildet und sich dieses Konzept nicht in der Praxis realisieren lässt, soweit die nationalen Regulierungsbehörden keine genauere Prüfung des Art. 102 AEUV vornehmen und auch die nicht vorabregulierten Unternehmen bei ihrem unternehmerischen Verhalten die Bestimmungen des EU-Rechts beachten werden. Dies erscheint jedoch nur konsequent. Die europäischen Maßstäbe sollten nicht unterlaufen werden können. Nur so ist ein Schutz des europäischen Binnenmarktes möglich.

Durch die Etablierung der verschiedenen Agenturen und Institutionen sowie die Zusammenarbeitsvorschriften wird jedoch ersichtlich, dass ein Weg weg von parallelen Entscheidungen auf der Grundlage des Art. 102 AEUV auf der einen und den nationalen Regulierungsgesetzen auf der anderen Seite eingeschlagen werden soll. Wird die Koordination und Kommunikation zwischen nationalen Regulierungsbehörden und der Kommission immer besser und einigt man sich auf eine einheitliche Regulierung, die auch zugleich einen Verstoß nach Art. 102 AEUV abdeckt, wird ein Einschreiten der Kommission immer mehr in den Hintergrund rücken und somit (irgendwann) die Ausnahme bilden. Dies wird jedoch aufgrund der Komplexität der Netzwirtschaften noch einige Jahre in Anspruch nehmen, bis eine vollständige Harmonisierung auch mit der Anwendungspraxis von Art. 102 AEUV eintritt. Die Schaffung solcher Koordinierungsagenturen und die Vorschriften über die Zusammenarbeit sind jedoch ein guter Anfang.

4. Kapitel: Gemeinsame Grundsätze der Regulierungsgesetze hinsichtlich der Frage nach der parallelen Anwendung von allgemeinem Wettbewerbsrecht und sektorspezifischem Regulierungsrecht

Die unter Kapitel 2 und 3 dargestellte Untersuchung des Verhältnisses von Wettbewerbs- und Regulierungsrecht hat zu mehreren Ergebnissen geführt, die sektorübergreifend auf dasselbe hinauslaufen. In diesem Unterabschnitt wird nicht nur zusammenfassend dargestellt, um welche Ergebnisse es sich dabei handelt. Es werden zudem sektorübergreifende Gemeinsamkeiten herausgearbeitet, die es ermöglichen, das Verhältnis von Wettbewerbs- und Regulierungsrecht einheitlich zu beantworten. Abgesehen von den jeweiligen sektorspezifischen Besonderheiten spricht für eine Aufstellung gemeinsamer, allgemein geltender und somit sektorübergreifender Grundsätze, neben den gleichartigen Regelungen zum Netzzugang und zur Entgeltregulierung, auch die Schaffung einer sektorenübergreifenden zuständigen Regulierungsbehörde – die BNetzA. Bei einer solchen Behörde sowie gleicher Regelungsstruktur auf materieller Ebene sollte auch die Frage nach der parallelen Anwendung von Wettbewerbs- und Regulierungsrecht sektorübergreifend beantwortet werden können. Dies würde die Rechtsanwendung erheblich vereinfachen und so die bestehende Rechtsunsicherheit für alle Beteiligten beseitigen.

Bei den Untersuchungen ist aufgefallen, dass die Frage nach der parallelen Anwendung von GWB und den einzelnen Regulierungsgesetzen auf nationaler Ebene weitestgehend uneinig beantwortet wird. Dies hat insbesondere mit den mehr oder weniger eindeutigen bis hin zu auslegungsbedürftigen gesetzlich fixierten Kollisionsregelungen oder auch mit ihrem Fehlen zu tun.

Anders verhält sich die Diskussion nach der parallelen Anwendung von Wettbewerbs- und Regulierungsrecht auf der europäischen Ebene. Auf europäischer Ebene geht es aufgrund des Vorrangs des EU-Rechts weniger um einen Vorrang der Regulierungsgesetze und somit um den Ausschluss des Wettbewerbsrechts. Entscheidend waren in diesem Untersuchungsabschnitt vielmehr, unter welchen Voraussetzungen eine Anwendung des Art. 102 AEUV durch das Regulierungsrecht beeinflusst werden kann.

Aufgrund der unterschiedlichen Diskussionsstruktur sowie nicht zuletzt aufgrund der rechtlichen Besonderheiten werden die gemeinsamen sektorübergreifenden Grundsätze im Folgenden in solche, die sektor- und rechtsebenenübergreifend gelten (unter I.), solche, die für die nationale Ebene gelten (unter II.), und solche, die für das Verhältnis auf unionsrechtlicher Ebene gelten (unter III.), eingeteilt.

I. Sektor- und rechtsebenenübergreifender Grundsatz: Parallele Anwendbarkeit von Wettbewerbs- und Regulierungsrecht

Regulierungs- und Wettbewerbsrecht haben einen gemeinsamen gleichen Anknüpfungspunkt: den Wettbewerb. Das Regulierungsrecht will ihn schaffen, das Wettbewerbsrecht will ihn schützen und bewahren. Daneben beinhalten diese Regelungsbereiche teilweise auch ähnliche Regelungsmechanismen. Dies gilt insbesondere für die Ex-post-Missbrauchsaufsicht. Das Wettbewerbsrecht umfasst dabei grundsätzlich alle Wirtschaftsbereiche. Es bestehen für die hier behandelten Sektoren weder Bereichsausnahmen auf nationaler noch auf europäischer Ebene. Das Wettbewerbsrecht ist daher auch grundsätzlich auf den Energie-, Telekommunikations- und Eisenbahnsektor anwendbar. Dies wird auch durch die Vorschriften § 185 Abs, 2 GWB, § 111 Abs. 1 Satz 1 EnWG, § 2 Abs. 4 Satz 1 TKG und § 9 Abs. 3 Satz 1 BEVVG bestätigt. Erst dann, wenn etwas Abweichendes geregelt ist oder sich dies durch Auslegung ermitteln lässt, kann auch etwas Abweichendes behauptet werden. Daraus folgt ein grundsätzliches Nebeneinander von Wettbewerbs- und Regulierungsrecht. Dies gilt für die unionsrechtliche Ebene gleichermaßen wie für die nationale Ebene. Den Ausgangspunkt bildet damit zunächst eine grundsätzlich parallele Anwendung. Diese grundsätzlich parallele Anwendung ist damit zugleich auch Anknüpfungspunkt für einen Vorrang des einen oder anderen Regelungsbereiches. Würde eine grundsätzlich bestehende parallele Anwendung schon gar nicht in Betracht kommen, würde sich eine weitergehende Diskussion rund um das Verhältnis von Wettbewerbs- und Regulierungsrecht erübrigen.

II. Grundsätze für die Beantwortung der Frage nach der parallelen Anwendung von Wettbewerbs- und Regulierungsrecht auf nationaler Ebene

1. Grundsatz: Forderung von (ausdrücklich) abschließenden Regelungen zur Begründung eines Vorrangverhältnisses zugunsten des Regulierungsrechts

Die gesetzlich fixierten Kollisionsregelungen bilden den Ausgangspunkt der Diskussionen im Bereich des Verhältnisses von nationalem Wettbewerbsrecht zum Regulierungsrecht. Neben dem zuvor dargestellten Grundsatz der parallelen Anwendbarkeit stellen auch sie darauf ab, dass ein Vorrang des Regulierungsrechts gegenüber dem Wettbewerbsrecht nur aus abschließenden Regelungen folgen kann. Dies entspricht auch dem Grundgedanken der allgemeinen Kollisionsregelungen. So weisen insbesondere § 111 Abs. 1 Satz 1 EnWG und § 2 Abs. 4 Satz 1 TKG auf das Vorhandensein abschließender Regelungen hin, um einen Vorrang gegenüber dem GWB zu begründen. Aufgrund der fehlenden gesetzlich fixierten Kollisionsregelung im ERegG wird auf die allgemeinen Kollisionsvorschriften abgestellt, um das Verhältnis zum GWB zu klären. Auch aus diesen ergibt sich, dass ein Vorrang des Regulierungsrechts nur dann in Betracht kommt, wenn es abschließende Regelungen – im Sinne des Lex-specialis-Grundsatzes – aufweist. Erforderlich ist für die Bejahung eines Vorrangs der Regulierungsvorschriften daher stets das Vorliegen abschließender Vorschriften.

Bei der Untersuchung der einzelnen Sektoren ist zudem ersichtlich geworden, dass sich die Abgeschlossenheit der regulierungsgesetzlichen Vorschriften aus drei verschiedenen Ansätzen ergeben kann:

Zum einen kann die Abgeschlossenheit des Regulierungsgesetzes oder von Teilen dessen durch eine ausdrückliche Benennung, wie dies im Fall des § 111 Abs. 2 EnWG gegeben ist, folgen.

Daneben kommt, wie dargestellt, eine Abgeschlossenheit auch durch die Anwendung der allgemeinen Kollisionsvorschriften in Betracht, insbesondere wenn der Lex-specialis-Grundsatz eingreift.

Ferner wurde dargestellt, dass die Regulierungsgesetze sektorspezifische Besonderheiten aufweisen. Diese dürfen durch die Anwendung des Kartellrechts nicht umgangen werden. Daher kann ein abschließender Charakter auch aus der Sektorspezifität folgen.[1467] Spezielle Vorschriften dürfen nicht durch die Anwendung des GWB konterkariert werden.

1467 Vgl. dazu insbesondere Kapitel 2/C./I./2./b.

Eine ausdrückliche Abgeschlossenheit muss dagegen sektorübergreifend nicht vorliegen. Allein § 111 Abs. 1 Satz 1 EnWG und § 2 Abs. 4 Satz 1 TKG fordern ausdrücklich abschließende Regelungen. Wird dies – wie im Fall des ERegG – nicht explizit angeordnet, ist auch davon auszugehen, dass die abschließenden Regelungen nicht ausdrücklich abschließend sein müssen. Zu beachten ist jedoch außerdem, dass das Merkmal „ausdrücklich" nicht mit einer Nennung im Gesetzestext, wie im Fall des § 111 Abs. 2 EnWG, gleichzusetzen ist. Vielmehr muss lediglich der gesetzgeberische Wille zum Ausdruck kommen.[1468]

Grundsätzlich kann somit sektorübergreifend das Erfordernis von (ausdrücklich) abschließenden Regelungen aufgestellt werden, wenn ein Vorrang zugunsten der sektorspezifischen Regulierungsrechte angenommen werden soll.

2. Grundsatz: Partielle Spezialität im Bereich der Netzzugangs- und Entgeltregulierung

Jedes Regulierungsgesetz beinhaltet abschließende Regelungen in dem oben genannten Sinne. Diese befinden sich überwiegend in den Bereichen der Netzzugangs- und der Entgeltregulierung. Konsequenz der abschließenden Regelungen ist der vollkommene Ausschluss der §§ 19 f. GWB. Dies kommt in § 111 Abs. 1 Satz 1 EnWG eindeutig zum Ausdruck.[1469] Im TKG sowie im ERegG folgt der vollkommene Ausschluss der §§ 19 f. GWB zum einen aus der Anwendung des Lex-specialis-Grundsatzes und zum anderen aufgrund der Sektorspezifität, die durch eine – wenn auch nur subsidiäre – Anwendung der §§ 19 f. GWB nicht konterkariert werden darf.

Eine Anwendung der §§ 19 f. GWB ist folglich im Bereich der Netzzugangs- und Entgeltregulierung ausgeschlossen. Dies gilt jedenfalls dann, wenn der Anwendungsbereich der jeweiligen sektorspezifischen Netzzugangsregulierung eröffnet ist.[1470] Daraus folgt zugleich, dass sich der Ausschluss des GWB in allen drei Sektoren und somit sektorübergreifend nur auf die kartellrechtliche Missbrauchsaufsicht bezieht. Er ist nur von partieller Natur. Alle anderen GWB-Vorschriften werden von diesem Vorrangverhältnis grundsätzlich[1471]

1468 Vgl. dazu Kapitel 2/B./I./1./b.

1469 Vgl. Wortlaut des § 111 Abs. 1 Satz 1 EnWG, der auf die Nichtanwendbarkeit der §§ 19 ff. GWB hindeutet.

1470 Dieser kann abhängig von der Adressatenstellung, insbesondere ist dies im EnWG und im ERegG der Fall, oder von dem Erfordernis einer Zugangsregulierung, wie dies im TKG nach den §§ 9 ff. TKG der Fall ist, sein.

1471 Anders ist dies im Fall des § 12 Abs. 7 AEG a. F., vgl. dazu Kapitel 2 /C./I./1./b./bb. und Kapitel 2 /C./I./2./a./aa.

nicht erfasst. So ist das Kartellverbot nach § 1 GWB sowie die Fusionskontrolle nach den §§ 35 ff. GWB uneingeschränkt neben den sektorspezifischen Regulierungsregelungen anwendbar. Auch sind die §§ 19 f. GWB außerhalb der Netzzugangs- und Entgeltregulierung weiterhin anwendbar. Die Regulierungsgesetze verdrängen die Anwendung des Wettbewerbsrechts nicht im Allgemeinen, sondern wirklich nur dort, wo diese auch spezieller als das GWB sind.

3. Grundsatz: Sektorspezifische Missbrauchsaufsicht schließt die Anwendung der kartellrechtlichen Missbrauchsaufsicht aus

Im Energiewirtschafts- und Telekommunikationssektor bestehen sektorspezifische Missbrauchstatbestände. Die Netzbetreiber dürfen danach ihre Marktstellung nicht missbräuchlich ausnutzen. Diese Missbrauchstatbestände sind insbesondere auf die Verletzung von Zugangs- und Entgeltregulierungsvorschriften und die daraus folgende behindernde und diskriminierende Wirkung gerichtet.[1472] Sie ermöglichen es der Regulierungsbehörde, eine sektorspezifische, an das allgemeine Wettbewerbsrecht angelehnte Missbrauchsaufsicht durchzuführen. Der Missbrauchsmaßstab im EnWG sowie im TKG ist im Wesentlichen gleich, wenn auch auf die Besonderheiten des jeweiligen Sektors zugeschnitten. Gezeigt wurde durch die Untersuchungen der jeweiligen sektorspezifischen Missbrauchstatbestände, dass diese den §§ 19 f. GWB nachgebildet sind und diese konkretisieren. Sie sind für den jeweiligen Sektor abschließend und bewirken folglich den Ausschluss der allgemeinen kartellrechtlichen Missbrauchsaufsicht. Es kann somit ein weiterer Grundsatz aufgestellt werden: Beim Vorliegen eines sektorspezifischen Missbrauchstatbestandes ist ein abschließender Charakter dieser Regelung grundsätzlich gegeben, eine Anwendung der allgemeinen kartellrechtlichen Missbrauchsaufsicht nach den §§ 19 f. GWB wird daher ausgeschlossen.

Des Weiteren zeigte die Untersuchung der drei Sektoren allerdings auch, dass ein Fehlen eines solchen sektorspezifischen Missbrauchstatbestandes nicht zugleich auch auf eine generelle uneingeschränkte parallele Anwendung von Wettbewerbs- und Regulierungsrecht schließen lässt. Dies wurde anhand der Regelungen im Eisenbahnsektor bestätigt.[1473]

1472 Vgl. § 30 EnWG und §§ 28, 42 TKG.
1473 Vgl. dazu unter Kapitel 2/C.

4. Grundsatz: Regulierungsrecht ist Sonderkartellrecht

Die untersuchten Regulierungsgesetze sind allesamt so konzipiert, dass sie kartellrechtliche Maßstäbe, Begrifflichkeiten oder sogar ganze Tatbestände übernehmen oder an diese angelehnt sind. Dies trifft auf alle drei untersuchten Sektoren zu, so dass jedes behandelte Regulierungsrecht als Sonderkartellrecht qualifiziert wurde.[1474] Die Sonderkartellrechtsstellung erstreckt sich nicht auf das gesamte Regulierungsgesetz eines jeden Sektors, sondern ist – ähnlich wie der abschließende Charakter eines jeden Regulierungsgesetzes – nur von partieller Natur. Zudem ist der sonderkartellrechtliche Charakter nicht in jedem Regulierungsgesetz gleichermaßen ausgeprägt. Dies hängt mit den sektoralen Besonderheiten zusammen, ändert aber an der grundsätzlichen Einordnung der Regulierungsgesetze als Sonderkartellrecht nichts.

Der Grundsatz „Regulierungsrecht ist Sonderkartellrecht" ist auch unmittelbar mit dem Grundsatz der partiellen Spezialität verknüpft. Ist das Regulierungsgesetz, was nach dem Grundsatz des Sonderkartellrechts anzunehmen ist, ein besonderes Wettbewerbsrecht, dann ist die Anwendung des allgemeinen Wettbewerbsrechts in den Bereichen, in denen besondere Regelungen bestehen, ausgeschlossen. Dies folgt auch schon aus dem allgemeinen Grundsatz der Verdrängung des Allgemeineren durch das Besondere.

Regulierungsgesetze sind folglich immer als Sonderkartellrechte konzipiert, soweit sie an das Kartellrecht angelehnt sind. Erst dann, wenn wettbewerbsrechtliche Momente gänzlich fehlen, fehlt auch ein sonderkartellrechtlicher Charakter des Regulierungsrechts. Dies kann auch nur für Teilaspekte des betreffenden Regulierungsgesetzes gelten. Grundsätzlicher Ausgangspunkt ist, wie die Untersuchung der drei Sektoren ergab, ein Vorliegen eines sonderkartellrechtlichen Charakters der Regulierungsgesetze. Abweichendes stellt daher die Ausnahme dar und muss positiv festgestellt werden.

5. Grundsatz: Gleichrangige, aber keine doppelte Zuständigkeit von BKartA und BNetzA

Die BNetzA fungiert als sektorübergreifende Behörde. Aufgrund des sonderkartellrechtlichen Charakters der einzelnen Regulierungsgesetze ist die BNetzA auch als besondere Wettbewerbsbehörde anzusehen. Da das Wettbewerbsrecht allgemein auf grundsätzlich alle Wirtschaftsbereiche Anwendung findet, wird auch das BKartA bereichsübergreifend tätig. Ihr Verhältnis müsste demnach

---

1474 Vgl. Kapitel 2/A./VI. und B./I./5. und C./I./3.

auch gleichrangig sein. Die BNetzA ist jedoch gegenüber dem BKartA als sachnähere Behörde zu qualifizieren, da sie sich mit den sektorspezifischen Regelungen auseinandersetzt. Alle drei untersuchten Regulierungsbereiche stellen jedoch in ihren Gesetzen die Unberührtheit der Aufgaben und Zuständigkeiten der Kartellbehörden klar. Die Kartellbehörden sollen auch in den Sektoren und im Anwendungsbereich der einzelnen Regulierungsgesetze auf der Grundlage des Wettbewerbsrechts tätig werden können. Die formelle Ebene zwischen Regulierungs- und Kartellbehörden ist damit in allen drei Sektoren eindeutig geregelt. Alle drei Bereiche sehen die Behörden als gleichwertig an. Dies gilt jedoch nur soweit, wie auch die materiellen Vorschriften in einem gleichrangigen Verhältnis nebeneinander zur Anwendung kommen können. Vermieden wird daher eine doppelte Kontrolle in den Bereichen, in denen abschließende Regelungen getroffen wurden. Dies gilt somit für den Bereich der Netzzugangs- und der Entgeltregulierung. Die Unberührtheitsklauseln hinsichtlich der Zuständigkeit sollen somit lediglich als Hinweis dazu dienen, dass das BKartA auch dann noch tätig werden kann, wenn die Anwendung des GWB nicht ausgeschlossen wird. Die Zuständigkeit des BKartA soll neben jener der BNetzA nicht untergehen. Die Unberührtheitsklauseln untermalen somit den Grundsatz der grundsätzlich parallelen Anwendung von Regulierungs- und Wettbewerbsrecht. Aufgrund der sonderkartellrechtlichen und damit – zumindest partiell gesehen – spezielleren Ausrichtung der Regulierungsgesetze wird jedoch auch diese grundsätzliche Zuständigkeit der Kartellbehörden eingedämmt. Eine doppelte Zuständigkeit für die Bereiche Netzzugang und den damit korrespondierenden Entgelten wird jedoch aufgrund des Verhältnisses der materiellen Vorschriften ausgeschlossen.

III. Grundsätze für die Beantwortung der Frage nach der parallelen Anwendung von Wettbewerbs- und Regulierungsrecht auf europäischer Ebene

1. *Grundsätzliche Spielregeln für die Anwendung des Art. 102 AEUV auf die sektorspezifisch regulierten Bereiche*

Für das Verhältnis von Art. 102 AEUV und den sektorspezifischen Regulierungsgesetzen ist in erster Linie maßgeblich, unter welchen Voraussetzungen Art. 102 AEUV in den hier behandelten Sektoren Anwendung findet. Im Folgenden werden daher stichpunktartig die „Spielregeln“ für die Anwendung des Art.102 AEUV festgesetzt.

Art. 102 AEUV entfaltet *unmittelbare Geltung und Anwendung* in den Mitgliedstaaten. Diesbezüglich bestehen keine Besonderheiten.

Tatbestandlich muss zunächst ein *Missbrauch im Sinne des Art. 102 AEUV* vorliegen. Da im Wesentlichen ein Gleichlauf zu den §§ 19 f. GWB besteht, sind hier keine Eigenarten des Art. 102 AEUV besonders hervorzuheben.

Weiter muss die *Zwischenstaatlichkeitsklausel* erfüllt sein. Die missbräuchliche Verhaltensweise muss den Handel zwischen den Mitgliedstaaten beeinträchtigen. Die Zwischenstaatlichkeitsklausel begrenzt den Anwendungsbereich des Art. 102 AEUV. Sie ist somit eine wesentliche Schranke für die Bestimmung des Verhältnisses zum nationalen Regulierungsrecht. Ist sie nicht erfüllt, ist Art. 102 AEUV nicht anwendbar und kann seine Wirkungen nicht entfalten. In diesem Fall wäre allein das nationale Regulierungsrecht und ggf. das GWB, soweit dieses nicht durch die Anwendung regulierungsrechtlicher Vorschriften ausgeschlossen wird, anwendbar. Die Zwischenstaatlichkeitsklausel ist somit zwingend bei der Frage nach der parallelen Anwendung von Wettbewerbs- und Regulierungsrecht zu beachten, wenn es um die Anwendung von Art. 102 AEUV geht. Sie stellt ein wesentliches Ausschlusskriterium dar.

Entscheidend ist neben den geschriebenen Tatbestandsmerkmalen insbesondere das ungeschriebene Tatbestandsmerkmal des Art. 102 AEUV – der *unternehmerische Entscheidungsspielraum*. Dieser ist nicht nur für die Anwendung des Art. 102 AEUV notwendig, sondern auch für die der allgemeinen kartellrechtlichen Missbrauchsaufsicht auf nationaler Ebene. Anders als auf nationaler Ebene wird ein etwaiger fehlender Entscheidungsspielraum als Argument gegen die Anwendung des Art. 102 AEUV angeführt. Es kommt somit auf unionsrechtlicher Ebene entscheidend darauf an, ob ein unternehmerischer Entscheidungsspielraum durch die regulierungsgesetzlichen oder - behördlichen Vorgaben ausgeschlossen wird und somit eine Anwendung des Art. 102 AEUV tatbestandlich verneint werden muss.

2. *Keine Übertragbarkeit der Kollisionsregelungen der nationalen Ebene auf das Verhältnis von Regulierungsrecht zu Art. 102 AEUV*

Auf unionsrechtlicher Ebene gilt der Grundsatz der umfassend parallelen Anwendung von Art. 102 AEUV und sektorspezifischem Regulierungsrecht, soweit letzteres ersterem nicht widerspricht. Dies gilt für alle Sektoren. Eine Übertragbarkeit der zuvor herausgearbeiteten Grundsätze – insbesondere der Grundsatz der partiellen Spezialität – auf die unionsrechtliche Ebene scheidet aufgrund des Anwendungsvorrangs des EU-Rechts aus. Die gebildeten gemeinsamen Grundsätze gelten nur innerstaatlich und somit nur auf nationaler Ebene. Die gesetzlich fixierten Kollisionsnormen und ihr Aussagegehalt zum Verhältnis von Regulierungs- und Wettbewerbsrecht auf nationaler Ebene können daher nicht auf das Verhältnis zu Art. 102 AEUV übertragen werden.

3. Grundsätzlich uneingeschränkte Anwendbarkeit des Art. 102 AEUV

Regulierungsrechtliche Maßnahmen erschüttern die Anwendbarkeit des Art. 102 AEUV grundsätzlich nicht. Der unternehmerische Entscheidungsspielraum wird durch sie nicht ausgeschlossen. Ein solcher Ausschluss bildet die (unwahrscheinliche) Ausnahme. Art. 102 AEUV bleibt daher trotz regulierungsrechtlicher Maßnahmen, sei es durch gesetzliche Vorgaben oder behördliche Anordnungen, anwendbar. Auch in sonstiger Weise, gestützt auf einen etwaigen Vertrauensschutz oder eine Bindungswirkung regulierungsbehördlicher Entscheidungen, kommt eine Beeinflussung des Art. 102 AEUV in seiner Anwendbarkeit bis hin zu einer Nichtanwendung nicht in Betracht. Eine parallele Anwendung ist die Folge.

4. Tendenz zur Zurückhaltung – Kommission in der Wächterrolle

Anzumerken ist zuletzt noch, dass trotz paralleler Anwendbarkeit von Art. 102 AEUV und nationalem Regulierungsrecht die tatsächliche Durchsetzung des Art. 102 AEUV nicht unbedingt durch die Kommission selbst erfolgen muss. In der Ausweitung der Befugnisse der EU-Agenturen und anderen Koordinierungseinrichtungen sowie der damit einhergehenden erweiterten Zusammenarbeit zwischen den Behörden und nicht zuletzt auch zwischen den nationalen Behörden und der Kommission wird es zu einer einheitlichen und mit Art. 102 AEUV im Einklang stehenden Regulierungspraxis kommen.

Eine Tendenz zur zurückhaltenden Handhabung der Durchsetzung des Art. 102 AEUV durch die Kommission wird aus dem dargestellten Grundsatz der praktischen Subsidiarität ersichtlich. Die Kommission ist gewillt, ihr darauf begrundetes Einschreiten zu vermeiden. Sie schreitet nur korrigierend ein, damit das EU-Recht i. S. d. Art. 102 AEUV nicht unterlaufen wird. Ihr kommt somit eine Wächterrolle zu. Dies wird auch aus der heutigen Entscheidungspraxis der Kommission ersichtlich.

Endergebnis und Ausblick: Es besteht (k)eine parallele Anwendung von Wettbewerbs- und Regulierungsrecht auf Infrastrukturmonopole

Die Untersuchung der Frage nach der parallelen Anwendung von Wettbewerbs- und Regulierungsrecht auf Infrastrukturmonopole hat Überschneidungen und Differenzen von Wettbewerbs- und Regulierungsrecht in den Sektoren Energie, Telekommunikation und Eisenbahnen aufgezeigt. Die bestehenden Diskussionen auf nationaler sowie auf europäischer Ebene wurden dargestellt, vervollständigt und kritisch hinterfragt. Neben der Beantwortung der Frage nach der parallelen Anwendung von Wettbewerbs- und Regulierungsrecht konnten auch sektorübergreifend gemeinsame Grundsätze herausgearbeitet werden, die das Verhältnis von Wettbewerbs- und Regulierungsrecht nach einer zuvor vorgenommenen differenzierten Untersuchung nun auch nach allgemeinen sektorübergreifenden Aspekten darstellen können. Von einer grundsätzlich parallelen Anwendbarkeit der beiden Regelungsbereiche ausgehend, stellte die vorliegende Arbeit auch dar, dass eine solche zwar die Regel bildet, das Bild von einer parallelen Anwendung und der daraus folgenden doppelten Behördenzuständigkeit jedoch auch von Ausnahmen geprägt ist.

Schwerpunkt dieser Arbeit war die Auslegung der gesetzlich fixierten Kollisionsvorschriften in den einzelnen Regulierungsgesetzen. Sie stehen für eine bewusste Entscheidung des Gesetzgebers, einen Vorrang des sektorspezifischen Regulierungsrechts zu bestimmen. Sie waren und sind Dreh- und Angelpunkt der Diskussion um die parallele Anwendung von Wettbewerbs- und Regulierungsrecht.

Das EnWG zeigt als „Vorzeigegesetz", wie eine solche gesetzlich fixierte Kollisionsvorschrift lauten muss, damit es zu einer weitestgehenden Einigkeit bei den Rechtsanwendern kommt. Anders sieht dies im Telekommunikations- und Eisenbahnsektor aus. Ersterer beinhaltet eine umstrittene Kollisionsregelung, letzterer gar keine. Wünschenswert ist die Implementierung einer dem § 111 EnWG entsprechenden eindeutigen Kollisionsvorschrift in allen sektorspezifischen Regulierungsgesetzen. Die legislative Vorrangentscheidung sollte eindeutig zum Ausdruck kommen. Aber auch dann, wenn kein Ausschluss der allgemeinen Missbrauchsaufsicht gewollt ist, sollte dies unmissverständlich im sektorspezifischen Regulierungsgesetz aufgenommen werden. Der nationale

Gesetzgeber hat es letztendlich in der Hand, den Streit um das Verhältnis von Regulierungsrecht und GWB eindeutig zu klären. Dass er dazu in der Lage ist, hat er bereits mit § 111 EnWG gezeigt. Um das gewählte Verhältnis zu bestärken, könnte auch § 185 Abs. 3 GWB auf die anderen Sektoren erweitert bzw. verallgemeinert werden. Auch sollte sich eindeutig aus den Gesetzesbegründungen ergeben, was vom Gesetzgeber tatsächlich gewollt ist. Das Schweigen bzw. die teilweise Widersprüchlichkeit in den Gesetzesmaterialien der verschiedenen Gesetze sollte vermieden werden. Insbesondere dann, wenn – wie hier – das Verhältnis zweier Anwendungsbereiche deutlich umstritten ist. Widersprüchliche oder schweigende Gesetzesbegründungen zeigen allein, dass sich der Gesetzgeber selbst nicht über das Verhältnis dieser beiden Regelungsbereiche im Klaren ist. Wer aber sonst, kann den Rechtsanwendern die Unsicherheit nehmen? Bis es zu einer eindeutigen Regelung kommt, wird sich die Diskussion um die Frage der parallelen Anwendung von Wettbewerbs- und Regulierungsrecht nicht entschärfen.

Wird dem hier entwickelten Ansatz gefolgt, besteht zumindest auf nationaler Ebene weitestgehend ein Vorrang zugunsten des Regulierungsrechts. Dieser Vorrang bezieht sich jedoch nur auf die allgemeine Missbrauchsaufsicht nach den §§ 19 ff. GWB. Alle anderen Vorschriften des GWB sind uneingeschränkt auch im Anwendungsbereich der Regulierungsgesetze anwendbar. Dies gilt insbesondere für das Kartellverbot nach § 1 GWB sowie die Fusionskontrolle nach den §§ 35 ff. GWB. Zu beachten ist auch, dass ein Ausschluss der Anwendung der GWB-Vorschriften nur dann in Betracht kommt, wenn auch der Anwendungsbereich der Regulierungsvorschriften eröffnet ist. Dieser kann entweder – wie im Telekommunikationssektor – von der Regulierungsbedürftigkeit abhängen oder – wie im Energie- und Eisenbahnsektor – von den zu regulierenden Unternehmen und somit von den Adressaten der Regulierung sowie der Art der Regulierungsobjekte. Auf bestimmte Bereichsausnahmen ist daher immer zu achten.

Die vorliegende Arbeit hat auch deutlich gemacht, dass das auf nationaler Ebene dargestellte Vorrangverhältnis aufgrund des Vorrangs des EU-Rechts nicht für das Verhältnis zu Art. 102 AEUV gilt. Dies gilt auch, wenn zuvor regulierungsrechtliche Entscheidungen getroffen wurden. Denn der für die Anwendung des Art. 102 AEUV erforderliche Entscheidungsspielraum konnte bislang durch das nationale Regulierungsrecht nicht ausgeschlossen werden.

Die Divergenz zwischen nationaler und europarechtlicher Ebene vermag den für die nationale Ebene gewählten Ansatz nicht zu erschüttern. Bei einer getrennten Betrachtung der Ebenen ist der partielle Vorrang des nationalen Regulierungsrechts im Verhältnis zum GWB im Rahmen einer umfassenden Auslegung der einzelnen Regulierungsgesetze sowie einer sektorübergreifenden

Darstellung des Verhältnisses als konsequent zu bewerten. Dennoch ist zu beachten, dass trotz der getrennten Betrachtung von nationaler und europäischer Ebene sich die praktischen Sachverhalte auch auf der europäischen Ebenen abspielen. In allen drei hier behandelten Sektoren ist aufgrund der Ausweitung der Netzstrukturen ein grenzüberschreitender Sachverhalt nicht fernliegend. Diese werden jedoch durch Art. 102 AEUV überlagert. Ein Vorrang des Regulierungsrechts ist dann ausgeschlossen. Allerdings zeigt die vorstehende Untersuchung, dass auf europäischer Ebene eine Koordinierung und Angleichung des Regulierungs- und Wettbewerbsrechts verfolgt wird und sich auch die Kommission lediglich als subsidiäre Wächterin des EU-Rechts versteht.

Die Beantwortung der Frage nach der parallelen Anwendung von Wettbewerbs- und Regulierungsrecht ist und bleibt von einem durch dynamische Veränderungen geprägten Verhältnis der Regelungsbereiche und ständigen gesetzgeberischen Neuerungen abhängig. Auch in Zukunft wird das Regulierungsrecht stetigen Veränderungen unterliegen. Dies zeigt die anstehende Reformierung des nationalen Regulierungsrechts durch das EU-Winterpaket, den europäischen Rechtsrahmen für elektronische Kommunikation sowie das vierte Eisenbahnpaket. Der nationale Gesetzgeber sollte zumindest die anstehende Umsetzung des Kodex für elektronische Kommunikation in das nationale Recht zum Anlass nehmen, gleichzeitig auch § 2 Abs. 4 TKG entsprechend dem § 111 Abs. 1 und 2 EnWG zu formulieren, um die derzeit bestehende Diskussion einer parallelen Anwendung von § 19 GWB und TKG ein Ende zu bereiten und endgültig Klarheit in diesem Bereich zu schaffen. Entsprechendes gilt für die Umsetzung des vierten Eisenbahnpakets. Eine wie schon in § 2 Abs. 2 ERegG-Entwurf angedachte Regelung sollte im ERegG aufgenommen werden. Für die Praxis gilt bis dahin, sich nicht starr an dem Wortlaut der jeweiligen regulierungsgesetzlichen Kollisionsvorschriften festzuhalten, sondern auch nach der Systematik, dem Sinn und Zweck der jeweiligen Regulierungsvorschrift zu schauen und sektorübergreifende Zusammenhänge und Gemeinsamkeiten zu berücksichtigen. Ein sektorübergreifender einheitlicher Vorrang der Netzzugangs- und Entgeltregulierung vor der nationalen kartellrechtlichen Missbrauchsaufsicht sorgt für Rechtssicherheit und ist zu bevorzugen.

Literaturverzeichnis

Antweiler, Clemens/ Nieberding, Felix: Rechtsschutz im neuen Energiewirtschaftsrecht, NJW 2005, S. 3673 – 3676.

Arndt, Hans-Wolfgang/ Fetzer, Thomas/ Scherer, Joachim/ Graulich, Kurt (Hrsg.): TKG, Telekommunikationsgesetz. Kommentar. 2. Aufl., Berlin 2015.

Attendorn, Thorsten: Anmerkung zum OLG Düsseldorf, Beschl. v. 13.04.2005 – VI-Kart 3/05 (V), MMR 2005, S. 542 – 545.

Bamberger, Heinz Georg/ Roth, Herbert/ Hau, Wolfgang/ Poseck, Roman (Hrsg.): Beck'scher Online-Kommentar zum BGB. 47. Edition, München, Stand: 01.08.2018 [zitiert als: *Bearbeiter, in:* BeckOK BGB].

Bartosch, Andreas/ Jaros, Krzysztof: Die Regulierung des Eisenbahnwesens in Deutschland. Eisenbahn-Bundesamt vs Bundeskartellamt?, WuW 2005, S. 15 – 28.

Basedow, Jürgen: Wettbewerb in Gleisnetzen, in: *Berger, Klaus Peter/ Ebke, Werner F./ Elsing, Siegfried/ Großfeld, Bernhard/ Kühne, Gunther*, Festschrift für Otto Sandrock zum 70. Geburtstag, Heidelberg 2000, S. 13 – 34.

ders.: Die Nutzung fremder Infrastrukturen im Privatrecht, ZHR 170 (2006), S. 178 – 198.

Bauer, Günter: Wettbewerbsbeschränkung durch Staaten? Die Verantwortung der Mitgliedstaaten der Europäischen Gemeinschaft für den Wettbewerb im Gemeinsamen Markt, München 1990 (zugl. Diss. Nürnberg 1989).

Baur, Jürgen F.: Zur künftigen Rolle der Kartellbehörden in der Energiewirtschaft, RdE 2004, S. 277 – 284.

ders./ Salje, Peter/ Schmidt-Preuß, Matthias (Hrsg.): Regulierung in der Energiewirtschaft. Ein Praxishandbuch. 2. Aufl., Köln 2016 [zitiert als: *Bearbeiter*, in: Baur/Salje/Schmidt-Preuß, Regulierung].

Bechtold, Rainer (Bgrd.)/ *Bosch, Wolfgang* (Hrsg.): Kartellgesetz: Gesetz gegen Wettbewerbsbeschränkungen (§§ 1-19, 130, 131). Kommentar. 9. Aufl., München 2018.

dies./ Brinker, Ingo (Hrsg.): EU-Kartellrecht; Artikel 101-106 AEUV, EU-Kartell-VO 1/2003, Gruppenfreistellungsverordnungen, Vertikalvereinbarungen (330/2010), Kraftfahrzeugsektor (461/2010), Technologietransfer (316/2014), Forschung und Entwicklung (1217/2010), Spezialisierung (1218/2010) und Versicherungen (267/2010) sowie EU-FusionskontrollVO (139/2004). Kommentar. 3. Aufl., München 2014.

Berg, Philipp: Der Anfang vom Ende der zivilgerichtlichen Billigkeitskontrolle energiewirtschaftsrechtlicher Netzentgelte – Auswirkungen des EuGH-Urteils vom 09.11.2017 (Rs. C-489/15) auf die zivilgerichtliche Billigkeitskontrolle energiewirtschaftsrechtlicher Netzentgelte nach § 315 Abs. 3 BGB, RdE 2018, S. 184 – 195.

Bergmann, Jan (Hrsg.): Handlexikon der Europäischen Union. 5. Aufl., Baden-Baden 2015.

Boesche, Katharina Vera/ Wolf, Maik: Viel Lärm um kleine Netze. § 110 EnWG und die Behandlung von Objekt- und Arealnetzen nach den §§ 17, 20 EnWG und §§ 19, 20 GWB, ZNER 2005, S. 285 – 301.

Bornkamm, Joachim/ Montag, Frank/ Säcker, Franz Jürgen (Hrsg.): Münchener Kommentar. Europäisches und Deutsches Wettbewerbsrecht(Kartellrecht), Kartellrecht. Missbrauchs- und Fusionskontrolle. Band 2. Gesetz gegen Wettbewerbsbeschränkungen (GWB) §§ 1 – 96, 130, 131. 2. Aufl., München 2015 [zitiert als: *Bearbeiter*, in: MüKO GWB].

Braun, Sebastian: Der Zugang zu wirtschaftlicher Netzinfrastruktur: Telekommunikation, Schienenverkehr und Energiewirtschaft im Spannungsfeld staatlicher Interessen und deren Regulierung durch sektorspezifisches Recht auf einem Wettbewerbsmarkt. Herbholzheim 2003 (zugl. Diss. Würzburg 2002).

Bredt, Stephan: Zivilgerichtliche Prüfung von Eisenbahninfrastrukturnutzungsentgelten, N&R 2009, S. 235 – 241.

Bremer, Eckhard/ Höppner, Thomas: Zum Verhältnis von Kartellrecht und Eisenbahnrecht. Zugleich Anmerkung zu LG Berlin, Urt. v. 17.3.2009, WuW/E DE-E 2561 – Eisenbahngesellschaft, WuW 2009, S. 1271 – 1273.

ders./ Scheffczyk, Fabian: Die Rückforderung überhöhter Eisenbahninfrastrukturentgelten auf der Grundlage von § 315 BGB und Kartellrecht – Anmerkung zum Urteil des EuGH in Sachen CTL Logistics GmbH/DB Netz AG – , NZKart 2018, S. 121 – 123.

Britz, Gabriele/ Hellermann, Johannes/ Hermes, Georg (Hrsg.): EnWG, Energiewirtschaftsgesetz, Kommentar. 3. Aufl., München 2015.

Bronett, Georg-Klaus de: Europäisches Kartellverfahrensrecht: Kommentar zur VO 1/2003. 2. Auflage, Köln 2012.

Büdenbender, Ulrich: EnWG, Kommentar zum Energiewirtschaftsgesetz. Köln 2003.

ders.: Das kartellrechtliche Preismissbrauchsverbot in der aktuellen höchstrichterlichen Rechtsprechung, ZWeR 2006, S. 233 – 253.

ders.: Das System der Netzentgeltregulierung in der Elektrizitäts- und Gaswirtschaft, DVBl. 2006, S. 197 – 211.

ders.: Kartellrechtliche Aspekte im Recht der Netzentgeltregulierung für die Strom- und Gaswirtschaft – zugleich ein Beitrag zu Schnittmenge von Kartell- und Regulierungsrecht", in: *Dolde, Klaus-Peter/ Hansmann, Klaus/ Paetow, Stefan/ Schmidt- Aßmann, Eberhard*, Verfassung – Umwelt – Wirtschaft, Festschrift für Dieter Sellner zum 75. Geburtstag, München 2010, S. 439 – 452.

Bühlmeier, Tobias: Die Entgeltregulierung von Personenbahnhöfen nach neuer Rechtslage, N&R 2017, Seite 93 – 105.

Bunte, Hermann-Josef: 6. GWB-Novelle und Missbrauch wegen Verweigerung des Zugangs zu einer „wesentlichen Einrichtung, WuW 1997, S. 302 – 318.

ders. (Hrsg.): Kartellrecht. Kommentar. Band 1: Deutsches Kartellrecht. 13. Aufl., Köln 2018 [zitiert als: *Bearbeiter*, in: Langen/Bunte, Band 1].

ders. (Hrsg.): Kartellrecht. Kommentar. Band 2: Europäisches Kartellrecht. 13. Aufl., Köln 2018 [zitiert als: *Bearbeiter*, in: Langen/Bunte, Band 2].

ders./ Stancke, Fabian: Kartellrecht mit Vergaberecht und Beihilferecht. Lehrbuch für Studium und Praxis. 3. Aufl., München 2016.

Busche, Jan/ Röhling, Andreas (Hrsg.): Kölner Kommentar zum Kartellrecht, Band 2, deutsches Kartellrecht: §§ 35 – 131 GWB, Köln 2014 [zitiert als: *Bearbeiter*, in: KK zum Kartellrecht, Band 2].

dies. (Hrsg.): Kölner Kommentar zum Kartellrecht, Band 3, Art. 101 – 103 AEUV, Gruppenfreistellungsverordnung. Köln 2016 [zitiert als: *Bearbeiter*, in: KK zum Kartellrecht, Band 3].

dies. (Hrsg.): Kölner Kommentar zum Kartellrecht, Band 4, europäisches Kartellrecht: VO Nr. 1/2003, FKVO (VO Nr. 139/2004, besondere Wirtschaftszweige: Landverkehr (VO Nr. 169/2009), Luftverkehr, Seeverkehr, Postwesen, Telekommunikation, Kreditwirtschaft, Versicherungswirtschaft. Köln 2013 [zitiert als: *Bearbeiter*, in: KK zum Kartellrecht, Band 4].

Calliess, Christian/ Ruffert, Matthias (Hrsg.): EUV/AEUV: Das Verfassungsrecht der Europäischen Union mit Europäischer Grundrechtecharta. Kommentar. 5. Aufl., München 2016.

Cornils, Matthias: Staatliche Infrastrukturverantwortung und kontingente Marktvoraussetzungen – Unter besonderer Berücksichtigung des Universaldienstes für Telekommunikationsdienstleistungen, AöR 131 (2006), S. 378 – 422.

Cosovic, Ana: Die Entgeltregulierung bei der Eisenbahn im Lichte der Rechtsprechung, DVBl. 2015, S. 1565 – 1572.

Danner, Wolfgang/ Theobald, Christian (Hrsg.): Energierecht, Energiewirtschaftsgesetz mit Verordnungen, EU-Richtlinien, Gesetzesmaterialien, Gesetze und Verordnungen zu Energieeinsparung und Umweltschutz sowie andere energiewirtschaftlich relevante Rechtsregelungen. Band 1, 94. Ergänzungslieferung, München Juli 2017.

Dreher, Meinara/ Kulka, Michael: Wettbewerbs- und Kartellrecht. Eine systematische Darstellung des deutschen und europäischen Rechts. 10. Aufl., Heidelberg 2018.

Ehricke, Ulrich: Zur Bestimmung der Entgelte für die Nutzung von Bahnstromfernleitungen, IR 2006, S. 10 – 15.

Eifert, Martin: Grundversorgung mit Telekommunikationsleistungen im Gewährleistungsstaat, 1. Aufl., Baden-Baden 1998 (zugl. Diss. Hamburg 1998).

Eisenblätter, Tanja: Regulierung in der Telekommunikation. Zum Begriff der Regulierung im TKG unter besonderer Berücksichtigung der Regulierung durch Independent Agencies in den USA. Frankfurt a.M./Berlin u. a. 2000 (zugl. Diss. Hamburg 1999/2000).

Ekey, Friedrich: Grundrisse des Wettbewerbs- und Kartellrechts: mit Grundzügen des Marken-, Domain- und Telekommunikationsrechts. 5. Aufl., Heidelberg 2016.

Elkettani, Eunike: Marktabgrenzungs- und Marktanalyseverfahren nach Art. 15, 16 RRL. Definition der Produkt- und Dienstleistungsmärkte, auf denen kein wirksamer Wettbewerb besteht, K&R Beilage 1/2004, S. 11 – 17.

Ellinghaus, Ulrich: TKG-Novelle und Europarecht: Probleme mit der Flexibilisierung. Eine Analyse der Umsetzung europarechtlicher Vorgaben zur Marktregulierung im Regulierungsentwurf, CR 2004, S. 23 – 28.

Emmerich, Volker: Kartellrecht: ein Studienbuch. 14. Aufl., München 20184.

Enaux, Christoph/ König, Michael: Missbrauch- und Sanktionsnormen in der GWB-Novelle, dem TKG und dem EnWG. Parallelen, Divergenzen und ein ungeklärtes Verhältnis, N&R 2005, S. 2 – 12.

Engelsing, Felix: Missbrauchsaufsicht über Netzentgelte, in: Baur, Jürgen F., Die Energiewirtschaft in der Regulierung. Die neuen rechtlichen Herausforderungen. 1. Aufl., Baden-Baden 2004, S. 85 – 96.

Epping, Volker/ Hillgruber, Christian (Hrsg.): Beck'scher Online-Kommentar Grundgesetz. Kommentar. 38. Edition, Stand: 15.08.2018, München [zitiert als: Bearbeiter, in: BeckOK GG].

Erichsen, Hans-Uwe/ Ehlers, Hans Uwe (Hrsg.): Allgemeines Verwaltungsrecht, 14. Aufl., Berlin u. a. 2010.

Eser, Albin/ Perron/Walter/ Sternberg-Lieben, Detlev/ u. a. (Hrsg.): Strafgesetzbuch, Kommentar. 29. Aufl., München 2014 [zitiert als: *Bearbeiter*, in: Schönke/Schröder, Strafgesetzbuch].

Everling, Ulrich: Zur Wettbewerbskonzeption in der neueren Rechtsprechung des Gerichtshofs der Europäischen Gemeinschaft, WuW 1990, S. 995 – 1009.

Fehling, Michael/ Ruffert, Mathias (Hrsg.): Regulierungsrecht. Tübingen 2010.

Fischl, Thomas: Die Wettbewerbsaufsicht im Medienbereich zwischen Entwicklung und Neuorientierung, Frankfurt a.M. u. a. 2001 (zugl. Diss. Regensburg 2001).

Förster, Susanne/ Ernert, Alexander: Das eisenbahnrechtliche Performance Regime als Qualitätsregulierung, IR 2008, S.150 – 153.

Fromm, Günter: Die Reorganisation der Deutschen Bahn – Voraussetzung für eine Neubestimmung des Standorts der Eisenbahnen in der Verkehrspolitik – , DVBl. 1994, S. 187 – 195.

Geppert, Martin/ Schütz, Raimund (Hrsg.): Beck'scher TKG-Kommentar, Telekommunikationsgesetz. 3. Aufl., München 2006 [zitiert als: *Bearbeiter*, in: BeckTKG, 3. Aufl.].

dies. (Hrsg.): Beck'scher TKG-Kommentar, Telekommunikationsgesetz. 4. Aufl., München 2013.

Gerpott, Torsten J.: Das neue Eisenbahnregulierungsgesetz. Wettbewerbsimpulse für den Bahnsektor?, N&R 2016, S. 277 – 283.

Gersdorf, Hubertus: Entgeltregulierung im Eisenbahnsektor. Berlin 2007 [zitiert als: *Gersdorf*, Entgeltregulierung im Eisenbahnsektor, 2007].

ders.: Entgeltregulierung im Eisenbahnsektor, Bestandsaufnahme und systemgerechte Fortentwicklung. Berlin 2015 [zitiert als: *Gersdorf*, Entgeltregulierung im Eisenbahnsektor, 2015].

Gersdorf, Hubertus/ Paal, Boris P. (Hrsg.): Beck'scher Online-Kommentar Informations- und Medienrecht. 21. Edition, Stand 01.08.2018, München [zitiert als: Bearbeiter, in: BeckOK Informations- und Medienrecht].

Gerstner, Stephan: Das Gesetz zur Stärkung des Wettbewerbs im Eisenbahnbereich, N&R 2016, S. 211 – 219.

Gounalakis, Georgios: Das TK-Sonderkartellrecht und die Regelung zur Belegung von Übertragungskapazitäten auf dem Prüfstand, K&R 2003, S. 49 – 51.

Groeben, Hans von der / Schwarze, Jürgen/ Hatje, Armin (Hrsg.): Europäisches Unionsrecht. Vertrag über die Europäische Union, Vertrag über die Arbeitsweise der Europäischen Union, Charta der Grundrechte der Europäischen Union. Band 1: Art. 1 – 55 EUV, Art. 1 – 54 GRC, Art. 1 – 66 AEUV. 7. Aufl., Baden-Baden 2015 [zitiert als: *Bearbeiter*, in: von der Groeben/Schwarze/ Hatje, Europäisches Unionsrecht, Band 1].

dies. (Hrsg.): Europäisches Unionsrecht. Vertrag über die Europäische Union, Vertrag über die Arbeitsweise der Europäischen Union, Charta der

Grundrechte der Europäischen Union. Band 2: Art. 67 – 105 AEUV. 7. Aufl., Baden-Baden 2015 [zitiert als: *Bearbeiter*, in: von der Groeben/Schwarze/Hatje, Europäisches Unionsrecht, Band 2].

Habersack, Mathias: Die besondere Missbrauchsaufsicht gemäß § 32 PostG – Teil I, K&R 2001, S. 121 – 131.

Haller, Janine: Der Verwaltungsverbund in der Energieregulierung. Eine Untersuchung der Entwicklungstendenzen im Energierecht mit vergleichender Betrachtung des Wettbewerbsrechts. 1. Aufl., Baden-Baden 2013 (zugl. Diss. Osnabrück 2012).

Heise, Michael: Das Verhältnis von Regulierung und Kartellrecht im Bereich der Netzwirtschaften. Zur Frage der Herausbildung eines eigenständigen Netzwirtschaftsrechts. 1. Aufl., Berlin 2008.

Hempel, Dietmar/ Franke, Peter (Hrsg.): Recht der Energie- und Wasserversorgung: Praktiker-Kommentar zum deutschen und europäischen Energierecht. Band 1. 135. Aktualisierung, Köln März 2018.

Hermanns, Ferdinand/ Brück, Johann: Die neue EG-Kartellverfahrensverordnung – Umdenken auch in Schiedsverfahren, SchiedsVZ 2004, S. 137 – 142.

Hermes, Georg/ Sellner, Dieter (Hrsg.): Beck'scher AEG Kommentar: [Allgemeines Eisenbahngesetz]. 2. Aufl., München 2014 [zitiert als: *Bearbeiter*, in: BeckAEG].

Herzog, Roman/ Scholz, Rupert/ Herdegen, Matthias/ Klein, Hans H. (Hrsg.): Grundgesetz, Kommentar. Band 1: Texte- Art. 5. 84. EL, München August 2018 [zitiert als: *Bearbeiter*, in: Maunz/Dürig, Grundgesetz, Band 1].

dies. (Hrsg.): Grundgesetz, Kommentar. Band 3: Art. 16 – 22. 84. EL, München August 2018 [zitiert als: *Bearbeiter*, in: Maunz/Dürig, Grundgesetz, Band 3].

dies. (Hrsg.): Grundgesetz, Kommentar. Band 5: Art. 86 – 106b. 84. EL, München August 2018 [zitiert als: *Bearbeiter*, in: Maunz/Dürig, Grundgesetz, Band 5].

Heun, Sven-Erik (Hrsg.): Handbuch Telekommunikationsrecht. 2. Aufl., Köln 2007.

Hilf, Meinhard/ Nettesheim, Martin (Hrsg.): Das Recht der Europäischen Union: Band I: EUV/AEUV. 64. EL München Mai 2018 [zitiert als: *Bearbeiter*, in: Grabitz/Hilf/Nettesheim, Recht der Europäischen Union].

Höch, Thomas/ Kalwa, Feh: Konzessionsvertragliche Mengengrenzvereinbarungen im Lichte von Energierecht und Kartellrecht, ZNER 2009, S. 361 – 367.

Hoeren, Thomas/ Sieber, Ulrich/ Holznagel, Bernd (Hrsg.): Handbuch Multimedia-Recht. Rechtsfragen des elektronischen Geschäftsverkehrs. 46. EL, München Januar 2018.

Hofmann, Daniel: Die telekommunikationsrechtliche Entgeltregulierung als Form der sektorspezifischen Preismissbrauchsaufsicht: Wirksamkeit und Grenzen. Frankfurt a.M. u. a. 2007 (zugl. Diss, Osnabrück 2006).

Hohmann, Holger: Die essential facility doctrine im Recht der Wettbewerbsbeschränkungen: eine Untersuchung der allgemeinen Zugangsregelung zu Netzen und anderen Infrastruktureinrichtungen gem. § 19 Abs. 4 Nr. 4 GWB unter Berücksichtigung US-amerikanischer, europäischer und sektorspezifischer Erfahrungen. 1. Aufl., Baden-Baden 2001 (zugl. Diss, Tübingen 2001).

Holthoff-Frank, Klaus: Abgrenzung von TKG, GWB und Art. 82 EG im Telekommunikationssektor – ein weiterer Ansatz, K&R Beihefter 2/2006, S, 14 – 16.

Holznagel, Bernd/ Enaux, Christoph/ Nienhaus, Christian: Telekommunikationsrecht: Rahmenbedingungen, Regulierungspraxis. 2. Aufl., München 2006.

Höppner, Thomas: Die Regulierung der Netzstruktur: Elektrizität, Gas, Telekommunikation, Eisenbahnen. 1. Aufl., Baden-Baden 2009.

ders.: Netzveränderungen im Zugangskonzept: Verpflichtungen zur Anpassung der Infrastruktur im Rahmen des Essential Facilities-Konzepts unter Berücksichtigung US-amerikanischer Erfahrungen. 1. Aufl., Baden-Baden 2009 (zugl. Diss, Berlin 2008).

Hünnekens, Georg: Rechtsfragen der wirtschaftlichen Infrastruktur. Köln 1995 (zugl. Diss., Münster (Westfalen) 1994).

Immenga, Ulrich/ Mestmäcker, Ernst-Joachim/ Körber, Torsten (Hrsg.): Wettbewerbsrecht. Band 1. EU/Teil 1. Kommentar zum Europäischen Kartellrecht. 5. Aufl., München 2012 [zitiert als: *Bearbeiter*, in: Immenga/Mestmäcker, Wettbewerbsrecht, Band 1].

dies. (Hrsg.): Wettbewerbsrecht. Band 2. GWB. Kommentar zum Deutschen Kartellrecht. 5. Aufl., München 2014 [zitiert als: *Bearbeiter*, in: Immenga/Mestmäcker, Wettbewerbsrecht, Band 2].

dies. (Hrsg.): Wettbewerbsrecht. Band 3. Beihilfenrecht/Sonderbereiche. Kommentar zum Deutschen und Europäischen Kartellrecht. 5. Aufl., München 2016 [zitiert als: *Bearbeiter*, in: Immenga/Mestmäcker, Wettbewerbsrecht, Band 3].

Jaeger, Wolfgang/ Kokott, Juliane/ Pohlmann, Petra/ Schroeder, Dirk (Hrsg.): Frankfurter Kommentar zum Kartellrecht. Mit Kommentierung des EU-Kartellrechts, des GWB und einer Darstellung ausländischer Kartellrechtsordnungen. Band II, Allgemeiner Teil, Art. 101 AEUV, Fallgruppen. Köln September 2015 [zitiert als: *Bearbeiter*, in: FK Kartellrecht, Band II].

dies. (Hrsg.): Frankfurter Kommentar zum Kartellrecht. Mit Kommentierung des EU-Kartellrechts, des GWB und einer Darstellung ausländischer

Kartellrechtsordnungen. Band V, §§ 20 – 73 GWB, 88. Ergänzungslieferung, Köln März 2017 [zitiert als: *Bearbeiter*, in: FK Kartellrecht, Band V].

Jung, Christian H. A.: Subsidiarität im Recht der Wettbewerbsbeschränkungen: die Aktionsmöglichkeiten nationaler Kartellbehörden in der Europäischen Union. Heidelberg 1995 (zugl. Diss. Augsburg 1994).

Kämmerer, Jörn Axel: Privatisierung: Typologie – Determinanten – Rechtspraxis – Folgen. Tübingen 2001 (zugl. Habil., Tübingen 1999/2000).

Kindhäuser, Urs/ Neumann, Ulfrid/ Paeffgen, Han-Ulrich (Hrsg.): Strafgesetzbuch. Kommentar. Band 2, §§ 80 - 358 StGB. 5. Aufl., Baden-Baden 2017.

Klees, Andreas: Europäisches Kartellverfahrensrecht und Fusionskontrollverfahren. Köln/München u. a. 2005.

ders.: Einführung in das Energiewirtschaftsrecht. Frankfurt a. M. 2012.

Klein, Eckart: Unmittelbare Geltung, Anwendbarkeit und Wirkung von europäischem Gemeinschaftsrecht. Saarbrücken 1988.

Klotz, Robert: Wettbewerb in der Telekommunikation – Brauchen wir die ex-ante-Regulierung noch?, ZWeR 2003, S. 283 – 316.

ders.: Die neuen EU-Richtlinien über elektronische Kommunikation: Annäherung der sektorspezifischen Regulierung an das allgemeine Kartellrecht, K&R Beilage 1/2003, S. 3 – 8.

ders.: Die Preis-Kosten-Schere bei regulierten Entgelten als Verstoß gegen EG-Wettbewerbsrecht, MMR 2008, S. 650 – 656.

ders.: Länderbericht Brüssel/EU, K&R 2012, S. 407 – 409.

ders./ Hofmann, Michael: Entwicklungen des Unionsrechts in den Netzwirtschaften im Jahr 2015, N&R 2016, S. 66 – 77.

Kment, Martin (Hrsg.): Energiewirtschaftsgesetz. 1. Aufl., Baden-Baden 2015.

Knieps, Günter: Wettbewerbsökonomie. Regulierungstheorie, Industrieökonomie, Wettbewerbspolitik. 3. Aufl., Berlin 2008.

Knöpfle, Robert: Kann der Inhalt des Wettbewerbs iS des GWB bestimmt werden?, DB 1991, S. 1433 – 1440.

Koenig, Christan/ Kühling, Jürgen: Institutionelle Regulierungsordnung in der Eisenbahn- und Energiewirtschaft – sektorspezifische Regulierungsbehörden oder Bundeskartellamt?, WuW 2001, S. 810 – 820.

Koenig, Christian/ Neumann, Andreas/ Schellberg, Magret: Neue Spielregeln für den Zugang zur Eisenbahninfrastruktur als Voraussetzung für chancengleichen Wettbewerb auf der Schiene, WuW 2006, S. 139 – 149.

König, Carsten: Anmerkung zum Beschluss des BVerfG vom 26. September 2017 – Az. 1 BvR 1486/16, 1 BvR 1487/16, 1 BvR 2490/16 und 1 BvR 2491/16, N&R 2018, S. 47 – 50.

Körber, Torsten: Regulierung der Netzindustrien: Übergangsstadium oder Daueraufgabe des Staates? – zum Verhältnis von Kartell- und Regulierungsrecht, in: *Bechtold, Stefan/ Jickeli, Joachim/ Rohe, Mathias*, Recht, Ordnung und Wettbewerb, Festschrift zum 70. Geburtstag von Wernhard Möschel, 1. Aufl., Baden-Baden 2011, S. 1043 – 1056.

Kramer, Urs: Die aktuelle Entwicklung des deutschen Eisenbahnrechts – Auf dem Weg zu einem perfekt regulierten Markt?, NVwZ 2006, S. 26 – 32.

ders.: Allgemeines Eisenbahngesetz. Kommentar. 1. Aufl., Baden-Baden 2012.

ders.: Die Entwicklung des Eisenbahnrechts in den Jahren 2015/2016, N&R 2016, S. 220 – 231.

Kirfel, Alexander: Der Begriff der „Serviceeinrichtung" in der Anwendung – aufsichts-, zugangs- und entgeltrechtlich, IR 2018, S. 74 – 81.

Krüger, Reinald: Marktabgrenzung im Telekommunikationssektor und die Definition von beträchtlicher Marktmacht (SMP), K&R Beilage 1/2003, S. 9 – 18.

Kühl, Kristian/ Heger, Martin (Hrsg.): StGB, Strafgesetzbuch, Kommentar. 29. Aufl., München 2018 [zitiert als: *Bearbeiter*, in: Lackner/Kühl, StGB].

Kühling, Jürgen: Sektorspezifische Regulierung in den Netzwirtschaften: Typologie, Wirtschaftsverwaltungsrecht, Wirtschaftsverfassungsrecht. München 2004 (zugl. Habil., Bonn 2002/2003).

ders./ Ernert, Alexander: Das neue Eisenbahnwirtschaftsrecht – Hochgeschwindigkeitstrasse für den Wettbewerb?, NVwZ 2006, S. 33 – 39.

ders./ Schall, Tobias/ Biendl, Michael (Hrsg.): Telekommunikationsrecht. 2. Aufl., Heidelberg/München u. a. 2014.

ders./ Rasbach, Winfried/ Busch, Claudia: Energierecht. 4. Aufl., Baden-Baden 2018.

Kühne, Günther: Das Verhaltnis zwischen allgemeinem und sektorspezifischem (Sonder-)Kartellrecht beim Zugang zu wesentlichen Einrichtungen, in: *Fuchs, Andreas/ Schwintowski, Hans-Peter/ Zimmer, Daniel*, Wirtschafts- und Privatrecht im Spannungsfeld von Privatautonomie, Wettbewerb und Regulierung, Festschrift für Ulrich Immenga zum 70. Geburtstag, München 2004, S. 243 – 259.

Larenz, Karl: Methodenlehre der Rechtswissenschaft. 3. Aufl., Berlin u. a. 1995 [zitiert als: Larenz/Canaris, Methodenlehre].

Lismann, Christian: Einführung in das Regulierungsrecht der Netzwirtschaften am Beispiel der energiewirtschaftsrechtlichen Anreizregulierung, NVwZ 2014, S. 691 – 694.

Loewenheim, Ulrich/ Meessen, Karl M./ Riesenkampff, Alexander/ Kersting, Christian/ Meyer-Lindemann, Hans Jürgen (Hrsg.): Kartellrecht. Europäisches und Deutsches Kartellrecht. Kommentar. 3. Aufl., München 2016.

Loibl, Helmut/ Becker, Tim: Netzzugangsanspruch unter Berücksichtigung der Neuregulierungen des Energiewirtschaftsgesetzes, ET 2006, Heft 8, S. 54 – 59.

Loschelder, Michael/ Erdmann, Willi (Hrsg.): Handbuch des Wettbewerbsrechts. 4. Aufl., München 2010 [zitiert als: *Bearbeiter*, in: Gloy/Loschelder/Erdmann, Hdb, des Wettbewerbsrechts].

Lotze, Andreas/ Thomale, Hans-Christoph: Neues zur Kontrolle von Energiepreisen – Preismissbrauchsaufsicht und Anreizregulierung, WuW 2008, S. 257 – 270.

Lüdemann, Jörn (Hrsg.): Telekommunikation, Energie, Eisenbahn: Welche Regulierung braucht die Netzwirtschaft? Tübingen 2008.

Ludwigs, Markus: Die Rolle der Kartellbehörden im Recht der Regulierungsverwaltung; Energiewirtschaftsrecht – Telekommunikationsrecht – Postrecht – Eisenbahnrecht, WuW 2008, S. 534 – 550.

ders. (Hrsg.): Handbuch des EU-Wirtschaftsrecht, Band 1, 45. EL, München Juli 2018 [zitiert als: *Bearbeiter*, in: Dauses/Ludwigs, EU-Wirtschaftsrecht].

ders.: Gesetz zur Stärkung des Wettbewerbs im Eisenbahnbereich, NVwZ 2016, S. 1665 – 1672.

ders.: Anmerkung zum Urteil des EuGH vom 9. November 2017 – Rs. C-489/15, N&R 2018, S. 55 – 59.

Mäger, Thorsten (Hrsg.): Europäisches Kartellrecht, 2. Auflage, Baden-Baden 2011.

Manger-Nestler, Cornelia/ Gramlich, Ludwig: Auf dem Weg zur europäischen Telekommunikationsregulierungsbehörde. Die geplante „Aufwertung“ von GEREK als adäquate „Hochzonung“ von Regulierung auf Unionsebene?, N&R 2017, S. 79 – 92.

Markert, Kurt: Die Missbrauchskontrolle nach dem Referentenentwurf für ein neues EnWG, ZNER 2004, S. 113 – 117.

Martenczuk, Bernd: Regulierungsbehörde contra Bundeskartellamt? Das Verhältnis der Kompetenzen auf dem Gebiet der Telekommunikation, CR 1999, S. 363 – 367.

Massumi, Fatima: Die Energieversorgungsunternehmen zwischen Kartellrecht und Energiewirtschaftsrecht, 1. Aufl., Göttingen 2010 (zugl. Diss., Kiel 2010).

Maurer, Hartmut/ Waldhoff, Christian: Allgemeines Verwaltungsrecht, 19. Auflage, München 2017.

Mayen, Thomas: Marktregulierung nach dem novellierten TKG. Ausgewählte Rechtsfragen der Zugangs- und Entgeltregulierung, CR 2005, S. 21 – 30.

Mestmäcker, Ernst-Joachim/ Schweitzer, Heike: Europäisches Wettbewerbsrecht. 3. Aufl., München 2014.

ders.: Regulierende Missbrauchsaufsicht, in: *Großfeld, Bernhard/ Sack, Rolf/ Möllers, Thomas M.J./ Drexel, Josef/ Heinemann, Andreas*, Festschrift für Wolfgang Fikentscher zum 70. Geburtstag, Tübingen 1998, S. 557 – 573.

Mietzsch, Oliver/ Uhlenhut, Bernd H./ Keding, Carl-Friedrich: EuGH – Zur Billigkeitskontrolle von Eisenbahninfrastrukturnutzungsentgelten, IR 2018, S. 57 – 63.

Möschel, Wernhard: Regulierungswirrwarr in der Telekommunikation", MMR-Beilage 3/1999, S. 3 – 6.

ders.: Ist das Verhältnis von TKG und GWB neu zu durchdenken?, K&R 2001, S. 619 – 622.

Müller, Felix/ Berger, Ernst Georg: Anm. zum Urt. des LG Frankfurt a.M. v. 22.04.2005 – 3/11 O 13/04, MMR 2005, S. 551 – 555.

Neumann, Andreas: Der Kommissionsvorschlag für einen europäischen Kodex für die elektronische Kommunikation. Geplante Änderungen im Bereich der Marktregulierung, N&R 2016, S. 262 – 272.

Neun, Andreas/ Schlichting, Johanna: Zivilgerichtliche Billigkeitskontrolle der Wegeentgelte ist unionsrechtswidrig – Anmerkung zum Urteil des EuGH vom 9.11.2017 – C-489/15, IWRZ 2018, S. 31 – 32.

Neveling, Stefanie: Die Bundesnetzagentur – Aufbau, Zuständigkeiten und Verfahrensweisen, ZNER 2005, S. 263 – 270.

Nolte, Norbert: Das Telekommunikationsrecht im Jahr 2007, N&R 2008, S. 65 – 74.

ders.: Zur Kosten-Preis-Schere im Telekommunikationssektor. Zum Urteil des EuG vom 10.4.2008 – T-271/03, K&R 2008, S. 417 – 421.

Paulweber, Michael: Regulierungszuständigkeiten in der Telekommunikation: Sektorspezifische Wettbewerbsaufsicht nach dem TKG durch die Regulierungsbehörde im Verhältnis zu den allgemeinen kartellrechtlichen Kompetenzen des Bundeskartellamts und der Europäischen Kommission. 1. Aufl., Baden-Baden 1999 (zugl. Diss., Tübingen 1999).

Pflug, Ludger: Eisenbahnregulierung zwischen öffentlichem Recht und Privatrecht. Frankfurt am Main u. a. 2012 (zugl. Diss., Berlin 2011).

Piepenbrock, Hermann-Josef/ Schuster, Fabian: GWB und TKG – Gegeneinander, Nebeneinander oder Miteinander? Zum Verhältnis zwischen sektorspezifischem und allgemeinem Kartellrecht, CR 2002, S. 98 – 107.

Proelß, Alexander: Das Regulierungsermessen – eine Ausprägung des behördlichen Letztentscheidungsrecht?, AöR 136 (2011), S. 402 – 427.

Rädler, Peter: Die Preis-Kosten-Schere im Kartell- und Regulierungsrecht. Zur regulierungsspezifischen Ausgestaltung der TKG-Missbrauchsaufsicht, CR 2010, S.780 – 787.

Riehmer, Klaus W.: Konfliktlösung bei Netzzugang und Zusammenschaltung in der Telekommunikation, MMR 1998, S. 59 – 65.

Robert, Michael: Die besondere Missbrauchsaufsicht nach § 42 TKG. Eine Generalklausel mit Risiken und Nebenwirkungen?, K&R 2005, S. 354 – 362.

Röhling, Andreas: Die Zukunft des Kartellverbots in Deutschland nach In-Kraft-Treten der neuen EU-Verfahrensrechtsordnung, GRUR 2003, S. 1019 – 1025.

Rosengarten, Volker: Die besondere Missbrauchsaufsicht im Telekommunikationsgesetz 2004. Berlin 2009 (zugl. Diss., Münster (Westfalen) 2008).

Ruffert, Matthias: Regulierung im System des Verwaltungsrechts. Grundstrukturen des Privatisierungsfolgerechts der Post und Telekommunikation, AöR 124 (1999), S. 237 – 281.

Ruge, Reinhard: Kontinuität und Wandel im eisenbahnrechtlichen Netzzugang: Das 3. Gesetz zur Änderung eisenbahnrechtlicher Vorschriften, DVBl. 2005, S. 1405 – 1415.

ders.: Diskriminierungsfreier Netzzugang im liberalisierten Eisenbahnmarkt in Deutschland, AöR 131 (2006), S. 1 – 78.

Säcker, Christopher: Der Einfluss der sektorspezifischen Regulierung auf die Anwendung des deutschen und europäischen Kartellrechts. Münster 2006 (zugl. Diss., Münster 2006).

Säcker, Franz Jürgen: Freiheit durch Wettbewerb. Wettbewerb durch Regulierung. Die Reform des deutschen Energierechts im Lichte der Erfahrungen des US-amerikanischen Energierechts, ZNER 2004, S. 98 – 113.

ders.: Das Regulierungsrecht im Spannungsfeld von öffentlichem und privatem Recht. Zur Reform des deutschen Energie- und Telekommunikationsrechts, AöR 130 (2005), S. 180 – 224.

ders.: Die Kosten eines effizienten marktstrukturell vergleichbaren Netzbetreibers als Kontrollmaßstab für wettbewerbsorientierte Netzzugangsentgelte gemäß §§ 21, 31, 40 RegE-EnWG, Art. 4 EG-StromhandelsVO, §§ 28, 31, 35, 38, 39 TKG – Ein Vergleich der Entgeltregulierung des RegE-EnWG und des TKG mit Art. 82 EG, § 19 GWB", in: *Ehricke, Ulrich* (Hrsg.): Das neue Recht für die Energiewirtschaft. Ziele und Herausforderungen. Band 120. 1. Aufl. 2005 [zitiert als: *Säcker*, in: Das neue Recht für die Energiewirtschaft].

ders.: Zum Verhältnis von § 315 BGB zu §§ 19 GWB, 29 RegE GWB – Konsequenzen aus den Entscheidungen des Achten Senats des Bundesgerichtshofes vom 28.3. und 13.6.2007, ZNER 2007, S. 114 – 116.

ders. (Hrsg.): Telekommunikationsgesetz. Kommentar. 3. Aufl., Frankfurt a. M. 2013 [zitiert als: *Bearbeiter*, in: Säcker, TKG].

ders. (Hrsg.): Berliner Kommentar zum Energierecht. Band 1, Halbband 1, 3. Aufl., Frankfurt a. M. 2014 [zitiert als: *Bearbeiter*, in: Säcker, Berliner Kommentar zum Energierecht, Band 1, Teil 1].

ders. (Hrsg.): Berliner Kommentar zum Energierecht. Band 1, Halbband 2, 3. Aufl., Frankfurt a. M. 2014 [zitiert als: *Bearbeiter*, in: Säcker, Berliner Kommentar zum Energierecht, Band 1, Teil 2].

ders. (Hrsg.): Berliner Kommentar zum Energierecht. Band 2, 3. Aufl., Frankfurt a.M. 2014 [zitiert als: *Bearbeiter*, in: Berliner Kommentar zum Energierecht, Band 2].

ders.: Das Verhältnis von Wettbewerbs- und Regulierungsrecht, EnWZ 2015, S. 531 – 536.

ders.: Die neuen Entflechtungsregeln im Vierten Eisenbahnpaket – Was ändert sich für deutsche Unternehmen?, IR 2018, S. 198 – 203.

ders./ Calliess, Grafl-Peter: Billing und Inkasso fremder Telekommunikationsdienstleistungen (II). Zur Auslegung von § 33 TKG und § 15 TKV, K&R 1999, S. 337 – 345.

ders./ Rixecker, Roland/ Oetker, Hartmut/ Limperg, Bettina: Münchener Kommentar zum Bürgerlichen Gesetzbuch. Band 1, Allgemeiner Teil, §§ 1 – 240, ProstG, AGG. 8. Aufl., München 2018 [zitiert als: *Bearbeiter, in:* MüKoBGB].

Salje, Peter: Energiewirtschaftsgesetz: Gesetz über die Elektrizitäts- und Gasversorgung vom 7. Juli 2005 (BGBl. I S. 1970). Kommentar. München 2006.

Schaller, Fabian: EU: Die geplante Kodex-RL: Bündelung und Überarbeitung des bisherigen tk-rechtlichen Regulierungsregimes, ZD-Aktuell 2017, 05622.

Scherer, Joachim: Ein europäischer Kodex für die Gigabit-Gesellschaft, MMR 2016, S. 713 – 714.

ders./ Heinickel, Caroline: Ein Kodex für den digitalen Binnenmarkt. Vorschlag der EU-Kommission für eine Reform des Rechts der elektronischen Kommunikation, MMR 2017, S. 71 – 77.

Scheurle, Klaus-Dieter/ Mayen, Thomas (Hrsg.): Telekommunikationsgesetz. Kommentar. 2. Aufl., München 2008 [zitiert als: *Bearbeiter*, in: Scheurle/ Mayen, Telekommunikationsgesetz, 2. Aufl.].

dies. (Hrsg.): Telekommunikationsgesetz. Kommentar. 3. Aufl., München 2018.

Schmidt, Reiner/ Wollenschläger, Ferdinand (Hrsg.): Kompendium Öffentliches Wirtschaftsrecht, 4. Aufl., Berlin/ Heidelberg 2016.

Schmidt-Aßmann, Eberhard: Das allgemeine Verwaltungsrecht als Ordnungsidee. Grundlagen und Aufgaben der verwaltungsrechtlichen Systembildung. 2. Aufl., Berlin/Heidelberg 2006.

Schmidt-Volkmar, Florian: Das Verhältnis von kartellrechtlicher Missbrauchsaufsicht und Netzregulierung: Eine Untersuchung am Beispiel des EnWG und TKG, 1. Auflage, Baden-Baden 2010 (zugl. Diss., Freiburg, Breisgau 2010).

ders.: Auswirkungen von Regulierungsverfügungen auf die Anwendung der kartellrechtlichen Missbrauchsaufsicht. Besprechung der GSM-Wandler-Entscheidung des BGH v. 29.6.2010 – KZR 31/08, ZWeR 2012, S. 230 – 241.

Schmitt, Thomas/ Staebe, Erik: Instrumente der Marktverhaltensregulierung im Eisenbahnrecht, VerwArch 2009, S. 228 – 260.

dies. (Hrsg.): Einführung in das Eisenbahn-Regulierungsrecht. München 2010.

Schneider, Jens-Peter/ Theobald, Christian (Hrsg.): Recht der Energiewirtshaft: Praxishandbuch, 4. Aufl., München 2013.

Schreiber, Kristina: Das Zusammenspiel der Regulierungsinstrumente in den Netzwirtschaften Telekommunikation, Energie und Eisenbahn: zum Verhältnis der vor- und nachgelagerten sektorspezifischen Regulierungsinstrumente zueinander und zu den Missbrauchsverboten des allgemeinen Wettbewerbsrechts. 1. Aufl., München 2009 (zugl. Diss., Bonn 2009).

dies.: Das Energiewirtschaftsrecht im Jahr 2016, N&R 2017, S. 66 – 79.

Schroeder, Dirk: Telekommunikationsgesetz und GWB, WuW 1999, S. 14 – 28.

Schröder, Stefan: LG Berlin: Zum Verhältnis des Eisenbahnrechts zur Billigkeitskontrolle nach § 315 III BGB und zum Kartellrecht; Anmerkung zum LG Berlin, Urt. v. 17.3.2009 – 98 O 25/08, IR 2009, S. 93 – 94.

Schulte, Josef Lothar/ Just, Christoph (Hrsg.): Kartellrecht: GWB, Kartellvergaberecht, EU-Kartellrecht. Kommentar. 2. Aufl., Köln 2016.

Schulte, Martin/ Kloos, Joachim (Hrsg.): Handbuch Öffentliches Wirtschaftsrecht. Grundlagen, Beihilfen, öffentliche Unternehmen, Gewerberecht, Umweltrecht, Regulierungsrecht. München 2016.

Schulze, Reiner/ Dörner, Heinrich u. a.: Bürgerliches Gesetzbuch, Handkommentar. 9. Aufl., Baden-Baden 2017.

Schulze, Reiner/ Zuleeg, Manfred/ Kadelbach, Stefan (Hrsg.): Europarecht. Handbuch für die deutsche Rechtspraxis. 3. Auflage, Baden-Baden 2015.

Schuster, Fabian: Anmerkung zu BGH, Urt. v. 10.02.2004 –KZR 6/02 und 7/02, MMR 2004, S. 470 (474 - 475).

Schütz, Raimund: Kommunikationsrecht. Regulierung von Telekommunikation und elektronischen Medien. München 2005.

Schwarze, Jürgen/ Weitbrecht, Andreas: Grundzüge des europäischen Kartellverfahrensrecht: die Verordnung (EG) Nr. 1/2003. 1. Aufl., Baden-Baden 2004.

Sennekamp, Irmela: Der Diskurs um die Abgrenzung von Kartell- Regulierungsrecht. Ein juristischer Streit zwischen gesetzgeberischem Steuerungsanspruch und rechtsdogmatischem Ordnungsdenken, Tübingen 2016 (zugl. Diss., Hamburg 2015).

Spindler, Gerald/ Schuster, Fabian (Hrsg.): Recht der elektronischen Medien. Kommentar. 3. Aufl., München 2015.

Staebe, Erik: Grundfragen der Trassenpreisregulierung nach der dritten AEG-Novelle, WuW 2006, S. 492 – 501.

ders.: Zur Novelle des deutschen Eisenbahnregulierungsrechts, N&R 2015, S. 206 – 212.

ders.: Entwurf eines Gesetzes zur Stärkung des Wettbewerbs im Eisenbahnrecht, IR 2015, S. 74 – 77.

ders.: Das neue Eisenbahnregulierungsgesetz, DVBl. 2016, S. 1564 – 1571.

ders. (Hrsg.): Eisenbahnregulierungsgesetz (ERegG). Kommentar. München 2018.

ders.: Grenzen der zivilgerichtlichen Kontrolle regulierter Infrastrukturnutzungsentgelte – Zum Urteil des EuGH vom 9.11.2017 in der Rs. C-489/15, EuZW 2018, S. 118 – 122.

ders.: Das „Vierte Eisenbahnpaket" der EU und der deutsche Regulierungsrahmen, EuZW 2018, S. 146 – 152.

Steinmann, Anne: Monopolpreise der DB AG – Welche Antworten geben die aktuellen Urteile des LG Berlin?, IR 2009, S. 152 – 155.

dies./ Kirchhartz, Jan/ Kaufmann, Christina: Entgeltgrundsätze und Entgeltgestaltung, N&R 2009, S. 182 – 189.

Stüer, Bernhard: Aktuelle Probleme des Eisenbahnrechts XXII, DVBl. 2017, S. 295 – 298.

Stumpf, Cordula/ Gabler, Andreas: Netzzugang, Netznutzungsentgelte und Regulierung in Energienetzen nach der Energierechtsnovelle, NJW 2005, S. 3174 – 3179.

Taeger, Jürgen/ Pohle, Jan (Hrsg.): Computerrechts-Handbuch: Informationstechnologie in der Rechts- und Wirtschaftspraxis. 34. Ergänzungslieferung, München Mai 2018 [zitiert als: *Bearbeiter*, in: Kilian/Heussen, Computerrechts-Hdb.].

Theobald, Christian/ Nill-Theobald, Christiane (Hrsg.): Grundzüge des Energiewirtschaftsrechts: Die Liberalisierung der Strom- und Gaswirtschaft. 3. Aufl., München 2013.

Topel, Julia: Das Verhältnis zwischen Regulierungsrecht und allgemeinem Wettbewerbsrecht nach dem europäischen Rechtsrahmen in der Telekommunikation und dem TKG, ZWeR 2006, S. 27 – 49.

Trute, Hans-Heinrich/ Spoerr, Wolfgang/ Bosch, Wolfgang (Hrsg.): Telekommunikationsgesetz mit FTEG, 1. Aufl., Berlin u. a. 2001.

Van Miert, Karel: Probleme der wettbewerblichen Öffnung von Märkten mit Netzstrukturen aus europäischer Sicht, WuW 1998, S. 7 – 14.

Wank, Rolf: Die Auslegung von Gesetzen. 6. Aufl., München 2015.

Weisser, Ralf/ Bauer, Andreas: Verbreitung breitbandiger Inhalte nach dem neuen Telekommunikationsrecht, MMR 2003, S. 709 – 714.

Weitbrecht, Andreas: Das neue EG-Kartellverfahrensrecht, EuZW 2003, S. 69 – 73.

Weitner, Malte: Anmerkung zum EuGH-Urteil v. 09.11.2017 – C-489/15, EnWZ 2018, S. 73 – 79.

Weizsäcker, C. Christian von: Wettbewerb in Netzen, WuW 1997, S. 572 – 579.

Weyer, Hartmut: Die regulatorische Missbrauchskontrolle nach § 30 EnWG, N&R 2007, S. 14 – 21.

Wiedemann, Gerhard (Hrsg.): Handbuch des Kartellrechts. 3. Aufl., München 2016.

Wilms, Heinrich/ Masing, Johannes/ Jochum, Georg (Hrsg.): Telekommunikationsgesetz, Kommentar und Vorschriftensammlung. 8. Ergänzungslieferung, Stuttgart März 2007.

Wissmann, Martin (Hrsg.): Telekommunikationsrecht: Praxishandbuch. 2. Aufl., Frankfurt a. M. 2006 .

ders.: Eingliederung der Regulierung nach dem TKG in das System der Wettbewerbsaufsicht nach der Verordnung (EG) 1/2003 und Lösungsansätze bei Konflikten, K&R Beihefter 2/2006, S. 10 – 14.

Ziekow, Jan: Öffentliches Wirtschaftsrecht: ein Studienbuch. 4. Aufl., München 2016.

www.ingramcontent.com/pod-product-compliance
Ingram Content Group UK Ltd.
Pitfield, Milton Keynes, MK11 3LW, UK
UKHW020714071026
15590UKWH00011B/683

9 783631 843987